통합에니어그램

Susan Rhodes 저
한국에니어그램역동심리학회
이은하 · 정용구 · 류권옥 · 이양선 공역

The Integral Enneagram

학지사

The Integral Enneagram

by Susan Rhodes

역자 서문: 한국어판에 부쳐

에니어그램을 수직적, 수평적, 입체적으로 조명하고 통합적 에니어그램의 개념을 정리한 책을 한국에 소개하게 되어 감격스럽습니다. 또한 에니어그램역동심리의 기초적인 작업을 할 수 있게 된 것에 대해 영광스럽게 생각합니다. 이 책은 기존에 알려져 있는 에니어그램의 개념을 이해하고 있거나, 워크숍에 참여하여 각 분야별로 다른 이해와 관점을 가지고 있는 독자들에게 방대한 양의 주석과 정보를 소개하고 있습니다.

특별히 이번 『통합에니어그램』은 심리학, 철학, 영성에 이르는 통합적 이해와 성격 에니어그램, 과정 에니어그램, one enneagram 등에 대한 복합적이고 온전한 이해가 필요합니다. 이 책은 크게 켄 윌버의 IOS 체계와 수잔 로즈의 one enneagram의 통합적 접근에 대한 이론적 배경, 성격과 과정의 두 부분으로 대별되고 있는 에니어그램적 개념체계를 통합적, 역동적, 입체적인 과정으로 그리고 있습니다. 이 책에는 방대한 양의 주석, 다양한 학자들의 이해와 접근법, 또한 저자인 수잔 로즈의 견해까지 종합적으로 펼쳐져 있습니다. PART 1에서는 에니어그램, 홀라키, IOS 체계 등 각 이론의 소개 및 접근 방향 등에 대하여, PART 2에서는 'one enneagram' 모형을 개발하여 두 체계뿐 아니라 이 둘이 밀접하게 연관되는 상황을 소개하고 있습니다. PART 3에서는 성격 에니어그램과 과정 에니어그램을 윌버의 발달의 9단계 스펙트럼 모형과 연관된 체계를 소개하고 있습니다.

PART 1에서는 통합적 접근법 부분을 1~4장까지로 구성하였습니다. 사명(Dharma) 지향적 접근법의 장점에 대해 살펴보고(1장), 홀라키에 대한 설명과 왜 이것이 중요한지(2장), 성격 에니어그램의 소개(3장), 그리고 IOS에 대해 소개하고 있습니다(4장).

PART 2에서는 변형적 에니어그램 부분을 5~8장까지로 구성하였습니다. 에니어그램의 잠재력은 우리가 그 관점들을 역낭만적 관점으로부터 내적 발달을 방해하는 성격 고착으로(5장), 우리가 더 넓은 관점에서 에니어그램을 구상할 때 그 잠재력은 확장될 수 있습니다. 의식 변환의 9가지 단계를 설명하는 체계로서(6장) 9가지 에니어그램 성격 유형이 연결될 수 있는 것(7장)과 이러한 관점을 도입하는 것은 성격과 변형 사이의 관련성을 보게 할 뿐만 아니라 통합된 'one enneagram' 모형을 개발하는 배경이 됩니다(8장).

PART 3에서는 IOS와 에니어그램 통합하기 부분을 9~13장까지로 구성하였습니다. 9장에서는 수직적 변형과 과정 에니어그램이 현재 윌버의 변형 모형에 어떻게 영향을 미칠 수 있는지에 중점을 두고 있습니다. 10장에서는 수평적 조망 수용과 성격 에니어그램을 윌버의 AQAL 관점, 특히 8가지의 정신적 지평선과 연결하는 것에 초점을 두었습니다. 11장에서는 수직 축과 수평 축을 합쳐 성격 에니어그램과 과정 에니어그램을 윌버의 발달 9단계 스펙트럼 모형과 연관시키고 있습니다. 12장에서는 변형을 좀 더 여성적이고 체화된 관점에서 바라보는 것으로 초점이 바뀌며 win-win 집단의 특성, 한계와 창의성 간의 관계, 영적 상승에서의 수용성의 역할을 탐구하였습니다. 13장에서는 각 장에 대한 요약, IOS와 에니어그램의 자세한 비교 그리고 사명과 우리 삶속에 분리된 가닥들을 일관된 전체로 엮는 사명의 역할에 대한 논의를 다루고 있습니다.

또한 독자들의 이해를 돕기 위해 저자가 정리한 부록(부록 A~D)이 있으며, 여기에 역자들이 부록 E를 더해 추천하는 참고도서와 논문을 정리하여 놓았습니다.

뜨거운 폭염에도, 추운 겨울에도 열심을 다해 초벌 번역, 자료 수집, 교정, 수정, 편집을 위해 노력했던 이한얼 간사에게 감사드립니다. 그의 헌신과 도움이 없었다면 좋은 번역이 되기 어려웠을 것입니다. 또한 어려운 작업을 함께하며 진심 어린 정성과 관심으로 함께해 준 심수진 간사에게도 감사드립니다. 이 책을 통해 에니어그램 고유의 심리 역동성 및 변화와 변형의 초석을 깊게 경험하는 계기가 되기를 바랍니다.

한국에니어그램역동심리학회 역자 일동

저자 서문: 감사의 글

원고의 초안을 읽고 귀중한 초기 피드백을 제시해 준 데보라(Deborah DiMichele)와 칼(Carl Marsak), 항상 계몽적인 조언을 해 준 칼마인(Charmaine Sungy), 고무적인 대화와 답이 필요한 질문을 던져 준 알렉산드라(Alexandra Hepburn), 사려 깊은 질문과 피드백을 해 준 주디스(Judith Bouffiou), 최종 초안을 편집하고 교열하는 힘들고 어려운 작업을 해 준 파멜라(Pamela Silimperi), 로라(Laura Rivendell) 그리고 알리아 목사님(Alia Zara Aurami-Sou), 에니어그램에 대한 나의 사상과 개념이 성장할 수 있도록 지속적인 격려를 보내 준 잭(Jack Labanauskas)과 수앤(SueAnn McKean), 애정을 갖고 개인적인 지원을 해 준 톰슨(Thompson) 가족 그리고 실라(Sheela), 치리(Chiri), 틸로토마(Tilotoma Word)에게 감사의 뜻을 전합니다.

헌신적인 지원과 함께
수많은 시간을 원고를 읽고 교정하는 데 할애해 준
나의 소중한 친구들, 데비와 팜에게

차 례

Part 2 변형적 에니어그램

Part 1

통합적 접근법

통합적 접근법이란 정확히 무엇인가? 이는 **통합**을 촉진하는 삶에 대한 접근법이다. 이는 다양한 에너지와의 조화로운 맞물림이다. 진정한 통합은 그것이 개인이 내적 균형을 찾는 것에 관한 것이든, 부부나 연인끼리 더 큰 친밀함을 찾기 위한 것이든, 또는 일부 사람들이 자신의 이웃의 환경을 더 살기 좋은 곳으로 만들려는 노력에 대한 것이든 이루기 어려울 수 있다. 우리가 조화를 이루어야 할 요소가 많을수록 도전은 더 커진다.

통합적 체계들은 관점이나 기능의 수준의 차이점을 화합시키기 위한 적용 가능한 접근법을 제공하여 통합을 지원하도록 설계되어 있다. 에니어그램은 그런 도구다. 켄 윌버(Ken Wilber)의 통합운영체계(Integral Operating System, IOS라고 부른다)도 그렇다. 우리가 이들을 서로와의 관계 내에서 각각 연구할 때 이들의 유사점을 보게 되고, 내면 작업을 위한 에니어그램-IOS의 연합된 접근법의 장점들을 깨닫게 된다.

Part 1에서는 두 체계뿐 아니라 이 둘이 밀접하게 연관되는 상황을 소개하고 있다. 서론으로 시작해서, 사명(Dharma) 지향적 접근법의 장점에 대해 살펴보고(1장), 홀라키에 대한 설명과 왜 이것이 중요한지(2장), 성격 에니어그램의 소개(3장), 그리고 IOS에 대해 소개하고 있다(4장).

서론

에니어그램과 켄 윌버(Ken Wilber)의 통합적 접근은 인간 본성(인간 본질)의 이해를 위한 두 가지 강력한 체계다. 에니어그램은 다양한 핵심 동기에 근거하여 9가지 성격 유형을 밝혀 낸다. 또한 윌버의 IOS는 인간 의식의 발달을 개념화하기 위한 메타 구조(meta-framework)를 제공한다. 비록 이 두 가지 체계가 독립적으로 발달해 왔지만, 이들은 각자 서로에게 줄 수 있는 것이 많다. IOS는 에니어그램 연구의 기반을 형성할 수 있는 질서정연하고 진보적 지향을 띤 틀을 에니어그램에 가져다준다. 에니어그램은 다양한 기질의 차이가 어떻게 인간의 발달에 영향을 미치는지에 대한 방법론을 IOS에 제공한다. 이렇듯이 이 두 가지를 합치는 것은 곧 'win-win'을 나타낸다.

역사적으로 에니어그램은 우리의 본질적인 존재함으로부터 단절시키는 9개의 자아방어(ego defenses)로서 에니어그램 유형들을 묘사하는 데 주로 사용되었다. 에니어그램을 활용해 본 사람들은 이 묘사가 익숙할 것이다. 에니어그램을 활용해 보지 않은 사람들은 이 말이 약간 이상하게 들릴 수 있을 것이다(마치 내가 이 체계를 처음 알게 되었을 때 그랬던 것과 같이 말이다). 나는 성격을 어떤 문제의 한 종류로서 생각한다는 것이 이상하다고 여겨지는 것을 떨쳐 버릴 수가 없었다. 나에게 성격이란 개성의 표식이며 개성은 우리에게 가장 소중한 선물이다.

그래서 나는 더 긍정적인 관점으로 에니어그램을 활용할 방법을 탐색했다. 그러나 나는 그 분야에서 활용할 구조를 찾지 못했고, 성격을 골칫거리보다는 자산으로 표현하는 가르침도 찾지 못했다. 마침내 나는 만약 내가 긍정적인 관점으로 유형들을 활용하고 싶으면 주로 이 분야 외의 자료들로부터 영감을 받아서 나 스스로 접근법을 고안해야 한다는 것을 깨달았다.

내가 이것의 잠재력을 깨닫는 데 꽤 시간이 걸리긴 했지만, 윌버의 IOS는 영감과 지지의 주요 자료들 중 하나였다. 하지만 내가 윌버의 사상들에 몰입할수록 개성을 옹호하며, 변형이라는 관점을 합리적 의식과 관련한 구조들을 제거하는 퇴보적이고 자아말살적인 과정이 아닌 의식의 가장 개선된 구조를 창조하는 것을 진보적인(초월-포함) 과정으로 묘사하는 그의 접근법이 유용하다는 것을 많이 알게 되었다. 그것은 윌버 자신이 매우 유창하게 말했듯이,

> "온우주적 의식은 개성의 말소가 아니라 개성의 완전한 성취"다.[1]

윌버 체계의 잠재력을 파악하는 데 시간이 걸렸던 이유는 그의 체계가 방대하기 때문이다. 게다가 그의 체계는 40년이 넘는 연구를 가로지르는 5개의 주요 단계들을 포함한다. 내가 읽은 윌버의 저서들은 여백이 엄청난 주석들로 마무리되어 있었는데, 그중 많은 것들이 "맞다"와 "그렇다!"로 시작되고 있었다.

나 역시 건강한 계급 체계들을 특징짓는 방식을 설명하는 아서 케스틀러(Arthur Koestler)의 홀론 이론에 대한 윌버의 관심에 매료되어 있었다.[2] 따라서 에니어그램에 대한 나의 접근법을 형성하는 데 있어서 다양한 자료를 이용했지만(인지 심리학에서의 내 연구와 긍정 심리학에서의 관련 분야의 연구 포함), 윌버의 사상들이 내 에니어그램 연구에 더욱더 중심 역할을 하게 되었다.

연구를 위해 나는 내 생각들을 자주 메모하는 편이다. 처음에는 생각들이 흐릿하고 연구에는 많은 어려움이 있었다. 하지만 결국엔 핵심 주제들이 나타났고 집필 작업은 더 유동적이 되었다. 곧 나는 내 홈페이지(www.enneagramdimensions.net)에 글을 게시하기 시작했다. 2006년 *Enneagram Monthly*(*EM*으로 부른다)—에니어그램 글을 1995년부터 발행해 온 월간지—의 주제별 색인을 작성하는 일에 자원하면서 나는 이 월간지의 사장이자 편집장인 잭 라바나우스카스(Jack Labanauskas)와 친구가 되었다. 어느 날 나는 내가 쓴 글에 대해서 언급하게 되었는데 잭은 그 글들을 살펴보고는 출판하자고 요청했고, 나는 몇 달 뒤 *EM*의 기자가 되었다.

내 연구는 그때부터 국제 에니어그램 협회(IEA)와 연계된 연구 잡지인 *Enneagram Journal*과 인터넷 사이트인 Integral World(www.integralworld.net)에 게재되어 왔다. 또한 나는 『긍정 에니어그램(The Positive Enneagram)』(2009)과 *Archetypes of the Enneagram*(2010), 두 권의 책을 저술했다. 이것들에 대해서는 서론의 마지막 부분에서 더 설명하고 있다.

켄 윌버의 연구가 나의 에니어그램에 대한 접근법에 핵심적인 영향을 끼쳐 왔기 때문에 나는 윌버의 IOS와 에니어그램 간의 연결 관계에 대한 글들을 많이 쓰게 되었다. 사실 내가 *EM*에서 쓴 두 번째 글, 「에니어그램과 켄 윌버의 통합적 온우주론(The Enneagram and Ken Wilber's Integral Kosmology)」(2006년 12월~2007년 1월)은 두 부분으로 나누어진 이론적 글이었다. 같은 달 월간지에서 나는 그 당시 윌버의 새로운 책이었던 *Integral Spirituality*(2006)에 대해 호의적인 논평을 썼다.

내가 월간지에 첫 번째 글을 쓰게 된 목적은 IOS가 어떻게 반(反)병리화의 관점에서 에니어그램을 활용하는 것이 이론적으로 정당한지 설명하려는 것이었다. 또한 에니어그램과 IOS가 서로에게 어떻게 정보를 제공하는지에 대해서도 간단히 다루었다. 나는 나중에 *EM*에서 이를 주제로 글을 쓰게 되었고, 이는 후에 이 책인 『통합에니어그램』(2015)의 기반이 되었다.

- 역낭만주의가 에니어그램 분야에 미치는 부정적 영향에 대한 '역낭만주의적 이상과 에니어그램(The Retro-Romantic Ideal and the Enneagram)', (2010년 9월); 5장을 참고할 것.
- 켄 윌버가 그의 저서인 *Integral Spirituality*에서 설명한 9가지 에니어그램 유형과 켄 윌버의 8가지 정신적 지평선 간의 묘한 유사점에 대한 '켄 윌버의 8가지 정신적 지평선과 9가지 에니어그램 유형(Ken Wilber's 8 hori-zones & 9 Enneagram Types)', (2011년 6월); 10장을 참고할 것.
- 변형은 상승뿐 아니라 하강도 포함한다는 생각에 대한 '통합적 삶과 에니어그램(Integral Living and the Enneagram)', (2011년 10월); 9장과 12장을 참고할 것.
- 윌버의 발달의 9가지 수준, 과정 에니어그램의 발달의 9가지 단계, 성격 에니어그램의 9가지 관점 간의 유사점들에 대한 '성격, 과정과 발달의 수준(Personality, Process & Levels of Development)', (2011년 12월~2012년 1월); 11장을 참고할 것.
- 통합적 변형의 빈틈을 채우기 위해 과정 에니어그램을 사용하는 것에 대한 '통합적 변형의 에니어그램에 근거한 모형(An Enneagram-based Model of Integral Transformation)', (2012년 6월); 9장을 참고할 것.[3)]

이렇게 이 글들이 통합에니어그램의 기초를 형성하게 되었다. 그렇지만 여러 측면에서 이 책은 내가 썼던 글들을 넘어선다. 왜냐하면 집필 과정 동안 새로운 양식들이 나타났기 때문이다.

에니어그램 반(反)병리화하기

나는 9가지 성격 유형들을 바라보는 보통의 자아 대 본질 접근법으로부터 나의 에니어그램 관점을 구별하기 위해 나의 에니어그램 관점을 긍정 에니어그램 접근법으로 설명했다. (보면 알겠지만 윌버는 자아 대 본질의 관념을 그가 명명하는 삶의 역낭만적 철학과 연관 지으며, 이는 변형의 본질에 대한 잘못된 전제에 근거되어 있다고 말한다. 이것에 대한 논의는 4장과 5장을 참고할 것.)

하지만 긍정성의 부족만이 자아 대 본질 접근법과 연관된 유일한 문제가 아니다. 나는 첫 번째 *EM*의 글로 낸 「에니어그램을 반병리화하자!(Let's Depathologize the Enneagram!)」(2006년 10월)에서 이 접근법에 대해, (a) 이는 불필요하게 부정적이고, (b) 일관성이 불충분하고, (c) 심리적으로 분열을 초래하고, (d) 지나치게 초점이 좁다는 것 정도로 4가지를 언급했다.

부정성의 문제는 우리의 관심을 부정적 유형 특성에 맞추는 것이 이 특성의 치명적인 영향들로부터 억제해 주어서 부정적인 것들이 떠오르기 시작하는 순간에 우리 자신을 붙잡을 수 있기 때문에 유익하다는 신념에 뿌리를 두고 있다. 시간이 지나면서 이런 종류의 관행들은 우리를 속이기 위해 자아의 힘을 빼앗아 버리고, 그렇게 함으로써 우리의 영적 본질에 눈을 뜨게 해 준다고 믿고 있다. 불행하게도 심리학계에는 부정성을 제거하는 것이 긍정성을 만들어내지는 않는다는 것을 시사하는 수많은 연구가 존재한다(마틴 셀리그먼(Martin Seligman)의 우울증에 대한 연구에 근거하여 내가 앞으로 5장에서 더 주장할 것이다). 또한 성격의 부정적인 측면에만 너무 집중하는 것도 성격의 긍정적인 질이 발달하는 것을 방해할 수 있다.[4]

일관성 부족의 문제는 성격 유형은 불가피하게 신경증적인 방식으로 발달한다는 주장에 수반된 애매한 논리에 관한 것이다(5장 참고). 유아들이 백지 상태(tabula rasa)라고 여겨지던 수십 년 전에 성격은 대체로 행동적 조건화(behavioral conditioning)의 결과라고 주장하기가 훨씬 쉬웠다. 이제는 그렇게 하는 것이 어려워졌는데, 이는 성격 구조들이 삶의 최초 발생기 형태로 존재한다는 것을 보여 주는 수많은 연구 때문이다.[5] 그럼에도 불구하고 성격은 주로 환경적 조건화의 산물이라는 믿음은 남아 있는데, 특히 여전히 진행 중인 유전론과 환경론 논쟁에서 환경론이 우세한 시기에 자랐던 사람들에게는 이 믿음이 남아 있다.[6]

구분(이원성)의 문제는 에니어그램 이론이 자아(self)를 상위부와 하위부로 나누어 성격 자아('감정적 비행'과 '인지적 고착'과 함께)는 하위부에 두고, 큰 자아(감정적 선함[장점]과 신성한[경건한] 생각들과 함께)는 상위부에 두는 방식에 관한 것이다.[7]

자아를 반으로 나누는 것은 그 목표가 단순히 나눠진 두 부분을 통합하기 위한 것이라면 아마 그다지 문제가 되지 않을 것이다(블레이크[A. G. E. Blake]가 목적이 그래야만 한다고 시사했듯이; 5장을 참고할 것). 하지만 통합은 성격 에니어그램 연구의 목표가 아니다. 대신 사람들에게 '하위' 부분의 영향을 최소화하도록 도와서 여기에 에너지와 관심을 주지 않게 하는 것이 목표다. 현재의 에니어그램 모형은 그러한 면에서 자신의 근본적인 충동과 욕구들을 무시하거나 부인했던 수도자들에게 전통적으로 취해진 인간 본성의 모형과 꽤 비슷하다. 이제야 우리는 신체를 문제의 근원으로 보지 않고 자아를 그 대상으로 한다.

이 이원론적 접근법을 가장 좋지 않은 성질들까지도 변화—갈등의 해결뿐 아니라 의식의 변형까지 가져오는 변화—를 위한 **제1질료**(*prima materia*)로 접근하는 융(Carl Jung)의 정신에 대한 좀 더 변형 지향적인 이론과 비교해 보라. 이런 관점으로 보면 변형은 우리 안의 상반된 것들을 화합시켜 이원론적 사고의 부담을 점차 내려놓을 수 있게 해 주는 과정이 된다.

아니면 발달 단계가 다음 단계의 토대로 여겨져 전자아적 발달이 자아발달의 기반을 형성하고, 차례로 초자아적 발달의 기반을 형성하는 윌버의 '초월-포함' 접근법과 비교해 보라. 융의 모형에서도 볼 수 있듯이 여기서 강조하는 것은 분리가 아닌 통합이다.

마지막으로 중요한 것은 **초점의 좁음**(편협함)에 대한 문제로, 각 유형의 '부정성'에 너무 많은 관심을 두는 것은 그만큼 '긍정성'에 훨씬 덜 관심을 둔다는 사실이다. 사람들이 각 유형의 타고난 재능에 대해서 언급할 때 확신을 가지고 말하는 것이 드물지만, 이는 완벽히 타당한 것이다. 왜 우리가 성격 고착을 내적 재능과 연결 짓겠는가?

각 유형들과 고착된 기능들을 연관시키기 시작하면 각 유형을 긍정적 영향으로 그리기는 힘들다. 감정적 비행에서 감정적 선함으로의 변형에 대한 이론(또는 인지적 고착에서 신성한 생각으로의 변형에 대한)을 이야기한다 해도 부정적 특성들에 초점을 맞추는 습관은 한 번 형성되고 나면 변화시키기 힘들다.

그럼에도 불구하고 이런 편협한 시각은 점차적으로 유형을 활용하는 일에 더 넓고 제약이 없는 접근법으로 바뀌어가는 것으로 보인다. 이러한 트렌드는 새로운 에니어그램 세대들이 이 체계를 활용하기 위한 새로운 방법들을 발달시켜 나감으로써 앞으로는 아마 더 강해질 것으로 보인다.

에니어그램과 통합적 접근법들을 연결시키는 것에 대해 급증하는 최근의 관심을 보라. 내가 2010년에 책을 집필하기 시작할 당시만 해도 절대 예측할 수 없었던 변화다. 이 두 체계를 함께 모으는 것에 대한 관심과 흥미는 꽤 급작스럽고 극적인 일이다. 이는 가까운 미래에 통합론자들(Integralists)이 에니어그램에 대해 훨씬 더 많이 알게 될 것이고, 에니어그램도 서로 그렇게 되리라는 것을 의미한다.[8]

이 시점에서 9가지 유형들에 대한 우리의 관점을 넓히는 방식에 대해 돌아보는 것은 유형을 단순히 변형을 막는 장애물이 아닌 그 이상으로 보게 하기 때문에 특히 중요하다. 앞으로 소개될 장들에서 에니어그램을 잠재력 지향적인 체계로 그릴 수 있을 때—그리고 에니어그램의 9가지 지점을 이 체계에 생기를 불어넣는 다양한 가능성으로 그릴 수 있을 때—에니어그램은 인간 의식의 변형을 위한 강력한 도구가 될 것이다.

통합에니어그램 모형

앞에서 언급된 모든 한계점에도 불구하고 에니어그램이 가진 힘에 대해 찬사를 보내는 것은 에니어그램이 내면 작업에 유용한 도구로 계속 남아 있다는 것 때문이다. 하지만 나는 이 체계를 발견하면서 이를 활용하는 것이 불가능했다. 유형과 관련된 맹점들을 식별하는 능력(만약 고통스러운 것이라면)이 초기에는 해방감을 느끼게 했지만, 얼마 뒤에 이것도 약해지게 되었다. 내적 자유에 대한 것이어야 하는 이 체계 안에 나는 갇힌 기분이 들기 시작했다. 나는 에니어그램이 박혀 있었던 해석적 환경(이는 자아가 본질을 흐릿하게 한다는 전제에 기초하고 있다)으로부터 에니어그램을 분리시키고 나서야 오랜 기간 동안 함께 지속할 수 있었던 에니어그램 작업에 대한 접근법을 개발할 수 있었다.

내가 앞에서 언급했듯이 원래 이런 작업의 방식을 긍정 에니어그램 접근법으로 생각했다. 하지만 통합적 연구 결과에 따라 원래 긍정 에니어그램 접근법은 변형의 통합 지향적 모형을 만들어 낼 수 있는 통합에니어그램 접근법으로 바뀌어 왔다.

이 모형은 우리 모두 내면에 각기 다른 방향성으로 우리를 끌어당기는 다양한 에너지를 갖고 있음에도 불구하고 우리가 삶에서 훨씬 더 조화롭게 기능할 수 있게 하는 방식으로 이 에너지들을 통합하는 것이 가능하다는 전제하에 설계되었다. 성격 에니어그램이 이 모형의 척도의 역할을 하지만, 이 모형은 이를 상호 보완하는 4가지 접근법에 많은 부분 영향을 받았다. (a) 켄 윌버의 IOS, (b) 구르지예프(George Ivanovich Gurdjieff)의 과정 에니어그램, (c) 아서 케스틀러의 삶의 체계에 대한 홀라키적 접근법, 그리고 (d) 우리의 삶에 목적을 주는 중심의 줄거리 또는 주제가 있다는 기본적인 사상, 즉 내가 사명(Dharma)이라고 명명하는 주제다.

이제 다음에서 이 접근법들을 각각 간단하게 살펴보도록 한다.

• 윌버의 IOS는 에니어그램 작업을 위한 전반적인 이론적 틀을 제공한다. 이 틀은 인상적일

만큼 포괄적이고 긍정적인 초점을 가지며 전적으로 진보적(진행적)이다. IOS의 포괄성은 윌버가 지난 40년 동안 의식의 인간 상태/단계의 본성, 정상적 발달 대 병리적 발달, 관점 취하기의 가치, 우리가 발달함에 따라 전 단계를 통합해야 하는 필요성 등에 대해 논의하며 연구한 풍부한 연구 본체에 나타나 있다. 이의 긍정성은 마틴 셀리그먼과 그와 비슷한 정신을 가진 동료들에 의해 연구된 긍정 심리학에 대한 최근의 연구와 이를 상응하게 만든다. 또한 이의 진보적 초점은 정신적 구조의 구별이 더 높은 의식으로의 지속된 성장 기반으로서 보여지는 것을 의미한다(그 성장을 막는 장애물로서 보이는 것 대신에).

- **구르지예프의 과정 에니어그램**은 오스카 이차조(Oscar Ichazo)에 의해 개발된 성격 에니어그램과 기하학적으로 동일하다. 과정 에니어그램은 변형적 과정의 주기적(순환적) 본성과 각 주기의 부분인 9가지 단계들에 대해 설명한다. 앞으로 더 보면 알겠지만 변형의 9가지 단계와 9가지 에니어그램 성격 유형 사이에는 직접적인 연결점이 있다. 이는 과정 에니어그램을 이해하는 것이 우리가 9가지 유형들의 본성을 이해하도록 도울 수 있다는 것을 의미한다.
- **케스틀러의 홀라키적 접근법**은 삶의 체계의 수준 간에 에너지가 흐르는 방식에 대해서 이야기한다. 이 체계가 건강할 땐 에너지가 자유롭게 흐르면서 모든 수준 간에 활동적인 연결점을 생산해 내고 긍정적으로 기능하게 한다. 건강한 삶의 체계의 본성을 이해하는 것은 어떻게 삶의 모든 부분과 연결될 수 있는 건강한 정신을 창출할 수 있는지 우리가 이해할 수 있도록 돕는다.
- **사명에 기초한 초점**은 개인의 변형은 절대 홀로 일어날 수 없고 항상 삶의 더 큰 목적들과의 관계 속에서 일어나는 것이라는 사상을 강조한다. 사명(Dharma, 삶에서의 우리의 목적 또는 길)의 상황 속에서 변형이 일어날 때, 이는 우리의 개별적인 의식 안에서뿐 아니라 삶의 온우주의 큰 구조 내에서도 변화를 가져온다.[9]

그러므로 나의 목적은 삶의 목적을 가진 개인의 목적을 통합하는 에니어그램 작업으로의 접근법을 설명하는 것이다. 왜냐하면 이 두 가지가 동일선상에 있게 될 때만이 가치로운 삶을 사는 것이기 때문이다.

이 책이 꽤 복잡하기는 하지만 에니어그램이나 IOS에 대한 선지식을 요구하지는 않는다. 그러므로 개인적 변형에 대한 진지한 관심이 있고, 이러한 사상들에 대해 깊게 사유할 의지가 있는 사람들은 이 책에서 자신의 흥미에 불꽃을 일으켜 줄 무언가를 아마도 찾을 수 있을 것이다.

구조

이 책은 세 부분으로 구성되어 다음에 기술되었다.

PART 1. 이 서론을 포함으로 우리는 이미 PART 1에 있다. 1~4장은 통합에니어그램 개념의 기초인 발상들을 제시한다. 1장에서는 '삶은 살아 있다'라는 개념을 소개한다. 이 개념은 인간이 의도적인 역할이나 사명의 역할이 타고난 순서를 가지고 있다는 말이다. 이 관점은 변형에 대한 탐구를 알리도록 이끄는 원칙을 알려 준다. 2장에서는 생성된 온우주를 지배하는 질서인 홀라키적(Holarchic) 본성을 탐구한다. 홀라키적 본성은 홀론들로 구성되어 있다. 선천적으로 홀론은 부수적인 부분들을 포함하고 있는 전체와 더 큰 전체에 의해 포함된 부분들로 이루어져 있는 독립체를 의미한다. 건강한 홀라키에선 삶 체계에 있는 모든 수준이 서로 연결되어 있으며 상호 의존한다. 3장에서는 성격 에니어그램과 그 기본 요소들을 소개한다. 이들은 9가지 유형, 18가지 날개 유형, 27가지 하위유형, 각 유형에 대한 2개의 연결점, 그리고 3가지 에너지 중심을 말한다. 4장에서는 켄 윌버의 IOS의 주요 원칙들을 소개하며 그의 5가지 요소들을 포함한다. 이들은 각각 상태, 수준, AQAL, 유형 그리고 발달 선이다. 또한 4장에서는 변형이 본질적으로 진보적인 과정이라는 개념을 소개한다.

PART 2. 5~8장에서는 에니어그램에 초점을 맞추고, 특히 그 기하학에 중요성을 둔다. 에니어그램은 2가지 방법 중 하나로 해석될 수 있다. (a) 성격 탐구를 위한 도구로서, (b) 변형 과정을 설명하는 것으로서다. 5장에서는 성격 에니어그램과 영성의 장애물로 성격 발달이 영성의 장애물로 어떻게 에니어그램 사회 내에서 보이는지에 초점을 맞춘다(윌버가 역낭만적이라고 부르는 접근). 6장에서는 40년 뒤 이차조에 의해 소개된 성격 에니어그램보다 반세기 전 구르지예프에 의해 발표된 변형적-중심의 과정 에니어그램을 소개한다.[10] 7장에서는 9가지 성격 유형의 관점이 어떻게 에니어그램 과정의 9가지 단계와 연관될 수 있는지 보여 주며, '고정 유형'보다 '변형 유형'으로 보는 것의 개념을 지원하는 것을 보여 준다. 8장에서는 영향력의 영역으로 에니어그램 원을 분할하는 방법을 설명하며, 변형의 통합에니어그램 모형 또는 'one enneagram'을 책정하도록 우리를 도울 수 있는 방법을 설명한다(※역주: one enneagram은 수잔 로즈[Susan Rhodes]가 정리한 에니어그램의 개념으로, 성격 에니어그램과 과정 에니어그램을 종합적으로 정리한 에니어그램을 말한다. 이 명칭이 가진 고유성 때문에 이 책에서는 원어 그대로 표기한다).

PART 3. 9~13장에서는 통합에니어그램 모형과 윌버의 IOS 사이의 유사성을 탐구한다. 이에 따라 이 장들은 더 길며 복잡하다. 또한 이들은 두 체계 내의 나의 지속적인 반영의 일부로써 발생하는 몇 가지 새로운 이론적 개념을 포함한다. 9장에서는 수직적 통합에 초점을 맞춘다. 우리가 양방향을 개발하도록 하는 에니어그램 과정을 사용하는 방법, 윌버의 전/초 오류를 위반하지 않고 변형 과정의 본질적인 부분으로 하강을 포함하는 변형의 에니어그램-기반 모형(이후 4장에서 설명된 것)이다. 또한 이 모형은 8가지로 구현된 생활 주기의 일부이자 9가지 에니어그램 유형 각각에 대해 간략하게 설명된 변형적 이동을 생성한다.[11] 10장에서는 수평적 통합에 초점을 맞춘다. 윌버의 4가지 AQAL 분면, 8가지 정신적 지평선('발생의 영역') 및 '3대' 가치 영역(Big Three value spheres)을 보여 주기 위해 에니어그램을 사용하는 방법이다. 또한 이 장에서 나는 통합적 이론의 일부 측면을 변경하는 결과에 도달한 3가지 결론에 대한 논의를 포함한다.[12] 11장에서는 에니어그램과 IOS 사이에 추가적인 유사성의 다수를 보도록 허락하여 수평 및 수직 축을 제공한다. 12장에서는 통합적인 생활에 초점을 맞추고 'win-win'(통합적-지향) 집단의 본질을 탐구하며, 우리가 더 창조적인 삶을 살도록 자극하는 제한의 가능성과 영적 상승에 대한 수용 접근의 장점을 탐구한다. 13장에서는 이전 장들을 요약하고, 하나하나 IOS와 에니어그램의 요약 비교를 제공한다. 이것은 사명에 대한 추가적인 관찰과 삶에 대한 보다 통합적인 접근을 용이하게 하는 방법으로 끝난다.

간단한 요약

다음은 기본적으로 직접적인 관련성이 있는 통합에니어그램 모형의 설명이다.

- 사실상 모든 생명체는 선천적인 목적이 있다.
- 인생의 목적은 우리를 변형시키는 경험을 통하여 유인하는 수단인 사명을 수행하는 것이다.
- 에니어그램 유형은 기질의 변화와 사명의 성취 모두를 지원하는 수단이다.
- 구르지예프의 과정 에니어그램과 이차조의 성격 에니어그램을 병치하는 것은 우리가 더 나은 기질과 변형 사이의 관계를 볼 수 있도록 하는 통합에니어그램 모형을 얻게 한다.
  (이와 같이 우리의 변형 경로를 발견하기 위해 우리를 돕는다.)
- 이 통합에니어그램 모형과 켄 윌버의 IOS를 병치하는 것은 결과적으로 온우주에서 더 편

안하게 느낄 수 있도록 해 주는 삶의 수직 차원 및 수평 차원 사이의 역동적 상호작용에 관련되는 방법을 제공한다.

이 책은 간단하다. 비록 이 설명이 다듬어진 논문처럼 들릴 수 있지만 그보다는 알 수 없는 것으로의 도약이라고 할 수 있다. 여기에 제시된 개념의 대부분은 여전히 '씨앗'의 형태다. 새로운 개념에 자발적으로 발생하는 것을 유지하는, 마치 땅에서 떠오르는 작은 식물과 같은 이 비유가 정확하다. 나는 미진한 부분들을 마무리 짓기 위해 최선을 다해 왔지만, 나 아니면 미래의 작가들에게 더한 발전을 간청하는 개념들이 아직 많이 있다.

개념의 진행

『통합에니어그램』은 나의 에니어그램 책 시리즈 중 세 번째다.

나의 첫 번째 책, 『긍정 에니어그램』은 긍정적인 관점에서 에니어그램과 9가지 유형을 소개한다. 또한 (a) 성격과 과정 에니어그램 및 (b) 유형적 제한과 창조성 사이의 관련성을 소개한다.

『원형 에니어그램(Archetypes of the Enneagram)』(2010)은 긍정 에니어그램 접근의 기본 원리에 대해 자세히 설명한 좀 더 깊고 보다 이론적인 작품이다. 처음 초점으로 사명의 개념을 소개하고, 27개의 에니어그램 하위유형과 관련된 27개의 삶의 경로를 설명하는 영화 예시를 사용하였다.[13)]

통합에니어그램은 IOS와 에니어그램을 각 체계의 장점을 활용하는 방법으로 통합할 수 있는 방법을 탐구하기 위해 사명-중심 접근에 따라 확장한다.

진화하는 통찰력

통합을 추구하는 과정 중에 변형의 본질(9장), '포함-초월' 구성요소를 기존의 윌버의 '초월-포함' 접근에 추가하는 것의 유용함(9장), 그리고 윌버의 IOS를 완전히 명시하는 데 필요한 요소의 수를 5가지에서 4가지로 감소시키는 것의 가능성(10장)에 대한 놀라운 통찰들이 생겨났다.

이러한 제안된 수정으로 이어질 이 탐구를 기대하지 않는 동안 나는 둘의 상충되는 개념을 일치시킬 수 없었을 때 이들을 화합시킬 해결책을 마련하기 위해 최선을 다했다. 당신이 독자로서 에니어그램과 통합 이론 모두에 제안된 개정에 동의하거나 동의하지 않아도 나는 적어도 당신이 이것들을 생각을 위한 자극이 되는 양식으로 여기게 되기를 바란다.

앞서 말한 논의에서처럼 사명이 이 책을 통합하는 주제임은 분명하다. 바로 1장에서 그 이유를 설명한다. 간단히 말하자면 경험을 통한 사명의 성취는 우리를 변형시킬 뿐 아니라 나아가 자연스럽게 삶과 더 조화로운 관계를 맺도록 해 주는 방식으로 우리를 변형시켜 준다는 것을 알게 되었다. 다음 장에서는 사명의 본질이 앞으로 이어질 논의의 지표가 되는지에 대해서 더 깊게 살펴볼 것이다.

미주

1) *A Sociable God*(1983/2005), p. 37.

2) 아서 케스틀러는 과학, 의식과 창의성 사이의 관계 같은 흥미로운 주제들의 다작작가다. 그의 많은 작품의 자전적—중심 순회로 그의 *Bricks to Babel*(1980)를 참조하라. 신중하고 잘—연구된 전기를 위해 마이클 스케멜(Michael Scammell)의 케스틀러(Koestler, 2009)를 참조하라.

3) '변형의 에니어그램-기반 모형'의 최신 버전은 9장에 있는 많은 정보를 위한 기초이며, Integral World 웹사이트에서 확인할 수 있다(www.integral-world.net).

4) 에니어그램 작업에 긍정적인 접근을 도입하는 것은 우리의 심리적 또는 정신적 결함에 초점을 배제하지 않는다. 이것은 단지 에니어그램 유형에 대해 아무것도 본질적으로 결함이 없다는 개념을 포용하는 것을 의미한다. 수피교에는 이런 말이 있다. "먼저 당신의 결함을 기억하라. 그리고 그것들을 잊어버려라." 우리는 작업할 영역을 파악하기 위해 우리의 결함을 기억한다. 다음 단계는 결함에 너무 큰 초점을 둔다면 자멸이 되기 때문에 결함을 되풀이하지 않도록 작업을 수행하는 것이다. 장기적으로 그것은 매우 쇠약하게 하는 습관이 될 수 있다.

5) 과학이 아동 발달에 대해 무엇을 알고 있는지를 알고 싶어 하는 부모들을 위한 온라인 자료인 양육 과학(Parenting Science)은 신생아의 능력에 대해 훌륭히 요약해 놓았다.
(www.parentingscience.com/newborns-and-the-social-world.html; [2012-10-20에 인용됨]).

6) 유형이 보편적이고 모두 고정화될 수 있다는 개념을 받아들인다면 우리는 2가지의 동일한 유해한 개념의 하나를 포용해야 한다. 고착은 유전적으로 보편적인 기능이라는 것 또는 인간 발달의 보편적인 기능이라는 것이다.
심지어 20세기 중반 동안(1920년대 중반~1950년대 전후) 심리학에서 프로- '양육' 캠프가 매우 우세했을 때, 성격이 본질적으로 왜곡된 방식으로 발달되는 것 또는 사실상 모두가 충격을 받고 자란다는 개념은 행동주의자나

신-프로이트 생각의 일부가 아니다. 도널드 위니컷(Donald Winnicott)은 '충분히 좋은 보살핌'에 대해 이야기했으며, 그의 동료인 존 볼비(John Bowlby)는 어린아이들이 자신감과 안심하는 정도에 크게 다른 것을 이후 과학적인 방법을 사용하여 시험한 애착이론을 개발했다. 그러나 연구는 지속적으로 아동(약 55~65%)의 대부분이 심리적 웰빙(well-being)과 높은 관련을 보이는 측정인 안정애착으로 나타난다.

7) 본래 *EM*에서 출판된(2009년 10~11월) 에니어그램 하위유형 특성에서(On The Nature of the Enneagram Subtypes, 현재 에니어그램 패러다임이 분열될 수 있는 방법에 대한 자세한 내용은 나의 웹사이트에서 참조하라(www.enneagramdimensions.net/articles%5Con_the_nature_of_subtypes.pdf#start).

8) 에니어그램 교사들 중 통합적 개념에 대한 관심의 극적인 고조에 대해 말할 때 내가 과장하고 있는 것이 아니다. 비록 6년 동안 에니어그램과 통합 이론에 대한 기사들을 게시해 왔지만, 자신의 작품에서 에니어그램을 사용한 통합 연구소의 창립 구성원인 피터 맥냅(Peter McNab)같이 소수에 불과한 개인으로부터 이러한 기사들에 대한 의견을 받았다. 나는 또한 잘 알려진 에니어그램 교사인 테리 사라치노(Terry Saracino)와 몇 년 전 켄 윌버의 작품에서 우리의 상호 이익에 대해 간략하게 말했다.

그러나 2012년 4월 볼더(Boulder)에서 에니어그램 전 세계 교사인 헬렌 팔머(Helen Palmer), 테리 사라치노, 르네 로사리오(Renee Rosario), 그리고 레슬리 허쉬버거(Leslie Hershberger)에 의해 주로 통합 사회의 구성원에게 주어지는 워크숍을 알게 되었다. 2012년 10월에 시애틀에서 레슬리에 의해 진행된 워크숍에 참석할 수 있는 기회가 있었고, 덴버에서 개최되는 2013년 국제 에니어그램 협회(IEA) 컨퍼런스의 주제가 '높은 마일과 통합(Mile High and Integral)'이라고 발표되었다. 기조연설은 볼더에서 통합 센터의 이사인 제프 살츠먼(Jeff Salzman)이 했다. 같은 달에 헬렌 팔머는 볼더 워크숍의 9시간짜리 비디오인 〈Where the Narrative Enneagram Meets Integral〉을 출시했다. 2주 후 팔머는 통합 연구소가 후원하는 2013년 새해의 다음 컨퍼런스에서의 기조연설자로 발표되었다.

이러한 급격한 변화에 대응하여 나는 *EM*에서 2013년 1월에 발행된 두 분야 사이의 관계의 전개에 대한 '통합과 에니어그램의 조화 융합(The Harmonic Convergence of the Enneagram and Integral)'을 썼다. 2013년 1월부터 내가 IEA 컨퍼런스에서 강연하도록 한 제안이 받아들여졌다. 또한 통합 이론과 에니어그램에 패널로 참여하도록 요청받았다. 그리고 오늘(2013.5.24.)로, 나는 '유형에 주목하기: '소외된' AQAL 요소의 응용과 창조적인 생각(Spotlight on Type: Creative Thoughts and Applications of the 'Marginalized' AQAL Element)'이라는 흥미로운 제목을 가지고 메타통합(MetaIntegral) 재단이 후원하여 올해 7월에 개최하는 2013년 통합 이론 컨퍼런스에 패널로 참여하는 것에 대한 연락을 받았다.

9) (대우주(Cosmos)가 아닌) 온우주(Kosmos) 언급에 관해서 윌버의 물리적 우주관뿐만 아니라 현실의 모든 수준에 있는 우주관을 나타내기 위해 본래 그리스어 철자의 사용을 차용하고 있다.

10) 오스카 이차조는 여러 가지 방법으로 성격 에니어그램의 기원을 설명하고 있다. 때때로 그는 그것이 내부 구현으로 그에게 다가왔다고 말한다. 다른 사람에게 그것은 신비로운(그러나 계시되지 않은) 교사의 가르침이라고 말했다. 세 번째 이야기는 구르지예프의 과정 에니어그램에 대한 그의 연구를 기반으로 그가 더 많거나 적게 한 발명이었다. 어떤 이야기가 사실인가? 우리는 알지 못한다. 우리가 아는 것은 그 기원이 무엇이든, 에니어그램은 내부 작업을 위한 강력한 도구라는 것이다.

11) 일반적으로 하강은 점진적으로 퇴행하는 상승이라고 볼 수 있다. 이것은 윌버가 변형 과정의 구현된 측면으로 하강을 포함하지 않는 이유다. 논의에 대해서는 프랭크 비저(Frank Visser)의 *Ken Wilber: Thought as Passion* (2003)을 8장에서 참조하라.

12) 가끔 나는 강조가 일반적인 의미에서의 통합에 있는지(작은 '나' 통합) 또는 윌버의 IOS나 주변 지역사회(큰 '나' 통합)에 있는지의 여부에 따라 '통합'을 활용하고 때로는 그렇게 하지 못한다.

13) 각각의 에니어그램 유형에는 인생에서 개인에게 가장 매력적인 세 분야에 따라 3가지 가능한 변형(하위유형)이 있다. 자기보존 분야(자기책임과 독립성에 초점), 성적 분야(창의성과 친밀감에 초점), 사회 분야(네트워크와 표준화 그룹에 초점)가 그것이다. 3장 참조.

1 사명에 기초한 접근법

난 당신들의 운명이 어떻게 될지 모른다. 하지만 내가 한 가지 아는 것은 당신들 중 정말로 행복해질 사람들은 어떻게 섬기는지를 추구했고, 그것을 찾은 사람들이라는 것이다.

–알베르트 슈바이처(Albert Schweitzer)

내가 아주 어렸을 때 세상은 아주 멋진 곳이었다. 우리 가족은 메사추세츠의 베벌리에서 살았는데 그곳은 늘어선 낡은 집들과 작은 가게들, 숲으로 둘러싸인 작은 호수들로 가득한 마을이었다. 우리 집은 분주한 도지 거리의 모퉁이와 더운 여름 날씨에 인도를 쾌적하게 걸을 수 있도록 만들어 주었던 큰 나무들로 즐비한 코블스톤 거리에 있었고, 그다지 분주하지 않은 알링턴 가에 위치한 짙은 녹색의 반–빅토리안 풍의 집이었다. 나는 내 방의 창문을 통해 도지 거리를 내다보며 지나다니는 차들을 바라보는 것을 좋아했다.

마을에는 다양한 종류의 이웃이 살았는데 모두 나보다 약간 나이가 많았다. 그들은 나를 그들의 마스코트로 삼고 놀기에 재미있는 장소들을 보여 주었다. 이때에는 아이들에게 교훈을 가르치려는 현대인의 교육방식이 시작되기 전이었기 때문에 대부분의 자유 시간에는 무엇인가를 탐험하며 보냈다.

그곳에는 탐험할 수 있는 많은 장소가 있었다. 이국적인 검은 모래로 가득한 마른 늪지대, 나비 들판, (무섭지만 신났던) 기차 터널, 작은 땅들에 의해 나뉜 7개의 작은 호수들과 거리 끝에 있었던 아주 오래된 물거르개 시설과 금속 격자무늬 바닥 밑에 있던 그것의 윙윙대던 기계 부품들이었다. 물거르개는 불빛이 희미하게 비치는 방과 함께 큰 금붕어 못이 있었는데 그것은 내게 〈피터 래빗(Peter Rabbit)〉에서 나왔던 비슷한 것을 연상시켰다. 나는 물탱크 안에서 끝없이 돌아다니는 물고기와 함께 물의 그림자가 벽에 어른거리는 것을 바라보는 것을 정말 좋아했는데, 작은 아이들에게 자연 트램펄린이 되어 주었던 낮게 드리운 가지가 특징이었던 숲속의 '깡총깡총' 나무를 찾아가는 것만큼이나 좋아했다.

하지만 내가 일곱 살이 되었을 때 상황이 달라졌다. 아버지는 이직을 하셨고, 우리는 캐나다 몬트리올의 교외지역인 베-듀흐페(Baie D'Urfee)로 이사를 가게 되었다. 그곳은 베벌리 같은 진짜 마을은 아니었지만 아주 새롭고 질서정연한 직사각형의 격자 구조의 나무 하나 없는 쇄석 도로 위에 정렬된 '신발 상자' 모양의 집들이 특색인, 놀라울 정도로 개성 없는 지역이었다.

모든 도로와 집이 거의 똑같아 보였다. 그 지역의 좋은 점이라고는 바닥이 평평해서 자전거 타기에 좋다는 것뿐이었다.

그 이후로 상황은 다시 예전 같지 않았다. 우리는 캐나다에서 2년밖에 살지 않았지만(그곳은 설상가상 모든 것이 10센트씩 더 비싼 곳이었다), 베벌리 같은 곳에서 다시는 살지 못했다. 또한 아늑하고 조용하면서, 멋진 집에서도 살지 못하게 되었다. 집들은 더 비쌌고, 더 평범하고 지루했다. 이웃들은 진정한 이웃이 아니었고, 거리는 아이들에게 안전한 막다른 길들로 이루어져 있었으며, 전형적으로 도시 설계자들에 의해 창조된 유형들이었다. 학교는 안전했지만 시시했다. 그리고 나의 부모님이 골프를 치던 인근의 골프장들은 나비 들판이나 검은 모래 늪지대보다 훨씬 덜 흥미로워 보였다.

긴 이야기를 짧게 하자면, 그 이후 나는 유년기와 청소년기에 방황하게 되었다. 내 어린 시절의 멋졌던 세상은 사라졌고 그것을 대체할 수 있는 것을 찾지 못했다. 나는 종교적 가르침을 받으며 자라지 않았기 때문에 물질적 세상이 내가 알던 전부였다. 대학을 다니기는 했지만 어떤 것도 내게 흥미를 일으키지 못했다. 그래서 졸업을 한 뒤 경력을 추구하는 것을 포기하고 직장을 구하러 다녔다. 그저 집세를 내기 위한 아무 직장 말이다.

나는 일을 할 때에도 가치 있는 무언가를 찾길 바라며 다양한 것을 시도했다. 청소부로, 세탁부로, 접시닦이로, 공장 노동자로, 조경사의 조수로(라고 쓰고 '막노동자'라고 읽는다), 점원으로, 사무실 직원으로, 주유소 직원으로, 나무 심는 사람으로, 그리고 즉석요리 전문요리사로까지 일했다. 내가 이런 시행착오 모험들을 통해 얻은 것의 대부분은 '내가 무엇을 하고 싶지 않은가'이었다. 게다가 그건 삶을 배우기엔 힘든 방식이었다.

삶은 살아 있다

문제가 뭐였는지 간결하게 말하자면 나는 내적인 목적의식이 부족했다는 것이다. 나는 순수함('내적 의식')을 잃었고, 그렇게 상실감뿐 아니라 외로움, 그리고 어찌 보면 분노까지 느꼈는데, 그것은 삶의 즐거움을 잃은 것에 대한 분노였다. 결국 나는 삶이 문제가 아니라는 것을 깨달았다. 문제는 나였다. 더 구체적으로 얘기하자면 문제는 삶과 즐거운 방식으로 관계하지 못하는 나의 무능력이었다.

나는 삶을 나의 개인적 필요들을 만족시켜 주기 위해 있는 무생물, 즉 물체처럼 생각했다. 나는 삶을 사용하고 통제하고 조종하고 싶었다(어쨌든 그건 '나의' 삶이었으니까). 하지만 나는 삶을 그 자신만의 필요가 있고, 그 필요를 충족시키기 위해서 내가 거기에 필요할 수도 있는 것으로 바라본 적이 한 번도 없었다. 삶을 물체로 대하는 것이 나 자신도 그와 같이 대하는 것임을 깨닫지 못했다. 내 안의 살아 있다는 의식을 되찾기 위해 삶도 살아 있는 것으로 바라봐야 했던 것이다.

'삶 자체가 살아 있다'라는 말이 이상하게 들릴 수도 있지만 사실 이 생각은 오래된 것이다. 이 사상은 "세계는 살아 있으며 세계는 영혼과 지성을 지니고 있다… 이는 단일하고 눈에 보이는 살아 있는 독립체이며, 본질적으로 서로 모두 관계되어 있는 모든 나머지 살아 있는 독립체들을 포함하고 있다"는 플라톤의 사상에 나타나 있다.[1] 수피교 선생인 루얼린 본-리(Llewellyn Vaughn-Lee)는 고대의 철학자들과 중세시대의 연금술사들이 세상을 "온 자연 도처에 널리 퍼진 순수한 천상의 영이자, 우주의 모든 생명을 포용하고 활기를 불어넣는 신성한 본질"로 봤다고 말하고 있다.[2] 구르지예프는 "각자의 방식대로 모든 것은 살아 있으며, 지적이고 의식적이다… 생기(활기)에는 다른 것들과 구별되는 척도가 있다."[3] *The Intelligent Enneagram*(1996)의 저자인 A. G. E. 블레이크는 우주의 '내포된 질서'[4]에 대해 말하고 있으며, 구르지예프의 초미의 문제는 '이 땅에서의, 특히 우리 삶의 목적과 의의는 무엇인가?'라는 것에 대해 언급하였다.[5] 요기 마하리시 마헤시(Maharishi Mahesh Yogi)는 "삶은 고정적이 아닌 역동적이다. 삶은 활력적이고 앞으로 진행해 가며 진화하고 발달한다"라고 논하였다.[6] 또한 켄 윌버도 삶은 단조롭게 보일 수 있지만, "다른 어떤 무언가가 여기서 일어나고 있다. 우연한 극적인 일 뒤에는 지성의 더 깊거나 더 높은, 또는 더 넓은 양식 또는 질서가 있다"고 언급하였다.[7] 다른 곳에서 그는 진화 내에서의 목적의 역할에 대해 이야기하며 인간은 무작위로 행동하는 것보다는 자신들의 진화(발전, 진전)의 오메가(끝) 지점을 향해 목적의식을 갖고 이끌리는 것이라고

언급하였다.[8)]

이러한 통찰들이 전통적으로 20세기 중반의 철학자들과 신비주의자들에 의해 나오긴 했지만, 일부 과학자들은 삶의 기계론적 모형에 기초한 과학적 환원주의의 틀을 깨고 나오기 시작했다. 이 운동의 지도자들 중 한 명이 베르탈란피(Ludwig Von Bertalanffy)였는데, 그는 생물학적 유기체들은 고립된 채로 존재하는 것이 아니라 서로 다른 유기체들과의 관계 내에서 존재한다는 사상에 기초하여 체계 이론의 규율을 세웠다. 따라서 이들의 본질을 이해하려면 이들의 상호작용을 살펴볼 필요가 있다.

체계 이론에서는, "주안점은… 부분들에서 부분들의 조직으로 바뀌며, 부분들의 상호작용들은 '고정적'이고 변함없는 것이 아닌 '역동적인' 과정들이라는 것을 인식한다."[9)] 역동성에 대한 이러한 초점은 체계가 번성하기 위해서는 그 체계 바깥으로부터의 에너지와 정보에 열려 있어야만 한다는 사상을 불러일으킨다. 그렇기에 베르탈란피는 "살아 있는 체계는 개방된 체계다"라는 표현을 썼다.[10)]

또 다른 지도자인 인지심리학자 제롬 브루너(Jerome Bruner)는 그의 동료들이었던 조지 밀러(George Miller)와 울리히 나이서(Ulrich Neisser)와 함께 20세기 중반 행동주의의 융통성 없는 틀에서 탈피하기를 추구했다. 인지심리학의 새로운 규율은 원래 '의미를 심리학의 중심 개념으로 세우기 위해' 설계된 것이다.[11)]

세 번째로 영향력 있던 인물은 홀론 이론의 창시자인 케스틀러로서(2장을 참고할 것), 의도를 체계들과 삶의 과정들의 중심으로써 보기도 하였다. 케스틀러는 삶의 과정들은 본질적으로 목적의식적이라고 논하며, 진화는 '전적으로 운이자 우연'이라는 사상에 반대하였다. 허버트 J. 뮬러(Herbert J. Muller)와 함께 쥐들이 가설을 세워 가며 미로 속을 이동하는 것을 배운다고 주장한 톨먼(Tolman)과 크레체프스키(Krechevsky) 같은 그와 비슷한 입장을 취하는 사람들을 인용하였다.[12)]

1968년 스위스의 알프바흐(Alpbach)에서 케스틀러는 과학적 발견의 비-환원주의적 비전에 대해 탐구하기 위해 이런 선견지명적인 사상가들을 일부 초대했다. 그중에는 빅터 프랭클(Victor Frankl), 제롬 브루너, 하이에크(F. A. Hayek), 베르탈란피, 피아제(Jean Piaget), 바벨 인헬더(Barbel Inhelder), 스미시스(J. R. smithies)와 워딩턴(C. H. Waddington)이 참석했다(피아제는 참석할 수 없어서 인헬더가 그의 논문을 읽었다).[13)] 초점은 생명과학의 환원주의적 가설에 의문을 제기하는 과학적 증거들을 제시하는 것과 의미나 목적같이 과학의 방법을 사용해서는 쉽게 측정될 수 없는 무형의 것들에 대한 의의를 논의하는 것이었다.

특히 프랭클은 우리 삶의 주요한 동기요인으로서 의미의 중요성을 강조하였으며, 프로이트의 쾌락의지(will to pleasure)와 아들러(Alfred Adler)의 권력의지(will to power)의 대안으로서 '의미의지(will to meaning)'를 제시했다(p. 400). 그에 대한 답으로, 워딩턴은 의미의 추구가 우리 문화에서 금기시되는 것 같은 현상에 대해 주시했다. 프랭클은 그런 현상의 이유는 과학이 그에 대해 설명할 수 있는 적절한 방법(메커니즘)을 갖고 있지 않기 때문일 수 있다고 답했다(p. 419).

여기서 함축되어 있는 것은 현대 문화가 너무 과학적 환원주의에 의해 영향을 받아 형성되어서 삶의 가장 큰 동기요인—의미나 목적의 추구—이 이제는 억눌리고 부인되고 또는 무시되어 버렸다는 것이다. 프랭클에 의하면 이게 바로 현대의 삶에서 소외와 좌절이 많은 이유인 것이다.

비과학적 개념

알프바흐 회담(Alpbach conference)은 논란이 많았는데, 이는 회담 참가자들의 반(反)환원주의적 입장 때문이었다. 그렇지만 이들은 학계 내의 공격들로부터 다소 면역이 되어 있는 인물들이었다. 이들은 과학과 영성 간의 연결 고리를 찾으며, 또는 감히 초자연적 현상들을 조사하며 과학 자체의 객관성에 도전함으로써 이들의 사상에 대응하는 과학적 회의주의자들의 분노를 초래했다.

- 수십 년 전 심리학자인 앤 윌슨 섀프(Anne Wilson Schaef)가 과학적 방법은 "그저 종교적 수준의 믿음 체계일 뿐이다"라고 발언했을 때, 그녀는 그 발언에 대한 반응이 "너무 격렬해서 내 입을 닫고 있을 수밖에 없었다… 25년이 넘는 시간 동안을"이라며 경악하고 말았다.[14)]
- 생물학자인 루퍼트 셸드레이크(Rupert Sheldrake)는 1981년에 형태공명론에 대한 새로운 이론(자연의 유기체들 사이에는 기이한 연관성이 있으며 종들 내에는 집단적인 기억이 있다는 사상이다)을 상정했던 *A New Science of Life*을 출판한 뒤에 *Nature*의 편집 차장에게 *A New Science of Life*은 "태우기 위한 책이다"라는 평으로 보답받아야 했다.[15)]
- 예일 대학교 심리학과와 정신의학과 교수인 게리 슈바르츠(Gary Schwartz)는 보편적인 기억의 본성에 관련한 통찰이 있었지만 이를 출판하기 위해 14년을 기다렸다—그는 확실히 뒤따라올 비판의 폭풍이 두려웠다고 인정했다. 결국 그는 그의 아내인 린다 러섹(Linda Russek)과 함께 *The Living Energy Universe*(1999)를 출판했고, 책의 속표지에 용감하게 "모

든 것은 살아 있다—그리고 기억한다." 라고 기술해 놓았다. 슈바르츠가 예상했듯이, 그 저서뿐 아니라 슈바르츠가 아리조나 대학교의 베리타스 연구 과정(Veritas Research Program)에서 했던 psi에 대한 그의 차후의 연구까지 '엄청난 회의론자들'이라고 불렀던 사람들에게 가차 없이 공격당했다. 슈바르츠는 흠 잡을 데 없는 과학적 자격을 가지고 있었음에도 불구하고 말이다.[16)]

- 최근 2011년 사회 심리학자인 대릴 벰(Daryl Bem)은 주류 연구 저널(*The Journal of Personality and Social Psychology* 또는 *JPSP*라고 부른다)에 예지(precognition)의 존재[17)]를 지지하는 연구를 게재하는 데 성공했고, 이는 국제 뉴스를 장식했다.[18)]

이와 같이 우리는 아직 대중매체나 과학기관들이 패배를 인정하고 "호레이쇼, 천지 간에는 자네의 철학으로 상상하는 것보다 많은 것들이 있다네"[19)]라고 인정하는 지점에 와 있지는 않다.

그럼에도 불구하고, 여러 여론조사는 미국 사회의 대중들이 놀라울 정도로 환원주의적 주장에 저항한다는 결과를 보여 주고 있다. 예를 들면, 대략 미국인의 절반이 "당신은 초능력을 믿습니까?"라는 질문에 "네"라고 대답한다. 그리고 갤럽 여론조사에서 고를 수 있는 10가지 종류의 초자연적 현상들의 리스트를 보여 주었을 때, 응답자의 75%가 초자연적 현상의 특정 형태들을 믿는다고 단언했다.[20)] 갤럽 여론조사는 또한 1990년에서 2001년 사이에 '초자연적 또는 영적 치유, 또는 인간 정신의 육체를 치유할 수 있는 힘'을 믿는 사람들이 46%에서 54%로 8%나 상승했다는 것을 발견했다.[21)]

〈타임즈(Times)〉에 따르면 69%의 사람들이 천사를 믿는다.[22)] 그리고 55%의 사람들이 "나는 수호천사에 의해 위험으로부터 보호받았다"에 대해 긍정적으로 대답했다.[23)] 저 마지막 반응은 꽤 인상적인데, 이는 단지 마음의 믿음이 아니라 진짜 경험으로부터 오는 깊은 확신의 종류라는 것을 보여 주기 때문이다. IANDS(국제임사체험학회, the International Association for Near-Death Studies)에 따르면 약 1300만 명의 성인 미국인들이 임사체험을 한 경험이 있다.[24)]

그와는 정반대로, 미국인의 4%만이 확고부동한 무신론자들이다. 게다가 이 수치는 1944년 이래로 변함없이 유지되어 왔다. 또한 구소련 연합 국가들—무신론이 초기부터 전체 인구에 주입되었고, 믿는 사람들은 보통 투옥되거나 처형되었던 국가들—에서는 그 평균이 3.72%다.[25)]

대중매체뿐 아니라 과학기관들까지도 거의 아예 지지가 없음에도 불구하고, 수많은 사람들이 비물질주의적 믿음을 받아들이는 것을 완고하게 고집하고 있다는 것은 놀랄 만한 일이다. 뉴욕 버나드 칼리지(Barnard College)의 종교학부 회장인 랜달 발머(Randall Balmer)가 "사람들 사이엔 우리가 인지하는 것보다 훨씬 고차원적인 종교적 영역이 있다"라고 말한 것도 당연한

일이다.[26)]

그러므로 리처드 도킨스(Richard Dawkins), 대니얼 데닛(Daniel Dennett), 또는 크리스토퍼 히친스(Christopher Hitchens) 같이 잘 홍보된 무신론자들의 주장에도 불구하고, 사람들은 시간이 흐를수록 영적인 것을 덜 믿는 것이 아니다(더 영적인 것을 선호하고 동의하고 있다). 오히려 그 반대가 진실이다. 게다가 과학계 내에서도, 특히 달라이 라마(Dalai Lama)가 1990년대에 명상의 효과에 대한 과학적 연구를 촉진한 것에 대해 적극적인 관심을 보이기 시작한 뒤부터 더디지만 과학과 비물질주의적 현상 간의 연결점에 대한 연구에 관해서 인식의 전환이 있어 왔다. 명상에 대한 과학적 연구들은 명상이 내적 행복감과 고요함을 낳을 뿐 아니라, 뇌의 수명을 신체적으로 더 지속시켜 주기까지 한다는 것을 보여 주고 있다.[27)]

2011년에 *JPSP*에 실린 벰의 글은 단지 조롱만으로 자신을 향한 비평가들의 신뢰도를 무너뜨리는 옛 물질주의적 전략이 더 이상 먹히지 않는다는 것을 보여 주는 조짐 중 하나일 뿐이다. 대중매체가 *JPSP*의 편집 차장인 찰스 쥬드(Charles Judd)에게 왜 벰의 글을 싣는 것을 허용했느냐고 물었을 때, 그는 "어떤 가설이 좋고 나쁜지를 결정하는 것은 내 역할이 아니다"고 하며 "설사 그것들이 사회적 통념에 대항하는 것이라도 논문들을 살펴보고 각각 공평하게 들어 주는 것이 [편집자의] 책임이다"라고 대답했다.[28)]

허용되지 않는 목적

철학자인 마이클 폴라니(Michael Polanyi)(1891~1976)는 과학의 환원주의적 프로그램에 대해서, 특히 삶은 아무 목적이 없다는 사상에 대해서 항상 회의적이었다. 그는 과학이 본질적으로 목적론(목적)을 삼가기는 하지만, 존재의 목적을 감안하지 않은 채 그 존재가 어떻게 기능하는지를 살펴보는 것은 불가능하다고 논했다. "살아 있는 것들의 기능은 이들의 목적을 참고하지 않은 채로 조사할 수 없다는 것을 모든 사람이 알고 있다… 그렇지만 우리는 목적론적 설명이 단지 임시적일 뿐인 척 해야만 한다. 목적론은 생물학자가 공개적으론 의절했지만 비밀리에 같이 사는 바람난 여자라는 이야기가 돌고 있다."[29)]

또 생물학자들만이 전통적으로 목적을 피해 온 것이 아니라 심리학자들도 그래왔다고 로렌스 레샨(Lawrence LeShan)은 말한다. 레샨은 *The Dilemma of Psychology*(1990)에서 심리학자들은 마치 인간들은 의식이나 목적, 또는 의미가 없는 것처럼 실험을 설계하고, (놀랍지 않게도) 그렇게 자신들의 가설이 확정되는 결과를 도출한다고 불평했다(p. 83). 그는 이런 관념에 단호히 반박하며, "모든 행동에는 목적이 있다"고 말한다. 심리학은 "개인의 의식과 … 의미 있는 행동의 연구다"(p. 134)라고 주장한다.

만약 현재 미국 문화계의 수문장들인 대중매체와 과학자들이 삶에는 목적이 없다고 우리에게 말한다면 이들의 선언을 진지하게 받아들이는 사람들은 갈등을 겪게 되고, 우리의 외적 믿음과 내적 직관(영적 인식, *gnosis*) 사이에 갇히고 말 것이다. 나 역시 사회에서 주는 메시지들과 내 직관을 화합시키려 수년을 시도했지만 잘 되지 않았다.

내가 이 난관을 넘어설 수 있게 도와주었던 주요한 것들 중 하나는 내가 인지와 지각에 관한 박사학위 대학원 과정에 들어간 것이었다. 거기서 나는 과학적 방법을 공부하고, 심리학적 연구들을 읽으며 수년간을 보냈다. 나는 고등학생 때부터 심리학에 관심이 있었지만 대학에서는 그렇게 하지 못했다.

그 당시 행동주의는 단지 외적인 행동뿐 아니라 내적 과정에도 초점을 맞추었던 인지심리학의 새로운 규율에 의해 그 관심을 거의 전적으로 빼앗기고 말았다. 그런 과정들이 내게는 흥미로웠고, 인지에 대해 공부할 기회가 생겼을 때 심리학 공부를 시작하게 되었다.

나는 대학원에서 인지적 과정들에 대한 것뿐만 아니라 과학적 방법들에 대해서 많은 것을 배웠다. 다양한 기술, 응용, 그리고 한계점은 연구단에 참여하면서 나에게 도움이 되었다. 나는 이 과정을 통해 여러 연구가 어떻게 계획되고 실행되며 분석되어서 발표를 위해 무엇을 준비해야 되는지 알게 되었다.

내가 발견했던 것은 그 과정이 대부분의 사람들이 상상하는 것보다 더 골치 아프고, 더 흥미롭다는 것이다. 이 과정은 굉장히 긴장감이 넘쳤고 흥미진진했다. 이는 실험이 정확하게 어떤 결과를 낳을지 절대 알 수 없기 때문이다. 또한 이게 흥미진진했던 이유는 타당한 결과가 나오게 하기 위해서 초기 단계에 제대로 설계되고 분석되어야만 하기 때문이다. 그리고 이 과정에서 굉장히 몰입해야 했는데, 계획, 실행, 분석의 과정의 각 지점마다 수많은 결정을 포함하기 때문이다.

이러한 결정들 중 일부는 오로지 객관적 요인에만 근거하여 만들어지지만(예를 들어, 어떤 통계적 검정들이 가장 적절할지 결정하는 일) 많은 결정들이, 특히 결과를 해석하고 설명할 때에는 주관적이다. 이 결정 과정에 개입되는 개인적 · 사회적 · 정치적 요인이 다양하기 때문에 최종 보고서는 당연히 객관적, 주관적인 두 요소를 종합하게 된다. 아무리 고상하게 객관적으로 쓰인 글처럼 보일지라도 말이다! 간결하게 쓰인 연구 논문들의 객관적인 표면 뒤에는 더 길고 골치 아픈 '비화 속의 비화'가 있지만 대중에게 좀처럼 드러나지는 않는다.

과학이 사실 어떻게 작용하는지를 이해한 것은 "과학은 모든 것을 안다"라는 믿음으로부터 나를 자유하게 했고, 과학과 영성 간의 관계를 탐구하는 데 있어서 더 미묘하고, 덜 양극화된 접근법을 배우게 해 주었다. 대학원을 졸업하고 나는 탐구하는 것에도 도움을 주었던 명상을 실천하기 시작했고, 내 삶의 앞뒤가 퍼즐처럼 맞추어지기 시작했다.

관점 바꾸기

환원주의가 여전히 막대한 영향을 끼치고 있긴 하지만, 한때는 완전히 금기시되었던 주제들(예를 들면, 임사 경험들(NDEs)의 본질, 뇌의 구조와 기능에 미치는 명상의 효과, 신체적 · 정서적 건강에 대한 대체 치유법이 미치는 영향)에 대한 연구의 양적 상승세에서 입증되었듯이, 비-환원주의적 관념들이 지극히 느리기는 하지만, 과학의 주류에 점차적으로 진출해 오고 있는 것으로 보인다. 과학과 영성이 서로 사이가 좋지 않을 필요가 없다는 것을 입증하기 위해 설계된 최근 출판된 저서들의 수를 보라.

- 폴 피어설(Paul Pearsall), 심장의 암호: 우리의 심장 에너지의 지혜와 힘 두드리기(*The Heart's Code: Tapping the Wisdom and Power of Our Heart Energy*) (1998)
- 딘 라딘(Dean Radin), 얽힌 정신: 양자 현실 내의 초감각적 경험들(*Entangled Minds: Extra-sensory Experiences in a Quantum Reality*) (2006)
- 마리오 뷰리가드(Mario Beauregard)와 데니스 오리어리(Denyse O'Leary), 영적인 뇌: 영혼의 존재에 관한 한 신경과학자의 사례(*The Spiritual Brain: a Neuroscientist's Case for the Existence of Soul*) (2007)
- 린 맥타가트(Lynne McTaggart), 생각의 힘을 실험하다: 나와 세상을 바꾸는 생각의 힘(*The Intention Experiment: Using Your Thoughts to Change Your Life and the World*) (2007)
- 엘리자베스 로이드 마이어(Elizabeth Lloyd Mayer), 왜 여자의 육감은 잘 맞는 걸까(*Extra-ordinary Knowing: Science, Skepticism, and the Inexplicable Powers of the Human Mind*) (2007)
- 찰스 타트(Charles Tart), 물질주의의 끝: 어떻게 초자연적 증거들이 과학과 정신을 화합시키는가(*The End of Materialism: How Evidence of the Paranormal is Bringing Science and Spirit Together*) (2009)
- 래리 도시(Larry Dossey), 예감의 힘: 미래를 아는 것은 우리의 삶을 어떻게 형성할 수 있나(*The Power of Premonitions: How Knowing the Future Can Shape Our Lives*) (2009)

- 제프리 롱(Jeffrey Long)과 폴 페리(Paul Perry), 사후세계의 증거: 임사체험의 과학(*Evidence of the Afterlife: The Science of Near-Death Experiences*) (2010)
- 루퍼트 셸드레이크, 만들어진 과학(*The Science Delusion: Freeing the Spirit of Enquiry*) (2012)
- 윌리엄 J. 브로드(William J. Broad), 요가의 과학(*The Science of Yoga*) (2012)

이것들은 모두 과학자이자 저널리스트이기도 한 믿을 만한 저자들이 심사숙고하면서 연구한 논문들이다. 이들의 저서는 한때 금기시되었던 연구의 형태에 대해 더 커진 사회적 용인을 반영하고 있다.

켄 윌버가 지적했던 것처럼 인식론에 대한 어떤 통합 지향적 접근법도 오직 한 가지 방법에만 의존할 수 없는데, 이는 진리에 대한 단 하나의 옳은 관점이 있는 것이 아니라, 각자 뭔가 제공할 수 있는 다양한 가치와 수많은 관점들이 있기 때문이다(흥미롭게도 이는 에니어그램 관점으로도 똑같이 말할 수 있다). 그리고 우리가 10장에서 보게 되듯이, 9개의 에니어그램 유형들은 윌버의 8가지 정신적 지평선 또는 '발생하는 지점'과 직접적인 유사함을 지니고 있는 사례가 만들어질 수 있다.

에니어그램으로 들어가기

대학원에서 나는 지각과 인지, 의사 결정뿐 아니라 성별, 나이, 기분 같은 차이점들이 사람들이 정보를 처리하는 방식에 어떻게 영향을 미치는지에 대한 통찰을 제공하기 위해 설계된 '상호작용 효과'에 대해서 연구했다. 나는 성격의 영향에 대해 더 큰 관심을 가지게 되었지만, 성격은 그 복잡성 때문에 현재의 통계 방법으로는 연구하기가 거의 불가능하다는 것을 발견했다. 대부분의 성격에 관한 심리학 문헌들은 이론적이고, 프로이트(Sigmund Freud), 융, 또는 로저스(Carl Rogers) 같은 중대한 인물들에 의해 씌어진 것들이다. 일부 연구가 성격에 대한 실증적 근거(예, 요인 분석에 근거한 모형인 '5가지' 성격 특성 요소['Big Five' personality factors])를 생성하기 위해 이루어져 왔지만, 연구의 대부분은 수십 년 전에 이루어진 것이다. 그렇기에 실증 지향적 방법들을 가지고 성격을 연구하기란 쉬운 것이 아니었다.

그럼에도 불구하고 나는 개별적 요인이나 성격에 대한 내 흥미를 한 번도 잃지 않았다. 내가 에니어그램에 대해 처음 알게 된 것은 박사 과정의 끝 무렵이었다. 대학원 과정에서가 아니라 지역의 한 영성 관련 서점에서 에니어그램 책들을 보게 되면서 부터다. 그 당시에 나는 너무 바빠서 그것들을 대충 훑어보았지만, 잠깐의 정독만으로도 에니어그램은 성격을 신경증의 한 종류처럼 특징짓는 체계보다는 다른 어떤 설명할 수 없는 방식으로 보여졌다. 나는 MBTI (마이어브릭스 유형지표, The Myers-Briggs Type Indicator)와 융에 근거한 성격 검사를 이미 알고 있었고, 그 깊은 심사숙고함과 성격을 묘사하는 가치중립적 접근법 때문에 감탄했었다. 나는 또한 주목적이 정신병리를 찾아내는 것이며, 그다지 중립적이지 않은 성격 검사인 MMPI(다면적 인성검사, Minnesota Multiphasic Personality Inventory)에 대해서도 잘 알고 있었다.[30] 에니어그램은 처음에는 MBTI보다는 MMPI를 더 생각나게 했고, 그래서 그냥 넘기기로 결정했다. 하지만 흥미롭게도 그 서점에서 에니어그램을 접한 이후에 에니어그램은 내 삶 속에서 계속 나타났다. 사람들은 내게 에니어그램에 대해 들어본 적이 있는지 묻거나, 아니면 내 유형에 대해 아는지를 물었다. 한 친구는 심지어 유형에 대한 설명 목록을 내 앞에 놓고 어떤 유형이 가장 잘 맞는지를 물었다. 그래서 나는 졸업을 하고 1년 즈음 후에 에니어그램을 다시 한 번 살펴보기로 결심했다.

그즈음 나는 박사 학위와 명상 실습으로 전보다 덜 방황하고 있었다. 하지만 내가 에니어그램을 연구하기 시작했을 때야말로 많은 것들이 내게 딱 맞아떨어졌다. 나의 처음 염려에도 불구하고, 체계에 대한 어떤 무언가가 나에게 에니어그램에 관심을 갖게 했다. 나는 곧 각각의 새로운 통찰들이 더 많은 연구를 위한 자극제로써의 역할을 하는 에니어그램의 힘과 깊이에 빠져들게 되었다. 이에 대한 연구가 성격, 관계, 동기에 대한 구체적인 통찰을 생산해 냈을 뿐만 아니라 에니어그램을 연구하는 과정은 나를 더 살아 있고 행복하고 평화롭게 만들고 있었다.

나는 20대에 자신을 찾으려고 노력했지만 집세를 낼 수 있다면 아무 일이나 했다. 30대와 40대에는 가르치는 일을 시작하고 과학적 연구의 멋진 세계를 발견했다. 하지만 나는 50대에 들어서면서 에니어그램을 찾았고, 이 체계는 삶에 대한 살아 있는 그림을 창조해 낼 수 있도록 각기 조각나 있던 내 삶을 모두 한군데로 모아 주었다. 에니어그램과 함께 삶에 대한 연구를 시작하면서 어린 시절의 환상부터 그 환상의 상실과 대학원 시절, 그리고 내적 삶의 시작까지 정신없이 조각나 있던 삶의 모든 이질적인 요소가 일관성 있는 전체를 창조하기 위해 모아졌다. 나는 내 인생을 통합할 수 있는 연구를 하게 되었다.

통합하는 하나의 실

모든 삶에는 중심 실이 있다. 통합하는 형태, 양식, 경로, 또는 이를 일관되게 만드는 주제가 그것이다. 로버트 존슨(Robert Johnson)은 이와 똑같은 발상을 복수적으로 생각하여 "가는 실들(slender threads)"이라고 명하며 "이것들은 우리의 존재에 의미를 준다. … [그리고 이것들은] 우리 자신이 누군지를 지도하고 형성하는 신비로운 힘이다"라고 말하였다.[31]

의미는 삶의 중심이 되는 것이다. 의미가 있으면 우리는 번창한다. 의미가 없으면 우리는 죽는다. 나는 최근에 사고로 가해진 같은 강도의 고통보다 일부러 가해진 고통이 더 주관적으로 고통스럽게 느껴진 것으로 측정되었고, 이는 저자가 "해악의 의미가 그 해악이 일으키는 고통의 양에 영향을 준다"라고 결론짓게 했다는 연구를 읽었다.[32] 또 다른 연구에서는 피 실험자들이 자신이 처음 보는 풍경에 대해서 느끼는 기분 좋음에 대한 정도나 삶의 의미를 생각해 보도록 지시받았을 때보다 풍경 속의 나무들을 세라고 지시받았을 때 그에 대해 더 잘 기억하지 못했다. 이렇듯이 의미는 중요하다. 의미의 긍정적 이점들은 심지어 객관적으로도 측정될 수 있다![33]

하지만 삶에서 길을 잃고 "나는 중요하지 않아"라고 하는, 낙담하는 상태가 되면 이렇게 큰 세상에서 자신은 정말 작은 사람일 뿐이라고 느끼게 되기 쉽다. 이건 겉으로 보이는 자신의 무가치함에 낙담하는 주인공 조지 베일리가 자신이 만약 존재하지 않는다면, 자신이 다른 이들에게 그리움의 대상이 될까에 대해 깨닫게 되는 고전 영화 〈멋진 인생(It's a Wonderful Life)〉의 주제이기도 하다. 이 영화는 근본적인 진리에 기초하고 있기 때문에 인상적이다. 그건 바로 각자의 삶마다 헤아릴 수 없는 가치를 갖고 있다는 것이다. 삶은 우리의 존재를 그리워할 것이다.

그래서 수피교도들이 우리가 신을 열망하기 때문이 아니라 신이 우리를 열망하기 때문에 우리가 영성의 길로 오는 것이고, 이들이 신비주의를 신과의 사랑과 비유하는 것이다. 또한 칼릴 지브란(Kahlil Gibran)이 "땅은 너의 맨발을 느끼며 기뻐하고 바람은 너의 머리칼을 갖고 노는 것을 간절히 바란다"고 한 것이다. 우리는 무관심한 우주에 서식하는 우연의 결과물이 아니다. 우리는 자기 자신으로서 완전히 사랑받고 가치가 있는 독립된 존재다. 그러한 이해 없이는 우리를 우리의 삶의 목적과 연결해 주는 그 가는 실들을 알아차리기 어렵다.

〈바가바드기타(Bhagavad-Gita)〉에서의 사명(Dharma)

동양철학에서 이러한 가는 실들은 사명의 지표다. 이는 우리 삶의 과업을 말한다. 서양철학에서도 이와 같은 관념이 소명, 천직, 또는 운명을 가지는 것의 개념으로 나타나고 있다. 하지만 후자의 용어들은 종종 무언가 특별한 또는 흔치 않은 것을 가리킬 때 사용되는 반면(그러므로 특별히 선택받은 소수만이 삶의 진정한 소명을 갖고 있다고 암시한다), 사명은 소수의 엘리트만이 아닌 모두를 위한 것이다.

〈바가바드기타〉라는 고전 베다(Vedic) 작품에서 무사 계급의 일원인 아르주나(Arjuna)는 자신의 친구들과 스승들, 그리고 그의 가족이 있는 군대와 맞서 싸워야 하는 시험에 처하게 된다. 무사로서 사회 질서를 보호하기 위해 싸우는 것은 그의 의무다. 하지만 그의 본성은 부드러운 마음씨를 지녔다. 사랑하고 존경하는 사람들을 향해 무기를 들어야 한다는 걸 생각하는 게 그를 슬프게 한다.

최고의 인격(Supreme Personality)인 신 크리슈나(Krishna)가 전쟁터에 나타났을 때, 아르주나는 크리슈나에게 왜 그가 반드시 싸워야만 하는지를 묻는다. 그에게 있어 자신의 동족들을 죽인다는 것은 엄청난 불의를 저지르는 일이 될 것이다. 크리슈나는 아르주나가 무사이기 때문이라고 답한다. 그렇기에 싸우는 것은 그의 본성이자 의무인 것이다.

하지만 아르주나는 여전히 심란해 한다. 아르주나에게는 그의 스승이었던 훌륭한 영혼들을 희생시키면서 삶을 지속하는 것이 너무 힘들다. 그는 자신의 의무(사명)에 대해 혼란스럽다고 고백하며 크리슈나에게 자신을 가르쳐 달라고 부탁한다. 이것이 〈바가바드기타〉의 핵심을 형성하는 가르침이다.

크리슈나는 삶은 육체적 차원에만 국한되어 있지 않기 때문에 아르주나가 슬플 가치가 없는 일에 대해 슬퍼하고 있다고 말한다. "모든 창조물은 자신의 초기에는 분명히 드러나지 않다가 중간기에 드러나고 사라질 때 다시 드러나지 않는다. 이렇듯 애통해 할 필요가 무엇이 있겠는가?"(2:28). 여기서 크리슈나는 방대하고 신비로우며 영원한 삶의 본질에 대해 이야기한다. 또한 형태는 바뀌지만 자체는 영원한 우리의 본질에 대해서도 이야기한다. 그러므로 삶에서 일어나는 어떤 것이든지(육체적 죽음까지도) 영원한 어떤 것의 일시적인 발현일 뿐이다. 그렇기에 이것이 두려움이나 괴로움의 근원이 되어서는 안 된다.

크리슈나는 아르주나에게 의무의 본질에 대해서 더 설명하며, 의무는 그 자체를 위해 이루어지는 것이라고 말한다(결과에 관계없이; 3:19). 사명은 원하는 결과를 이루는지와 관계없이 우리가 이와 부합되게 행하면 성취되는 것이다. 크리슈나는 아르주나에게 우리는 절대 사명을 넘어설 정도로 커지지 않는다고 말한다(3:22). 이는 삶에는 항상 자신보다 큰 무언가가 있으며, 그에 대해 우리는 어느 정도의 책임이 있다는 이야기를 하고 있는 것이다.

또한 크리슈나는 사명은 항상 그 사람의 본성과 부합한다는 것과 사명의 개별적인 본질에 대해 강조한다(3:33). 그러고는 아르주나에게 반드시 진정한 사명을 성취해야지 다른 사람의 사명을 성취해선 안 된다고 경고한다. "다른 사람의 의무를 완벽하게 해내는 것보다 자신에게 정해진 의무를 불완전하게라도 이행하는 것이 낫다"(3:35).[34] 가르침이 어느 정도 끝나갈 무렵, 크리슈나는 다시 한 번 자신의 본성과 사명 간의 연결점에 대해 강조하며, 아르주나에게 그가 이를 거부하려고 노력한다 해도 그의 본성이 그 자신과 싸우도록 만들 것이라고 말한다(18:59).

전 인도 대통령이었던 사르베팔리 라다크리슈난(Sarvepalli Radhakrishnan)은 이와 같은 개념에 대해 "만약 개인이 자신의 운명을 놓치게 되어도 본성은 서두르지 않는다. 본성은 언젠가는 운명을 따라잡을 것이며, 운명은 본성의 비밀스러운 목적을 성취하도록 만들 것이다"라고 표현하였다. 사명의 개념은 인도에서 너무 중요하기 때문에 힌두교도들은 자신의 종교를 힌두교라고 부르지 않고 '영원한 의무'라고 표현한다.[35]

사명은 불교에서도 대단히 중요하다. 불교는 이를 '우주의 물리적 · 도덕적 체제를 주관하는 보편적 법칙'이라고 나타내고 있다. 존경받는 불교 수도승인 틱낫한(Thich Nhat Hanh)은 "진정한 사명은 우리의 삶과 실천을 통해 드러난다… 사명에서 위안을 구하는 것은 자신에게 가장 적합한 문을 선택하는 것이다"라고 말했다.[36]

힌두교와 불교처럼 수피교에서도 사명은 지극히 중요하다(그런 식으로 언급되진 않지만). 한 학생이 무언가를 까먹었다고 이야기하자, 훌륭한 수피교 선생인 자랄루딘 루미(Jalalludin Rumi)는 이렇게 대답했다.

> 한 가지는 반드시 기억해야만 한다. 나머지 모든 것은 잊어버리더라도 이 하나만 기억해라. 그러면 너는 후회하지 않을 것이다. 다른 모든 것은 기억하되, 이 하나만 무시해라. 그러면 너는 아무것도 하지 않은 게 될 것이다. 이건 마치 왕이 너에게 그를 위한 특별한 임무를 한 가지 실행하라고 너를 외국 땅으로 보낸 것과 같다. 만약 네가 100가지 일을 해도 주어진 이 임무를 하지 않는다면 너는 무엇을 성취한 것이 되겠는가? 인간은 특정한 목적을 가지고 이 땅에 왔는데 만약 그들이 이를 잊어버린다면 그들은 아무것도 하지 않은 것이 될 것이다.[37]

루미는 삶에서 무엇이 중요한지에 대해 굉장히 구체적으로 말하고 있다. 그리고 그건 단지 자신의 본성과 조화를 이루는 삶이거나 도덕적 규율을 고수하는 것이 아니다. 중요한 것은 바로 우리가 태어난 이유이기도 한 구체적인 목적의 성취인 것이다. 또 다른 존경받는 수피교 선생인 라다 모한 랄(Radha Mohan Lal)은 "나에게는 의무[사명] 뿐이다"[38]라고 말하며 그의 삶의 목적을 언급했다.

밀교도인 다이온 포춘(Dion Fortune)은 깊은 지혜가 담긴 책, *The Cosmic Doctrine*에서 '[그 영혼의] 생애 동안 운명이 잘 풀리게 되도록 경계를 정해 주는' 체화된 영혼에 지워진 그 경계들

을 규정하는 한계의 법칙에 대해 이야기하고 있다.[39]

기독교 경전에서는 종에게 준 달란트로 사명을 이야기하고 있다. 달란트를 받은 종은 그 달란트를 땅에 묻지 않고 잘 활용하여 사명을 감당해야 한다고 말한다(역자 첨부).

사명 대 의무

서양에서는 사명에 대해 쉽게 이야기할 수 있는 방법이 없다. '소명' '천직' '운명'같이 거창하게 들리는 이 용어들은 삶보다 더 큰 길을 시사하는 것이다. 우리가 이런 용어들을 쓰게 될 때 사람들을 두 그룹으로 나누게 되는 것을 피하기는 어려워진다. 바로 평범한 사람들(특별한 소명이 없는 사람들)과 어떤 대단한 목적을 성취하도록 부름 받은 특별한 또는 영웅적인 사람들이다. 운명에 대해서 이야기할 때 우리로 하여금 삶의 작고 큰 사건 모두를 포함할 수 있도록 해 주는 방식은 없다.

사명을 영어로 번역할 때 가장 많이 쓰이는 단어는 '의무(Duty)'다. 하지만 '의무'는 많은 방면으로 사명과 이를 구분 짓는 많은 함축된 의미를 갖고 있다. 역사적으로 '의무'는 원래 구체적으로 개인의 종교적 의무를 설명하기 위해 쓰이던 종교적 단어다. 구약성경에서는 우리에게 "하나님을 경외하고 그의 명령들을 지킬지어다. 이것이 모든 사람의 본분이니라"라고 훈계한다.[40] 신약성경에서는 우리에게 이렇게 말한다. "이와 같이 너희도 명령 받은 것을 다 행한 후에 이르기를 우리는 무익한 종이라. 우리가 하여야 할 일을 한 것뿐이라 할지니라."[41] 이 구절에 대해서 반즈(Barnes)는 하나님은 "우리의 도움이 필요 없으며, 그의 본질적인 행복은 우리의 노력에 의해 높아지지 않을 것이다"라고 논평하였다.[42]

이렇듯이 이러한 구절들에 묘사된 의무는 사명과는 꽤 다른데, 이는 이 의무가 하나님의 명령에 대한 복종으로써 행해지는 종교적 본질의 지정된 임무를 나타내기 때문이다. 후자의 구절에서 '의무'라는 용어는 최소한의 것만을 해내는 것으로써의 '순전한 의무'의 의미만을 내포하고 있는데, 이는 성경에서 (놀랍지 않게도) 우리에게 그다지 칭찬할 만하지 않다고 이야기한다.

여기서 빠진 것은 의무가 외적 기준을 지키기 위한 것뿐만 아니라 내적 정돈과 치유, 또는 균형을 가져오기 위해 하는 일이라는 개념이다. 현대의 심리학 연구들은 우리에게 내재적 보상과 외재적 보상의 차이점과 외재적 부분에 지나치게 집중하는 것(그것이 사회적 수용으로서의 보상이든 내세에서의 보상에 대한 약속이든)이 어떻게 행동능력의 발달을 억제할 수 있는지 이해할 수 있도록 해 주었는데, 이는 의무가 내재적으로 보상되는 것이기 때문이다(예를 들면, 의미 있는 일이라든지).[43] 경험적 심리학이 우리에게 줄 수 없는 것은, 의미는 우리의 '고요하고 작은 목소리'를 자각하는 능력으로부터 발생한다는 것의 이해와 이 메시지를 목적 있는 행동으로 옮기는 것이다.

융은 우리를 사명의 성취로 이끄는 내적 분별을 발달시키는 것의 중요성을 이해하고 있었고, 그래서 "각 인간은 개인의 운명과 목적지가 주어져 있으며, 이러한 깨달음만으로도 삶의 의미가 맞아떨어진다"고 저술한 것이다.[44] 또 다른 곳에서 그는 천직에 대해 이와 비슷하게 이야기했다. 이 단어는 내면의 목소리라는 개념과 직접적으로 관계되어 있으며, "천직은 벗어날 수가 없는 하나님의 법칙처럼 작용한다"라고 언급했다.[45] 그렇게 융은 사명의 개념을 매우 진지하게 받아들였다. 하지만 그가 사명('의무'가 아니라)을 설명하기 위해 '운명' 또는 '천직' 같은 용어들을 사용하는 것을 보라. 이는 그가 사회적 또는 종교적 관습의 규율에 따라 행하는 것의 가치가 아닌 우리 내면의 목소리를 듣는 것의 가치를 강조하고 싶어 했기 때문이다.

의무의 유산들 중 하나는 우리가 무엇을 하든지 우리는 절대 진정으로 훌륭하지 않으며, 정확하게 밝히기 어렵지만 우리의 내적인 자기는 발달할 만하지 않다는 인식이다. 에니어그램계에서는 이런 기본적인 무가치감이 성격은 (에니어그램 유형을 통해 나타나 있듯이) 선천적으로 고정되어 있다는 신념에 반영되어 있다. 예를 들면, 야만적인 생존 본능과 왜곡된 자아 방어기제의 조합에 의해 동기부여를 받는 것이다. 이런 믿음은 우리들이 살고 있는 사회에서 만연된 좌절감으로 나타나 있다. 우리 자신에 대한, 우리의 관계에 대한, 삶 자체에 대한 것으로 진정으로 성장하고 책임감 있는 성인이 되는 것을 어렵게 만든다. 또한 자기 자신을 진지하게 받아들이지 못하는 무능력으로 나타나면서 성장하기를 꺼려하는 낮은 자존감으로 이끈다.

이 악순환을 벗어나는 방법은 우리가 기본적으로 자기를 존중하고, 내면(정신적)의 삶을 알아차리고, 좋은 외적 습관들을 훈련하며, 우리의 존재함 어딘가에 우리 삶의 목적, 운명, 또는 사명에 근거한 정렬적인 원리가 존재한다는 것을 이해하는 것이다.

그 목적과 연결되는 것은 강력한 경험이다.

> 당신이 어떤 큰 목적에 의해 고무되면, 당신의 모든 생각은 그것의 경계를 깨뜨린다.
>
> 당신의 정신은 한계를 초월하고 모든 방향으로 확장되면서 새롭고 거대하며, 아주 멋진 세상에 있는 자신을 발견하게 된다. 잠자고 있던 힘들과 능력, 재능들은 살아나고, 당신이 자신에게 상상했던 어떤 모습보다도 훨씬 훌륭한 사람이 된 자신을 발견하게 된다.

이 구절 인도의 신비주의자이자 고대 베다의 편찬자이며, 현대 요가의 아버지로 여겨지고 있기도 한 파탄잘리(Patanjali)로부터 따온 것이다. 파탄잘리는 단지 심리학적 변화만이 아닌 우리 전체의 존재함과 변화를 설명하고 있다. 우리가 사명을 성취하기 시작할 때 겪는 변화의 종류 말이다.

실생활에서의 사명

〈슈퍼 소울 선데이(Super Soul Sunday)〉라는 TV쇼 안에서 직관력 있는 캐롤라인 미스(Caroline Myss)는 오프라와 나눈 최근의 한 인터뷰에서 이렇게 이야기했다. "당신에게 삶이 있다면, 목적도 있습니다." 그녀는 모두의 삶에는 길이 있으며 예외는 없다고 말했다. 오프라가 "하지만 당신이 옳은 길에 있는지 어떻게 알지요?"라고 묻자 그녀는 이렇게 대답했다. "당신이 자신을 배신하지 않을 때, 당신이 자기 자신과 타협해야 할 필요가 없을 때 옳은 길에 있다는 걸 알지요. 이게 옳다는 느낌이 들어요."

미스는 그녀의 베스트셀러 저서인 *Sacred Contracts*(2003)에서 우리가 태어나기도 전에 삶과 맺은 신성한 합의에 대해 언급하는 것으로 사명의 개념에 대해 이야기하고 있다. 이는 삶의 핵심 '선택 지점들'을 알아차리도록 배우고, 지성뿐 아니라 직감까지 사용하여 선택을 함으로써 우리의 신성한 잠재력을 성취하도록 하는 합의인 것이다. 그녀는 우리가 인간인 이상 세속적인 논리를 사용하여 생각하고, "신성한 질서와 신성한 논리는 세속적인 논리와는 다른 것이기 때문에" 이것이 들리는 것보다 실제로 하는 것이 쉽지 않다는 것을 인정한다(p. 19).

따라서 우리는 그 간격을 잇기 위해 우리의 직감을 사용해 많은 결정을 내려야 한다. 어떤 행동을 취하기 전에 이성적인 관점으로만 모든 것을 이해한다면 우리의 계약을 성취하는 일은 어려워질 것이다. 우리는 그냥 무엇인가를 시도해 본 다음 어떤 일이 일어날지 지켜볼 필요가 있을 수도 있다. 이는 미스가 우리에게 상기시켰듯이 우리의 직관에 따라 적절하게 행하는 데에는 연습이 필요하기 때문이다. 우리가 저지르는 실수들은 더 나은 분별력을 발달시키도록 돕는다.

이는 중요한 점이다. 왜냐하면 우리는 자주 우리의 행동의 가치를 성공 또는 실패의 측면에서 판단하기 때문이다. 하지만 크리슈나가 아르주나에게 상기시켜 준 것처럼 우리는 결과에만 집착해서는 안 된다. 사명적 관점에서 가장 중요한 것은 우리가 하는 행위의 결과가 아니라 우리가 하는 것들과의 관계함에 대한 질이다. 실제로 우리는 우리의 결정에 대해 그것이 무엇이 되었든, 책임을 지는 만큼 성공한다. 만일 어떤 어려운 상황을 다루기 위해 가능한 최대의 노력을 기울였는데도 여전히 존재하는 장애물을 극복해 내지 못하는 상태라면 아마 그 지대한 노력은 삶의 다른 수준들에서 필요한 어떤 도움들을 위한 길을 만들어 줄 것이다. 이는 최대의 희생을 하는 것이 “은혜를 불러온다”라는 원리의 예시가 된다.

이 사상을 실증해 주는 예로, 내가 좋아하는 마리 아비노브(Marie Avinov)에 대한 이야기가 있다. 그녀는 스탈린 시대에 시베리아로 추방되었던 러시아 귀족의 아내였다. 꽁꽁 언 화물열차 안에서의 혹독한 겨울 여정 후, 그녀는 어리고 교활한 한 범죄자와 함께 한 작은 마을의 인적이 끊긴 곳에 남겨지게 되었다. 마리와 그녀의 범죄자 동료는 지친 발걸음으로 집마다 다니며 혹독한 추위로부터의 쉼터를 찾아다녔다. 하지만 마을 사람들은 두려워했고, 쉼터는 구해지질 않았다. 밤이 오자 기온은 급속도로 내려갔고 짙은 안개가 밀려왔다. 완전히 지친 마리는 더 이상 걸을 수가 없었다. 그래서 그녀는 범죄자 동료에게 그녀 수중에 있는 마지막 돈을 주며 가까이에 있는 낡은 술집에서 쉼터를 찾아보라고 했다. 그는 투덜댔지만 결국 돈을 가지고 도망쳐 버렸다. 마리는 마음을 단단히 먹고 죽음에 대비하면서 세라피마 천사(세라핌은 천사의 한 종류다)에게 기도했다.

하지만 아직 그녀는 죽을 때가 아니었다. 마리가 기도를 시작하자마자 그녀의 앞에 갑자기 한 형체가 나타났다. 그 형체는 그녀가 아직 만나보지 못한 마을의 변두리에 살고 있던 한 여성이었다. 여자는 한밤에 길가에서 이렇게 돌아다니는 것에 대해 큰 소리로 그녀를 꾸짖기 시작했다. 그러고는 그녀를 도와주고 싶다고 이야기하며 하숙인을 구하고 있는 사람을 알고 있다고 말했지만 그녀는 저녁 약속에 늦게 가야 했다. 그녀가 떠나자마자 곧 다른 형체가 다가왔는데, 그녀는 하숙인을 구하던 여자의 며느리였다. 이렇게 우연한 방식으로 그녀를 만난 마리는 그 후 2년 동안 그곳에서 살게 되었다. 하지만 그 날의 놀라움은 거기서 끝이 아니었는데, 하숙집 여자의 이름은 세라피마였던 것이다!

(이 이야기에는 흥미로운 후기가 또 있다. 간사한 그 범죄자는 살아남았을 뿐 아니라 암거래 행위로 큰 성공을 거두기에까지 이르렀다. 세상 물정에 밝았던 그는 그의 여성 후원자가 살기 위해 필요한 무엇이든 구해 주었고, 그렇게 마리는 그녀의 망명생활에서 살아나갈 수 있었다.)[46]

이 이야기는 동시성의 신비한 원리를 분명히 보여 준다. 삶과 연동되는 것이 얼마나 강력하게 ‘은혜를 불러올 수 있는지’ 말이다. 은혜는 우리가 삶의 다른 단계들로부터 오는 도움이 열려 있다고 가정하면 우리의 필요에 응답되어 내려오는 선물이다.

동시성에 관해 말하자면, 내가 마지막 문단을 쓰고 있던 때와 정확히 동시에 나는 이와 같은 원리, ‘은혜를 불러옴’의 예를 살펴보기 위해 TV 화면을 켰다.

〈어메이징 레이스(The Amazing Race)〉라는 프로그램의 청각장애인 참가자인 루크(성경에 나오는 '누가'와 같다)는 그의 어머니와 함께 인도에 있고, 그의 파트너는 레이스를 하고 있었다. 그의 임무는 그가 오전에 마신 차의 냄새를 통해 그 차를 맞추는 것이었다. 그는 큰 강당 안의 테이블들에 차려진 수많은 컵에서 정확하게 오전에 마신 차를 찾아내야 했다. 그가 해낼 수 있을까?

뭐, 쉽진 않을 것이다. 그가 몇 시간을 시도했지만 성공하지 못하자, 루크는 흐트러지기 시작했다. 그는 어머니의 품에 쓰러진 채 울기 시작했다. 그녀는 그를 세게 안아 주었지만 곧 그의 눈을 굳건히 바라보며 말했다. "난 네가 할 수 있다는 걸 알아."

그건 분명 그가 듣고 싶었던 말이 아니었다. 그는 완전히 고뇌에 차서 그만두고 싶은 욕구와 어머니를 실망시켜 드리고 싶지 않은 욕구 사이에서 괴로워했다. 결국 그는 힘을 내서 다시 시도했지만 소용이 없었다. 이렇게 되자 그는 너무 낙심해서 극심한 고통으로 무릎을 꿇었다. 그의 어머니는 괴로웠지만 다시 그를 격려했고, 잠시 뒤 그는 다시 시도했다. 그런데 이번에는 분명히 무엇인가 변화한 것이 있었다. 어찌된 일인지 그의 분노와 좌절은 사라지고 담담하게 받아들이는 모습으로 대체되어 있었다. 그는 마신 것이 어떤 차인지 가려내려는 대신 시간이 오래 걸리는 것에 상관하지 않고 침착하게 모든 차를 하나하나 차례로 마셨다.

그가 마셔 본 첫 번째 차는 맞지 않는 것이었고, 그래서 그는 무작위로 두 번째 차를 마셨다. 믿을 수 없게도 그것이 오전에 마신 차였으며 그의 얼굴은 기쁨으로 밝아졌다. 인도인 참가자들은 박수 갈채를 보내며 기쁨에 차서 축하의 의미로 그를 어깨 위에 들어올렸다. 진정한 놀라운 레이스였다! 시청자로서도 이 쇼를 지켜보는 것은 놀라운 일이었는데, 이건 한 사람의 결단이 어떻게 불가능한 상황을 변화시킬 뿐 아니라 그 주변 사람들의 사기까지 올릴 수 있는지 보여 주는 현실의 예였기 때문이다. 이는 우리에게 '정착된' 사명의 정신, 삶에 대한 섬김과 내려놓음, 수용성의 너그러운 받아들임 정신을 보여 준다.

사명은 무엇이든 될 수 있다

'사명'이라는 단어는 영적으로 들리기 때문에 사명을 성취하는 것은 구체적으로 영적인 삶을 사는 것을 의미하거나, 영적 사명(소명)이 최고의 경지 또는 존재하는 단 하나의 종류라고 생각하게 되는 것은 솔깃한 일이다. 하지만 사명이 우리의 영적 상상(또는 허영까지)에 호소한다고 해서 그 길을 추구하는 것은 깨달음보다는 영적 물질주의로 끝나기 더 쉽다.[47] 불교 지도자인 틱낫한은 이렇게 말했다. "사명에서 위안을 구하는 것은 변형의 길, 고통을 끝내기 위한 길로 들어서는 것이다."[48] 로미 학파(Lomi School)의 공동 창설자인 로버트 홀(Robert Hall)은 영적 작업의 요점은 "어떤 면에서 의미를 가진 이 세속적인 저널에 할당된 시간을 다 채우기 위한 것이다"라고 하였다.[49]

동굴 안에서 12년 동안을 명상했던 비구니인 텐진 팔모(Tenzin Palmo)는 사명은 특별히 영적인 길을 추구함에 대한 것이 아니라 적절한 길을 찾음에 대한 것이라고 말하였다.

> 우리는 이생에서 우리가 무엇을 하도록 부름 받은 것인지를 바라보아야 한다. 가까운 관계나 가족 상황 안에서 더 많은 것을 배울 수 있는 시간에 어떤 이상 때문에 비구니나 은자(종교적 이유로 은둔하는 사람)가 되는 것은 말도 안 되는 일이다. 당신은 수도자적인 삶을 통해서는 이룰 수 없는 모든 종류의 자질을 모성을 통해 발달시킬 수 있다. 엄마가 되는 것이 길을 막게 되는 것은 아니다. 오히려 그 반대다! 거기에는 많은 접근법과 방식이 있다.[50]

나는 언젠가 성실한 영적 수행자인 한 젊은 여성을 만난 적이 있다. 그녀는 한 살 된 아이를 가진 엄마였는데, 아이의 요구들은 그녀로 하여금 시간을 내어 영적 수행에 들어가기 힘들게 했다. 이는 그녀를 불만족스럽게 했고, 그녀는 영적 스승에게 조언을 구했다. 그는 그녀를 잠시 바라보더니 아이를 키우는 일이 그녀의 영적 수행이라고 부드럽게 말해 주었다. 이게 그녀가 듣고 싶은 마지막 말이었다. 그녀의 진짜 문제는 엄마로서의 역할을 포용할 수 있는 어떤 방법을 찾는 것이었고, 이는 탈출구로서의 영적 수행을 추구하는 것 대신 실제로 그녀를 만족시키고 채워 주었다.

후에 나는 이 교훈을 한 번도 배우지 못했던 한 나이 든 여성을 만났다. 그녀의 자녀들은 성인이 되었지만 행복하지 않았다. 그녀는 자식들을 '도움이 필요한 아이들'로 보았고, 오로지 명상만 하기를 원했다. 그녀가 잘해 보려 시도했을 때도 실제로 상황은 나아지지 않았는데, 이는 그녀도 영성을 사명으로부터 벗어나는 도구로 이용하고 있었기 때문이다.

〈바가바드기타〉는 사명이 더 관습적으로 영적인 상태가 됨에 관한 것이 아니라는 것을 확실하게 해 주는데, 이는 〈바가바드기타〉의 가르침이 보통은 영적 활동으로 여겨지지 않는 일인 싸우고 전쟁에 참가해야 하는 필요에 관한 것이기 때문이다. 그래서 이러한 예는 우리에게 사명이 사실상 어느 것이든 될 수 있다는 메시지를 전달하고 있다.

만일 그렇다면 우리는 이를 어떻게 찾을 수 있을 것인가? 이는 좀처럼 대답하기 쉬운 질문이 아니다. 이는 사명의 본성과 성취의 가능한 길들을 이해하는 데 확실히 도움을 준다(자기발견을 위한 추가적 자원들을 보기 위해 부록 A를 참고하라). 하지만 우리가 파탄잘리의 지혜나 미스의 설명, 동시성의 고무적인 이야기들을 들어볼 수는 있어도 이것들이 우리가 찾는 모든 해답을 줄 것 같지는 않다.

수피교도들은 우리가 사명을 찾는 것이 아니라고 말한다. 사명이 우리들을 찾는 것이다. 그렇기 때문에 수피교의 가르침은 수용성을 강조한다. 그렇기에 삶이 우리에게 보내는 미묘한 신호들을 우리가 알아차리고 그것들에 대해 적절하게 반응할 수 있는 것이다. 미스가 주목했듯이, 우리는 완벽한 받는 사람들이 될 필요가 없다. 우리는 우리의 기술들을 연습할 수 있고, 이들은 시간이 흐름에 따라 점점 나아질 것이다. 또한 우리는 도움을 요청할 수도 있다(우리가 경험하는 것은 단지 우리의 상상이 만들어 낸 것이 아니라 실제라는 증거는 말할 나위도 없다).

사명을 포용하기

사명을 포용하는 것은 항상 변형적인 행위다. 사명을 회피하는 것은 우리의 변형 능력을 가로막는다. 또는 최소한 중요한 방식으로 변형하는 능력을 막는다. 만약 우리가 자신의 삶을 '경험을 통한 변형'의 과정으로 여긴다면 우리는 사명을 연금술적 수단, 용기(그릇) 또는 이 변형을 가능하게 만드는 승강장으로 생각할 수 있다. 하지만 사명은 우리가 자신을 넘어선 무엇인가에 대한 책임이자 다른 사람들이나 속한 사회뿐 아니라, 삶 자체를 향한 책임을 갖고 있다는 개념인 의무를 암시하기도 한다.

사명 지향적 접근법에서 우리가 조화시키려는 것은 우리 자신의 에너지와 자신 너머에 있는 모든 에너지다. 이 두 가지가 화합하게 되면 우리는 우리 삶의 목적의 시작과 성취의 기반이 되는 관계, 즉 삶과의 역동적인 관계에 이르게 된다.

하지만 이런 관계로 발달하는 것이 항상 쉬운 것은 아니다. 이는 현대 문화의 물질주의 때문만도 아니다. 이는 우리 중 다수가 우리 자신을 더 큰 목적, 이유, 또는 의지에 종속시킨다는 개념을 받아들이기 어려워하기 때문이다. 이는 우리들이 과거에 그렇게 해 왔고 그에 대한 결과로 환멸을 느껴왔기 때문일 것이다. 켄 윌버는 신을 바라볼 수 있는 분명하게 다른 3가지 방식을 통해 신성을 이해하기 위한 좀 더 균형 잡힌 방식을 찾아내려 노력해 왔다.

- 1인칭 시점에서의 신 ('나는 신이다' 또는 '신은 내 안에 있다'는 개념)
- 2인칭 시점에서의 신 ('당신은 신이다' 또는 신은 내가 의미 있는 관계를 갖기를 추구하는 인물이라는 개념)

• 3인칭 시점에서의 신 ('저것은 신이다' 또는 신은 비인격적인 힘 또는 법칙들이라는 개념)[51]

이 3가지 방식으로 신을 이해하는 것은 우리 자신 안의 신성, 다른 사람들 안(과 신 안)의 신성, 그리고 온우주를 주관하는 법칙과 원칙 안에 구현된 신성을 바라보는 것을 의미한다. 그러므로 이는 우리에게 위대한 영을 이해하는 굉장히 통합적인 방식을 제공한다.

여기에는 단 한 가지 문제가 있다. 영성에 대한 더 통합적인 접근법을 찾는 사람들은 종종 신에 대한 2인칭 시점의 개념보다 1인칭 시점과 3인칭 시점 개념에 훨씬 더 끌린다는 것이다. 다른 말로 하자면, 우리는 '신은 우리 안에 있다'라는 개념과 '신은 비인격적인 힘으로써 존재한다'라는 개념은 좋아하지만, '신은 우리가 관계를 맺을 수 있는 인격적인 독립체다'라는 개념에는 망설인다.

몇 년 전 통합 행사에 참석했을 때 나는 이를 직접 목격했다. 행사는 안내에 따라 명상으로 시작되었고, 참가자들에게 이 3가지 시점에서 신에 대해 명상하도록 하였다. 그러고는 그 명상에 대한 우리의 반응에 대한 논의로 이어졌다.

신에 대한 2인칭 시점에 대해 이야기할 때가 오자, 많은 사람들이 자기 자신이 뒷걸음질 치는 느낌을 받았다고 말했다. 이들은 단지 '나/너' 형태로 신과 관계하는 것에 불편함을 느꼈다고 했다. 이는 이들을 아이처럼(의존하고 약한) 또는 두렵게(이는 신성이 가혹한 권위자를 떠올리게 했기 때문이다) 느끼게 했다. 한 사람도 이 나/너 관계에 대해 긍정적으로 이야기하지 않았다.

사람들이 자신의 느낌을 표현할 정도로 충분히 열려 있다는 것은 좋았지만, 논의는 사람들이 그 혐오감을 어떻게 대처할지에 대해 진정한 통찰을 느꼈다는 지점까지는 결코 도달하지 않았다. 더 심각한 것은 나도 그것을 어떤 종류의 우선순위로도 느끼지 못했다는 것이다.

하지만 만약 우리가 자신의 두려움과 조건화를 넘어설 수 있고, 우리가 비인격적인 온우주에서 일하는 영적 수행자들이 아니라 온우주 안의 지각이 있는 모든 존재가 심지어 신까지도 역할을 맡는 거대한 온우주 드라마의 참가자라는 개념에 열려 있다면 어떨까? 우리들이 엄청난 규모의 대단한 제작사에서 독특할 뿐 아니라 필수적인 역할을 맡은 개개인이라고 상상해 보라. 우리가 단지 막연하게 긍정적인(그리고 감정적으로 안심시키는) 정도의 공동 제작자가 아니라, 우리 자신의 변형과 온우주 전체의 변형을 초래하도록 설계된 프로젝트의 공동 제작자라는 것을 알게 되면 어떨까?

그런 역할로서 우리들을 떠올려 보는 것은 꽤 감탄을 불러일으키지만 당연히 좀 겁이 나기도 한다. 하지만 우리가 진정으로 중요한 어떤 것의 일부분이라는 것을 알게 되는 것은 멋지지 않은가?

우리는 영적 상태들을 경험할 수는 있지만 그런 상태들은 완전히 실재는 아니다. 이것들은 말 그대로 우리가 생각해 내는 것이다. 만일 우리가 이것들을 영적 과정의 표식으로 취한다면 만족스러운 느낌을 받기 시작하는 것은 쉽다. 우리는 심지어 우리가 판단하기에 영적으로 덜 진보한 사람들을 도와주는 위치에 있다고 생각할 수도 있다. 어쩌면 우리와 비슷한 성향에 있다고 생각되는 사람들과 함께 집단으로서 일하려 할지도 모른다. 하지만 그런 집단은 보통 실제로 많은 일을 이뤄 내지는 못한다(그 집단 구성원들의 영적 이로움 안에 공유된 믿음을 강화하는 것 외에).

나/너 관점에서 신성에 초점을 맞추는 것에는 많은 이점이 있다. 첫째, 이는 우리에게 속으로 듣는 습관을 발달시키도록 도와준다. 이는 우리로 하여금 위대한 영을 우리에게 정보를 주는 힘을 가진 내적 목소리로 생각하게 해 주기 때문이다. 둘째, 이는 우리에게 신의 사랑을 받는 것(아가페적 사랑)을 허용한다는 것인데, 이는 우리가 이것이 이론적 추상 개념 이상이라는 것을 이해하기 때문이다. 셋째, 이것은 자아도취를 약화시킨다. 왜냐하면 이는 우리 자신 외에도 지능이 존재함을 우리에게 인식시켜 주기 때문이다. 넷째, 이는 위대한 영으로 향해 나아가기 위한 개인적으로 매우 강력한 이유를 제공하는데, 우리 자신을 삶의 유일무이한 운명을 가진 개개인으로서 우리를 보도록 하기 때문이다.

오프라 윈프리는 그녀가 영화 〈컬러 퍼플(The Color Purple)〉에 지원했던 때에 대해 이야기하고 있다. 당시 그녀는 강간과 가난, 미혼 임신으로 망쳐진 어린 시절에 대해 이야기하는 원작과 사랑에 빠져 있었다. 이 역시 그녀의 이야기이기도 했기 때문에 그녀의 인생에서 그녀가 원했던 어떤 것보다도 이 배역을 맡길 원했다. 하지만 처음에는 그녀가 이 역을 따낼 것처럼 보이진 않았다. 높은 위치에 있던 한 관계자는 그녀에게 여배우로서 너무 경험이 부족하다고 단호하게 말했다. 하지만 그녀는 자신이 이 역을 연기할 운명이라고 확신하며 끊임없이 이 배역을 위해 기도했다(심지어 이 역할의 남편의 이름인 Harpo도 'Oprah'가 거꾸로 쓰인 것과 똑같았다).

시간은 흘렀고 아무것도 변하지 않았다. 그녀는 배역 담당자로부터 아무 말도 듣지 못했고, 아무 일도 일어나지 않을 것처럼 보였다. 하지만 그녀는 정말 깊게 기도했기 때문에 결국 자신이 잘못된 것을 위해 기도하고 있다는 것을 깨달았다. 이제 그녀는 그 역을 위해서 기도하는 대신 허용을 위해 기도했다. 하지만 그 또한 이루어지지 않았다. 그녀는 이 두 상충되는 욕구에 의해 산산조각 난 듯한 느낌을 받았다. 마침내 그녀는 완전한 절망 상태에 다다르고 말았다.

그래도 여전히 그녀는 기도했다. 기도 중에 있던 어느 날, 무언가 이상한 일이 일어났다. 그녀는 자신이 자연스럽게 "나의 모든 것을 하나님께 내려놓습니다"라고 노래 부르는 모습을 발견했다. 이는 마치 다른 누군가가 노래 부르는 듯했다. 그녀는 갑자기 그녀가 단지 단어들을 말하고 있는 것이 아니라 그녀의 존재 깊숙이 그것들을 느끼고 있다는 것을 깨달았다. 그녀는 여전히 그 배역을 원했지만 그녀 자신도 놀랍게 더 이상 그것에 대한 갈망에 사로잡히지 않았다. 이것이 어떤 변화를 의미하는가를 그녀가 받아들일 수 있기 거의 전에 스티븐 스필버그가 그녀에게 전화했고, 그 배역이 그녀의 것이 되었다고 말해 주었다.

수년 뒤 이 경험에 대해 돌아보며 그녀는 이렇게 이야기했다.

> 당신이 할 수 있는 모든 것을 다했다면 당신 자신보다 더 큰 그것을 내려놓으세요. 그러고는 그것이 흐름의 한 부분이 되도록 놓아두세요. … 저는 〈컬러 퍼플〉만큼 어떤 것을 그토록 원해 본 적이 없었어요. 그리고 그것을 원함과 내려놓음은 저에게 놓아둠의 영역에서 사는 법을 가르쳐 주었죠. … 당신은 이만큼이나 꿈을 꿀 수 있어요. 하지만 신은 더 큰 꿈을 갖고 계시죠… 더 큰 질문은 "신께서는—우주는—내게 무엇을 시키기 원하는가?" 예요.

"우주는 내가 무엇을 하기를 원하는가?"

이는 사명을 향한 문을 여는 질문이다. 오프라의 경우 그녀는 목표에 매달릴지 아니면 '이를 내려놓고, 신에게 하도록 놓아둘지' 결정해야 했던 인생의 기로에 도달했던 것이다. 그녀는 마음을 내려놓기를 선택했지만 그 배역을 받게 됨으로써 꿈에서라도 상상해 보지 못한 방식으로 그녀의 경력을 시작했다.

이렇듯이 여러 모로 사명적 관점은 나/너 관점과 같다고 할 수 있다. 이는 둘 다 우리가 삶과 의미 있는 관계를 가지도록 가꾸는 능력을 필요로 하기 때문이다.

신과의 나/너 관계를 생각해 보는 또 다른 방식은 '나'를 자체적으로 전체를 대표하는 자기로서 '너'를 삶에서 더 크고 높고 더 확장된 것을 대표하는 것의 측면으로 보는 것이다. 이 관계는 홀라키적으로도 특징지어질 수 있다.

2장에서는 이 홀라키적 관점을 자세하게 분석한다. 일단은 1장의 논지가 '삶에는 목적이 있다'였다면, 2장의 논지는 '삶에는 질서(체제)가 있다'라고 말하는 것만으로 충분하다. 이 두 개념은 함께 작용하기에 삶의 목적이 각 개인을 통해 성취되도록 허용해 주는 틀을 제공하는 것은 의식의 질서 잡힌 구조들인 것이다.

미주

1) 플라톤, 티무스(Timeus), 29/30; 기원전 4세기.
2) "Anima Mundi: Awakening the Soul of the World" (www.goldensufi.org/a_animamundi.html; [2012-4-19에 인용됨]).
3) 우스펜스키(P. D. Ouspensky), 『위대한 가르침을 찾아서(In Search of the Miraculous: The Teachings of G. I. Gurdjieff)』(1949/2001), p. 317.
4) *The Intelligent Enneagram*(1996), p. 266.
5) *The Intelligent Enneagram*(1996), p. 7.
6) *The Science of Life and Art of Living*(1966/1975).
7) *SES(Sex, Ecology, Spirituality)* (1995/2000), p. 3; 인용 강조.
8) *SES(Sex, Ecology, Spirituality)* (1995/2000), p. 84.
9) Systems Theory(en.wikipedia.org/wiki/Systems_theory; [2012-4-25에 인용됨]).
10) The Theory of Open Systems in Physics and Biology, 1950년 1월 13일, 111권 *The Science*.
11) *Acts of Meaning*(1990), 제롬 브루너, p. 2.
12) *Bricks to Babel*(1980), pp. 440-442. 이 책에서 케스틀러는 뮬러의 〈과학과 비평(Science and Criticism)〉(1943), 톨먼의 *Purposive Behavior in Animals*(1931/1964), 그리고 크레체프스키(후에 데이비드 크레치[David Krech]로 알려지는)의 〈쥐에 대한 가설(Hypotheses in Rats)〉(1932)를 인용한다.
13) *Beyond Reductionism: The Alpbach conference*(1969)를 참고하라.
14) *Beyond Therapy, Beyond Science: A New Model for Healing the Whole Person*(1994).
15) 모두가 형태공명에 대한 루퍼트 셸드레이크의 사상을 미쳤다고 보진 않았다. 그는 *Brain/Mind Bulletin, New Scientist, Utne Reader*와 케스틀러로부터 긍정적인 논평을 받았다.
16) www.spinvestigations.org/Schwartz.pdf; [2012-4-22에 인용됨].
17) 대릴 벰의 예지에 대한 연구는 벰의 웹사이트에서 볼 수 있다. http://dbem.ws/FeelingFuture.pdf; [2012-4-22에 인용됨]).
18) www.abcnews.go.com/Technology/extrasensory-perception-scientific-journal-esp-paper-published-cornell/story?id=12556754&page=2#.T5NxcNWvjk8; [2012-4-22에 인용됨].
19) 〈햄릿(Hamlet)〉(1.5.166-167).
20) www.gallup.com/poll/16915/three-four-americans-believe-paranormal.aspx; [2012-4-22에 인용됨].
21) www.gallup.com/poll/4483/Americans-Belief-Psychic-Paranomral-Phenomena-Over-Last-Decade.aspx; [2012-4-26에 인용됨].
22) www.near-death.com/angels.html; [2012-4-22에 인용됨].
23) www.time.com/time/nation/article/0,8599,1842179,00.html; [2012-4-22에 인용됨].
24) www.near-death.com/faq.html; [2012-4-26에 인용됨].
25) 로드니 스타크(Rodney Stark)의 *What Americans Really Believe*(2008)의 14장을 참고하라.
26) www.time.com/time/nation/article/0,8599,1842179,00.html; [2012-4-22에 인용됨].

27) www.hms.harvard.edu/hmni/On_The_Brain/Volume12/OTB_Vol12No3_Fall06.pdf; [2012-4-25에 인용됨]. 이 최근 작업의 초석은 초월적 명상의 효과에 대한 연구에 의해 깔리게 되었다는 점 또한 주목해야 한다. 특히 로버트 월러스(Robert Keith Wallace)의 *The Physiology of Consciousness*(1993)을 참고하라.

28) www.abcnews.go.com/Technology/extrasensory-perception-scientific-journal-esp-paper-published-cornell/story?id=12556754&page=2#.T5NxcNWvjk8; [2012-4-22에 인용됨].

29) "On the Modern Mind", *Encounter* 24 (1965년 5월): 12-20, 미첼(Mark T. Mitchell)의 *Michael Polanyi*(2006)에서 인용됨.

30) 나는 항상 병리를 찾아내는 것에 주로 초점을 맞추는 심리 검사들을 좋아한 적이 없었다. 왜냐하면 이것들은 20세기 초 우생학 운동 시기에 이루어졌던 일인 사람들을 '맞지 않음' 같은 표시를 해놓은 상자들에 집어넣는 것 같은 굉장히 쉽게 파괴적인 방식으로 이용될 수 있기 때문이다. 게다가 우생학자들만 이런 검사들을 잘못 사용하는 것이 아니다. 몇 년 전, 나의 아버지께서는—굉장히 유능하고 책임감 있는 공인회계사셨다—승진에 관련해서 MMPI를 실시하도록 요구받았던 적이 있다. 그는 그의 정신적 균형에 대해 집중하는 수많은 질문에 굉장히 당혹스러워하셨다고 한다.

31) *Balancing Heaven and Earth*(1998), p. xi.

32) 그레이와 웨그너(Gray & Wegner)의 The Sting of Intentional Pain(2008). *Psychological Science*(www.psychology.uiowa.edu/faculty/mordkoff/Methods/section/intentional_pain.pdf; [2012-4-23에 인용됨]).

33) 로프터스, 그린과 스미스(Loftus, Greene & Smith)의 How Deep in the Meaning of Life?(1980). *Bulletin of the Psychonomic Society*.

34) *Bhagavad-Gita, As It Is*, 2nd ed. Bhaktivedata Swami Prabhupada(1989), p. 202.

35) 샌소니즈(J. Nigro Sansonese)의 *The Body of Myth*(1994), p. 180. 똑같은 페이지에서 샌소니즈는 카르마에 대한 내용 중에서 이렇게 이야기하고 있다. "카르마는 죄가 아니지만, 죄는 항상 카르마다. 죄가 아닌 카르마는 (특히 불교신자들에게) 사명, 의무로 불린다."

36) 틱낫한 스님의 『아! 붓다(The Heart of the Buddha's Teaching)』(1998), p. 164.

37) *Signs of the Unseen, Discourse 4*. (www.khamush.com/discourses.html; [2012-4-24에 인용됨]).

38) 이리나 트위디(Irina Tweedie)의 *Daughter of Fire: The Diary of a Spiritual Training with a Sufi Master*(1995), p. 254에서 인용함.

39) *The Cosmic Doctrine*(1949/1995), p. 157.

40) 전도서 12:13.

41) 누가복음 17:10.

42) bible.cc/luke/17-10.html; [2012-5-1에 인용됨]. 하나님은 "우리의 도움이 필요 없으며, 그의 본질적인 행복은 우리의 노력에 의해 높아지지 않을 것이다"라는 구절에 대해 이 논평가와 다수의 사람이 이 구절을 우리가 단지 선행을 했다는 이유로(중요한 점이기는 하지만) 우쭐대지 말라는 경고로 보지만, 그런 의견이 우리가 의무를 본질적으로 고결하고 가치 있는 것으로 느끼게 만드는 데에는 별 영향을 미치지 않는다.

43) *Psychological Bulletin*(1999)에서 디씨, 케스트너와 라이언(Deci, Koestner, & Ryan)의 A Meta-analytic Review of Experiments Examinng the Effects of Extrinsic Rewards on Intrinsic Motivation)의 예를 참고하라. (http://files.meetup.com/1789648/Review%20on%20Effects%20of%20Extrinsic%20Rewards%20on%20Intrinsic%20

Motivation.pdf; [2012-4-29에 인용됨]).

44) *The Portable Jung*(1971/1976)의 Psychology and Alchemy, p. 455에서의 Dream Symbolism in Relation to Alchemy.

45) *The Development of Personality*(1954/1981)에서의 The Development of Personality.

46) 마리 아비노브와 폴 차프차바제(Paul Chavchavadze)의 *Pilgrimage Through Hell*(1968), 17-20장.

47) 사람들이 실제 수준보다 자신을 더 영적으로 진보했다고 잘못 믿게 되는 다양한 방식에 대한 논의에 대해서 마리아나 카플란(Marianna Caplan)의 *Halfway Up the Mountain*(1999)을 참고하라.

48) 아! 붓다(1998), p. 162.

49) *Halfway Up the Mountain*(1999), p. 60.

50) 비키 맥캔지(Vicki Mackenzie)의 *Cave in the Snow: Tenzin Palmo's Quest for Enlightenment*(1998), p. 197.

51) 1인칭, 2인칭, 3인칭적 신에 대한 더 긴 논의에 대해서는 *Integral Spirituality*(2006) 7장이나 켄 윌버의 *ILP*(*Integral Life Practice*)(2008) 7장을 참고하라.

2 홀론의 위아래

온우주는 모든 것을 무한하게 함이며, 그 모든 것은 홀론으로 이루어져 있다—맨 위의 끝까지, 맨 아래의 끝까지.

–켄 윌버

우리의 과제는 더 높은 지성과 협력하는 법을 배우는 것이다.

–A. G. E. 블레이크

현대의 삶은 복잡하다. 모든 것이 빠르게 움직이고 재빨리 바뀌며 우리로 하여금 단순한 삶을 향한 갈망과 피로로 어지럽게 하는 방식으로 교류한다. 삶의 모든 것이 우리를 조각내려고 음모를 꾸미는 것처럼 보인다. 1960년대까지 현대 산업주의와 관계된 삶의 단편화는 연합, 전체, 일체감을 향한 뿌리 깊은 갈망을 일으켰다. 전체적인 건강, 자연식품 그리고 전 세계를 향한 열망까지(스튜어트 브랜드[Stewart Brand]의 *Whole Earth Catalog*는 1968년에 출간되었다. 첫 번째 지구의 날(Earth Day)은 1970년 봄에 기념되었다).

전체성과 소박함을 향한 이 새로운 갈망의 또 다른 결과는 1970년대의 '흙으로 돌아가기' 운동이었다. 나 또한 이 운동에 휩쓸렸다. 대학 졸업 후 무엇을 해야 할지 몰랐던 나는 *Finding* *and Buying Your Place in the Country*라는 책을 샀다. 그러고는 내 가장 친한 친구와 그녀의 두 아이들과 그녀의 고양이와 함께 가격이 알맞은 부동산을 찾는 여행을 시작했다(가는 길에 버피 세인트 마리(Buffy St-Marie)의 〈I' m Born to Be a Country Girl Again〉 같은 노래들을 부르면서). 그건 진정한 모험이었다.

우리는 오레곤의 체서에 위치한, 유진에서 북서부로 14마일쯤 떨어진 작은 마을에서 우리의 꿈을 찾았다. 소작인들에게 임대할 수 있는 2.3에이커의 땅과 함께 작은 집이 딸려 있는, 텅 비었지만 꽤 큰 농촌 주택이었다. 집은 바람이 잘 들어오는 걸레받이형 난방이 되어 있었지만, 그것 대신 장작 난로에 의지하기로 했는데, 아마 그것이 우리의 상상에 더 부합했기 때문이었던 것 같다. 우리는 1893년에 만들어진 멋지고 속도가 빠른 음식용 스토브를 샀고, 그 겨울을 나기 위한 장작들을 숲에서 모았다. 일을 구하는 게 쉽지 않았지만 우린 지역의 식수(나무 심기)조합에 들어갈 수 있었고, 그곳에서 변동이 심하지만 먹고 살 수 있을 만한 임금을 벌었다. 나는 단 250달러에 내 트럭에 연결할 수 있는 낡은 트레일러를 구했고, 우리는 숲에서 일할 때마다 거기서 잘 수 있었다.

우리는 직접 밥벌이를 하고, 조합으로부터는 음식을, 지역 공동체로부터는 우유를 샀다. 그 첫 여름은 우리의 친구들이 손수 지은 오두막집에서 구운 염소요리와 식사 모임들로 채워졌다. 만족스러운 생활이었다.

시골로 이사한 후 '밀월 기간'이었던 처음 몇 달 동안은 특히 좋았다. 하지만 시간이 흘러갈수록 우리의 새로운 생활방식에서 단점들이 명확히 드러나기 시작했다. 우리가 모아놓은 나무들은 싱싱했기 때문에 굴뚝에 불이 옮겨 붙었다. 다행히 불이 지붕까지 옮겨 붙지는 않았지만, 우리는 숲에서 가져온 그 '공짜' 장작들에 의한 화재 때문에 수리비용으로 더 많은 돈이 들었다는 것을 깨달았다. 집은 가파른 언덕을 맞대고 있었고, 꽤 춥고 눅눅하다는 게 드러났다. 그리고 우리의 고전적인 나무 스토브는 난방보다 요리에 훨씬 적합하다는 것도 알게 되었다. 그 스토브는 20분마다 연료를 넣어 줘야 했다.

내 트레일러는 너무 낡아서 프로판 탱크에 안전장치 밸브가 없었고, 이는 대담한 성격을 가진 주유소 직원만이 이를 채워 넣는 데 동의할 것이라는 것을 의미했다(그래서 내가 이 트레일러를 이렇게나 싸게 얻을 수 있었던 것 같다). 게다가 나는 이 트레일러의 오일 버너에 기름을 얼마나 넣어야 할지도 몰랐기 때문에 결국 우리 집의 굴뚝처럼 불이 붙게 되었다. 그 트레일러가 폭발하지 않았던 게 행운이었다. 옆집은 손질이 필요했으며, 우리는 종종 세입자 문제를 겪어야 했다. 우리가 그 집을 사자마자 내 친구는 늙은 남자 친구를 사귀었고, 그는 우리 집에서 같이 살게 되었다. 불행히도 그와 나는 잘 지내지 못했다(비슷한 점이 너무 많았다). 그렇게 1년 하고도

반 년 뒤, 그는 내 집을 인수했고, 나는 소도시로 이사하게 되었다.

그가 내 집을 인수했을 때 나는 떠나는 것이 전혀 아쉽지 않았다고 말하고 싶다. 난 시골에서의 생활은 훨씬 더 단순할 것이라고 생각했다. 하지만 그렇지 않았다. 나는 일하러 가기 위해 먼 길을 운전해야 했고, 많은 육체적인 노동을 해야 했으며, 적은 돈으로 삶을 꾸려나가야 했고, 시골 생활의 더딘 속도에 적응해야 했다. 내가 계획했던 방식과는 꽤 맞지 않게 흘러가고 있었다.

돌이켜 생각해 보면 그 시절은 훌륭한 배움의 경험이었다. 왜냐하면 그 시절은 내게 초기의 더 단순하고, 덜 복잡한 삶을 재창조하는 것의 환상에서 벗어나도록 해 주었기 때문이다. 그리고 시간을 돌리는 것은 정말로 가능하지 않다는 것 또한 발견하게 해 주었다. 나는 지나친 단순화를 통해 전체성을 추진하는 데 쏟는 어떤 노력도 통하지 않는다는 것을 직접 보았다. 복잡함의 문제를 바로 고쳐 줄 수 있는 것은 없다. 온전함(전체성)을 얻는 유일한 방법은 우리의 '부분성'을 더 알아차리게 되는 것이다. 또한 그 부분들을 어떻게 반대되는 것 대신 보완해 주는 것들로 만들 수 있는지 알아내는 것이다.

전체성 대 홀라키

아서 케스틀러 역시 전체성의 본성에 관심을 갖고 있었다. 우리가 1장에서 보았듯이, 케스틀러는 체계 이론의 초기 지지자이자 과학적 환원주의의 반대자였다. 그는 한 체계 내에 다른 요소들이 어떻게 서로 관계되어 있는지에 흥미를 두고 있었다. 그렇기에 그가 얀 스뮈츠(Jan Smuts)의 전체는 부분들의 집합 그 이상이라는 사상에 대한 책임을 지고 있는 책인 *Wholism and Evolution*(1926)에 일시적인 흥미 이상을 가진 것은 당연한 일이었다.

케스틀러는 *Janus: A Summing Up*(1979)이 처음 나왔을 당시에는 일시적으로 대중적인 큰 돌풍을 일으켰지만, 과학계 내에서 원자론적 패러다임을 몰아내는 데에는 실패했다고 하였다. 이는 아마 실증주의(positivism)와 행동주의 둘 모두 너무 우세했기 때문이라고 언급하고 있다. 전체론은 또 다른 40년이 지나서야 최소한 대중문화에서는 인기를 얻기 시작했고, 그렇게 사람들은 자연식품, 전인적 치유, 문제 해결에 대한 '전체적 체계' 접근법 등에 관심을 갖게 되었다(아직도 전통적인 과학적 방법들은 요소를 독립된 그룹으로 떨어뜨려 놓는 것에 의존하기 때문에 이 사상은 경험적 방식 지향적인 과학계 내에서는 여전히 널리 포용되고 있지는 않다).

케스틀러는 체계 이론에 관심을 두고 있긴 했지만, 전체론은 전체와 부분 간의 상호작용에 대해서는 많이 이야기하지 않았기 때문에 이 사상의 추종자는 아니었다. 그러나 이 상호작용들이 케스틀러를 매료시켰다. 그래서 그는 자신의 이론을 개발했고, 그렇게 홀론 이론 또는 홀라키를 창조했다. 케스틀러 접근법의 중심 원리는 살아 있는 체계 내에서는 사실상 아무것도 전적으로 그 자체로만 존재할 수 없고, 항상 어떤 더 큰 맥락 내에서 존재한다는 것이다. 역으로, 존재하는 모든 독립체는 그 존재의 다양한 수준을 가진 부분으로 이루어져 있고, 이는 높은 수준 독립체로부터(다국적 기업의 부분을 이루고 있는 회사들 같은) 중간 수준 독립체(각 회사의 부서들 같은), 낮은 수준 독립체까지(각 부서의 업무들 같은)에 걸치고 있다.

이렇듯이 어떤 체계든지 그 체계 내의 모든 것은 동시에 2가지 역할을 맡는다. 자체적인 전체로서와 어떤 더 큰 독립체의 구성원 역할이다. 그것이 홀론인 것이다. 체계 내의 다양한 수준으로 배치되어 있는 홀론으로 구성된 살아 있는 체계의 본성을 묘사하기 위해 케스틀러는 기본적으로 건강하고 기능적인 계층을 뜻하는 홀라키라는 용어를 만들었다.

홀라키의 개념은 믿을 수 없을 정도로 단순하다. 하지만 많은 단순한 개념처럼 이 또한 큰 설명적인 힘을 갖고 있다. 그리고 그게 바로 이 사상이 켄 윌버의 접근법의 중심 기둥이 된 이유이며, 또한 나의 접근법의 중심이기도 하다. 우리는 통합 지향적 체계의 설명을 위한 홀라키의 근원과 잠재력을 살펴볼 필요가 있다.

케스틀러의 젊은 시절

케스틀러의 접근법 밑에 깔린 더 깊은 근거들을 이해하기 위해서는 그의 삶과 시절을 살펴보는 것이 유용하다. 케스틀러는 뛰어난 사상가로 정치적 사상, 창의성, 체계 이론, 철학에 대한 그의 생각들은 이러한 것들을 수십 년 전에 기록했음에도 불구하고 여전히 최첨단이다. 하지만 그는 그의 많은 저서에서 신비적인 경험들을 거의 언급하지 않았음에도 불구하고 아마 그 어떤 것보다도 신비주의자였을 것이다. 그가 신비적인 경험들을 많이 언급하지 않은 이유는 아마도 이것이 지식계에서의 그의 신용에 손상을 줄 것이라 느꼈기 때문일 것이다. 또한 그는 어떤 곳에든 분류되는 것을 싫어하는 떠돌아다니는 영혼이었기 때문일 수도 있다. 그렇지만 케스틀러는 그의 어린 시절 즈음에 시작된 확장된 인식의 수많은 경험을 했다. 그리고 그 경험들은 로버트 존슨의 '가는 실들'이 그랬던 것처럼(1장 참고) 그의 삶의 주요 순간에 중추적인 역할을 해 왔다. 이 내적 경험들은 왜 케스틀러가 많은 사상, 사건과 경향에 매우 선견지명이 있었는지에 대한 이유를 설명해 준다.

케스틀러(1905~1983)는 헝가리의 부다페스트 지역에서 태어났고, 아이들이 우선순위가 아니었던 유대인 후손인 부모님 밑에서 외동으로 자랐다. 그래서 그는 종종 스스로 자신을 돌보도록 남겨지고는 했고, 이는 그를 외롭고 겁먹게 했다. 이러한 경험은 후에 그의 삶에서 그가 어머니와 다소 멀게 느껴지게 했다(케스틀러가 아직 30대 초반이었을 때 그의 아버지는 1937년에 돌아가셨는데, 그의 어머니는 그 후로도 90세의 지긋한 나이까지 23년을 더 사셨다).

케스틀러의 가족은 재정적인 기복이 여러 번 있었지만 그는 1920년대 초반에 공학을 공부하기 위해 비엔나 폴리테크닉 대학(Vienna Polytechnic University)에 들어갈 수 있었다. 하지만 졸업이 다가오기 1년 전, 동료 학생과 함께 나눈 늦은 밤의 토론에서 그는 '모든 가치가 뒤바뀌어 있는' 상태라고 묘사한 상태인 '해양감'을 느끼며 그의 세계 밖으로 나오게 되었다.[1)]

그의 책 *Bricks to Babel*에 나온 설명에 따르면, 그는 삶의 비합리적이고 혼란스러운 본성을 강렬하게 의식하게 되었고(혼돈 이론이 나오기 수십 년 전이었다), "혼돈의 한가운데에서 이성적인 경력을 따르는 것은 미친 짓이다"라는 확신에 사로잡혔다(p. 20). 그는 매우 중요한 대학입학 책에 성냥을 가져가는 자신을 발견했다. "이 책을 태우는 것은 문자 그대로 내 배를 태우는 것이었고, 점잖은 시민이자 공학 직종의 일원으로서 장래 유망한 경력의 끝을 의미했다." (그의 전기 작가인 마이클 스캐멜은 그가 이 당시 낙제할 위기에 처해 있기도 했기 때문에 그가 책을 태울 또 하나의 이유가 있었던 것인지도 모르겠다고 말했다!)

이 시점 이후부터 그의 인생의 전반기에 일어났던 종종 충격적인 사건들에도 불구하고 케스틀러는 어떤 신비로운 방식으로 자신의 운명과 궤도를 같이 맞춰 가는 듯했다. 이는 그가 이스라엘, 스탈린주의 시대의 러시아, 스페인 내전, 나치시대의 독일, 점령당한 프랑스의 극도로 위험한 상황들에 들어갔으면서도 어떻게 해서 여러 차례 죽음을 모면할 수 있었고, 30권이 넘는 책을 저술할 만큼 오래 살면서 삶의 본성, 진화, 그리고 창조적 과정들을 탐구할 수 있었는지를 설명해 주는 것 일수도 있다.

케스틀러의 첫 모험은 이스라엘의 키부츠(Kibbutz)다. 키부츠 운동은 새로운 유사–사회주의 실험이었으며, 이는 '유토피아의 땅을 경작하려는' 케스틀러의 욕망에 부합하는 것이었다(p. 21). 불행히도 그 땅을 경작하려던 그의 욕망은 실제보다는 비유적인 것에 가까웠던 것으로 드러났다. 장대한 열정을 가진 젊은이였던 그는 그의 동료들에게는 이를 숨기려고 했지만, 사실 새로운 땅을 일구는 일을 그다지 좋아하진 않았다. 하지만 그들은 케스틀러가 키부츠적 삶에 잘 맞지 않는다는 것을 알게 되었고, 결국 실험적인 기간이 끝난 후 그를 내보냈다. 케스틀러는 40년 뒤 자신의 경험들을 저술하면서 그는 이런 희생적인 방식의 삶을 영위할 수 있는 사람들은 드물기 때문에 키부츠 방식을 근간으로 사회를 수립하는 것은 불가능한 일이었을 것이라고 말하고 있다. 하지만 그는 그들의 개척 정신이 싹트기 시작하던 시기의 이스라엘의 키부츠와 그들이 제공해 준 영감에 대해 여전히 존경심을 유지했다.

키부츠에게 거부당한 뒤, 케스틀러는 그 후 몇 달간을 떠돌이 같은 상태가 되어 이스라엘 주변에서 이상한 직업들을 가지기도 하며 반(半)기아상태의 생활을 했다. 그러다가 권위 있는 유럽 신문사의 특파원이라는 직업을 가지게 되었고, 그렇게 그는 갑자기 상당한 봉급과 함께 편안한 숙소를 가진 공인된 기자의 삶을 살게 되었다. 그는 그 후 20년을 기자로 일했지만 그것보다는 당시 시작한 저술활동으로 오늘날까지 알려지게 되었다.

케스틀러의 청년다운 이상주의는 그를 정식 공산주의자의 일원이 되도록 이끌었다. 그는 스스로 러시아어를 배웠고 1930년대 초반 동안 구소련을 돌아다녔다. 그는 공산주의의 대의명분에 공감했기 때문에 그의 여행 기간 동안 감시받지 않을 수 있었다. 그 결과, 그는 스탈린주의의 발흥과 결부된 폭력적이고 억압적인 방식들을 직접 지켜 본 증인이 되었다(가장 주목받았던 사건으로는 '홀로도모르'가 있는데, 이는 부유한 농민 계급이었던 우크라이나인 쿨라크 계급을 말살하기 위해 정부에서 만들어 낸 기근으로, 180만에서 1200만 명 사이의 사람들이 이로 인해 죽은 것으로 알려져 있다).[2)]

여러 지역을 기차로 여행하면서 그는 매번 기차역에서 자신들이 가진 모든 것을 음식 마련을 위해 팔려던 절실한 민중들을 보았다. 하지만 당시 혁명적 공산주의의 이상을 향한 그의 열성은 이러한 약탈들을 못 본 체하게 했고, 그가 보고 있던 것들의 중요성을 어떻게든 최소화시켰다. 이는 그가 후에 자신의 책에서 자신이 보고 싶은 것만 보았던 '편협한 여행가'로 자신을 기록했던 이유다.

창가에서 보낸 시간들

비록 소수의 사람들만이 알고 있지만 1936년에도 케스틀러는 여전히 철저한 공산주의자였다. 그래서 그는 스페인 내전을 충당하기 위한 기자로 보내졌으며 비밀리에 공산주의 간첩활동을 수행했다. 그는 1937년 2월에 체포되어 사형선고를 받고 독방에 감금되었다. 감옥의 분위기는 견딜 수 없을 만큼 긴장되었으며, 밤에는 언제 소환될지 정확히 알 수 없는 부근 감방의 남자들이 사형수가 되었다. 어느 날 밤, 케스틀러는 자신의 감방 자물쇠가 돌아가는 것을 보고 자신에게 그 시간이 온 것을 알게 되었다. 그러나 그것은 중지되었는데, 교도관이 실수로 그 감방을 열었기 때문이다. 덕분에 당분간 그의 생명은 연장되었다.

긴장되는 기다림의 시간 동안, 케스틀러는 변화된 상태의 자신을 발견했다. 그는 난해한 수학 문제의 공식들을 유도하는 것에 몰두했다. 그러던 중 한 번은 그는 반드시 있어야 하는 의식의 놀라운 변화를 경험했다. 그는 후에 삶의 무한한 본성을 표현하는 방법으로 수학을 사용하기도 하였다. 그는 자신의 색인을 태웠을 때 경험했던 해양 상태 같은 종류에서 자신을 발견했다.[3] 그의 놀라운 경험은 말 그대로 총살에 처해지길 기다리는 사형수라는 것을 상관하지 않는 것이었다. 그는 이 경험을 "평화의 강에 자신의 뒤쪽에 떠있는 것"이라고 설명하였다. "이것은 어디에선지 모르게 왔으며 어느 곳이나 흐르지 않았다. '나'는 존재하는 것을 멈추었다" (*The Invisible Writing*, p. 429).

이 상태의 중단과 재개는 몇 주에 걸쳐 지속되었다. 그가 나중에 "창가에서 보낸 시간들"이라고 부른 이 시기는 강렬하지만 혼란스럽기도 하며, "새로운 확실성과 오래된 의심 사이의 진동… 어둠의 긴 기간, 사소한 분노, 두려움 다음으로 이어지는 갑작스러운 계몽"으로 가득한 기간이었다(*Bricks to Babel*, p. 143).

한편, 케스틀러의 정치적 소속에 대해 모르는 영국의 기자 친구들은 그의 결백에 대해 대부분 강력하게 항의하였으며, 임박한 그의 사형을 막기 위해 애썼다. 그는 갑자기 그가 잡힌 지 3개월 만에 풀려나 영국 집으로 보내졌다.

창가에서 보낸 시간들 이후 비록 완전히 거부하는 것에 시간이 좀 걸렸지만 케스틀러의 공산주의에 대한 관심은 희미해졌다. 그가 관찰한 바와 같이 "믿음은 마치 고치에서 나비가 되어 밖으로 나오는 것처럼 자발적인 행동을 통해 삶으로 찾아온다. 그러나 믿음의 사라짐은 점진적이며 느리다" (p. 474). 그러나 1936~1937년에는 소련의 대공포 시대가 한창이었다. 많은 과거의 전우들이 강제 징집되고 투옥되고 심문당하고 고문당하다가 마침내 사형되거나 생존할 수 없을 것 같은 굴라그(Gulag) 강제 수용소로 보내졌기 때문에 이는 확실히 케스틀러에게 환멸의 과정을 가속화하게 했다. 혐의는 불가피하게 조작되었다. 그 목표는 단지 사람들에게 공포를 심어 주고 잠재적인 지도력을 가진 사람을 침묵시키려는 것이었다. 그러나 고위 당 관계자를 포함해서 심문을 받은 많은 사람들이 이러한 날조된 혐의에 대해 자백했다. 이러한 자백들은 특히 높은 기대를 가지고 위대한 소련의 실험을 보아 온 서부의 구경꾼들을 당혹케 했다. 심문실에서뿐 아니라 공개 법정에서조차 많은 무고한 사람들이 왜 자신의 죄를 자백할 수 있었는지에 대해 아무도 이해하지 못했다.

케스틀러의 (수많은) 여성 친구들 중 하나가 이러한 심문을 받았던 사람이었다. 그래서 그는 이러한 자백을 얻게 되는 방법과 왜 그들이 포기하지 않았는지에 대해 정확히 알게 되었다. 1940년 12월 그는 그의 가장 잘 알려진 소설인 『대낮의 암흑(Darkness at Noon)』을 출간했다—허구이지만 고위 공산주의 관계자의 지속적인 심문에 대해 매우 현실적인 설명과 잔인하지만 심문을 받은 사람이 나중에 철회하지 않을 것이라고 보장하는 심리적인 방법으로 효과적이다.[4] 그는 세비아(Seville)의 사형수 수감 건물 감방에서 자신을 자유롭게 해 주기 위해 열심히 일해 준 모든 사람에게 빚을 갚기 위해 이 책을 썼다고 말했다.

비록 케스틀러는 창가에서 보낸 시간이 인생의 전환점이라고 이야기하지만(융처럼), 그는 좀처럼 자신의 신비한 경험에 대해 자세히 말하지 않았다. 그럼에도 불구하고 이러한 경험은 분명 그의 인생 후반기에 자신의 발상과 가치를 형성하는 데 중요한 역할을 했다.[5] 이 기간 동안 저술된 책들—*The Yogi and the Commissar, The Act of Creation, The Roots of Coincidence, The Ghost in the Machine* 같은 제목의 책들—은 그의 글이 초월적 실현에 의해 깊이 영감을 받았다는 사실을 암시한다. 삶의 다른 수준을 이해하려는 케스틀러의 헌신은 1984년 그의 죽음 이후 그가 남긴 재산의 수익금을 지정하여 과학적으로 초자연적 현상을 조사하는 대학 센터의 설립을 위해 사용되었을 때 밝혀졌다. 옥스퍼드와 캠브리지 모두 정중하게 이 제안을 거절했지만 에든버러 대학은 이 제안을 받아들여 1985년에 설립된 케스틀러 초심리학과는 오늘날까지 운영 중이다.

홀론의 아버지

케스틀러는 우리가 일하면서 평생을 보낼 수 있지만, 여전히 끝에 도달할 수 없는 매우 풍부하고 창조적인 발상에 대해 다양하게 이야기하는 창의적인 사상가 중 한 명이다. 그러나 삶의 본질과 이것이 어떻게 구성되어 있는지에 대한 그의 발상(즉, 홀라키적)은 가장 유익한 것 중 하나다. 그것들은 삶의 매우 다른 두 관점을 조정하는 방법을 우리에게 제공한다.

첫 번째 관점(원자론적 관점)은 작은 것에서 큰 것으로의 이동에 초점을 맞춘다. 이 관점을 수용하는 사람들은 사물들이 단지 그 부분들의 합에 지나지 않는다고 여기는 경향이 있는데, 이는 환원주의적 과학의 관점이며, 신다윈주의(neo-Darwinism)처럼 진화에 대한 '상향식' 접근법의 기초를 형성한다.

The Ghost in the Machine(1967)과 *Janus: A Summing Up*(1978)에서 케스틀러는 자신이 과학적 환원주의를 거부하는 이유를 설명했으며, 환원주의는 인간의 존재에 대한 가치나 목적을 허용하지 않는다는 개념에 대해서도 이야기했다. 그는 현대 과학의 환원주의는 과학적 탐구에 국한되진 않지만 불행하게도 "우리의 문화 전체와 정치 환경에마저 영향을 미치며 과학의 경계를 훨씬 넘어서까지 그 그림자를 드리운다"고 말했다(*Janus*, p. 25). 그리고 그 결과는 교양

있고 영향력 있는 위치에 있는 사람들이 인류를 '단지' 일종의 메커니즘의 형태로 보는 문화인 것이다.

케스틀러는 인류를 일부 기계적인 측면으로 보는 것에 대한 실제적인 이의가 없었다(즉, 그는 우리 행동의 대부분은 자동화된 루틴의 관점에서 설명될 수 있다고 보았다). 그러나 그는 신-다윈주의나 행동주의자 관점에서 단지 기계적인 용어로 인류를 볼 때에는 매우 강한 이의를 보였다. 그는 전체가 그 부분들 합의 이상이라는 스뮈츠의 관점에 전적으로 전념하기 때문이다.

그러므로 앞에서 언급된 대로, 그가 스뮈츠의 *Wholism and Evolution*에 일시적인 흥미 이상을 보인 것은 당연하다. 그러나 케스틀러는 비록 원자론과 전체론 모두 그것 나름대로 사실이라고 하더라도 둘 중 아무것도 독점적인 사실이라고 느끼지는 않았다. 그는 살아 있는 모든 요소는 두 가지 역할을 한다는 발상을 받아들여 그것들을 조정하는 방법을 발견했다. (a) 자율적 전체 그리고 (b) 어떤 더 큰 전체 안의 일부가 그것이다. 그리고 그것들을 홀론이라고 불렀다. 고유한 기능을 가지는 특수화된 독립체인 신체 내의 장기가 그 예다. 이들 각각은 자치적인 독립체이자 더 큰 무언가의 구성원이 되는 세포로 구성되었다. 결국 장기는 그 자체보다 큰 무언가(몸)의 일부다([그림 2-1]).

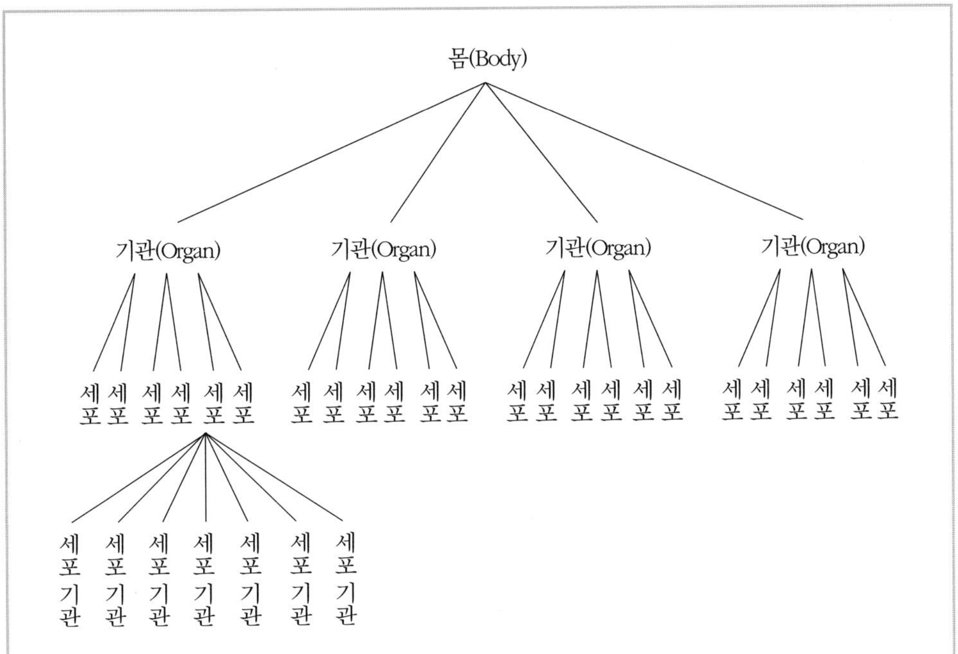

그림 2-1 홀라키의 예

홀론 이론을 수립하는 케스틀러의 주요 목적은 살아 있는 체계에서의 모든 것은 동일한 수준에 있으며, 맨 위와 맨 아래 사이에 중간 수준이 없다는 점에서 과학적 환원주의에 대한 대안을 제공하는 것이다(*Ghost*에서의 그의 논의를 참조하라. pp. 47-49). 결과적으로 그는 이러한 중간 구조(수준)의 존재와 그것들을 만들어 내는 독립체(홀론들)의 특징을 증명하는 데 매우 집중하였다.

> 로마의 신 야누스처럼 계층 구조의 구성원은 반대 방향을 보는 두 얼굴을 가지고 있다. 부차적인 수준을 향하고 있는 얼굴은 자족적인 전체이며, 정점을 향해 위를 향하고 있는 얼굴은 의존적인 부분이다. 하나는 주인의 얼굴이며, 다른 하나는 종의 얼굴이다(p. 48).

케스틀러에 의하면 홀론들은 통합적 또는 자기초월적 욕구를 통해 부분들과 같은 역할과[6] 자기주장적 욕구를 통해 전체와 같은 역할을 유지한다([그림 2-2]).

- 자기초월적 욕구는 우리 자신의 초월적인 어떤 것을 수용하게 하는 데 도움이 되지만 이것이 너무 우세하게 되면, 결과적으로 지나친 수용성으로 인해 온갖 종류의 제안에 열려 있는 자기주장과 기반이 없는 사람이 된다.
- 자기주장적 욕구는 준-자율적인 개인으로서 역할을 하는 데 도움이 되지만 이것이 너무 우세하게 되면, 그 결과는 공격적으로 지배하려고 하며 자신의 '부분들'을 제어하려는 포악한 개인이 된다(그리고 더 크거나 높은 자기에 관련하여 아마도 모르거나 반응이 없는 자신의 역할을 행한다).

과도한 자기초월과 함께 제공되는 지나친 피암시성은 케스틀러로 하여금 이것이 자기주장보다 더 위험한 것으로 여기게 했다. 왜냐하면 이것은 우리가 일반적으로 우리 자신보다 더 중요하다고 믿는 몇 가지 크고 영광스러운 이상 대신 구분하기 위해 노력하면서 잠재적으로 개인의 정체성을 삼키는 것에 이르게 하기 때문이다. 그는 자기초월이 완전히 자기주장을 능가할 때 발생할 수 있는 예로 아즈텍(Aztec)의 신들에 의한 연간 20,000~50,000 포로의 종교적 희생을 인용하였다.[7]

따라서 생명체가 자기주장과 자기초월 경향이 서로 균형을 이루는 때인 역동적 평형 상태를 위해 노력하는 것이 목표이며, 평형은 구체적으로 '부분들과 전체 사이의 관계(전체는 다음 상위 수준에서 부분을 제어하는 기관에 의해 표현되는 것)'라고 정의된다.[8]

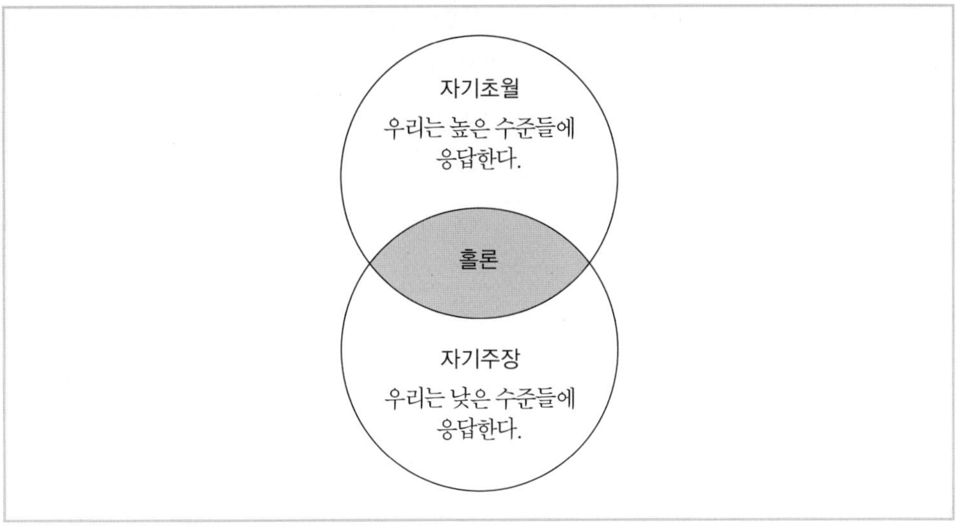

그림 2-2 자기초월 대 자기주장

케스틀러는 또한 사회적 홀론과 개인적 홀론을 구분지었다. 사람을 개인적 홀론이라고 생각해 보자. 이때 개인적 홀론은 다른 사람들과 여러 집단에 참여할 수 있다. 하지만 홀라키적 관점에서 그 집단은 개인보다 더 높은 위치에 있지 않다. 왜냐하면 이들은 다른 종류의 홀론들이기 때문이다. 이는 사회가 홀라키에서 더 높은 수준에 있다고 주장하는 착취적인 정부에 의해 개인의 권리가 짓밟히게 되는 것을 정당화시키는 데 홀론 이론이 이용될 수 없다는 것을 의미하기 때문에 중요한 구분이다.

비록 케스틀러가 주장하는 초점의 대부분은 이들 간의 역동적 상호작용보다 홀라키를 구성하는 구조의 특성에 맞춰져 있지만 그는 "고정된 구조들과 유연한 전략들" 에 대한 상호작용에 대해 암시하였다. 그는 본질적인 정체성은 변하지 않으면서 그 곡 구조 안에 존재하는 조성, 리듬, 당김음, 그리고 악구를 포함하는 주제의 변주곡을 치는 피아니스트의 예를 제시하였다(pp. 43-44).[9]

우리가 창의성(전략)에서 구조의 역할을 논의할 때, 12장에서 이 주제로 다시 돌아올 것이다.

윌버의 홀라키적 접근법

케스틀러가 그의 홀라키적 모형을 발표한 지 30년 후인 1990년대 초반에 켄 윌버는 그의 다음 책인 *Sex, Ecology, Spirituality*(줄여서 *SES*로 부른다)를 쓰고 있었다. 그는 이 책이 그가 인간 의식의 통합적인 견해라고 부르기 시작한 관점의 기초가 되어 주기를 원했으나 윌버에게는 큰 문제가 있었다. 그는 자신의 발상을 '포함시킬' 만큼 크거나 포괄적인 일반적인 틀을 찾을 수 없었다는 것이다.

비록 윌버는 삶을 여러 수준에서 존재하는 것으로 보았지만 (따라서 계층 구조의 존재를 암시했지만) 그는 모든 계층 구조에 동일하게 적용될 수 있는 방식으로 계층 구조의 개념을 설명할 방법이 없었다. 윌버가 케스틀러의 홀론 이론의 영향을 깨달았을 때, 그는 IOS 관점과 양립할 수 있는 계층 구조의 개념을 제시하는 방법을 깨닫게 되었다. 윌버는 우주가 홀론으로 구성되어 있음을 깨달았을 때, "모든 위에서부터 모든 아래까지… 이것으로 대부분의 *Sex, Ecology, Spirituality*는 그 자체로 설명되었다" (p. xiv)[10]. 그리고 이 책은 1995년에 마침내 나오게 되었다.

'특정한 개념'의 발견이 책을 "설명되게 했다"라고 말하는 것은 지나친 칭찬이다. 그러나 윌버는 진정으로 그렇게 대하고 있다. 그는 851 페이지 전부가 홀론에 대한 것이라고 말한다(p. 4). 그러므로 그가 *SES*의 연합적 맥락의 역할을 하는 접근인 홀라키를 대상으로 제시하여 20가지의 자세한 원칙으로 발전시킨 일은 놀랄 일도 아니다(〈표 2-1〉).[11]

우리는 다음에서 윌버의 홀라키에 대한 해석으로 되돌아갈 것이다. 현재로는 *SES*의 처음 장들이 홀라키의 개념을 소개하며 전체와 부분들이 모두 중요하다는 홀라키적 관점에서 인생을 보는 장점에 대해 얘기하는 것으로 충분하다.

윌버는 온전함에 대한 현재 문화적 초점은 문제가 될 수 있다고 설명하고 있다. 왜냐하면 이것은 잠재적으로 한 사람 전체의 선호하는 비전이 단지 중요한 하나로써 설명될 수 있는 다소 "종합적이며 지배적인" 온전함을 촉진시킬 수 있기 때문이다(p. 44).

정치적 측면에서 "만약 '전체'가 기본이며 우리가 국가의 부분이라면, 우리는 명확하게 국가를 위해 일하기 위해 존재한다" (p. 87). 물론 윌버가 지배 계층이라고 칭하는 이러한 사고는 사이비 종교와 다른 구조를 만들어 낼 수 있다. 로버트 마스터즈(Robert Masters)는 영적 회피(*Spiritual Bypassing*, 2010)에서 같은 발상을 공명했다. 여기서 그는 전체에 너무 많은 강조를 두는 것은 전체보다 적은 것처럼 보이는 모든 것의 폄하로 이어질 수 있다고 지적하였다. 즉, 모든 것은 고통스럽고 괴로운 것이며 치유되지 않는 것이다(p. 5).

분명한 것은 부분들에도 너무 많은 초점을 둘 수 있다는 것이다. 그것들이 존재하는 맥락과 상황에서 떨어져 오직 별개로 이것들을 보는 것이다. 이러한 경우 1장에서 설명된 것처럼 우리는 삶의 원자론적(환원주의적) 견해로 이어지는 전체적인 관점을 잃게 된다. 윌버는 맥락과 상황을 "피할 수 없는" 것이라고 말하지만(*SES*, p. 38), 그는 이것이 "자신의 인식 너머 … 이러한 맥락과 상황으로부터 쉽게 분리되는 것"이며 이는 소외로 이어진다고 지적하였다(p. 85).

전체와 부분들 모두는 균형적 대우주에 필요하기 때문에 두 관점—전체론과 원자론—은 균형적 관점을 위해 필요하다. 그리고 이것은 홀라키적 관점이 왜 윌버의 창발적 IOS의 중심이 되었는지에 대한 이유다.[12]

2가지 견해: 윌버와 케스틀러

케스틀러는 수년간에 걸쳐 그의 홀론 이론을 세웠는데, 결국 8페이지에 달하는 특성들을 포함한 부록을 담은 *The Ghost in the Machine*(1967)을 출판하기에 이르렀다(부록 B 참조). 윌버가 케스틀러의 홀라키적 틀을 *SES*에서 사용하려고 했을 때, 그는 자기 자신의 목록 또한 개발했다—20가지 원칙들은 〈표 2-1〉에 나타나 있다. 이 둘 사이에는 겹치는 부분들도 있지만 상당한 차이점 또한 존재한다.

가장 큰 하나의 차이점은 이 두 이론가의 초점이다. 케스틀러는 건강한 생물계의 계층적 본성을 설명하기 위해 전체론과 원자론을 조정할 수 있는 모형을 개발하고 싶어 했다. 그러므로 그의 초점은 생물계의 다양한 수준의 본성을 보여 주는 것과 에너지와 정보가 수준들 사이에 흐른다는 것을 설명하는 것에 맞춰져 있다.

*SES*에서 윌버는 다음과 같은 계층적 모형을 개발하고 싶어 했다. (a) 계층 구조의 발상을 설득력 있게 구성 원리로 정당화하는 것(특히 반(反) 계층 구조의 경향을 보이는 포스트모더니즘주의자와 삶의 그물망(web of life) 지지자들에게), (b) 홀론들을 수직적 뿐만 아니라 수평적으로 설명하는 것, 그리고 (c) 특정 홀론의 변형적인 잠재력을 강조하는 것이다. 이것이 우리가 인간 의식이라고 부르는 홀론(특히 윌버가 홀라키에서 상승한다고 의미하는 이것의 현재 수준을 초월할 수 있는 능력)이다.[13]

인간은 또한 홀라키적 관점의 측면에서 특성화될 수 있기 때문에 수평적 요소의 증가는 윌버가 개인과 단체 사이 관계를 논의할 수 있도록 하며,[14] 특히 문화와 같은 대규모 사회적 홀론들을 논의하게 한다.[15] 그러나 이것은 또한 예상치 못한 이론적 문제들을 생성하여 복잡성의 수준을 더하므로 다수의 사람들로부터 비난의 표적이 되었다. 제프 메이어호프(Jeff Meyerhoff)가 관찰한 바와 같이, "홀라키를 시작하려면, 홀론적인 것과 사분면 토론은 복잡한 추론의 얽힘으로 시작한다."[16]

그러나 케스틀러의 원래 접근 방식을 고수하려는 나의 선호를 설명하기 위해서는 적어도 짧

〈표 2-1〉 켄 윌버의 20가지 원칙*

1. 실재는 사물이나 과정으로 구성되는 것이 아니라 전체이면서 동시에 부분들인 홀론으로 구성되어 있다.
2. 홀론은 이러한 성질들을 보인다.
   a. 자기보존(작용주체)
   b. 자기적응(교감 공동체)
   c. 자기초월(자기변형)
   d. 자기내재(이전까진 자기분열)**
3. 홀론들이 생겨난다.
4. 홀론들은 홀라키적으로 생겨난다.
5. 각 홀론은 그 선행요소를 초월하고 포함한다.
6. 하위적인 것은 상위적인 것의 가능성을 설정하고, 상위적인 것은 하위적인 것의 개연성을 설정한다.
7. 계층구조를 구성하는 수준의 수는 그것이 '피상적'인지 '심층적'인지의 여부를 결정하며, 주어진 수준에서의 홀론의 수는 그것의 '범위'라고 불린다.
8. 진화의 각 연속적인 수준은 보다 큰 깊이와 보다 작은 폭을 만든다.
9. 어떤 종류의 홀론을 파괴했을 때, 당신은 그 홀론보다 위에 있는 모든 홀론을 파괴할 것이며, 그것보다 아래에 있는 홀론들은 아무것도 파괴되지 않을 것이다.
10. 홀라키는 함께 진화한다. 미시적인 것은 항상 거시적인 것 안에 있다(모든 작용주체는 교감 공동체에 속한다).
11. 미시적인 것은 그 깊이에 있는 모든 거시적인 것과 관계적인 교류를 한다.
12. 진화는 방향성을 갖고 있다.
    a. 복합성이 증가한다.
    b. 차별성/통합성이 증가한다.
    c. 조직화/구조화가 증가한다.
    d. 상대적 자율성이 증가한다.
    e. 목적인이 증가한다.

* 2번을 4가지 원칙으로 보고 12번을 6가지 원칙으로 계산하면 20가지 원칙이 된다.
** *SES*에서 윌버는 하강 욕구를 자기소멸로 제시하지만 자기소멸이 전적으로 하강의 병리학적 형태를 의미한다는 것을 관찰함으로써 나중에 이 해석을 철회시켰다.
(wilber.shambhala.com/html/interviews/interview1220_2.cfm/;을 참고하라. [2012-04-20에 인용됨])

은 논의가 필요하다. 되도록이면 간결하고 쉽게 이 설명을 해 보도록 하겠다.

구성 원리로 계층 구조를 정당화하는 윌버의 목표는 케스틀러의 원래 표현에서 많이 벗어나지 않으며 논쟁의 여지가 없다. 하지만 목표 b에 있어서는(홀론의 수직적 그리고 수평적 본성과 그들 사이의 관계를 설명하는 것) 윌버의 접근이 이 모형을 더 복잡하게 만들 뿐만 아니라 미묘한 변화의 의미, 홀론 이론의 강조를 두는 여러 개념을 소개한다(다음의 세 지점 참조). 이것은 또한 매우 체계적이다(4번째 지점). **목표 c**에 관해서는(홀론들이 상위로 이동할 가능성을 강조하는 것) 상향 이동에 초점을 맞추는 것은 본래 체계 통합에 초점을 둔 것 대신 얻어졌다(5번째 지점).

그렇다면 이 각각의 지점에 대하여 알아보도록 하자.

첫째, 홀론의 속성을 설명할 때 윌버는 그 기능뿐만 아니라 그 욕구의 관점에서 말하였다. 홀라키의 본래의 발상은 우리로 하여금 생물학적 체계의 관점에서만 생각을 요구하지 않는 반면 욕구들은 일반적으로 생물학적 삶(특히 인간들)의 특정한 형태로만 관련된다.

둘째, 홀론 각각의 역할에 대한 케스틀러의 관점을 유지시키는 대신(즉, 자기초월과 자기주장) 윌버는 더 높은 수준으로 이동하는 홀론의 움직임을 자기초월이라고 재정의하였다. 마찬가지로 윌버는 자기주장이라는 용어 대신 자기소멸로 재정의하였다. 비록 그가 나중에 프레드 코프먼(Fred Kofman)의 의견에 대한 응답으로 이 용어를 바꾸더라도(〈표 2-1〉 참조; 9장 또한 참조), 그가 바꾼 자기소멸이라는 용어는 케스틀러가 본래 설명했던 아래로 향하는 홀론의 자기주장적 기능과는 거의 관련이 없다. 이와 같은 정의적 변화는 홀론 및 홀라키에 매우 다른 접근 방법을 반영한다.

셋째, 홀론의 수평적 기능과 욕구들을 소개할 때, 윌버는 자기보존(작용주체)과 자기적응(공동체 혹은 '참여적 유대')에 대해 이야기하였다. 이들은 개인적 홀론과 이 홀론이 참여하는 사회적 홀론(집단)의 관계를 설명해 주는 욕구다. 윌버는 이 두 욕구를 상호 대립적으로 여겼다. 즉, 더 많은 작용주체가 있을수록 공동체는 적어진다고(그리고 더 많은 공동체가 있을수록 작용주체는 적어진다고) 보는 것이다. 이는 불행하게도 그다지 통합적이지 않은 관점이다. 왜냐하면 이 관점은 집단과 개인의 관계를 잠재적으로 협력적인 관계가 아닌 선천적으로 대립적인 것으로 정의하기 때문이다.[17)]

넷째, 개별적인 홀론과 사회적 홀론 사이의 관계에 초점을 맞추는 것으로, 윌버는 한 번이 아닌 두 번의 도약을 하였다. 왜냐하면 그는 수평적 관계 자체만 설명하는 것이 아니라, 완전히 다른 홀라키의 두 종류(개인과 사회) 사이에서의 수평적 관계를 설명하기 때문이다. 즉, 다른 수평적 관점들은 발달 수준에서 주어진 개인의 의식에 사용할 수 있다. 그러므로 수평적 관계의 이러한 해석은 실제로 완료되지 않는다.[18)]

다섯째, **목표 c**에 관해서는(홀론들이 상위로 이동할 가능성을 강조하는 것) 홀론적 이동 관점에서 홀라키를 설명하는 것의 결과 홀론의 통합적인 역할이 기본적으로 사라지는 것으로, 생물계의 다른 수준에서 홀론 사이와의 상호작용을 특징 지을 만한 홀라키적 접근을 남기지 않는다.

이 강조된 이동은 윌버의 목적과 일치할 수도 있지만, 그는 의식의 더 높은 수준을 증진시키는 것에 열정적으로 전념하였다. (그와 앤드류 코헨[Andrew Cohen]이 10년 넘게 의논한 논제)[19] 이 전념의 개념은 *SES*에서 구체화된다. 그는 다음과 같이 진술하였다.

> 포스트모더니티의 중요한 과제는 세계중심적 비전-논리… 수준에서 … 신체-마음 통합에 도달하는 것이다.[20]

비록 그 또한 통합을 지지하지만, 그가 이것을 홀라키적 모형에서 사실상 제외했다는 사실은 혼합된 메시지를 보낸다. 통합이 정말로 중요하다면 이것은 홀라키의 본질적인 부분이어야 한다—케스틀러의 모형에서처럼. 케스틀러의 홀론들은 바로 야누스의 얼굴처럼 두 자리의 측면이다. 왜냐하면 이 이미지는 체계가 통합된 개체로서 기능을 유지할 수 있는 수단으로 나타나기 때문이다.[21]

이 정도까지 케스틀러의 이론을 바꾸어야 할 필요성을 느끼지 않았겠지만, 케스틀러의 이론에 윌버의 이론을 명시적으로 포함했다. 그럼에도 불구하고 건강한 체계는 균형 잡힌 체계이며, 균형 잡힌 체계는 변형에 가장 적합한 종류라는 것이 분명한 것으로 보인다. 따라서 내부 균형을 이루는 조건들 또한 변형을 용이하게 한다.

그리고 이것이 홀론 이론에 대한 윌버의 흥미롭고 자극적인 추가 사항임에도 불구하고 내가 케스틀러의 본래 표현을 왜 더 선호하는지에 대한 이유다. 왜냐하면 단순함과 통합에 맞추는 분명한 초점 때문이다. 따라서 이것은 이 책의 향후 장들에 사용되는 접근이 된다.

그러나 홀론 이론에 대한 수평적 요소를 소개하려는 윌버의 노력은 수평적 과정을 이해하는 것의 중요성을 강조한다(그들의 정신 내의 과정, 일대일 개별 간의 상호작용, 또는 일대다의 상호작용을 포함하는지에 대한 여부). 그러나 홀론 이론의 형식적인 부분 없이 이러한 상호작용을 탐구하는 것은 가능하다. 다음 장에서 살펴보겠지만 에니어그램은 수평적 영향과 다양한 상호작용, 그리고 윌버의 사분면 또한 설명한다(4장을 참고하라). 그리고 10장에서 우리는 이 두 가지가 어떻게 상호 간에 영향을 미치는지에 대해 볼 것이다.

실제 삶에서의 홀론 이론

내가 어떠한 홀라키적 모형을 사용한 실질적인 작업을 할 때 세우는 두 가지 가정이 있다. 첫째는 홀라키의 활기차고 협력적인 성질에 관한 것이며, 둘째는 홀라키를 생성하는 홀론의 역할에 관한 것이다. 차례로 각각에 대해 살펴보도록 하자.

가정 #1: 건강한 홀라키는 모든 수준이 중요하고 본질적으로 존경받을 만한 역할을 하는 것이다. 본질적으로 이것은 홀라키 내의 어떤 수준도 존중, 지원 또는 관리에 취약하지 않다는 것을 의미한다. 단도직입적으로 이것은 '상승'이 '하강'보다 더 나은 것이 없음을 의미한다. 즉, 높은 수준이 낮은 수준보다 더 나은 것이 없다는 것을 의미하는 것이다. 이들은 더 많은 것을 포함할 수도 있지만, 전체보다 더 많을 수는 없다(정의된 것에 의하면 홀론들은 항상 부분/전체이기 때문이다). 그러므로 전체성이 증가하는 경우 '부분성' 또한 증가한다. 둘 모두에게 더 가치 있는 높은 수준은 없다. 그들은 단순히 다르다. 진화가 의식의 높은 수준으로의 이동을 포함한다는 사실은 우리가 더 큰 자유, 힘, 빛, 순도, 도덕성 등을 부여하는 것으로 이것들을 본다고 해도 높은 수준을 본질적으로 더 나은 것으로 만들지 않는다.

이 위치에서 나는 계층적 구분에 따라 특정한 가치 판단을 내리는 윌버로부터 출발하여 홀라키에서 그 수준에 의해 결정되는 것으로 홀론의 내재적 가치를 정의하며, 홀라키에게 어떻게 기본이 되는지 결정되는 것으로 그 외재적인 또는 도구적 가치를 정의한다. 이 접근에 의하면 인간은 세포보다 더 내재적인 가치를 가지지만 세포는 인간보다 더 외재적인 가치를 가진다.

나는 여기서 윌버가 무엇을 의도하는지 이해하지만 이 접근은 나로 하여금 긴장하게 만든다. 이것은 내재적인 가치를 '더 나은' 것으로 보는 쉬우며 높은 수준의 홀론들을 우대하기 위한 모든 방법을 정당화하려는 판단을 하기 쉽다.

다행스럽게도 윌버는 가치의 세 번째 종류—지상 가치—에 대해 논의한다. 이것은 그것들이 위대한 영과 동등하게 완벽한 징후라는 이유로 모든 홀론이 소유하고 있는 가치를 의미한다.[22] 나는 그가 내재적 가치와 지상 가치를 동일시하기를 바랐지만 말이다.

지상 가치는 나의 인생과 작품에서 내가 강조하는 것이다. 왜냐하면 내가 그렇게 할 때, 이것은 내가 삶과 올바른 관계를 갖게 하는 경향이 있기 때문이다. 이것은 내가 홀론을 전부 개별적 홀론(인간, 나무, 또는 꽃) 또는 사회적 홀론(가족, 생태계, 또는 문화)을 이야기하는지 구체적으로 보도록 돕는다. 체계의 수준들이 유용하다는 것을 이해하기 위해서이지만, 이것은 우리가 완전히 그 기능을 더 잘 이해하는 데에만 도움이 된다. 이것은 홀라키적 생태가 무엇인지에 대한 본질이다.

일부 발달 척도에서 우리 자신이나 우리가 알고 있는 다른 사람들을 배치할 때 주의를 기울이는 것은 특히 중요하다. 비교는 불쾌할 수도 있지만 그들을 만드는 것으로부터 우리를 멈추게 하지는 않는다. 하지만 우리가 일부 개인적인-가치 척도 내에서 우리의 '높이'에 너무 큰 가치를 두게 되면 우리는 우리가 '하급'으로 여기는 이러한 홀론들을 미묘한 무시함을 가지고 대하기 쉬울 수 있다. 우리는 또한 우리의 존재의 더 높은 측면에서 입력에 무의식적으로 저항할 수 있다. (우리가 서로를 돕기 위해 할 수 있는 일을 찾거나 일부 공동 목적을 위해 함께 일하려고 하기보다는) 누가 높은 수준에 있는지에 관해서 다른 사람들을 판단하여 우리의 관계를 경쟁적인 빛에서 보는 것을 피하기란 어려울 수 있다.

우리는 우리보다 '위' 또는 '아래'에 있는 사람들을 알아내는 방법을 안다고 생각할 수 있다. 하지만 우리가 알고 있는가? 우리 가운데 누가 진정으로 위대한 영혼을 인식하는 방법을 알고 있는가?

히말라야 산맥의 선생인 스와미 라마(Swami Rama)는 자기에게 배우는 학생에게 정신이 손상된 여자형제가 사실은 그 학생에게 봉사하는 법을 배우게 하기 위한 진보된 영혼임을 알려 주었다. 스와미 라마는 자신이 작은 모임의 학생들의 성급한 젊은 선생이었을 때의 자기 이야기를 들려주었다. 어느 날 매우 유망해 보이지 않는 신입생이 찾아 왔다. 그 결과로 푸대접을 받았다. 그 신입생은 스와미 라마의 선생님으로부터 그에게 특별한 축복을 주기 위해 보내진 훌륭한 선생인 것으로 밝혀졌다. 하지만 스와미 라마는 방문자의 진정한 정체성을 분별하기에는 너무 거만했기 때문에 이 기회를 놓치고 말았다.

수피교의 스승이었던 이븐 알 아라비(Ibn-Al-Arabi)는 언젠가 당대의 살아 있는 가장 위대한 수피 스승을 보는 꿈을 꾸었다. 다음날 수피 지도자 모임에서 그가 나타난 것을 보았다. 수피 지도자들은 그가 평범했기에 그를 대수롭지 않게 여겼다. 그러나 이븐 알 아라비는 꿈속에 그를 보았을 때 그에게 말하였다. 그러자 그 남자는 그에게 말하였다. "당신이 본 것을 말하지 말라." 그는 완전히 인정받지 않고도 기꺼이 자신의 일을 하려 했다.

도덕적으로 우리가 홀라키의 모든 수준의 신성함을 강조할 때 우리는 행하지 않으면 놓쳐버릴 삶에 대한 존경심을 기른다. 젊은 달라이 라마 이야기인 영화 〈티베트에서의 7년(Seven Years in Tibet)〉의 장면이 생각난다. 이 땅의 벌레를 포함한 모든 생명체에 해를 입히지 않고 일을 수행해야 한다는 그 장면에서 달라이 라마는 주인공에게 말한다. 결국 신성한 것과 신성하지 않은 것은 우리의 머릿속에 존재하는 판단과 같을 수 있다는 것이다. 그 어느 것도 판단할 수 없고 거기에 존재한다는 사실만 이해할 수 있다.

사실 우리가 고안할 수 있는 모든 척도(영적 척도를 포함하여)는 본질적으로 주관적이다. 그러므로 규모/척도 위치에 기초하여 이루어진 모든 가치 판단은 도덕적으로 의심스럽다.

가정 #2: 홀론들은 홀라키를 통한 정보와 에너지의 흐름을 위한 '에너지 교점'으로서 작용한다. 홀론이 지닌 야누스의 얼굴 본성은 홀라키의 수준을 정보와 에너지 흐름 사이에서 중간 역으로 기능하도록 설계된 것을 의미한다. 홀론의 위를 향하는 측면은 주로 하강하는 차원의 상위 수준 정보를 위한 수용체로의 역할을 하는 것이며, 아래로 향하는 측면은 주로 낮은 차원 정보의 전달자의 역할을 하는 것이다. 동시에 각 홀론의 위를 향하는 측면은 높은 수준의 수용성을 유지해야 하지만 그럼에도 불구하고 그 본질적인 진실성을 유지하여야 하며, 홀론의 아래를 향하는 측면은 책임을 행사해야 하고 하위수준의 피드백을 받아들일 수 있어야 한다.

이러한 조건들이 충족되면 에너지는 홀라키 위와 아래 모두에서 흐를 수 있으며 이는 최적으로 작동하게 한다. 이 위–아래 에너지 흐름은 '고착된 구조와 유연한 전략'의 체계를 포함하는 케스틀러의 개념을 내포한다(구조의 제한이 창의성을 자극할 수 있는 방법에 대한 논의는 12장 참조).

이 두 원리의 중요성을 이해하려면 〈언더커버 보스(Undercover Boss)〉라는 TV 프로그램을 보도록 하라. 이 프로그램은 CEO나 다른 높은 직책의 기업 관리자들이 조직의 더 낮은 직책 부서를 방문하여 무슨 일이 일어나는지를 발견하는 것이다. 이 프로그램은 그 안에서 무엇이 일어나는지를 보게 하는 데 있어서 매우 계몽적이다.

그들의 경험은 다를 수 있지만 이러한 CEO들은 공통적인 유대감을 가진다. 그들 모두 그들의 비밀스러운 경험에 대해 깊이 감동했다. 대부분의 경우 그들이 발견하는 것은 열심히 일하는 직원들이 제한된 임금, 자원 부족, 그리고 결코 이상적이지 않은 상사들과의 의사소통에도 불구하고 최선을 다하기 위해 노력하는 것이다. 잘 운영되는 회사에서도 과정의 다양한 의견에서 의사소통 단절을 갖기 쉽다는 이유만으로 문제점이 있었다.

임원들에게는 위장하는 경험이 마치 '영웅의 여정'을 줄인 말로 일하는 것과 같다. 그들은 단지 관리자 입장에서 회사를 평가하기 위해 구성원 내에서 일하려는 생각으로 시작한다. 그러나 거의 예외 없이 그들은 그 경험에 의해 변형된다. 그렇다면 그들을 변형시키는 것은 무엇인가? 그것은 그들이 만나는 사람들과 직장과 가정 모두에서 자신의 삶의 많은 어려움에도 불구하고 자신의 직업에 자부심을 가지고 일하는 평사원들이다. 한 사람에게 임원들은 사람들이 그들 조직에서 가장 중요하다는 강한 확신을 가지고 떠난다. 그리고 종종 이것은 토템폴의 하단에 있는 것—화장실을 청소하고, 기구들을 설치하거나 패스트푸드를 준비하는 사람들—이 사소하지만 큰 영향을 미치는 사람들이기도 하다는 뜻이다.

예를 들면, 영국의 한 임원은 그의 휴가 캠프에서 청소부들의 헌신에 대한 새로운 평가를 가지고 돌아왔다. 왜냐하면 그는 회사를 성공하게 하는 데에는 그들의 헌신이 있다고 직접 보았기 때문이다. 다른 이는 심지어 최저 임금을 받는 직원들도 자신의 일이 가치 있다는 것을 알도록 만드는 방법을 찾는 것의 중요성을 보았다. 한편 불경기로 타격을 받아 직원을 감축해야 하는 또 다른 한 회사의 CEO는 어느 순간 고뇌에 빠져 낙담하며 다음과 같이 말했다. "나의 생활방식이 이 직원들의 노동을 기반으로 세워진 것이라는 것을 깨닫게 되어 영광입니다."[23]

두 번째 주제로 나타나는 것은 열린 의사소통을 촉진하는 것의 중요성이다. 또 다시 상사는 그가 목격하는 많은 문제가 완전히 불필요하다는 것을 발견하였다. 그것들은 어떤 의사소통 단절의 결과일 뿐이다. 의사소통 경로가 다시 개방되면 많은 문제는 사라진다는 것은 재미있는 일이다.

홀라키 관점에서 상사가 홀라키의 밑까지 하강하는 것은 두 가지 일을 수행한다. (a) 그가 상위로부터 동떨어져 있는 수준에서 '홀론들'에 대한 새롭게 된 감사의 마음을 얻게 하며, (b) 회사 내의 정보의 흐름이 더 있을 수 있도록 하는 의사소통의 큰 개선을 생성한다.

영적 작업: 회사 일?

변형적 작업을 회사 내에서 일하는 것과 유사한 것으로 여기는 것이 우스워 보일 수 있지만, 이는 변형적 작업을 '영적 경력직'으로 상상해 볼 수 있는 유용한 연습문제가 될 수 있다. 내적 성장에 관심이 있는 사람은 누구든지 그 성장을 위한 뼈대를 결정할 필요가 있다. 이는 일하기에 알맞은 회사를 찾는 것과 같다고 할 수 있다.

우리가 이 영적 경력직에서 성공하려 한다면 사실 꽤 많은 연구가 이뤄져야 한다. 우리는 어떤 종류의 회사(전통)가 가장 자신과 맞는지 알아보아야 하고, 그 곳에서의 자신의 업무를 어떻게 준비해야 할지 알아야 하며(어떤 태도를 길러야 할지), 책임자들(스승들 또는 조력자들)에게 우리가 그 업무에 맞는 사람이라는 것을 어떻게 보여 줄지 알아내야 한다. 또한 우리는 자신과 잘 맞지 않는 상황들로부터는 떠날 준비가 되어 있어야 한다.

그 곳에 들어갔다면 우리는 현재 수준에서 할 수 있는 만큼 일할 수 있도록 해 주는 방식으로 기능하는 법을 배워야 한다. 우리 자신이 더 높은 수준으로 발전하기를 열망할 때도 말이다(내적으로든 외적으로든). 만일 우리가 위를 향한 발전에만 너무 중점을 두게 되면, 아마 너무 빨리 발전하든지(영적 우회자 또는 영적 물질주의자가 되어) 현재 작업을 경시하게 될지 모른다(왜냐하면 이 작업이 재미 없고 정신적이지 않은 것처럼 보이기 때문에 등). 너무 빠른 발전은 사실 '회사'(이 용어가 영적 공동체를 의미하든 우리의 개인적인 정신세계를 의미하는 것이든)에 지장을 줄 수도 있는데, 이는 불균형적이기 때문이다. 당연히 그 반대의 시나리오 또한 만연할 수 있다(게으름, 반항 등등 때문에 발전이 적거나 아예 없는 상황처럼). 그렇기에 목표는 우리가 지금 하고 있는 작업과 달성하기를 추구하는 장기 목표 간에 균형을 유지하는 것이다.

만일 우리가 영적 공동체의 한 부분이라면, 각 개인적인 작업이 그 공동체 내의 다른 사람들의 작업에 어떤 영향을 미치는지 우리 자신에게도 물어야 한다. 만일 우리가 발전할 준비가 되었다고 해도, 공동체가 발전을 수용할 수 있는지 우리 자신에게 물어야 할 수 있다.

바울(Baul)을 가르치는 미국인 선생인 리 로조윅(Lee Lozowick)과 아쉬람에 있던 그의 학생들 중 한 명에 관한 이야기가 있다. 그 학생은 왕성한 식욕을 갖고 있어서 매 식사 때마다 남겨진 음식들을 다 먹어치우는 습관을 갖고 있었다. 이 학생은 이런 행동을 한동안 해 오고 있었다. 그건 상습적인 습관이었다. 어느 날, 그 학생은(새 사람이 되어 식습관에 대한 좀 더 질서 잡힌 접근법을 실천하기로 결심한 뒤) 남은 음식을 먹지 않았다. 로조윅은 그녀에게 그렇게 하면서 무슨 생각을 하고 있었는지 물었다. 그녀는 더 이상 남은 음식들을 먹고 싶지 않다고 말했다. 로조윅은 사실 그건 공동체 내의 특정 에너지 균형을 유지하는 데 있어 중요한 역할이었기 때문에 남은 음식들을 먹는 것을 멈춘 것은 적절하지 않았다고 말했다. 결국 그녀는 다른 누군가가 그 일을 떠맡을 수 있게 될 때까지 그녀의 전 역할을 재개하도록 당부받게 되었다!

또 다른 이야기는 한 영적 기관에서 높은 자리를 맡게 된 내 친구에 관한 이야기다. 그곳에서 그녀는 스승과 직접적으로 일하고 있었다. 어느 날, 그 스승은 그녀에게 어떠한 설명 없이 방과 화장실을 청소해 줄 사람이 필요하다고 말했다. 내 친구는 그 일을 맡을 것인가? 출세를 염원하는 사람이라면 이 일을 마다하지 않았겠지만 내 친구는 확실히 이를 꺼려 했다. 그녀는 거절할 수 없었지만 속에서는 씩씩대고 있었다! 결국 그녀는 '몇 단계 아래'로 낮춰졌고, 이를 조금도 달가워하지 않았다(나중에 그녀는 자신의 콧대가 꺾어질 필요가 있었다는 것을 깨달았다고 말했다. 그렇게 그녀는 6개월을 청소부로 일하고 다시 그녀의 원래 자리로 복직될 수 있었다).

세 번째 이야기는 한 수피교의 대가에 의해 의식이 고차원 수준으로 갑자기, 그리고 영구적으로 상승되어 작은 소년으로 페르시아어로 된 수피 구절들을 낭독하고(그 전엔 페르시아어를 하지 못했다) 여생을 수피교의 지혜를 전파하는 수준까지 오르게 된 한 여덟 살 아이의 이야기다. 이 일이 어떻게 가능했는지는 요점과 관계가 없지만, 이 이야기는 자신이 느끼기에 영적으로 상승될 준비가 되었다고 느껴지는 사람에게 특정한 능력을 부여해 준 한 스승에 관한 예로 인용되어 있다.

이 3가지 이야기에서 영적 지망생들은 제각각 자신의 자리에 머무르도록, 아래로 내려가도록 그리고 위로 올라가도록 요구되었다. 자신의 개인적인 이익을 위해서라기보다는 그들 자신이 선호하던 것들을 초월하는 특정 필요를 성취하기 위해서였다. 우리는 우리의 개인적 발전이 일의 한 부분이라고 여길 수도 있지만, 이 이야기들의 가르침의 주안점은 종종 그 순간의 필요에 맞출 수 있는 우리의 능력에 대한 것이다. 그러므로 우리의 행위들은 우리 자신만을 위한 것이 아닌 자신을 넘어선 어떤 것을 위하는 것이다. 말 그대로 '초월적인' 어떤 것을 위함이다.

우리가 우리 자신을 더 큰 체계 안에서 바라볼 때만 이러한 이야기들이 앞뒤가 맞는다. 그게 바로 홀라키적 접근법이 잠재적으로 변형적 작업을 용이하게 하는 이유다. 왜냐하면 이는 존재하는 모든 것은 더 큰 온우주적 맥락 내에서 존재한다는 것을 우리에게 상기시킴으로써 이러한 체계를 제공해 주기 때문이다. 우리는 기준이 되는 어떠한 체계에 관계되지 않은 채 작용하는 단지 자유로운 주체가 아니다.

이와 관련하여 얼마나 높이 올라가든지, 얼마나 연민 어리고, 매이지 않고, 깨우친 상태가 되든지에 상관없이 우리가 단지 전체이기만 하고 부분이 되진 않는 지점에는 절대 도달하지 못한다는 것을 깨닫는 것이 중요하다. 이 개념에 대해서는 더 많은 논의가 필요한데, 이는 현대 영적 작업에서 우리가 '궁극적' 상태들 또는 단계들에 대해 너무 많이 듣고 있기 때문이다(계몽, 깨달음, 득도[사토리], 비어 있음, 무[無], 브라만[Brahman] 등).

제한된 관점에서 이러한 상태들/단계들에 대해 이야기하는 것이 힘들다는 게 문제이기는 하지만(왜냐하면 우리가 이 수준에서의 경험은 온전히 이해할 수 없기 때문이다), 우리 중 다수가 어떤 한계감도 경험하지 않게 될 상태, 예를 들면 전적이고 순전한 전체성에서 존재하게 될 상태에 도달한다는 개념에 은밀히 끌린다.[24)]

삶의 역동적인 본성을 고려했을 때 나는 앞의 개념에 대해 회의적이다. 게다가—그러한 궁극성의 진짜 본성이 무엇이든—말 그대로의 의미로 그것들을 갈망하는 것은 분명히 위험한 것이다. 왜냐하면 그런 열망들은 자만심의 번식지가 되기 때문이다(루시퍼의 죄는 하나님을 몰아내길 원했던 것이 아니라 그가 하나님과 같아지기를 원했던 것이라고 알려져 있다. 그게 루시퍼를 어떻게 만들었는지 보라!).[25)]

대천사도 그러한 열망을 통제하지 못했다면, 우리 또한 마찬가지일 것이다. 루시퍼나 이카루스, '녹아 버린 날개'의 일원들 같은 최후를 맞고 싶은 게 아니라면, 전체가 되기 위해 탐구하는 것보다는 홀론의 뛰어난 측면을 생각하는 것이 실질적인 가치가 있는 일일 것이다.

홀론 이론은 특히 정신적 통합을 용이하게 하도록 설계된 내적 작업에의 쓰임 측면에서 아직 요람기에 있다. 홀론 이론에 체계 지향적 접근법을 사용함으로써(예, 케스틀러의 이론) 우리는 이의 주요 요소들을 다음과 같이 요약할 수 있다.

- 살아 있는 체계 내의 모든 요소는 부분과 전체 둘 다로(=홀론들) 기능하는 이중 수용력을 각기 안에 갖고 있다.
- 부분들로서의 홀론들은 수용적인 역할을 맡아 상위수준으로부터 온 에너지와 정보에 개방된다(=자기초월).
- 전체로서의 홀론들은 행정적인 역할을 맡아 에너지와 정보를 적절하게 걸러 내고 하위수준들에 있는 홀론들에 그것들을 넘긴다(=자기주장).
- 홀론들은 이 2개의 역할 사이에서 균형을 유지함으로써 온전한 상태를 유지한다.
- 체계들은 체계 내 구성 홀론들의 협력적으로 작용하는 능력을 바탕으로 체계의 온전함을 유지하며, 그 안에서 홀론들은 자기의 필요와 전체로서의 체계의 필요 간의 균형을 유지한다.

홀론 이론이 처음에는 약간 추상적으로 보일 수 있지만 이 이론은 어떻게 살아 있는 체계가 발전하고, 번창하고, 새로운 체계들을 낳는지 이해할 수 있는 멋진 도구를 제공하며, 이것들을 강렬한 독창성의 가득함으로 파생시켜 온우주를 '자라게 한다.'

우리는 이러한 홀라키적 원칙들에 생기를 불어넣도록 설계된 방식으로 계속해서 다시 살펴볼 것이다. 심지어 바로 다음 장—주로 성격 에니어그램에 초점을 맞추고 있고 수평적인—에서도 홀라키의 이해가 어떻게 성격이 정보를 받는 역할이자(자기의 초월적 수준에서부터) 동시에 행동의 개시자가 되는지(높은 수준의 정보에 기초하여)에 대한 이해를 더 쉽게 만들어 준다.

미주

1) 아서 케스틀러의 *Bricks to Babel*(1980).

2) 우크라이나인들의 기근에 대해 더 알고 싶다면, 인터넷에서 '홀로도모르'를 검색하라. 또는 로버트 콘퀘스트(Robert Conquest)의 책 *Harvest of Sorrow: Soviet Collectivization and the Terror-Famine*(1986)을 참고하라.

3) 감옥에서 겪은 신비로운 경험 이후, 케스틀러는 "독방은 영적 온실이다"라고 언급했다(p. 142).

4) 스탈린주의의 러시아에서 수감자들의 정신을 무너뜨리기 위해 사용했던 방법은 단순했지만 효과적이었다. 그것은 바로 그 대상을 고립과 굶주림, 수면 부족을 통해 무너뜨려 놓은 다음 대상이 완전히 정신을 잃으려 할 때(이 과정은 보통 수개월이 걸린다) 그가 자백하는 것만이 그의 가족이 이와 똑같은 고문을 당하지 않게 구할 수 있는 유일한 방법이라고 말하는 것이었다. 만약 대상이 한 정당의 전 일원이라면, 그의 자백은 그 정당에 장기적으로 봤을 때 좋은 일이라고 말함으로써 제안을 더 매력적으로 만들 수 있다. 즉, 그의 자백이 절박함이 아닌 고결함의 행위로 보일 것이라고 말하는 것이다.

5) 케스틀러의 신비적 경험에 대한 더 자세한 설명을 원한다면 *The Invisible Writing*(1954/1998)의 '창가에서 보낸 시간들' 장을 참고하라.

6) 케스틀러는 때때로 자기초월적 욕구를 통합적인 욕구로 언급하기도 하였다. 하지만 현대 용어로는 통합이 종합의 형태나 반대되는 것들의 화합으로서 언급되는 경향이 있다(더 큰 전체에 대한 수용성, 굴복, 개방성과는 상반되게 말이다). 혼동을 피하기 위해 나는 그의 용어인 '자기초월'만을 사용했다.

7) 케스틀러의 책 *The Ghost in the Machine*(1976)의 15장의 토론을 참고하라.

8) *The Ghost in the Machine*(1976), p. 347; 그 책의 부록 B, property 9.2. 또한 참고하라.

9) 곡을 변주하는 피아니스트에 대해서 케스틀러가 든 예는 창조성의 본성과 그 본성을 발전시키는 데 있어서의 한계가 하는 중심적인 역할을 고려해 보는 데 있어서 유익한 논의다. 케스틀러가 창조성의 본성에 엄청난 관심을 보였던 것은 우연이 아니다. 그의 책 *The Act of Creation*(1964)은 이 주제에 대한 고전적인 책이다. 긍정 에니어그램(2009)의 맨 마지막 장에서 나는 우리 각자의 에니어그램 유형의 고정된(그렇지만 고착화되지는 않은!) 구조 내에서 더 큰 창조성을 조성하는 방식으로 우리의 관심의 범위를 제한하는 데 있어서 우리의 에니어그램 유형이 하는 역할에 대해 논했다.

10) 윌버가 1990년대 초기에 *SES*를 구성하기 시작했을 때 즈음, 그는 이미 케스틀러의 작업을 최소한 미미하게나마 알고 있었다. 왜냐하면 그는 『아이 투 아이(Eye to Eye)』(1983/1996)의 pp. 83-84에서 케스틀러와 홀론에 대해 언급하고 있기 때문이다. 내가 추측해 보자면 1983년 당시의 윌버는 나중에 그의 IOS에 미칠 홀론 이론의 영향이나 핵심적인 역할을 아직 깨닫지 못한 상태였던 것으로 보인다.

11) 윌버가 케스틀러의 원칙(부록 B를 참고하라)을 사용하는 대신 자신만의 원칙 목록을 고안한 것은 흥미로운 일이다. 케스틀러의 원칙은 그의 3권의 저서 맨 마지막 부분에 나열되어 있는데, 이들은 각각 *Janus: A Summing Up*(1978), *Beyond Reductionism*(1969), *The Ghost in the Machine*(1967)이다. 그렇지만 윌버와 케스틀러는 홀론 이론의 각기 다른 측면들을 강조하였다. 케스틀러가 홀론이 작용하는(즉, 자기조절적이고 개방적으로 작용하며, '고정된 구조와 유동적인 전략' 간의 관계에서 작용하는) 삶의 체계의 본성에 주된 초점을 맞춘 반면, 윌버는 홀론의 형식적인 성질과 이들이 인간 진화의 본성에 대해 암시하는 점에 주로 초점을 두었다.

12) *SES*(1995/2000)의 pp. 44-45와 pp. 467-469에서 윌버가 홀라키에 대해 나눈 논의를 살펴보라.

13) 인간 의식은 홀론이다. 왜냐하면 홀론은 거의 삶의 모든 수준에서 지각 있는 존재가 될 수 있기 때문이다.

14) *SES*(1995/2000) p. 49.

15) 우리의 개인적인 행동이나 관점에 영향을 미치는 맥락을 논할 때, 윌버는 큰 사회적 집합체(예. 국가, 서양 또는 국제 문화)의 영향에 집중되는 경향이 있다. 이는 아마도 학문적인 탈근대 대상(post-modern audience)에 대한 우려를 해결하기 위함이었을 것이다(특히 *SES*에서: 특히 197쪽에서 그가 문화적 의미, 집단정체성, 그리고 주관적 윤리의 관점으로 왼쪽 하단 AQAL 사분면을 말하는 설명을 참조하라). 그러나 맥락은 큰 규모의 사회-문화적 영향에 의해서만 정의되지 않는다. 우리가 행동하는 맥락은 많은 다른 요인에 의해 영향을 받는다. 이는 우리의 친밀한 관계, 가족의 가치와 책임, 개인의 건강, 기질, 외모, 개인적 재능, 습관적인 행동과 태도, 능력/장애를 포함한다. 온우주적 영향, 자연의 힘, 신의 행함은 말할 것도 없다.

16) www.integralworld.net [2012-10-2에 인용됨]에서 제프 메이어호프의 *Bald Ambition*의 1장을 참조하라.

17) *SES*(1995/2000)에서 49쪽과 52쪽을 참조하라. 12장에서 나는 실제로 더 많은 작용주체는 더 많은 (적지 않은)교감 공동체로 이어질 수 있다는 '모두/그리고'의 개념을 지지하기 위해 몇 가지 실제 사례를 인용하여 논의했다.

18) 홀론의 '참여적 결합'에 대한 윌버의 설명은 명확하게 개인적 홀론과 사회적 홀론 간의 수평적 관계를 묘사하기 위해 구성된 것이다. 케스틀러와 윌버 모두 홀론을 개인적 또는 사회적 존재 중 하나라고 말하기는 하지만, 케스틀러는 이 홀론들 간의 정확한 관계를 구체적으로 명시하려 하지는 않는 반면 윌버는 이를 *SES*에서 설명하고 있다. 만약 케스틀러 또한 윌버가 그랬던 것처럼 이를 설명하려 했다면, 그는 아마 (윌버와) 똑같은 문제에 맞닥뜨렸을 것이다. 왜냐하면 개인적 홀론 내에서와 개인적 홀론과 사회적 홀론 사이에서의 수직적 관계와 수평적 관계를 동시에 설명하는 것은 꽤 어렵기 때문이다.

이러한 시도는 훌륭한 것이기는 했지만, 동시에 복잡한 이론적 문제투성이이기도 하다. 통합적 개념들의 논의를 위한 주된 공개적 포럼인 www.integralworld.net에서 '홀론'을 검색해 보면, 247개의 검색결과가 나온다! 이 분야의 주요 참가자들은 프레드 코프먼, 브라이언 에디(Brian Eddy), 마크 에드워즈(Mark Edwards), 앤드류 P. 스미스(Andrew P. Smith), 제프 메이어호프, 게리 고다드(Gerry Goddard)를 포함한다. 특히 브라이언 에디의 *Spectral Reflections*와 마크 에드워즈의 *Through AQAL Eyes*의 Part 7을 참조하라.

윌버는 이러한 저자들의 비평을 완전히 무시하지는 않았지만, 이들을 체계적으로 다루지도 않았다. 그가 자신의 초기 홀론 이론 형태에 준 주된 변화는 코프먼이 자신의 글, Holons, Heaps, and Artifacts (And Their Corresponding Hierarchies)(www.integralworld.net/kofman.html; [2012-6-18에 인용됨])에서 한 피드백에 대한 응답으로, 아래로 향하는 움직임에 대한 정의를 자기소멸에서 자기 내재로 바꾼 것이었다. 그 결과로 이 수정 내용은 종종 윌버-코프먼 모형(Wilber-Kofman model)으로 불리게 되었다(윌버가 이러한 변화에 대해 한 언급은 http://wilber. shambhala.com/html/interviews/interview1220_2.cfm/; [2012-6-20에 인용됨]에서 찾아볼 수 있다).

윌버는 홀론 이론에 대한 그의 접근법을 향한 많은 비평 대부분에 반응하지 않기로 선택했었지만, 2006년에 *Integral Spirituality*를 출판하면서 자신의 현재 입장을 명확히 했다. 그의 입장은 최소한 자신의 AQAL 모형에 기술된 수평적 사분면/정신적 지평선을 논할 때에는 개인적 홀론과 사회적 홀론 간의 관계보다는 하나의 홀론에 적용가능한 수평적 관점에 초점을 맞춘다는 것이었다(*Integral Spirituality*의 p. 34의 그의 각주를 참고하라).

이제 윌버-코프먼 모형에 관해 윌버와 코프먼 모두 개인적 홀론과 사회적 홀론을 부적절하게 섞는 경우에 생길 위험에 대해 알고 있다는 것에 주목할 필요가 있다. 이에 대해서는 코프먼의 논문과 *SES*의 p. 49에서 윌버가 한 언급을 참고하라. 그러나 코프먼이 제안한 수정된 내용은 자기소멸 대 자기내재의 주제의 본성과 관련된 문제를 모두 해결해 주지는 않는다. 변형적 하강의 본성과 그 문제에 제시된 해결책을 둘러싼 혼란에 대한 자세한 논의를 보려면 9장을 참고하라.

19) 윌버와 코헨이 나눈 구루(guru)(※ 역주: 일부 종교에서 스승을 일컬음. 자아를 터득한 신성한 교육자)와 현자(pandit)에 대한 대화의 일부는 www.enlightennext.org/magazine/j21/gurupandit.asp; [2013-4-3에 인용됨]에 나와 있다.

20) *SES*(1995/2000), p. 548; 비전-로직(*Vision-logic*)은 초개인적 의식이 나타나기 시작하는 발달 수준을 말한다(11장에서 윌버의 스펙트럼 모형에 대한 논의를 살펴보라).

21) 의식의 확장을 단지 위로 올라가는 측면으로만 여기는 것이 아니라, 우리의 내적 '공명의 범위'를 확대하는 측면으로 여기는 것을 상상해 보라(예, 상황의 필요에 따라 계속해서 늘어나는 빈도수의 높고 낮은 범위에 맞추는 능력을 기르는 것).

22) *SES*(1995/2000), pp. 543-547.

23) 〈언더커버 보스〉의 이 CEO는 자신들의 직장이 얼마나 지속될지도 알지 못했지만 그럼에도 불구하고 일을 훌륭하게 지속해 나가는 직원들 일부와 얘기를 나누었다. 자연스럽게 이 CEO는 (꽤 점잖은 남자였다) 이 경험을 가슴 아프게 느끼게 되었다. 하지만 또한 이 경험은 그가 유지할 수 없었던 이 직원들을 다른 부서나 다른 회사로 옮겨갈 수 있도록 도와주는 프로그램을 준비하는 방식으로 이들을 도울 방법을 찾도록 결정하는 계기가 되었다.

24) 내면 작업은 덜 '부분'이 되고, 더 '전체'가 되는 것이 아니라는 개념의 중요성을 더 이상 강조하기는 힘들 정도로 이 개념은 중요하다. 케스틀러가 언급했듯이, '부분'의 역할은 그보다 더 높은 것을 돕는 것이다. 그리고 '전체'의 역할은 그보다 더 낮은 것들의 '주인'이 되는 것이다. 하지만 이 주인의 역할에는 더 높은 수준으로부터 오는 정보를 받아들이는 개방성을 유지하는 것의 필요성이 내포되어 있다. 이렇듯 실질적으로 늘어나는 전체성은 홀라키에 대한 계속해서 늘어나는 책임을 의미한다. 이러한 언급이 필요한 이유는 전체성의 개념은 책임의 개념과 분리되기 너무 쉽기 때문이다. 이러한 일이 일어나게 되면 사람들은 전체성을 '부분성'으로부터의 벗어남으로 보게 된다. 이들은 깨달음은 원하지만 그 깨달음이 수반하는 책임은 원하지 않는다. 하지만 사명적 관점에서 보면 우리가 얼마나 성실하게 노력하든지, 혹은 우리의 수행이 얼마나 강력하든지에 상관없이 더 높은 의식은 '원할 때마다' 얻어지는 것이 아니다(최소한 궁극적으로 말이다).

25) 변형적 교사인 드룬발로 멜기세덱(Drunvalo Melchizidek)은 언젠가 동료와 함께 크롭 서클(※ 역주: 미스터리 서클이라고도 한다. 곡물 밭에 나타나는 원인 불명의 원형 무늬다)을 찾으러 영국에 간 적이 있었다. 하지만 방향을 굉장히 잘 잡았음에도 불구하고 이들은 어떠한 크롭 서클도 찾을 수 없었다. 크롭 서클 지역으로 향하는 그 방향은 굉장히 쉽고 간단해 보였기 때문에 드룬발로는 굉장히 당혹스러웠다. 얼마간 곰곰이 생각한 뒤 그는 무엇이 문제인지 깨닫게 되었다. "허락을 구하는 것을 잊고 있었어!" 그와 그의 동료는 가까운 곳의 예배당을 찾아 자신들을 인도해 주길 바라는 기도를 드렸다. 그런 뒤 그들은 한 농부를 만났는데, 그는 크롭 서클이 있는 정확한 위치를 말해 주었다. 바로 길을 따라 200야드를 가면 있는 곳이었다! 이 일화는 진정한 영성, 인도 혹은 지식은 항상 선물이라는 원리를 실증해 준다.

3 에니어그램의 기초

우리는 망가지지 않았다. 우리는 고쳐질 필요가 없다. … 우리 자신을 여는 열쇠는 받아들임이다.

–파나쉬 데사이(Panache Desai)

심리주의는 자주 병리주의와 결합된다. 여기에는 돌아다니면서 신경증적 결점과 성적 상징 등을 찾아내는 경향이 있다. … 하지만 이는 가면을 벗으려 하는 인간이 마침내 정신 내에서 진짜의 것과 마주하게 되는 지점에서 멈춰져야만 한다.

–빅터 프랭클(Victor Frankl)

기하학적 도형, 성격 체계 그리고 변형적 과정 내의 9가지 단계들의 지도를 그려 주는 도구 등 에니어그램은 수많은 것으로 알려져 있다. 또한 에니어그램은 알려지지 않은 신비로운 기원을 가지고 있지만 실용적인 적용성을 가진 보편적인 상징이기도 하다.

이 기하학적 도형은 2개의 도형(정삼각형과 육각형 헥사드)을 둘러싸는 하나의 원형으로 이루어져 믿을 수 없을 정도로 단순해 보인다. 이 도형들이 원의 바깥 부분에 닿으면서 9개의 점을 형성하는데, 이것들은 전통적으로 1지점, 2지점 등이나 1유형, 2유형 등으로 숫자로 불려 왔다([그림 3-1]).

불가사의한 신비주의자였던 구르지예프는 에니어그램에 대해 처음 공적으로 발표하면서, 에니어그램을 "세계 공통 언어의 근본적인 상형문자" 이자 "영구적인 운동" 이며 "연금술사들의 현자의 돌" 이라고 묘사했다. 특히 그는 에니어그램의 역동성을 전하기 위해 애쓰며 "움직이지 않는 에니어그램은 죽은 상징이다" 라고 언급했다.[1] A. G. E. 블레이크는 "에니어그램의 원칙은 위대한 비밀이다. 우리가 현실에서 살아갈 수 있는 것은 이 원칙을 통해서다. … 이것을 통해 진정한 가치가 더해지거나 깨닫게 된다. 이것은 조화롭게 연합된 신이자, 스승이자, 제자다."[2] 수피교 선생인 이드리에스 샤(Idries Shah)는 에니어그램을 고대 기원의 체계라고 부르며 이것의 숨겨진 상징으로써의 중요성을 강조하였다.[3]

이러한 언급들은 아주 흥미롭다. 이들은 에니어그램이 영적 작업에 진지하게 몰입하고 있는 사람들의 존경을 얻어 왔다고 말한다. 그러나 본래 구르지예프에게서 배웠듯이 이것은 이해하기 쉬운 체계가 아니다. 그의 암시들은 우리에게 에니어그램이 본질적으로 변형적인 역동적 과정이라는 것을 나타내지만, 우스펜스키(P. D. Ouspensky)의 『위대한 가르침을 찾아서(In Search of the Miraculous)』에 기록되어 있는 그의 가르침들로부터 훨씬 많은 것을 알게 되기는 힘들다. 그것들은 우리의 호기심을 만족시킬 뿐 아니라 오히려 더 궁금하게 만든다. 이는 아마 구르지예프의 제자들만이 이 체계를 알아차린 이유일 수 있다.

하지만 몇 십 년 후, 밀교적 연구를 가르치는 오스카 이차조가 에니어그램을 좀 더 접근 가능한 각도에서 연구하는 방식을 알아냈다. 그는 원의 9가지 지점을 개인적 변형에 대한 장애물로 보고, 그의 학생들에게 그가 자아 고착이라고 명명한 이 장애물들의 특성에 대해 가르쳤다. 1970년, 이차조가 칠레의 아리카(Arica)에서 장기간의 수행을 하고 있을 때, 이러한 에니어그램에 기초한 가르침은 커리큘럼의 주요 부분이었다.

자아고착을 식별하는 개념은 제자들에게 흥미롭게 들렸을 것이다. 왜냐하면 그 수행은 반(反)전쟁, 반(反)자아, 반(反)체제적 태도가 막 정점을 찍어 가던 문화적 시기에 열리고 있었기 때문이다. 이차조의 에니어그램에 대한 접근법은 자아발달이 영적 발달에 장벽으로서의 역할을 한다는 개념을 전적으로 포함하고 있었다.

> 우리는 심리적 본질 안에 있는 인간과 자아 또는 성격 안에 있는 인간을 분별해야 한다. 심리적 본질 안에서는 모든 사람이 완벽하고, 두려움이 없고, 소우주 전체와 다정한 연합을 이루고 있다. … 모든 인간은 순수한 심리적 본질 안에서 시작한다. 그러다가 어떤 일이 일어난다. 자아가 발달하기 시작하는 것이다. 카르마(※역주: 기독교에서는 죄라고도 부르고, 불교에서는 업보라고도 하고, 심리학에서는 거짓 자기라고도 본다)가 쌓여 간다. 객관적임에서

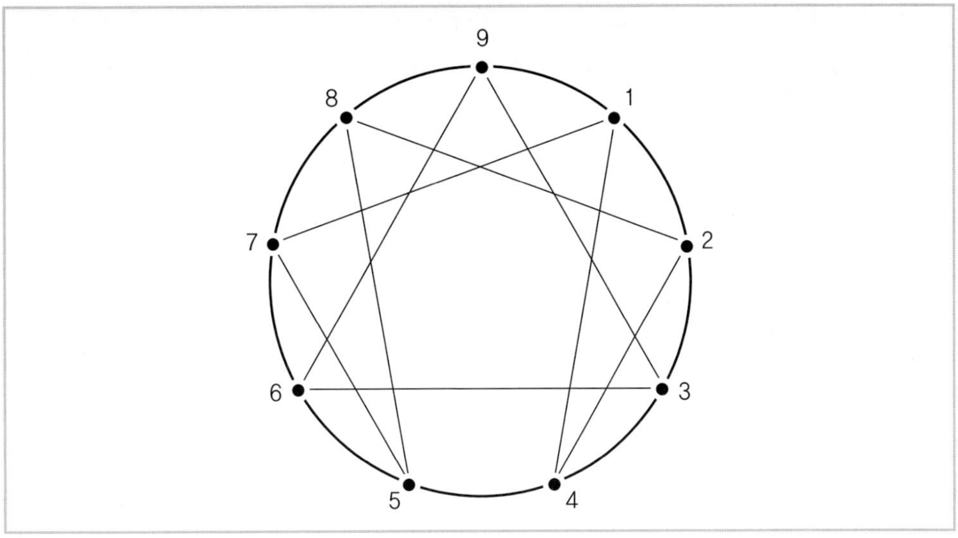

그림 3-1 에니어그램

주관적임으로의 변형이 일어난다. 인간은 본질로부터 성격으로 빠지게 된다(p. 9).

이 '성격으로의 빠짐'은 우리로 하여금 9가지 에니어그램 지점의 관점 중 하나에 다다르게 하는데, 이들은 각각 인지적 왜곡 또는 고착의 특정한 형태와 연관되어 있다.

고착으로서의 9가지 유형

에니어그램을 개개인의 성격 차이를 알아보기 위한 것으로 사용하는 발상은 천재적임 그 자체였다. 성격을 심리적 본질의 적으로 그리는 발상은 그렇지 않았다. 이는 유아기는 이상화하는 반면, 개인적 발달은 어떤 종류든지 폄하하는 무리들의 진영에 곧바로 도달하게 했다.

이차조의 아리카 수행에서 영향력이 있던 제자들 중 하나는 클라우디오 나란조(Claudio Naranjo)였다. 그는 의학 박사이자 정신분석가이며 게슈탈트 전문가로서 프리츠 펄스(Fritz Perls)와 에살렌 연구소(Esalen Institute)에 밀접히 연관되어 있었다. 나란조는 후에 이차조적 에니어그램 가르침의 전도자가 되었다. 에니어그램 교육자들의 첫 번째 세대의 대부분 또는 모두가 직접적으로든 간접적으로든 이차조로부터 에니어그램을 배웠다. 이 세대들은 헬렌 팔머, 돈 리소(Don Riso), 알마스(A. H. Almaas) 등을 포함한다. 돈 리소가 최근 세상을 떠나긴 했지만, 그의 연구들은 에니어그램 연구소(Enneagram Institute)의 공동 창립자인 러스 허드슨(Russ Hudson)에 의해 보존되어 있다. 헬렌 팔머, 알마스, 허드슨은 여전히 에니어그램계 내, 특히 미국에서 굉장히 영향력 있는 인물들로 남아 있다.

이 영향력 있는 지도자들이 각각 에니어그램 가르침의 다른 측면들을 강조해 오기는 했지만, 이들이 공통으로 갖고 있는 것은 전해 내려온 패러다임이다. 이차조에 의해 파생되었고 나란조에 의해 전해진 패러다임 말이다. 이는 9가지 에니어그램 유형이 사람들이 심리적 본질로부터 단절되는 9가지 방식을 나타낸다는 전제에 기초하고 있다.

그리고 이 첫 세대 교육자들과 이들을 따르는 사람들에 의해 사용된 언어들은 더 부드러워졌고, 유형에 대한 묘사들은 덜 부정적이게 되었다. 하지만 나의 경험에 따르면 이 자아 대 본질 패러다임에 깊이 빠진 사람에게는 9개 유형이 선천적으로 결함이 있다는 개념으로부터 완전히 벗어나기란 어렵다.

세월이 흐르면서 새로운 세대들이 나타났고, 사람들은 에니어그램 유형을 부정적인 관점으로 보는 것에 굉장히 지쳐 갔다. 2000년대 초반, *EM*에는 에니어그램 연구에 다른 접근법, 너무 지나치게 부정적이지 않은 접근법을 요구하는 글들이 실리기 시작했다. 파울라 레인스(Paula Raines)는 긍정 심리학 운동을 구체적으로 언급하며 그 영역의 가르침들을 우리의 연구에 적용할 수 없는지에 대해 궁금해 했다.

그녀가 옳다. 우리는 그렇게 할 수 있다. 하지만 내가 이 주제에 대한 글들을 출판하기 시작하면서 알게 된 것인데, 부정적 시각에서 긍정적 관점으로 바꾼다는 것은 그리 쉽지 않았다. 독자들은 더 긍정적인 이 접근법에 대한 개념을 처음에는 좋아했지만, 많은 사람들이 이게 100% 긍정적인 접근이 되는 개념에 대해서는 꺼려했다(예를 들면, 유형을 의식의 근본적인 긍정적 중심으로 바라보는 것에 대해서).

나는 이러한 이유를 애초부터 에니어그램 분야에 영향을 미쳐 온 굉장히 역낭만주의적인 자아 대 본질 패러다임 때문이라고 본다. 이 패러다임은 성격 발달이 우리의 심리 본질적 존재를 모호하게 한다는 전제에 근거하고 있다. 우리는 4장에서 윌버가 이 관점에 내재된 문제점에 대해 무엇을 말하려 하는지를 살펴볼 것이다. 그리고 5장에서는 어떻게 낭만주의가 우리가 에니어그램 유형을 바라보는 방식에 영향을 주는지를 논의해 볼 것이다.

지금으로서는 이 장에서 설명하는 9개의 유형이 원형적 또는 핵심적 동기(우리의 관점, 가치, 선호 기준을 형성하는 주된 요인이다)에서 생겨나는 9개의 역동적 에너지 잠재력으로 보는 관점에 근거하고 있다고 말하는 것으로 충분할 듯하다.

고착에 대한 광범위한 초점에도 불구하고 에니어그램이 맹점과 병리를 식별하는 데에만 쓰이는 것이 아니라 더 긍정적인 목적(다음에 나열해 놓았다)을 위해서도 쓰이는 것은 에니어그램이 가진 힘에 대한 증거다.

- 내면 작업(우리의 성격과 삶의 길을 더 잘 이해하기 위함)
- 관계 작업(더 나은 관계를 발달시키기 위함)
- 기관 작업(팀 구성과 갈등 해결을 촉진하기 위함)
- 가족 상담(깊은 대인관계적 역동을 이해하기 위함)
- 코칭(리더십 유형을 결정하기 위함)

나는 에니어그램을 유형에 관련된 편견, 맹점, 부적절성 등을 찾아내는 데 사용하는 것에는 아무런 이의가 없지만, 유형들을 병리적이라고 보지 않기란 불가능하다는 방식으로 묘사하거나, 유형 발달을 인간으로서 우리의 심리적 본질을 어쩔 수 없이 모호하게 만드는 과정으로 그리는 것에는 반대할 수밖에 없다.

에니어그램 작업의 새로운 국면

앞서 나의 언급들에도 불구하고, 에니어그램 1세대인 수많은 저자들은 지난 40년간 에니어그램 분야를 발전시켜 왔기에 1970년대는 거의 알려지지 않았던 이 체계가 이제는 세계 곳곳에까지 퍼지게 되었다.

동시에 이제는 에니어그램 작업이 새로운 국면으로 나아가야 하는 분명한 필요성이 있다. 이는 유형이 우리의 진화를 용이하게 하기 위해 설계된 것이지 방해하기 위한 것이 아니라는 전제에 기초하는 것이다. 이 때문에 내가 예전에는 긍정 에니어그램 접근법이라고 명명했던 것을 발달시켜 온 것이다. 이 접근법은 이제 통합에니어그램 모형이라는 더 적절한 용어를 만들어 내고 있다.

서론에서도 말했듯이, 켄 윌버의 IOS는 이 작업에서 중추적인 역할을 해 왔다. 특히 반병리화된 접근법을 위한 탄탄한 이론적 명분을 제공하는 측면에서 그렇다(4장과 5장을 참고하라). 나의 목표는 에니어그램의 새로운 국면을 용이하게 하기 위한 데에 이 모형을 사용하는 것이다.

- 변형 안에서 유형의 긍정적 역할 이해하기

- 에니어그램 유형이 사명에 대한 신호로서 어떻게 역할을 하는가?
- 각 유형들이 왜 서로 다른 방식으로 변형하는가?
- 에니어그램 유형에 대한 이해가 어떻게 더 큰 통합과 창조적인 삶으로 이끄는가?

이렇듯 이 장의 자료들은 성격 에니어그램에 대한 접근법을 돕기 위해 설계되었다. 유형들은 이와 같이 활력 있는 잠재력들로 묘사되어 있는데, 이 잠재력의 발달은 우리로 하여금 자기에 대한 더 깊은 이해와 삶과의 더 친밀한 관계로 들어오게 한다. 하지만 이것이 우리의 유형과 관계된 이 에너지를 균형 잡힌 또는 불균형적인 방식으로 사용할 수 있다는 개념을 불가능하게 하는 것은 아니다.

이 장에서는 에니어그램과 결부된 모든 핵심 주제에 대해 간단한 서론을 포함하고 있으며, 다음의 내용도 포함하고 있다.

- 3가지 에너지 중심부(각각 9가지 유형 중에 3가지를 포함하고 있다)
- 9가지 에니어그램 유형(9가지 관점으로도 알려져 있다)
- 18가지 날개 유형(주어진 유형의 각 옆에 있는 2개의 유형)
- 18가지 연결 지점(원 안쪽의 선들을 통해 각 유형으로 연결되어 있는 2개의 유형)
- 27가지 에니어그램 하위유형(삶의 3가지 분야 × 9가지 에니어그램 유형)

다음에 논의될 내용은 어쩔 수 없이 짧지만 우리는 계속 이어지는 장들에서 유형에 대한 주제를 다룰 것이고, 다른 관점에서 그들에게 초점을 맞출 것이다(유형과 다른 기본 개념에 대한 자세한 설명을 원한다면, 나의 첫 저서인 『긍정 에니어그램』(2009)을 참조하라).

9가지 유형

〈표 3-1〉은 각 유형의 원동력으로서 역할을 하는 더 깊은 (핵심) 동기와 그 동기와 결부된 행동들을 보여 준다. 이해하기 힘들 수 있는 한 가지는 우리가 9가지 성격 유형에 대해 이야기하고 있긴 하지만 유형들이 단지 페르소나(personas, 가면)—우리의 환경에 어울리기 위해 우리가 차용하는 사회적 역할—가 아니라는 것이다. 이들은 삶의 시작부터 현존했던 것이자 개개인으로서 우리의 본질적인 본성의 한 부분인 것이다.

〈표 3-1〉 에니어그램 유형 개요

	핵심 동기	짧은 설명
1유형: 개혁형	완벽하지 못한 세계에서 초월적 이상을 구현하는 것	1유형은 '일을 올바르게 하는 것'에 집착한다. 이들은 심각한 사람들로, 자기 일에 관해 유난히 까다롭고 이들의 높은 기대를 충족시키는 결과들을 완벽하게 달성할 때까지 고생스럽게 일하는 것을 선호한다. 그래서 휴식을 취하는 것은 더 어려워하며, 그렇기 때문에 긴장을 늦추고 즐거워하는 것이 유익하다.
2유형: 조력형	개인적인 관계를 통해 자신을 발견하는 것	2유형은 사교적이고 교감적인 도우미들로, 도움이 필요한 좋은 취지나 사람들 또는 동물들을 돕기 위해 힘쓴다. 이들은 보통 자신의 삶을 공유할 따뜻한 동반자를 찾는 데에 민감하지만, 자기 자신이 어떤 사람이고 그런 자신을 어떻게 도와야 하는지를 먼저 배우지 않으면 특히 상호 의존적 관계에 빠지기 쉽다.
3유형: 성취형	출세적인 성과들을 통해 자신을 발전시키는 것	3유형은 실리적이고 협력적인 'A유형' 팀 플레이어로, 자신의 개인적 최선을 뛰어넘게 하는 목표를 좇는 것에 동기부여를 얻는다. 하지만 이들은 자신의 모든 일정을 계획하는 것을 멈추는 것이나 친밀감 형성이나 '아무것도 하지 않는' 활동(예, 명상)을 위해 시간을 남겨 두는 것을 힘들어 할 수 있다.
4유형: 창조형	진정한 자신을 체현하는 것	4유형은 몹시 열정적인 개인주의자들로, 자신의 창조적 충동을 위한 수단뿐 아니라 자신의 창조물을 완벽하게 해 줄 방침 또한 필요로 한다. 이들은 자기몰두적이거나 자기 극적이 될 수 있기 때문에 긍정적인 태도와 '타인 지향성', 봉사 정신을 기르는 것이 유익하다.
5유형: 탐구형	삶이 정말로 어떻게 돌아가는지 이해하는 것	5유형은 지혜를 추구하는 사람들로, 일이 어떻게 돌아가는지에 대해 지적으로든, 예술적으로든, 육체적으로든, 정치적으로든 깊이 이해하는 것을 바란다. 이들은 수줍어하지만 색다른 관점을 가진 능숙한 사상가들이다. 이들은 자신의 이해를 공유하고 다른 사람들과 감정적으로 연결되는 것이 유익하다.
6유형: 성실형	관리를 가능하게 하는 자기 신뢰를 찾는 것	6유형은 민감한 직감과 강한 분석적 기술을 갖고 있으며 약자들에게 끌린다. 이들은 강한 봉사 정신을 갖고 있지만 자신의 걱정을 가라앉히기를 힘들어할 수 있다. 그래서 이들은 자신의 직관을 신뢰하고 꿈을 좇으라고 말해 주며 격려해 주는 진실한 친구들의 지지로부터 득을 볼 수 있다.
7유형: 낙천형	감정적으로 전념할 만한 가치가 있는 비전을 발견하는 것	7유형은 높은 에너지를 가졌고 정신적으로 잘 적응하는 사람으로, 삶에 대한 열의가 있고 자신의 환경에 대한 급작스러운 변화도 잘 용인할 수 있다. 이들에게는 자리를 잡거나 하나의 활동이나 관계에 일관된 기간 동안 집중하는 것이 힘들 수 있는데, 특히 삶의 전반기에 그렇다.
8유형: 도전형	내적 주인의식의 길을 존중하고 이끄는 것	8유형은 전력을 다하는 타고난 지도자들로, 자신의 배에서 선장이 될 기운과 힘을 갖고 있다. 이들은 큰 목표와 자신의 불문율에 의해 동기부여 되지만, 지도자 역할에서 효과적이 되려면 자신의 에너지를 억제하고 자신을 통제하는 법을 배워야 한다.

9유형: 중재형	자신의 이야기를 사랑과 기쁨 속에서 이야기하는 것	9유형은 선천적인 중재자이자 자연 애호가로, 자신의 곁에 있는 모든 것과 자신을 동일시해서 종종 자신의 내면과 정체감을 알아차리지 못하기도 한다. 이는 결국엔 화와 억울함의 감정을 낳는데, 자신이 "나도 중요해!" 라고 깨달을 때까지 이는 지속된다.

우리가 태어났을 때, 우리의 유형은 목적을 가진 지성이 불어넣어진, 원형적 패턴에 기초한 씨앗 같다. 이 지성의 영향은 심지어 태어난 지 하루밖에 되지 않은 아이의 행동에서도 볼 수 있는 다양성의 주요인이다. 같은 유형을 가진 사람들의 외부 행동 내의 변화는 기질의 잘 조직된 변종, 환경적 상황, 우리가 삶에서 하는 선택들의 결과로, 매우 어린 나이 때부터 시작된다. 기질, 환경, 선택이라는 3가지 요인은 진부한 고정관념들과는 다르게 독특한 개개인을 만들어 내기 위해 상호작용한다(7장을 참조하라).[4]

최근까지 에니어그램계의 많은 사람이 유형은 태어날 때부터 존재하는 것보다는 영아기와 유아기 중에 발달하는 것이라는 막연한 개념을 갖고 있었다는 것을 유념해야 한다. 이는 성격 발달의 본성에 관한 극단적인 '환경론'파, 즉 프로이트파와 행동주의파의 사상이 오래 이어져 온 영향 때문이다. 하지만 이 분야의 선두적인 이론가들 중 한 명인 알마스는 선천적인 유형의 존재를 인정해 왔다.[5] 이는 내 견해와도 같다. 유형은 태어날 때부터 갖고 있는 것이라는 개념은 내게 항상 타당하게 느껴졌는데, 이 개념이 발달심리학자들에 의해 이루어진 수십 년의 연구에서 일관되게 나타났기 때문이다. 그 결과로 우리는 태어났을 때 (a) 본능적인 욕구의 모음에 불과하다. (b) 백지 상태로, 이때의 성격은 주로 환경적 자극에 대한 조건화된 반응에 불과하다는 관점을 이제는 더 이상 실증적으로 정당화할 수 없게 되었다.[6]

하지만 에니어그램을 처음 접한 사람이 알고 싶어 하는 것은 유형들이 어디로부터 왔느냐가 아닌, "나는 무슨 유형인가?" 다. 이는 대답하기에 항상 쉬운 질문이 아니다. 자신의 유형(또는 다른 사람의 유형)을 결정하는 데 있어서 더 까다로운 것 중 하나는 같은 핵심 동기도 다양한 행동 패턴을 낳을 수 있다는 것이다. 6유형(성실형)의 예를 들면, 이 유형 중 한 사람은 그 관리를 굉장히 성실한 사무실 관리자가 되는 것으로 발휘할 수 있다. 반면에 어떤 사람은 국가를 지키기 위해 군대에 지원할 수도 있다. 그 반면에 또 다른 사람은 자기 가족의 행복을 위해 전적으로 헌신하는 부모가 될 수도 있다. 표면적으로는 이 행동들이 다 다르게 보이지만 근원적인 동기는 같다.

마찬가지로 다른 유형의 동기들 역시 비슷해 보이는 행동을 보일 수 있다. 중재형인 9유형과 탐구형인 5유형 둘 다 무덤덤해 보이지만 완전히 다른 이유를 갖고 있다. 9유형의 무덤덤함은 종종 그의 주위 환경에 조화롭게 섞이고 싶은 선천적인 욕구로부터 나오는 것이다. 반면에 5유형은 뒤로 물러서서 다가오는 인식 대상에게 어떻게 반응할지 결정하기 전에 이들을 조사하는 경향에서 나오는 태도일 가능성이 더 많다. 비슷하게, 낙천형 유형은 재미있기 때문에 매일 라켓볼을 치는 것일 수 있는 반면에 성취형인 3유형은 운동을 위해서이거나 경쟁력 있는 운동선수가 되기 위해 라켓볼을 치는 것일 수 있다. 행동들은 비슷하지만 동기들은 그렇지 않다.

에니어그램적인 유형 짓기는 이런 이유들 때문에 과학적인 예술과 같다. 동기의 차이는 미묘할 수 있고, 그렇기에 그들을 파악하는 것이 힘들기 때문이다. 하지만 그런 이유 때문에 이 체계가 이만큼의 가치가 있는 것이기도 하다. 외부 행동들만이 아닌 내적 동기들에 기초한 미묘한 차이를 설명할 수 있기 때문이다.

아이러니하게도 이에 대한 이해가 깊어질수록 새롭게 에니어그램을 소개할 때 사용되는 총칭적인 유형 묘사가 적절하지 않다고 느끼게 된다. 9가지 유형 묘사가 개개인의 차이점을 공부할 때에는 좋은 출발점이 되지만, 이들을 항상 가감해서 받아들여야 한다. 유형을 결정하기 위한 유형 표시와 검사도 마찬가지다.

3가지 에너지 중심부

9가지 유형은 분류할 것이 참 많은 범주다. 특히 우리가 이것들이 어떻게 관계되어 있는지에 대해서 아무것도 모를 때 더 그러하다. 각 유형을 이들의 에너지 중심의 측면, 특히 이들의 근원적인 에너지의 측면에서 보는 것은 이를 이해하기 위한 시작점을 우리에게 제공해 준다.

3가지의 에너지 중심부가 있다. 이들은 각각 가슴, 머리, 배 중심이다. 각 중심은 우리가 논하는 중심의 요소에 따라서 다소 다르게 나타나지만 매우 독특한 에너지 특징을 갖고 있다. 〈표 3-2〉는 9가지 에니어그램 유형을 에너지 중심으로 설명한다. 〈표 3-3〉은 각 에너지 중심과 연관된 성질에 대한 자세한 설명을 제공한다. [그림 3-2]는 에니어그램에 에너지 중심의 구조를 연결하고 있다. [그림 3-2]는 에니어그램에 에너지 중심을 보여 준다.

우리가 기능면에서 그것들을 생각한다면 가슴 중심은 느낌을 다스리고, 머리 중심은 생각을 지배하며, 몸/배 중심은 행동을 제어한다. 우리가 성별 측면에서 생각한다면 가슴 중심은 여성이고, 머리 중심은 남성이며, 몸/배 중심은 양성이다. 우리가 요소의 관점에서 생각한다면 가슴 중심은 물이고, 머리 중심은 공기이며, 몸/배 중심은 불이다.[7] 우리가 온도의 관점에서 생각한다면 가슴 중심은 따뜻하고, 머리 중심은 시원하며, 몸/배 중심은 뜨겁다.

다음은 간단한 요약이다.

- 가슴 중심:
  느낌–여성성–물–따뜻함
- 머리 중심:
  생각–남성성–공기–시원함
- 몸/배 중심:
  행동–양성성–불–뜨거움

각 중심은 3가지 에니어그램 유형을 포함한다. 다음은 중심 내의 유형에 대한 상세한 설명이다.

가슴 중심 유형(2–3–4). 이 중심의 에너지는 흐르는 것, 물, 그리고 자제하기 어려운 것이다. 전형적으로 2유형은 특히 따뜻하고 외향적이다. 2유형은 다른 사람들과 함께 있는 것과 그들의 개인적 관계에 특별한 가치를 부여하기를 좋아한다. 그러나 그들은 지나치게 다른 사람들에게 투자될 수 있으며 더 큰 자기성찰을 필요로 한다. 3유형 또한 사교적이지만 그들은 업무에 더 충실하다. 3유형은 일에 집착하는 경향을 보이며 다른 사람들에게 재정적인 것을 제공하여 자신의 배려를 표시한다. 그들은 그 구조의 결핍과 너무 많은 자기표출의 가능성 때문에 도전의 정서적 친밀감을 더 찾을 수 있다. 4유형은 가장 개인주의적인 유형이며 또한 개인적인 진정성에 가장 집착한다. 4유형은 친구에 가치를 두지만 적은 사람과 깊은 관계를 맺으려 한다.

머리 중심 유형(5–6–7). 이 중심의 에너지는 빛, 공기, 그리고 빠른 것이다. 이것은 견고한 기초를 필요로 한다. 머리 유형들은 "삶의 본성은 무엇인가?" 에 대해 알고 싶어 하고, 궁금해하며, 정신적으로 민첩하지만 그들이 이해하지 못하는 것들에 대해 걱정하는 경향이 있다. 그들은 분석적인 굴곡을 갖는 반면, 그들의 머릿속에서 길을 잃거나 지나치게 분리될 수 있다. 그들은 그들이 신뢰하는 사람들과의 친밀감과 차분한 환경으로부터 득을 볼 수 있다. 전형적으로 5유형은 이성적이고 시원하며, 사색적이다. 5유형은 그들이 흥미를 느끼는 주제에 대해 깊이 탐구하기를 좋아하는 지식수집가들이다. 그러나 그들은 특히 분리되는 경향 때문에 다른 사람들과 공통점을 찾으려는 노력을 하지 않는 한 쉽게 사회적으로 고립될 수 있다. 6유형 또한 분석적이지만 초조해하고 늘 긴장해 있으며 불안해한다. 6유형은 '더 빠른' 에너지를 가지고 있으며, 회의적인 사고방식을 취하여 안전을 보상하려는 성급한 결론을 피하기가 어려울 수 있다. 7유형은 높은 에너지를 가지고 있으며 열정적이고 호기심이 많다. 7유형은 머리 유형 중 가장 외향적이며, 인생의 새로운 관계와 경험을 추구한다. 그러나 그들은 또한 쉽게 지루해 하므로 그들이 시작한 무언가를 끝내기가 어려울 수 있다.

〈표 3-2〉 에너지 중심에 의한 9가지 유형

가슴 중심: "나는 누구인가?"	
2유형: 조력 사교적인 사람, 조력자, 절친한 친구, 연인	2유형은 사람들과 의미 있는 유대관계를 구축하여 다른 사람들의 눈을 통해 자신을 보는 것으로 자기이해를 추구한다.
3유형: 성취 자기 시험자, 경쟁자, 성취자, 'A형' 행동양식의 사람	3유형은 그들이 달성할 수 있는 것이 무엇인지 보는 것으로, 특히 이전 성과들이나 다른 사람들의 성과와 비교하는 것으로 자기이해를 추구한다.
4유형: 창조 심해 잠수부, 예술가, 창작자, 개인주의자	4유형은 그들의 피상적인 자기 이미지 이상을 얻기 위한 노력으로, 그들 존재의 깊이를 헤아려 진정한 자아를 찾을 수 있도록 자기이해를 추구한다.
머리 중심: "삶의 본성은 무엇인가?"	
5유형: 탐구 해결사, 학자, 관찰자, 주술사	5유형은 면밀한 관찰, 완전히 다른 각도에서 사물을 볼 수 있도록 그들의 능력으로 인해 자발적으로 생겨나는 분리된 반영 및 통찰력을 통해 삶의 본성을 이해한다.
6유형: 성실 관리자, 회의론자, 과학자, 섬기는 자	6유형은 건강한 회의론, 체계적인 분석 및 그들의 타고난 인식을 신뢰하는 용기를 기르는 것을 통해 삶의 본성을 이해한다.
7유형: 낙천 즉흥적인 사람, 곡예사, 혁신자, 기업가	7유형은 호기심을 키우고, 그들이 매료된 것을 끝까지 하며, 새롭고 특이한 경험에 자신을 완전히 몰입시키는 것으로 삶의 본성을 이해한다.
배 중심: "어떤 가치가 정말로 중요한가?"	
8유형: 도전 주인, 지도자, 힘이 되어 주는 사람, 모범	8유형은 매우 개인적이고 구현된 측면에서 가치를 측정하므로 개인의 명예, 동료적 가치, 불길 속의 용기와 약한 자들을 보호하기 위한 결정 및 무력한 것을 중요시한다.
9유형: 중재 이야기꾼, 몽상가, 중재자, 자연 찬미자	9유형은 평화, 형제애, 조화, 일체감, 단순함 및 자연의 보존 같은 더 보편적인 원칙인 가치에 의해 좌우된다.
1유형: 개혁 완벽을 추구하는 자, 세밀한 자, 결정권자, 규칙 제정자	1유형은 가치를 자연 질서의 일종을 반영하는 강력한 윤리적 추상적인 개념으로 본다. 따라서 규칙, 관례 및 시행할 수 있는 법들로 체계화할 필요가 있는 도덕적 의무들을 만든다.

〈표 3-3〉 에니어그램 에너지 중심 속성

	몸/배 중심	가슴 중심	머리 중심
근본 에너지	불	물	공기
에너지 본성	기반	창조	건조
지배적 양상	감각	느낌	생각
열망	진실성	진정성	사실성
실질적 목표	기준을 지키는 것	개인적 표현	객관적 이해
영역	자연세계	사회세계	정신세계
판단 기준	도덕적 관점	주관적 관점	객관적 관점
양극성	중립/중성	음/여성성	양/남성성
표현 방식	존재함	인정함	앎
진화적 역할	기원함	개입함	진화함
영감의 근원	영원한 가치	개인적 가치	객관적 가치
감정적 어조	강함	부드러움	차분함
학문적 중심	법/신학	예술/인문학	과학/논리
존재적 차원	육체적/영적*	감정적	정신적
내면 자아로 가는 길	옳은 행동	자신의 발견	이해
영적 특성	현존	헌신	사색, 명상
영혼의 욕구	일체감	황홀감	경외감

* 몸/배 중심은 천국과 지상 사이에 위치한다; 9장 참조.

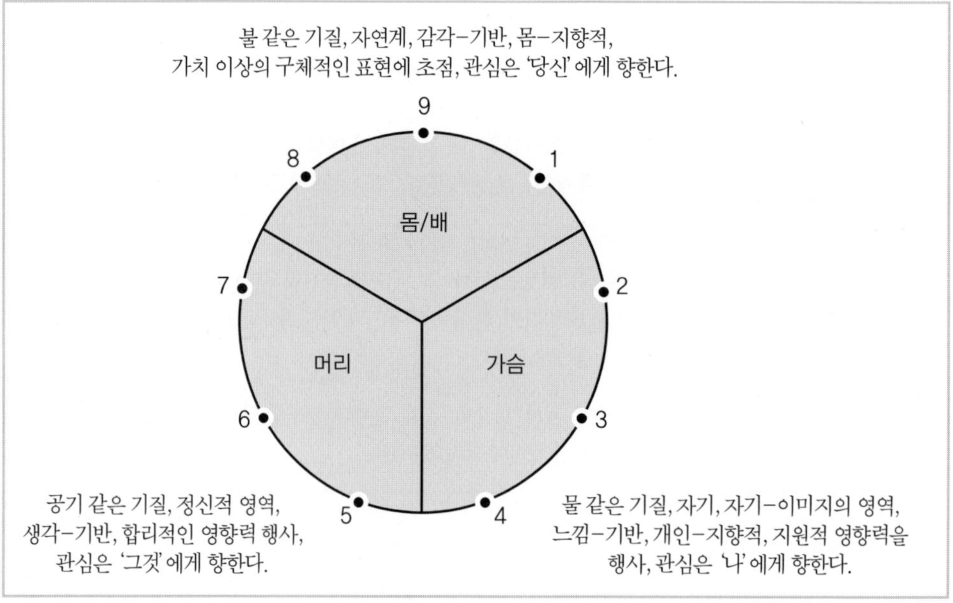

그림 3-2 3가지 에너지 중심

몸/배 중심 유형(8–9–1). 이 중심의 에너지는 뜨거우며 불같고 불붙기 쉽다. 현명한 억제와 내부 개선을 필요로 한다. 몸/배 유형은 행동 지향적이며 행동은 가치에 의해 알게 된다. 그러므로 그들은 "어떤 가치가 정말로 중요한가?" 에 대해 알고 싶어 한다. 그들에게는 이상적이지만 실질적인 경향이 있고, 규칙적인 운동, 자연에서의 시간 또는 다른 체험적인 활동들을 통해 그들의 이상주의를 '기반으로 하는 것' 이 중요하다. 몸/배 유형은 그들의 직감과의 연락을 유지하기 위해 생각나는 사람들의 기반이 되는 영향의 역할을 할 수 있다. 그러나 그들은 자기반영을 하거나 다른 사람의 감정에 완전히 맞추기가 힘들 수 있다. 전형적으로 8유형은 솔선수범하는 기능을 가진 지휘하는 지도자다. 8유형은 어떠한 권력 쟁취를 시작하며 상황을 지휘한다. 그들은 무디고 결정적이며 행동–지향적이고 마음이 내키지 않는 행동이나 우유부단함에는 적은 인내심을 가지는 경향이 있다. 그들은 다른 사람들에게 위협적으로 보일 수 있으므로 (지배하려고 하기보다) 지원적인 태도를 기르기 위해 주의를 기울여야 한다. 9유형은 교전중인 파벌들 사이에 평화를 유지시킬 수 있는 타고난 중재인이다. 이들은 온화하며 수용적이고 겸손하다(적어도 겉으로 보기엔 그렇다). 9유형은 지휘하기보다 따라가지만, 어쩔 수 없이 그 역할을 맡아야 하는 상황이 되었을 때에는 종종 훌륭한 지도자가 된다. 그러나 그들은 선택을 하거나 결정을 내리는 데 힘든 시간을 보낼 수 있으며, 시간 감각을 쉽게 잃거나 일정한 계획을 정하여 그들의 삶을 구성하지 않을 경우 '여러 잡동사니'를 쌓아 두는 습관에 빠질 수 있다. 1유형은 질서 있고 자기를 훈련하며 완벽주의적이다. 1유형은 그들 내면의 불을 구분하기 위해 필요한 금욕이나 미니멀리스트적인 구석을 보이므로 부적절하거나 유해한 방식으로 노출되지 않도록 한다. 그러나 만약 그들이 구조적으로 그 불을 표출할 수 있는 방법을 찾는다면 그들은 그들 이상으로 존경받는 탁월한 지도자가 될 수 있다.

날개 유형

9가지 에니어그램 유형은 각각 두 가지의 날개 유형으로 분류될 수 있으며, 이는 총 18개의 날개 유형을 만든다([그림 3–3]과 〈표 3–4〉). 하나의 날개 유형은 유형의 왼쪽 유형에 의해 더 많은 영향을 받는다. (틀림없이 어떤 사람들은 '이중 날개'를 가진 것으로 보이기 때문에 실제로 3개의 부분이 된다. 두 날개에 의해 동등하게 영향을 받는다. 이 중 날개를 가진 사람들은 그 두 날개의 특성을 공유한다.)

날개로 유형을 세분화하는 것은 우리에게 각 유형을 특징짓는 세밀한 방법을 제공한다. 또한 원에서 유형의 관계를 볼 수 있도록 해 준다. 우리가 관련이 없는 종류보다 연결된 에너지의 진행을 다루고 있다는 사실, 인접한 유형을 연결하는 능력은 성격과 과정 에니어그램이 실은 one enneagram의 두 가지 해석이라는 사실을 나타내고 있다. 이에 대해서는 6~8장에서 더 깊게 논할 것이다.

날개 유형은 예를 들어 1w9(9번 날개를 가진 1유형) 또는 1w2(2번 날개를 가진 1유형)로 설명된다. 각 유형에는 두 가지의 날개 유형이 있다(〈표 3-4〉에 요약 및 설명하였다).

1유형: 개혁형. 대부분의 1유형은 진지한 기질, 높은 기준과 윤리적 초점을 가지고 있다. 1w9의 경향은 이상이 높고 내성적이며 정확하고 내향적인 반면 1w2의 경향은 외향적이고 솔직하며 정치적 행동, 법률 체계 또는 사회적 기준을 설정하는 것을 포함하는 활동에 참여하는 경향으로 실천적인 성향이 높다.

2유형: 조력형. 2유형은 사회적 상호작용을 즐기는 감정적인 개인인 경향이 있다. 2w1의 경향은 봉사를 좋아하고, 구조화된 설정(학교, 사회 기관 또는 동물 보호소 같은) 내에서 사람들과 일하는 것을 선호하며, 좀 더 진지한 개인인 반면 2w3의 경향은 좀 더 사교적이고 걱정이 없고 격식에 얽매이지 않으며 파티, 기금 모금 또는 영화 시사회 같은 재미있는 사회적 행사 참여에 끌린다.

3유형: 성취형. 3유형은 높은 에너지를 가지고 있으며 그들 '개인의 최고 기록'을 넘기 위한 기회를 찾는 부지런한 사람들이다. 3w2의 경향은 목표지향적이고 좀 더 사교적이고 조직 중심적이며 단체 활동에 적응하는 반면 3w4의 경향은 전문성을 중시하고 제한되지 않은 환경에서 일이 잘되는 좀 더 독립적인 생각을 가진 개인주의자들이다(예를 들어, 부동산 매매 중개인, 상담가 또는 시장 전문가).

4유형: 창조형. 대부분의 4유형은 깊이 있는 삶이나 예술적 측면에 공통적인 관심을 가질 뿐만 아니라 감정기복의 경향을 보인다. 4w3의 경향은 세상적인 실용성과 자신의 예술적 능력을 들어맞게 하는 데(디자이너, 배우 또는 워크숍 지도자 같은) 더 능한 반면 4w5의 경향은 주관적이고 개인적 진실성에 있어서 특히 완고하며(예술 등) 사회 규범에 적응하기 위해 노력해야 할 수 있다.

5유형: 탐구형. 5유형은 매우 정신적인 방향을 가진 '범생이' 유형과 수줍음을 타는 고전적인 이미지를 가지고 있다. 5w4의 경향은 인습타파적이고 감정적인 구석과 특이한 의견과 생활습관을 가지기 쉬운 반면 5w6의 경향은 문제 해결적이고 무심하며 분석적이다(또한 적어도 명목상 사회 규범에 적응하기 위한 노력을 더 수용한다).

6유형: 성실형. 6유형은 불안을 완화하고 안전하게 느낄 수 있도록 그들 주위(가정, 그들 사회 또는 직장)에 안정적인 환경을 만들고자 하는 욕망과 강한 서비스 윤리를 가진 경향이 있다. 6w5의 경향은 준비를 많이 하고 내성적이고 명백히 순종적이며 그들의 태도에 주의를 기울이는 반면 6w7의 경향은 비록 가끔 자기비하적이지만 재치와 유머로 불안을 돌린다.

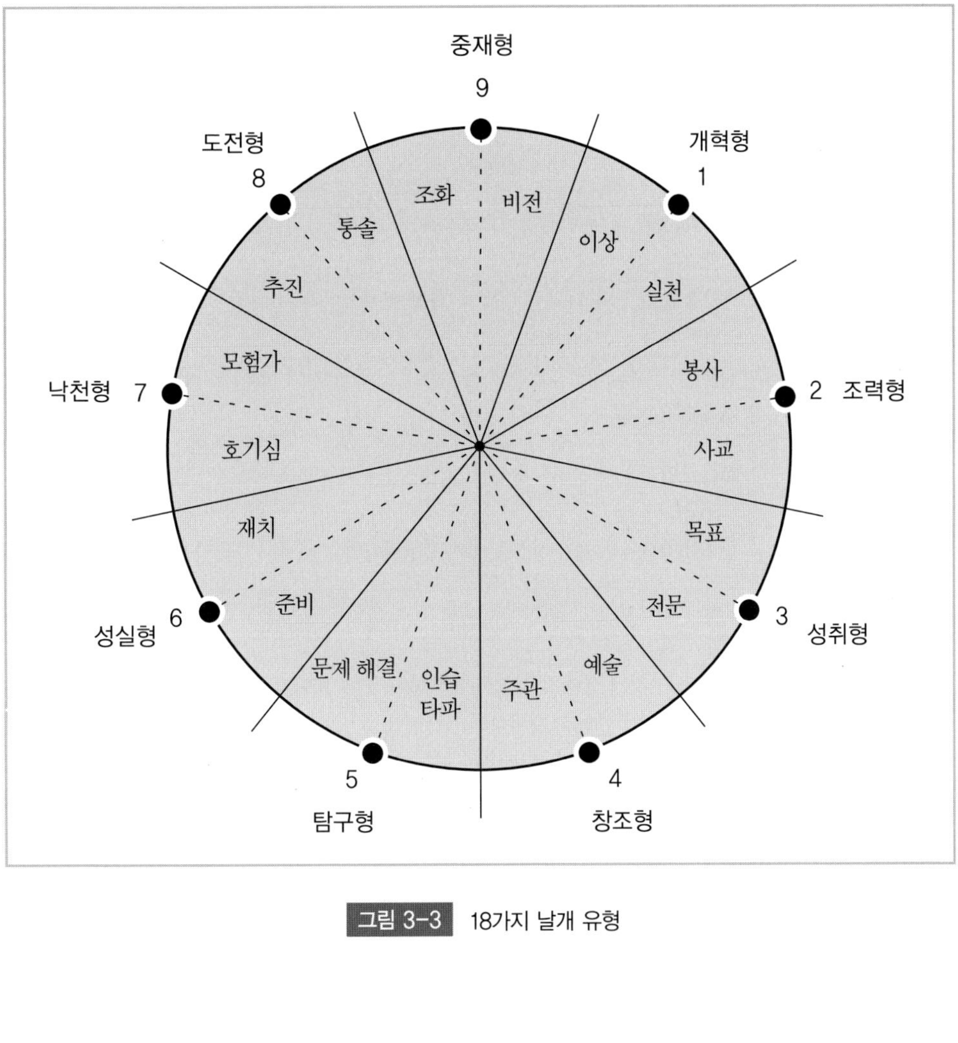

그림 3-3 18가지 날개 유형

〈표 3-4〉 에니어그램 날개 유형

1w9 이상	말은 많이 안 할 수 있지만 일이 어떻게 수행되어야 하는지에 대한 명확한 발상을 가진 내성적이고 꼼꼼한 사람이다.
1w2 실천	자신의 관심을 끌어당기는 그 어떤 것에 결정적인 기준을 열정적으로 지지하는 사람이다.
2w1 봉사	약자 및 소외 계층에 대한 진지한 우려와 함께 그들과 공감하는 조력자다.
2w3 사교	다른 사람들과 완전히 상호작용을 즐기는 따뜻하고 자비로우며 사교적인 친구이자 안주인 또는 가족이다.
3w2 목표	'힘든 상황에 잘 적응하는' 선천적인 재주와 뛰어난 사회적 기술, 세련된 매너를 가진 친절하고 다재다능한 사람이다.
3w4 전문	엄청난 욕구와 주도권을 취할 수 있는 능력을 가진, 열심히 일하는 독립적인 사람이다.
4w3 예술	무리와 함께하기보다 '자신의 길을 가는' 독특한 유형으로, 영향력이 높지만 민감한 개인주의자다.
4w5 주관	깊이, 진정성 그리고 의미에 대한 강렬한 욕망을 가진 매우 민감하고 예술적인 성격을 가진 사람이다.
5w4 인습 타파	식견이 높고 외부 자극에 대단한 민감성을 보이며, 내성적이지만 자유로운 사람이다.
5w6 문제 해결	위대한 계측 능력과 독창적으로 생각할 수 있는 능력을 가진 사색적이며 자족적인 철학자다.
6w5 준비	과학적인 소질과 회의적 기질을 가진 내성적이고 사려 깊으며 양심적인 친구 또는 직원이다.
6w7 재치	정중한 태도를 지니고 있지만 특이한 유머(종종 자기 비하)감각을 가진 불안해하지만 영리한 사상가다.
7w6 호기심	놀기 좋아하고 다른 사람들을 웃게 만드는 재미있고 초조하지만 활발한 사람이다.
7w8 모험심	발명적 정신과 기업가 정신을 가진 모험적이며 높은 에너지를 가진 탐험가다.
8w7 추진	상황과 상관없이 책임을 지는 능력 있고 자신감 있고 직설적이며 자기주장적인 지도자다.
8w9 통솔	행사 하는 것에 상당히 적합하지만 아마 눈에 보이지 않는 영향을 끼치면서 위대한 직감을 가진 차분하고 계획적인 사람이다.
9w8 조화	원하는 목표의 방향으로 서서히 이동하는 능력을 가진, 인간 행동의 무표정한 관찰자다.
9w1 비전	새로운 경험을 예상할 때 불안해질 수 있지만 조화되고 '흐름에 맡기는 것'을 좋아하며, 이상주의적인 사람이다.

7유형: 낙천형. 7유형은 에니어그램 유형 중 가장 잘 적응하며, 새로운 것을 추구하고 즐거움을 준다. 왜냐하면 그들 중 많은 사람들이 일을 놀이로 바꾸는 초자연적인 능력과 그들의 문제로 다른 사람들을 웃게 만들기 때문이다. 7w6의 경향은 엉뚱하고 호기심이 많고, 현실에 기반을 적게 두며, '익살꾼'의 모습(persona)을 도입하는 경향이 있는 반면 7w8의 경향은 모험심이 많고 새로움에 대한 그들의 욕망을 새로운 발명, 발상, 또는 모험 기업으로 돌리는 높은 에너지 기업가적인 유형이다.

8유형: 도전형. 8유형에 의해 계발된 장악력은 힘과 권력의 위치에 집권하게 하는 경향이다. 8w7의 경향은 일을 추진하고 대중의 갈채를 즐기는(대개 그것을 해낼 만큼 카리스마 있는) 호화롭고, 좀 더 눈에 띄는 사람인 반면 8w9의 경향은 통솔력이 있고 가장 큰 힘이 미묘하게 행사되는 것이라는 사실을 이해하는 사람으로, 신중하게 자신의 업무를 실시하는 것을 선호하는 좀 더 불가항력적인 '무대 뒤의 힘'을 보인다.

9유형: 중재형. 9유형은 평화와 평온의 분위기를 만들고 주변 사람들을 내려놓고 하고 휴식하게 하며 가능성을 상상하게 하도록 하므로 그들에 대한 자연스러움을 만드는 것을 가지는 경향이 있다. 9w8의 경향은 조화로움을 중요하게 여기고 특히 무표정하고 주변 사람들을 진정시키는 데 도움이 되는 방법에 기초한다. 그들의 '그대로 되는' 능력은 실제로 신체적인 행동 없이도 무언가를 이룰 수 있는 방법을 우리에게 상기시킨다. 9w1의 경향은 비전이 높고 좀 더 특정한 불안과 그들의 꿈을 일종의 견고한 활동으로 옮길 필요를 느끼는 몽상가다.

(에니어그램 원에 있는 모든 유형 사이의 관계를 날개 점들을 사용하여 보는 방법에 대한 설명으로 6장의 '에니어그램 주변 날개들'을 참조하라).

에니어그램 하위유형

지금까지 우리는 3가지 중심, 9가지 에니어그램 유형, 그리고 18가지 에니어그램 날개 유형을 살펴보았다. 이러한 접근법들은 개인의 차이를 분류하는 아주 일반적인 방법에서(중심으로) 더 구체적인 수준(유형으로)으로 보다 더 구체적인 수준(날개 유형)으로 옮겨 갈 수 있도록 한다. 그러나 9가지 유형을 더 자세하게 나누는 방법이 있다. 27개의 하위유형들로. 이러한 하위유형들은 삶의 3가지 분야들 중 하나에 대한 개인의 선호도에 기초하며, 나는 이것들을 하위유형 분야라고 부른다. 이들은 각각 자기보호 분야, 의미추구 분야, 사회관계 분야다.

다음에 하위유형 분야의 특징에 대하여 설명하겠지만, 에니어그램 하위유형에 대한 나의 접근법은 많은 에니어그램 교사들이 사용한 것으로부터 의미가 있게 시작되었다는 사실에 먼저 주목해야 한다. 왜냐하면 1970년대와 1980년대의 가장 영향력 있는 에니어그램 교사인 클라우디오 나란조는 하위유형을 필연적으로 각 유형과 연관된 '인지적 왜곡' 및 '지배적인 열정'에 의해 손상되는 표현의 본능적-기반 방식이라고 묘사하기 때문이다.[8]

불행히도 사실상 왜곡된 생각, 느낌, 본능의 결과물로서 인간의 동기를 정의하기 때문에(주로 프로이트의 접근 방식에 기초한 것) 하위유형의 이러한 비관적인 해석과 에니어그램 작업에 반병리화된 접근 방식을 조화시키는 것은 불가능하다. 왜곡이 가능하다는 것은 유의해야 할 만한 점이다. 이것을 불가피하다고 보는 것은 꽤 다른 관점이다(즉, 유형과 하위유형의 특징으로).

하위유형 분야를 정의하기 위해 내가 쓰는 방법은 매우 간단하다. 바로 생활의 3가지 분야다. 그러나 개인을 고려할 때, 일부 분야는 다른 것보다 더 매력적일 것이다. 그리고 특히 우리를 끌어당기는 것은 아마도 우리의 타고난 길 또는 삶의 사명과 관련이 있는 무언가일 것이다. 이것이 내가 이 주제(에니어그램의 원형)에 대하여 책 전체를 쓸 정도로 관심이 있었던 이유다. 확대된 논의에 관심이 있었던 사람들은 그것을 여기서 찾을 수 있을 것이다.

여기서 우리의 목표는 3가지 분야를 설명하고 그들이 자아내는 하위유형의 특성을 나열한다(〈표 3-5〉).

- **자기보호 분야**, 자아, 자기의존, 가정 및 가족, 개인의 안전 및 책임에 초점
- **의미추구 분야**, 친밀감, 창의성, 자극, 흥분, 강렬한 경험 및 성생활에 초점
- **사회관계 분야**, 관계, 사회적 상호작용, 지역 사회, 정치, 법률, 지위, 태도 및 사회적 행위에 초점

9가지 유형은 각 유형별로 3가지 분야에 의해 27개의 하위유형을 산출한다. 하위유형들은 그저 다른 성격 유형이 아니라, 지배적인 하위유형을 가지고 있지만 모두 3가지 분야에서 기능하는 (왜냐하면 이것들 모두 구현된 삶의 일부이기 때문에) 각 유형 내의 다른 관점이라는 것을 주목하라. 그러므로 비록 한 여자가 자신을 의미추구 8유형이라고 하더라도 그 여자는 생존 상황에 어느 정도의 자기보호의 특성을, 또는 사회적 상황에서 사회관계 8유형임을 발견할 것이다.

〈표 3-5〉 하위유형 개요

	자기보호	의미추구	사회관계
1유형	삶의 진지한 관점과 세부 방향을 가지고 정확하고 신중하게 일하는 사람	자신의 신념에 용기를 가진 불같은 전도사	유연하기보다 공정한 규칙을 만드는 자, 심판, 사회 운동가
2유형	어리고, 아프거나 무력한 사람들을 개인적으로 돌보길 좋아하는 사랑의 양육자	때때로 자신의 동반자의 요구에 과도하게 적응하는 정서적인 성향을 가진 낭만주의자	필요로 하는 사람들을 지지하고 외교관 및 조직자처럼 뛰어난 외향적인 사회주의자
3유형	재정적인 안정을 우선순위로 두는 A형 행동을 가진 노력하는 사람	당시의 분위기를 포착하는 카리스마 있는 '스타'	대중의 시선을 좋아하고 '동급 중에서 최고'처럼 뛰어난 이미지 메이커
4유형	자신의 창조적인 비전을 나타내기 위해 종종 혼자 일하는 독립적인 창조자	경쟁력 있는 구석을 가진 강열하고, 자기현시적이며 예민한 개인주의자	대중의 의견에 민감한, 자기의식적이지만 차별하는 비평가
5유형	개인적 경계를 설정하지만 함께 하는 것을 감사하는 수줍고 무심한 사상가	특별한 접촉 및 인식의 독특한 능력을 가진 비밀스러운 개인	인식을 즐기는 특이한 통찰력을 가진 호기심을 가진 연구자 및 교사
6유형	그들의 가정을 안식처로 만드는 따뜻하고 지원적인 가정 보호자	종종 강한 방어가 최선의 방법이라고 생각하는 공격적인 회의론자, 종종 권위에 도전하는 역공포주의자*	전통적인 가치의 충성스러운 지지자 및 사회 규범의 집행자
7유형	틀에 얽매이지 않는 가족의 유형을 포용하는 삶의 즐거운 축하자 및 감각적인 쾌락자	매력적인 공기와 '달면 삼키고 쓰면 뱉는' 경향을 가진 매력적인 방랑자	때때로 자신의 계획을 수행하기 위해 자신을 희생적으로 제한하는 큰 계획과 틀에 얽매이지 않는 개념을 가진 상상력 있는 사상가
8유형	그들의 공간을 보호하기 위해 '경계를 확보'하는 심지가 굳은 생존자	욱 하는 성미가 있지만 진리의 명예로운 지지자 및 약자의 보호자	다른 사람들로부터 충성을 얻는 방법을 알며 솔선수범하는 강력한 지도자
9유형	빈둥거리기를 좋아하고 집에서 하는 일들을 좋아하는 차분하고 안정적인 집에 있기를 좋아하는 사람	그들의 환경과 하나 됨을 추구하는 자연과 조화의 수용적인 애호가	모임의 에너지를 균형 있게 혼합하기를 즐기는 조화로운 참가자

* 모든 유형의 의미추구 하위유형이 다른 하위유형보다 종종 더 화려하고 강렬하며 열정적인 반면, 이 강렬함은 의도적으로 위험한 상황에 자신을 넣어 그 용기로 두려움을 강제로 극복하게 하는 것으로, 두려움을 직면할 수 있는 역공포주의 경향으로 특히 6유형에게 나타난다.

연결 지점

연결 지점은 에니어그램 내부 선들을 통해 서로 연결되어 있다. 각 유형은 2가지와 2가지의 연결 지점들만을 가지고 있다(〈표 3-6A와 B〉 참조).

날개 유형과 마찬가지로 연결 지점들은 우리가 끌어낼 수 있는 자원뿐만 아니라 우리의 우세한 관점과 관련된 자원을 우리에게 제공한다. 날개 유형 에너지는 좀 더 바로 접근할 수 있는 반면(바로 옆에 있기 때문에) 연결 지점의 에너지 또한 접근할 수 있지만 종종 덜 직접적인 방식으로 이루어진다.[9] 우리는 관점에서 약간의 이동에 의해 날개 유형의 에너지를 사용하는 반면 연결 지점의 에너지를 사용하기 위해서는 보통 더 큰 이동을 필요로 한다. 이는 사람들이 연결 지점으로 '도약' 또는 '가는' 것이며 마치 그들의 집 관점에서 '떠나는 것'으로 말할 수 있는 이유다. 실제로 개인이 그들의 연결 지점으로 갈 때 때때로 그들은 적어도 일시적으로 또 다른 자아를 취하는 것처럼 보일 수 있다.

5지점으로 시작하여 이것이 어떻게 작용하는지 몇 가지 예를 살펴보도록 하자. 5유형은 일반적으로 수줍어하며 내부-지향적인 개인이다. 이 내성적임은 집중, 연구 등을 필요로 하는 상황에서는 자산이 될 수 있지만 사회적이나 갈등 상황에서는 그리 큰 자산이 되지 않는다. 그러나 5지점은 7지점과 8지점 모두와 연결되어 있다. 7지점은 5유형에게 특정한 매력을 제공할 수 있을 뿐만 아니라, 8지점이 주장과 권한을 제공할 수 있는 동안 신속하게 생각하는 능력을 제공한다. 이러한 자원에 접근할 수 있는 방법을 알고 있는 5유형은 그렇지 않은 사람들에 비해 장점을 가지게 된다.

비록 유형에 따라 자원의 성질은 다르지만 모든 유형은 같은 '대체 자원'을 사용할 수 있다. 예를 들어, 일반적으로 자신감 넘치는 3유형은 '6지점으로 가는 것'에 대해 실패로서의 반응을 보일 수 있으며(3→6), 이는 그들의 접근에 더 신중하고 조심스럽게 되는 것이다. 대안으로 9지점으로 '갈' 수도 있는데(3→9), 이는 자신의 선택을 재평가하는 시간을 가지게 한다. 마찬가지로 전문적인 4유형 무용수는 '1지점으로 가는 것'(4→1)으로 단련법을 얻어 그녀의 예술성을 향상시킬 수 있다. 그녀는 그녀의 관객들과 더 연결되도록 '2지점으로 가는 것'(4→2)으로 인해 더 큰 공감을 얻을 수 있다.

연결 지점을 이해하는 것은 한 사람의 유형을 발견하는 데 또한 도움이 된다. 에니어그램 경험이 있는 사람들은 자신의 유형을 정확히 이해하기 위해 연결 지점으로 이동하는 개인의 패턴을 발견할 수 있는 '삼각법'의 형태로 연결 지점에 대한 그들의 지식을 사용할 수 있다. 〈표 3-

〈표 3-6A〉 연결 지점(내부 삼각형 유형)

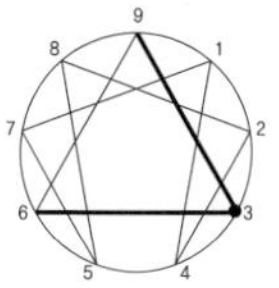
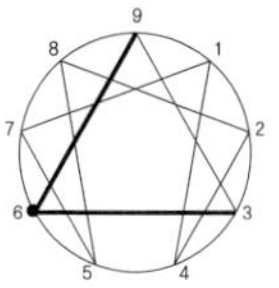
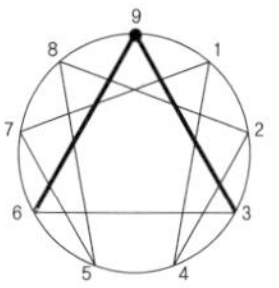

3 유형	3→9: '느리고 안정적인' 접근법 지원 3→6: 성급함을 단축, 신중함을 촉진, 서비스 정신
6 유형	6→3: 자신감 및 뛰어난 동기부여 촉진 6→9: 더 큰 평온함, 평안 및 현실의 기반 제공
9 유형	9→6: 더 큰 개인에 대한 인식, 각성 제공 9→3: 의도를 행동으로 옮기도록 도움

6A〉는 내부 삼각형 유형의 연결 지점을 보여 주며(3-6-9), 〈표 3-6B〉는 헥사드 유형에 대한 연결 지점을 보여 준다(1-4-2-8-5-7).

대개 내부 삼각형 유형이 헥사드 유형보다 더 쉽게 연결 지점을 따라 '미끄러지므로' 헥사드 유형보다 유형을 찾기가 더 어려울 수 있다고 말할 수 있다.

홀라키적 에니어그램

에니어그램은 다양한 목적으로 사용할 수 있는 기하학적인 체계이지만, 이 장에서 우리는 성격 유형, 그것들의 변형, 에너지 중심의 본성 및 연결점을 통해 유형이 어떻게 에너지적으로 관련되어 있는지 설명하는 것에 초점을 두었다. 당신이 이 체계에 대해 생소하다면 이해해야 할 것이 많을 것이다(또는 당신이 이것을 반병리적 관점에서 보는 것에 익숙하지 않다면). 그러나 우리는 이후 장들에서 많은 관점으로 유형을 볼 것이다. 예를 들면, 다음과 같은 관점에서.

- 9가지 에니어그램 유형이 과정 에니어그램에 묘사된 것과 같이 변형의 9가지 단계에 해당하는 방법(6~7장)
- 에니어그램 원에서 각 유형의 위치를 더 깊은 관점으로 유형을 이해하도록 하는 방법(8장)
- 각 유형이 변형의 과정을 통해 이동하는 방식이 어떻게 변화하는지에 대해(9장)
- 9가지 유형(관점으로)이 켄 윌버의 8가지 AQAL 관점에서 발견될 수 있는 방법(10장)

〈표 3-6B〉 연결 지점(헥사드 유형)

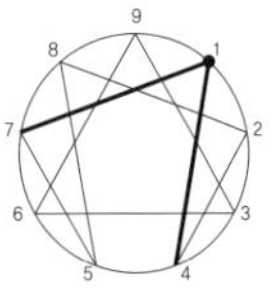

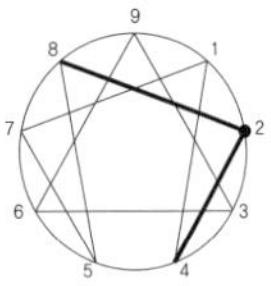

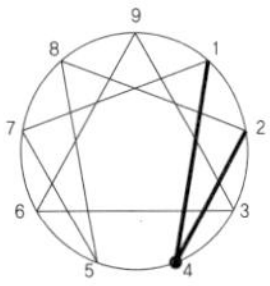

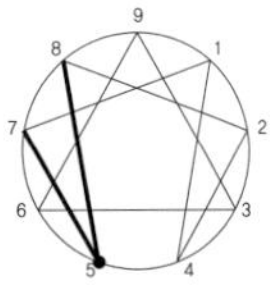

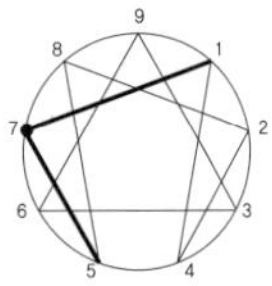

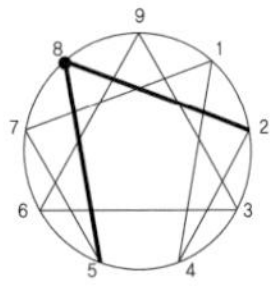

1 유형	1→4: 깊은 신념으로 판단을 알도록 허용 1→7: 자발성, 열정 및 밝게 하는 능력 제공
2 유형	2→8: 자기주장 및 자신감 발전의 도움 2→4: 감정의 심화 및 진실성의 감각 지원
4 유형	4→2: 협력하는 동기부여 및 다른 사람들과 연결됨 제공 4→1: 자기훈련, 자기의존 및 적합하게 행동할 수 있는 능력 향상
5 유형	5→7: 장난스러운 호기심, 독창성 및 연결을 보는 능력 제공 5→8: 현실의 기반, 자기주장 및 행동할 수 있는 능력 향상
7 유형	7→1: 정확성 및 조심성의 개발 지원 7→5: 느긋함, 반영 및 차분해질 수 있는 능력 제공
8 유형	8→5: 민감도 및 내면성의 감각 촉진 8→2: 진심어린 성격 및 선의의 개발 지원

- 9가지 유형이 수직적 발달의 다양한 선과 관련된 방법, 그리고 윌버의 발달의 스펙트럼 모형에서 발견하는 방법(11장)

통합적 관점에서 에니어그램을 탐구할 때 반병리적으로 유형을 설명하는 것은 중요한 첫 번째 단계다. 왜냐하면 우리는 감정적 악 대 미덕 또는 인지적 고착 대 신성한 개념의 측면에서 9가지 에니어그램 유형을 정의하기 때문에 그 어떤 통합도 생각하기 힘들기 때문이다. 누가 이러한 반대의 통합을 추구하는가? (일반적으로 악은 통합되는 것이 아닌 근절해야 할 무언가다.) 이것은 우리가 진행할 수 있는 그들의 핵심 에너지의 관점에서 핵심 에너지가 정렬되는 것 대 정렬되지 않는 것으로 보이는 방법을 설명하는 것으로 유형을 정의함으로써 시작할 때에만 해당된다.

그렇다 하더라도 우리는 우리 존재의 다른 수준에서 나타나는 유형 에너지를 설명할 방법이 부족하다. 즉, 그 잠재력은 수용력 있게 초월된 우리 현재 의식의 장소(높은 수준의 지혜로 열리는) 또는 우리 존재의 더 많은 근본적 측면에 대한 책임을 져야 한다(우리의 본능과 다른 근본적 과정을 지배하는 것).

이것은 케스틀러의 홀라키적 모형이 우리 자신에게 물어보도록 하는 좋은 출발점을 제공할 수 있다. 예를 들면, 어느 유형이 더 자연적으로 자기초월적인가(위대한 영에게 수용적인가)? 어떤 유형이 더 자연적으로 자기주장적인가(연약함의 보호 또는 자신의 발달적인 측면)? 균형으로의 우리의 상향, 그리고 하향 성향을 보이는 경향을 제공하는 각 유형에 대한 가장 좋은 방법은 무엇인가? 우리는 불균형을 해결하기 위해 어떤 전략을 사용할 수 있을까?

여기서 이러한 질문들에 답하려고 하는 것은 나의 의도가 아니라, 이는 단지 향후 생각을 자극하는 수단으로서의 물음이다. [그림 3-4]는 중간에 자신(self)과 상단 원에 자기초월, 그리고 하단 원에 자기주장을 묘사하는 것으로 2장에서의 [그림 2-2]를 상기시킨다. 또한 8장에서 에니어그램은 3가지 영역(영-자아-영혼)으로 나뉜다는 수평적 영역에 대한 논의를 예시하며, 에니어그램 유형은 자신의 영역 위치가 내면의 동기 및 외부 행동에 어떤 관련이 있는지의 관점에서 논의된다.

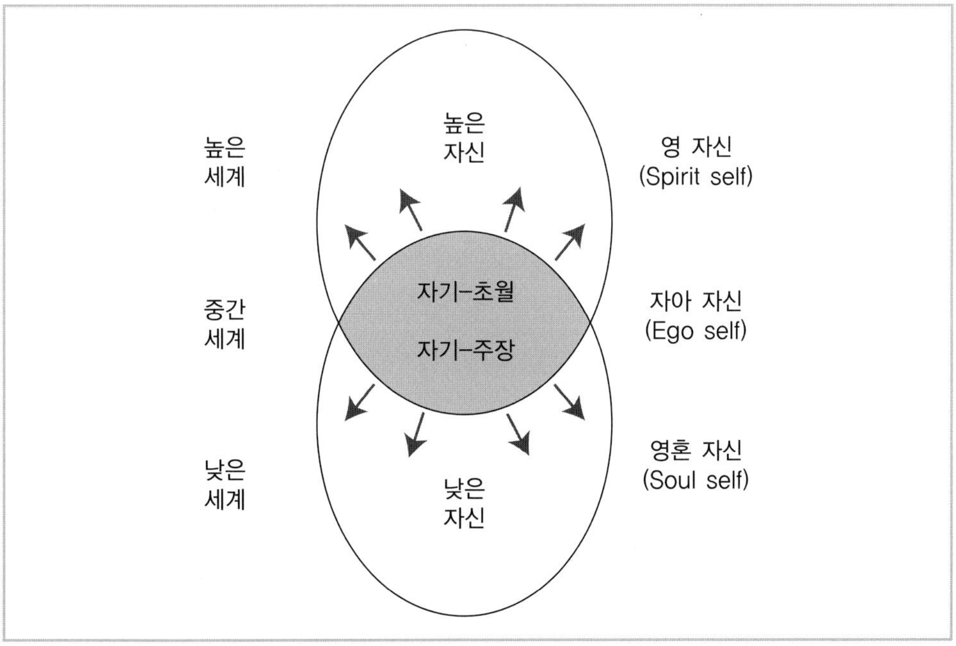

그림 3-4 자신의 3가지 수준

케스틀러의 홀라키적 도식을 고려하여 우리는 그 존재의 더 높고 낮은 수준으로 조율하려 애쓰는 것으로 각 9가지 유형을 초월적인 상향으로 보며 주장적인 하향으로 구상할 수 있다.

에니어그램과 작업하는 또 다른 방법이 있는데, 이는 변형적 과정에서 각 9가지 관점을 지점 또는 단계로 구상하는 것이다. 이 변형적 또는 과정 에니어그램은 본래 G. I. 구르지예프에 의해 가르쳐진 에니어그램이며, 일반적으로 수십 년 후 오스카 이차조에 의해 개발된 성격 에니어그램보다 더 기본적 또는 근본적인 것으로 고려된다.

[그림 3-5]는 과정 에니어그램이 작용하는 방법과 우리가 맨 윗부분에서 시작하는 에니어그램 원 주위를 시계 방향으로 이동하는 방법을 보여 준다. 각 지점은 우리가 진행하면서 발생하는 다른 변형적인 어려움을 나타낸다. 에니어그램 주위의 각 순환 경로 변형의 모든 9가지 단계를 설명하지만, 우리가 어려움을 해결하는 방법에 따라 경험된 변형의 실제 정도는 각 단계에서 제기된다. 그러나 우리들 대부분은 주기가 끝나는 9지점이 왜 처음인 0지점보다 높은 것으로 묘사되는지에 대해 적어도 약간의 무언가를 배운다.

이 그림에서 묘사된 것처럼 변형은 기계적이거나 사다리를 오르는 듯한 과정이 아니라 주기적인 거시적 과정으로, 에니어그램 원 주위를 둘러싸고 있는 순환 경로로써 묘사될 수 있는 수많은 미시적 과정을 포함하고 있는 과정이다. 홀라키적 관점에서 과정 에니어그램은 우리가 우

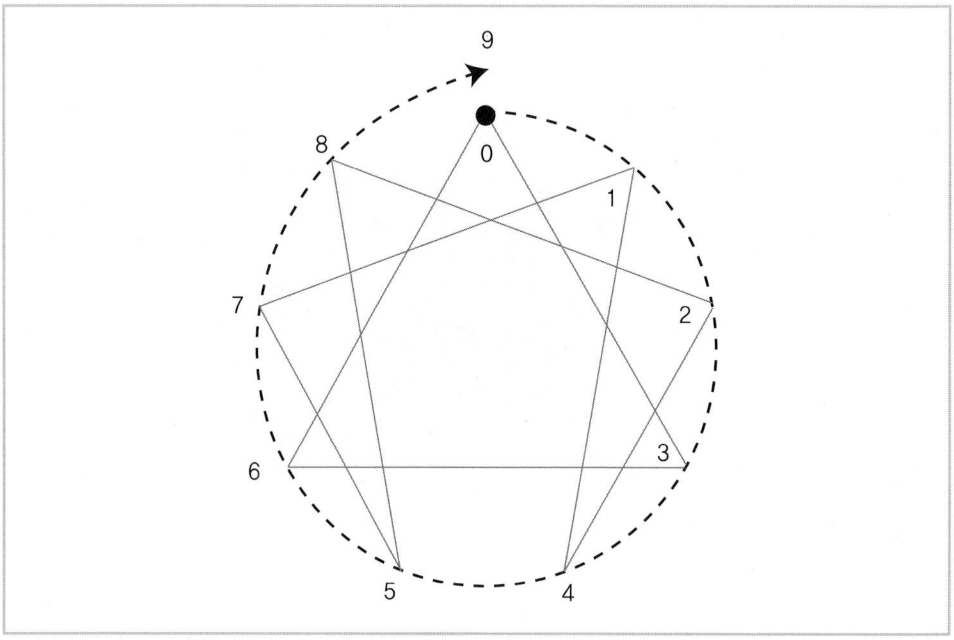

그림 3-5 과정 에니어그램

리 의식의 높고 낮은 수준을 공명시키는 방법만을 제공할 뿐만 아니라, 의식의 높은 수준으로 (그동안 홀론으로서 우리의 상태를 유지하면서) 급등하는 방법을 제공한다(즉, 우리의 능력이 높은 수준을 수용함과 동시에 낮은 수준과 관련하여 우리의 자율성을 주장하는 것).

미주

1) 『위대한 가르침을 찾아서』(1949/2001), p. 295.

2) *Enneagram Studies*의 서문(1983).

3) *The Commanding Self*(1994), p. 61.

4) 기질을 결정하는 요소의 역할에 관하여: 성별 및 기타 요인이 역할을 수행할 수 있지만, 여기서 우리의 초점은 에니어그램 유형의 역할에 맞춰져 있다. 왜냐하면 동기에 미치는 그 영향은 매우 훌륭하나 대부분의 사람들에게 눈에 띄지 않은 채 남아 있기 때문이다.

5) *Facets of Unity*(1998), p. 13.

6) 유형은 선천적이라는 입장을 지지하는 연구에 대한 완전한 해설을 보려면, 세 부분으로 나눠진 나의 글 〈Type is With Us At Birth〉를 참조하라. 이 글은 원래 *EM*에서 발간되었으며, 지금은 나의 웹사이트(www.enneagramdimensions.net)에서 찾아볼 수 있다.

7) 3가지 에니어그램 에너지 중심은 4원소(불, 물, 그리고 공기)를 설명한다. 빠진 요소, 흙은 우리의 구현된 존재를 통해 모두 지상에 접지되었다는 점에서 모든 중심에 존재한다.

8) *Character and Neurosis*(1994), pp. 12-13.

9) 흥미롭게도 구르지예프의 과정 에니어그램 관점에서 연결 지점은 생각 또는 과정의 다른 단계와의 의도를 통한 정신적인 연결 수단으로 나타난다(계획하는 과정에서 앞뒤를 보지 않으면서). 6장과 7장에서의 간단한 논의나 블레이크의 *The Intelligent Enneagram*(1996) 42쪽을 참조하라.

4 IOS의 기초

진화의 과정은 밑에서부터 일어나서 위로부터 지원받는 각성이다.

-A. G. E. 블레이크

"형이상학적 기초와 언제든 가능한 영적 치료가 없이는 과학은 없다."

윌버는 이렇게 그의 첫 저서, 『의식의 스펙트럼(The Spectrum of Consciousness)』(1977)의 서문을 프리초프 숀(Frithjof Schuon)의 말을 인용하는 것으로 시작했다. 이론의 중요성뿐 아니라 인간 의식의 진화를 가능하게 하는 방법론의 중요성 또한 강조하는 인간 의식의 포괄적인 이론의 도입이 그의 목표였다. 궁극적인 결과는 윌버의 IOS였다.

『의식의 스펙트럼』은 그 당시에는 가장 앞선 책이었고, 이 책이 초월심리학계와 독서계 모두로부터 좋은 평가를 받은 것도 놀라운 일이 아니었다. 이 책의 성공은 윌버에게 계속해서 이러한 개념들을 발달시키고 다른 책들을 출판할 기회를 주었다. 2010년까지 그는 25권이 넘는 책들을 출판했고(또 여러 장의 CD도 만들었다), 웹사이트를 개설했으며(www.kenwilber.com), 1998년에는 두뇌집단인 통합연구회(Integral Institute)를 세웠다(www.integralinstitute.org). 윌버는 여태껏 무수한 (정말 셀 수 없을 만큼 많은 양의) 철학과 심리학, 인식론적 방법론에 대해 언급해왔지만, IOS와 에니어그램의 관계를 설명하는 데 있어 특히 유용한 일부 주요 주제들을 최근에 다뤘다.[1] 이 장에서 우리는 윌버의 IOS에서 가장 중심이 되는 일부 핵심 개념을 살펴볼 것이다. PART Ⅲ에서 우리는 IOS와 에니어그램 간의 관계를 이해하는 데 있어 특히 관계가 있는 주제들로 돌아올 것이다.

윌버를 발견하기

내가 처음 윌버의 연구를 접하게 된 것은 그의 영적 회고록, 『켄 윌버의 일기(One Taste)』(2000)를 통해서였다. 당시엔 출판되지 않은 책이었던 『감각과 영혼의 만남(The Marriage of Sense and Soul)』을 출판해 줄 출판사를 찾기 위해 뉴욕으로 갔던 그의 여행 일화에 대한 설명 곳곳에는 그의 가장 중대한 개념들에 대한 생각이 들어 있었다. 전/초 오류, 인간 의식을 향한 탐구의 기반으로써의 AQAL 모형, 의식의 진화는 단지 하나가 아닌 발달의 다양한 선을 포함하고 있는 것이라는 개념 등이 그것이다.

켄 윌버의 일기가 지닌 쉬운 접근성은 이를 윌버의 사상에 대한 이상적인 입구가 되게 했다. 나 역시 압도되지 않고 그의 연구를 조금씩 알아갈 수 있었다. 내가 그 뒤에 읽었던 그의 다른 저서들은 『감각과 영혼의 만남(The Marriage of sense and Soul)』(1998)과 반어적인 제목인 『모든 것의 역사(A Brief History of Everything)』(1996)였다. 어느 순간 나는 『세상에서 가장 아름다운 용기(Grace and Grit)』(1991)를 다 읽게 되었는데, 이 책은 5년 동안의 암 투병 뒤 1989년에 세상을 떠난 윌버의 아내인 트레야(Treya)와 그가 보낸 시간들에 대한 뭉클한 일화를 담고 있다. 켄 윌버의 일기에서처럼 윌버는 그의 통합적 철학과 그의 개인적 일화들을 결합했다.

나는 이 저서들에 담긴 영적 요소와 개인적 요소의 결합에 대한 진가를 인정했고, 이는 내게 철학 뒤에 있는 그 사람을 보게 했으며, 또한 그의 사상을 세세하게 온전히 이해할 수 있게 했다.

윌버의 또 다른 책은 『*Sex, Ecology, Spirituality*』(*SES*; 1995/2000)다. 이 책은 851페이지에 달하는 두꺼운 책으로, 지금까지도 그의 연구의 가장 포괄적인 비전을 제시해 놓은 책이다. 이 책은 많은 개념을 다루고 있지만 책의 기초를 이루는 토대는 아서 케스틀러의 홀론 이론으로, 책에서 윌버는 케스틀러의 홀라키적 접근법(2장을 참고하라)에서 나오는 20가지 원리를 제시하며 이를 상당히 확장시키고 있다. 그는 *SES*에서 그의 '모든 수준의 사분면'(All Levels, All Quadrants: AQAL) 모형[2]을 처음 소개했다. 이 모형은 우리의 인생관을 형성하는 4개의 주요 관점의 존재를 제시한다—삶의 3가지 영역과도 연결될 수 있는 관점 말이다(예, 3대 가치 영역인 예술, 과학,

윤리; 4장을 참고하라).

*SES*는 읽기 쉬운 책은 아니지만, 내가 이 책을 읽기 시작했을 당시엔 그리 어렵지 않았다. 가끔 그의 논쟁적인 논조가 내 주의를 산만하게 했지만, 난 주요 개념들을 따라갈 수 있었다(윌버는 자신의 접근법이 왜 다른 것들보다 우수한지 설명하려 할 때, 가끔씩 그의 반대자들에게 감탄과 불편함을 번갈아 가며 불러일으키는 방식으로 그들을 찌를 수 있다).[3)]

주요 개념

수년간 윌버는 수많은 개념을 수많은 관점으로 탐구해 왔다. 그는 자신의 생각의 변화들을 반영하기 위해 계속해서 그의 접근법을 수정해 왔다. 하지만 특정 개념들은 그의 접근법의 주춧돌이 되어 왔는데, 여기서 그것들을 살펴보려 한다.

홀라키적 온우주

홀라키는 윌버의 사상의 신전에서 가장 큰 기둥일 것이다. 이는 내가 이미 한 장 전체를 모두 홀라키에 할애한 이유이기도 하다(2장을 참고하라). 2장에서 논했듯이 홀라키는 존재하는 모든 것은 2가지 역할을 한다는 개념에 대한 아서 케스틀러의 접근법이다. 즉, 부분으로서의 역할과 전체로서의 역할이다. 이는 현실에 대한 다중 계층(계층적) 관점으로, 그 안에서 우리는 (a) 다수의 부분들로 구성된 자체적인 전체이자 (b) 더 큰 전체(예를 들어, 온우주 같은)의 한 부분으로 기능한다. 홀라키적 온우주의 개념은 *SES*의 토대가 되었고,[4)] 그렇게 차례로 윌버의 IOS의 기반이 되었다.[5)]

홀라키의 개념에는 이를 현실을 개념화하는 데 있어 특히 유용한 2가지 방식이 있다. 하나는 이 개념이 윌버가 평원(flatland)이라고 부르는 개념의 대안을 제공한다는 것이다. 이는 물리적(수평적) 현실은 존재하는 모든 것이라는 관점이다. 이는 환원주의 과학의 관점이며 현대 산업사회에서 지배적인 관점이 되었다. 윌버는 *SES*의 후반부 전체를 어떻게 해서 이 관점이 지배하게 되었고, 그렇게 '온우주의 붕괴'로 치닫게 했는지에 대해 설명하였다.[6)] 이는 삶이 비(非)물질적(영적) 수준들을 포함해 다양한 수준으로 존재한다는 것을 우리가 이해하는 수직 지향적인 패러다임의 붕괴를 나타낸다.

윌버가 말했듯이 "깊이/높이의 수직적 차원은 수평적 차원의 확장을 위해 버려졌다. … 서구 사회는 '무한한 위' 대신 '무한한 앞'에 관심을 두었다"(p. 420).[7] 이는 '과정'이나 '진화' 같은 단어들이 오로지 부, 안전, 그리고 과학 지향적인 가치의 창출 같은 목적들만 연관되어 버린 대중문화를 만들어 냈다. 삶이 물질적 현실 이상의 것이라는 생각은 그렇게 환상, 근거 없는 믿음, 희망사항의 영역으로 밀쳐져 버리게 되었다.

의식의 다른 수준들을 직접 경험해 본 진지한 영적 수행가로서 윌버는 자신의 경험이나 다른 명망 있는 영적 수행가들의 경험들에 대한 어떠한 일관성 있는 설명도 제공하지 않았던 이 평원 관념에 반대했다. 홀라키 개념은 이런 경험들을 설명할 수 있을 뿐 아니라 내적 작업에 새로운 접근법을 위한 토대로서의 역할을 할 수 있는 수직 지향적인 틀을 제공했다.

2장에서 논했듯이 본래 케스틀러의 홀론 이론에 따르면 자기초월성은 홀론의 '부분성'(더 높은 수준의 홀론을 잘 받아들이는 능력)과 결부되어 있다. 반면 자기주장성은 홀론의 전체성(더 낮은 홀론에 대한 책임을 맡는 능력)과 연관되어 있다. 하지만 초월적 작업을 강조하길 원하는 윌버의 욕구 때문에 홀론 이론에 대해 논할 때 그는 관심의 대부분을 홀론이 홀라키 안에서 자리를 바꾸는 능력, 즉 예를 들면 위를 향해 이동하거나(그는 이를 자기초월이라고 부른다) 또는 아래를 향해 이동하는(그는 이를 자기소멸 또는 자기 내재라고 부른다) 능력에 쏟았다.[8)] [9)]

또한 윌버는 그의 홀라키 이론에 수평적 관점을 더하며 *SES*의 49페이지에 "전체로써,… [홀론은] 그 자체로써 남아 있는다. 부분으로써의 홀론은 반드시 어울려야 한다." 여기서 그는 인간이 홀론의 주체적인 개인으로써 남아 있어야 하는 필요와 그 반면에 동시에 더 큰 문화 속에 참여하는 능력을 유지해야 하는 필요성에 대해 언급하고 있다. 특히 비슷해 보이는 이 2개의 상반된 역할들 간의 균형을 유지하는 것에 대해서도 이야기하고 있다. 이들은 각각 자기보존(주체)과 자기적응(공동체)이라고 일컬어진다.[10)]

전/초 오류와 역낭만주의

켄 윌버가 처음 인간 의식을 연구하기 시작했을 때, 그는 대부분의 초월심리학자들이 인간은 태어나는 순간 신성과 영적 연합—자아/성격 또는 이성적 자기를 창조해 내는 인간의 정신구조가 발달해 나가면서 점차적으로 잃게 되는 연합—의 상태에 있게 된다는 입장을 취하고 있다는 것을 알았다. 이런 관점에서 인간의 진화는 우리가 영성과의 잃었던 연합을 다시 얻는 과정으로 간주된다. 이는 19세기의 자연으로 돌아가자는 낭만주의자들의 관점과 비슷했기 때문에 윌버는 이 관점을 후에 역낭만주의라는 용어로 다시 이름 지었다(그는 이 관점을 변형의 역행적 관점으로 간주했기 때문에 '역'이라고 붙이게 되었다).

그의 첫 번째 저서인 『의식의 스펙트럼』에서 윌버는 역낭만주의적 관점을 암묵적으로 받아들였다. 그는 이 관점을 인간 의식이 어떻게 발달하는지에 대한 이론의 기초로 사용하려 했지만 수많은 논리적 불일치와 마주하고 말았다.

무엇보다도 낭만주의적 접근법은 영아기의 비(非)이성적 의식과 깨우침의 비이성적 의식을 구별할 어떤 방식도 제공하지 않았다. 이 구별을 할 수 있는 유일한 방법은 영아는 무의식적 연합의 상태에 있는 반면에 깨우친 사람은 의식적 연합의 상태에 있다고 주장하는 것뿐으로 보였다. 하지만 윌버는 깨달음/깨우침은 무의식적이 될 수 있다는 개념이 말이 안 된다고 느꼈고, 그 개념이 맘에 들지 않았다. 또한 자아발달이 우리의 타고난 신성과의 연합을 잃게 한다는 개념도 좋아하지 않았다(그는 왜냐하면 만약 그게 사실이라면 우리는 존재하기를 멈출 것이기 때문이라고 주장했다).[11]

이러한 불일치들이 윌버에게는 이론가로서 큰 골칫덩이가 되었다. 그는 이에 대해 나중에 이렇게 언급했다. "내가 접시닦이를 하며 육체노동을 하고 꾸준히 참선을 하는 생활이 바탕이 되어 있지 않았다면 여기저기서 문제를 일으키고 다녔을 것이다."[12]

그러나 그는 문제를 일으키지 않았다. 대신 그는 이 어려운 문제를 통합시킬 방법을 찾아냈다. 그는 1980년에 *Re-Vision*(그가 공동 창설한 저널이다)에 '전/초 오류'라는 에세이를 쓰며 그 문제에 대한 해결 방안의 개요를 서술했다.[13] 이 글에서 그는 인간 진화의 폭넓은 3가지 단계 모형을 상정하고 있다.

- 1단계(전(前)개인적): 이성 또는 성격의 발달 전의 비이성적 의식
- 2단계(개인적): 이성적/자아 의식
- 3단계(초(超)개인적): 초월하지만 2단계의 이성을 포함하는 비이성적 의식

윌버의 개정된 모형은 누적되는 형태로, 각 단계가 그 다음 단계의 기반을 형성한다. 첫 번째 단계인 전개인적 단계에서는 분별력을 많이 지니고 있진 않지만, 그 분별력을 점차적으로 성장하도록 해 주는 구조들을 발달시키는 성향이 있다. 이는 우리가 분류하고 사유하고 의미 있는 가치 판단을 할 수 있게 해 준다. 즉, 성격적 자기가 되어 가고 있는 것이다. [그림 4-1]은 역낭만주의적 모형과 윌버의 진행형 모형을 비교하고 있다.

윌버의 개정된 모형의 중심 가정 중 하나는 발달에서 우리의 단계가 무엇이든 우리는 항상 신성과의 연합 상태에 있으며, 우리가 그것을 의식하고 있든지 그렇지 않든지 상관없이 그러하다는 것이다. 그렇다고 연합과 깨우침이 같은 것은 아니다. 연합은 주어진 것이지만 깨우침은

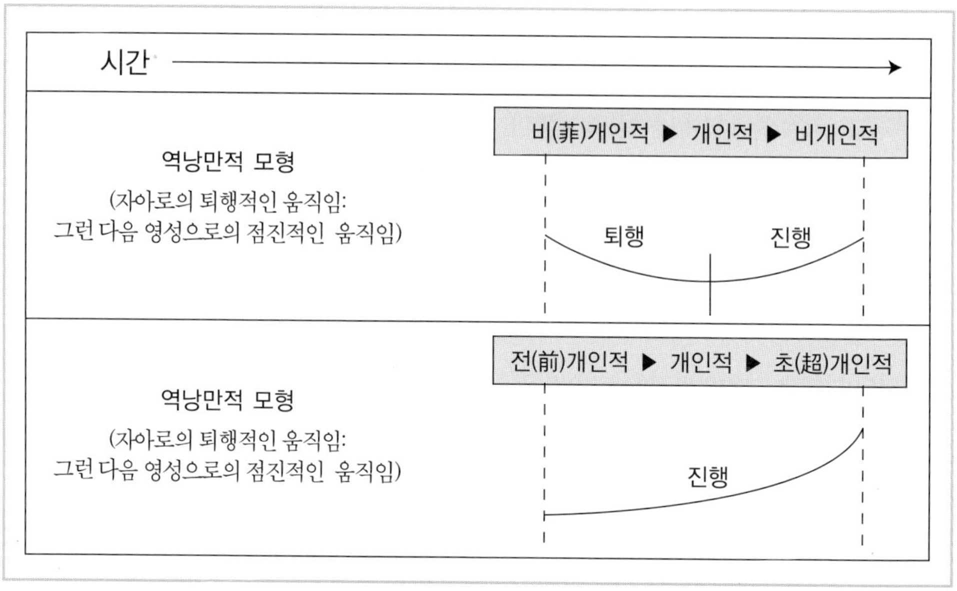

그림 4-1 변형의 2가지 모형

어떤 발달적 과정을 전제로 하는 것이다.

두 번째 가정은 육체적인 탄생은 인류 발달의 가장 낮은 지점을 나타내는 것으로, 이는 모든 차후의 발달 단계들이(자아적과 초자아적 모두) 자연히 선천적으로 진보적이라는 것을 의미하고 있다는 것이다. 그러므로 우리가 취하는 각 단계마다 진화 내에서 다음 단계의 기초가 된다는 것이다. 이는 자아발달은 우리를 영성으로부터 멀어지게 하는 퇴행적인 단계라고 말하는 역낭만주의적 개념과는 뚜렷이 대립하는 관점이다.

세 번째 가정은 우리가 발달의 각 수준을 통해 앞으로 나아갈수록 우리가 대체하는 각 수준마다 다음 수준으로 통합되어야 할 필요가 있다는 것이다(예를 들면, 그렇게 함으로써 한 수준에서 배워진 교훈이나 얻어진 기술 등이 우리가 다음 수준에서 작용할 수 있는 능력의 질을 높여 준다는 것이다). 이는 전개인적 발달이 성격 발달의 기초를 형성하고, 차례로 성격 발달이 초개인적 발달의 기초를 형성한다는 것을 의미한다. 이는 윌버가 '초월-포함'이라고 부르는 변형에 대한 접근법이다.[14]

윌버의 접근법은 전/초 오류의 함정인 전(前)이성적 의식과 초(超)이성적 의식을 융합함으로써 생기는 실수를 피해 간다. 이 실수는 새로 태어난 아기의 순수함과 천진함을, 깨달음을 얻은 달인의 형언할 수 없는 의식과 본질적으로 같은 것으로 보게 되는 것을 말한다. 윌버는 이미 널리 퍼져 있는 그 관점은 말도 되지 않는다고 주장했다. 그는 종종 프로이트를 모든 비(非)

이성적 행동을 전(前)이성적으로 보는 사람으로, 그리고 융은 모든 비(非)이성적 행동을 초(超)이성적으로 보는 사람으로 인용했다.[15]

이러한 주장들은 윌버에게 초월심리학계의 형성적인 사상가로서의 영원한 인정을 얻게 해 줄 정도로 인상적이었지만, 마이클 워시번(Michael Washburn)과 스타니슬라프 그로프(Stanislav Grof) 같은 형성적 사상가들의 생각과는 조화를 이루지 못했기 때문에 논란도 많았다.[16] 이는 윌버가 결국엔 초월심리학계를 떠나게 된 이유 중 하나다(그 외에도 그는 초월심리학이 너무 개념에만 지나치게 초점을 두고 있고 영적 수행 기반은 부족하다고 느끼고 있었다고 그의 책, 『아이 투 아이』(2001)의 3판의 서문에서 이야기했다).[17] 통합 이론과 그 수행에 대한 윌버의 새로운 초점은 그가 『아이 투 아이』의 1983년판에 실었던 에세이들, 즉 그가 20년 전에 발표했던 비전을 성취하기 위해 설계되었다.

변형 대 변화

변형에 대한 윌버의 초점을 살펴보았을 때 그가 단지 피상적인 종류의 변화로부터 진정한 변화를 구별 짓는 관점을 만든 것은 놀라운 일이 아니다. 이 관점은 내가 윌버의 사상을 탐구하던 중 처음 접했던 개념들 중 하나이며, 내가 처음 접한 윌버의 책, 『켄 윌버의 일기』(2000)의 초반부에서 논해졌던 개념이다. 굉장히 읽기 쉬운 섹션에서(pp. 25-33) 윌버는 영적 변형에 대해 피어나는 관심에도 불구하고(특히 뉴에이지 집단에서) 진정한 변형은 드문데, 이는 변형이 의식의 주어진 단계에서 더 높은 단계로 가야 하는 어려운 이동을 포함하고 있기 때문이라고 제시하고 있다. 윌버는 그 차이를 다음과 같이 설명하고 있다.

> 변형과정에서는 자기에게는 단순히 현실에 대해 생각하거나 느끼는 새로운 방식이 주어진다. 그리고 자기에게 새로운 신념이 주어진다. 어쩌면 원자론적 대신 전체론적으로, 탓 대신 용서로, 분석적 대신 상관적으로. 그러면 자기는 분리된 자아의 공포감을 줄이기 위해 최소한 일시적으로라도 이 새로운 신념 또는 새로운 언어, 새로운 패러다임, 아니면 새롭고 매력적인 변형과정 행동의 면에서 세상과 존재를 배운다.
>
> 하지만 변형에서는 변형과정의 과정 자체가 도전받고, 목격되고, 약화되고, 결국엔 해체된다. … 급진적인 변형과 함께 자기 자체는 조사되고, 살펴보게 되고, 철저히 잡혀 버려 말 그대로 목이 졸려 죽게 된다(p. 26).

변형과정적 변화의 예는 삶에 대한 새로운 관점과 다른 사람들과 관계하는 더 나은 방법, 또는 더 만족스러운 종류의 일을 찾는 것이다. 하지만 변형적 변화는 개인의 신념, 특히 자기의 본성에 대한 훨씬 더 급진적인 방향 전환을 포함한다. 윌버는 이렇게 말했다.

> 진정한 변형은 신념의 문제가 아니라 신념을 가진 자의 죽음에 관련된 문제다. 세상을 변화시키는 것의 문제가 아니라 변형시키는 것의 문제다. 위안을 구하는 것의 문제가 아니라 죽음의 또 다른 면에서 무한함을 구하는 것의 문제다(p. 27).

여기서 윌버는 변형과정보다 변형에 더 호의적으로 설명하고 있다. 하지만 변형에 대한 이 강조는 이 둘이 매우 다르다는 메시지를 최대한 강하게 전달하기 위해서일 수 있다. 윌버는 몇 문단 뒤에서 변형과정과 변형 모두 우리의 지속되는 행복을 위해 필수적이라는 것을 인정하고 있다. 변형과정이 변형만큼 깊거나 급진적이거나 충격적이지 않을 수 있지만, 그는 그럼에도 불구하고 변형과정은 사람들이 특히 아직 성숙의 과정에 있을 때(그러므로 삶의 거점을 얻기 위한 개인적 정당성을 필요로 할 때), 자신의 삶에 의미를 찾는 데 도움을 준다는 것을 언급하고 있다. 하지만 그는 이렇게 이어가고 있다. "우리가 성숙 과정의 어느 지점에 다다르면 변형과정은 … 더 이상 위안을 주는 일을 그친다"(p. 27). 그 지점에 도달하는 사람들에게는 오직 진정한 변형이면 충분할 것이다. 왜냐하면 변형과정이 우리에게 사회적 정당성의 느낌을 줄 수 있을지도 모르지만, 그 반면에 오직 변형만이 진정한 진실성을 부여하기 때문이다.[18)]

그렇게 그는 "변형적 영성, 진정한 영성은 그러므로 혁명적이다. 이는 세상을 정당화하지 않고 부순다. 이는 세상을 위로하지 않고 산산조각 낸다. 그리고 이는 자기를 만족하게 만들지 않고 파멸하게 한다"(p. 28)라고 결론지었다.

진정으로 변형적인 경험은 그들 안에, 영성은 변형과정적 종교가 허용하는 것 이상이라는 진리를 '가슴으로부터 소리치고 싶은' 욕망을 불러일으킨다. 윌버는 진실을 목격해야 하는 도덕적 의무에 대해 이야기하고 있다. "연민을 갖고 당당히 말하라. 아니면 분노한 지혜를 갖고 당당히 말하라. 아니면 숙련된 수단으로 당당히 말하라. 당신은 당당히 말해야만 한다"(p. 33).

상태 대 단계

윌버는 변형과 변형과정을 구별하는 것뿐 아니라 의식의 상태와 단계/구조 또한 구별 짓고 있다. 『아이 투 아이』(1983)의 9장을 윌버는 비저가 의식의 '사다리 모형'이라고 부르는 것을 설

명하며 시작하고 있다. 이 모형은

> (1) 누군가가 올라간다 (2) 그 사다리에 있는 칸들을, 그리고 (3) 각 칸으로부터 새로운 관점을 얻는다. 그 사람이 사다리를 올라갈수록 관점은 거듭 바뀌며 확장된다. 올라가는 사람은 개인의 자기(the self) 또는 자기 체계를 나타내며, 사다리의 칸들은 의식의 기본 구조를 나타낸다. 다양한 관점은 변형전이적 또는 대체 단계[이전 단계를 완전히 대체하는 새로운 단계]를 나타낸다.[19)]

이렇듯이 윌버가 영구적(핵심 '자기'를 구성하는 측면)이기도 하고 역동적(바뀌고, 진화하고, 발달하는 측면)이기도 한 의식의 측면에 대한 차이를 설명하는 데 오랜 관심을 가져왔다는 것은 분명하다. 하지만 그 시점에 윌버는 역동성의 차이(예를 들면, 의식의 상태—끊임없이 바뀔 만큼 역동적인)와 발달의 단계(시간이 흐름에 따라 바뀌지만 매순간이 아닌 시간의 차이)보다는 정신의 안정적 · 역동적 측면 간의 차이를 살펴보는 데 더 초점을 두고 있었다.

의식의 상태의 예는 깨어남, 렘(REM) 수면, 깊은 수면이다. 발달의 선의 예는 피아제의 인지발달 모형 또는 윌버의 전(前)이성적-이성적-초(超)이성적 척도다. 이들은 분명한 각 단계가 특징인 수직적 척도다. 상태는 모두가 접근 가능하며 본래 일시적이다. 하지만 단계는 분명한(그리고 단방향의) 순서로 전개되며 본래 더 안정적이다([그림 4-2]).

더 헷갈릴 수 있는 부분은 사람들은 의식의 보통 상태뿐 아니라 확장된 의식의 상태를 경험할 수 있다는 것인데, 이는 초능력에서부터 임사체험, 절정 체험의 최고조(득도 또는 깨달음 같은)까지의 범위에 이를 수 있다. 이런 경험들은 종종 영적 수행(명상, 기도, 호흡훈련 등)에 관련된 사람들에게 다소 더 잘 일어날 것 같지만 때로는 완전히 갑자기 일어날 수도 있다. 그렇기에 윌버는 이것들은 누구에게나 가능한 일이라고 말하며, 켄 윌버의 『통합 비전(The Integral Vision)』(2007)에서 "당신은 성장의 거의 모든 수준이나 단계에 이를 수 있으며, 심오하고 진정한 종교적 경험, 절정 경험 또는 변이된 상태를 경험할 수 있다"(p. 139)고 언급하고 있다.

그렇지만 윌버에 따르면 이러한 상태들이 어떻게 해석될는지는 다양한 선상(지적, 윤리적, 감정적, 영적) 위에 있는 우리의 발달 단계에 달려 있다. 당연히 더 발달된 사람은 자신의 경험에 대해 덜 발달된 사람과는 꽤 다른 해석을 할 것이다. 상태와 단계 간의 구별은 우리로 하여금 변형의 본질과 진화한다는 것의 의미에 대해 더 깊게 생각해 볼 수 있게 도와준다.

물론 상태와 단계를 구별 짓는 생각은 완전히 새로운 것은 아니다. 수피교 전통에서는 선생들이 상태(haal)와 영역(maqam) 간의 차이에 대해 이야기한다.[20)] 선불교에서는 학생들은 종종

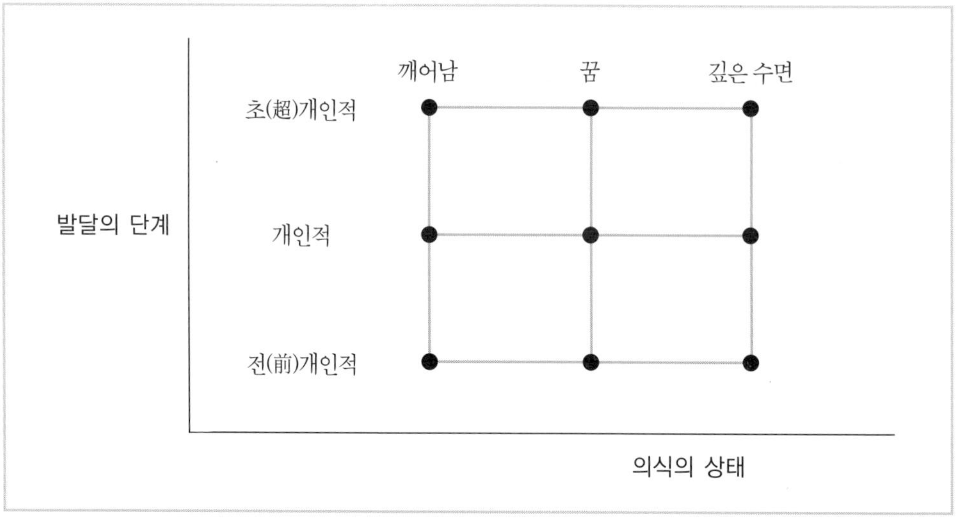

그림 4-2 상태 대 단계

덧없는 변이된 의식의 상태에 관심을 갖게 되는 것으로부터 삼가도록 권고 받는다. 소승불교 선생인 잭 콘필드(Jack Kornfield)는 그의 저서 『마음의 숲을 거닐다(A Path With Heart)』(1993)에서 모든 상태는 일시적이라고 지적하고 있다. 이는 그가 사람들로 하여금 자기의 본질로의 지속되는 통찰을 얻도록 도와주는 수행에 더 관심을 가지는 이유다(p. 143). 그리고 '상태 대 단계' 주제는 마리아나 카플란(Marianna Caplan)의 저서 *Halfway Up the Mountain*(1999)에 여러 차례 나오는데, 이 책에서는 그녀가 인터뷰한 여러 명의 영적 선생들이 초자연적 능력 또는 순간적인 열정현상은 영적 여정과는 거의 관련이 없다고 말하고 있다.[21)]

상태와 단계가 다르다는 관점은 너무 강조될 수도 없는데, 이는 우리가 전통적으로 직접적인 영적 경험에 대한 지지와 지원이 매우 적어 왔던 문화에 살기 때문이다. 오히려 그 반대였다. 삶의 신비적 차원에 관심이 있었던 사람들은 그 관심을 추구하는 것에 대해—때로는 강제로—반대에 처하면서 단념해 왔다. 카플란이 지적했듯이 "서구 사회가 영적 교육을 제공할 수 없는 이유는 이 사회가 문화적 모체—시간이 흐름에 따라 창조되고 유지되는 문화 속의 배경 그 자체—가 부족하기 때문이다"(p. 18).

따라서 우리는 더 이상 일부 사람들의 더 높은 의식을 경험하고 싶어 하는 갈망 때문에 그들을 화형에 처하지는 않지만 그것에 대해 많은 지원을 해 주지도 않는다. 과학의 평원적 환원주의와 대부분의 변형적 사상과 수행을 거듭 잃어 온 서양의 종교적 전통 사이에서 서양인들은 영적 영감을 위해 동양으로 눈을 돌리지 않은 채 더 높은 의식으로 향하는 길을 찾는 게 어렵다.[22)]

윌버는 주로 과학적인 기준들을 사용해 내적 경험에 대해 비판하는 것은 정당하지 않다고 주장하면서 서양 환원주의의 주도권에 도전했다. 그런 경험들은 그 경험에 적합한 방법론들을 사용해 평가되어야만 한다는 것이다.[23] 하지만 영적 경험들이 진짜라는 것을 증명하기 위한 이 싸움이 여전히 지속되고 있다는 사실은 영적 발달이 진정으로 무엇을 수반하고 있는지에 대해 미묘한 분별력이라도 발달시키는 것이 서양인들에게 있어서는 매우 어려울 수 있다는 것을 설명해 준다.

단계의 본성에 관한 마지막 요점은 이것이다. 윌버는 구조적 변화를 생성하는 단계에 대해 논할 때, 발달의 각 단계는 정신의 실제 재구성을 포함한다는 것을 강조하기 위해 구조(또는 구조–단계)라는 단어를 종종 사용했다. 이것이 변형은 근본적으로 단일방향 과정인 이유다. 왜냐하면 우리가 각 새로운 단계 또는 하위 단계에서 얻는 새로운 세계관은 쉽게 사라지지 않는 실제 구조의 발달에 기초하기 때문이다. 그리고 이러한 것들이 구조–단계를 상태보다 훨씬 더 안정적으로, 더 영향력 있게 만들어 주는 것이다.[24]

발달의 다중선

지난 20년간 윌버의 연구 전반에 흘러온 주제는 인간의 진화는 단선적인 것이 아니라 발달의 여러 선을 포함한다는 것이다. 예를 들면, 영적 · 인지적 · 감정적 · 도덕적 선들 등([그림 4–3])이 그것이다. 우리가 다양한 발달의 선에서 다양한 정도로 진화한다는 관점은 우리가 진화 내의 어떤 지점에서든 어떤 선에서는 높고, 다른 선에서는 낮고, 또 다른 선에서는 중간이 될 수 있다는 것을 의미한다.

우리를 개개인으로 만드는 요소들 중 하나는 어떤 사람들이라도 정확히 같은 방식으로 발달하지 않는다는 것이다. 우리는 우리의 발달이 너무 한쪽으로 치우치지 않게 되도록 다양한 선에서 균일하게 진보해 나간다는 개념을 마음으로는 좋아할 수도 있다. 하지만 발달은 기계적인 과정이 아니기 때문에 개인의 발달 상태가 '균형적'이라고 불릴 수 있는지의 정도를 판단할 수 있는 보편적인 기준을 제시하는 것은 힘들다.

한창 피어오르기 시작하는 모차르트가 어린 나이에 그의 음악적 열정을 추구하는 것이 그가 그의 다른 발달 선들에는 훨씬 덜 집중할 수도 있다는 것을 의미한다 해도 그렇게 하는 것이 허용되어도 될까? 우리는 그저 자신의 강한 면만이 아닌(만약 강한 면만이라면 어느 정도까지 해야 할까?) 약한 면과 강한 면 모두를 성장시키기 위해 어느 정도까지 우리 자신을 밀어붙여야 할까? 이러한 질문들은 우리가 다양한 선을 가진 발달에 대해 생각하기 시작할 때 일어나는 것들

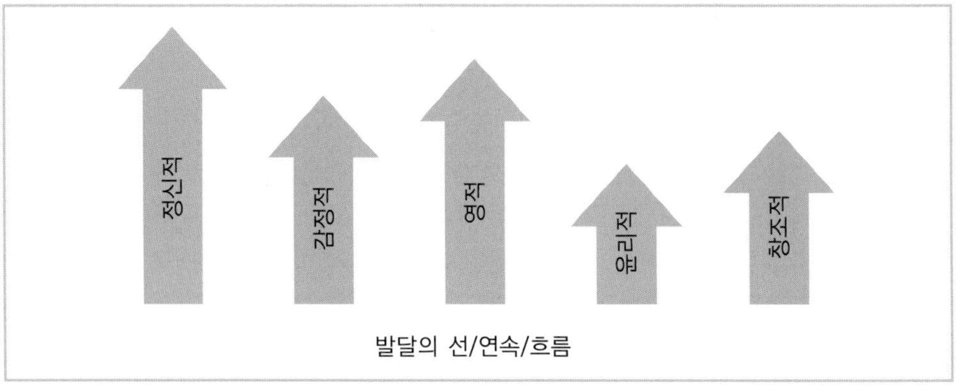

그림 4-3 발달의 다중선

이다.

윌버의 연구와 저서들에는 선과 수준에 대한 논의들이 등장한다. 예를 들면, 『아이 투 아이』(1983)에서 윌버는 발달의 3가지 주요 선[에이브러햄 매슬로(Abraham Maslow), 로에빙거(Jane Loevinger), 콜버그(Lawrence Kohlberg)]에 쓰였던 수준들 간의 유사점에 대해 논하였다. *SES*의 214~215 페이지에서 그는 발달의 흐름 또는 연속에 대해 이야기하며, 이들은 서로 상대적으로 독립적이라고 언급했다. (때때로 윌버는 발달의 선을 흐름 또는 연속이라고 부르는데, 이는 이들이 본래 전적으로 선으로 되어 있다는 생각으로부터 벗어나기 위해서다.) 하지만 발달 선에 대한 그의 가장 광범위한 논의는 켄 윌버의 『통합심리학(Integral Psychology)』(2000)에서 다뤄졌는데, 여기서 그는 계층적 발달의 본성에 대해 논했을 뿐 아니라 책의 말미에서 100개가 넘는 발달 선(과 그것들의 수준들도 함께)의 목록들도 다루었다.

AQAL = '모든 수준의 사분면' 모형

1990년대 초기에 윌버는 현실의 다양한 수준을 상정하고 발달의 다양한 선과 각 선의 다양한 단계를 포함하는 인간 진화에 대한 이론을 개발했다. 또한 그는 자아/성격의 발달은 영성으로부터의 멀어짐을 나타낸다는 개념을 거부하는 탄탄한 논리를 개발했다. 하지만 그 시점에서도 그는 여전히 본질적으로 수직 지향적인 모형으로 연구하고 있었다. 삶의 수평적 차원에 대한 강조는 거의 또는 전혀 없었다.

하지만 곧 윌버는 인간 의식에 대한 어떤 모형도 수직적 변형에만 집중해서는 안 되고, 수평적 조망 수용도 필요하다는 것을 깨닫기 시작했다. 그가 필요로 했던 것은 우리가 세상에서 취할 수 있는 네 종류의 관점을 구별하는 방식이었다. (a) 개인적 대 집단적, (b) 객관적 대 주관적 방식이 그것이다. 윌버는 이 상황을 개선하기 위해 AQAL 모형을 개발했는데, 이 모형은 그의 이론의 수평적 차원과 수직적 차원을 하나의 통합된 독립체로 합치려는 그의 초기의 시도를 대표하는 것이라 할 수 있다.

AQAL이 우리로 하여금 모든 사분면 관점은 발달의 모든 수준에서 존재한다는 사실에 관심이 가게 하지만, 실질적인 관점으로 봤을 때 AQAL은 4가지 수평적 관점을 구별하는 데 가장 자주 쓰인다.

- 주관적–개인적 (개인적 = '나')
- 주관적–집단적 (문화적 = '우리')
- 객관적–개인적 (과학적 = '그것')
- 객관적–집단적 (체계 이론 = '그것들')

이렇듯이 AQAL은 우리에게 단지 하나의 관점 대신(특히 평원적 실증주의의 옹호자들에 의해 발달된 하나의 관점 대신) 4개의 독특하고 다양한 관점으로 세상을 바라볼 수 있는 능력을 촉진시켜 주는 도구를 제공한다. AQAL은 또한 삶의 3가지 넓은 영역의 면에서 세상을 개념화는 것에 분리되어 있지만 관련된 접근법의 기초로 쓰일 수 있다. 이 3가지 영역은 윤리, 과학, 예술이다. 이 영역들은 윌버가 '3대' 가치 영역이라고 부른다(또한 철학자들에게는 역사적으로 진, 선, 미라고 알려져 있다).[25)]

[그림 4–4]는 3가지 가치 영역이 AQAL의 4가지 관점 위에 어떻게 연결되는지를 보여 주고 있다.

- 윤리는 주관적–집단적 분면에 연결될 수 있다(왜냐하면 둘 모두 문화적 기준과 가치에 초점을 두었기 때문이다).
- 예술은 주관적–개인적 분면에 연결될 수 있는데, 이는 이상적으로 말하자면 '아름다움은 그것을 보는 사람의 눈에 달려 있기' 때문이다(예, 우리에게 매력적으로 느껴지는 것은 개인의 기호에 달려 있는 것이다).
- 과학은 2가지 객관적 분면(AQAL 모형의 오른쪽에 있는 분면들) 모두에 연결될 수 있는데, 과학 영역은 개인적 변인과 체계 모두에 대해 객관적으로 입증할 수 있는 것에 초점을 맞추기 때문이다.[26)]

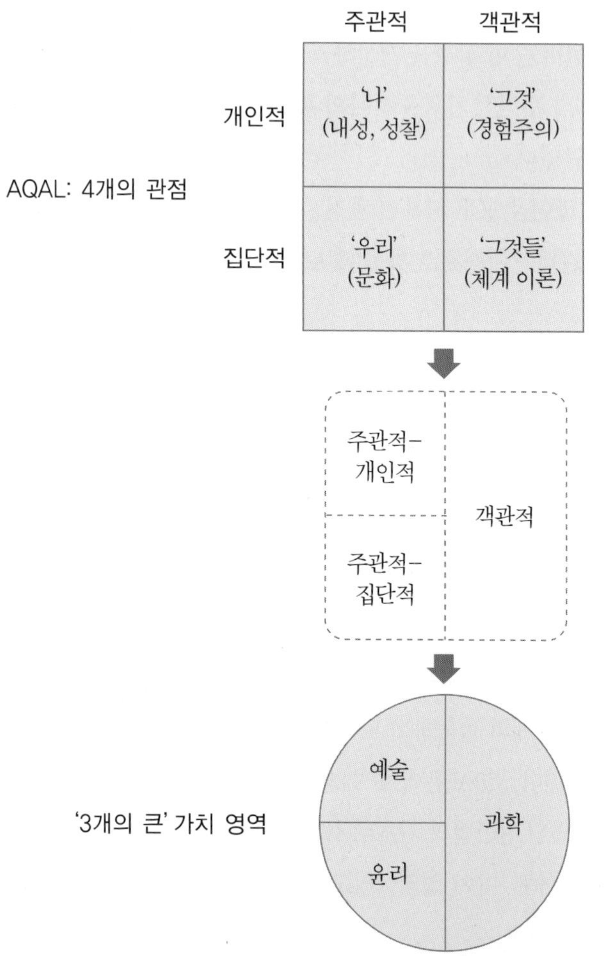

그림 4-4 AQAL 사분면과 3개의 큰 가치 영역 간의 유사점

'3개의 큰(Big Three)' 접근법은 윌버에게 AQAL을 단순화할 수 있는 방법을 제공해 주었다(이는 덜 전문가적인 독자들을 위한 책이었던 감각과 영혼의 만남에서 특히 도움이 되었다). 또한 이 접근법은 그에게 철학과 AQAL 사이의 간극을 메워 줄 수 있는 방법을 제공해 줌으로써 AQAL을 인간의 경험의 본성을 분류하는 이미 익숙한 방식의 연장선으로 정당화할 수 있었다.

유형

'유형'의 범주는 윌버가 그의 IOS에 추가한 것들 중 가장 최근의 것이다. AQAL과 3개의 큰 범주처럼 이는 의식을 수평적 측면에서 탐구하기 위한 접근법으로 유용하다. 예를 들면, 기질 내의 차이가 어떻게 우리의 가치, 습관적 행동, 개인의 기호에 영향을 미치는지를 살펴보는 데 있어 유용하다. 윌버는 *Integral Spirituality*(2006)에서 유형을 "거의 모든 단계 또는 상태에서 현존할 수 있는 항목"으로 정의했다(p. 11). 이렇게 유난히 포괄적인 정의는 엄청나게 유익하지는 않은데, 이 정의는 우리에게 유형 범주에 대한 정확한 본성에 대해(특히 무엇이 이 범주를 윌버의 AQAL 사분면과 구별지어 주는가에 대해) 많은 것을 말해 주지 않기 때문이다. 아마 '유형'에 대해 이렇게 간단하게 다룬 것은 '유형'이 그의 이론에 늦게 추가되었고 아직 완전히 발달되기 않았기 때문일 것이다. 아마 이는 윌버 이론의 다른 부분들보다 개개인의 차이에 대해서는 덜 관심을 가져서 '유형'은 간단히 이해만 하고 넘어가기 때문일 것이다. 그 이유가 어찌됐든 '유형' 범주에 주어진 예시들—성별, MBTI의 16가지 유형, 그리고 9가지 에니어그램 유형—은 최소한 우리에게 '유형'은 사람들을 개개인으로 만드는 의미 있는 변수(타고나고 굉장히 안정적이며 영향력이 있는 경향을 띄는 종류의 변수)를 나타내야만 한다는 것을 볼 수 있도록 해 준다.[27]

IOS의 5가지 요소

윌버가 때로는 AQAL을 IOS와 막연히 동일시하기도 하였지만,[28] 그는 통합적 연구에 진정으로 포괄적인 뼈대를 제공할 수 있도록 그의 모형을 형식화하려는 시도를 갈수록 더 많이 해 왔다. 그래서 그가 통합적 체계에 대해 이야기해 온 것도 1990년대 중반부터이지만(*SES*에서 AQAL을 소개한 후), 이 체계를 굉장히 형식화된 방식으로 처음 발표한 것은 *Integral Spirituality* (2006)에서였다. 여기서 그는 이 체계의 5가지 요소를 나열했다.

- 사분면(관점)
- 발달의 선
- 발달의 단계(또는 수준)
- 의식 상태
- 유형

그는 "IOS는 진정으로 필수적인 모든 항목을 다 다룰 수 있는 가장 단순한 모형이다"라고 얘기했다(p. 26). 그는 이 체계가 어떻게 의학, 사업, 영성, 또는 생태계의 영역까지에도 더 통합적인 접근법을 창조하는 데 쓰일 수 있는지에 대한 예시를 들며 말을 이어가고 있다. 그의 가장 최근 저서인 *Integral Life Practice*(2010)에서 그와 3명의 공저자들은 삶에 대해 더 통합지향적인 접근법을 촉진시키기 위해 설계된 구체적인 활동들을 제공하고 있다.

윌버의 가장 큰 강점은 강력하면서도 체계적인 방식으로 인간의 진화에 관한 정보를 모으고 분석해서 통합하는 능력에 있는 것으로 보인다. 그의 IOS는 인상적일 만큼 포괄적이며 비(非)통합적 모형의 한계가 점점 명확해질 때 통합에 대한 그의 강조는 두드러진다. 하지만 계속해서 지켜봐야 할 것은 그의 구조적, 개념적 분석 능력이 그(와 통합연구회의 동료들)로 하여금 변형이 실제로 일어나는 과정을 더 깊이 탐구하고 이를 설명하는 것을 어느 정도까지 가능하게 할지의 여부다. 이러한 것들이 에니어그램에 대한 지식이 도움이 될 수 있다는 것을 증명해 주는 부분인데, 우리는 이를 PART Ⅱ와 Ⅲ에서 보게 될 것이다.

미주

1) 윌버는 그의 연구에서 5개의 주요 시기(단계)를 거쳐 왔다. 그에 대한 개요를 보고 싶다면, 9장의 주석 13번을 참조하라.

2) '아-콸'로 발음된다.

3) 윌버는 *SES*의 두 번째 판의 서문에서의 그의 격론적인 말투에 대해 논하는데, 이 서문에서 그는 문화 연구 분야에서 논쟁을 일으키기 위해 일부러 *SES*에서 도발적인 접근법을 취했다고 설명한다. 그는 이러한 날카로운 분석적인 도화선을 통해 이익을 얻을 수 있다고 생각했다. 그 이후로 윌버의 글들은 대부분 1990년대 이전보다 그를 더 논란이 많은 인물로 만들어 준 충분한 날카로움을 유지했다.

하지만 사상가가 자신의 사상을 더 명확히 할수록(최소한 자신의 입장을 확고히 할수록) 자신의 사상을 곡해한다고 여겨지는 사람들로부터 오는 주장을 다루는 것을 참을 수 없어 하는 것은 흔한 일이다. 그리고 정말로 윌버는 특히 지난 5~6년 동안 이런 입장을 갈수록 더 취해 왔다. 윌버가 2006년에 자신의 블로그에 게재한 가장 현저히 논란적인 글인 'Wyatt Earp'를 살펴보라(www.kenwilber.com/blog/show/46; [2012-07-01에 인용됨]).

4) 윌버가 *SES*를 언급할 때 간단 명료하게 말했듯이 "이 책은 홀론에 관한 책이다"(p. 4).

5) 윌버의 20가지 원칙을 포함하여 홀론의 특성에 대한 완전한 설명을 보려면 *SES*의 1장과 2장을 살펴보라. 이 원칙들에 대한 더 간단한 논의를 보려면 다양한 온라인 자료를 찾아보라(예, www.esalenctr.org/display/confpage.cfm?confid=10&pageid=113&pgtype=1; [2011-06-15에 인용됨]).

6) 이는 윌버의 책 SES의 12장의 제목이다.

7) 이 인용문은 살짝 순서가 뒤바뀌어 있기는 하지만 구문의 본래 의미는 보존하고 있다.

8) 2장에서 논의된 이유들 때문에 윌버는 홀론의 아래로 향하는 움직임을 처음에는 자기소멸이라고 불렀다가 나중에는 자기 내재(아래로 향하는 움직임의 반-병리화된 형태)로 바꿔 불렀다. 자기 내재에 대한 긴 논의를 보려면 9장을 살펴보라.

9) 2장에서 논의했듯이 내가 부분과 전체를 오로지 수직적 축의 측면에서만 얘기하는 케스틀러의 접근법을 취하는 이유는 (a) 이 접근법은 특정한 이론적 문제를 피하며, (b) 홀론 이론을 이토록 유용하게 만드는 것이 무엇인지로

우리의 관심을 집중시키기 때문이다. 즉, 우리가 평원과 영 사이의 간격을 이을 수 있도록 도와주는 홀론 이론의 능력에 우리의 이목을 집중시키기 때문이다.

10) 나는 작용주체와 공동체 사이에는 절충이 필요 없다는 입장을 취한다. 즉, 균형 잡힌 관계, 가족, 혹은 문화 속에서는 더 큰 작용주체가 실제로 더 큰 공동체를 만들어 낼 수 있으며 그 반대이기도 하다는 입장을 취한다. 12장에서 이에 대한 논의를 살펴보라.

11) *The Eye of Spirit*(2001), p. 141에서 윌버의 논의를 살펴보라.

12) *Ken Wilber: Thought as Passion*(2003), p. 68. 윌버가 변형의 본성에 대해 취한 처음의 입장에서 전/초 오류의 통찰을 통합하는 완전히 다른 입장으로의 이동에 대한 상세한 설명을 보려면 이 책의 3장과 4장을 살펴보라.

13) '전/초 오류'의 수정판을 보려면 『아이 투 아이』(1983)를 살펴보라.

14) 윌버의 초월-포함 접근법은 이전 수준과의 모든 연결을 끊음으로써 다음 수준으로 진보하는 개념인 초월하고 배제하는 접근법의 전통적인(그리고 금욕적인) 이상을 넘어선 발전이다. 윌버는 우리가 수준을 끊음으로써가 아니라 배타적으로 그 수준의 세계관과 동일시하는 것을 멈춤으로써 그 수준을 초월한다고 언급했다. 앤드류 코헨과 윌버가 이 주제에 대해 서로 나눈 계몽적인 논의를 보려면 www.enlightennext.org/magazine/j27/gurupandit.asp?page=1; [2012-04-15에 인용됨]을 살펴보라.

15) 윌버가 융 심리학(분석심리학)은 역낭만적인 것으로(모든 비이성적 상태는 영적인 것이라는 신념에 사로잡히며), 프로이트 심리학(정신분석학)은 그와 반대의 것으로(모든 비이성적 상태는 신경성이라는 신념에 사로잡히며) 묘사한 것에 관해 얘기해 보자면, 이러한 묘사는 전/초 오류를 설명하는 재빠르고 직관적인 방식을 제공해 주기는 하지만 내가 보기엔 과하게 단순화된 것이라고 여겨지는 관점을 의미하기도 한다. 특히 융 심리학에 대해 그렇게 느껴지는데, 왜냐하면 융은 구분되지 않은('원초적인') 상태와 굉장히 구분된 상태 간의 구별을 분명히 해 놓았기 때문이다. 윌버의 관점에서 보는 융 심리학의 진짜 문제는 아마도 융은 전이성을 윌버가 낭만화된 것으로 여기는 방식으로 논한다는 점에 있을 수 있다. 왜냐하면 이 방식은 신화와 전설의 가치를 확언하기 때문이다(이는 윌버가 딱히 관련하여 다루지 않은 접근법이다).

나는 프로이트에 대한 윌버의 관점에 대해서는 동의하지만, 융을 역낭만적으로 보지는 않는다. 왜냐하면 그는 원시주의(프리미티비즘)를 그 자체로 절대 낭만화하지 않았기 때문이다(융의 영적 자서전인 *Memories, Dreams, and Reflections*(1989)의 색인에서 '원시적[원초적], 심리학[primitives, psychology of]' 부분에 융이 원시적(원초적) 심리학에 대해 한 언급을 살펴보라).

융이 낭만적 관점을 수용하는 것 대신 한 것은 우리가 '원시적(원초적)인 일체감'으로부터 멀어지게 되는 과정을 "정신을 그 정신 자체의 영역 속에서 격리하는 것"의 결과로 말하는 것이었다(*The Portable Jung*(1971)의 13장을 살펴보라). 이는 윌버의 '초월-포함' 접근법과 명확히 일치하는 입장이다. 또한 융은 윌버처럼 성격 발달의 충실한 지지자로, 그는 성격 발달을 우리 삶의 목적 성취를 위해 필수적인 것으로 보았다(1장을 참조하라). 융이 역낭만주의자가 아닌 이유에 대한 주장을 보려면 레이 해리스(Ray Harris)의 'Re-visioning Individuation: Bringing Jung into the Integral Fold'을 www.integralworld.net/harris2.html(2012-06-08에 인용됨)에서 참조하라.

16) 그로프와 워시번의 연구에 대한 비평을 보려면(이들의 연구는 진화의 역낭만적 관점을 포함한다는 것을 기반으로 한다) 『아이 투 아이』(2001)의 6장과 7장을 살펴보라.

17) *A Sociable God*(1983/2005)의 새로운 도입 부분의 50-51페이지에서 주석 11을 살펴보라. 여기서는 윌버가 초월 심리학의 '종말'이라고 칭하는 것에 대한 그의 많은 온라인 논의를 나열해 놓았다.

18) 윌버가 변화에 대해 한 부정적인 언급의 진짜 대상은 더 깊은 변형을 조장하도록 설계된 관행과 철학이 부족한 신념 기반의(예, 전근대적인) 종교적인 전통의 일종인 듯하다. 비록 윌버는 이렇듯 대부분이 기독교적인 문화에서 자신이 이에 대해 기독교를 대상으로 하는 것처럼 보이고 싶어 하지 않았기 때문에 이 주제에 그를 붙잡아 두는 것이 어려울 수 있다. 그렇지만 *Integral Spirituality*의 9장에서 그가 한 언급은 어떠한 철학이나 믿음 체계, 종교에서도 변형적 관행보다 변화적 신념을 강하게 선호하는 그의 입장에 대해 의심할 여지를 남기지 않고 있다.

19) *Ken Wilber: Thought as Passion*, p. 122.

20) 위키피디아는 상태와 영역을 이렇게 구별 짓는다. "maqam은 개인의 영적 영역 또는 발달 수준이다. 이는 개인의 haal 또는 의식 상태와는 완전히 다른 개념이다. maqam은 자신을 변형시키려는 개인의 노력의 결과로 여겨지는 반면, haal은 타고난 재능이다"(www:/en.wikipedia.org/wiki/Sufi philosophy). *The Intelligent Enneagram*(1996)에서 영역을 언급하면서 블레이크는 "자리를 잡는다는 의미는 더 높은 세계에서 견디는 것이 가능해진다는 것을 뜻한다"라고 말했다(p. 138). 더 높은 세계에서 견디는 것은 쉽지 않다. 왜냐하면 이러한 세계는 물질세계보다 훨씬 더 서로 연결되어 있고, 더 높은 주파수의 에너지를 견디기 어려울 수 있기 때문이다.

21) 영적 상태 대 영적 단계에 대한 논의를 알아보려면 *Halfway Up the Mountain*(1999)에서 특히 5장과 6장을 살펴보라.

22) 밀교 철학자인 다이온 포춘은 *Sane Occultism & Practical Occultism in Everyday Life*(1987)에서 우리는 밀교적 작업에 필수적인 문화적 모체를 지닌 반면("이는 신비주의자들과 연금술사들을 통해 전해진다" p. 101), 서구 사회는 이러한 문화적 모체에 대해 조심스럽고 숨기려 한다. 이는 서양 사람들이, 특히 신지론자들이 영적 지혜를 위해 동양 문화를 고려하기 시작한 이유다. 다이온은 서구의 밀교적 철학을 옹호한다는 점에 있어서 다소 예외적이다(그녀의 책인 『미스티컬 카발라(The Mystical Qabalah)』(2000)는 이 주제의 고전으로 여겨진다).

23) 앎의 타당한 방법론이 우리가 연구하는 영역에 따라 어떻게 달라지는지에 대한 논의를 보려면 『감각과 영혼의 만남(The Marriage of Sense and Soul)』(1998)의 11장을 살펴보라.

24) 거의 모든 신경 활동이 뇌의 활동 경로를 점진적으로 추적하는 것을 수반한다는 사실을 보여 주는 최근의 뇌 연구 결과들을 보면, 단계는 구조적 변화를 수반하지 않는다는 점을 기반으로 단계와 구조-단계를 구별 짓는 개념은 보기보다 더 어려울 수 있다. 이 관점에서 보면 우리는 무언가를 할 때마다 일종의 구조적 변화를 만들어 낸다. 그 변화의 규모가 작은 것이든 혹은 일시적인 것이든 말이다. 이렇듯 진짜 구분은 일시적인 구조와 안정적/습관적 구조 사이에 있는 것으로 보인다. 신경가소성, 정신을 다시 프로그램 하는 것, 명상이 뇌에 미치는 효과 등에 대한 정보를 좀 더 알아보려면 노먼 도이지(Norman Doidge)의 *The Brain That Changes Itself*(2007)나 샤론 베글리(Sharon Begley)의 *Train Your Mind, Change Your Brain*(2007)을 살펴보라.

25) 나는 AQAL 관점을 이 개념이 일반적으로 쓰이는 정의에 따라 본래 세계관으로 논했었다(일반적으로 세계관은 보통 견해나 관점의 차이를 말한다. 이에 대한 예시를 보려면 에니어그램 이론가인 A. G. E. 블레이크가 '세계관'을 사용한 모습의 인용구를 이 책의 11장 시작 부분에서 참조하라). 하지만 나는 이후에 윌버가 이 용어를 수평적 위치(수준)에서의 기능보다는 좀 더 수직적 위치에서의 기능인 관점 차이를 설명하는 데 사용하는 경향을 보이는 점을 보게 되었다. 세계관에 대한 윌버의 접근법에 대한 논의를 보려면 *SES*의 4장이나 켄 윌버의 『모든 것의 이론(A Theory of Everything)』(2000)의 109-110 페이지를 살펴보라. 이러한 측면을 나의 관점에 더해 준 엘리아(Alia Zara Aurami-Sou) 목사님께 감사의 말씀을 드리고 싶다.

26) 객관성이 한계를 갖고 있다는 것은 당연히 주장될 수 있는 점이다(예를 들면, 우리가 '객관적으로 사실'이라고

여기는 것이 반드시 더 객관적이거나 더 사실이지만은 않은 것이다). 이는 과학이 앎의 접근법으로서 예술이나 윤리 분야보다 선천적으로 우세하다고 할 수 없는 이유다.

27) 나는 뒤에 나올 10장에서 윌버의 '유형' 범주와 '사분면' 범주 간의 유사점이 어쩌면 이 두 범주를 하나의 범주로 결합되도록 만들 수 있다는 점을 입증할 것이다.

28) 윌버가 AQAL과 IOS를 동일시하는 것에 대한 한 예를 보려면 http://wilber.shambhala.com/html/books/kosmos/excerptB/part3.cfm; [2012-06-10에 인용됨]에서 이에 대한 그의 논의를 살펴보라.

Part 2

변형적 에니어그램

에니어그램은 많은 차원을 가진 **심오한 체계다.** 어쩌면 에니어그램은 성격을 결정하는 도구로 가장 쉽게 이해되고 있지만, 이 체계의 겉으로 보기에 간단해 보이는 기하학적 구조는 수많은 목적으로 사용될 수 있는 이 복잡한 체계를 착각하게 만든다. 에니어그램은 엄청난 변형적 잠재력을 가지고 있지만 이 잠재력은 우리가 이 체계를 어떻게 보느냐에 따라, 그리고 내면 작업에 있어서 인간 성격이 하는 역할을 우리가 어떻게 보느냐에 따라 축소되거나 확장된다.

에니어그램의 잠재력은 우리가 그 관점들을 역낭만적 관점으로부터 구상하는 범위로 제한된다. 내적 발달을 방해하는 성격 고착으로(5장), 우리가 더 넓은 관점에서 에니어그램을 구상할 때 그 잠재력은 확장한다. 변환의 9가지 단계를 설명하는 체계로서(6장) 9가지 에니어그램 성격 유형에 연결될 수 있는 것(7장), 이러한 관점을 도입하는 것은 우리가 성격과 변형 사이의 관련성을 보게 할 뿐만 아니라 통합된 'one enneagram' 모형을 개발하게 한다(8장).

5 역낭만적 에니어그램

자아는 소외와 손실의 극단적인 지점이 아니라 근원(Source)으로 다시 돌아가는 중간 지점이다. 자아는 본질(Essence)의 주요 손실이 아니라 본질의 주요 증가다.

–켄 윌버, *The Eye of Spirit*(p. 374)

우리가 지구에 구현된 존재로 여기에 있는 이유는 자아를 발달시키기 위함이며, 이 … 영혼의 측면은 … 우리의 의도와 의지의 힘의 원천이며, 뿐만 아니라 우리의 창조성이다.

–헤일 마쿠아 카후나(Hale Makua Kahuna), *The Bowl of Light*(p. 59)

우리의 가장 깊은 두려움은 우리가 가진 부족함이 아니라 우리가 믿을 수 없을 정도로 강력한 것이다.

–메리엔 윌리엄슨(Marianne Williamson)

런던에 살고 있을 때인 10년 전쯤, 나는 친구에 의해 내가 에니어그램과 관련된 영적 스승이라고 알고 있는 알마스/하미드 알리(A. H. Almaas/Hameed Ali)[1)]의 강연에 초대되었다. 그가 마침 새로운 책인 『내면으로의 여행(The Inner Journey Home)』(2004)을 완성했기 때문에 나는 그의 강연을 듣는 것에 관심이 있었다.

나와 나의 친구가 처음 강당에 앉았을 때 내 옆에 빈자리 하나가 있었다. 장소가 점점 더 찼지만 아무도 그 자리에 앉으려 하지 않았다. 강연이 시작되기 직전에 존재감이 느껴지는 덕망 있어 보이는 신사가 앉았다. 나는 그가 누구인지 궁금해할 수밖에 없었다.

그렇지만 난 결국 그가 누구인지 알지 못했다.

하지만 질의응답시간에 이 신사는 손을 들었다. 알마스는 그에게 질문하게 했다. 그는 "전 켄 윌버로부터 수학한 사람입니다"라고 알린 후, 하나의 질문을 제기하기 위하여 나왔다. 그는 알마스가 윌버가 알마스의 정신-영적인 접근에 대해 쓴 11장짜리 해설에 대해 어떻게 생각하는지 궁금해했다.

알마스는 그 자리에서 대답하려 하지 않았다. 대신 그는 그가 완전히 윌버의 문제를 해결했다는 것으로 자신의 새 책에 그 질문자를 언급했다. 내가 윌버의 *The Eye of Spirit*(2001)에 대한 비평을 보았을 때, 나는 이것이 그가 알마스의 다이아몬드 접근(윌버가 인간의 변형에 대한 진보적인 접근과 일치하지 않다고 보는 발상)[2]에서 특정한 역낭만적 발상과 관련이 되어 있다는 것을 발견했다.

나는 이 비평이 사전/초월 착오와 역낭만주의를 설명하는 데 있어서 드물게 훌륭한 글이라는 것을 발견했다. 나는 다음에 설명된 이유들로 알마스의 반응이 다소 설득력이 떨어진다는 것을 발견했다.

4장에서 우리는 역낭만주의에 대해 간단히 살펴보았다. 이번 장에서 우리는 윌버의 해설을 우리를 안내하는 것으로 사용하여 더 깊이 살펴볼 것이다. 특히 초점은 에니어그램 사회에서 역낭만주의에 의해 역사적으로 결정적인 역할을 하는 데 맞춰져 있다. 이것이 유형이 보이는 방식에 어떻게 영향을 미치는지에 대해, 그리고 에니어그램이 어떻게 교육되었는지에 대해 알아볼 것이다. 그러나 먼저 우리는 역낭만주의의 본질과 이것이 어떻게 영향력을 끼치는지에 대해 좀 더 깊이 살펴볼 것이다.

역낭만주의는 무엇인가

역낭만주의는 신념에 대한 윌버의 용어로서 우리가 위대한 영과 목가적인 일체감의 상태로 우리의 삶을 시작하는 것이다. 이 일체감은 곧 자아, 성격 또는 이성으로 다양하게 관련되는 구분화된 구조의 발달로 인해 손실된다. 역낭만주의로의 영적 발달은 이 본래의 일체감, 좋음 또는 온전함의 회복으로 구상된다. 따라서 구분화는 심리적 뿐만 아니라 영적인 분열과 동일시된다. 그리고 이것은 왜 낭만주의자들이 암시적인 대립으로 자아발달과 영성 발달 사이의 관계를 보는 경향을 보이는지에 대한 이유다.

역낭만주의의 매력은 아마도 윌리엄 워즈워드(William Wordsworth)의 〈송시(Ode: Intimations of Immortality)〉, 그중에서도 특히 다음과 같은 구절에서 가장 설득력 있게 담겨 있을 것이다.

> 영광의 구름자락 이끌면서 구름처럼
> 우리는 본향인 신으로부터 온다.
> 어려서는 하늘나라가 우리 주변에 있었으나!
> 감옥의 그림자가 다가오기 시작한다.
> 자라나는 소년에게.

이러한 구절에 그 누가 감탄하지 않을 수 있을까? 이것은 영혼의 중심과 우리가 완전히 자유롭다고 느끼는 삶의 때, 순수함, 그리고 젊음의 손실을 슬퍼하는 우리의 일부에게 말한다. 이것은 또한 우리가 지금 단절시킨 것으로부터 영적인 영역(우리의 '집')을 암시한다. 그러므로 이것은 성인의 '감옥'에서 삶의 비애를 담아낸다. 그리고 무슨 이유 때문인가? 우리는 알지 못한다.

비록 워즈워드가 우리의 소외감을 매우 명확하게 할 수 있었지만 그는 우리의 고통을 치유하는 해결책은 제공하지 않았다. 메그 해리스 윌리엄스(Meg Harris Williams)가 말했듯이,

> 아이가 내면의(visionary)의 눈을 가지는 순간, 다음 순간 또는 다음 해에 이것은 사라진다. 아이는 하나의 거처를 떠나 다른 곳을 얻으며, 가장 기대될 수 있는 것은 고요한 의미의 공간을 가끔씩 엿보는 것이며, 영적 삶이라는 것이 무엇인지 떠올릴 때면 그런 기억을 생각나게 하는 것이다.[3)]

그러므로 우리는 우리의 유일한 위안이 되는 진정한 집의 기억인 늘 희미해지는 천국을 돌아본 채로 남겨졌다.

켄 윌버는 워즈워드의 이 같은 구절을 *The Eye of Spirit*(2001, p. 368)에서 언급했다. 그는 '영광의 구름'을 발견한 곳에서 유아가 바로 영(Spirit)으로부터 나타났기 때문에 유아기(infancy)가 존재하는 것과 연결한다. 따라서 우리가 유아에게서 보는 성결의 기운은 진실하다. 이것은 우리가 단순히 인간 존재가 아니라 이 땅에 없는 집을 가진 영적 존재라는 것을 우리에게 상기시

키도록 우리의 기억을 유발한다.[4)]

그러나 낭만주의자들과는 달리 윌버는 우리가 유아에게서 볼 수 있는 영적인 빛에 과도한 중요성을 연결시키지 않았다. 이것은 진실하지 않아서가 아니라 이것이 유아 자체와 적거나 아무것도 관련이 없는 반사된 빛이거나 아직 발달되지 않은 의식의 구조이기 때문이다. 그리고 윌버의 관점에서 이 변형은 신을 반영하는 것이 아니라 이러한 구조의 중요한 발달이다.

따라서 윌버는 유아기가 영적 통합의 때라는 주장에 대해 매우 회의적이었다.

> 신생아는 실제로 무엇과 일치하는가? 유아적 자아가 시나 논리, 혹은 경제학이나 역사, 수학, 혹은 도덕과 윤리의 세상을 완전히 이해하는가? 물론 아니다. 왜냐하면 이런 개념들은 아직 유아에게 일어나지 않았기 때문이다. 유아 자신의 '전체적인 세상'에 대한 주장은 그저 현실의 너무 작은 한 조각일 뿐이다(p. 142).

윌버의 관점은 유아의 의식이 실제로 확장되기보다 수축된다는 것이다. 왜냐하면 이 확장은 구분화가 되는 의식의 구조까지 발생할 수 없기 때문이다. 정상적인 발달에서 이 구분화는 시간이 지남에 따라 우리의 생각, 느낌 그리고 습관을 지속적으로 구체화할 수 있도록 하는 방식으로 진행된다. 그는 과도한 구분화로 이르게 하는 발달이 가능할 때(따라서 분열), 과도한 구분화는 원칙이 아니라 예외라는 것을 주목하였다.

그러나 역낭만주의자 관점에 따르면 정상적인 구분화 같은 건 없다. 구분화는 소외의 형태로 정의된 것이다. 그러므로 이것은 단지 두 가지 상태 중 하나만을 허용한다. 유아기의 미분화 조합(융합) 또는 성인의 과도하게 구분화된 분열이다.

윌버는 이 관점을 지지하지 않았다. 그는 우리가 분열에서 융합으로 직접 이동하지 않는다는 것을 다음과 같이 관찰하여 말했다.

> 자신의 구분화는 융합도 분열도 아니지만 구분화와 통합(초월-포함)의 성장 자체에 있어 매우 필요한 과정이다. 그러나 당신이 모든 구분화를 분열로 보는 것에 전념하기 시작하면 자기 개발은 끔찍한 분열로 해석되어야 할 것이다(p. 149).

여기서 윌버는 낭만주의적 관점의 주된 문제를 명확하게 설명했다. 즉, 이 관점은 우리에게 모든 종류의 발달을 본질적으로 왜곡된 것으로 보도록 강요한다는 것이다. 이렇듯 역낭만주의자들의 의도는 좋을 수 있을지 몰라도(그리고 이들의 〈송시〉가 아름다운 시일지는 몰라도), 역낭만주의는 삶에 있어서는 적절한 지침이라고 볼 수 없다. 왜냐하면 역낭만주의는 삶에서의 완전한 성취를 찾음에 대한 희망을 남기지 않기 때문이다. 역낭만주의는 통합을 향한 우리의 갈망에 대해 이야기하기는 하지만, 그 갈망을 실질적인 무언가로 변화시키는 방법은 전혀 제공하지 않는다. 그 방법이 철학이 되었든, 어떠한 관행이든, 아니면 일종의 섬김의 형태가 되었든 말이다. 대신 이 사상은 '잃어버린 낙원'의 뒤를 돌아보는 관점으로 우리를 사로잡아서 불안으로 마비시키고 변화하고 싶지 않게 만든다. 즉, 이 사상은 우리의 살아 보지 않은 삶에 대한 완벽한 정당화의 역할을 하게 된다. 삶이 그저 감옥에 지나지 않는다면, 감옥의 벽을 아무리 들이받는다 해도 무슨 소용이 있겠는가?

그리고 이는 낭만주의가 지닌 매력의 그림자 측면이다. 인생의 거친 도전들을 회피하는 것에 대한 정당화를 제공하는 능력 말이다.

그러나 모든 낭만주의자가 도피를 위해 자신의 이상을 받아들이는 것은 아니라는 점을 주목하는 것이 중요하다. 많은 사람들이 인생에서 정말 중요한 것을 감지하지 못하는 것으로 보이는 세상과 직면했을 때, 단순히 그들은 느끼는 슬픔에 대처하기 위해 노력하고 있다. 대처하는 것에 지쳐 그들은 단지 평탄한 존재의 고통을 완화하기 위해 약간의 위안을 기대하고 있다. 우리는 이러한 개인에게 무슨 말을 할 수 있을까? 무엇이 그들이 (뒤가 아닌) 앞을 바라보도록 재촉하며 삶에 다시 관여하게 하는가? (모리스 버먼[Morris Berman]의 언어로) 어떤 것이 세상을 다시 매혹할 수 있도록 하는 방법을 모색하는 동기를 부여하는가?

이것은 진화에 대한 비-낭만주의적 비전을 제안하는 데 있어서 윌버가 겪는 어려움이다. 다시 말하면 우리의 기억을 향해 뒤로 가는 것이 아닌 우리의 운명을 향해 앞으로 나아가는 우리의 능력을 의존하는 것들을 말한다.

알마스에 대한 윌버의 비평

우리가 역낭만주의에 대해 자세히 그리고 개인적인 모습을 살펴보았기 때문에 나는 알마스 강의에 참석했던 이야기와 윌버의 비평에 대한 알마스의 응답을 연구하도록 이끈 것에 대하여 이어나갈 수 있게 되었다.

이것은 에니어그램 사회에서 알마스의 역할을 설명하기에 유용하다. 그는 버클리 학생들 중 나란조의 SAT(Seekers After Truth; 진실을 좇는 자들) 중 한 명으로써 중요한 인물이었으며,[5] 그는 결과적으로 오스카 이차조의 학생이 된 클라우디오 나란조에게서 직접 에니어그램을 배웠다.

알마스는 다이아몬드 접근 및 리드완 학파(Ridhwan School)의 개발자다. 이것은 자기 이해를 위한 중요한 도구로, 에니어그램을 사용하는 정신-영적 발전의 프로그램이다. 그는 또한 에니어그램의 유일한 이론서 중 하나인 *Facets of Unity: The Enneagram of Holy Ideas*(1998)을 작성했으며, 그의 장기 학생 중에는 에니어그램의 많은 주요 인물들이 있다. 이것은 다이아몬드 접근에 대한 윌버의 발언이 적합한 이유다. 왜냐하면 그들이 다이아몬드 접근을 적용할 뿐만 아니라 에니어그램의 가르침이 그 접근에 대한 본래의 기초가 되었기 때문이다.

이것은 우리가 많은 에니어그램 책에서 볼 수 있는 9가지 유형의 부정적인 설명의 책임을 지는 본래의 에니어그램 가르침에 포함된 낭만주의적 철학이다. 그러나 내가 윌버의 다이아몬드 접근의 비평을 읽을 때까지 유형들을 폄하하는 이러한 견해의 이유를 깨닫지 못했다.

다시 말하면 이 비평은 알마스의 접근을 체계적으로 분석한 것과 *Essence*(1986)부터 최근 작품인 *The Pearl Beyond Price*(2000)와 같은 초기 작품의 출판 사이에서 발전된 방법으로 구성되었다.

윌버의 목표는 역낭만적 관점에서 비-낭만적 관점으로의 명백한 이동을 기술하는 것이다. 윌버의 주장에 대한 요지는 다음에 제시되어 있다. 모든 쪽 번호는 (심지어 알마스의 작품으로부터도) 윌버의 *The Eye of Spirit*(2001)의 비평에서부터 인용되었다.

✣ ✣ ✣

Essence(1986)에서 알마스는 유아와 어린이들이 자신의 본질과 온전히 접하는 위치를 취하였다. 자아가 발달되면서 그들은 점점 각 본질의 자질과의 접촉이 끊어지게 된다.[6] 따라서 알마스는 "우리는 사람들이 본질을 가지고 태어난 것으로 결론을 내릴 수 있으나 나중에는 그 본질이 없이 끝나게 된다"(p. 365)라고 언급했다.

이 같은 말은 알마스를 명확히 역낭만주의파에 자리하게 한다. 이러한 관점에서 자아는 (윌버의 용어로 말하자면) 본질의 '최대의 적'이 된다(p. 366). 이것은 알마스가 자아에 의해 대체되는 본질의 과정을 설명한 방법이다.

> 학령기 때, 본질은 대부분 완전히 묻혀 있으며 막연하게 유효한 것만이 제공된다. 이러한 '구멍들'(억압 또는 손실에 의해 생성된 본질의 다양한 측면의 빈 정신적 공간들)에서 … 개인은 거의 예외 없이 많은 구멍들을 지닌 채 성인기에 도달하며 방어기제는 본질과 존재의 회피에 전념한다(p. 366).

알마스가 *The Pearl Beyond Price*(2000)를 집필했을 때, 윌버가 만족스럽게 언급하기를 그는 주로 자아가 본질을 대체한다는 사상을 넘어 본질이 "주로 손실되고 제한되는 것[보다] … 성장하고 발달하는 위치로" 이동한다고 하였다(p. 367). 윌버는 "알리에게 영적 변형의 기술에 진정으로 중요한 기여를 할 수 있도록 해 주는 자아의 가장 초기 트라우마를 다루는 것"과 본질적 성질을 발달시키는 것이 알마스가 강조하는 것이라고 언급하며 주장을 이어 가고 있다.

그러나 같은 페이지에서 그는 본질적 발달을 향한 이 새로운 이동(폄하하는 자아로부터)이 "알리가 동요 사이의 [그의 본래 위치와 그의 조정된 위치] 매우 자기 모순적인 방법으로" 지적하며 완전히 일치하지 않는다는 것을 관찰하였다(p. 367).

몇 가지 이유로, 알마스는 아이가 온전히 신을 의식한다는 개념 혹은 자기 실현되었다는 이 개념을 완전히 포기하는 데 힘든 시간을 보낸 것처럼 보인다. 그 결과 진주(Pearl)에서는 아직도 이러한 서술이 존재한다. "본질적인 자아가 존재하는 그때, 어떤 의미에서 아이는 태어나며 그는 자기 실현된다. 그는 그의 진정한 자아다"(p. 369).

알마스가 때로는 낭만적 관점을 거부하고 때로는 그렇지 않은 방식으로 존재함과 자아를 대조하기 때문에 윌버는 그가 해야 하는 일은 올바른 방향으로 밀고 나가는 것이라고 생각한 것처럼 보인다. 그러므로 윌버의 해설은 날카로우면서도 지지한다. 그는 분명하게 그에게 흥미를 일으키는 다이아몬드 접근에 대한 많은 칭찬을 가지고 그의 발언들을 지지했다.

윌버에 대한 알마스의 응답

알마스는 그의 다음 책인 *The Inner Journey Home*(2004) 때문에 윌버의 비평에 대해 눈에 띄게 염려했으며, 그는 윌버의 비평에 응답하도록 노력했다. 그러나 내가 그의 응답(전체 부록)을 읽었을 때, 내가 본 것은 윌버가 그의 *The Pearl Beyond Price*의 본래 비판에서 언급한 것과 같은 정확한 흔들림이었다. 예로 여기에 알마스가 여행에서 유아기를 특징짓는 방법이 있다.

> 며칠 되지 않은 유아가 이기적이거나 파괴적인 행동을 보인다고 생각하기는 어렵다(p. 151).

> 유아의 요구가 만족되면 천사처럼 행동하기 시작할 것이다. 평화적, 만족스러운 것과 부드러운 것으로 말이다(p. 152).

유아기에는 영혼이 매우 작은 구조를 가지고 있으며, 그 결과로 유아는 본질을 제한되거나 고착된 인식 없이도 체험할 수 있다(p. 151).

[유아의] 역동성은 매우 자유로우며 그녀의 형태는 유연하다(p. 153).

유아의 이러한 목가적인 묘사를 자아발달의 설명과 함께 비교하는 본질로부터 '강성'과 분열을 증가시키는 것으로 특징지어지는 과정이다.

자아발달은 그녀의 본질적인 지면으로부터 영혼을 분리한다(p.166).

성장 중인 유아는 자아구조의 발달로 인한 이중성으로 인하여 그녀의 진정한 본질을 인식하는 것으로부터 방지된다(p. 537).

자아발달을 통해 생성된 강성과 고착된 구조는 자생의 기능에 대한 장벽으로 볼 수 있다[균형의 유지] (p. 558).

이러한 서술 모두가 단지 자아가 본질을 대체한다는 것을 말하는가? 그것들은 알마스가 그의 낭만주의적 근원을 포용하기 위해 유지하는 결론을 피하는 것을 힘들게 한다.

구체적으로 그와 윌버가 불일치한다는 이유들을 해결하려고 하는 시점에서 알마스는 윌버가 "우리가 이해하는 그들로 본질의 측면에 대한 위치를 가지고 있지 않고, 이것이 어린 시절의 경험과 우리의 관점의 불일치에 대해 중요한 이유가 될 수 있는지에 대한" 여부에 대해 몹시 궁금해했다(p. 541).

이 문장에서의 '우리'는 작가의 장엄한 '우리'일 수 있으나 이것은 또한 에니어그램 이론에 정통한 모든 그의 리드완(Ridhwan) 구성원 자격을 나타내는 것일 수도 있으며, 9가지 유형은 본질의 9가지 형태(신성한 개념)를 대신하는 9가지 자아고착을 나타낸다. 윌버가 에니어그램 이론에 익숙하지 않은 것이 그가 알마스의 인과과정을 따라갈 수 없는 것처럼 보일 수도 있다.

만약에 그렇다면 알마스는 윌버가 그의 인과과정을 더 잘 이해할 수 있도록 왜 그저 에니어그램을 세부적으로 설명하지 않았는가? 아마도 그는 직접적인 경험 없이 충분한 설명을 할 수 없기 때문에 그것이 어려운 일이라고 믿었을 것이다. 그러나 이러한 설명이 윌버의 위치를 바꾸는 데 도움이 되는 설명이 될 것이라는 것을 의심했을 때문일 가능성이 더 높다.

통합의 측면

만약 알마스가 1998년처럼 아직도 낭만주의적 캠프에 있는지에 대한 추가적인 증거를 원하는 경우, 우리는 그의 유일한 에니어그램 책인 *Facets of Unity*(1998)을 보는 방법만이 있다. 다른 책에서 그의 위치를 앞뒤로 이동할 수 있는 반면, 측면에서의 그의 위치는 명확히 낭만주의적이다.

이 책을 통해 알마스는 우리가 본질과의 접촉을 잃게 되는 개념에 대해서 반복적으로 말했다. 그리고 확실하게 하였다. 그는 우리의 경험이 "자아구조에 의해 가려진 것" 이라고 말하며(p. 22) 그 "자아에 암시된 것은 현실의 근본적인 불신이고" 9가지 에니어그램의 각각의 유형은 다른 방법으로 본질을 가린다고 말했다(또한 모든 9가지 망상은 자아적[egoic] 존재의 가려진 경험으로 구성되어 있다(p. 17)).

그는 비록 우리가 에니어그램 유형을 가지고 태어난다고 말하지만 (우리로 하여금 유형이 일종의 긍정적인 잠재력을 가지고 있다고 생각하게 만들 수도 있는 주장이다) 그는 바로 우리의 '초기 양육 환경' 에서 부적응이 존재(본질)와 삶에 대한 우리의 신뢰 모두와의 접촉의 손실이 필연적으로 이어진다고 말했다.

> 초기 양육 환경의 부적응은 존재와의 접촉을 손실로 이어질 뿐만 아니라 … 기본적인 신뢰의 손실로도 이어진다(p. 14).

우리의 초기 유지 환경이 부적절할 수밖에 없다는 개념은 조금 이상하다. 도널드 위니컷(우리의 '양육 환경' 의 전체적 개념의 창시자)을 고려할 때, 그 자신조차 이러한 신념을 유지하지 않았다. 위니컷은 자아발달을 위한 놀이와 창의성의 가치를 강조했던 낙관적인 치료사였다. 그는 부모가 아이들을 건강하게 양육하기 위해 완벽하지 않아도 된다는 개념을 강조하는 '충분히 좋은 엄마(good enough mother)' 라는 용어를 만들어 낸 사람으로 가장 잘 알려져 있다.[7)]

아동 발달에 대해 설명할 때, 산드라 메이트리(Sandra Maitri)는 알마스와 유사한 이야기에 대해 말했다.

> 처음에 우리는 존재의 바다에 완전히 몰두하는 것처럼 보인다. 말하자면, 우리의 가장 깊은 본성과 접촉하지만 우리가 그렇다는 것을 인지하지 못하는 것이다. 아주 서서히 인생의 처

> 음 몇 년 동안 우리는 우리가 가지고 태어난 것 같은 진정한 본성(True Nature)의 전체와 이러한 유대감의 접촉을 잃기 시작한다. 조금씩 우리는 존재함(Beingness)의 바다 또는 (모든 것과 일체감을 의미하는) 내부-연대감으로부터 분리되기 시작한다.[8)]

메이트리가 '유지 환경'의 문제를 방지하는 것을 다루는 동안, 그녀는 유아가 '의식하지 못하는 의식'의 상태에 있다는 주장에 관련된 논리적인 모순을 확실하게 해결할 수 없었다. 더 최근의 책인 *The Enneagram of the Virtues and the Passions*(2005/2009)에서 메이트리는 자아가 본질/존재를 대체한다는 개념에 계속하여 초점을 두고 있다. "에니어그램과 관련된 이해는 어린 시절의 성격 구조를 발달시킴으로 우리가 점차적으로 존재와의 연결이 끊어진다는 것을 우리에게 알려 준다"(p. 12).

이러한 논의가 확산될 수 있었던 이유는 이것이 사람들이 낭만주의가 표준이라는 것을 사회에서 들어오던 것이었기 때문이다. 비록 알마스와 메이트리가 예외적으로 자신의 생각을 출판된 책과 기사에 반영했지만, 본질적인 존재를 가리는 어떤 것과 같은 유형의 견해는 대부분 당연시되었다. 나는 다른 사람들(교사와 학생 모두)로부터 유사한 견해를 구현하는 많은 의견들을 들었다.[9)]

알마스(그리고 그를 따르는 메이트리)가 그의 견해를 기록하려는 의향을 보인 것은 우리가 낭만주의적 견해를 서면으로 정당화하려고 할 때 발생한 문제들을 고려해 볼 때 그의 덕분이라고 볼 수 있다. 측면에서의 자신의 발언에서는 알마스가 그에게 주어진 가르침대로 충실하려 매우 열심히 노력하고 있음이 분명하다. 이는 그가 13페이지에 에니어그램의 이론이 "전수되었다"는 (즉, 영적 전수의 결과물) 이 개념에 대해 언급한 이유이며, 따라서 그들이 변경이 불가능하다는 것을 시사한다. 이 접근을 가지고 알마스는 (서문에 자신의 발언을 한) 오스카 이차조의 주도를 따르며, 알마스가 이러한 가르침의 "정확한 전수"를 제공하는 것에 대해 그가 기쁘다는 것을 분명히 하였다(p. v).

자아 대 본질

알마스에게 직면한 것이 무엇인지 알기 위해 오스카 이차조와 클라우디오 나란조(이차조 가르침의 최초 전파자)가 자아와 본질에 대해 어떻게 말했는지에 대해 알아보도록 하자. 우리가 2장에서 보았듯이 자아에 대한 이차조의 본래의 위치(샘 킨[Sam Keen]과 1973년 인터뷰에서 언급된 것)는 매우 분명했다.

> 모든 인간은 순수한 본질로 시작한다. 그러고는 무언가 일어난다. 자아는 발달되기 시작하며 … 사람은 본질에서 성격이 된다(오스카 이차조와의 인터뷰, 1982, p. 9).

이차조는 그의 인터뷰 진행자가 결국 "인간의 근본적인 문제는 자아의 존재라는 것" 을 주목하게 함으로 인해 이차조의 의견을 정리하도록 이끌면서 자아와 관련된 문제에 대한 자세한 언급을 이어나간다(p. 11)－이차조가 반박하지 않는 주장.

이 인터뷰에서 오스카 이차조 자신의 발언은 다음과 같다.

> 우리의 자아가 유지되는 동안 우리는 대우주에서의 자신의 위치와 자신에 대한 잘못된 개념을 가지게 된다(p. 12).

> 우리는 자아를 강화시키거나 행복하게 할 욕망을 가지고 있지 않다(p. 15).

> 자아가 깨졌을 때, … 본질은 자연스럽게 인계된다(p. 20).

위의 인터뷰에서 나는 자아에 대한 30가지가 넘는 부정적인 의견을 세웠지만 본질에 대한 부정적인 의견은 없었다. 이러한 '나쁜 자아' 대 '이상적인 본질'의 결합은 인간 본성의 매우 양극화적인 견해로 이어진다. 본질에 속한 인간이 인간 자신과 우주와 하나가 될 때 자아에 속한 동일한 인간은 비참한 상태가 된다.

이차조는 비록 그 방법이 무엇인지 말하지 않았지만 그는 자아에서 본질로의 이러한 중요한 전환을 돕는 방법이 있다고 말했다. 그는 9가지 에니어그램 고착과 열정에 대한 몇 가지를 언급하였지만, 그 체계의 상세를 이해할 수 있도록 하는 충분한 정보를 공개하지 않았다. 에니어그램에 관해서 이차조는 아리카(Arica)가 에니어그램 작업을 위한 유일하게 올바른 접근 방식이라는 의견을 강하게 내세웠다.

15년 후에도 이차조는 여전히 자아 또는 에니어그램에 대한 자신의 위치를 바꾸지 않았다. *Letters to the School*(1988)에서 그는 낮은 자아를 '악마'라고 말하며(p. 78),[10] 돈 리소의 유형 개발의 9가지 단계를 가정하여 유형을 구분화하는 노력을 혹독하게 비판했다.

> 당신이 낮은 악마 같은 자아를 캐러멜과 같은 달콤한 피상적 치료(거짓 위안, 공감)로 편안하게 하고 아낄 경우, 진정한 각성과 성장의 과정을 시작하는 데 필요한 핵심 고착(pivotal fixation)을 깨는 과정은 백 만년 동안에도 시작될 수 없다(pp. 83-84).

그 뒤 8년 후 *EM* 인터뷰(1996년 11월)에서 이차조는 "자아 고착은 잔인한 행동을 생성하는 데 원인이 되는 본능의 왜곡과 역기능적 측면으로 간주되어야 한다"(p. 18)고 말했다.

11년 후 2007년 봄에 이차조는 마침내 자아에 대한 자신의 위치를 부드럽게 한 것으로 보인다(그는 여전히 아리카가 에니어그램 작업을 위한 유일한 접근이라는 것을 제시함으로써 그의 오랜 위치를 지켰다).

> 질문: 에니어그램 교육의 미래에 대한 당신의 비전은 무엇입니까? 그리고 충분한 지식이 부족하며 자신의 '유형학' 내로부터 자아를 극복할 수 있는 방법을 찾으려고 시도하는 다른 인본주의적 접근법으로 만들어진 연결에 대한 당신의 의견은 어떠합니까?
>
> 이차조: 간단히 말하면 자아는 '극복'될 필요가 없으나 이해, 성숙과 인식의 일상적인 과정으로 통합되고, 변형되며 초월되어야 한다. [그러나] 아리카 접근에 적용된 명확하게 정의된 접근 없이는 초월과 자유의 가능성이 없는 자아로 확고해진다. 그러므로 미래의 에니어그램 가르침은 인간 모두의 이익을 위해 가장 높은 잠재력에 도달하기 위한 통합적 방법을 제공하는 것이어야 한다.[11]

여기서 이차조가 자아(와 9가지 유형)를 긍정적인 잠재력을 가진 것으로 여기는 것처럼 보인다. 즉, 파괴하려기보다는 통합해야 할 것으로 말이다. 그는 이러한 개념을 수년 동안 비난해 왔기 때문에 이 말은 믿기 힘들 정도다. 이차조는 이제 윌버의 주장과 양립하는 입장을 취하게 되었다(그는 심지어 직접 통합이라는 단어를 사용하기까지 하였다!)[12]

그러나 클라우디오 나란조는 적어도 2004년까지 자신의 반-자아(anti-ego)의 입장을 바꾸지 않는 것처럼 보였다. 그가 워싱턴 D. C. 컨퍼런스에서 지정된 국제 에니어그램 협회(IEA)에서 모두에게 자신에게 문제를 일으킨 모든 것에 대한 자신의 자아를 꾸짖은 것을 소개하라고 했었을 때 나는 이것을 볼 수 있었다.[13] 얼마나 소란스러웠는지 연회장에 가득했던 사람들이 큰 소리로 '감정을 드러내는' 바람에 주변 방에 있던 모든 사람이 불평했었다.[14]

내가 나란조의 책들을 자세히 보았을 때 더 많은 반-자아적 소재들이 등장했다. 이는

*Archetypes of the Enneagram*의 9장에 기록되어 있다. 비록 많은 나란조의 작품들이 심리적 또는 정신의학적 관점에서 자아 감소에 초점을 맞추고 있지만, 그가 쓴 것의 일부는 구약의 선지자를 더 생각나게 하는 관점으로 넘어간다.

> 자아를 인식하게 되는 것, 세대를 통해 우리에게 오는 질병이나 죄의 감염(비난의 얼굴들, 가상의 적)을 그것의 유혹으로부터 자신을 보호할 수 있도록 하기 위해서(*The Enneagram of Society*, p. 17).

이것은 실로 매우 부정적이며—이차조의 자아의 특성을 '악마'로 밀접하게 반향한다. 여기서 자아는 적극적으로 유혹하고 기만하여 전복시키는 힘으로 묘사되었다. 따라서 이것은 마법 또는 이단의 비난이 한 사람의 삶을 파괴할 수 있는 공포와 미신의 현대-이전 시대를 상기시킨다. 이러한 정서는 약 1970년도에 나란조가 에니어그램에 대한 가르침을 받은 시점에서 이차조에 의해 표현된 것들을 반복한다. 그러나 *The Enneagram of Society*은 1970년대가 아닌 1995년에 출판되었으며, 2004년도에 재판되었다. 앞의 인용된 구절은 이 책의 3가지 주요 목적 중 하나로 포함된 저자의 서문에서 온 것이다. 따라서 우리는 자아에 대한 나란조의 부정적인 견해가 수년에 걸쳐 변함없이 유지된 것으로 결론을 내릴 수 있다.

좋든 나쁘든, 나란조는 아마 에니어그램 사회 내에서 가장 영향력 있는 인물일 것이다. 그는 1970년대와 1980년대에 그의 학생들에게 본래 에니어그램 가르침을 '유설'했으며, 결과적으로 다른 사람들에게 유출시킨 사람이다. 그러나 이러한 가르침이 알려질 때마다 남는 것은 자아가 본질을 방해한다는 중심 개념이었으며, 9가지 유형이 9가지 종류의 방해라는 것이다.

이전에 나는 알마스와 메이트리가 이 개념을 존중해야 한다는 의무를 느꼈을 수 있다고 말했다. 왜냐하면 그들은 나란조에 의해 그들에게 전해진 것을 에니어그램 가르침의 핵심 개념으로 이것을 보았기 때문이다. 그러나 우리는 이제 자아가 본질을 모호하게 하는 이 핵심 개념이 어떻게 훨씬 더 긍정적으로 재조명되는지에 대해 보았다.

이 사실은 이것이 핵심 개념이 아니라는 것을 우리에게 이야기해 주어야 한다. 이것은 문화의 동향에 따라 변할 수 있다는 해석적 틀의 일부라는 것이다. 하지만 이런 일이 일어날 경우 우리는 중요한 질문에 대답하는 대안 방법을 찾을 필요가 있다. 우리들 다수는 왜 성인으로서 우리의 영적 근원으로부터 차단되었다고 느끼는가? 자아가 본질에 대한 접근을 차단하지 않는 경우 이러한 소외감은 무엇을 설명하는가?

상대적 본질 대 절대적 본질

낭만주의는 우리가 영적 근원으로부터 실제로 차단되어 있기 때문에 차단된 것처럼 느끼는 것이라고 말한다. 즉, 원래 갖고 있었던 것을 이제는 잃었다는 것이다. 에니어그램에서는 우리 각자 자신의 유형과 연관된 신성한 개념을 우리가 잃었다고 가르친다. 그리고 이 개념은 자아로 대체되었다고 말한다.[15)]

이는 굉장히 호소력 있는 주장인데, 왜냐하면 이로 인해 어째서 유아들이 그토록 아름다운 영적 순수함의 분위기를 풍기는지가 설명되기 때문이다. 우리는 그렇지 못한데 말이다!

아이들이 빛으로 가득하더라도 이것은 그들 스스로 발하는 빛이 아닌 위대한 영의 반사된 빛이다. 성령의 빛을 쬐는 것으로는 그들을 깨우치게 할 수 없다(영적 스승과 함께 앉아있는 것만으로는 그 경험이 아무리 은혜로운 것일지라도 깨달음을 얻을 수 없듯이 말이다). 변형은 그저 계몽을 얻는 사람이 아닌 그 계몽의 원천이 될 수 있는 능력을 기르는 것이다.

그러나 이러한 목적을 위해 필요한 의식의 구조를 우리가 발달시키기 위해 필요로 하는 일을 수행하기 위해서는 이성적(자아) 의식의 구조로 시작되어야 한다.

윌버는 우리가 우리의 절대적 본질과의 접촉을 잃지 않을 수 있는 반면, 우리는 여러 단계에서 발달되는 본질의 측면과 접촉을 잃을 수 있다고 말함으로 이것이 어떻게 작용하는지에 대해 설명한다. 그러므로 그는 본질의 두 가지 종류를 구분한다. 절대 본질과 상대 본질이 그것이다.

그는 절대 의미에서의 본질이 손실되지 않을 수 있는 반면, 상대 본질은 분실, 억압, 거부 또는 발달의 모든 단계에서 왜곡될 수 있음을 관찰하였다. 이러한 경우 이것은 확실히 정신적 구멍들과 분열의 감정을 초래할 수 있다.[16)]

여기서 윌버는 본질을 a) 우리 존재에 선천적이고 본질적인 무언가, 그리고 b) 우리의 일생 동안 발달될 가능성을 가진 무언가로 대하고 있다. 그러므로 상대 본질은 우리가 생성하는 방법을 발견하기만 한다면 새로운 무언가이며, 삶으로 태어날 수 있는 새로운 가능성이다.

만약 우리의 발달이 특정 단계에서 어떠한 이유로 방해되면 이것은 그 단계에서 상대 본질의 전개를 방해할 수 있다. 이것은 차례로 정신적 '구멍들'과 방어의 발달로 이어진다고 윌버는 설명하고 있다.

그러나 이러한 방어들에 대해 윌버가 관심을 갖는 것은 그것들이 원시적인 충동을 차단하는 것뿐만 아니라 더 높은 자극 또한 차단하기 때문이다. 그가 관찰하는 것과 같이 "단단한 경계는 단단한 경계다. 이드(id)를 막는 것은 신 또한 막을 수 있는 벽이다"(p. 371).

이러한 이유로 그는 정신적 구멍들을 확인하고 회복하는 것이 중요하다고 말했다. 이는 그가 다이아몬드 접근에 갈채를 보내는 한 이유이기도 하다.

그러나 윌버는 상대 본질의 손실이 자아를 발달시킴에 있어서 기형에 의한 것으로, 자아 자신의 불과한 존재가 아니라는 그의 입장에 단호하다. 그가 관찰한 것처럼 발달적 과정에서 우리가 마주하는 문제들은 종종 '아닌' 것이 아니라 '아직 아닌' 경우다.

구분화가 불충분하고 변형되거나 지나치게 발달할 수 있는 것은 사실이지만 또 다른 가능성이 있다. 상대적으로 건강한 방식으로 발달할 수 있으므로 우리는 구분화되고 균형이 잡히지만 분열되지는 않는 것이다. 그러나 보수적인 낭만주의자들의 관점에서 분열 없이 구분화를 생각하기란 어렵다.

> [자아] 발달은 일차적으로 형편없는 내리막 아래로 미끄러지는 것으로 보아야만 한다. 왜냐하면 모든 정상적인 구분화는 끔찍한 분열, 조각남, 정신이상으로 해석될 것이기 때문이다 (p. 149).

긍정적 대안

프로이트는 일반적으로 인간 본성의 밝은 면에 초점을 맞춘 사람으로 간주되지 않는다. 그러나 프로이트 또한 원시적 이드(id)의 본능적인 충동을 포함한 자아발전의 힘 때문에 이를 긍정적인 무언가로 보았다. 1960년도에만 우리의 심리적 불완전의 가능한 원인으로 자아로 초점을 이동했으며, 이는 대부분 자아의식의 더 높은 상태에 대한 접근을 차단하는 것으로 자아를 보았기 때문이다.[17)]

그 시대에 변하지 않은 것은 지속적인 임상 심리학의 초점이 인간 심리학에 대하여 옳은 것이 무엇인지에 대한 것보다 무엇이 잘못되어 있는지에 맞춰져 있었다. 프로이트와 그의 동료 정신분석가들은 병리의 특성에 초점을 맞추는 것이 병리를 없애는 방법이라고 믿었다. 그리고 이 병리에 대한 초점은 20세기 동안 대부분의 임상 작업 수행을 확립했다.

2009년 정신과 의사인 대니얼 시겔(Daniel Siegel)이 실제로 얼마나 정신 건강에 대한 수업을 들었는지 대부분 정신 건강 전문가인 관중들에게 물었을 때 (정신 질환과 반대로) 매우 적은 수의 손이 올라왔다. 시겔은 그가 이 질문을 항상 물었을 때 같은 결과가 나왔다고 말했다. 그는 우리가 공부하는 모두가 정신질환이라면 과연 사람들이 건강해지도록 도울 수 있을지에 대해 몹시 궁금해 했다.

심리학자인 마틴 셀리그먼은 몇 년 전에 같은 것에 대해 궁금해하기 시작했다. 셀리그먼은 사회 및 임상 심리학자로 우울증에 대한 그의 연구로 유명하게 되었는데, 연구는 자신의 우울증 환자들이 약간의 행복을 얻도록 돕기 위해 사용할 수 있는 통찰력을 파헤치기 위한 것이었다. 그는 그의 분야에서 연구원으로 매우 성공하였다. 또한 학습된 무기력에 대한 그의 작업은 역사책들에서도 그에게 영구적인 자리를 얻게 하였다.

단 하나의 문제가 있었다. 그의 환자들과 공유한 우울증 본성에 대한 그의 모든 지식과 통찰력에도 불구하고 모든 통찰력은 보다 행복한 삶으로 이어지는 것 같지 않았다. 셀리그먼은 "나는 그렇게 하면 행복한 환자를 얻을 수 있을 것이라고 생각했다. 하지만 그런 일은 일어나지 않았다. 대신에 나는 공허한 상태의 환자를 만났다"[18]라고 말했다.

그는 더 나은 방법이 있을 것이라고 생각했으며, 그것을 찾기 시작했다. 그리고 그의 초점이 변화하기 시작했다. 우울증과 우울증에 걸린 사람들에 집중하는 것 대신 그는 행복과 성공적인 사람들에게 초점을 맞추기 시작했다. 이는 그에게 큰 변화였으며, 이러한 전환은 쉽지 않았다. 그러나 그는 자신의 노력을 지속하여 결국에는 우울증을 없애는 것과 행복을 촉진하는 것은 완전히 다른 두 가지라는 것을 알 수 있게 되었다.

이러한 변화는 새로운 종류의 심리학(긍정 심리학)이 되어 사람들이 번영할 수 있도록 최선을 다하며, 번영한다는 것은 긍정적인 감정, 의미, 좋은 직업 및 긍정적인 관계를 갖는 것으로 정의된다.[19]

만약 우리가 에니어그램에 이 같은 교훈을 적용한다면 어떻게 될까? 우리가 '부정적인 것'을 보는 것에서 '긍정적인 것'을 보는 것으로 우리의 초점을 변화한다면 어떻게 될까? 우리의 유형이 우리를 변환하게 하는 데 도움이 되는 방법들을 생각한다면 어떨까? 우리가 셀리그먼의 핵심을 파악할 수 있다면 이는 어려운 일이 아니다. 그것은 부정적인 것을 없애는 것이 긍정적인 것을 만들지 않는다는 것이다.

우울증을 없애는 것이 행복함을 만들지 않는 이유는 성격을 없애는 것이 본질을 만들지 않는 것과 같은 이유다. 행복도, 본질도 수동적인 상태이기 때문에 그저 발견되길 기다리고 있을 뿐이다. 오히려 개발되어야 하는 것은 역동적인 잠재력이다. 모든 속성과 마찬가지로 그것들이 받는 관심의 정도는 발달되는 정도에 의존한다. 에니어그램 작업에서 종종 사용되는 표현인 '에너지는 관심을 따른다'는 개념으로 표현될 수 있다. 에너지가 관심을 따른다면 9가지 유형의 긍정적인 잠재력에 관심을 가지는 것이 더 낫지 않겠는가?

비록 G. I. 구르지예프는 성격과 본질에 대해 이야기했지만 절대 성격이 본질의 발달을 억제한다고 보지 않았다. 그는 이 둘을 그저 2개로 분리된 발달 선들로 보았다. 구르지예프는 또한 성격 발달이 내부 작업을 위해 필수적인 것임을 관찰했으며, 대신 중요한 것은 성격이 수동적[수용적]이 될 수 있도록 하여 본질이 활성화될 수 있도록 하는 것이 우리의 능력임을 주장한다(아마도 성격이 가이드를 수용할 필요가 있음을 의미). 그리고 정말 중요한 것은 둘 사이의 적절한 관계를 발달시키는 우리의 능력이다.[20] (구르지예프는 또한 개성에 대해 "발달의 최고 수준을 이룬 사람보다 '최고 수준의 개성을 갖고 있는 사람'은 없다"는 매우 긍정적인 말을 했다).[21]

구르지예프 이론가인 A. G. E. 블레이크는 "더 낮은 자신과 더 높은 자신은 융합해야 한다"고 지적하며, 더 중요한 것은 "더 낮은 자신은 제거되거나 중화되어야 한다는 일반적인 발상이 변형을 오해하게 한다"라는 비슷한 입장을 취했다.[22]

심지어 켄 윌버는 자아/성격 발달에 대한 그의 지지적인 입장에서 그보다 더욱 신랄했다. 『켄 윌버의 일기』(2000)에서 그는 자아 없음은 "기능적 자신의 부재를 의미하는 것이 아니다. 이는 한 사람이 더 이상 독점적으로 그 자신과 동일시될 수 없다는 것을 의미한다"(p. 276)라고 언급했다. 그는 사람들이 성인이나 현자의 이상적인 모습을 성격이 없는 것으로 여기는 경향이 있다고 덧붙였다.

> 보통 사람들은 영적 현자가 '평범한 사람이 아니길' 원하며, 현자는 대부분의 인간을 몰아붙이는 혼란스럽고, 흥미로우며, 복잡하고, 흥분되고, 욕망적이고, 충동적인 힘을 갖고 있지 않기를 바란다(p. 277).

그러나 윌버는 '자아가 없는 상태'가 되는 것은 개인보다 더 작은 것을 의미하지 않으며 사실 개인보다 더 큰 것이라고 말했다. 이는 우리가 '일반적 개인 자질뿐만 아니라 일부 초개인적인 것을' 지닌다는 것을 의미한다. 그는 영적 세계에서 위대한 거물들은 다음과 같다고 관찰하였다.

> 그들은 작은 자아들을 가지고 있지 않다. 그들은 용어의 의미에서 최고인 큰 자아들 … 위대한 요가 수행자들, 성인들 및 현자들은 훨씬 정확하게 수행한다. 왜냐하면 그들은 소심한 작은 아첨꾼들이 아니며 큰 자아들을 가지고 있기 때문에 빛나는 온우주적 과정에 연결된다. … 직설적으로 말하면 자아는 위대한 영으로의 장애물이 아니라 위대한 영의 빛나는 징후다(p. 277).

성격 균형 잡기

앞에서 언급된 것과 같이 '수동적' 성격은 더 높은 안내로의 수용적 또는 세심한 성격이다. 이는 (윌버의 용어로) "빛나는 온우주적 과정"으로 연결될 수 있다. 더 높은 것에 열려 있으며 낮은 것을 돌보는 홀라키적 발상과 얼마나 유사한지 주목하라. 이것이 삶으로 접근하는 우리의 방법일 때 우리는 개인, 가족, 지역 사회에서 균형을 이루게 되는 경향이 있다.

균형 잡힌 성격은 삶과 균형을 맞춘다. 그러나 삶에 균형 잡힌 성격이 되기 위해서는 먼저 성격이 발달되어야 한다. 그리고 이러한 발달은 단지 허용되는 것이 아니라 진정으로 조장되어야만 한다. 우리가 단순히 허용으로 아이를 키운다면 이는 제대로 발달되지 않는다.

우리가 우리의 긍정적인 에너지와 관심을 성격에 준다면 이것은 과장이 되는 것이 아니라 자신감이 된다. 하지만 이것은 우리가 표현력과 수용적 자질 모두를 동시에 발달시켜야만 작용한다. 우리가 자아 팽창이라고 부르는 것은 우리가 수용력이 부족할 때 발달된다.

그러나 수용력의 부족은 불행하게도 우리 중 거의 소수만 내부 신호에 관심을 기울이는 방법을 배운 현대 문화에 매우 일반적인 것이다. 꿈, 직관, 직감, 내면의 목소리, '아는 것'의 감각, 동시성, 죽음에 가까운 경험, 미묘한 느낌 및 내면의 비전에게. 우리 또한 진정한 직관과 이러한 두려움, 미신 또는 망상에 뿌리를 둔 것들 사이의 차이를 구별하는 방법에 대하여 배우지 못했다. 마지막으로 우리가 구체적으로 성격을 수용할 수 있도록 설계되는 몇 가지 문화적으로 허용적인 영적 훈련들을 가지고 있다면 보다 높은 자원으로부터 강력한 에너지를 통합하고 받아들일 수 있다.

현대 문화의 세속화와 정신적 현상 개입에 대적한 오랜 교회의 경고 사이에는 우리 문화에 수용력의 발달을 지원하기 위한 것은 실질적으로 아무것도 없다. 오히려 그 반대가 사실이다. 우리는 우리의 내면 경험들을 무시하거나 그들의 힘을 앗아가는 방법으로 그것들을 해석하도록 배웠다.

그러므로 간단히 말해서 문제는 너무 많은 자아가 아니라 불균형으로 이끄는 너무 적은 수용력이다. 우리를 '배고픈 유령들'처럼 느끼게 하는 종류의 불균형 말이다. 역낭만주의는 그 굶주림과 연관된 철학이다. 역낭만주의는 서양 문화에 이 같은 긴 그림자를 드리웠다. 왜냐하면 역낭만주의는 영적으로 자신을 어떻게 키우는지에 대한 최소한의 개념도 없이 자란 사람들의 헛된 외침을 의미하기 때문이다.

하지만 이러한 모습은 변할 수 있다. 그리고 바로 지금도 변하고 있다. 왜냐하면 점점 더 많은 개인이 삶과 경쟁하는 것 대신에 삶과 협력하는 방법에 대한 잃어버린 비밀을 발견하고 있기 때문이다. 경쟁이 반드시 나쁜 것만은 아니지만, 삶과 경쟁하는 것은 특히 냉혹하고 적자생존 방식에서 lose-lose의 문제다. 우리는 온우주와 영적으로 연결된 것을 느낄 수 있는 능력을 잃게 되며, 온우주는 우리 각자를 통해 세상에 무언가를 데려올 수 있는 기회를 잃게 된다. 우리가 삶이 실제로 작용하는 방식을 이해하면, 우리는 개인적 그리고 집단적으로 여러 가지를 바꾸는 통찰력을 사용할 수 있게 된다.

이 장에서는 에니어그램 작업을 이끄는 주요 철학으로서 역낭만주의가 지니는 단점들을 설명하기 위해 윌버의 전/초 오류를 사용하는 것에 초점을 두어 왔다. 여기서 나는 논의의 주요 초점으로 알마스가 변형에 접근하는 방식에 대한 윌버의 비평을 사용했는데, 그만큼 윌버의 비평이 이해를 잘 도왔기 때문이다. 나는 알마스와 메이트리의 주장에 대해 비평하기는 했지만 에니어그램 이론을 좀 더 탄탄한 이론적 기반에 세우려 한 그들의 노력에 대해서는 굉장히 존중한다. 그들이 이런 노력을 했기 때문에 비평 또한 가능한 것이다. 그리고 이러한 노력으로 인해 에니어그램 영역이 진화할 수 있는 것이다.

그렇지만 이는 여전히 우리에게 자아 대 본질의 사고방식을 넘어설 방도를 찾아야 하는 필요성을 남겨 둔다. 흥미롭게도 해결책은 어쩌면 가까이 와 있을 수도 있다. 왜냐하면 이차조가 성격 에니어그램을 가르치기 전에 구르지예프가 과정 에니어그램을 가르쳤고, 과정 에니어그램은 고착이 아닌 변형을 지향하기 때문이다. 그렇기에 과정 에니어그램은 변형의 9가지 단계를 묘사하고, 이 단계들은 성격 유형과 연관되며, 이는 9가지 변형적 유형이라는 개념을 낳는 것이다.

다음에 올 6장, 7장, 8장에서 나는 성격 에니어그램 유형의 우리의 관점을 확대하기 위해 과정 에니어그램을 사용하는 방법을 설명할 것이다. 6장은 과정 에니어그램과 변형이 묘사하는 9가지 단계를 설명한다. 7장은 이러한 9가지 변형 단계와 9가지 성격 유형 간의 유사성을 보여준다. 그리고 8장은 통합된('one enneagram') 모형을 제시하고 개성 및 변형 사이의 연결을 탐구하기 위한 통합에니어그램 모형을 사용할 수 있는 여러 가지 방법을 탐구한다.

미주

1) A. H. 알마스는 하마드 알리의 필명이다.

2) 윌버의 *The Eye of Spirit*(2001)에 있는 주석 11 참조, pp. 365-377.

3) The Chamber of Maiden Thought 4장, pp. 82-94, *Wordsworth: The Visionary Gleam*에서 www.artlit.info/pdfs/Chamber-Wordsworth.pdf; [2011-11-20에 인용됨].

4) 잃어버린 순수함의 발상에 초점을 맞추는 것은 나의 대녀인 한나(Hanna)가 유아기에서 벗어나기 시작하고 내 안에 이러한 충돌하는 감정들이 생겼던 기간을 떠올리게 한다. 그녀는 그녀의 가족이 2년 동안 나와 함께 살기 위해 왔을 때 단지 의탁되었다. 유쾌하고 용감한 아이인 그녀는 항상 움직였다. 그녀는 끊임없이 빠르게 말했으며 비행기를 보는 것을 좋아하고 머리 위로 그것들이 날아갈 때마다 펄쩍펄쩍 뛰었다. 그녀의 사회적 기능은 별로 뛰어나지 않았지만, 다른 아이들의 장난감을 빼앗을 수 있도록 그들을 무는 당황스러운 습관도 가지고 있었다!

그녀의 부모는 물론 화가 났다. 그러나 그녀는 정말 악의가 없었으며 단지 무는 것이 그들로 하여금 장난감을 바로 놓게 한다는 것을 알고 있었을 뿐이다! 우리는 타임아웃에 잇달아 오는 꾸지람 같이 무는 것은 덜 바람직한 결과를 얻을 수 있다는 것 또한 가르쳐야 했다. 그러나 그녀는 진정 많이 이해하지는 못했다. 그녀는 단지 세상에 있는 흥미로운 것들과 세상을 탐구하고 싶었다. 그녀는 그녀가 무리에서 도망갈 때(단지 재미를 위해서) 또는 숨바꼭질을 하기 위해 슬그머니 도망가는 것에 대한 우리의 공포도 이해하지 못했다.

이 모든 행동은 그녀를 다루기 힘들게 한 반면, 해하려는 의도 없이 순수하고 너무 완벽하게 자발적이었기 때문에 이것들은 또한 재미있었다.

그녀가 세 살이 되었을 때, 그녀는 변했다. 이제는 배변훈련이 되어 있고 더 이상 물지도 않았으며, 그녀는 자신감에 차 있었고, 지나치게 자신감이 있는 과대망상 지점에 이르렀다. "나는 모든 것을 알아요!" 그녀는 자랑스럽게 누구에게나 선포하며, 그녀 주위에 있는 어른들을 조작하고 구슬리며 칭얼거릴 수 있는 진화하는 능력과 자기 자신에 대해 매우 기쁘게 생각했다. 네 살 때, 그녀는 더 배웠다. 카메라 앞에서 자세를 취하는 방법과 어른들의 인정을 바라면서 영리하게 대답하는 것 등등이다. 그녀는 1~2년 동안 어린이 미인대회에서 덜 사랑스러운 참가자 중 한 명처럼 행동했다.

이러한 변화들을 목격하는 것은 고통스러웠다. 내가 그렇게 좋아하던 천진난만하고 재미있고 작은 아이는 어디로 간 걸까? 아아, 그 아이는 사라졌고 돌아오지 않았다. 물론 나는 아직도 나의 작은 친구를 사랑하고 소중히 여기지만, 아이였던 그녀의 손실 또한 슬퍼했다.

한편 그녀는 손실에 대한 나의 감각을 행복하게 망각시키며 계속 성장했다. 그녀는 그녀가 말한 '변기' 농담에 특히 만족했다(비록 다른 다섯 살 아이만 인정할 종류들이었지만). 하지만 그녀는 결국 변기 농담 단계로부터 벗어나와 읽고, 쓰고 자전거를 타는 방법을 배웠다. 친절하며 보호적인 그녀는 특히 학교에서 괴롭힘을 당하는 다른 아이들을 보살폈다. 그녀는 또한 엄마의 도우미이자 그녀의 남동생을 책임지는 큰 누나가 되었다(그녀가 힘들다고 불평하는 순간에도). 게다가 그녀는 같이 이야기하기에 재미있었다. 그녀는 흥미로운 것들을 이야기했으며 생각을 자극하는 질문들을 물었다. 내가 쓰는 것과 같이 그녀는 내부와 외부 모두가 사랑스러운 젊은 여성으로 성장하고 있었다.

나는 한때 내가 알았던 그 아이를 더 이상 그리워하지 않는다고 전하는 것이 기쁘다. 나는 아직도 그 시간을 사랑을 가지고 기억하지만 손실의 고통은 느낄 수 없다. 이제 그 기간은 가족 민속의 일부로 재미있는 이야기의 원천이 되었다. 그녀와 그녀의 남동생 모두 그들이 기억할 수 없지만 우리 나머지는 아주 잘 기억하고 있는 그 시간에 대한 이러한 이야기들을 듣는 것을 좋아한다.

내가 그 둘에게서 알아차린 것은 그들이 성장하는 아기였을 때에도 열정적이었다는 것이다. 그들은 커가면서 이 이야기들을 즐기고 있지만, 그들은 어렸을 때조차도 크게 될 수 있는 모든 가능한 것들을 했다. 그들은 열심히 움직이고 기어다니며 걸었다. 그들은 무한함과 교감하는 것 주위에 그저 놓이길 바라지 않았다. 그들은 지금 여기에서 온전히 삶에 관여하기를 원했다.

이 경험은 '영광의 구름자락'이 우리가 유아들에게서 볼 수 있는 무엇인지 또는 그들의 보호자인 성인들을 위한 것인지에 대해 나를 궁금하게 했다. 이는 어린아이들이 아닌 '영광의 구름자락'을 감사하는 사람들을 위한 것이다. (이것은 마치 아이가 학교까지 몇 마일을 걷는 것에 대해 우리 엄마가 말해 주던 이야기 같다. 엄마는 내가 걸어야 할 훨씬 짧은 거리를 감사히 느끼게 하고 싶어 했다. 그러나 난 그럴 수 없었다. 나는 그녀의 경험을 가진 적이 없었기 때문에 나의 쉬운 상황을 감사하는 데 사용할 수 없었다. 나는 나 자신의 경험이 있어야 했다.)

내가 나의 어린 시절을 돌아볼 때, 내가 가진 최초의 기억은 편도염으로 병원의 한중실에 있었던 것이다—많은 부모들이 담배를 피우던 나의 시대에 아이들에게 일반적이었던 일이다. 아마 내가 한 살 정도였을 것이다—명확한 선호를 가질 수 있는 나이지만 말로 표현하기엔 너무 어린 나이다. 간호사는 명랑하게 말했다. "나는 작은 아이를 데려올 거야." 나는 분명히 나의 실망에 대하여 기억한다. 내 말은, 당신이 아플 때 소리 지르는 아이를 정말 원하는가? 그렇지만 내가 무얼 할 수 있었을까? 나는 많은 걸 이야기할 수 없었으며 어쨌든 누구도 내 말을 듣지 않았을 것이다.

나는 어린 시절 동안 많이 느끼고 있었던 것을 기억한다—제어할 수 없는 느낌과 그럴 수 있기를 바랐던 것. 이 같은 추억은 유아기와 유년기가 유아의 관점에서 영적인 상태와 동등한지에 대한 여부에 대해 나를 회의적으로 만들었다.

5) 나란조의 SAT 모임은 20세기 초 동안 구르지에프에 의해 설립된 진실을 쫓는 사람들(Seekers After Truth, SAT)의 이름을 따서 지었다.

6) 본질의 각 성질은 9가지 에니어그램 지점 중 하나에 해당한다고 말하며, 비록 알마스는 설마 그렇다 하더라도 *Facets of Unity*(1998)을 제외한 책들에 드물게 에니어그램을 언급하고 있다.

7) 위니컷은 존재의 소멸이나 초기 발달의 피할 수 없는 부분으로 거짓 자아의 개발을 보지 않았다. 위니컷은 대신 심리적 행복(well-being)을 증진하는 초기 양육 환경과 건강한 양육 환경을 특징짓는 요소를 식별하는 것('충분히 좋은 엄마 되기' 같은)의 중요성에 대한 자신의 관심 대부분을 집중시켰다. 19장에 있는 로드먼(F. Robert Rodman)의 *Winnicott*(2003), 2장에 있는 샤프(Sharf)의 『심리 치료 및 상담에 대한 이론들(*Theories of Psychotherapy & Counseling*)』(2000)의 위니컷 작품에 대한 논의나 위니컷에 대한 논의는 다음을 참조하라. http://mythosand-logos.com/Winnicott.html; [2012-11-28에 인용됨].

8) *EM* 인터뷰, 2001년 6월, p. 19.

9) 다음은 몇 유명한 에니어그램 교사들로부터 자아와 본질에 대한 대표적인 의견들이다.

> 본질에 있어서 아이는 자유롭게 흐르는 에너지와 자아와 성격에 의해 강요되지 않는 의식인 무한한 의식 상태에 있다. 유년기 과정에 있어서 아이는 특정한 방법으로 고착된다. 이는 확고해지거나 성격의 특정한 유형에 갇히게 된다. —돈 리소

자아는 존재함의 실제 특성을 모방하려고 하지만 이는 인위적인 구조이기 때문에 그렇게 될 수 없다. … 우리는 중요한 본질적 특성들을 가지고 있지만 그것들은 우리의 자아에 의해 차단된다. … 고착은 (사실 전체 성격) 갇힌 부분과 같다.

–러스 허드슨

본질적 연결과 환경 연결을 대체하는 것은 영적 전통이 거짓 성격이라고 부르는 것이다. –헬렌 팔머

본문에서 내가 언급했듯이 이러한 의견들은 에니어그램 사회에서 매우 흔하다. 나는 이러한 발상들이 단지 관점이나 이론으로 보여지는 것이 아닌 받아들여지는 사실들의 정도로 이들을 설명하기 위해 여기에 포함했다.

10) 낮은 자아에 대한 참조는 높은 자아의 존재를 제안하지만, 이차조는 이것의 언급을 하지 않았다.

11) 프랑스의 알자스에서 열린 Enneagram Congress에서의 연설(2007-05-11~12).

12) 관점에서의 이차조의 변화는 '적으로서의 자아' 위치가 21세기 문화에 있는 대다수의 사람들에게 더 이상 관심이 없다는 인식 때문이다.

13) 워싱턴 D.C.에서의 국제 에니어그램 협회 컨퍼런스(2004년 8월).

14) 강제적으로 표현하는 부정적인 감정들의 카타르시스 가치에 대한 1960년대 이후의 주장에도 불구하고 (프라이멀 스크림 요법과 게슈탈트 심리학 같은 공통적인 접근) 연구는 이 접근이 감정적 충돌을 거의 해결하지 못한다는 것을 보여 준다. 예로 에일린 케네디-무어와 잔 왓슨(Eileen Kennedy-Moore & Jeanne C. Watson)의 *Expressing Emotion: Myths, Realities, and Therapeutic Strategies*(1999)을 참조하라.

15) 알마스는 *Facets of Unity*(1998)에서 "전체에서 개별적임의 망상은 9가지 형태를 취하며, 9가지 신성한 개념의 손실을 나타낸다"(p. 12)라고 언급했다.

16) 발달의 다른 단계에서 전개할 수 있는 병리에 대한 설명으로는 4장에서 윌버의 *Transformations of Consciousness*(1986), pp. 107-126이나 8장에서 『통합심리학』(2000)의 The Self and Its Pathologies(pp. 91-100)을 참조하라(11장에 있는 논의 또한 참조하라).

17) 1960년대의 젊은이로서 나는 사람들이 환각제를 통해 더 높은 상태를 발견하는 것과 자아를 없애는 것은 이러한 상태로 접근하는 방법이라고 믿게 되었던 것을 아주 잘 기억한다. 설명을 위해서 나의 글을 참조하라. '프로이트의 에니어그램 해체하기', 이는 나의 웹사이트에서 볼 수 있다. http://www.enneagramdimensions.net/articles/type_is_with_us_at_birth_part_II.pdf#start.

18) *Flourish*(2011), p. 54.

19) 긍정 심리학에 대한 더 자세한 내용으로 셀리그먼의 웹사이트를 참조하라(http://www.authentichappiness.sas.upenn.edu/Default.aspx). 또한 긍정 심리학의 배경과 연구로 *American Psychologist*의 2000년 1월 호를 참조하라.

20) 『위대한 가르침을 찾아서』(1977/2001), p. 164.

21) 『위대한 가르침을 찾아서』(1977/2001), p. 310.

22) *The Intelligent Enneagram*(1996), p. 138.

6 과정 에니어그램

이상적인 식사는 품질의 전체 스펙트럼을 포함한다. 이러한 식사는 온도가 알맞고, 알맞은 모습을 하고 있으며, 알맞은 맛이고, 몸에 영양분을 공급하며, 감정을 풍부하게 하고, 생각을 키우며, 지역 사회를 키운다. 이상적인 식사는 성찬이다.

–A. G. E. 블레이크

인간의 삶은 무엇인가? 이는 어디에서 오며 무엇에 관한 것인가? 그리스인들이 행복주의(eudaimonia)라고 불렀던 성취하는 의미에서의 행복한 인생의 진로는 어떻게 정할 수 있을까?

이러한 질문들에 답하기 위해 진화의 순수한 생물학적 모형을 살펴보면 우리가 1장에서 언급한 바와 같이 우리는 매우 빠르게 이러한 모형의 한계에 부딪치고 있다. 질적인 관점에서 인간의 삶을 평가하는 과학적 유물론의 한도 내에서 간단한 방법이란 없다. 이것은 과학적 유물론 패권에 대한 켄 윌버의 이의 중 하나다.

과학적 유물론을 넘어 무언가에 뿌리를 두고 있는 진화의 관점을 포용하는 우리의 시야를 확장한다면 우리는 우연의 요소를 포함하는 임의의 과정이 아닌 진화적 경로를 상상할 수 있지만 타고난 욕망으로 인해 발생하는 의도적 과정은 온우주에 생기를 불어넣는 보편적인 지능에 조율한다.

이 보편적인 지능은 구르지예프가 에니어그램의 속성을 정의하여 고려한 것과 같은 지능이다. 이것은 그가 "모든 지식은 에니어그램에 포함될 수 있다"고 주장한 이유다.[1] 지능과 기하학적 상징을 연관시키는 게 이상한 것처럼 보인다면, 이는 단지 현대성이 피타고라스학파와 다른 심오한 학파에 의해 알려진 상징적인 지혜의 특정 형태와의 접촉을 잃었기 때문이다. 이러한 학파들의 잃어버린 비밀 중 하나는 신성한 지식의 특정한 형태를 '고정'하기 위해 기하학적 형태의 능력에 관한 것이며, 이것은 특정한 형태가 신성한 것으로 설명되는지에 대한 이유다.[2]

구르지예프에 의하면 에니어그램은 한 형태 같은 것이다—이는 그가 그 가르침의 중요성뿐만 아니라 실제 기하학적 구조 또한 중요하다고 강조하는 이유다.

현재 우리가 '에니어그램'이라고 부르는 기하학적 형태는 겉보기에는 아무 연관 없는 두 가지 목적을 위해 사용된다. (a) 성격 유형으로 볼 수 있는 9가지 관점을 발견하기 위해, 그리고 (b) 9가지 전형적인 단계를 포함하는 변형적 과정의 본성을 묘사하기 위해서다.

그러나 기하학적 구조가 동일하다면 어떻게 두 에니어그램 체계가 완전히 다를 수 있을까? 나는 궁극적으로 그것들이 그럴 수 없다는 결론을 내렸다.

하나의 기하학적 구조 = 하나의 체계

유일한 문제는 두 체계를 하나로 만드는 잃어버린 고리를 발견하는 것이었다. 그리고 이것은 그리 쉬운 일이 아니었다.

그러나 나는 마침내 네이선 베르니에(Nathan Bernier)의 *The Enneagram: Symbol of All And Everything*(2003, pp. 325-337)의 짧은 부분을 읽으며 그 고리를 발견했다. 이 부분은 다음과 같은 질문으로 시작한다. "어느 지점에서 우리의 노력이 실패하는가?" 저자는 에니어그램 원에 각 9가지 단계에서 발생하는 문제를 설명하는 방식으로 이 질문을 다루면서 진행해 나간다. 여기서 각 단계는 우리가 변형적 작업에 들어가는 것을 통해 단계를 대표한다. 베르니에의 책은 성격 에니어그램이 아닌 구르지예프 (과정) 에니어그램에 관한 책이라는 사실에도 불구하고 이러한 문제의 대부분은 '고착' 유형의 설명들과 유사하다. 따라서 그 문제에 대한 베르니에의 분석을 읽는 것은 과정 에니어그램의 변형의 9가지 단계와 성격 에니어그램의 9가지 유형과 그들 각자의 동기 사이의 명확한 유사성을 분별하는 것을 가능하게 했다.

내가 두 체계를 병치할수록 유사성은 더 나타났다. 그러나 또 등장한 것은 핵심동기(우리 유형에 의해 결정되는 것)와 우리의 사명 또는 삶의 길 사이의 관계 탐구에 대한 접근의 윤곽이다.

이것은 새롭고 예상치 못한 발달이었다. 왜냐하면 이것은 사명을 추진하는 내부 역동을 완전히 이해하도록 사람들을 돕는 잠재력을 가지고 있기 때문이다. 이것이 마지막 세부사항까지 설명하는 것은 아니지만, 이것은 우리의 핵심동기가 우리 유형의 누군가와 특히 관련이 있는 도전, 태도 및 교훈의 종류를 어떻게 결정하는지에 대하여 설명한다.

예를 들어, 이것은 다른 사람들이 훌륭한 기계적 또는 지적 정밀도를 요구하는 작업을 추구할 때, 한 사람이 인도주의 활동에 종사하는 경우 삶을 가장 '화합하는' 것으로 보이는지에 대한 이유를 밝힐 수 있다. 또는 다른 사람들이 더 많은 구조로 기능을 최적화할 때, 어떤 사람들이 혼란 또는 새로운 상황에서 최선을 다하는지에 대한 이유다. 또는 한 사람의 영적 경로가 다른 사람의 영적 막다른 길인지에 대한 이유다.

이것들은 해결해야 하는 중요한 문제다. 왜냐하면 대부분의 사람들은 '모두 다르다'고 이론적으로 믿고 있기 때문에 현실에서 개인은 좀 더 기본적이고 가치 있으며 올바른 또는 다른 사람의 관점보다 객관적인 관점으로 자신의 관점을 보는 경향이 강하다. 이것을 깨닫지 않고 우리는 문제를 해결하기 위한 가장 좋은 방법은 '올바른' 관점을 다른 사람들이 전환하게 하는 것이라고 믿는 경향이 있다. 따라서 에니어그램 작업을 하는 것의 가장 큰 장점 중 하나는 관점을 바로잡을 사람이 없다는 것을 깨닫게 되는 것이다. 사람들은 진정으로 서로 다른 관점을 가지고 있다는 것과 문제-해결은 하나의 관점이 아닌 여러 관점으로부터 씨름하는 것으로 가장 잘 달성된다는 것이다.

하지만 나의 경험에서 이 작업은 다음과 같을 때 더욱 향상되었다. (a) '잠재적인 유형' 관점을 채택하는 것과 (b) 원에 유형의 위치가 인간 진화에서 수행하는 역할에 미치는 영향을 보기 시작할 때다. 나는 이 역동을 *Archetypes of the Enneagram*(특히 4장과 7장을 참조하라)에서 탐구하기 시작했다. 나는 여기서 그 탐구를 이어간다.

이 장에서 우리는 변형적 과정을 설명하는 데 사용하는 것으로 J. G. 베넷(J. G. Bennett), A. G. E. 블레이크, 그리고 베르니에와 같은 이론가들에 의해 음식이 식사가 되는 변형과 같이 구르지에프의 에니어그램을 보는 것으로 시작할 것이다. 그런 다음 우리는 변형의 다른 종류를 설명하는 데 사용할 수 있는 방법을 살펴볼 것이다. 극적인 이야기에서 성격의 변형이 그것이다. 우리는 18개의 성격 날개 유형을 변형적 원호를 횡단하는 것을 가정해서 보는 에니어그램 가상 여행과 함께 끝낼 것이다.

변형의 기하학적 구조

과정 또는 변형적 에니어그램은 20세기 초에 G. I. 구르지예프에 의해 가르쳐진 독창적인 에니어그램이다. 이름에서 알 수 있듯이 시간이 지남에 따라 무언가를 변화시키는 방법에 초점을 맞춘다. 따라서 9개 지점으로 된 과정 에니어그램은 변형적 과정을 9가지 단계로 나눈다([그림 6-1]). *Enneagram Studies*에서 베넷은 에니어그램은 "사건과 그것이 일어나는 방법을 보는 가장 간단하고 자연스러운 방법"이라고 이야기하였다(p. 22). 이것은 생물의 생활 주기, 발명의 창조 또는 극적인 이야기의 전개를 설명할 수 있다. 이것이 무엇을 설명하든 에니어그램에 묘사된 그 과정은 본질적으로 변형적이거나 연금술적이다. 이는 원시적 또는 변화되지 않은 물질들로 시작하며 더 높은 형태로 이러한 물질들을 구현하는 산물로 끝난다.

변형적 과정의 본성은 종종 레스토랑에서 식사를 요리하는 예를 사용하여 설명된다. 이 과정에는 본질적으로 세 단계가 있다. 바로 준비, 실행, 그리고 달성이다([그림 6-2]).[3] 다음에서 우리는 행동의 과정 에니어그램을 보는 연습으로 각 단계를 따라 이어나갈 것이다.

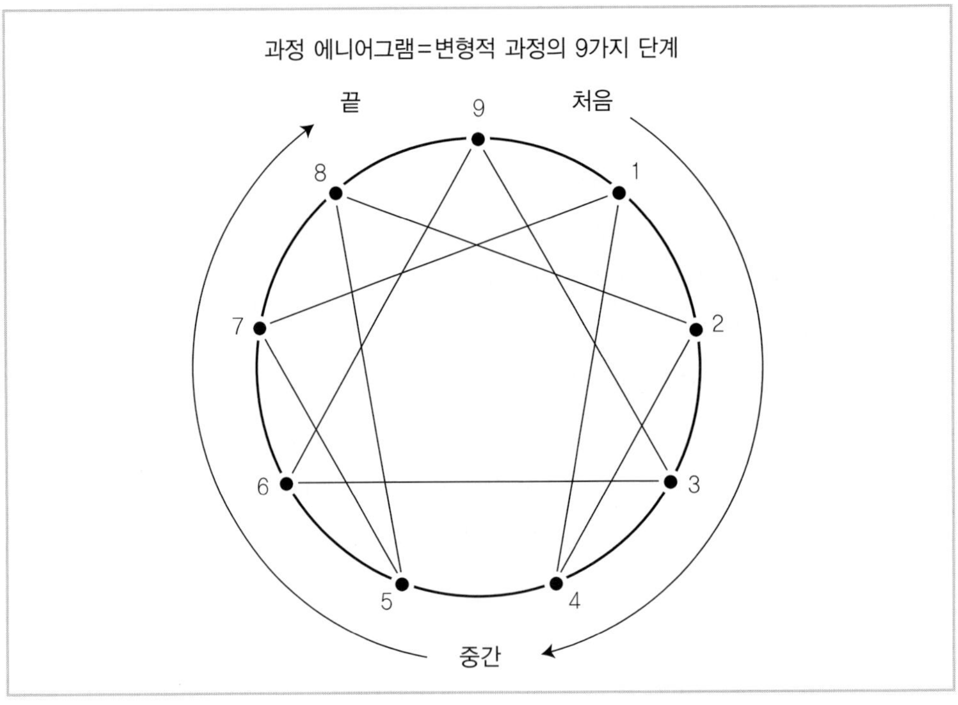

그림 6-1 과정 에니어그램

그러나 몇 가지 관찰들은 사전 순서에 있다. 첫째, 본래 3장에서 언급된 것과 [그림 3-5]에서 표시된 것과 같이 과정 에니어그램에 의해 묘사된 주기는 실제로 상향적 추세를 보이는 나선형이다. 이는 [그림 6-2]에서 소화의 종료 지점이 처음의 시작점보다 더 높은지에 대한 이유다. 과정 에니어그램 이론에 따르면 변형은 제로합게임이 아니라는 것을 의미하지만, 오히려 이것은 우리가 발달의 다음 단계의 기초를 형성하는 것을 지나오면서 각 단계가 누적되는 과정이다(변형에 대한 윌버의 '초월-포함' 접근과 일치하는 발상).

둘째, 다음의 단계별 과정 설명에서는 연결 지점에 대한 참조가 있으므로 과정 에니어그램에서 연결 지점의 역할을 이해하는 것이 유용하다.

성격 에니어그램에서의 연결 지점들은 다른 성격 관점들 사이의 관계를 묘사한다. 과정 에니어그램에서 이것들은 변형의 두 가지 측면을 상징한다. 영원한 것(내부 삼각형 지점인 3-6-9로 대표되는 것)과 끊임없이 변화하는 것(헥사드 지점인 1-4-2-8-5-7로 대표되는 것)이 그것이다. 우리가 변형적 과정의 물리적인 부분들을 원 주위의 경로로 생각한다면(0-1-2-3-4-5-6-7-8-9 지점을 횡단하는), 내부 삼각형 지점(3-6-9 지점)을 연결하는 선들은 과정이 일어나는 곳 내에 한도를 정의하며, 헥사드를 연결하는 선들은 시간을 통해 앞뒤로 에너지의 흐름(의도, 생각 및 감정)을 설명

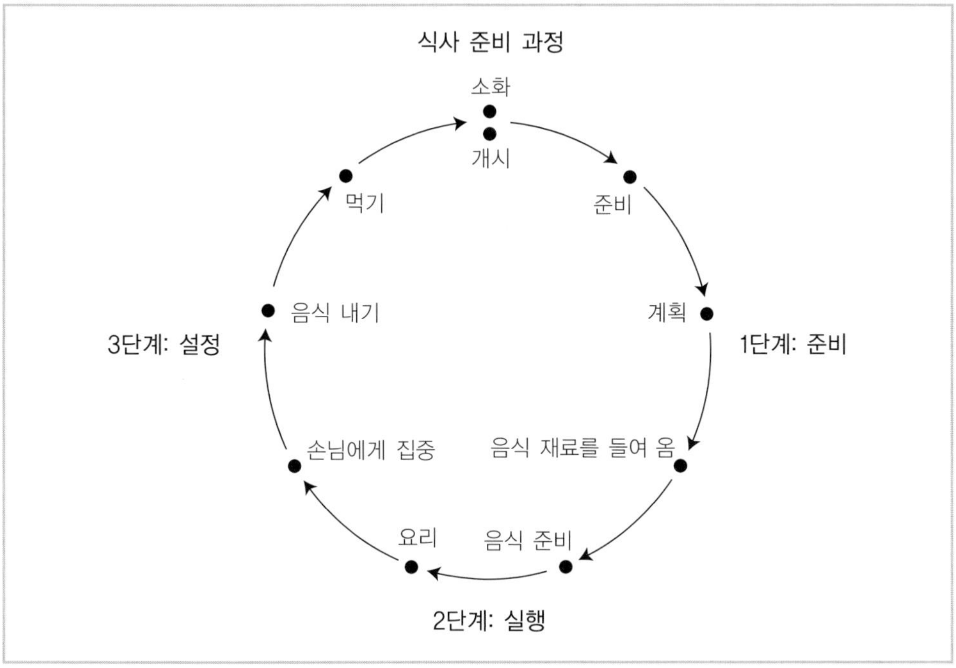

그림 6-2 변형적 과정으로서의 식사 준비 과정

한다.

비록 이 장과 다음 장에서의 우리의 주요 초점은 변형의 물질적 과정에 있지만 각 단계에서 무엇이 전개되는지 연결 지점들의 영향에 대한 약간의 논의 또한 있을 것이다.[4]

3가지 주요 단계

앞에서 언급했듯이 음식을 완전히 준비된 식사로 변형시키는 과정은 3가지의 주요 단계로 구성되어 있다. 준비, 실행 그리고 달성이 그것이다. 다음에 각 단계를 설명해 놓았다.

1단계(준비)는 에니어그램의 맨 위에서 시작된다. 우리는 주방장으로서 어떤 종류의 식사를 준비할까를 상상한다. 그러고는 우리의 이 상상은 식사를 만들어 내는 활동을 실제로 계획해야 한다고 우리를 압박한다. 이는 0/9지점으로부터 1지점으로의 이동을 의미하며, 여기서 우리는 새로운 주기를 시작한다. 1지점에 가면 우리는 주방에 있다. 이 주방에는 직원들과 도구들이 갖춰져 있고, 요리를 시작할 준비가 되어 있다. 우리는 일을 미리 생각해 두고 시작해야만 한다. 맨 먼저 음식 준비를 위해 어떤 도구가 필요할지 결정하는데, 이는 4지점에서 시작한다. 그러고는 7지점에서 식사를 대강 머릿속에 그려 보는 상상을 해야 한다. 구체적인 계획 단계로 접어들수록(2지점) 우리는 이 식사를 특별하게 만들기 위해 신경써야 한다. 우리는 또한 식사 만드는 과정을 훨씬 더 구체적으로 그리기 시작해야 한다. 특히 궁극적으로 식사가 먹는 사람(8지점)에게 내어질 것이므로 준비(4지점)와 완성된 식사에 대해 생각해야 한다.

2단계(실행)는 식사의 정신적인 준비에서 실제적인 준비 단계로 가는 극적인 변화와 함께 시작된다. 3지점에서는 음식이 과정으로 들어오게 되면서 4지점은 식품 원료가 선택되고 요리를 위해 준비되는(변형) 때인 식사 준비의 초기 단계를 나타낸다. 이 시점에서 정신적 계획이 구체적인 현실로 바뀌기 시작한다. 그렇기 때문에 이 시점부터는 더 큰 수준의 전념을 들이게 된다. 이게 바로 우리가 하고 있는 것이 우리의 원래 의도와 정말 조화를 이루고 있는 것인지 확실히 하기 위해서 실제 식사 준비의 초기에 자주 머릿속으로 재확인하는 것(1지점, 2지점과 연결되면서)이 우리에게 중요한 이유다. 2지점과 연결되는 것은 또한 우리가 하고 있는 일에 신경을 쓰는 능력을 유지하는 것을 의미한다.

4지점에서는 우리가 지금 하고 있는 일에 더 진지하게 전념해야 한다. 하지만 이 지점에서는 우리의 계획이 아직 확정되어 있지 않다. 우리가 내린 결정들을 아직 변경할 수 있다. 따라서 만약 실수가 발견되어도 아직 이를 고칠 수 있다. 하지만 준비 과정이 진행될수록 요리과정을 바꾸는 것은 점점 더 어려워진다. 4지점에서 5지점으로의 변환은 음식을 요리하기 시작하는 것에 대한 돌이킬 수 없는 결정을 나타내며, 이 지점에서 영구적인 변형이 일어나기 시작한다. **5지점**에 도달하면 요리는 한창 진행 중인 상태다. 여전히 확인은 하고 있지만, 이제는 음식이 어떻게 내어놓아질지(7지점)와 식사 경험 자체(8지점)를 예상하는 때다.

6지점이 되면 활동의 중심지가 주방에서 식당으로 바뀌면서 또 다른 극적인 변화가 일어난다. 주방장으로서의 우리의 역할은 한 걸음 뒤로 물러서서 음식을 내가는 종업원에게 무대를 내어 줌으로써 평가를 하기 위해 식사를 하는 사람에게 음식이 내어질 수 있도록 하는 것이다.

3단계(달성)는 식사가 나가기 위한 최종 준비가 완료되는 단계다. 식당 주인, 주방장, 직원들이 자신의 상상, 계획, 준비가 식사 경험을 실제로 평가해 줄 고객들의 수요를 충족시켜 줄지의 여부를 곧 확인하게 되는 단계를 말한다.

7지점은 종업원에 의해 음식이 내어지는 것을 나타내며, 이 종업원은 원래 어떤 음식이 주문되었었는지(1지점)와 음식이 따뜻할 때 나갈 수 있게(5지점) 언제 음식을 내는지의 여부를 반드시 인지하고 있어야 한다. 만약 음식이 내어진 모습이 식욕을 돋우지 않는다면 이는 전체 과정을 간단히 단축시켜 버릴 수 있다(음식이 식었거나 접시가 엉성하게 배열되었을 때의 경우와 마찬가지로). 식사를 하는 사람이 음식이 내어진 모습에 불만스러워하면 식사를 거부할 수도 있다. 그렇지 않고 음식이 내어진 모습에 특히 만족스러워하는 식사자라면 그는 5지점(어떻게 음식이 내어지게 되었는지를 궁금해 하는 것)이나 1지점(음식이 내어진 모습의 독창적인 구상에 감탄하는 것)과 연결될 수 있다.

하지만 최종적인 평가가 내려지는 것은 **8지점**에서인데, 이는 식사하는 사람이 실제로 음식을 맛보는 때이기 때문이다. 이 지점에서는 보통 종업원이 식사자에게 "모든 것이 괜찮은지"를 물으며 긍정적인 반응을 바란다. 음식이 잘 받아들여지면 종업원은 안도의 한숨을 내쉰다. 그의 일이 완료된 것이다. 마찬가지로 식사자도 만족스럽다. 이들은 자신이 원했던 것을 받았다. 따라서 다시 요리를 해야 하거나(5지점) 다른 음식을 골라야 할 필요가 없다(2지점).[5)]

9지점으로의 이동은 또 다른 강한 변화를 불러오는데, 이는 9지점이 한 주기의 종료와 또 다른 주기의 시작과 연결되어 있기 때문이다. 식사자에게 이 지점은 음식이 소화되고 몸으로 흡수되는 숨겨진 과정을 나타낸다. 종업원에게 이 지점은 테이블을 치우고 다른 식사자들을 위해 다시 테이블을 세팅하는 것을 의미한다. 주방 직원에게 이 지점은 더러워진 식기들을 설거지하고 (영업 마감 때가 되면) 주방 전체를 청소하며 다음 날을 위한 준비를 하는 것을 나타낸다. 주방장에게 이 지점은 그날의 메뉴의 성공 여부를 평가하고 다음 날에는 어떤 요리를 낼까 생각하는 것을 나타낸다. 식당 주인에게 이 지점은 그날의 매상을 계산하고 그 특정한 날의 식당의 전체적인 운영에 대해 평가하는 것을 의미한다. 이렇듯이 상징적으로 9지점은 그 전 주기로부터의 배움이 이해되고 그 배움이 미래에 또 다른 배움을 얻을 수 있는 경험이 되는 지점인 것이다.

진화의 본성

J. G. 베넷이 그의 저서 *Enneagram Studies*의 10페이지에 꽤 명확하게 서술해 놓은 것처럼, 식사를 만드는 과정의 예시는 인간 의식의 변형에 대한 비유로 특히 적절하다. 베넷은 우리가 삶에서 3가지의 다른 과정에 엮여 있다고 말한다. 이는 삶에서 여러 가지 경험을 겪고, 개인의

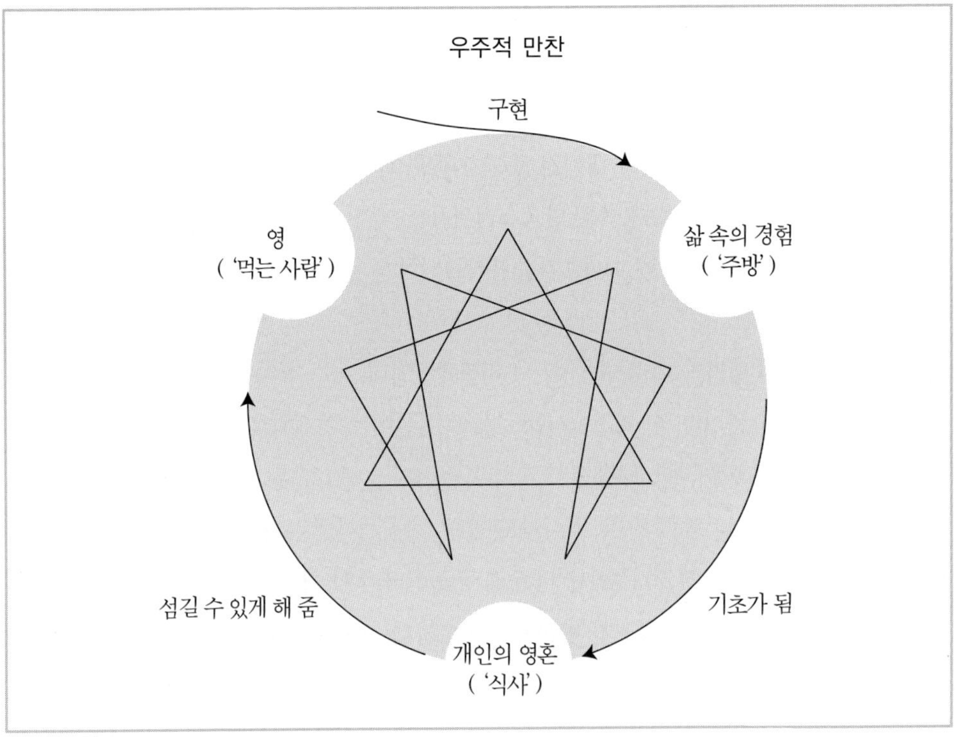

그림 6-3 경험은 영성의 양식이 되는 영혼을 낳는다

영혼을 성장시키고, '무언가 훌륭한[영적] 목적'을 섬기는 것을 말한다. 그는 이 주방 비유를 사용해서 우리의 삶의 경험은 주방에, 우리의 영혼은 식사에, 영은 식당에 비유했다('우주적 만찬'을 위한 배경을 나타낸다; [그림 6-3]).

우리는 이 비유를 통해서 우리가 삶에서 융이 명명한 '성격'을 발달시키도록 해 주는 경험들을 하면서 발전한다는 것을 추측해 볼 수 있다. 나는 이 성격이란 용어를 성숙한 또는 발달된 성격, 아니면 특성을 가진 성격(예를 들어, 진정한 영적 작업의 토대로서 도움을 주는 종류의 성격)이라고 명명하고 싶다.

이 모형의 가장 흥미로운 부분들 중 하나는 이 모형이 영성에 대한 섬김 지향적 접근법에 기초하고 있다는 것이다. 이 접근법에서는 영적 발달의 목적이 우리 자신보다 더 큰 무언가를 섬기는 것이다. 이런 상황이 일어나면 우리는 더 큰 전체의 부분이 된다. 명백하게 홀라키적인 이런 접근법은 어떻게 온우주의 한 수준(개인의 수준)에 있는 독립체가 더 높은 수준에 있는 에너지를 활동적으로 취하는지를 설명하기 위한 방식을 제공한다.

하지만 변형전이를 하려면 우리는 우리를 한 수준에서 다른 수준으로 뛰어오르게 해 줄 특별한 자극제가 필요하다. 에니어그램 문헌들에서 충격이라고 언급되어 있는 자극제가 그것이다. 우리가 변형적 도약을 일으키기 위해 충격을 필요로 하는 이유는 각 수준이 질적으로 뚜렷이 다르기 때문이다(예를 들어, 감정 세계가 논리 세계와 다른 것처럼 말이다). 그래서 수준을 분리시키는 '도약'을 하는 데에는 더 많은 에너지를 필요로 한다.[6]

에니어그램에는 3개의 충격 지점이 있다. 다음에 이들 각각에 대한 설명이 있다.

에니어그램 충격 지점

[그림 6-4]는 3개의 충격 지점을 설명한다. 이들은 이전 단계에서 다음 단계로의 단순한 진전이 아닌, 강조점의 주요 방향 전환을 수반하는 단절(중단, 불연속)인 변화를 묘사하고 있다. 이와 같이 한 기준틀로부터 다른 기준틀로, 그에 더하여서 이 과정을 혁신적인 방식으로 바꿀 잠재력을 가진 새로운 에너지로의 소개로의 변화가 일어난다.

이 단절(중단, 불연속)은 불확실성의 느낌('위험 요소')을 이 혼합체에 들여놓는다. 이 불확실성은 변형이 일어날 수 있는 극적인 긴장과 환경 모두를 일으킨다.

우리의 주방 예시에서 첫 번째 충격 지점에서는(3지점) 음식이 과정으로 들어온다. 이것의 어떤 부분이 충격적인 걸까? 꽤 많은 부분에서 그렇다. 모든 주방장이라면 이에 대해 매우 잘

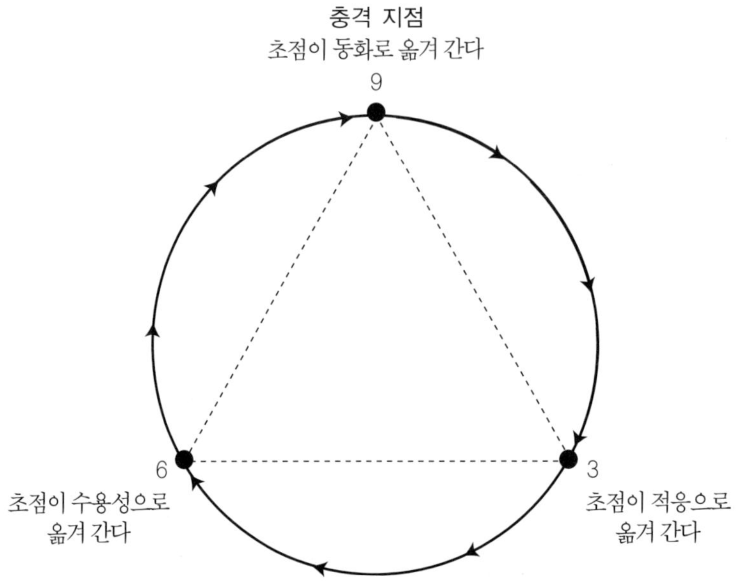

그림 6-4 3가지 충격 지점: 새로운 무언가가 과정으로 들어오는 곳

알 것이다. 요리사가 쓰려고 계획해 놓았던 음식이 없다고 가정해 보라. 또는 그 음식의 질이 안 좋은 것으로 밝혀졌다면? 아니면 음식 재료가 일정대로 도착하지 않았다면? 이것들은 실제로 음식 재료가 도착하고 나서 잘못될 수 있는 수많은 상황들 중 일부일 뿐이다. 그리고 이 시점은 요리사가 다시 순서를 밟아 새로운 메뉴를 만들든지(2지점) 그의 접근법 전체를 재개념화하든지(1지점)를 선택할 수 있는 때이기도 하다. 음식이 괜찮은 상태일지라도 계획에서 실행으로의 이동은 초점의 주된 방향 전환을 의미하는데, 왜냐하면 이때가 주방 직원이 처음으로 이 재료들을 실제로 갖고 지속적인 업무(참여함)를 요하는 방식으로 작업해야 하는 때이기 때문이다(적응).

두 번째 충격 지점에서는(6지점) 음식이 요리되어 있다. 하지만 음식은 주방을 떠나면서 다시 완전히 다른 영역으로 들어선다. 식당의 영역이다. 그래서 다시, 행동 기준이 이번에는 전보다 더 철저히 바뀐다. 이는 충격 1지점에서는 행동만이 바뀌지만(계획이 실행으로 바뀌는), 충격 2지점에서는 행동의 변화(식사를 만드는 것에서 손님을 만족시키는 것으로의 변화 = 수용성), 역할 수행자들의 변화(주방장에서 종업원과 손님으로의 변화), 그리고 힘의 역동의 변화(왜냐하면 이제는 주방장이 아닌 손님이 주도권을 쥐고 있기 때문이다)가 일어나기 때문이다. 이 지점에서 중요한 것은 음식이 내어진 것에 대한 손님의 반응(7지점)과 이를 먹는 것(8지점)이다. 만약 식사가 손님의 관점에서 적합하게 준비되었다면 목표의 실현은 완료된 것이다. 만약 그렇지 않다면 반드시 새로운 식사가 준비되어야 한다(5지점). 8지점에서의 성공은 2지점에서의 상상(손님이 원하는 것을 반드시 예측해야 하는 지점)과 5지점에서의 이해(원하는 것을 충족시켜 줄 수 있는 방식으로 식사를 요리해 내는 방법의 이해)가 실행되는 정도에 많은 부분이 달려 있다.[7]

세 번째 충격 지점(9지점)은 굉장히 신비롭다. 이 지점에 대해서는 쓰인 바가 거의 없는데, 이 지점은 변형 과정의 필수적인 부분이다. 나는 이를 높은 수준의 연금술적 과정,[8] 즉 자기의 더 큰 온우주로의 통합과 연관 짓고 싶다(= 동화).

극적인 이야기로서의 삶

지금까지 우리는 음식을 식사로 변형시키는 측면으로 변형을 살펴보았다. 이 접근법은 Fourth Way(구르지예프 파) 선생들이 이 체계를 소개하기 위해 종종 사용하는 방식이다. 과정

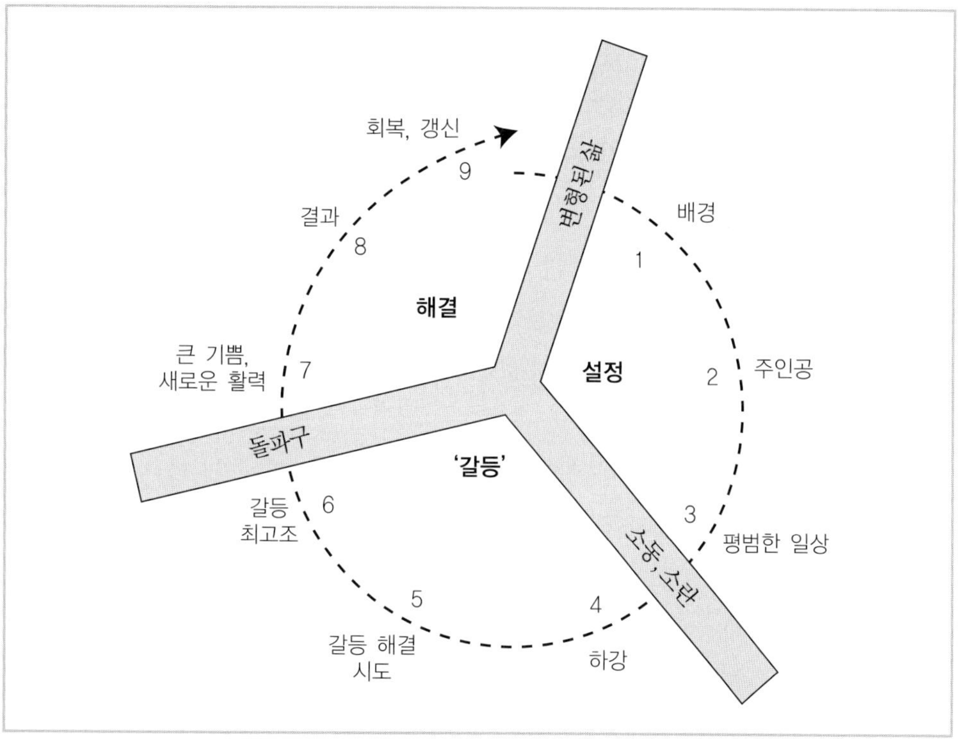

그림 6-5 이야기의 3가지 부분

에니어그램을 이해하는 또 다른 방식은 극적인 이야기 관점이다. 블레이크는 이 접근법을 좋아해서 그의 책 11장에서 아놀드 슈왈제네거(Arnold Schwarzenegger)의 두 영화인 〈터미네이터(The Terminator)〉와 〈토탈리콜(Total Recall)〉을 설명하기 위해 이 방식을 사용했다.

나도 이 접근법을 좋아하는데, 왜냐하면 이 방식은 사람들이 어떻게 세상을 이해하는지를 설명하기 위해 인지심리학에서 사용하는 이야기 문법 접근법과 비슷하기 때문이다. 자신들의 개인적인 이야기를 들려줌으로써(그리고 이를 살아감으로써) 말이다. 이 이야기들은 과정 에니어그램 위에 짜일 수 있는 특유의 구조를 갖고 있다.[9)]

우리는 이 이야기 지향적 접근법을 이용해서 다시 한 번 변형적 과정을 3가지 부분으로 나눌 수 있다. 설정, '갈등', 그리고 해결이 그것이다([그림 6-5]를 참고하라).[10)] 여기서 우리는 1지점을 시작 부분으로 여길 것이지만 0지점에서 1지점으로의 변화를 이 과정의 부분으로 포함시키는 것도 가능하다. 왜냐하면 이 지점이 새로운 무언가가 일어나기 시작하며 극적인 전개를 위한 추진력을 만들어 내는 부분이기 때문이다.

설정(1-2-3지점). 이야기의 이 부분에서 우리는 이야기의 독자로서(또는 영화의 관람객으로서) 이야기를 이해하기 위해 필수적인 정보를 제공받는다. 내용의 장르, 구조, 이야기가 일어나는 곳의 문화적 배경 같은 것들이다(1지점). 전체 이야기에서 이 부분은 '그저 배경'이기 때문에 간과되기 쉽다. 하지만 이 지점 없이 우리는 이 이야기에 공감하고, 작가의 의도에 연결될 수가 없다. 도덕적, 사회적 또는 정치적 갈등을 포함하고 있는 이야기에서는 규범이 되는 기준을 이해하는 것이 나중에 일어날 갈등을 알아보고 이해하는 데 매우 중요하게 된다.

2지점에 이르면 우리는 이야기의 등장 인물들과 그들 간의 관계를 알게 된다. 이는 우리로 하여금 이야기 속 상황이 심각해질 때 인물들에게 공감할 수 있게 해 주기 때문에 중요하다. 반대로 인물들이 마음에 들지 않거나 재미가 없을 때는 다른 이야기를 찾기 위해 이 이야기를 떠나게 될 수도 있는 지점이기도 하다.

3지점에서 우리는 인물들이 보통의 일상에서 어떻게 지내는지를 바라본다. 이들의 습관은 무엇인지, 서로 어떻게 지내는지, 하루를 어떻게 보내는지 등등 말이다. 여기서 어떤 인물들이 안정적이고 잘 적응하는지, 또는 그렇지 않은지를 본다. 보통은 주인공들의 통제를 벗어난 내적 또는 외적 사건들 때문에 이러한 대응기제가 무너지게 될 때 앞으로 일어날 일에 대한 전조가 있다. 하지만 이 지점에서는 아직 실제 중요한 일이 일어나지 않는다. 실제 행동은 문제 해결에 대한 주인공의 더 새롭고 창조적인 접근법을 개발하는 능력을 시험하는 촉발 사건과 함께 시작된다.

이렇듯이 도입 단계의 목적은 등장인물들을 소개하고 모든 차후의 활동이 판단되는 규범을 세우는 것이다. 이야기의 성공적인 도입부는 우리를 또 다른 세계로 끌어들이며, 거기서 앞으로 전개될 사건들에 흥미를 갖게 한다.

'갈등'(4-5-6지점). 이 단계에 대해 우리가 어떻게 생각하든지—미지의 곳으로의 여행, 영웅의 여정, 또는 깊은 것으로의 하강 등—이 지점은 주인공이 자신의 결단력, 독창성, 용기를 전례가 없었던 정도로 시험하는 어려움을 겪는 단계다. 이 단계를 '갈등'이라고 부르는 것은 주인공이 자신의 일상 밖으로 내던져져 알려지지 않은 곳으로 뛰어들어지게 되면서 수반된 도전들의 알려지지 않은 본성과 이들이 느끼는 불안감을 강조한다.

4지점은 이야기가 의도된 대로 전개될 수 있도록 하는 방식으로, 주인공이 처음으로 자신에게 일어나는 변화들을 포용해야 하는 필요에 진정으로 직면하게 되는 때다. 이를 '하강'이라고 부르는데, 왜냐하면 이 지점은 자기 자신 안으로 더 깊이 파고들어 가는 방식을 통해서만 전개되고 있는 상황에 계속해서 관여할 수 있는 지점이기 때문이다. 4지점에서는 주인공이 앞으로 전개될 상황이나 사건에 반드시 감정적으로 관여함으로써 그것이 그의 삶에서 의미 있는 사건이 되게 하는 지점이다. 이는 그에게 지속할 수 있는 추진력을 준다. 이 감정적 관여는 종종 자신의 더 깊고(그리고 더 어두운) 감정과 맞물리는 것을 포함하는데, 이는 왜 정신 내의 변화되지 않은(그림자) 요소에 의해 늪에 빠지게 되는 위험이 있는 어두운 심리적 영역으로 사람들을 들어가게 할 수 있는지에 대한 이유이기도 하다. 그래서 초기의 반응이 보통 현재 상황을 유지하기 위한 약한 시도들을 수반하는 거부인 것은 놀랄 일이 아니다. 앞으로 나아가는 유일한 방법은 문제를 그 자체로 직면하는 것이다. 그 문제를 해결하기 위해서 꼭 필요한 무언가를 하는 것에 감정적으로 전념하기 위해서 말이다. 주인공이 이를 깨닫게 될 때, 극적인 사건이 전개되기 시작한다. 그리고 주인공은 변화하기 시작한다.

4지점에서 5지점으로의 흐름은 인물들이 자신의 내적 응어리를 충분히 헤쳐 나갈 수 있어 왔기에 문제에 대한 지속적인 관여로 인한 감정적인 짐을 견딜 수 있어 왔다는 것을 의미한다. 그래서 이 지점에서 이들은 본격적으로 문제 해결 방식에 돌입하며 해결 방안으로 향하는 길을 모색한다. 처음에는 이들의 해결 방식은 가장 효과를 보기 위해 너무 습관적인 사고에 뿌리박고 있다. 그리고 그 해결책들은 정말 불만한 실패로 돌아가곤 한다. 다른 해결 방식도 시도해 보지만 이 역시 불만족스러운 결과를 낳는다.

하지만 그럼에도 불구하고 인물들이 문제 해결에 효과가 없을 모든 것에 대해 이해해 갈수록 배움은 쌓여 가게 된다. 동시에 이들은 점점 더 지쳐가고 낙담해 간다. 그 결과로 이들이 경험하는 고통은 이들에게 남아 있는 모든 부정적 성향을 끄집어낸다. 하지만 이때에는 숨겨져 있던 남은 힘과 보이지 않는 고결성도 나올 수 있다.

이 시기는 제삼자인 관찰자로서의 우리가 비슷한 상황에 처해 있었던 때를 기억하면서 인물들의 고생과 특히 동일시할 수 있는 단계다. 우리는 인물들이 잘 헤쳐 나갈 수 있기를 바란다.

이야기가 진행되면서 인물들은 종종 대처 방법을 찾아낸다. 하지만 이는 진짜 해결이 아닌 타협의 종류다. 이들은 체념하고 '새로운 규범'에 따르며 그것을 기반으로 삶을 살아가려 한다.

이렇게 6지점으로의 이동은 삶의 재출현의 종류를 나타낸다. 이 지점에서는 인물들이 새로운 규범에 자리 잡고 자신의 일상을 다시 세우려 한다. 상황은 나아지고 있는 것처럼 보인다. 하지만 보이는 대로만 판단할 수는 없다. 왜냐하면 극적인 이야기의 요점은 등장인물들의 변형을 그리는 것이기 때문이다. 그리고 이 시점에서 봤을 때 그 변형은 여전히 미완성으로 남아 있다. 그 결과로 모든 것이 자리를 잡아가는 것처럼 보일 무렵, 진정한 해결은 완전한 변형 없이는 불가능하다는 것을 확실히 보여 주는 급작스러운 사건들의 변화가 일어난다. 영웅이 그가 가장 두려워하는 것을 직면하지 않은 채로는 진정한 해결이 불가능하다는 것을 보여 주면서 말이다. 영웅과 악인의 요소를 담고 있는 이야기들에서는 이때가 이 둘이 맞닥뜨리는 순간이다. 영웅은 악인이 완전히 패하지 않았다는 것을 발견하게 된다. 그런데 다행히도 이 악인은 덜 악랄해 보이고 주인공이 생각했던 것보다 더 협조적으로 보인다. 하지만 (악인이 방을 나서면서) 영웅이 안도의 한숨을 내쉬자마자, 악인은 아무렇지 않게 돌아서서 한마디를 던진다. "아참, 내가 너한테서 한 가지 더 필요한 작은 게 있는데……."

그러고는 당연히 그 작은 것은 영웅이 완전히 자신을 굴복시키지 않고서는 줄 수 없는 것이라는 게 밝혀진다. 그가 두려워해 왔던 상황이 다가오게 되었다. 이제 자신이 가장 두려워했던 것과 대면하게 되었고, 그는 완전히 두려움으로 가득차 있다.

이 지점에서는 이제 원래 상태로 돌아갈 수 없다. 앞으로 나아가는 유일한 방도는 모든 것이 잘 풀릴 것이라고 신뢰하며 자신이 가장 하기 두려워하는 것을 하기 위한 믿음을 가지는 것을 통해 알려지지 않은 것으로의 용기 있는 도약이다. 그렇게 그는 도약한다. 그리고 그 순간 그는 변화한다.

해결(7-8-9지점). 미지의 것으로의 도약은 엄청난 에너지의 발산과 의식의 확장을 낳는다. 너무나 강력한 고양감이 일어난다. 삶의 모든 것이 새롭고 흥미롭게 보인다.

그렇게 7지점에서는 인물들이 놀라운 것들로 차오르게 된다. 이들은 빛과 즐거움으로 찬 이 멋진 새로운 세계를 만끽하는 것 외에 아무것도 바라지 않게 된다. 실제로 이들은 거듭나게 되었다. 하지만 방금 태어난 아기처럼 실질적인 초점이 부족해진다. 이 지점에서의 난제는 책임으로부터 빠져나오기 위해 성급하게 승리를 선포하는 것을 피하는 것이다. 그래서 어떤 면에서 이는 너무 유혹적이기 때문에 두려움보다 더 힘든 난제다.

이들이 피터팬으로 남아 있게 되는 유혹을 뿌리쳤다고 가정하고 8지점에 이르게 된 이들은 이전에 이들 주위의 세계와 연관되어 있었던 성질들을 안으로 받아들이기 시작한다. 그리고 거의 가까이에 다가온 승리를 마음속으로 구현하기 시작한다.

이들은 자신의 힘과 통제할 수 있는 능력을 느낀다. 요점은 이것이다. 이들은 이 중대한 시점에서 어떻게 처신할 것인가? '큰 그림'에 집중한 채로 있을 것인가 아니면 지나치게 자신하며 자만해질 것인가(이는 목표에 거의 다다른 이때에도 여전히 이들을 실패하게 만들 수 있다)?

이들이 목표를 달성했다고 가정해 보자. 이제 이들은 우아한 승리자인가? 다른 사람들로부터 받은 도움에 감사하는가? 이들은 자신이 얻은 이 가속을 더 훌륭한 일을 위해 사용할 계획이 있는가?

이런 시험들을 통과하게 된다면 이들의 8지점으로의 도달은 진정으로 축하하기에 마땅한 것이다. 이 축전은 공동체에게 한 사람에게 가능한 것은 모두에게 가능하다는 것을 상기시킨다. 또한 주인공들은 자신의 역할이 이들 각 개인 속의 잠재적인 가능성을 존중해 주며, 이들 자신만의 변형의 여정에 착수하는 것을 격려해 줄 수 있는 일을 하는 것이라는 걸 이해한다. 하지만 마지막 시험은—계속해서 자신들의 '전성기'를 뒤돌아보지 않은 채 일상을 다시 시작하기 위해—관심의 중심에서 기꺼이 물러나는 것이다.

주인공들은 9지점에서 자신의 변형이 진짜 삶에서 지속될 영향을 갖게 될지의 여부를 발견한다. 그렇기에 이 부분은 이야기에서 가장 덜 극적으로 보이는(그리고 가장 숨겨진) 부분이지만, 마지막에는 실제로 가장 중요한 부분일 것이다.

이야기 말하기의 과정을 포괄적으로 살펴보았으니, 이제 이 과정이 실생활에서 어떻게 작용하는지를 〈야생 속에서(Out of the Wild)〉 시리즈를 예로 들어 살펴보자. 이 시리즈에서는 9명이 황야 한복판에 남겨지게 되고, 이들은 문명으로 돌아가는 길을 찾아야만 한다. 이 과정은 무기한의 시간이 걸린다. 이 과정을 지속하는 것에 대한 보상은 이 여정을 잘 지속했다는 만족감 말고는 없다. 이 과정을 어느 때고 그만두고 싶은 사람은 이들을 단 몇 시간 안에 문명으로 돌려보내 줄 헬리콥터와 연락할 수 있다. 이렇게 그만둘지, 지속할지 여부에 대한 결정은 온전히 그들 자신에게 달려 있다.

처음 며칠 동안은 모든 참가자가 확고하고 낙관적이다. 이들은 카메라 앞에서 왜 이런 방식으로 자신을 시험하기로 결정했는지에 대한 이유를 나열하며, 왜 자신이 앞으로 마주할 도전들에 필요한 자질을 갖고 있다고 생각하는지를 설명한다(1지점). 이들은 다른 참가자들을 만나고 여정 중에 다른 사람들과 유대를 형성할 의욕에 차서 친구를 사귀기 시작한다(2지점). 이들은 자신이 활용할 도구들을 확정하고, 어떻게 노력을 분배할지를 결정하며, 집단의 복지를 위한 초반의 책임을 설정한다(3지점). 이들은 이렇게 여정을 시작한다.

초반에는 사기가 충만하다. 하지만 배고픔, 추위, 거친 지형, 대인관계와의 마찰이 해를 입히기 시작하면서 이들이 여정의 두 번째 단계('갈등')로 들어가기까지는 그리 오래 걸리지 않는다. 이 시점에서 각 참가자들의 초기의 결심이 시험받기 시작한다(4지점). 어떤 사람은 신체적 이유, 어떤 사람은 심리적인 이유를 들며 사람들은 다양한 이유로 여정을 그만두기 시작한다. 환경이 더 힘들어질수록 부수적인 염려들은 점차 하나씩 줄어들기 시작한다. 남은 참가자들은 정말로 중요한 것들에만 집중하는 것을 배워 간다. 음식, 잘 곳, 신체적인 자기관리, 그리고 상호 지원 등이 그것이다. 이들은 가까이에 있는 환경에 알맞은 문제 해결 기술을 개발하며(5지점), 힘든 환경에 서서히 적응해 감에 따라 점차 일종의 균형 상태에 도달해 간다. 하지만 여정이 흘러감에 따라 배고픔, 사고, 질병이 상황을 균형 상태에서 지속 불가능 상태로 바뀌도록 끊임없이 위협하면서 이 새로운 균형 상태의 수준마저도 도전받게 된다.

이 곤경의 최고조에서(거의 모두가 굶주리고, 지치고, 다양한 신체적 질병으로 고통 받고 있을 때) 이 용감무쌍한 무리들도 극복하기는커녕 생각해 보기도 어려운 장애물과 마주하게 된다(6지점). 〈알래스카편〉(2009)에서는 이 장애물은 제대로 된 장비 없이 깊이 쌓인 눈을 헤치며 국경을 넘어야 하는 것이었다. 〈남아메리카편〉(2011)에서는 폭포와 깊은 협곡 주위에서 무거운 뗏목을 옮기는 일이었다. 이 두 경우, 도전에 적절한 이 참가자들도 처음에는 이러한 새로운 것들에 망설였다. 이들을 견딜 수 있게 해 주었던 유일한 것은 이들의 집단 의리와 서로를 도우려는 공동체적 욕구였다.[11]

〈야생 속에서〉 세 번째 부분으로의 변천은 무리가 문명으로 향하는 첫 번째 표식을 발견하면서 일어난다. 여정의 끝이 가까워 온 것처럼 보인다. 하지만 무리는 여전히 아주 먼 지역에 있기 때문에 아직 규율을 유지하고 돌아가는 길을 찾기 위해 더 많은 표식을 기다려야 한다(7지점). 내가 봤던 두 시리즈에서는 두 집단 모두 경솔해지는 것으로부터 자신을 지켜낼 수 있었고, 도시로 돌아가는 길을 찾기 위해 필수인 마지막 조치를 취할 수 있을 만큼 충분히 길게 서로가 힘을 합칠 수 있는 방도를 알아낼 수 있었다. 이들은 도시에서 친구들과 가족의 격려와 응원을 받으며 기쁘게 환영받을 수 있었다(8지점). 이는 시리즈에서는 그들의 여정의 끝이었지만, 두 경우 모두 참여자들이 집으로 돌아간 뒤에 어떻게 지내게 되었는지 인터넷으로 볼 수 있었다(9지점). 참가자들의 그 후의 말과 그들의 가족, 친구들의 말을 들어 보면 끝까지 견뎌 낸 이들은 이들의 매일의 삶 속에서 지속적인 변형을 낳는 방식으로 계속해서 변화할 수 있었다는 것이 아주 분명해 보인다.

이런 점에서 야생 속으로는 현대판 영웅의 여정을 대변한다. 이 여정에서 사람들은 점점 더 힘든 신체적 · 정신적 · 감정적 도전의 연속을 극복해 내는 것으로 자신을 시험한다. 에니어그램은 이런 추구를 설명할 수 있는데, 왜냐하면 에니어그램은 이런 여정 속의 각 지점마다 수반되는 원형적 도전들을 묘사하는 방법을 우리에게 제공하기 때문이다.

에니어그램 주위의 날개

변형적 주기를 설명하는 데 에니어그램을 사용할 수 있는 마지막 방식이 있다. 이는 성격 에니어그램의 18개의 날개 유형의 묘사를 사용해 변형의 18가지 요점을 설명하는 것이다. 다음에 나올 '에니어그램 주위의 날개' 절은 나의 첫 번째 책인 『긍정 에니어그램』에서 따온 것이다.

> 에니어그램의 꼭대기에서 우리는 예상되는 흥분의 공간에 있는 우리 자신을 발견한다. 이 지점에서 우리는 막 새로운 프로젝트 또는 주기를 시작하려 하지만, 아직 어떤 일을 해놓지는 않았다. 우리는 단순히 그 순간에 있으며 만족스럽지만 경계하는 상태다. 서서히 무언가가 동요하기 시작한다. 이는 미묘하며 약간이지만 확실한 흥미로운 물결을 만들어 낸다. 우리는 비전가(9w1)가 된다.
>
> 에너지가 모여지고 움직이기 시작한다. 이 에너지는 많은 형태 없이 빙빙 돌기 시작한다. 이때는 흥분의 시기이지만 또한 긴장의 시기다. 우리는 일종의 질서를 도입하기 위한 분명하고 정확한 틀을 개발해야 하는 필요를 감지한다. 우리는 이상가(1w9)가 되어 간다.
>
> 혼돈 속에 질서를 도입하는 것은 쉬운 작업이 아니다. 이는 규율과 집중을 요한다. 또한 이는 골치 아프기도 한데, 왜냐하면 우리가 프로젝트의 시작 시기에서 하는 모든 것이 완료 시기까지 이 프로젝트에 영향을 미치기 때문이다. 그래서 이는 아주 심각한 일이다. 우리는 실수들을 최소화하기 위해서 우리가 제대로 일을 진행하고 있는지 판단하기 위한 방법을 찾기 위해 분투한다. 그렇게 우리는 진위를 변별할 명확한 기준을 세우려 애쓴다. 이런 기준들이

준비되면 우리는 이것들이 진지하게 받아들여지는지 확인하고 싶어 한다. 우리는 실천가(1w2)가 된다.

이 지점에서의 우리의 노력들은 이상화된 추상적 관념에 근거해 온 것이다. 다음 단계를 밟기 위해서 우리는 우리의 이상을 인도적으로 만들고 이들을 위한 지원을 얻기 위해 다른 사람들을 포함시켜야 한다. 이를 함으로써 우리는 이 이상들이 어떻게 진짜 사람들, 특히 도움이 필요한 사람들을 돕는 힘을 가진 계획들로 바뀌는지 보기 시작한다. 우리는 봉사자(2w1)가 된다.

다른 이들을 돕는 것의 즐거움 중 하나는 우리가 혼자가 아니라는 사실을 아는 것이다. 우리는 다른 사람들과의 교제를 즐길 뿐 아니라 어떻게 다른 사람들이 우리 자신의 발달해 가는 자아상의 거울의 역할을 할 수 있는지도 보게 된다. 우리가 가지는 각각의 관계는 우리 자신의 다양한 측면을 투영해 보여 준다. 그리고 이는 우리로 하여금 더 많은 친구들, 관계들을 만들 수 있는 이점을 준다. 우리는 이제 사교적인 사람(2w3)이 된다.

우리는 곧 사회적 인맥을 갖는 것이 삶에서의 우리의 목표를 이루는 데 어떤 도움을 주는지를 깨닫는다. 하지만 이제 우리는 너무 많은 친구들과 인맥들을 갖고 있어서 이들을 제대로 관리하는 데 어려움을 겪고 있다. 우리는 이 관계들을 잘 정리해야 한다. 우리의 사회적 능숙함과 조직적 기술이 성장함에 따라 우리는 점점 조직적 책임의 자리에 있는 우리 자신을 발견하게 된다. 우리는 목표 관리자(3w2)가 되어 가고 있다.

사람을 관리하는 것은 우리가 잘하는 영역이지만, 우리는 관계가 가끔 엉망이 되기도 하며 심지어는 일을 마무리하는 데 방해가 될 수도 있다는 것을 알아간다. 우리가 점점 더 우리의 일에 끌리게 될수록 우리는 개개인으로서의 자신을 더 인식해 간다. 우리는 전문가(3w4)로서 빛날 수 있는 기술들을 개발하기 위해 노력한다.

시간이 지남에 따라 우리는 성공적인 전문가가 되는 것(보람 있기는 하지만)은 우리의 깊은 욕구들을 만족시키지 않는다는 것을 발견하게 된다. 우리가 우리의 목표를 달성한 후 다음은 무엇인가? 우리는 이상들 외에 더 필요하다는 것을 깨닫고 (1지점), 접촉들(contacts) 외에 더 필요한 것을 깨닫거나 (2지점), 외적 성공 이상도 필요하다고 느낀다 (3지점). 우리는 중요성이나 의미의 감각을 필요로 한다(4지점). 그래서 우리는 자신을 위해 일에 관여하기 시작하며 예술가(4w3)로서의 더 많은 지식을 얻는다.

우리의 특별한 기술에도 불구하고 우리는 삶의 표면에 사는 것에 점점 불만을 느낀다. 우리는 더 깊이 파고들고 싶고 우리가 실제로 누구인지를 이해하고 싶어 한다. 우리는 우리의 기술을 연마할 수 있지만, 자기발견이 되기까지 그것들을 사용할 수 있도록 우리의 가장 깊은 자아를 표현하는 방법에 더 집중하게 된다. 우리는 이제 정교하게 숙련되었지만 매우 민감한 독창적인 사람(4w5)이 된다.

마침내 우리가 에니어그램 아래에 있는 혼돈의 영역과 만나게 됨으로써 상황은 한계점에 도달하고, 우리가 알고 있는 대로 자기의 극적인 붕괴가 있게 된다. '자기로서의 역할'의 감각은 사라지고 새로운 것과 사회적 승인적 필요성에 의해 덜 제한되는 비인간적인 자신의 호기심으로 대체된다. 우리는 사회적 규범을 준수할 필요 없이 또는 사회적 모습을 유지할 필요 없이 우리 자신을 찾는다. 우리는 이제 인습타파주의자(이미지를 깨는) (5w4)다.

그러나 우리는 곧 다른 사람들의 이미지를 항상 깨며 다니는 것이 지치는 일이라는 것을 발견하게 된다. 또한 그들도 이것을 아주 좋아하는 것 같아 보이지 않는다. 그러므로 편의를 위해서 우리는 우리의 자연적인 호기심이 순수한 생각과 반영의 공간인 새로운 방향으로 우리를 인도할 수 있도록 한다. 우리는 문제 해결자(5w6)가 되는 것이 매우 만족스러운 것임을 알게 된다.

우리가 사물/상황(things)에 대해 더 생각할수록, 실제로 삶이 얼마나 복잡한지 알게 된다. 이러한 이해는 우리를 약간 긴장하게 만들기 시작한다. 이는 우리가 행동하기 전에 주저하는 경향을 주므로 우리를 둔화시킨다. 마지막으로 이는 우리 자신의 외로움을 느낄 수 있게 하며 외롭고 두려운 느낌을 피하기 위해서는 교제가 필요하다고 느끼게 한다. 우리는 우리의 사회적 관계를 재정립할 수 있는 방법을 추구한다. 이를 위해 우리는 어떻게 할 수 있을까? 아마도 우리의 가족과 지역 사회 요구에 부응하기 위해 자원하는 것으로 가능할 것이다. 우리는 준비하는 사람(6w5)이 된다.

봉사/서빙을 통해 우리는 친밀한 느낌 없이 사람들 주위에 있는 것에 익숙해진다. 우리가 가족이나 직장에서 명확한 사회적 역할을 수행할 수 있다면 긴장이 풀리기 더 쉽다. 나중에 우리는 그러한 역할 밖으로 나아가는 방법들을 모색하기 시작한다. 우리는 이것에 대해 약간 긴장감을 느끼지만 사회생활에서 긴장을 완화하는 데 유머가 도움이 된다는 것을 알게 된다. 이는 다른 사람들 또한 웃게 한다. 우리는 재치 있는 사람(6w7)이 된다.

우리는 사회적 승인을 얻을수록 더 자신감을 얻게 된다. 우리는 정말로 삶을 즐기기 시작하므로 파티를 망칠 수 있는 것들을 무시하는 경향을 가진다. 결국 우리는 우리가 어색하거나 우려하는 장소에 돌아가고 싶어 하지 않아 한다. 우리는 즐겁게 하는 기술들을 증가시켜서 파티의 주인공이 된다. 호기심이 넘치는 사람이 된다(7w6).

물론 유머에도 한계는 있다. 우리가 계속 성장할 것이라면 우리는 확장을 위한 새로운 장소를 찾아야 할 것이다. 이는 흥미로운 시간이다. 새로운 세상은 우리를 위해 열린다. 우리는 생명이 제공하는 모든 것에 현혹되어 있다. 자신감에 힘입고 인생은 모험이라는 점에 우리는 점점 더 혁신적이고 기업가적이게 된다. 우리는 이제 모험가(7w8)다.

우리는 세계 각지를 여행하고 우리가 할 수 있는 모든 가능한 경험들을 모은다. 우리는 우리가 직면하는 어떠한 환경에도 쉽게 적응한다는 것을 알게 된다. 우리는 어떤 사람들이 우표를 수집하는 것처럼 흥미로운 경험들을 수집한다. 하지만 결국 너무 많은 모험들은 손해를 끼친다. 우리는 영원히 이런 식으로 갈 수 없다! 우리는 '협상의 방법'을 습득하기 위해 충분히 정착한다. 우리는 추진하는 사람(8w7)이 된다.

우리는 성취의 절정에 확실히 도달하지 않았다. 우리는 많은 다른 일을 수행할 수 있는 능력을 습득할 때 단지 하나의 큰 일에 집중하는 것이 훨씬 더 재미있다는 것을 깨닫는다. 우리는 세월의 시험을 견디는 몇 가지 큰 일을 성취하기 위해 한 방향으로 우리의 전체의 뜻을 돌린다. 우리가 구축하는 건축물에 최종 벽돌을 놓으면 우리는 우리가 마침내 도착했다는 것을 알게 된다. 우리는 통솔하는 사람(8w9)이다.

우리는 이제 엄청나게 강하고 영향력이 있다. 우리는 개념의 실험실에서 벗어났으며(5지점), 다른 사람들에게 봉사하기 위해 이러한 개념들을 적용하며(6지점), 우리의 시야를 확장하고(7지점), 실체의 무언가를 나타내기 위해 우리의 모든 경험을 합친다(8지점). 우리는 우리의 모든 목표를 달성했으며 할 일이 아무것도 없다.

아이러니하게도 우리의 위대한 성취를 이루는 데에서 우리는 우리 여정 초기 단계에 가지고 있던 자유를 더 이상 가지고 있지 않다. 우리는 말 그대로 우리 주변 모든 것에 영향을 주지 않고는 이동할 수 없을 정도로 거대하게 강력하다. 우리는 다른 사람들이 그들의 꿈을 따르는 상징이 되도록 단순히 가만히 있어야 하게 된다. 우리는 조화로운 사람(9w8)이 된다.

그러나 가장 높은 산조차도 영원히 산으로 유지되어 있지 않다. 산들은 결국 아무것도 남지 않을 때까지 마모되며 먼지로 분해된다. 이것은 여정의 끝이다. 이는 아무리 좋은 성취더라도 끝난 일은 끝났기 때문에 안심이 된다. 할 일은 아무것도 남아 있지 않고 갈 곳도 남아있지 않다. 우리는 더 이상 오를 수 없다—적어도 잠시 동안은. 우리가 할 수 있는 것은 우리가 온 곳으로부터 돌아오는 것이다. 태초의 바다로부터 말이다(9지점).

우리는 잠시 동안 유지하는 이 영원한 장소에서 우리의 경험들을 동화시키며 삶과 하나 되는 우리의 감각을 회복한다. 여기에는 경계도, 끝도 없다. 우리는 사랑과 빛의 원시적인 분위기를 느낀다. 우리는 우리의 모든 욕구를 충족하는 것으로 보이는 충만의 감각을 경험한다. … 동요가 있게 되는 그 어느 날까지. 무언가가 발생하기 시작한다. 새로운 무언가, 이후 우리를 유혹하는 무언가. 우리는 막연하게 초조해진다. 우리는 변화의 일종을 예상하기 시작하고

(비전가 9w1), 전체 주기는 한 번 더 시작된다.

이 이야기는 변형적 과정에서의 한 주기를 설명한다. 이것은 긴 주기 또는 짧은 주기일 수 있다. 이것은 깊이 변형되거나 단지 적당히 될 수 있다. 이것은 우리 삶의 모든 측면이나 삶의 하나의 특정한 영역을 포함할 수 있다. 또한 많은 것들은 우리의 기질에 따라 달라지며, 어떠한 환경적 조건들이 만연한지, 그리고 우리가 도중에 내리는 선택들에 따라 달라진다. 우리가 내리는 각 선택은 전체 주기에 영향을 미치며 이러한 선택들의 힘은 우리가 상상하는 것보다 더 크다.

우리는 이제 보다 직접적인 방식으로 성격과 과정 사이의 유사점을 볼 준비가 되어 있다. 이것은 7장의 주제다.

미주

1) 우스펜스키의 위대한 가르침을 찾아서, p. 294.
2) 신성한 형상으로 인해 발생할 수 있는 지혜는 완전히 손실되지 않으며, 이는 우리가 난해한 책들 중 맨리 홀(Manly Hall)의 *The Secret Teaching of All Ages*(1977)에서 (특히 '삶과 철학 또는 피타고라스'를 참조하라, pp. LVI-LXIII) 또는 신성한 형상의 책들에서 그 언급을 찾을 수 있는 이유다(예로, 존 미첼[John Mitchell]과 앨런 브라운[Alan Brown]의 *How the World is Made: The Story of Creation According to Sacred Geometry*(2009)를 보라. *The Enneagram: Symbol of All and Everything*(2003)에서 베르니에는 "우주의 조화는 창조의 기초가 되는 신성한 수학에 기초한다"라고 단호하게 주장했다(p. 53). 위키 백과는 힌두교와 불교 경전에 있는 만다라(mandalas) ('신성한 에너지 원')의 중요성에 대한 항목을 가지고 있다. 우리는 칼 융이 영혼의 지도라고 고려한 수많은 만다라들을 만든 것을 알고 있다. 수피 선생인 이리나 트위디(Irina Tweedie)는 얀트라(yantras)의 치유력에 대하여 말했다(만트라[mantras]와 기하학적으로 동등한 것). 다음을 참조하라. www.seekeraftertruth.com/the-laughing-man-interviews-irina-tweedie/; [2011-6-11에 인용됨]. 그리고 소리의 진동과 기하학적 형태 사이의 연결고리를 보여 주는 기하학적인 패턴을 생성하기 위해 파장 발생기를 이용한 한스 제니(Hans Jenny) 박사의 흥미로운 작업을 참조하라(제니 박사의 *Cymatics*(1967/2001) 또는 www.cymatics.org/[2011-6-15에 인용됨]를 참고하라).
3) 나는 과정의 세 단계에 대해 A. G. E. 블레이크의 용어를 사용하고 있다. 논의로는 *The Intelligent Enneagram*(1996)의 8장을 참조하라.
4) 두 가지 에니어그램 모형(헥사드와 내부 삼각형)의 중요성은 여기서 정당하게 평가할 수 없이 충분히 난해하고/혹은 다중 계층으로 되어 있는 것이다. 그러나 헥사드가 영원한 움직임을 의미할 때 삼각형은 영원한 요소를 의미한다. 삼위일체, 다양성의 통일, 더 높은 요소의 존재, 과정 외부 요소의 소개, 삶의 변하지 않는 모습이다. 홀

라키적 관점을 선호하는 사람들에게 특정한 중요성의 의미는 '다양성의 통일'이다(9지점은 통일을 상징하고 3지점과 6지점은 다양성을 나타낸다). 왜냐하면 이는 창조에서 전체와 부분 모두에 대한 필요성에 초점을 맞추고 있기 때문이다. 논의로는 *The Intelligent Enneagram*(1996)의 1~2장과 *The Enneagram: Symbol of All and Everything*(2003)의 pp. 148-149를 참조하라.

5) 2지점과 8지점 사이의 이 연결을 실패한 소유자 및 관리자들의 예로(따라서 고객이 제품을 좋아하지 않는 이유에 대해 전혀 이해하지 못하는 사람) TV에서 고든 램지(Gordon Ramsey)의 〈키친 나이트메어(Kitchen Nightmares)〉와 로버트 어빙(Robert Irving)의 〈레스토랑 임파서블(Restaurant: Impossible)〉, 또는 앤소니 멜치오리(Anthony Melchiorri)의 〈호텔 임파서블(Hotel Impossible)〉을 참조하라.

6) 다음의 논의를 참조하라(http://sites.google.com/site/tanranreiki7/invisible-bookstore/in-search-of-the-miraculous-by-ouspensky; [2012-12-2에 인용됨).

7) *The Intelligent Enneagram*(1996), p. 66.

8) 영적 작업이 일반적으로 위로 이동하는 데 초점을 두는 동안(예로, 윌버가 초월-포함 접근을 채택한 이유) 정보와 에너지는 분명하게 양방향으로 이동한다. 블레이크는 "구르지예프의 중요한 질문 중 하나는 더 높은 영향이 어떻게 낮은 세계에 도달하는가?"라고 말했다. p. 53 [인용 강조]; pp. 87-90에 있는 블레이크의 설명을 그 각주와 함께 참조하라. 우리는 9장과 12장의 더 신성한 사랑(아가페)의 성격에 대한 논의에서 이 개념에 대해 더 탐구할 것이다.

9) 이야기 문법의 주제에 대한 자원들의 기술적인 목록으로는 에릭 뮬러(Erik Mueller)가 엮은 'Story Understanding Resources'을 참고하라(http://xenia.media.mit.edu/~mueller/storyund/storyres.html). 보다 덜 기술적이고 더 생생한 도입 설명을 보려면 ScienceBlog 항목: 'My Favorite Experiments: Bransford & Johnson'을 참조하라(http://scienceblogs.com/ mixingmemory/2007/11/30/my-favorite-experiments-bransf/; [2012-11-5에 인용됨]).

10) 주기를 3가지 주요 부분으로 나누는 접근 방식은 특히 과정 에니어그램과 함께 작업하는 사람들에 의해 선호된다(블레이크의 *Intelligent Enneagram*(1996)의 11장 또는 1997년 8월 *EM*에서 리처드 무어(Richard K. Moore)의 'Inventing Enneagrams: The 'Dramatic Story' and Two-Force Analysis'을 참고하라). 이러한 접근은 우리가 에니어그램의 맨 아래로 접근할 때 발생하는 어려움과 우리가 7지점에 도달할 때까지 어떤 형태로든 지속하려는 경향의 어려움을 볼 때 특히 더 유용하다. 8장에서 최하점에 대한 논의를 참조하라.

11) 〈야생 속에서〉 시리즈의 〈알래스카편〉에서, 참가자들은 실제로 불가능한 등반을 하지 않아도 되었다는 것이 밝혀졌다. 등반하기 바로 전에 철도선에 이르는 흔적이 있었던 것이었다. 또한 남아메리카 주기에서 그들은 실제로 운반을 하기는 해야 했는데, 여기서 이들은 꽤 녹초가 되었다. 흥미롭게도 아직까지 남아 있던 네 남성은 포기를 거부했던 유일하게 남은 여성 참가자의 격려와 침착한 결의 덕분에 주기 대부분을 이어나갈 수 있었다.

7 성격과 변형

의식은 자아가 그 기반을 유지하고 있는 경우에만 통합될 수 있다.

–칼 융

성격은 매우 흥미로운 주제다. 대부분의 사람들은 다른 모든 사람과 각각 다른 성격을 만드는 것이 무엇인지 아는 것에 적어도 조금은 관심을 가진다. 이는 왜 많은 성격 검사들이 있는지에 대한 이유이며, 특히 그 일종은 직업, 연애, 또는 그저 우리가 누구인지 더 나은 개념을 얻을 수 있도록 설계되었다.

반면에 '성격'은 다소 혼란스러운 용어일 수 있다. 왜냐하면 이는 매우 다양한 방식으로 이용될 수 있기 때문이다. 우리 대부분이 매력적인 성격의 장점을 볼 때—정치적 지지를 이끌어내고, 연인의 마음을 끌거나, 취업 면접관에게 좋은 인상을 주는 데 도움이 되는 것—성격은 종종 자산으로서의 책임과 동일하다고 볼 수 있다.

자신의 성격에 대해 불만족스러워하지 않았던 사람이 있을까? 자기 성격 자체보다 더 깊고, 더 높고, 또는 더 '진짜' 같은 무언가가 더 있다고 느낀 적이 없었던 사람이 있을까?

이러한 감정들은 특히 성격이 성공하는 데 있어서 아주 중요한 요소이면서도, 매일 우리의 관심이 수없이 다양한 방향으로 향하는 이런 세상에서 또 하나의 걱정거리가 되기도 하는 현대 문화에서는 흔하게 느껴지는 감정이다. 그렇기에 우리는 개개인으로서 성공할 수많은 기회를 가지면서도 앞으로 나아가야 한다는 필요에 부담을 가지기도 한다. 그런 부담은 우리에게 자신을 향해 나아가는 것 대신 마치 자신으로부터 멀어지는 듯한 느낌을 준다.

이 갈등의 결과는 성격이라는 개념을 둘러싸고 있는 수많은 뒤섞인 감정들이다. 우리는 개인적인 선택을 내릴 수 있는 능력을 좋아하지만, 특히 우리의 내면 자기보다 외적인 모습을 가꾸는 데 더 많은 시간을 필요로 하게 될 때 항상 혼자서 이 모든 것을 조직해야 하는 필요성에 싫증이 나게 된다.

영적 작업에 매료된 사람들은 이 갈등을 종종 예민하게 느낀다. 그리고 유달리 성격을 축복보다는 짐으로 여기기 쉽다. 또한 많은 영적 전통은 영적 경로를 자기와 신 사이의 선택으로 묘사한다. 그리고 그 안에서 성격은 항상 자기와 연관된 것으로 나타난다.

전통적으로 자기와 신을 모호하게 하는 것은 자기의 욕망에 연관된 신체였다. 그러나 현대에 들어서는 반(反)신체적인 편견이 좀 더 반(反)자아적인 편견이 되었는데, 반자아적인 편견은 3장과 5장에서 논했던 것처럼 자아나 성격이 비(非)영적인 생활방식과 관련되었다는 개념이다.

1960년대에 자아의 개념은 특히 인기가 없어졌다. 이때 많은 수의 순진하고 젊은 영적 추구자들은 (나를 포함해서) 자아를 우리와 영적 빛 사이에서 버티고 있는 유일한 것으로 보았었다. 이는 젊은이다운 미숙함에서 온 것일 뿐만 아니라, 의식의 확장을 촉진시키는 영적 관행(예, 명상, 특별한 호흡법, 만트라[mantra], 하타[hatha], 박티 요가[bhakti yoga], 탄트라[tantra] 등)이 부족했던 문화에서 길러진 우리의 성장 환경으로 인한 이해할 수 있을 만한 실수였다. 이러한 이해 없이 확장된 인식 상태에 있지 못하는 우리의 무능력을 자아 탓으로 돌리기란 너무 쉬웠던 것이었다.

그 후 몇 십 년 동안 진지한 영적 추구자들은 이제 우리가 단순히 자아를 포기하는 것 이상을 포함한다는 것을 알고 영적 작업의 진정한 본성을 훨씬 더 인식하게 되었다. 사실 1970~1980년대의 구루 스캔들 이후—사람들이 성적, 재정적 또는 심리적으로 그들이 악용되도록 허용한 것(모두 자아굴복이라는 이름으로)—무차별적인 자아포기는 인식의 확장보다는 자율성의 손실을 초래할 가능성이 있다는 것이 매우 명백하게 되었다.[1)]

비록 1960년대는 오래전부터 오락가락했지만, 그 시대의 반-자아 정서는 특정한 영향력을 유지했다. 그리고 이전 장들에서 설명한 것과 같이 어디에도 이 영향력을 성격 에니어그램 공동체의 문화에서보다 더 분명하게 하는 것은 없다.

그러나 6장에서 본 것같이 또 다른 에니어그램 공동체가 있다. 이는 G. I. 구르지예프의 가르침과 관련된 '제 4의 길(The Fourth Way)' 공동체다.[2)] 그리고 6장에서 본 것과 같이 구르지예프와 그의 추종자들은—특히 베넷이—변형 과정의 본질을 탐구하기 위한 도구로 에니어그램을 이용했다. 따라서 7장에서의 목표는 하나하나를 기준으로 두 에니어그램을 함께 연결하는 것이며, 그러므로 우리는 왜 9가지 관점을 고착 유형이 아닌 변형적 유형으로 생각하는 것이 합리적인지에 대한 이유를 보기 시작할 수 있다.

그러나 성격과 과정을 비교하기 전에 우리는 성격의 본질에 대해 자세히 살펴보아야 한다.

성격의 정의

여기서 우리의 목적을 위해 나는 다음과 같이 성격을 정의한다.

> 성격은 우리의 타고난 기질, 환경의 영향, 그리고 삶에서 우리가 내리는 지속적인 선택들의 결과로 발달되는 구현된 자신의 측면이다.

[그림 7-1]은 성격의 이러한 3가지 측면을 나타낸다. 우리의 기질은 어떤 사람들과도 같지 않은 고유한 개인으로 우리를 특징짓는 내면의 본질이다. 이것은 우리가 우리의 핵심 정체성에 가장 중요한 '신비한 무언가'를 가지고 태어난 것이다. 비록 이 무언가는 우리의 유전자에 잘 반영되어 있지만 단지 우리의 유전적 유산 그 이상이다. 왜냐하면 유전적 유산은 물질적 관점에서부터 우리의 기질만을 설명하기 때문이다. 진정한 기질은 모든 것을 물질로 생기게 하는 더 깊은 근원에서부터 발생한다. 비록 과학은 지금 이러한 과정이 작용하는 방법을 완전히 설명하기 위해 필요한 수단을 가지고 있지 않지만, 이것은 삶의 첫 날부터 존재하는 개인의 진정한 선천성을 이미 보여 주었다.[3)]

에니어그램 유형은 우리의 본능, 감정, 생각, 그리고 행동을 알려 주는 가장 내밀한 또는 핵심 동기를 말한다. 이것이 우리를 개인되게 하는 것이 아닌 반면(겨우 9가지 핵심 유형이 있기 때문에), 이것은 우리의 핵심 가치를 정의한다—다양한 방법으로 표현될 수 있는 가치.[4)]

환경은 우리의 즉각적인 환경(가족, 친구, 선생님)과 외부 문화적 영향을 모두 포함하며 미묘한 내적 영향(꿈, 비전 및 인상)도 포함한다. 1960년대 내가 처음 대학에 다닐 때, 행동주의는 여전히 내 캠퍼스에 영향력을 갖고 있었으므로 대부분의 학리적 심리학자들은 우리의 성격을 형성하는 데 있어서 조건화(환경)의 역할을 매우 과대평가했다. 환경적 요인이 우리의 성격 발달에 상당히 영향을 미치지만 이는 우리가 우리 되게 만드는 유일한 요소는 절대 아니다. 우리의 내적 환경의 영향들, 내 인생에서 가장 큰 사건 중 일부는 내가 발견하는 '나'의 외부에 있는 무언가로 여전히 경험되는 다른 내적 경험 및 꿈에 연결되어 있다. 또 다른 예는 죽음에 가까운 경험들이다. 물론 많은 사람들은 이러한 것들이 단지 내적 경험이 아니라 실제적이거나 물질계에서 무엇보다 더 진짜 같은 것이라고 주장한다. 그러나 우리는 환경의 영향이 우리가 이전에 생각했던 것보다 훨씬 더 내부적이고 미묘하게 될 수 있는 가능성을 받아들여 이 문제를 해결해야 할 필요는 없다.

선택은 우리가 직면하는 크고 작은 것들에 대해 갖는 물음에 대한 우리의 응답이다. 이는 더 수동적이 되거나 보다 앞서서 대처하는 행동이 될 수 있다. 왜냐하면 선택은 성격의 강력한 결정 요인이기 때문이다. 선택은 우리가 가지고 태어난 자질들을 발달시키는 방법과 삶에서 우리가 습관적으로 우리의 상황에 반응하는 방법 모두를 결정하기 때문에 특정한 경향들을 강화하고 다른 것들은 약화시킨다. 건강한 선택은 우리의 관점에서 긍정적인 변화에 영향을 줄 가능성을 갖고 있으므로 우리의 성격은 종종 생리학적으로 주목할 만하게 변화한다.[5] 이는 긍정 심리학이 인생에서 좀 더 긍정적인 선택을 하는 사람들을 돕는 것에 너무 많은 초점을 두고 있는지에 대한 이유다.

삶에서 건강한 선택을 할 수 있도록 하는 방법을 배우는 것은 균형 잡힌 성격 개발에 필수적인 것이 사실이다. 왜냐하면 서투른 선택은 언제나 타고난 능력과 이상적인 환경을 능가한다. 이는 우리가 되려는 사람의 종류를 결정하는 데 중요한 역할을 하는 힘이 있다는 것을 의미하기 때문에 실제로 매우 희소식이다. 그러나 이것은 또한 우리에게 적절한 선택을 내릴 책임이

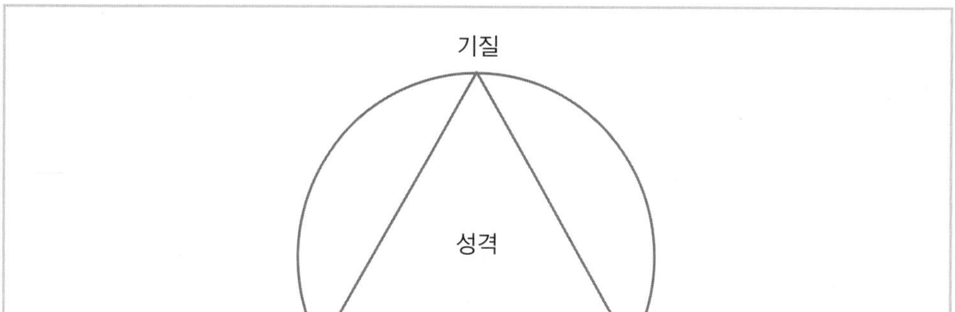

그림 7-1 성격의 3가지 측면

주어진 것을 의미한다.

이것은 선택의 요소가 왜 그렇게 종종 무시되었는지에 대한 진짜 이유일 수도 있다. 그 선택을 인정하는 것은 우리의 성격 형성에 큰 차이를 만들기 때문이다. 따라서 우리의 삶은 우리가 내리는 '덜 최선인' 선택에 대한 책임을 받아들이는 것을 의미한다.

더 나은 선택을 내릴 때 곤경을 면하게 하는 또 다른 방법은 인생에서 무슨 일을 결정할 때 역경(자연적 그리고 환경적)의 역할을 지나치게 강조하는 것이다. 우리의 환경, 성격 또는 둘 모두의 결합에 초점을 맞추는 것은 우리의 일부 '덜 훌륭한' 선택으로부터 부담을 덜 느끼게 한다. 성격을 적절하게 발달시키는 것보다 가치 없는 무언가로 보는 것은 쉬운 일이다. 이는 융이 말했듯이 단순한 어려움이 아니라 우리의 인생에서의 진정한 소명의 일부다.

> 진정한 성격은 항상 소명이 되며 신과 같이 그것의 진실을 둔다. … 소명은 탈출할 수 없는 신의 법과 같은 역할을 한다.[6)]

이러한 관점에서 성격은 단지 우리가 행동하는 역할이 아니라 우리 자신이다. 그렇기 때문에 나는 성격의 연구와 발달을 에니어그램 작업의 목표로 보는 것이며, 그렇게 함으로써 에니어그램 작업이 사명의 성취를 위한 수단으로의 역할을 할 수 있게 되는 것이다.

따라서 성격을 정의하는 이 접근은 그 본질적인 가소성을 강조하도록 설계되었다. 왜냐하면 이것은 성격이 영구적인 것이 아니라 발달되는 것이기 때문이다. 자신의 선택을 책임지는 개념을 불편해하는 사람들에게는 나쁜 소식이지만, 그 책임을 원하므로 성격 발달을 지원하는 도구를 찾는 사람들에게는 좋은 소식이다.

성격과 과정 비교하기

성격의 이 정의를 염두에 둠으로 우리는 네이선 베르니에의 *The Enneagram: Symbol of All and Everything*(2003)에서 기술된 설명을 사용하여 9가지 성격 유형과 변형의 9가지 지점 사이의 특정한 관계를 살펴볼 준비가 되어 있다.

우리가 6장에서 보았듯이 베르니에는 변형이 왜 때때로 실패하는지 이해하는 데 관심이 있었다. 그래서 그는 9가지 지점에서 발생하는 문제들을 보았고, 각 지점에 대한 일련의 질문들과 우리가 성공적으로 협상하기 위해 수행해야 하는 접근 방식 및 어려움의 본질을 파악하는

데 도움을 주는 질문들을 썼다.

이러한 질문들을 읽었을 때 내가 발견한 것은 변형의 각 단계에서 발생하는 문제들이 일반적으로 9가지 에니어그램 관점과 관련된 문제들과 매우 유사하다는 점에서 이들이 하는 유형 설명은 연상적인 것이었다. 그러나 과정 에니어그램이 직면하게 될 어려움 또는 해결해야 하는 문제에 주목하는 반면에 성격 에니어그램은 상황의 한쪽에만 주목한다. 즉, 성공적인 해결이 이루어지지 않을 때 어떻게 될 것인지에 집중하는 것이다. 따라서 9가지 유형을 9가지 실존적인 어려움을 가리키는 것으로 묘사하는 대신, 성격 에니어그램은 변형하기 위한 9가지 시도의 실패를 보여 준다. 더 심각한 것은 이 실패가 그들의 바로 그 구조의 일부라는 점에서 유형에 본질적인 것으로 볼 수 있다는 것이다.[7)]

나의 의도는 한걸음 뒤로 물러나는 것이었다. 그래서 나는 (변형에 실패한 시도로 각 관점을 보는 것 대신) 원의 각 지점을 고려하여 답을 필요로 하는 질문 또는 해결을 필요로 하는 어려움으로 베르니에의 질문을 사용할 것이다. 이런 식으로 나는 변형하는 9가지 기회로 9가지 유형들을 구상할 수 있었다. 이 접근은 내가 실패한 변형으로의 관점을 보는 것으로부터 피할 수 있게 했을 뿐만 아니라 각 지점에 대해 잘못될 수 있는 경향을 보이는 종류에 대한 통찰력을 얻게 하고, 그들의 관점에 의해 제공되는 변형적 기회를 활용하고자 하는 개인에게 유용한 형식으로 정보를 제공할 수 있게 했다.

따라서 나의 지속적인 가정은 각 9가지 유형이 변형적 어려움의 특정한 종류와 연관되어 있다는 것이다. 이 변형적 어려움이 일단 충족되면 발달을 지속하기 위한 강력한 자산이 된다.

어떤 지점들이 유형에 대해 드러내는가

5장에서의 식사 서비스의 예를 사용하여 우리는 식사 시작에서 우리가 직면하는 어려움들(예를 들어, 부엌 정리)이 준비하는 동안(날 음식을 요리된 식사로 변형해야 하는 상황) 직면하는 어려움들과는 다르다는 것을 보았다. 이는 결과적으로 식욕을 돋우는 형태로 식사하는 사람들에게 식사를 주는 것의 어려움과는 다르다. 이 3가지 주요 단계는 9가지 변형적 지점 또는 단계 전체를 산출하는 세 개의 하위 단계로 나누어질 수 있다.

이제 각 지점은 고유한 응답을 필요로 하기 때문에 우리가 각 지점의 특성을 이해한다면 우리는 특히 각 유형의 변형적 도전에 적절히 대응하기에 매우 적합한 사람의 종류를 시각화하기 시작할 수 있다. 그리고 밝혀진 대로 이러한 상상된 원형은 9가지 에니어그램 성격 유형과 매우 흡사하다. 예로 '1지점 도전'은 특히 '1유형 성격'에 걸맞는 자격 요건을 가지고 있는 것처럼 다른 8가지 지점에게도 마찬가지다. 2지점은 에니어그램 원 주변에서 2유형과 유사하다.

우리가 만약 변형이 엉망이 될 수 있는 방법에 초점을 둔다면 (우리가 발달의 어느 특정 지점에서 문제를 극복하는 데 실패하거나 덜 이상적인 방법으로 되었을 때와 같이) 우리는 일부 변형적 단계가 특정 개인에 대해 다른 사람들보다 훨씬 더 어려운 것으로 보일 수 있는 그 이유에 대한 통찰력을 얻을 수 있다. 그러므로 예를 들어 1지점 성격의 경우, 1유형을 정의할 수 있는 것은 구체적인 목표를 설정할 수 있는 능력과 원칙적인 행동을 통해 수행함으로써 새로운 계획의 첫 번째 단계에서의 분명한 자산이다. 그러나 1유형이 더 공감할 수 있는 능력(2지점), 적응할 수 있는 능력(3지점), 감정적으로 전념될 수 있는 능력(4지점), 감정에 좌우되지 않는 능력(5지점), 어울리고자 하는 능력(6지점), 기발한 능력(7지점), 투지 능력(8지점), 그리고 비-판단적 능력(9지점)이 필요한 이러한 발달의 단계들과 만날 때와 같은 경향은 어려움을 제기할 수 있다.

1유형과 1지점 사이의 연관관계를 인지하게 된 이 유형은 자신의 강점들을 활용하고 자신의 약점을 보완하도록 도울 수 있는 추가적인 정보를 가지고 있다. 또한 이는 개인이 왜 다른 것보다 특정한 사람, 활동, 그리고 상황에 자연스럽게 더 매력을 느끼는지에 대하여 이해하도록 돕는다. 물론 이 같은 일은 모든 유형에게도 사실이다. 우리가 성격 에니어그램, 과정 에니어그램 그리고 그 둘 사이의 연결고리에 대해 더 많이 알게 될수록 이는 우리의 특정한 기질로 개인에게 적용되는 변형의 본질에 대해 더 알게 된다.

지점과 유형의 비교

다음의 비교에서 나는 성격과 과정 에니어그램 사이의 격차를 해소하기 위한 가이드로 베르니에의 의견을 사용한다. 베르니에가 그의 책에서 주어진 단계에서 발생하는 문제에 대하여 설명할 때, 그는 그것들을 설명하는 용어로 '위험'이라는 단어를 사용했다. 그러나 나는 같은 목적으로 베넷과 블레이크 모두에 의해 사용된 용어를 채택하여 그 용어를 '위험요소'로 대체하였다. 나는 '위험요소'가 덜 극단적이기 때문에 이 용어를 선호한다. 또한 이는 쉽게 잠재적으로 극복할 수 있는 것으로 (두려워하고 피해야 하는 무언가이기보다) 이러한 어려움들을 생각할 수 있게 한다.

[그림 7-2]는 이 과정의 각 단계에서 발생하는 의문의 개요를 제공한다. [그림 7-3]은 충격 지점의 영향을 강조하며(5장을 참고하라) 각 헥사드 연결 지점과 연관된 질문들을 더하고 있다.

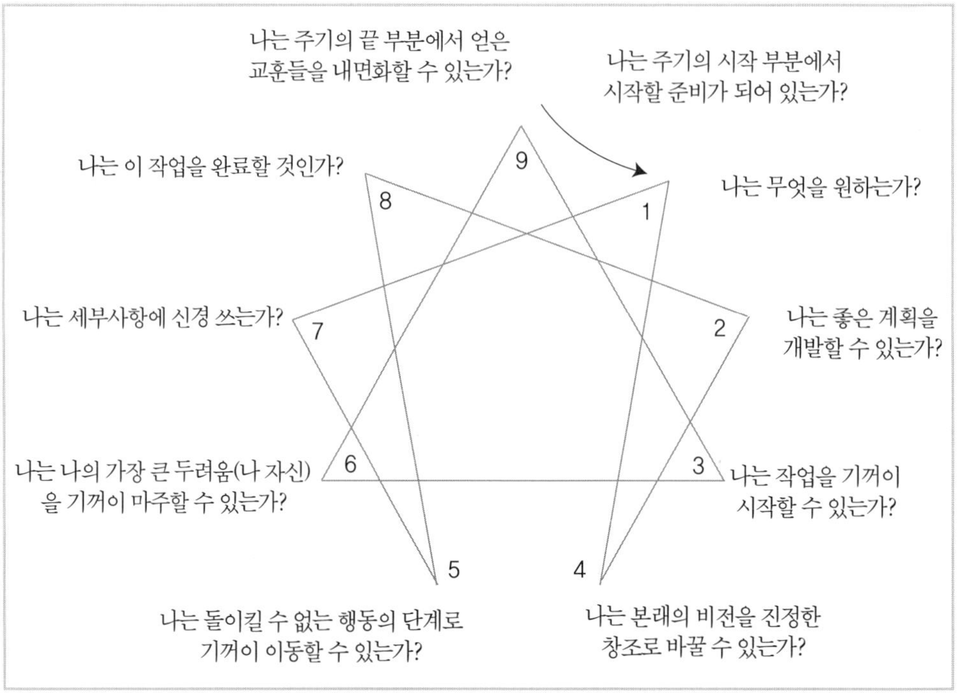

그림 7-2 단계별로의 변형적 도전

이 질문들은 네이선 베르니에의 설명보다 단순화된 형식이라는 것에 주목하라. 이는 왜냐하면 원래 베르니에의 설명은 종종 그가 썼었던 것을 정확히 그대로 보존할 수 없을 정도로 복잡하기 때문이다. 원래의 정확한 표현을 보고 싶다면 『에니어그램: 전체와 모든 것의 기호』의 325~335페이지를 참고하라. 또한 베르니에는 내부 삼각형 유형들(3-6-9)은 제외하고 헥사드 지점들(1-4-2-8-5-7)에만 연결 지점 질문들을 포함시키고 있다. 이게 틀림없는 이유는(6장의 도입 부분에서도 언급했듯이), 과정 에니어그램에 관한 한 역동적 과정들과 특히 연관된 것들은 헥사드의 연결선들이기 때문이다(예, 미래를 위한 계획을 세움, 과거를 돌아봄). 하지만 나는 다음에 나올 논의들에서 내가 개발한 과정 에니어그램의 3-6-9지점에 적절한 '연결 지점' 질문들을 알려 주기 위해 성격 에니어그램 연결 지점에 대한 내 지식을 무단으로 사용했다. 나의 이 질문들은 이러한 단계들과 흔히 관련된 도전을 기반으로 했다.[8]

다음에 나올 비교에서 칸에 쓰여 있는 정보는 각 지점에 대한 베르니에의 관점을 보여 주는 것이다. 이 지점이 무엇이며, 이 지점이 어떻게 관련 사항(연결 지점)에 의해 영향을 받는지, 그리고 발생하게 되는 특정 도전(위험요소)에 대한 것이다. 각 칸 밑의 논의는 성격 에니어그램에 관한 나의 경험의 관점에서 베르니에의 언급에 대한 나의 해석을 담고 있다. 또한 과정 에니어

완료, 세 번째 충격:

나는 주기의 끝부분에서 얻은 교훈들을 내면화할 수 있는가?

나는 주기의 시작 부분에서 시작할 준비가 되어 있는가?

9→3: 나는 바쁜 상태로 뛰어들지 않은 채 시작할 수 있는가?
9→6: 나는 이전 주기에서 얻은 배움을 소화할 수 있는가?

나는 이 일을 완료할 것인가?
8→2: 나는 원래의 목표를 존중하는가?
8→5: 나는 리더십을 기꺼이 발휘할 것인가?

나는 무엇을 원하는가?
1→7: 어떤 비전이 나에게 영감을 주는가?
1→4: 이것은 어떻게 드러날 것인가?

나는 세부사항에 신경 쓰는가?
7→5: 나는 프로젝트의 제약 조건을 지킬 수 있는가?
7→1: 나는 당장 닥친 업무나 일에 집중을 유지할 수 있는가?

나는 좋은 계획을 개발할 수 있는가?
2→4: 나의 한계는 무엇인가?
2→8: 나의 계획이 마무리까지 갈 수 있게 해 줄 것인가?

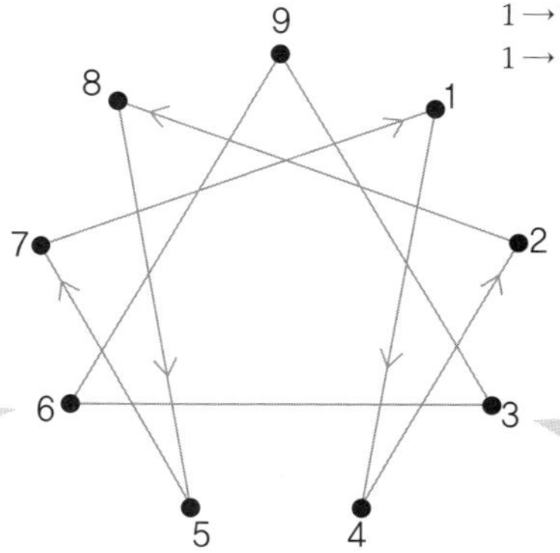

의식적인 책임, 두 번째 충격:

나는 내가 가장 두려워하는 것(나 자신)을 기꺼이 마주할 수 있는가?
6→9: 나는 완전히 몰두한 상태를 유지할 수 있는가?
6→3: 나는 기계적 습관으로 돌아가는 것을 피할 수 있는가?

적응, 첫 번째 충격:

나는 기꺼이 일이 시작되도록 허락할 것인가?
3→9: 나는 기꺼이 다시 시작할 수 있는가?
3→6: 나는 너무 많은 약속을 하는 것과 너무 빨리 가는 것을 자제할 수 있는가?

나는 돌이킬 수 없는 행동의 단계로 기꺼이 이동할 수 있는가?
5→8: 나는 최종 목표를 수용하는 상태로 남아 있을 수 있는가?
5→7: 나는 탁월한 비전을 창조하기 위해 책임감 있게 행동할 수 있는가?

나는 본래의 비전을 진정한 창조물로 바꿀 수 있는가?
4→1: 나는 일을 돕는 일상의 과제들을 할 만큼 탁월한가?
4→2: 나는 현실적 피드백에 근거해서 내 계획들을 바꿀 수 있는가?

그림 7-3 연결 지점마다의 변형적 도전

그램 지점과 성격 에니어그램 유형을 비교할 것이다.

새로운 과정 또는 프로젝트의 첫 번째 단계에서는 택할 수 있는 수많은 방향이 있기 때문에 여기서의 도전은 추구할 단 하나의 목표를 결정해서 영감뿐 아니라(1→7), 현실에 우리의 비전의 기반을 깊게 두도록 하는 수단 또한 찾으려 노력하는 것이다(1→4). 이렇게 1지점은 창의적 상상과 자기훈련 모두를 단련시키는 영역으로서 이 두 충동이 서로 균형을 맞출 수 있도록 한다. 자기훈련의 또 다른 이유는 우리가 무기력(9지점)으로 돌아가지 않기 위함이자 또는 너무 이르게 계획단계(2지점)로 들어서지 않기 위함이다. 우유부단의 위험 요소는 어떻게 앞으로 나아갈지에 대한 확실한 결정을 내려야 하는 필요를 대처하지 못할 가능성과 결부되어 있다.

1지점과 1유형. 1지점은 시작하고, 목표를 세우고, 기준을 결정하는 부분이고, 1유형은 먼저 능동적으로 착수하고, 이상을 구체화하고, 기준을 결정한다. 이렇듯이 여기서 유사점을 쉽게 볼 수 있다. 1유형은 종종 '흑백사고'의 경향이 있다고 알려져 있다. 과정 에니어그램 속 1지점을 이해하는 것이 우리에게 그 이유를 말해 준다. 왜냐하면 1지점은 막연함 또는 애매모호함(우유부단) 너머로 이동하는 것이 필수인 영역이기 때문이다. 하지만 우유부단에서 의사결정으로의 이동은 때때로, 또는 최소한 잠시라도 우리로 하여금 정반대 극단으로 가도록 요한다. 과정으로서의 1지점에 대한 논의에 관해 흥미로운 한 가지는 창조성(영감과 상상)에 대한 강조다. 성격 에니어그램을 연구할 때에는 1유형을 창조자로서 딱히 강조하지 않는다(왜냐하면 초점이 이상, 기준, 완벽성에 너무 맞춰져 있기 때문이다). 하지만 완벽성과 창조성은 종종 뒤얽혀 있는데, 이는 매우 창의적인 사람들은 그들의 일에 있어서는 보통 흠잡을 데 없기 때문이다. 이들은 엄격한 기준을 고수하고 자신들의 비전을 완벽히 하기 위해서 매우 열심히 하기 때문이다.

0지점의 우유부단에서 1지점의 완벽해진 비전으로 앞으로 이동한 후, 우리는 이제 본격적으

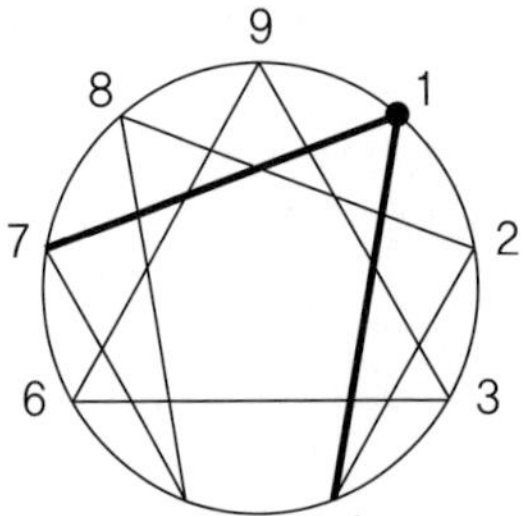

1지점: 나는 무엇을 원하는가?
1→7. 어떤 비전이 내게 영감을 주는가?
1→4. 이것은 어떻게 드러나는가?
위험요소: 우유부단

그림 7-4 1지점의 연결 질문, 위험요소

로 우리의 비전을 현실로 만들기 위한 계획 작업을 시작할 준비가 되었다. 이게 변형적 과정이라면 이 시점은 우리가 생각하기에 우리의 발전을 진전시켜 줄 구체적인 선생, 실습 또는 철학을 찾는 때일 수 있다. 우리는 괜찮은 결정을 내리기 위해서 '큰 비전'(2→8)과 현실적으로 가능한 것의 한계(2→4) 간의 균형을 유지해야 한다. 만약 우리가 우리의 상상을 통제할 수 없다면 4지점에서 비전을 현실로 만들거나 끝부분인 8지점까지 지속할 수도 없게 될 것이다. 만약 우리가 찾은 첫 번째 것을 붙든다면 우리의 결정이 제대로 해결하지 않은 채 너무 빠르게 3지점으로 이동할 수도 있다.

2지점과 2유형. 베르니에의 과정 에니어그램에서 2단계는 계획이다. 성격 에니어그램에서 2유형은 사람들과 어울리고 싶어 하는 사람, 주는 사람, 도우미 등으로 다양하게 불리고 있다. 이들은 모두 매우 다른 이미지다! 그렇다면 우리는 이들을 어떻게 조화시킬 것인가? 이는 초기에는 나를 헷갈리게 했지만 이 이미지들이 처음 생각했던 것보단 실제로는 더 비슷하다는 것을 알아차리게 되었다. 차이는 기능 안에 있는 것이 아니라 그 기능의 해석에 있는 것이다. 새로운 프로젝트의 시작 때에는 그 프로젝트를 시행하기 위해 많은 세심한 주의가 요구된다. 이 기능을 베르니에는 계획이라고 불렀다. 이와 비슷하게 한 아기가 태어나면 엄마는 아이를 돌보고 격려하는 데 많은 양의 시간을 쏟는다. 이 기능을 우리는 양육이라고 부른다. 이들은 남성적 관점 대 여성적 관점으로 봤을 때 실제로 동일한 기능이다! 일반적으로 말하면 과정 에니어그램은 변형을 개념화하는 데 있어 극도로 남성적인 방식을 활용한다(아마도 이는 구르지에프가 극도로 '남성적인' 선생이었기 때문일 것이다—아마 8유형이었을 것이다).

요점은 이것이다. 2지점을 우리가 어떻게 진행시켜 나갈 것인지에 대한 자세한 계획을 펼치기 시작하는 단계로 볼 수 있으면서, 또한 이 지점을 발달의 핵심 지점에서 양육을 제공할 수 있을 정도로 깊게 신경 쓰기 위해 우리의 변형적 프로젝트나 과정에 실제로 감정을 쏟기 시작

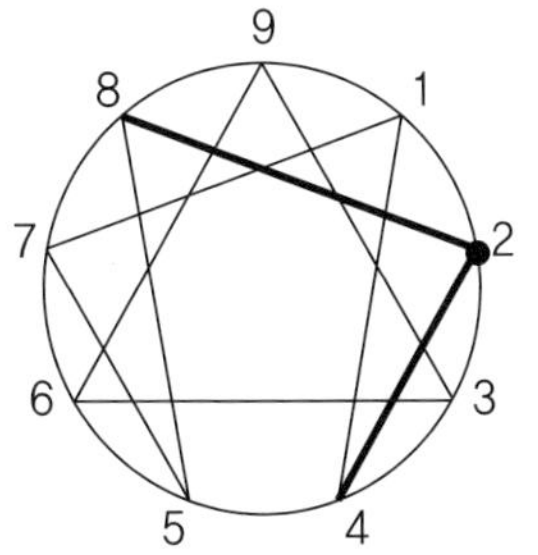

2지점: 나는 좋은 계획을 개발할 수 있는가?
2→4. 나의 한계는 무엇인가?
2→8. 나의 계획이 마무리까지 갈 수 있게 해 줄 것인가?
위험요소: 상상

그림 7-5 2지점의 연결 질문, 위험요소

하는 시기로도 볼 수 있다는 것이다. 어떤 사고방식이 최선일까? 이는 당신이 누구에게 묻는지에 달려 있다. 하지만 이 두 관점의 차이는 변형에 관한 남성적 대 여성적 방향의 잠재적 차이에 대한 흥미로운 질문을 불러일으킨다. 재미있게도 베르니에의 2지점 위험요소는 남성적인 문제보다는 여성적인 것으로 들리는데, 이는 이 위험요소가 우리가 하고 있는 것에 너무 과도하게 감정을 쏟게 되는 상황에 대해 얘기하고 있기 때문이다. 이는 자식을 맹목적으로 사랑하는 엄마가 자녀의 미래에 대한 계획에 지나치게 감정적으로 몰입하게 되는 방식과 같다.

우리는 이 지점에서 외부로부터 온 정보나 에너지 같은 형태로 첫 번째 충격을 받는다. 이 새로운 에너지나 정보는 변형 과정을 훨씬 더 구체적으로 만든다. 그렇게 이는 우리에게 현실로의 적응의 필요성을 보여 주는 '현실 감각'을 제공하는데, 특히 일어나는 상황이 우리가 기대한 것이 아닐 때 이 현실 감각을 준다. 그렇기 때문에 베르니에의 용어로 하면 "초기의 전념"을 필요로 한다(p. 287). 적응하려는 노력을 하다보면 너무 많이 하게 되거나(3→6 = 과잉 적응) 너무 적게 하게 되기(3→9 = 지연) 쉽다. 지연에 대한 두려움은 종종 과잉 적응을 낳는다. 베르니에는 이때가 시간이 중요해지기 시작하고 물질세계가 우리를 매혹하기 시작하는 시점이라고 말한다. 3지점에서 새로운 정보를 진심으로 기꺼이 받아들이려는 의향은 우리로 하여금 더 많은 변화를 만들고 그 변화에 완전히 적응할 수 있는 시간을 준다. 그렇게 함으로써 우리는 4지점으로 성급하게 이동하는 것으로부터 피할 수 있게 된다.

3지점과 3유형. 과정 에니어그램에서 3지점은 첫 번째 충격으로, 이는 우리의 첫 충동이 매일의 현실과 부딪히는 정도를 우리가 발견함으로 오는 충격이다. 그렇기 때문에 이는 물질세계와 연관되어 있는 것이다. 이는 선불교도 스승이 차를 넘치게 따르거나 그의 제자의 발을 밟는 모습을 떠오르게 한다. 그래서 성격 에니어그램의 3지점에서는 특히 구체적인 일에 있어서 극도로 현실적이고 적응을 잘하는 사람들을 찾을 수 있다. 이들은 심지어 일을 근거로 해서 자신의 자아상을 구축할 정도다. 이들은 마치 정보를 받아들여야 하는 필요와 안정감을 유지해야 하는 필요 간의 균형을 맞추려는 듯이 한다. 그리고 이들은 물질적으로 드러나는 구체적인 목표와 자신을 동일시하는 것으로 이를 이루려 한다.

어떤 것을 제조하는 과정에서 상상을 실제 제품으로 바꾸려면 제조과정에 대한 깊은 헌신이 필요하다. 이렇듯 4지점에서는 우리가 표면의 너머로 이동해 더 깊은 전념의 영역으로 가야 한다. 그렇게 함으로써 우리는 일을 성공적으로 만들기에 필수적인 어떤 것이든 할 수 있는 준비가 되게 된다. 변형적 작업에서 이는 우리 자신을 '요리'(연금술적 변형) 과정의 대상이 되도록 허용하는 것을 의미하는데, 이렇게 함으로써 우리의 내적 작업이 성취될 수 있게 하기 위함이다. 만일 우리가 바뀌기 위해 전념한다면 그 전념과 관련된 모든 과업을 완료하는 데 필수적인

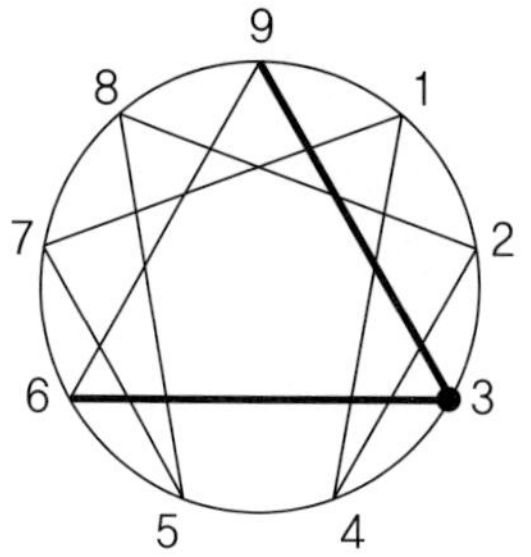

3지점: 나는 기꺼이 일이 시작되도록 허락할 것인가?
3→9. 나는 필요하다면 기꺼이 다시 시작할 것인가?
3→6. 나는 너무 많은 약속을 하는 것과 너무 빨리 가는 것을 자제할 수 있는가?
위험요소: 물질주의, 지연

그림 7-6 3지점의 연결 질문, 위험요소

규율은 마련되어 있게 되며(4→1), 우리는 우리의 계획과 의도를 우리가 선택한 길에 맞추어 조정할 수 있게 된다(4→2). 만일 그렇지 않다면 우리는 우리가 진정으로 무엇을 원하는지 알 때까지 더욱 깊이 파고들어야 할 필요가 있다.

베르니에는 여기서 2가지 위험요소를 나열하고 있다. '세부사항과 익명성[의 부족]'과 '드러나고 싶어 함'이다. '세부사항의 부족' 문제는 우리가 불편하거나 지루한 일들을 꺼려 하는 것과 관계되어 있다(이는 전적인 헌신의 부재를 나타낸다). 익명이 되고 싶지 않은 것은 스스로 드러내고 싶어 하기 때문이다. 이것은 자신이 만든 자아상을 유지하기 위한 노력이기도 하다. 자아상을 일 뒷자리에 앉게 하는 것은 이 지점에서는 중대한 요구인데, 왜냐하면 4지점에서 5지점으로 넘어간 후에는 단 하나만이 우선순위가 될 수 있기 때문이다. 물론 우리는 이른 시점에 5지점으로 넘어가는 것으로 이 요구 조건을 피해 가려 해 볼 수 있지만, 베르니에에 따르면 이런 이동은 특히 문제가 될 수 있다. "4지점에서 5지점으로의 시기에 맞지 않게 넘어가는 것은 전체 과정에 해가 된다. 이 통과 지점에서 변형은 돌이킬 수 없고, 이 단계에서 이를 위해 치러야 할 대가는 너무 높다"(p. 329). 그렇기에 앞으로 빨리 진전하고 싶은 충동이 강하다 해도, 4지점에서 자아상 문제를 다루며 시간을 더 보내는 것이 심각한 오류를 저질렀다는 것을 너무 늦게 발견함으로 돌이킬 수 없는 변화의 단계로 돌진하는 것보다 낫다.

4지점과 4유형. 4지점은 우리가 첫 번째 충격을 마주한 직후에 다가온다. 그렇기에 4지점은 우리 자신을 고려할 수 있게 되고, 자기에 대해 무엇이 진실이고 거짓인지를 가려낼 수 있게 되는 영역이다. 그렇지 않으면 우리는 제대로 된 통찰의 이득 없이 삶을 영원히 바꿀 전념의 위험에 빠지게 될 것이다. 이것이 성격 에니어그램에서 4유형이 (내적 현실과 외적 겉모습을 가려내며) 진실성에 대해 매우 깊게 신경 쓰는 이유다. 이들은 이 지점에서 잘못된 결정을 내리는 것의 위험을 본능적으로 알아차린다. 이는 또한 이들이 가벼운 것보다 진지한 이유다. 이들은 정말로

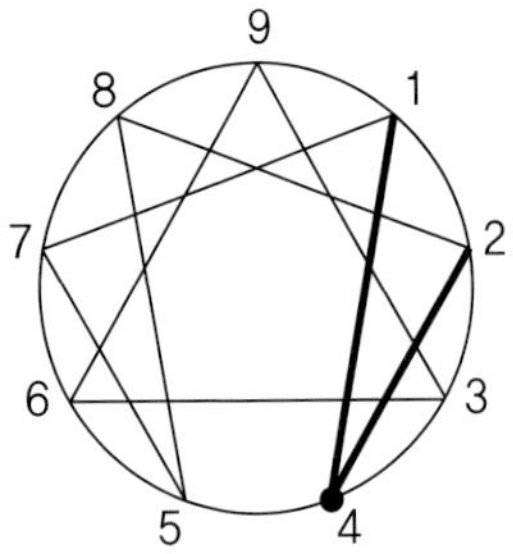

4지점: 나는 본래의 비전을 진정한 창조물로 바꿀 수 있는가?
4→1. 나는 일을 돕는 일상의 과제들을 할 만큼 탁월한가?
4→2. 나는 현실적 피드백에 근거해서 내 계획들을 바꿀 수 있는가?
위험요소: 세부사항과 익명성: 드러나고 싶어 함

그림 7-7 4지점의 연결 질문, 위험요소

'드러나고 싶어 하는' 욕구(인정받고, 인기 있고 싶은 욕구)로 고심하는 경향을 보인다. 하지만 동시에 같은 수준에서 이들은 더 깊은 영역으로부터 오는 것을 세상에 창출해 내는 것이 진정으로 중요한 것이라는 것을 깨닫는다. 그렇기에 4지점에서는 수많은 작가들과 예술가들, 극적인 배우들을 찾아볼 수 있다.

5지점은 에니어그램 바닥 부분의 혼돈의 영역을 지나고 난 뒤에 도달하는 첫 번째 영역이다. 이 영역은 '요리' 과정(8장의 '최하점'의 중요성을 참고하라)의 시작 부분과 관련되어 있다. 이 넘어감은 일어나면서 가속도가 붙는 큰 변화들이 발생하기 시작할 것이라는 인식을 만들어 낸다. 이는 시기 선택이 핵심 문제가 되는 이유다. 이런 종류의 가속도는 시기가 맞지 않으면 큰 문제를 일으킬 수 있기 때문이다. 그렇기에 우리는 알맞은 순간이 왔을 때 (두려움으로 머뭇거리지 않고) 행동할 수 있도록 준비되어 있어야 한다. 하지만 동시에 조급하게 행동하지 않도록 조심해야 하는데, 왜냐하면 이 지점에서는 우리의 행동이 돌이킬 수 없는 결과를 낳기 때문이다. 그렇기 때문에 이 지점에서는 우리가 어디로 향하는지(5→7)와 최종적인 목적(5→8)을 명확히 아는 것이 필수다. 이는 베르니에가 이 과정의 이 지점에서 침착성을 가지는 것의 중요성에 대해 강하게 강조한 이유다. 왜냐하면 우리가 잘 알고 결정을 내릴 수 있기 위해서는 목표, 경험, 시장, 고객, 일의 추가적인 활용을 동시에 이해해야 하기 때문이다. 우리는 이해를 통해서만이 행동할 수 있는 완전한 준비가 되었다는 자신감을 얻을 수 있게 된다.

5지점과 5유형. 5지점은 변형 과정에서 결정적인 영역인데, 왜냐하면 이 지점은 모든 차후의 행동이 현실과의 귀결을 나타내는 단계를 시작하기 때문이다. 이렇듯이 만일 4지점이 우리에게 과정에 대한 감정적 헌신을 요구한다면 5지점은 우리의 정신적 헌신을 나타내는 것이다. 그렇기에 성격 에니어그램에서의 5지점은 지식 추구와 지적 유능함에 집착하는 사람들을 찾아볼 수 있는 영역이다. 이들은 어떤 행동을 시작하기 전에 자신이 하고 있는 것에 대한 가능한 모든

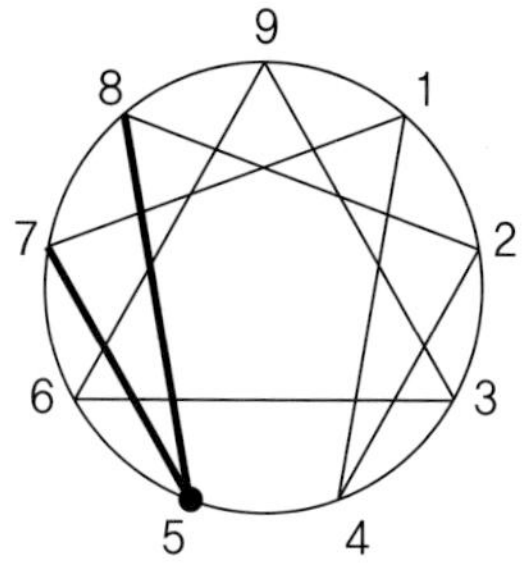

5지점: 나는 돌이킬 수 없는 행동의 단계로 기꺼이 이동할 수 있는가?
5→8. 나는 최종 목표를 수용하는 상태로 남아 있을 수 있는가?
5→7. 나는 탁월한 비전을 창조하기 위해 책임감 있게 행동할 수 있는가?
위험요소: 시기 선택, 무력감

그림 7-8 5지점의 연결 질문, 위험요소

세부사항을 다 이해하기를 원한다. 이 변형적 단계의 본성을 고려했을 때, 이 주저함은 정상적인 것이다. 5유형은 행동하기 전에 조사를 해야 하는 필요성에 민감하다. 하지만 원인, 결과에 대한 타고난 두려움은 때때로 시기의 문제를 낳기도 한다(걱정하며 미루기라든가 또는 진정한 감정적 관여와는 분리된 것처럼 보이는 때에 맞지 않는 행동 같은). 적절하게 앞으로 나아가기 위해 5유형은 조사와 행동 사이에서 절충하는 법뿐 아니라 분리와 관여 사이를 절충하는 방법 또한 알아내야 한다.

변형에 대한 책임을 질 마음을 먹고 나면 우리는 행동으로 가득한 상태로 도달하게 된다. 여기서 우리는 상상할 수 있는 최대의 걸림돌과 마주하게 된다. 바로 우리 자신이다. 6지점은 두 번째 충격의 지점으로, '우리 자신을 진짜의 모습으로 보게 되는' 영역이다. (그러니까 이것이 충격인 것이다!) 여기서는 신성한 은혜가 종종 대면하기 괴로운 부정성에 대한 성찰과 깨우침의 형태로 들어올 수 있다는 것이 특징적이다. 하지만 베르니에가 주목했듯이 "부정적 충격은 의도적인 받아들임에 의해서 의식적인 충격으로 변형될 수 있다"(p. 330). 다른 말로 하면 우리가 피할 수 없는 것을 받아들이고 그것에 기꺼이 적응하면 더 높은 수준에서 의식적이 될 수 있게 해주는 발판이 된다는 것이다(12장을 참고하라). 우리가 이를 꺼려하면 우리는 침체되거나(6→9) 기계적인 습관으로 돌아가게 된다(6→3). 그래서 이 두 번째 충격은 전화위복인 것이다.

6지점과 6유형. 에니어그램의 모든 지점 중에서 이 지점은 지점과 유형 간의 유사점이 가장 분명한 지점이다. 여기서의 위험요소는 두려움이다. 이는 잠재적으로 너무 압도적이어서 이를 피하기 위해서는 거의 뭐든지 할 만큼의 두려움이다. 하지만 이 지점에서 용기의 부족은 가장 안 좋은 상황이 될 것이다. 왜냐하면 우리는 '다른 방도가 없는' 지점에 와 있기 때문이다. 이 상황을 헤쳐 나가는 단 한 가지 방도는 자신이 가진 모든 신념과 의지를 끌어 모아서 가장 두려운 악몽마저도 대면할 수 있도록 하는 것이다. 그러면서 삶은 불가능해 보이는 것을 할 수 있도

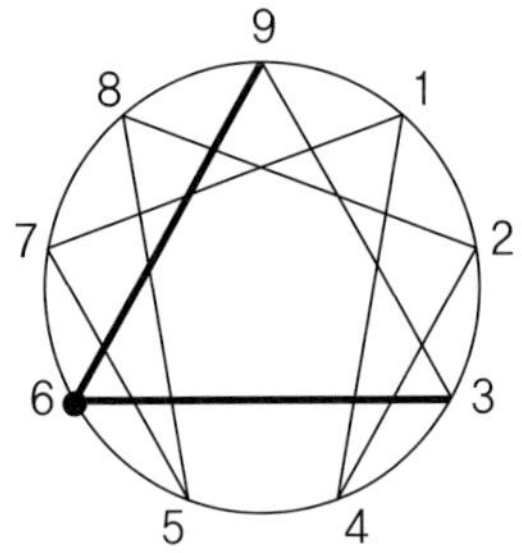

6지점: 나는 내가 가장 두려워하는 것(나 자신)을 기꺼이 마주할 수 있는가?
6→9. 나는 과정과 완전히 관여된 상태로 머무를 수 있는가?
6→3. 나는 기계적 습관으로 돌아가는 것을 피할 수 있는가?
위험요소: 용기 부족

그림 7-9 6지점의 연결 질문, 위험요소

록 도움을 구하는 사람들을 겸손하게 지원한다는 것을 아는 것이다. 6지점이 우리의 두려움을 마주하는 지점이라면 6유형은 두려움이 삶에서 가장 큰 시험인 사람들이다. 그렇기 때문에 6유형의 성향은 꾸준한 영향을 줄 수 있는 구조체계를 찾는 것이다(가족, 교회, 군대). 두려운 마비로부터 결단력 있는 행동으로의 움직임을 지지해 주는 구조체계 말이다. 종종 이 유형에게 가장 큰 두려움은 물질적인 것보다는 도덕적, 영적인 것이다. 이는 자신의 내면의 목소리를 듣는 것과 사람들이 말하는 것에 주의를 기울이는 것과 관련이 있다. 심지어는 이게 넘을 수 없는 두려움을 마주하는 것이라 해도 말이다. 이 유형의 강한 서비스 정신은 이들로 하여금 자신의 직관을 믿고 알려지지 않은 것으로의 큰 도약을 취하는 불굴의 정신을 발휘할 수 있도록 도와준다. 이들의 창의적인 흐름을 막는 두려움을 완파할 도약을 말이다.

7지점에서 우리는 우리의 가장 큰 두려움과 맞선 결과로 엄청난 안도감과 기쁨을 경험하게 된다. 모순적이게도 이 기쁨과 자유감이 완성으로 가는 길의 다음에 걸림돌이 될 수 있다. 왜냐하면 삶이 너무 즐겁게 느껴지고 우리가 아주 자유롭다고 느끼게 되면 진행 중인 변형적 작업에 집중하는 것이 어려워질 수 있기 때문이다. 이 지점에서 우리가 정말로 해야 하는 것은(수피교의 구절을 빌려 말하자면) "마음의 거울을 잘 닦는 것이다". 우리의 창조물을 완벽하게 하기 위해서 말이다. 이것이 구체적인 창조물(식사나 발명품 같은)을 의미하는 것이든, 어떤 무형의 것이든(우리의 내적 존재 같은) 상관없다. 하지만 이렇게 하는 것은 영감(7→1)과 집중(7→5) 모두를 요한다. 이렇게 함으로써 우리는 '사소한 것에서 문제가 생긴다'는 진실을 받아들이게 된다. 이는 우리가 삶을 즐길 수 있다고 해서 진행되고 있는 우리의 의무로부터 빠져나올 수는 없다는 것이다. 왜 이 지점에서의 시험이 감지하기 힘들고 놓치기 쉬운지 쉽게 알 수 있다. 왜냐하면 이 시험은 매우 매력적인 방해물들 한복판에서 초점을 유지하는 것을 수반하고 있기 때문이다. 하지만 우리는 여기서 개인적으로 매력적인 것에 과하게 집착하게 되고, 이 집착은 결국

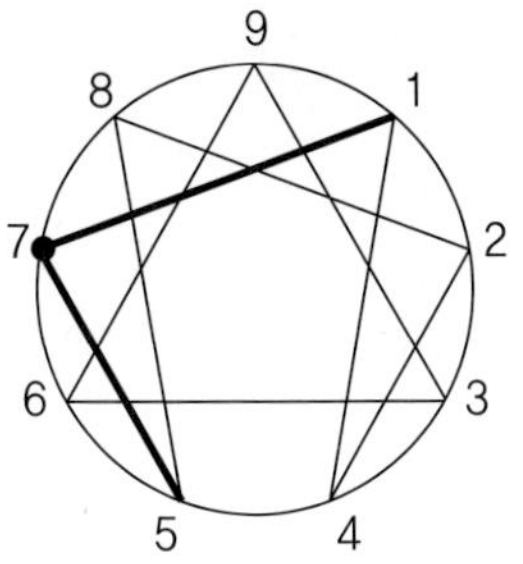

7지점: 나는 세부사항에 신경 쓰는가?
7→5. 나는 프로젝트의 제약 조건을 지킬 수 있는가?
7→1. 나는 당장 닥친 업무나 일에 집중을 유지할 수 있는가?
위험요소: 고립

그림 7-10 7지점의 연결 질문, 위험요소

다른 사람들과 삶의 흐름 모두로부터 우리를 떨어져 나가게 할 것이다(이것이 이 지점에서의 위험요소가 고립인 이유다).

7지점과 7유형. 7지점과 7유형 간의 유사점을 찾기란 꽤 쉬운데, 이는 두 상황 모두에서의 시험이 삶을 자유롭게 살면서 동시에 삶의 제약을 점잖게 받아들이는 것이기 때문이다. 또한 다듬어지지 않은 재능을 진정으로 잘 가꿔진 형태로 변형시키는 데 이 제약들을 사용해야 하는 것이기 때문이다. 이는 그 보상이 무엇이든 간에 자신의 자유를 희생하는 것을 힘들어하고 가만히 있지 못하는 7유형들에게는 어려울 수 있다. 앞에서 언급했듯이 7유형이 가장 높은 예술적 창조의 형태와 결부된 자기개선을 발달시킬 수 있는 것은 영감의 구축(7→1)과 집중(7→5)을 통해서다.[9]

8지점은 변형적 여정의 정점과 숙달 또는 완전성의 영역을 나타낸다. 그렇기는 하지만 이 지점은 우리가 여정 속에서의 각 단계에서마다 일어났던 모든 것을 (윌버의 말로 하면) '초월-포함' 기회를 가진 영역이기도 하다. 완전히 구현된 방식으로 말이다. 그리고 베르니에가 언급했듯이 이 지점은 변형 작업이 매우 종종 공공연한 방식으로 '나타나지고, 제공되고, 축하받는' 영역이다. 이렇듯이 이 축하는 단지 주기를 완료한 개인만을 위한 것이 아니라 자기 숙련을 추구하는 모든 사람을 위한 것이다. 누군가 목표를 달성한 것을 봄으로써 우리 또한 그렇게 할 수 있다는 것을 상기시켜 주게 된다. 공적인 축하는 완료 지점과 그렇게 되어 가는 지점 간의 연결점을 강화시켜 준다(이렇게 함으로써 우리의 근원을 기억하게 되는 것이다). 감사하지 못함의 위험요소는 우리의 현재 숙달의 경지는 온전히 우리 자신의 의지와 재능, 노력 때문인 것이라는 착각에 빠지게 될 때 다가온다(사실 아무도 다른 사람들의 도움을 받지 않고서는 그러한 목표를 이룰 수 없는데 말이다). 이렇듯 감사하지 못함은 고의적인 망각의 산물이다. 처음부터 우리를 격려해 주었던 사람들(8→2)과 우리의 성취를 가능하게 했던 우수한 지식을 가졌던 사람들(8→5)에게 진

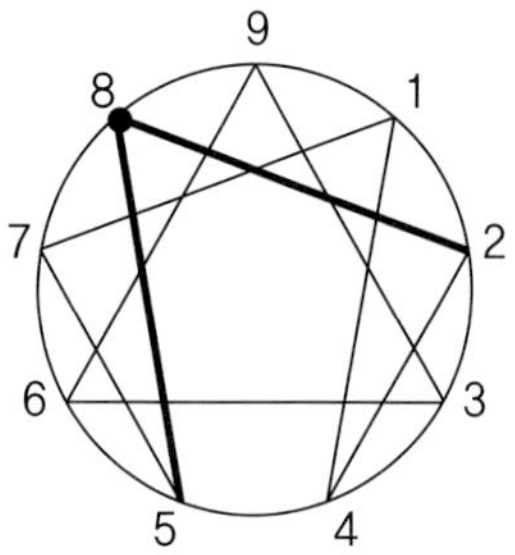

8지점: 나는 이 일을 완료할 수 있는가?
8→2. 나는 원래의 목표를 존중하는가?
8→5. 나는 내가 배운 것에 기초하며 리더십을 기꺼이 발휘할 것인가?
위험요소: 감사함을 모름(배은망덕)

그림 7-11 8지점의 연결 질문, 위험요소

빚을 망각하는 것이다.

8지점과 8유형. 8지점에서 묘사된 과정은 8유형과 연관된 성질과 꽤 비슷하다. 강하고, 세력 있고, 천성이 지배적인 8유형들은 에니어그램의 각 지점의 모든 성질을 구현하기에 선천적으로 알맞은 유형이다. 하지만 이들은 이들의 에너지의 균형을 맞추고 자제하거나 다른 이들에 대한 인정을 하는 것에 대해 가장 힘듦을 겪는 유형이기도 하다. 그렇기에 목표는 항상 다른 이들 위에 군림하는 것 대신 사람들을 지지하도록 짜인 방식으로 자신의 기술을 성장시키는 것이다. 균형이 잘 맞춰진 8유형은 모든 숙달은 궁극적으로 자기 숙련이며 매우 성장된 개인적인 명예감을 갖는 것이라는 걸 깨닫는다. 이들은 리더십 같은 외적인 자질만이 아니라, 부드러운 마음가짐(8→2)과 깊게 심사숙고하는 능력(8→5) 같은 내적 자질 또한 기르는 것의 중요성을 알아차린다.

과정 에니어그램에서 9지점은 주기 간의 기간을 나타낸다. 그렇기에 이 지점은 지난 주기에서 얻은 배움을 소화하면서 다음 주기를 위한 준비를 시작하는 때다. 하지만 그 배움이 우리의 존재함 안에 깊게 동화되도록 그 배움을 소화하기 위해서 우리는 '활동적으로 수용적'이 되어야 한다. 우리가 아무것도 행동으로 안 할지라도 말이다. 그렇기 때문에 이 단계가 '존재하는 것'에 관한 것이기는 하지만, 그렇다고 해서 멍해지거나 아무 생각도 없거나 또는 활동적 수용성으로부터 달아나는 것은 아니다. 그래서 여기에서의 시험은 보기보다 크다. '아무것도 할 것이 없는' 때 어떻게 삶에 활동적으로 관심 있는 상태를 유지할 것인가? 모두가 이 경험과 이 경험이 유발할 수 있는 혼란의 감정에 공감할 수 있다. '현재 상태'의 위험은 우리를 멍한 상태가 되게 함으로써 순간에 존재하는 상태를 피할 수 있게 만드는 무의식적 일상에 빠지는 성향을 나타낸다. 하지만 순간에 존재하는 것만이 우리로 하여금 이전 주기 중에 얻었던 배움을 진정으로 소화하고(9→6) 다음 주기를 위해 우리 자신을 제대로 준비시킬 수 있다(9→3).

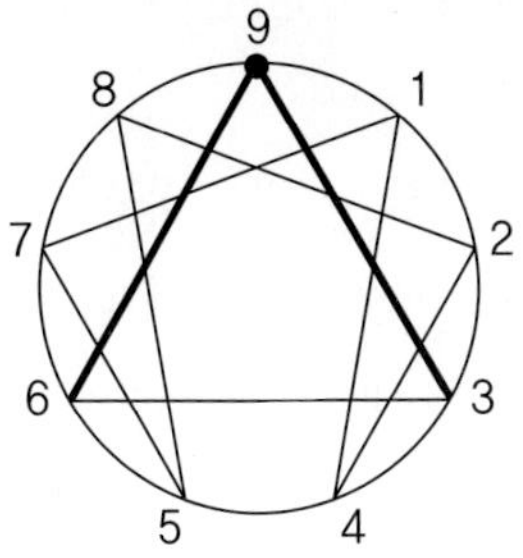

9지점: 나는 주기 간에서 활동적으로 수용하는 상태로 있을 수 있는가?
9→3. 나는 바쁜 상태로 뛰어들지 않은 채 시작할 수 있는가?
9→6. 나는 이전 주기에서 얻은 배움을 소화할 수 있는가?
위험요소: 현재 상태

그림 7-12 9지점의 연결 질문, 위험요소

9지점과 9유형. 9지점이 '주기 사이에' 있는 반면에 9유형은 '유형 사이에' 있지 않다. 9유형은 다른 나머지 8가지 유형과 마찬가지다. 그렇기는 하지만 에니어그램에서의 유형의 자리 때문에 이 유형은 항상 자신을 별개의 유형이라고 인지하지는 않는다. 하지만 그 대신 다른 모든 유형과 자신을 동일시한다. 이 유형은 종종 신비로운 방식으로 자연과 동일시하기도 하며, 시간, 공간의 흐름에 자신을 맡겨서 프로젝트가 있을 때 정시에 도착하거나 진도를 따라잡기 어렵게 한다. 역설적이게도 이들이 경험하는 삶과의 경이로운 하나됨은 자신을 개개인으로 경험하는 것을 어렵게 만들고, 과거를 되짚거나(9→6) 아무 생각 없는 활동으로 바쁘게 있는 상태(9→3) 대신 변형의 주기에 완전히 들어가는 것도 어렵게 만들 수 있다. 이들은 종종 바깥 지점들(이들로 하여금 '자기 자신'이 되도록 도와주는 친구들이나 하루를 헤쳐 나갈 수 있게 도와주는 일정 같은 것들)로부터 이득을 얻지만, 결국에는 이들의 꿈을 구체적인 현실로 바꿀 수밖에 없게 만드는 것은 이들의 풍부한 상상력이다.

에니어그램 통합하기

우리도 볼 수 있듯이 성격 에니어그램과 과정 에니어그램을 나란히 놓아보면 이들 간의 두드러진 유사점이 드러난다. 이것이 우리가 1유형에서 9유형까지와 1지점에서 9지점까지 간의 일대일 부합함에 대해 그럴듯하게 말할 수 있는 이유다.

'one enneagram 관점'으로 행할 줄 알게 되는 데에는 얼마간의 시간이 걸릴 수 있지만, 이렇게 함으로써 우리는 단지 우리의 유형을 알아낼 수 있다. 그 뿐만 아니라 변형적 주기 속의 우리 유형의 자리가 어떻게 그 유형과 가장 흔하게 관련된 성향, 각 유형이 가장 어렵게 느끼는 도전, 그리고 에니어그램 원 주위를 모두 이동해 다닐 수 있기 위해 성장시켜야만 하는 도구를 결정짓는지 이해하는 것에도 에니어그램을 사용할 수 있게 된다.

이러한 관점을 차용하는 것은 삶에서 우리로 하여금 자신의 진로 또는 사명을 찾도록 도와줄 수 있다. 어떤 직업, 어떤 생활방식, 어떤 진로 또는 어떤 철학이 주어진 각 개인에게 최선인지를 결정해 주는 마법의 공식은 세상에 없지만, 에니어그램은 우리의 내적인 본성과 가장 진정한 변형을 일으켜 줄 만한 진로 간의 관계를 찾기 위한 강력한 도구를 제공해 준다.

구체적으로 영적 진로를 살펴본다면, 여기서 제시된 one enneagram 또는 통합에니어그램 모형은 우리에게 왜 특정 유형이 특정 진로와 밀접한 관련성이 있는지에 대한 더 명확한 개념을 준다. 예를 들어, 우리는 이러한 이유를 보게 되기 시작한다.

- 1유형들은 영감적이지만 명확하고 규율이 매우 잘 세워져 있거나 금욕적인 경로에 끌린다(이들은 드높은 소명에 마음이 끌린다).
- 2유형들은 사랑과 헌신, 보살핌의 경로에 끌린다(이들은 사랑에 반응하는 사람들을 보살필 때 행복한 기분을 느낀다).
- 3유형들은 어릴 때부터 명확하지만 부담이 큰 경로들을 익혀 왔다(이들은 야심찬 목표를 향해 걸림돌을 통과하고 밀어내는 자극적인 도전을 필요로 한다).
- 4유형들은 진정한 자기추구를 향한 깊이 중심 경로를 따라간다(이들은 자신의 내적 존재감의 깊이를 파헤치게 될 때까지 쉬지 못한다).
- 5유형들은 지적이고, 심원하며 복잡하거나 무속적인 진리에 매료된다(이들은 영적 인식의 내적 경로를 따라간다).
- 6유형들은 자신의 용기를 시험하고, 공동체를 섬길 수 있게 해 주는 경로를 인식하고 환영한다(이들은 보다 큰 수준의 이익에 기여하는 것에서 힘과 불굴의 정신을 끌어낸다).
- 7유형들은 수많은 경로와 스승을 따른다(이들은 성장하기 위한 새로운 경로들과 방식들을 마음속에 그리는 영적 탐험가들이다).
- 8유형들은 힘과 통달의 경로를 추구한다(이들은 어렵게 얻은 진리를 자신이 이끄는 삶 속에서 구현한다).
- 9유형들은 상상적이고 신비로우며 자연 지향적인 경로에 끌린다(이들은 삶의 자연스러운 리듬을 따르는 것을 즐긴다).

통합에니어그램 모형은 우리로 하여금 한 사람에게는 정확히 맞는 변형적 경로가 왜 다른 사람에게는 완전히 맞지 않는지를 이해할 수 있도록 도와주기도 한다. 이는 매우 도움이 되는데, 왜냐하면 이런 통찰 없이는 아무 곳으로도 안내하지 않는 경로들을 따르는 데 수년을 쓰게 될 수 있기 때문이다.

통합에니어그램 모형의 마지막 장점은 역설적이지만 매력적인 방식으로 시간과 공간을 한데 모으는 흥미로운 특성을 갖고 있다는 것이다. 즉, 성격 에니어그램은 공간적 관점을 서술하며, 과정 에니어그램은 시간에서의 순차적 관점을 묘사한다는 말이다([그림 7-13]).

이 병렬에 대해 사색하는 것은 마치 선문답에 대해 명상하는 것과 비슷하다. 당신이 충분한 명상을 한다면 시공 연속체의 본성에 대해 진정으로 심오한 무언가를 이해하게 될 것 같다는

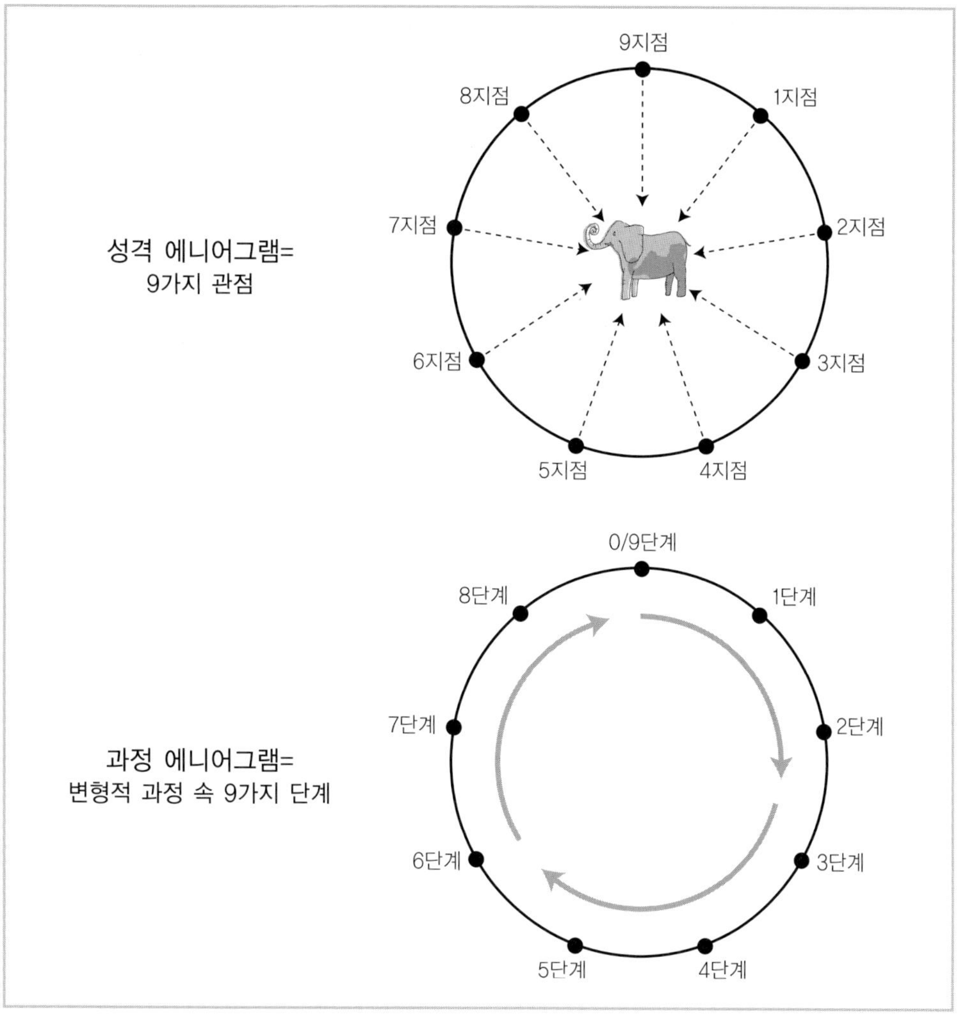

그림 7-13 성격 관점 대 과정 관점

느낌을 받을 것이다. 난 아직 그 이해 수준에는 도달했다고 할 수 없지만, 그래도 이 두 축에서의 각 지점을 서로 간의 관계 속으로 들여오는 것의 아름다움을 여전히 감상한다.

나는 우리로 하여금 이 병렬을 살펴볼 수 있게 해 주는 다른 체계를 알지 못한다. 어떻게 단 하나의 기하학적 도형이 두 차원을 상세하게 설명할 수 있는가? 이는 온우주의 본성에 대해 무엇을 말하고 있는가? 이는 에니어그램, 인간 또는 신성한 기하학적 구조의 본성에 대해 무엇을 말하고 있는가?

구르지예프는 에니어그램을 현자의 돌이자 세계 공통 언어의 근본적인 상형문자라고 특징지었다.[10] 오늘날 그의 가르침을 따르고 있는 사람들은 성격 유형을 설명하는 데 에니어그램을 사용하는 것을 미심쩍어 하는 경향이 있지만(그들은 에니어그램을 구르지예프의 원래 관점의 진부화로 본다),[11] 만약 에니어그램이 주로 고착 패턴을 설명하는 데 쓰이지 않았더라면 그들이 성격 에니어그램을 이렇게 싫어했을지의 여부에 대해서는 우리가 생각해 보아야 한다.[12]

사실 고착으로서의 성격 모형 너머로 이동하는 것은 성격 에니어그램에 관한 우리의 시야를 넓혀 주는 첫 번째 단계일 뿐이다. 왜냐하면 이런 이름에도 불구하고 성격 에니어그램은 주로 성격에 대한 것이 아니라 공간적 현실, 의도성, 조망 수용, 다양성 속의 통일에 대한 본성에 관한 것이기 때문이다. 추후에는 이 시점에서는 겨우 상상하기 시작한 정도의 각도에서 에니어그램을 탐구하게 될 수 있을 것이다.

하지만 이 장의 초점은 어떻게 9가지 성격 유형 또는 관점이 과정 에니어그램의 지점들과 부합하는지를 입증함으로써 이들의 관계를 더 잘 이해할 수 있게 하기 위함이었다. 다음 장에서의 초점은 우리로 하여금 개성, 변형, 사명의 완수 간의 관계를 이해할 수 있도록 도와주는 에니어그램의 추가적인 패턴들을 알아보는 것이다.

미주

1) 더 큰(겉보기에는 초월적으로 보이는) 명분을 위해 자아를 내려놓으려는 욕구는 한 개인의 상식을 굉장히 압도해 버릴 수 있다. 이는 궁극적으로 아서 케스틀러가 공산주의에 대한 그의 치기어린 심취 이후에 배운 교훈이었다. 2장에서 자기초월을 향한 욕구가 자기주장의 욕구보다 중요시되도록 하는 어리석음에 대한 논의를 살펴보라.

2) '제 4의 길' 접근법의 개념은 대부분의 변형적 경로가 몸, 정신, 감정 3가지 중 하나에 초점을 맞춘다는 관념에 근거하고 있다. 그렇지만 이들의 통합에 초점을 맞추지는 않는다. 구르지예프의 가르침에 근거한 제 4의 길 접근법은 이 3가지를 통합하기를 추구하며, 그렇게 하여 변형에 대한 전적으로 통합적인 접근법으로서의 자격을 얻고자 한다.

3) 대니엘 스턴(Daniel N. Stern)의 *The Interpersonal World Of The Infant*(2000) 같은 연구 작업과 1970년대부터 지금에 이르기까지 많은 진정한 연구자들의 작업을 살펴보라. 초기 연구에 대한 요약을 보려면 특히 *The Competent*

Infant(1973)를 살펴보라.

4) 9가지 유형에 연관된 '핵심 가치'를 언급하면서 나는 특정 유형을 타고난 개인은 모두 동일한 신념을 갖고 있다고 시사하는 것이 아니라, 단순히 이들이 '정말로 중요한 것'의 우선순위를 매기는 것에 있어서 그 유형에 관련된 방식에 근거한 유사한 관점을 공유한다고 말하는 것이다. 즉, 1유형들은 기준에, 2유형들은 관계에, 3유형들은 경쟁력에, 4유형들은 진실성(진정성)에, 5유형들은 이해에, 6유형들은 안전에, 7유형들은 다양성에, 8유형들은 힘의 역동에, 그리고 9유형들은 조화에 초점을 맞추는 경향이 있다는 것이다.

5) 메이오 클리닉(Mayo Clinic)에 따르면 긍정적인 사고는 연장된 수명, 낮은 비율의 우울, 감기에 대한 큰 저항력, 전반적인 심리적 · 신체적 건강, 심혈관질환으로 인한 사망 위험 감소, 고난과 스트레스의 기간을 잘 대처하는 전략과 양성적인 상관관계를 보인다(www.mayoclinic.com/health/positive-thinking/SR00009; [2012-10-18에 인용됨]).

6) *The Development of Personality*(1954/1981), p. 175.

7) 다이아몬드 접근법(A. H. 알마스)에 대한 용어 해설은 에니어그램 유형을 '모든 자아 구조에 고유한 원칙'인 '9개의 허상'의 측면으로 묘사하고 있다(http://glossary.ahalmaas.com/phrases/552). Enneagram WorldWide의 교사인 피터 오한라한(Peter O'Hanrahan)은 "[자아] 방어 기제는 우리의 유형 구조의 본질적인 부분이다"라고 언급하고 있다(www.enneagramwork.com/defense_systems.html). 로드 고자드(Rod Gozzard)는 리소-허드슨(Riso-Hudson)의 정신 구조에 대한 워크숍에서의 그의 경험과 관련하여 "초자아는 우리의 행동을 이끄는 기계이며 각 유형마다 충족되어야만 하는 구체적인 초자아의 메시지를 갖고 있다"라고 보고했다(www.internationalenneagram.og/artman2/uploads/1/IEA_Nine_Points_Jan−Feb10_1.pdf. [모든 사이트가 2012-11-05에 인용됨]).

8) 내부 삼각형 유형에 대한 연결 지점을 논하는 이유는 이들이 변형 과정에 포함되어 있으며, 그러므로 다른 6개의 지점과 같은 종류의 연결 지점의 영향을 받는 대상이기 때문이다.

9) 7유형의 장점은 종종 냉철함으로 알려져 있다. 그렇지만 이 유형과 연관된 존재적 가벼움을 고려해 봤을 때 냉철함이란 굉장히 '무거운' 개념이다. 나도 정말로 냉철하고 진지한 7유형들을 보아 오기는 했지만, 이들은 또한 무언가 번뜩임이 부족한 모습을 보이기도 했다. 이에 따라 나는 초점을 냉철함의 대신으로 제시하고 싶은데, 왜냐하면 이 개념은 7유형에게 지나치게 심각해질 필요에 대한 부담(이는 굉장히 기를 꺾이게 할 수 있다)을 주지 않은 채로 일관되고 지속적인 관심(이는 7유형에게 중요하다)을 기르는 개념을 포함하기 때문이다.

10) 우스펜스키의 『위대한 가르침을 찾아서』(1949/2001), p. 294.

11) 베르니에의 *The Enneagram: Symbol of All and Everything*(2003), pp. 45-47에서 나눈 논의를 살펴보라.

12) 블레이크가 *The Intelligent Enneagram*(1996)에서 언급했듯이 "고착은 모두 '부정적'이며, [반면] 내가 묘사한 세계관은 모두 '긍정적'이다" (p. 286).

8 변형된 에니어그램 영역들

모든 장소와 위치는 … 그 주변과는 다른 고유의 본성을 가지고 있다.

−알−터머디(Al−Tirmirdi), 『마음의 위치(Stations of the Heart)』

에니어그램은 패턴으로 가득하다. 이러한 패턴들은 9가지 에니어그램 지점과 그들을 잇는 내부 선들의 위치에 의해 형성된다. 이러한 패턴의 존재는 에니어그램을 단지 성격 유형을 분류하는 단순한 도구 이상이다.

3장에서 성격 에니어그램에서 유형의 본성을 이해하기 위해 사용된 가장 잘 알려진 패턴 몇 가지를 살펴보았다. 이러한 패턴들이 각 유형의 활동적인 본성을 어떻게 드러내는지에 대해 살펴보았다(그 에너지 중심에 따라서, 즉 머리, 가슴, 몸/배). 내부 선들을 통해 연결되는 것(연결 지점)과 유형과의 관계, 그리고 그 지배적인 하위 분야에 따라 우리가 각 유형을 더 구체적으로 분류할 수 있는 방법(자기보호, 의미추구, 사회관계)이다.

에니어그램을 수직적 영역과 수평적 영역으로 나누는 것 또한 가능하며 (원에서 자신의 위치를 기반으로) 9가지 에니어그램 지점에서 위치의 영향을 살펴볼 수도 있다([그림 8−1]). 그렇게 할 때 우리는 (성격 에니어그램을 사용하여) 개성의 본성, (과정 에니어그램을 사용하여) 변형의 본성과 이 둘 사이의 상호작용을 이해하는 데 사용될 수 있는 추가적인 패턴을 발견할 수 있다.

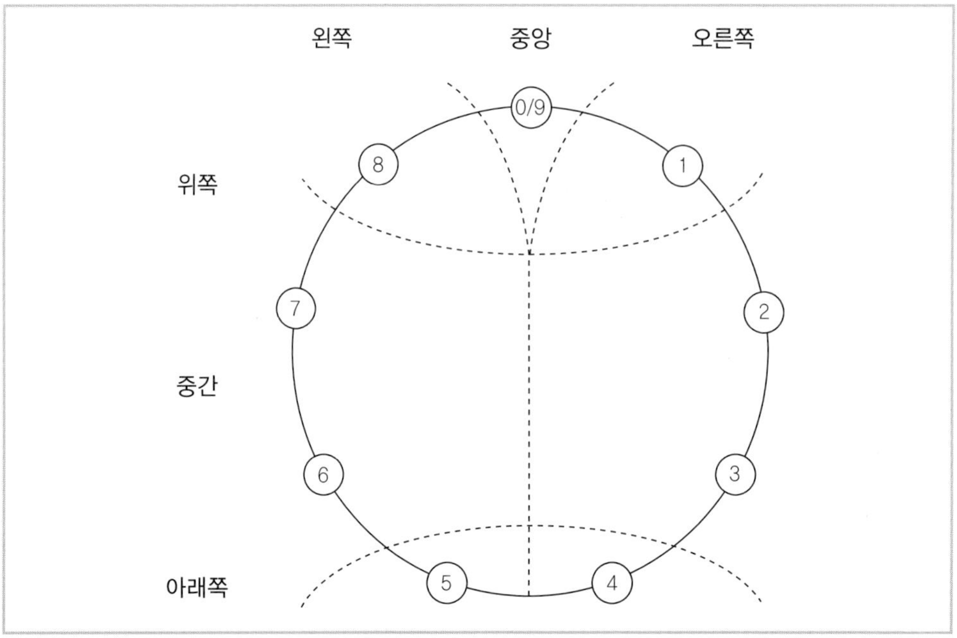

그림 8-1 수직적 및 수평적 영역

에니어그램 영역에 따른 패턴을 연구하는 것은 8장의 주된 목적이다. 성격과 과정 패턴의 포함은 논의를 더 복잡하게 만들기는 하지만 이러한 두 에니어그램 접근 방법 사이의 유사성을 더 잘 볼 수 있게 해 준다. 따라서 'one enneagram' 또는 통합에니어그램 모형을 정당화하는 데 도움이 된다. 이는 9장에 더 자세히 설명되어 있는 많은 장점을 가진 접근인 통합적 작업에 이 모형을 채택하기 위한 기초를 쌓는 작업이다.

통합적 에니어그램의 패턴 구성은 다음과 같다.

1. 성격 에니어그램 패턴
   (a) 수직적 영역(여성적–남성적–중성적)
   (b) 수평적 영역(영–자아–영혼)
2. 과정 에니어그램 패턴
   (a) 수직적 영역(하강–상승–제자리)
   (b) 수평적 영역(영–자아–영혼)
3. 7가지 영향 영역
   (이전 문단들에서의 논의를 기반으로 우리가 어떻게 에니어그램 원을 7가지의 결합된 영역을 가진

것으로 생각할 수 있는가)

4. 최하점(Nadir)의 중요성
(에니어그램 최하점이 하는 중대한 역할과 에니어그램 최하점이 성격과 변형 모두에 미치는 영향에 대한 논의)

5. 통합적 에니어그램 모형
(2개의 분리된 에니어그램처럼 보이는 것들이 어떻게 통합된 one enneagram 모형을 창출하도록 결합될 수 있는가)

이 섹션들은 각 섹션마다 다음 섹션을 위한 기반을 놓아 준다. 나는 이 개념들을 설명하기 위해 최선을 다했지만 이 주제가 대부분의 독자들에게 익숙한 것은 아니기 때문에 어느 정도 어려움을 일으킬 수 있다. 그러니 인내를 가지고 여러 번 읽기를 바란다.

성격 에니어그램의 유형

우리는 성격 에니어그램에서 9가지의 다른 기질 유형과 이들이 우리의 자아상, 사람들과의 관계, 삶에 대한 이해에 어떤 영향을 미치는지를 살펴보고 있다. 유형은 양극성을 기반으로 나뉜 3가지 수직적 영역(여성적–남성적–중성적)이나 의식의 3가지 유형 또는 수준을 기반으로 나뉜 3가지 수평적 영역(영–자아–영혼) 중 한 곳에 자리 잡을 수 있다. 먼저 수직적 영역을 살펴보자.

성격 에니어그램의 수직적 영역

공식적인 에니어그램 이론의 한 부분은 아니지만 에니어그램을 다루는 대부분의 사람들은 오른편을 더 여성적으로, 왼편을 더 남성적으로 바라본다. 각 반쪽의 양극성은 아주 영향력이 있는데, 이 양극성이 각 반쪽에 위치한 유형에 대한 관점에 강하게 영향을 미치기 때문이다. 하지만 9유형은 경계선에 위치해 있어 자기만의 중성적인 영역을 차지하고 있다([그림 8–2]).

- 여성성: 주관적 기준, 직관, 감정에 의한 평가, 관계, 보살핌, 구체화, 늘어나는 복잡성, '나'를 향한 초점, 자아상 창조, 물, 공감(감정이입), 문학/소설, 예술, 다양성, 정교화

- **남성성:** 객관적 기준, 인지, 사고에 의한 평가, 객체 지향, 체계, 시험, 관념, 늘어나는 통일성, '그것'을 향한 초점, 진실의 발견, 공기, 명확성, 실화, 과학, 통일성, 단순화
- **양성성/중립성:** 개인적(일방적) 판단을 하지 않음, 무(無)반응, 무평가, 정착감, 둔감, 제자리, '하나 됨'을 향한 초점, 조화의 창조, 통합, 종합, 영감, 공정함, 다양성의 통일, 화합

유형을 양극성의 측면에서 설명할 때, 한 개인이 온전히 남성적이거나 여성적이지 않은 것처럼 어떤 유형도 온전히 남성적이거나 여성적이지는 않다는 것을 아는 것이 중요하다. 그렇기는 해도 유형을 양극성에 따라 의미 있게 분류하는 것은 여전히 가능하다.

여성적인 유형: 1-2-3-4. 1유형들은 보다 미묘하고 어느 정도 형식적인 방식으로 여성적이다. 까다롭고 정확하며 기준 지향적인 이들은 문명화된 행동에 맞는 규칙을 설명하고, 이 규칙이 지켜지도록 하는 것을 추구한다. 또한 이들은 예술적인 면을 보이기도 하며, 특히 정교한 예술과 문학 작품을 높이 산다. **2유형들은** 전통적 사회에서 모든 여성이 본받도록 가르침 받는 유형으로, 아마 에니어그램에서 가장 원형적으로 여성적인 유형일 것이다. 이들의 초점은 감정, 로맨스, 관계, 가족, 아이들, 집, 아이 돌보기, 보살피기, 음식 준비하기의 형태로 양육을 하는 것

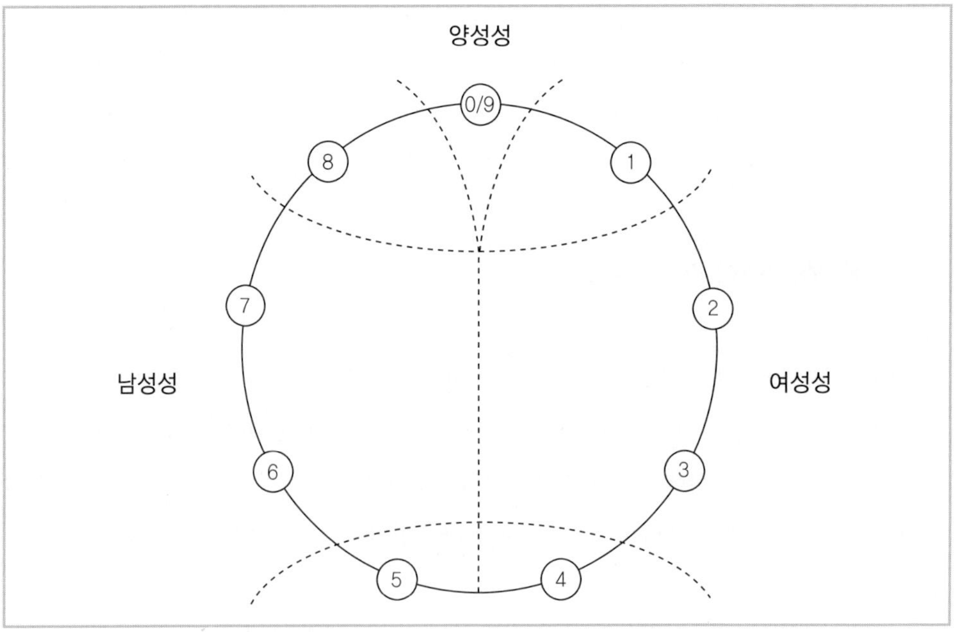

그림 8-2 성격 에니어그램에서의 수평적 영역의 영향

에 있다. 3유형들은 감정을 외적 활동으로 승화시킬 수 있어서 자기 발전, 팀 빌딩뿐 아니라 일반적으로 자기를 둘러싼 세상에 적응하는 것에 초점을 맞추기 때문에 종종 겉으로 덜 여성스럽게 보인다. 그러한 3유형의 적응하는 면과 물질세계에 대한 초점은 여성적인 특성이다. 4유형들은 자신의 내적 성향에서는 굉장히 여성적이지만 매우 자기 방어적이기 때문에 최소한 2유형들처럼 감정적인 경향을 띠기는 하면서도 종종 이를 겉으로 훨씬 덜 드러낸다. 이들의 여성성은 깊은 감정, 정서적인 취약함, 옷이나 환경에 대한 미적 섬세함에서 보인다.

남성적인 유형: 5-6-7-8. 에니어그램 모형의 반대쪽에 있는 유형들 중에서 5유형들은 가장 이성적인 성향의 유형이다. 그렇기에 5유형들은 온전히 지적인 의미로 봤을 때에는 가장 남성적인 유형이다. 객관적이고 사심이 없으며 자기를 잘 드러내지 않는 5유형들은 특정한 양식을 알아차리고 서로 관계없어 보이는 현상들을 조직화하는 재능 때문에 다양한 종류의 수수께끼와 문제 풀기에 아주 능한 편이다. 6유형들은 5유형들처럼 합리적 사고를 좋아하지만(그래서 이들은 종종 과학계나 기술계에서 많이 보인다), 더 구체적이고 응용적이며 덜 체계 지향적이다. 이들은 가끔 자신을 주로 지지, 보호를 요하는 영웅적인 일을 하는 직업 세계로 나아가게 하는 역공포적인 구석을 갖고 있기도 하다(소방 활동, 구조 작업, 응급 의학, 경찰 업무, 군대 활동 또는 스카이다이빙이나 등반 같은 취미 등). 7유형들은 시원시원한 성격으로 흔치 않은 발상과 혁신적인 프로젝트, 이상적인 생활방식을 특히 즐긴다. 가만히 있지 못하는 이들의 기운은 장거리 여행과 모험으로 이끈다. 이로 인해 이들의 관계는 지속되기보다는 단기적인 관계가 될 수 있으며, 장기간의 관계를 해 온 경우에는 감성적인 애착보다 정신적으로 친밀한 관계가 기준이 되는 모습일 수 있다. 8유형들은 거칠고, 현실적이며 행동 지향적이다. 이들은 '직감에 따라 생각'하고 우리가 남성적인 이상의 모습과 연관 짓는 카리스마 있는 권위와 힘 같은 분위기를 감지할 수 있을 정도로 내뿜는다.

양성적인 유형: 9. 양극선에 걸쳐져 있는 유일한 유형으로, 9유형들은 놀랄 것 없이 모든 유형 중 가장 무덤덤하고 수용적이며 판단을 하지 않는다. 이들에게는 뭔가 치유적이고 진정시킬 수 있는 양성적인 분위기가 있다. 이러한 분위기는 이들로 하여금 남성과 여성 모두와 우호적으로 어울릴 수 있게 해 주며, 아마도 이들의 잘 알려진 능력인 불화에서도 화합을 이끌어 내는 능력을 어느 정도 설명해 준다.

각 유형의 양극성을 이해하는 것은 이들의 행동을 해석하는 데 도움이 되는데, 에니어그램 원에서 서로 반대편에 있는 유형들이 비슷한 방식으로 행동할 때에도 각자 꽤 다른 이유로 행동할 수 있기 때문이다. 예를 들면, 4유형과 5유형은 둘 다 사적인 사람들이지만 4유형의 사생활에 대한 욕구는 감정적인 민감함과 관련이 있는 반면에, 5유형이 사생활을 원하는 것은 지나친 자극을 피하기 위함과 연결되어 있는 것이다. 이와 비슷하게 2유형과 8유형은 둘 다 가족에 큰 초점을 두고 있지만, 그 안에서 2유형에게는 감정적 연결이 가장 중요하고, 8유형에게는 혈연으로 묶인 무너지지 않을 견고한 구성 집단을 만드는 능력이 가장 중요하다.

성격 에니어그램의 수평적 영역

에니어그램 수직적 영역의 양극성이 다른 것처럼, 수평적 영역도 이들의 영역이나 의식 수준의 측면에서 다름을 보인다. 나는 *Archetypes of the Enneagram* 4장에서 의식의 3가지 수준 모형에 대한 개념을 소개했었는데, 한 영적 스승이 자신의 학생들을 높은 자기와 연결되도록 도와주려 시도했지만 학생들 중 약 3분의 1이 실패했던 이야기를 나누었었다. 그 스승은 그가 한 하와이언 영성가(kahuna)를 만나 우리 자신이 낮은 자기와 연결되기 전까지는 높은 자기와 제대로 연결될 수 없다는 말을 듣기 전까지는 실패의 이유를 이해하지 못했다. 필수적이고 유기적이며 본능적이고 수용적으로 남아 있는 원시적이고 어린아이 같은 낮은 자기 말이다.[1)]

일부는 어린아이 같은 자기와 직관적으로 연결되지만, 다른 이들은 성장하는 과정에서 그 연결을 잃는다. 그 연결이 없이는 어떤 방향으로든(깊은 정신 작업에 관여하든, 영적 인식의 높은 단계로 나아가든) 자아의식(ego-consciousness)에서 '벗어나는' 것이 어렵다.

그래서 우리가 이를 수 있는 3종류의 의식이 있다.

- 영적인 또는 영묘한 의식
- 자아 또는 평범한 의식
- 영혼 또는 깊은 의식

이 3종류의 의식은 나무의 3가지 부분과 비슷하다. 나뭇가지들, 나무의 몸통, 그리고 뿌리가 그것이다. 나무가 제대로 자라기 위해서는 하늘을 향해 위로 자라는 것(영)과 동시에 땅을 향해 아래로 자라는 것(영혼)이 필요하다. 그리고 이들의 균형을 잡아 주기 위해 이 둘을 통합할 수 있는 수단이 필요하다(자아). 이 3개의 영역에 대한 더 자세한 요약을 보라([그림 8-3]).

- **영**: 태양, 빛, 폭발적인 확장, 견제와 통치, 윤리, 공정성, 규율, 모범적인 행동, 리더십, 책임, 힘, 자연계, 윤리와 도덕, 정의, 균형, 조화, 우리의 영적 잠재력의 구현*
- **자아**: 지구, 일상적인 활동, 일, 놀이, 실질적인 적용, 자아상, 사회적 역할과 문화적 역할, 사회적 네트워크, 개인적 관계, 가족 관계, 우정, 상식, 의사소통, 문명, 기업가 정신, 혁신, 사회, 우리의 문화적 잠재력의 구현
- **영혼**: 달, 신비, 어둠, 내적 지향, 상상의 세계, 그림자 기운, 혼돈, 독창성, 샤머니즘(무속신앙), 심층 심리, 뒤집힌 관점, 우상 부수기, 연금술적 변형, 전멸, 죽음과 환생, 우리의 숨겨진 잠재력의 구현

우리도 볼 수 있듯이 영의 영역은 단지 인식의 확장된 상태만이 아니라 삶에서의 리더십, 책임, 도덕적 행동에 관한 것이다. 자아의 영역은 단지 의식의 평범한 ('베타' 파동) 상태만이 아니라 사랑, 신뢰, 문화적 발달 그리고 지역사회 봉사에 관한 것이며, 영혼의 영역은 억압된 물질과 그림자 작업에 관한 것만이 아니라 창의성, 독창성, 부활에 관한 것이다. 각각의 이 영역들은 다른 '느낌'과 다른 목적을 갖고 있다. 세 영역 모두 우리의 삶에서 필요한 역할을 한다.

동시에 에니어그램 원에서의 우리의 유형의 위치는 이 세 영역과의 관계에도 영향을 미친다. 그렇기에 우리는 자신의 유형이 발견된 영역에서 가장 잘 기능하는 경향이 있으며, 다른 두 영역에서는 다소 덜 제대로 기능하곤 한다. [그림 8-3]에서 볼 수 있다.

- 영의 영역 내 8-9-1유형 = 영 유형
- 자아 영역 내 2-3-6-7유형 = 자아 유형
- 영혼 영역 내 4-5유형 = 영혼 유형

영역별로 유형을 무리 짓는 것은 우리에게 각 유형의 본성과 특히 각 유형이 유달리 민감한

---

* 여기서 나는 영의 영역과 그 유형에 대해 논의할 목적으로 영이란 단어를 대문자(※ 역주: 영(spirit)을 대문자(Spirit)로 쓰면 위대한 영이란 의미가 된다)로 쓰지 않았는데(나는 영을 초월적인 관점인 위대한 영으로 언급할 때 대문자로 쓴다), 영 유형이 영적인 영역에서 더 발달했다고 시사하고 싶지 않기 때문이다. 그런 의미보다 영의 유형은 원초적이고 격하며 활발한 기운에 강하게 활성화되고 생기가 불어넣어진다는 면에서 영적이라고 할 수 있다.

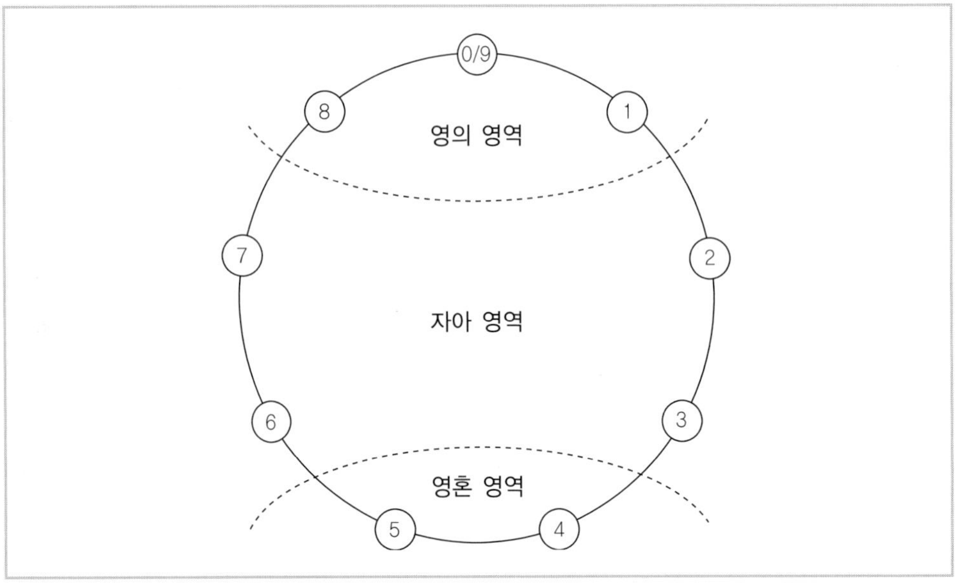

그림 8-3 성격 에니어그램에서의 수평적 영역의 영향

부분인 에너지 역동을 이해하기 위한 더 많은 도구를 제공해 준다. 모든 유형의 목표는 이 세 영역과 합리적인 균형을 이루는 것인데, 성장에 가장 큰 장애물을 만드는 것은 균형의 부족이기 때문이다.

유형을 각 세 영역으로 나눈 것을 살펴보자.

영의 유형(8-9-1). 이 영역에 해당하는 유형들은 바깥 세계 또는 자연계에서 행동을 지향한다. 이 유형들은 창조의 격한 세계나 위대한 영에 대한 본능적인 친밀감을 갖고 있다. 또한 그 세계의 에너지를 이 영역에 기반을 두는 타고난 능력을 갖고 있어서 물질에 영적인 에너지를 불어넣는다. 같은 이유로 이들은 리더십 있고 촉진적이며 고무적인 종류의 역할을 할 때 종종 가장 잘 기능하는데, 이는 이러한 역할들이 우리가 온우주를 주관하는 법칙을 구현하는 방식으로 행할 때 무엇이 가능한지를 우리로 하여금 상기시켜 주기 때문이다. **1유형**은 그 원칙들을 하향식(영 지향적)으로 분명히 표현하려 한다. **8유형**은 그것들을 상향식(신체 지향적)으로 구현하려 한다. 그리고 **9유형**은 그 둘을 조화시키려 한다.

비(非)-영 유형들은(특히 현대의 세속화된 문화에 살고 있는 유형들은) 이 영역의 본성을 파악하는 데 어려움을 겪을 수 있는데, 이 유형들은 영 유형처럼 이러한 것들을 몸 안에서(또는 '존재' 안에서) 느끼지 않기 때문이다. 그렇지만 영혼 유형들(4유형과 5유형)은 영의 기운(초월적 정신)을 영혼의 기운(심층 정신)으로 변환하는 경향을 보일 것이다. **4유형**은 이를 삶에서 의미를 찾기 위해 사용하며, **5유형**은 지식을 얻기 위해 사용한다. 이렇듯 영과 영혼의 영역 사이에는 공명 같은 것이 있을 수 있다.

하지만 자아 유형들은, 특히 오른편에 있는 유형들(2유형과 3유형)은 이 영역을 이해하는 것이 더 힘들 수 있는데, 이 유형들은 물질적이고 사회적인 세상에서 그들이 하는 활동에 특히 집중하곤 하기 때문이다. 이들은 과정 에니어그램에서는 원형 아래쪽을 향한 채 물질적 세상에 더 깊이 관여된다. 그래서 **2유형**은 관계할 누군가를 고대하며, **3유형**은 만족시켜 줄 누군가를 찾는다. 왼편에 위치한 유형들(6유형과 7유형)은 영의 영역으로 움직이기 때문에 이런 영역에 더 끌릴 수 있다. 또한 이들은 '공기' 유형으로서(3장 참고) 영의 영역과 결부된 '불'과 더 큰 친밀성을 갖고 있다. **6유형**은 이 영역의 격렬한 기운과 연결됨으로써 용기를 이끌어 낼 수 있다. **7유형**은 같은 기운을 덜 산만해지고 더 침착해지는 데 쓸 수 있다.

자아 유형(2-3-6-7). 에니어그램에서 가장 사회적인 유형은 중간 영역에 있는 유형들이다. 2유형과 3유형은 오른편에 있고, 6유형과 7유형은 왼쪽에 있다. 이들 유형은 일상적인 활동들, 특히 공동체 중심 활동에 유독 잘 적응하는 모습을 보인다. **2유형**은 직접적으로 도움주기, 자선기부, 유쾌한 사교활동 등에 끌린다. **3유형**은 친근한 전문가로, 팀 빌딩, 인사관리, 행사 조직 같은 목표 중심 활동에 중점을 둔다. **6유형**은 지역 봉사를 용이하게 함과 동시에 개인과 가정의 안녕을 제공해 주는 사회적 지원 체계를 만들기 위해 애쓴다. 그리고 **7유형**은 사람들을 사회적인 자원이자 혁신적인 생각의 원천으로 보는 타고난 마당발이다.

비(非)-자아 유형들은 자아 영역 안에서 방향을 잡을 수는 있지만, 사회적인 상황에 적절하게 적응해야 하는 때가 오면 종종 특정한 사회적 편안함이 부족하다. 8유형과 1유형은 자신의 화를 걸러내는 것에 있어서 명백한 문제를 겪을 수 있다(예를 들어, **8유형**의 안달하는 경향과 **1유형**의 과도하게 엄격해지는 것으로 화를 조절하는 경향). **9유형**은 상냥하게 행동하는 것으로 행동적 적응을 하며, 자신만의 작은 세계로 물러나는 것으로 화를 숨긴다. 4유형과 5유형은 깊이 관여됨을 느끼는 것을 힘들어하는데, **4유형**에게는 깊게 사회적 관계가 지속되는 것은 피상적이고 무의미할 수 있기 때문이고, **5유형**에게는 사회적 관계가 기운적으로 너무 압도적이기 때문이다.

영혼 유형(4-5). 영혼 자기(the soul self)는 4지점과 5지점 주변에 있는 에니어그램의 최하점과 결부되어 있는데, 이 부분은 혼돈과 창조성, 어둠과 천재성이 동시에 결부되어 있는 영역이다. *The Intelligent Enneagram*(1996)에서, 블레이크는 이 영역을 "격동, 불, 혼돈의 영역"(p. 342)

이라고 불렀다. *Enneagram Studies*(1983)에서는 베넷이 이 영역을 "최고치의 고통 지점"(p. 55)으로 연관 짓고 있다. 주디스 시어(Judith Searle)는 이 영역을 심연, 빈 공간, 영혼의 어두운 밤, 그리고 죽음과 연관 지었다.[2)]

이와 같이 영혼 유형은 '깊이로부터' 영감을 얻곤 하는데, 다른 사람들을 떠나 혼자만의 시간을 더 보낸다. 영혼 유형들은 상황의 뿌리까지 철저하게 조사를 해야 삶과의 유대감을 이뤄내기 때문이다. **4유형**은 의미를 추구하며 핵심 자기(the core self)와 연결되고 있다는 느낌을 추구한다. **5유형**은 이해를 추구하며 세상이 어떻게 돌아가는지에 대한 인식을 추구한다. 우리는 4유형과 5유형의 유형 특성에 비춰진 최하점의 기운을 볼 수 있다. 4유형과 5유형 모두 이들을 다른 사람들로부터 분리시키는 외로움, 소외감, 내적 격렬함의 느낌을 경험하곤 하는데, 특히 자신을 최하점으로 끌어당기는 날개를 갖고 있는 유형들이 그러하다(예, 4w5와 5w4).[3)]

비(非)-영혼 유형들은 이 영역을 강렬하고 혼란스럽거나 두렵게 느낄 수 있는데, 이 영역이 무의식 또는 그림자 에너지와 맺고 있는 연관성 때문이다. **9유형**은 아마 이 기운에 가장 덜 반응하는 유형일 것이다. 왜냐하면 9유형은 강렬한 감정에 자극을 받는 경향이 있기 때문이다. 8유형과 1유형은 둘 다 종종 저항으로 반응하며 이 기운을 가까이 오지 못하게 하려 애쓰는데, 이런 기운이 자신을 불편하게 만드는 자신의 취약함을 인정하도록 강요할 수 있기 때문이다. **8유형**은 이런 영역의 존재함을 부인하며 강하게 이를 걸러 내는 반면, **1유형**은 이 존재는 인정하겠지만 이 영역의 가치는 부인한다(더 악화된 경우에는 이를 나쁜 것 또는 틀린 것으로 여긴다). 자아 유형들(2-3-6-7)은 이 영역에 대해 덜 강하게 반응하는 편이지만, **3유형**에게 최하점의 기운은 불온한 것으로 지각되며(왜냐하면 이는 앞으로 다가올 것들의 전조이기 때문에), **6유형**에게는 두려운 것으로 여겨진다(왜냐하면 이 기운은 이들을 '심연으로 다시' 끌어당길 수도 있기 때문이다). **2유형**은 이에 대해 위협을 받기보다는 짜증이 나는데, 영혼의 기운은 아주 사회적인 것은 아니기 때문이다. 그리고 **7유형**은 이를 아주 매력적인 것으로 느끼게 될 수 있다—최소한 어느 정도까지는 말이다(7유형은 결국 과도한 깊이나 강렬함에 피곤을 느끼게 된다).

이제 9가지 에니어그램 유형을 특징짓는 2가지의 추가적인 방식이 있다. 즉, 수직적 양극성과 수평적 영역 유형이다. 그럼 이제 과정 에니어그램에서 같은 차원을 바라볼 때에는 어떻게 되는지 알아보자.

과정 에니어그램의 유형

과정 에니어그램은 변형 주기를 큰 것과 작은 것으로 묘사한다. 우리가 6장에서 보았듯이 과정 에니어그램은 식당에서 음식을 준비할 때 음식의 변형 과정 같은 평범한 일도 설명할 수 있지만 인간 의식의 변형에 대해서 평생을 걸쳐 설명할 수도 있다. 후자에 대해 설명할 때 에니어그램 원을 이용해 인간의 신체적인 삶의 주기를 묘사할 수 있다. 그렇게 되면 0지점은 탄생, 9지점은 죽음이 되는 것이다. 세부사항들은 우리가 삶의 주기를 어떤 식으로 나누기를 원하느냐에 달려 있다. 여기서 우리의 목적을 위해 성격 에니어그램을 나누었을 때와 똑같은 접근법을 사용할 것이다. 각 접근법이 다른 접근법에게 어떤 영향을 미치는지에 대해 다루기 전에 수직적 영역과 수평적 영역을 살펴볼 것이다.

과정 에니어그램의 수직적 영역

성격 에니어그램에서 에니어그램 원을 양극성의 측면에서 3개의 수직적 영역으로 나누어 오른편은 여성성, 왼편은 남성성, 그리고 중심은 양성성으로 두고 살펴보았다. 과정 에니어그램에서 이 수직적 영역들을 (공간이나 조망 수용의 맥락에서보다는) 시간이나 순차적인 과정의 맥락에서 살펴보고 있다. 과정의 관점으로 볼 때, 이 영역들은 탄생에서 죽음까지를 진행해 나가면서 통과해 가는 단계들과 비슷하다. 우리는 삶의 전반기 동안 삶의 깊은 곳으로 하강한다. 삶의 후반기에는 다시 하늘 위로 상승한다([그림 8-4]).

중년기에서의 변화는 원 주위에서의 꾸준히 점진적인 이동의 연속이지만, 하강에서 상승으로의 변화이기도 하다. 도교 철학에서는 이 변화를 여성성(음) 주기의 끝이자 남성성(양) 주기의 시작기와 동등하게 본다. 동양철학에서는 이것이 우주의 흐름의 교류와 같으며, 우주의 밤에서 우주의 낮으로의 변화를 나타내고 있다고 말한다. 동양 철학자인 다이온 포춘은 이를 두고 "항상 진화적 위기를 촉발시킬" 시기에서의 변화라고 언급하고 있다.[4] 융에 의하면 이런 변화가 일어나는 때는 "아침에는 신봉되었던 모든 이상과 가치가 뒤바뀌는 것을 의미한다. 태양은 자기 자신과의 모순에 빠진다."[5]

융이 태양에 대해 갖고 있는 '자기 자신과의 모순에 빠진다'는 이미지는 적절한 것이다. 이 비유는 우리에게 하강에서 상승으로의 변화가 지닌 급진적인 본성을 이해할 수 있도록 도와준다. 또한 어째서 이전에는 소중히 여겨졌던 가치들을 이렇게 격렬히 종종 집단으로 거부하는 강한 경향이 이 시점에 나타나는지에 대해서도 이해하도록 돕는다. 왜냐하면 이전 가치들은 우리가 새롭게 향하는 상승의 길을 막게 될 수 있기 때문이다. 우리 중 많은 사람들이 너무 빨리, 너무 이른 때에 이동하려는 경향뿐 아니라(지난 것들을 열성적으로 끊어 내며) 삶에 대해 가졌던 이전 접근 방식에 대해서도 부정적으로 보는 면이 있다. 이전 접근법을 단순히 지나간 것으로만 보는 것 뿐 아니라 원래 나쁜 것(기만적이고, 피상적이고, 물질주의적이고, 독선적이고, 조건적이며, 자기 제한적인 것 등)으로 보는 것이다. 우리는 이런 이해를 함으로써 발달의 다음 단계로 나아가기 위해 이전 주기의 가치들을 병리화하는 것이 굳이 필요치 않다는 것을 깨닫게 된다.

과거이든 현재이든 삶에서 겪는 경험들에는 가치가 없는 것이 없다. 왜냐하면 이 경험들은 진행 중인 발달에 필수적인 원료를 제공해 주기 때문이다. 구르지예프는 위대한 가르침을 찾아서에서 내면 작업은 '물질[삶의 경험]'의 존재함에 달려 있다고 한 것과 같은 개념에 대해 언급하고 있다(p. 163). 이런 이해가 되었다면 이제 우리는 각 수직적 영역에 대해 자세히 살펴볼 준비가 되었다.

하강/퇴행적 원호(1-2-3-4지점). 삶 주기의 전반기에서 우리는 삶의 한창 때로 전력으로 이동하며 기초적인 기술을 배우고, 재능을 개발하며, 관심사를 발견하고, 삶의 한계에 창의적으

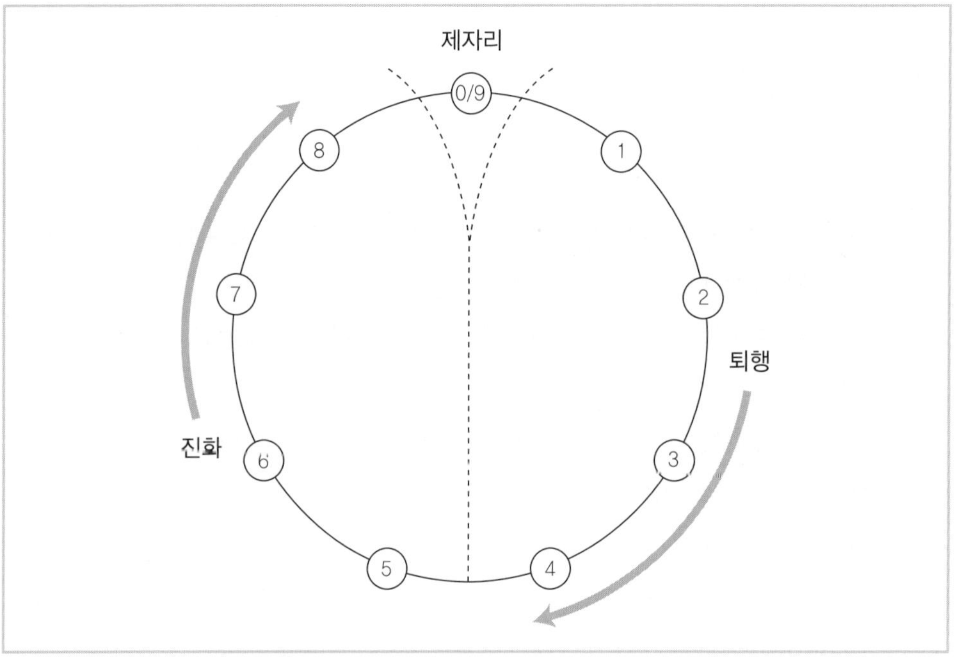

그림 8-4 과정 에니어그램에서의 수직적 영역의 영향

로 적응한다. 나는 이 전반기를 퇴행적으로 본다. 왜냐하면 이 시기는 삶에 더욱더 깊이 관여되도록 이끌기 때문이다. 그렇게 함으로써 우리는

- 명확하고 안정적인 관점을 발달시킬 수 있고(1지점)
- 사랑을 하고 사랑을 받는 법을 배우고(2지점)
- 문화적 기준에 성공적으로 적응하고(3지점)
- 우리 자신과 개인적 기준에 솔직해질 수 있다(4지점).

상승/진화적 원호(5-6-7-8지점). 삶의 후반기에서 우리는 왔던 길을 돌아가지 않고 방향을 바꾸지도 않는다. 대신 우리는 같은 변형의 원호를 계속해서 걷는다. 이것은 중요한 점인데, 삶의 주기 전체가 퇴행/하강을 포함하든 진화/상승을 포함하든 진보적(변형적)이라는 것을 의미하기 때문이다. 여기서 경험되는 변형의 정도는 그 과정에서 각 단계를 어떻게 지나느냐에 달려 있다. 이는 모든 단계가 변형의 기회를 갖고 있다는 것을 의미한다.

하강 기간 동안 초점은 자율적인 모습이 될 수 있도록 삶의 경험들을 축적하는 것에 있다. 상승 기간 동안에는 삶을 좀 더 큰 의미에서 사는 방식으로 우리의 이해를 확장시키는 것에 그 경험들을 이용하는 것이 초점으로 두어진다. 홀라키적 관점에서 퇴행이 자율적인 전체로서 기능하는 법을 배우는 것에 관한 것이라면 진화는 우리 자신보다 더 큰 무언가의 부분으로서 기능하는 법을 배우는 것이다.

- 자기와 자기의 경험을 훨씬 더 큰 맥락의 부분으로 보는 것(5지점)
- 더 큰 사회 공동체를 섬기고 지원하는 법을 배우는 것(6지점)
- 자기와 그 너머의 모든 것을 연결할 수 있는 경험을 모으는 것(7지점)
- 개인의 힘은 온우주적인 힘에게 부수적이라는 것을 이해하는 것(8지점)

제자리/존재함/상호작용의 지점(0/9지점). 성격 에니어그램에서처럼 9지점은 (좁은) 중간 영역에 있는 유일한 지점이다. 성격 에니어그램에서 9지점은 중립성 또는 양성성을 상징한다. 하지만 이동 중심적인 과정 에니어그램에서 9지점은 제자리를 의미한다. 즉, 우리가 하늘과 땅 사이에서 맴도는 지점 말이다. 그렇더라도 여기에는 큰 차이가 하나 있다. 과정 에니어그램에서는 이 위치가 삶의 과정의 아주 다른 2가지의 지점을 의미한다. 탄생(0지점)과 죽음(9지점)이다. 이 두 지점(0과 9)이 겹쳐진다는 사실은 우리에게 기하학적 힌트를 하나 준다. 그것은 바로

삶의 주기가 폐쇄된 원이 아닌 열린 나선형이라는 것이다.

✲✲✲

과정 에니어그램의 수직적 영역을 살펴보기 전에 한 가지 짚고 넘어가야 할 것이 있다. 삶의 전반기를 퇴행과 삶의 후반기를 진화와 연결시키는 것은 온전히 진화적인(상승 중심적) 윌버의 삶 주기 모형으로부터의 명확한 출발점이라는 것이다. 그의 접근법은 '오직-상승'으로 불리면서도 과정 에니어그램과 관련된 접근법은 '하강-후-상승'으로 불릴 수 있다. 9장에서 이들의 차이점을 자세히 살펴볼 것이다.

간략히 말하면 4장에서도 설명했듯이 윌버의 접근법은 삶 주기에 대한 진보적인(역낭만적인 관점보다) 관점을 촉진하도록 설계되었다. 그렇지만 과정 에니어그램은 퇴행과 진화 모두를 포함한 모형을 묘사하고 있는데,[6] 동시에 명확히 진보적인 모습을 띠고 있다. 이에 대해서는 다음에서 다루게 될 것이다. 퇴행을 변형 주기의 부분으로 포함시키는 것의 장점은 우리로 하여금 변형을 새로운 견해로 볼 수 있게 해 준다는 것이다.

예를 들면, 목적지보다는 여정에 좀 더 초점을 맞추게 한다. 즉, 우리가 각 지점에서 이런 것들에 얼마나 마음이 열려 있는지에 더 초점을 맞추게 한다.

- 그 순간에 일어나고 있는 것을 알아차리고(0)
- 원칙에 입각한 행위를 취하고(1)
- 다른 사람들을 감정적으로 지원하고(그게 그 사람들을 홀로 두는 것을 의미할 때라도)(2)
- 어려운 과업들을 균형 잡힌 방식으로 맡고(3)
- 우리의 가장 깊은 직관을 저버리게 하는 사회적 압박에 저항하고(4)
- 진정으로 변형적인 방식으로 우리의 생각을 사용하고(5)
- 끝까지 계속하는 믿음을 가지고(6)
- 옛 것으로부터 도망치려 하지 않고 새로운 것을 포용하고(7)
- 솔선수범하고(8)
- 모든 관점을 받아들이지만 주로 우리 자신의 관점을 특히 받아들이는(9)

과정 에니어그램의 수평적 영역

성격 에니어그램에서 했던 것처럼 과정 에니어그램을 3가지 수평적 영역으로 의미 있게 나눌 수 있다([그림 8-5]). 그렇지만 과정 에니어그램에서는 이 영역들이 원의 지점마다 움직여 가면서 가로질러 가는 부분들을 나타낸다. 영의 영역(8-9-1)은 삶의 주기의 시작점에 있거나 끝지점에 있다. 자아 영역(2-3-6-7)은 삶의 가장 활발한 시기에 있다. 그리고 영혼 영역(4-5)은 자신 안으로 들어가 바깥에서는 구할 수 없는 해답들을 찾으려 한다. 이제 각 영역을 차례대로 살펴보자.

영의 영역(8-9-1지점). 삶의 시작점과 끝부분 모두에서 여전히 주로 영의 세계에 있다. 삶의 맨 처음 시기에서(0/9지점) 우리는 새롭게 태어난 존재 안에 있는 영의 반영된 빛 때문에 '영광의 구름자락'으로 온다. 우리가 성장해 가면서 이 빛이 바래지게 되는 사실은 개개인이 덜 영적인 상태가 되어 가기 때문이 아니라 영의 영역으로부터 점점 나오게 되기 때문이다. (우리가 영적 스승의 곁에서 떠날 때에도 이와 같은 일이 일어난다. 영적 스승의 곁에 있을 때에는 감정이 고조된 느낌을 받지만 스승의 곁을 벗어나게 될 때에는 그 느낌이 희미해진다.) **1지점**에서 영의 영역에서 자아 영역으로 이동한다. 그 결과로 (영적인) 더 높은 수준의 기운에 대한 수용성이 남아 있게 되지만 삶의 경험은 상대적으로 적은 상태가 된다. 그래서 우리의 영적 충동은 사회적 관습에 어느 정도 속박된 형태로 표출되는 경향을 띠게 된다(이렇게 됨으로써 지난 세대들이 쌓아 놓은 지혜로부터 이 충동들을 구조화하는 법을 알아낼 수 있기 때문이다). 원호 위에서 다시 영의 영역에 접근하게 되는 때인 **8지점**이 되면 이미 젊은이 특유의 이상주의를 잃은 지 오래이고 원의 나머지 영역들을 모두 통과해 오면서 겪은 수많은 어려움을 지나온 결과로 인해 아마 심지어는 어느 정도의 냉소주의를 짊어지고 있을 수도 있다(하지만 우리는 이 냉소주의를 '현실주의'라고 생각할지도 모른다). 그렇지만 그동안 우리는 경험을 많이 얻어 왔고, 이 경험들은 진정한 영성과 거짓 영성의 차이점을 말할 수 있는 능력뿐 아니라 진정한 영성은 우리가 실제로 구현할 수 있는 종류라는 이해를 잠재적으로 준다. **9지점**으로 접근하게 되면서 우리는 전적으로 영적인 영향의 영역을 향해 움직인다. 하지만 원호의 돌아오는 지점에서는 우리의 삶의 경험, 영적 수행과 태도가 우리 경험의 본성을 결정하는 데 있어 가장 큰 역할을 한다. 자기의 내적 본성과 진정한 동일선상에 오게 된 사람들은 어린 아기들에게서 볼 수 있는 분위기와 비슷한 기운을 내뿜곤 하는 경향이 있다. 하지만 이 경우 이 기운은 실제로는 내면으로부터 나오는 것이며, 그렇기 때문에 진정하게 본질적으로 초개인적이다.

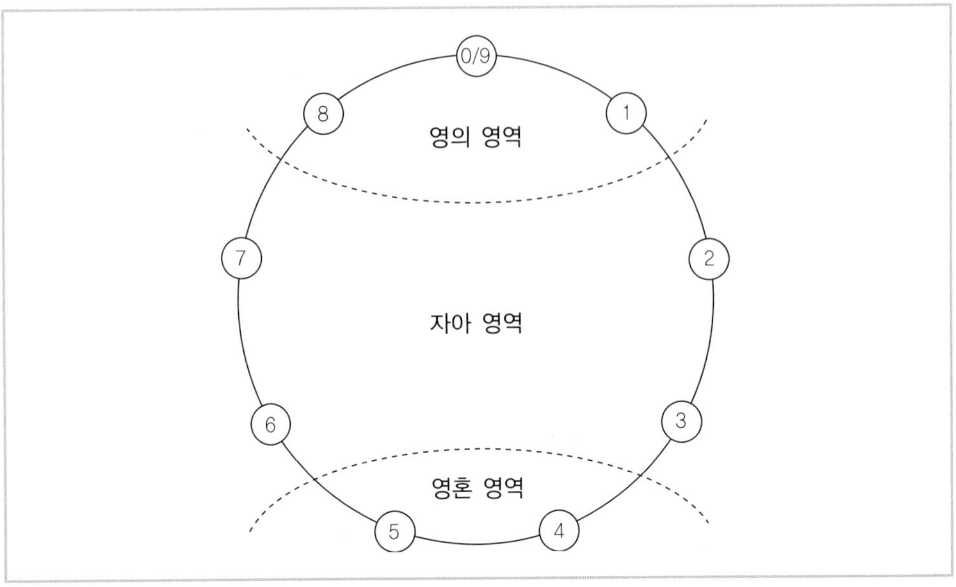

그림 8-5 과정 에니어그램에서의 수평적 영역의 영향

자아 영역(2-3-6-7 지점). 우리는 영의 영역에서처럼 삶의 주기에서 자아 영역을 두 번 통과한다. 한 번은 삶의 전반기에서(2-3지점), 나머지 한 번은 삶의 후반기에서다(6-7지점). 이 영역은 4개의 지점을 포함하고 있고, 에니어그램에서 가장 큰 공간을 차지하고 있기 때문에 많은 영향력을 행사한다. 첫 번째 구간은 관계(2지점)와 기술 습득(3지점)의 세계로 들어가는 입구를 나타내며, 우리가 삶에서 '자신을 찾는 때인' 성인 초기부터 중년기까지와 연관되어 있다. 이 기간은 생산적이지만 바쁜 시기로, 이 시기에 우리는 자아의 기능적 감각, 사고하는 능력, 마냥 어린 의존성을 넘어가기 위해 필요한 기술들을 개발한다. 이때는 딱히 사색적인 시기는 아니다. 왜냐하면 이때 우리는 바깥세계에서 자리를 잡느라 바쁘기 때문이다. 돈을 벌고, 가정을 꾸리고, 경력을 쌓느라 말이다. 이 영역에서 두 번째로 나타나는 시기는 삶의 후반기 동안으로, 불안정한 영혼 영역을 통과해 온 후 삶이 얼마나 불확실해질 수 있는지 알아낸 때다. 이전에는 초점이 '나'에게 있었는데(자아감을 발달시키며), 지금은 초점이 '우리'에게 맞춰져 있게 된다. 문명 사회를 함께 묶어 주는 더 큰 사회 구조에 초점이 맞춰지는 것이다. 6지점이 되면 우리는 불안정으로부터 벗어나오게 되지만 어쩌다 이전 영역으로 돌아가게 될까 봐 두려워한다. 우리는 가정과 공동체에 소속됨으로써 이 두려움을 누그러뜨리고, 사회적 관습과 연관된 안정감을 통해 위안을 받는다. 그렇게 자신감을 얻게 될수록 우리의 시야는 점차 넓어지게 된다. 7지점에 이르면 우리는 더 넓은 세상으로 과감히 모험하고, 더 이상 쓸모가 없게 된 관습들을 버릴 준비가 된 상태다(하지만 여전히 걱정 한 줄기가 남아 있어서 위험을 마주했을 때 후퇴할 준비가 되어 있는 상태다).

영혼 영역(4–5지점). 영혼 영역은 에니어그램 원의 맨 아래에 있는데, 이 지점은 '평범한' 삶으로부터 끌려 내려와서 영혼 추구와 고독의 공간으로 들어가게 되는 영역이다. 3지점에서 우리는 근면과 투지를 통해 성취할 수 있는 것들을 발견한다. 하지만 4지점을 향해 이동할수록 우리는 일에 싫증이 나기 시작하고 변화를 필요로 하게 된다. 하지만 어떤 변화가 필요한지 알아내기 위해서는 심하게 밀어붙이기를 멈추고 어떤 일이 일어나는지 보아야 한다. 보통 이럴 때 일어나는 일은 우리의 핵심 자기의 부분은 사실상 아닌 우리의 페르소나가 가진 측면들이 해체되기 시작하는 것이다. 우리는 여기까지 구축해 온 많은 것들이 허상 위에 지어져 왔다는 것을 깨닫기 시작한다. 우리가 우리의 운명을 온전히 관리하고 있다는 허상 말이다. 허상은 이 시점에서 우리가 겪는 혼돈은 정상적인 것인데, 왜냐하면 이 혼란은 더 이상 우리를 우리 자신이라기보다 조건으로 보게 하는 모든 것의 와해를 의미하기 때문이다. 5지점으로 가로질러 가는 최하점은 자신의 우주를 창조하고 주관하는 사람이 우리 자신이라고 바라보는 것에서 자신을 좀 더 큰 창조, 즉 우리 자신의 상상의 범위를 벗어난 창조의 한 부분으로 바라보는 것으로의 변화를 의미한다. 이러한 깨달음은 굉장히 멋진 일이다. 이는 우리에게 삶의 비(非)인격성 앞에서의 인격적 자아의 무의미함을 어쩔 수 없이 생각해 보게 만든다. 그리고 이는 우리 안에서 앎에 대한 압도적인 욕망을 창조해 낸다. 삶이 진짜로 어떻게 돌아가는지 이해하려는 욕망 말이다. 우리가 삶의 새로운 기반을 성장시켜 나가기 시작하는 것은 앎의 추구를 통해서다. 이는 결국 우리를 삶의 '표면'으로 다시 이끄는 접근법이다.

영향의 7가지 영역

〈표 8–1〉과 〈표 8–2〉는 우리가 성격 영역(8-1)과 삶 주기/변형 영역(8-2)의 관계를 더 잘 살펴볼 수 있도록 이전 장들에서 이러한 영역 정보를 요약해 놓았다. 각 유형 설명과 그에 상응하는 단계 설명을 비교해 보면 이들이 서로 명백한 유사함을 지니고 있다는 것을 볼 수 있다(우리가 7장에서 보았던 것과 비슷하다).

하지만 〈표 8–1〉과 〈표 8–2〉에서 유형 묘사는 더 역동적이고 주관적인 모습인 반면(이는 성격 유형들을 설명하고 있기 때문이다), 단계 묘사는 더 분리되어 있고 객관적인 모습을 띠고 있는

〈표 8-1〉 영역별 성격 설명

	남성적 객관화된 자기에 초점	양성성 조화에 초점	여성적 주관적 자기에 초점
영 유형	8유형: 자신의 진리를 구현하는 원숙한 지도자	9유형: 보편적인 시각의 무덤덤한 조정자	1유형: 순수한 이상을 열정적으로 강조하는 사람
자아 유형	7유형: 선견지명적인 발상을 가진 미래지향적 계획가	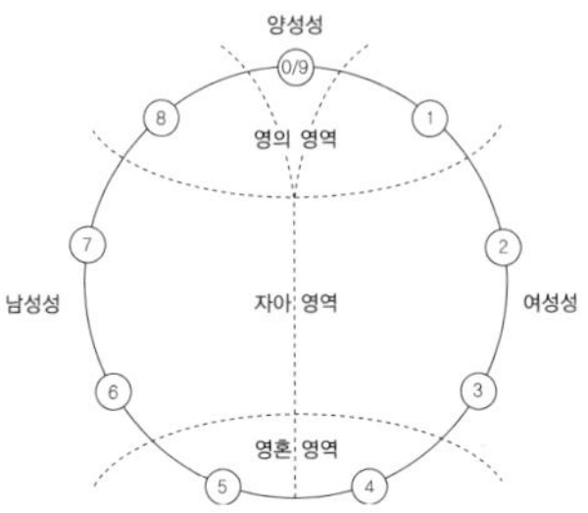	2유형: 가족과 친구들의 따뜻한 지지자
	6유형: 공동체에 초점을 둔 구체적인 분석가		3유형: 절대 포기하지 않는 근면한 적응가
영혼 유형	5유형: 사심 없고 인습 타파주의적인 조직자		4유형: 진정한 자기를 헌신적으로 구하는 사람

〈표 8-2〉 영역별 삶의 주기 설명

	진화: 영으로의 상승 지식에 초점	제자리 존재함에 초점	퇴행: 물질로의 하강 개인적 관여에 초점
영적 영역	8지점: 힘 자체와 그 힘을 행사하는 법을 이해함	0지점: 상상 9지점: 통합	1지점: 윤리적인 행동을 보장하는 기준을 결정함
자아 영역	7지점: 삶의 체계와 이들의 상호작용을 이해함	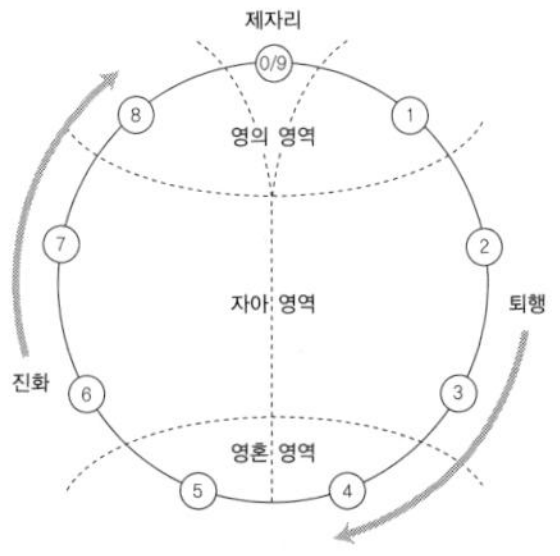	2지점: 다른 사람들과의 관계 속에 비친 자기를 바라봄
	6지점: 현실을 경험적으로 시험하고 지적 성장을 추구함		3지점: 분명한 형태가 있는 성취를 통해 자아감을 얻음
영혼 영역	5지점: 삶의 객관적 본성에 대해 사색함		4지점: 핵심 자기를 알 방법을 찾음

것(이는 변형 과정의 각 지점에서 마주하는 도전들을 설명하고 있기 때문이다)을 주목하라.

[그림 8-6]은 우리가 3개의 수평적 영역(영-자아-영혼)과 과정 에니어그램의 수직적 영역(상승 하강-제자리)을 병렬했을 때 일어나는 일을 보여 주고 있다. 이러한 접근은 수직 방향(상승 또는 하강)에서의 차이점이 각 영역에서의 유형의 변형 과정에 얼마나 깊이 영향을 미칠 수 있는지 잠재적으로 강조한다.

여성적인 오른편에 위치한 유형들(1-2-3-4)은 하강 방향(퇴행적인) 원호의 부분들을 맡고 있다. 이들에게 변형이란 자신의 개성을 찾는 것과 물질 세상을 받아들이려 하는 것의 결과로 오는 것이다. 남성적인 왼편에 위치한 유형들(5-6-7-8-9)은 상승 방향(진화적인) 원호의 부분들이다.

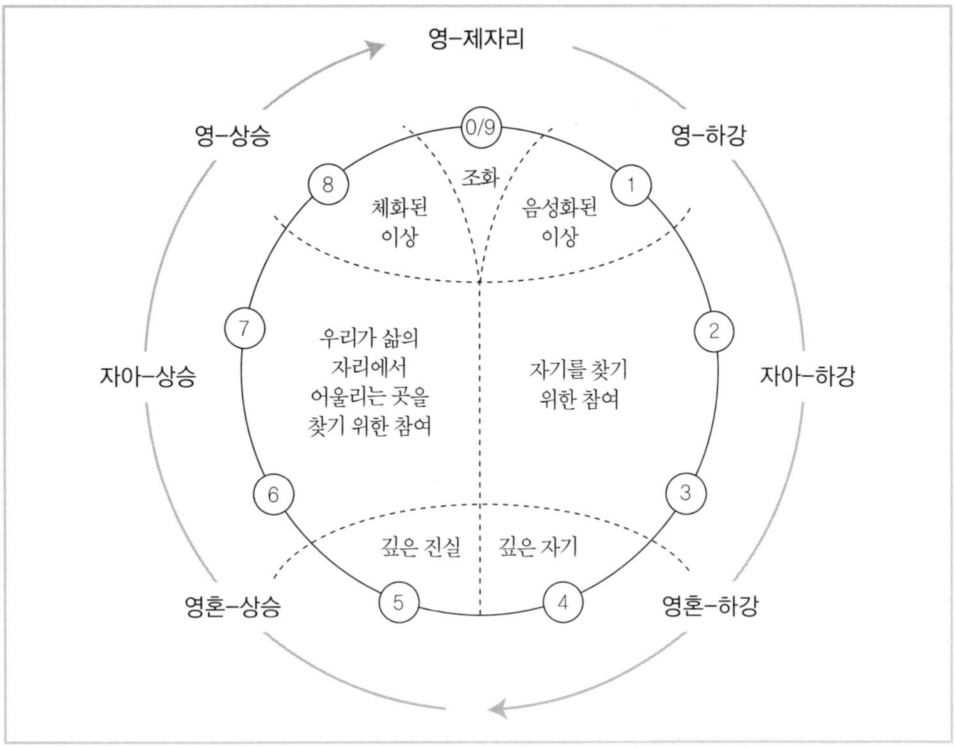

그림 8-6 7가지 영향 영역

이들에게 있어 변형은 종종 물질 세상의 기운을 좀 더 초현실적인 형태의 것으로 바꾸는 것의 결과로 온다.[7)]

이 3가지 영역에 좀 더 추가해 본다면 영향의 7가지 영역을 생성할 수 있다.

- 0/9지점: 영에서의 제자리
  반대의 것들을 조화시킴(하강과 상승)
- 1지점: 영으로부터의 하강
  하늘을 땅에 둠(음성화된 이상)
- 2와 3지점: 자아를 통한 하강
  관계와 일을 통해 자기를 발견하고 발달시키기 위해 삶에 참여함
- 4지점: 영혼 속으로의 하강
  자기(깊은 자기)의 근원을 찾음
- 5지점: 영혼으로부터의 상승

통찰(깊은 진리)의 근원을 찾음

- 6과 7지점: 자아를 통한 상승

  큰 상황 속에서 우리가 어디에 어울리는지 발견하기 위해 삶에 참여함

- 8지점: 영으로의 상승

  땅을 하늘로 올림(체현된 이상)

영역을 조직하는 이런 방식은 이들을 과정 중심적인 관점에서 강조한다. 동시에 이는 우리가 제자리에 있는 에니어그램의 맨 위에서 시작해 에니어그램 원의 바닥을 향하는 3가지 퇴행적 영역들을 통해 하강을 하며, 3가지 진화적 영역들을 통해 다시 상승하고, 결국에는 우리의 근원 지점으로 돌아오는 변형의 여정을 그려 볼 수 있게 한다(3장의 [그림 3-5]에 설명된 것처럼).

그렇지만 우리는 이 영역들을 수평적으로 바라볼 수도 있다(주로 영 유형, 자아 유형, 영혼 유형으로). 이 관점은 우리로 하여금 변형적 호 위에 자리한 각 유형의 위치가 어떻게 각 성격의 특성에 영향을 미치는지 살펴볼 수 있게 해 준다. 이에 대해서는 다음에 논의되어 있다.

변형적 호에 따른 영 유형. 모든 영 유형은 영적 세계와 타고난 친밀 관계를 갖고 있지만, **9유형**은 영이 이 유형의 한 부분이기 때문에 영이 없는 삶에서는 아무것도 제대로 보는 것이 어렵다는 면에서 가장 '순전하게' 영적인 유형이다. 그래서 이런 의미로 9유형은 모든 유형 중 가장 순진하다. 하지만 이들이 구분되어 있지 않은 일체됨 상태에 남아 있고 싶은 욕구 때문에 변형의 여정을 시작하는 것으로부터 물러서려 하게 된다면 가장 무지한 유형이 될 수 있다. 이들에게 변형은 이 여정에 참여하면서도 자기의 순진함('내적 지각')을 유지하는 능력에 의존하는 것이다. 그렇게 함으로써 처음에는 무의식적인 연합으로 시작했던 것이 끝에는 의식적인 통합이 될 수 있게 된다.

1유형과 8유형 또한 영의 영역 안에 있어서 두 유형 모두 초월성과의 친밀 관계를 갖고 있다. 하지만 **1유형**은 자아 영역(인간 만사의 세계)을 향하고 있기 때문에 천국의 위엄을 반영하는 세상에 문명을 건설하는 일의 가치를 본능적으로 본다. 그렇기 때문에 1유형은 무엇을 하는 자신을 둘러싼 세상에 개선의 새로운 수준을 소개하는 것에 대한 기대를 한다. 접근법은 하향식이라서 삶에 대해 이상화되고 정제된 관점이 깔려 있다.

8유형도 영의 영역에 있기는 하지만 이 유형은 자아 영역으로부터 나오는 기운의 부분이다. 이 유형은 또한 삶의 주기 전체에서 가장 끝에 자리 잡고 있기 때문에 삶의 경험이 가진 좌충우

돌의 본성을 내재적으로 이해한다는 이점이 있다. 이는 8유형이 굉장히 실용적인 모습을 가진 유형의 영성을 지니고 있는 이유다. 1유형이 덜 영적인 세계에서 어떻게든 영적 이상을 확립하려 애쓰는 곳에서 8유형은 이를 자신의 존재 안에서 구현하기 위해 싸운다. 8유형은 궁극적으로 가장 중요한 것은 우리가 생각과 말 그리고 행동으로 증거할 수 있는 것이라는 사실을 본능적으로 안다.

변형적 호에 따른 자아 유형. 원의 중간에 있는 모든 유형(2유형과 3유형, 6유형과 7유형)의 신경은 일상, 특히 사회적 상호작용에 초점이 맞춰져 있다. 그렇지만 2유형과 3유형은 하강 방향의 호에 있는데, 이 구역에서는 우선순위가 독립된 자아감과 자기로 하여금 세상에서 자율성을 유지하도록 해 주는 기술을 발달시키는 것에 있다. **2유형**은 세상 속에서 편안한 마음을 느끼도록 자신을 도와주는 관계를 가꾸어 나가는 것으로 우선순위를 행한다. 또한 이들은 다른 사람들의 눈으로 자신을 바라보는 법을 배운다. 이들은 영에서 자아로 변천하고 있는 중에 있기 때문에 이 땅에서의 삶을 살 가치가 있게 만들어 주는 따뜻함과 동지애를 본능적으로 찾아낸다. **3유형**은 자아의 하강 방향과 같은 영역에 있어서 세상 속에서 자연스럽게 편안함을 느끼지만 기술 개발과 눈에 보이는 성과로 자신의 입지를 굳히기를 필요로 한다. 2유형처럼 이들도 자신의 자아감을 강화하기 위해서 여전히 바깥의 근원을 찾는다. 그렇지만 이들의 삶의 경험이 외부적인 검증이 덜 필요한 자아감을 얻을 수 있도록 점진적으로 이들을 돕는다.

6유형과 7유형은 변형적 호의 상승 방향에 위치해 있다. 2유형과 3유형처럼 이들은 사회적인 상호작용에 관심을 두고 있다. 하지만 그 관심은 세상은 위험한 곳이 될 수 있다는 생각에 의해 조절되는데, 이런 생각은 최하점을 지나는 구간 중에 얻어진다. 이들 유형의 이러한 이해는 (자기로 하여금 훨씬 더 큰 현실과 관계를 맺도록 돕기 때문에) 사실상 확장된 인식의 형태를 나타내는 것이지만 두려움과 경외감 또한 낳는다. 이 두려움은 5지점에서는 직접적으로 느껴지지 않는다(왜냐하면 인식이 너무 원초적이기 때문이다). 하지만 6지점에서는 이 두려움이 훨씬 더 실체를 가지게 되어 환경적인 위협에 대한 두려움으로 굳어지게 된다.

그러므로 **6유형**은 두려움으로 인해 압도된 느낌을 받지 않은 채로 이러한 인식에 마음을 여는 법을 발견해야만 한다. 6유형은 보통 이렇게 하기 위해서 다양한 도구를 사용한다. 그 도구들은 자신을 지지해 주는 가족 구조와 사회적 연결망(사회적 지지를 위해), 과학과 기술 분야에서의 교육(지식을 위해), 조금은 겁나지만 재미있는 취미 만들기(자신감을 키우기 위해), 그리고 유머감각(불안감을 놓아주기 위해)이 있다. 이러한 지지 도구들의 적절한 역할은 6유형이 자신의 내면을 바라보기 위해 필요한 안정과 자신감을 주는 것이다. 6유형은 내면에서 자신의 가장 큰 두려움의 근원뿐 아니라 이 두려움을 변환시켜 줄 내면의 힘을 찾게 될 것이다.

변환된 두려움은 경외감이 된다. 그리고 이는 기쁨과 활기의 감정으로 느껴진다. 수많은 기운이 변환 과정에서 방출되는데, 이는 **7유형**이 삶의 경험에 그토록 놀랄 만한 욕구를 가지는 이유다. 7유형은 이들로 하여금 삶의 외적 다양성 속에서 이 삶과 연결되도록 해 주는 경험들을 찾아내는 데 이 욕구를 쓰는데, 곧 자신의 내적 다양성 속에서 자기 자신과 연결되는 방식이다. 8지점으로 넘어가기 위해서 이들은 이러한 경험들을 내면화하기 시작해야 하기 때문에 더 자리를 잡고 덜 흩어지게 된다.

변형적 호에 따른 영혼 유형. 영혼 유형인 4유형과 5유형은 평범한 삶으로부터 다소 떨어져 있는 세상에 존재한다. 이 영역은 깊이와 복합성뿐 아니라 신비, 어둠 그리고 보이지 않는 영향들과 관련된 곳이다.

4유형은 하강 방향의 호에 가장 아래에 있는데, 이 지점은 우리가 사실상 더 이상 발달할 수 없는 지점까지 자아감을 발달시키는 지점이다. 변형 지점을 계속해 나가고 싶은 사람은 내면으로 들어가야 한다. 무의식의 과정과 함께 작업하는 과정을 시작하는 것이다. 그렇게 하게 됐을 때, 우리는 기운이 그리 정돈된 상태는 아니라는 걸 보통 알아차리게 된다. 그리고 그렇기 때문에 최하점 구역이 굉장히 혼란하게 느껴지는 것이다. 왜냐하면 이 구역은 자기와 비(非)자기 사이의 경계가 해체되기 시작하고, 우리가 원의 반쪽에서 또 다른 반쪽으로 이동해 나가면서 완전히 다른 관점이 생겨나는 영역이기 때문이다. **5유형**은 이를 넘어갔지만 특이한 영역에 있다. 이 유형과 관련된 소외감은 이러한 관점의 반전에서뿐만 아니라 이에 수반되는 방향의 반전으로부터 온다. 5유형이 상승 방향의 호에 첫 번째로 있는 유형이기 때문이다. 그렇기 때문에 이 유형은 어떤 점에서는 새로 태어난 아기와 같다. 새로운 관점(자기가 배경이 되는 지점)과 새로운 방향(세상이 배경으로 놓이게 되는 지점)의 시작 부분에 있으니 말이다. 이러한 이유 때문에 5유형은 개방적이고 호기심이 많으며 실제로도 천진하기 때문에 어린아이들과 종종 잘 어울린다.

최하점의 중요성

원의 최하점—가장 아랫부분—은 에니어그램 원에서 굉장히 의미 있는 지점으로, 이를 이해하는 것은 어째서 삶의 중년기가 우리에게 원치 않는 조건화를 없애고 진정한 자기와 동일선상에 오게 되도록 도울 수 있는 충동의 치솟음을 불러오는지를 우리가 더 잘 이해할 수 있도록 돕는다. 이는 융이 개성화라고 부르는 과정이다.

앞에서 논했듯이 최하점은 우리가 퇴행에서 진화로 방향을 전환하는 곳이다. 에니어그램에서 최하점은 9지점의 정확히 반대 지점에 위치하고 있으며, 상징적으로는 탄생과 죽음 사이의 중간 지점에 있다.

위대한 밀교 철학 선생이자 유대교 신비주의 철학자인 다이온 포춘은 여기서 제시된 것과 같은 관점, 즉 영혼은 삶의 전반기 동안에 물질세계로 더 깊이 하강한다는 관점을 취하고 있다. 그녀는 "인간은 무엇을 원해야 하는가?" 라는 질문에 대한 답은 우리의 발달 단계에 달려 있다고 말했다.

> 영혼은 신성한 결합을 할 준비가 되기 전까지 인간적 경험을 완성해야 한다. 영혼은 반환의 경로로 들어갈 수 있게 되기 전에 물질로의 하강의 최하점을 통과해야만 한다. … [삶과 죽음]의 수레바퀴로부터 조급하게 벗어나려고 하는 것은 우리의 훈련을 피하려고 하는 것이다.[8)]

하지만 이런 변화는 하루아침에 일어나는 것이 아닌 날로 심해지는 위기와 해결의 연속의 일부다. 이는 사실상 내적이지만 외적 우선 사항에서의 의미 있는 변화를 동반할 수 있다. *Dark Wood to White Rose*(1975)에서 헬렌 루크(Helen Luke)는 이를 단테가 지옥불로 떨어지는 것의 시작 부분에 비유하고 있다.

> 인간은 보통 그곳에 도달하지만, 삶의 중간 지점에서는 항상 어떻게 해서라도 그곳에 가는 것은 아니다. … 그것은 나중에 올 수도 있다. 그리고 종종, 특히 요즘, 그것은 훨씬 일찍 온다. 우리가 길을 잃었다는 것을 알게 되는 순간이자 융이 말했듯 우리는 집의 주인이 아니다(p. 9)라는 것을 깨닫게 되는 순간 말이다.

상황의 특성—"우리는 집의 주인이 아니다" 라는 불안정한 깨달음 상태—을 감안하면 최하점을 가로지르는 것이 하루아침에 끝나는 과정이 아니라는 건 그리 놀라운 일이 아니다. 에니어그램에서 삶의 이 지점에서 겪게 되는 에너지의 영향력은 양 방향으로 확장되는 최하점 주위의 불안정의 영역을 묘사한다. 또한 이는 하강/퇴행, 불안정 그리고 상승/진화를 포함한 3가지 영역의 과정을 창조한다([그림 8-7]).

최하점의 영향력은 3지점과 4지점 중간쯤부터 느껴지기 시작하는데, 그렇기 때문에 4번 날개를 가진 3유형이 2번 날개를 가진 3유형보다 좀 더 여유가 없고 내성적인 것이다. 4유형과 5유

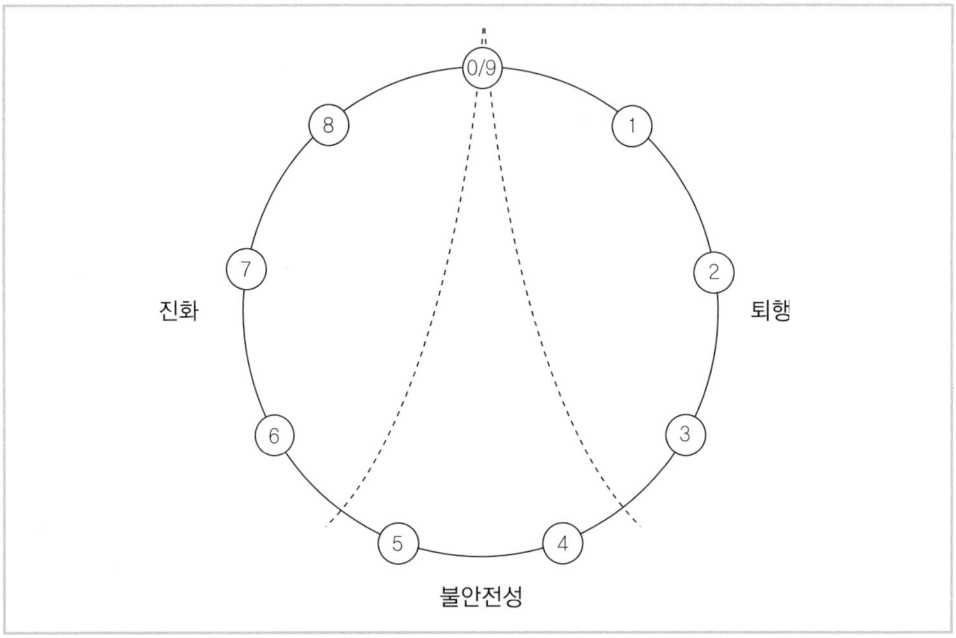

그림 8-7 최하점 주위의 불안정성

형은 둘 다 최하점의 영향을 훨씬 더 직접적으로 느끼기는 하지만, 최하점을 향하는 날개를 가진 유형들(4w5와 5w4)이 가장 영향을 많이 받는다.

이는 이 유형들이 오랜 시간의 고독을 필요로 하는 이유다. 이들은 굉장히 창의적이지만 불안정한 내부 에너지를 다루고 있다. 5지점과 6지점 사이에서는 최하점의 영향이 점점 줄어들기 시작한다. 그렇지만 6지점과 7지점이 '두려움' 유형인 이유 중 하나는 이들이 본능적으로 무서워하는 최하점의 원형적 기억을 이들 안에 갖고 있기 때문이다.

만일 이 '3가지 영역' 개념이 익숙하게 들린다면 이 개념은 7장에서 다뤄졌던 주제인 극적인 이야기의 본성을 설명하는 또 다른 방식인 것이다. 당신은 중간 부분이—최하점을 둘러싼 부분이—위기와 문제 종류, 또는 어둠으로의 하강으로 정의된다고 기억할 것이다. 6장에서 다루었던 퇴행/진화 모형과 3가지 부분 이야기 모형의 병렬([그림 8-8])은 우리에게 그 위기 아래에 잠재되어 있는 내적 역동을 이해할 수 있게 해 준다. 이 위기는 조건화된 개인의 삶으로부터 벗어나는 것과 지나치게 단순화된 삶으로 정착하는 것 사이의 압박을 경험하는 것을 의미한다.

이러한 욕구는 보통 삶의 초기(예, 1-3지점)에 일어나는 것이 아니다. 왜냐하면 어린 시절과 성인 초기에는 우리 문화의 가치에 적응하는 일에 온전히 몰두하며(1지점), 친구와 가족과 유대관

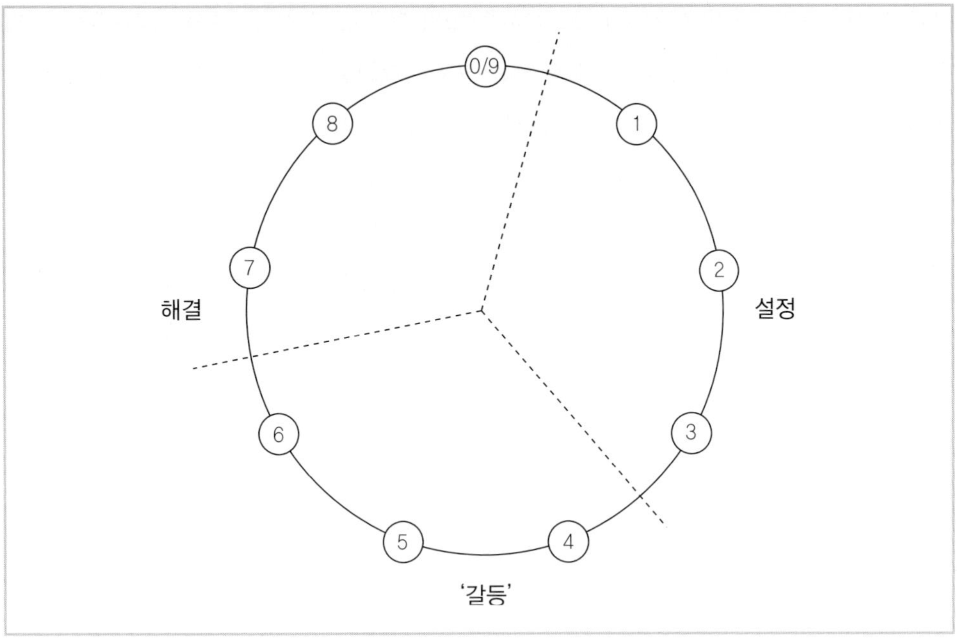

그림 8-8 이야기의 3가지 부분

계를 맺고(2지점), 세상 속에서 자립하기 위해 필수적인 기술들을 개발(3지점)하기 때문이다.

하지만 세상 속에서 충분히 자신의 자리를 잡을 만큼 배우고 나면 우리는 3지점에서 4지점으로의 변천을 나타내는 초조함과 동요를 느끼기 시작한다. 우리는 4지점의 영역으로 옮겨 가면서 깊은 내면의 어딘가에서 올라오는 충동들을 더욱 더 알아차리게 된다. 그리고 이 충동들은 '문제'를 일으키게 하는데, 이 충동들이 조건화된 자기와 갈등을 일으키게 하기 때문이다. 우리가 이 둘의 조화를 잘 이룰수록 4지점에서 5지점으로의 변천은 덜 충격적이 된다.

문제의 해결은 최하점에서 시작되기는 하지만 우리의 가장 깊은 두려움을 접하게 되는 6지점에 도달할 때까지 완전한 해결은 일어나지 않는다. 그러나 최하점이 만들어 낸 불안정은 깊은 수준의 변화 과정을 촉진시키는 일을 한다.

앞에서 언급했듯이 최하점은 융의 용어로 얘기하자면 개성화할 수 있는 기회를 가진 지점이다. 홀라키적 관점에서의 이곳은 우리가 전체(개개인)가 아닌 좀 더 큰 전체(온우주)의 부분이라는 것을 보게 되는 지점이다. 그리고 사명적 관점에서 보면 이곳은 삶이 단지 우리 자신에 관한 것만은 아니라는 것을 이해하기 시작하는 지점이다.

그래서 최하점은 발달에서 중대한 지점이며, 새로운 기회들과 동시에 위험들도 불러온다. 이 지점은 퇴행적 주기의 제한적이고 개인 중심적인 관점으로부터 우리를 자유롭게 하지만, 동시에 우리로 하여금 철저히 무지하게 느끼고 좀 더 비개인적인 관점으로 삶을 바라보는 지식의 필요를 느끼게 하는 놀랍고 새로운 세상으로 우리를 던져 넣는다. 물론 여기서의 위험성은 쓸데없는 것을 버리려다 중요한 것까지 잃게 될 수 있다는 것이다. 즉, 좀 더 비개인적인 관점의 포용을 위해 삶에서 개인적이고 주관적인 것들은 모두 격하게 거부하게 되는 것이다.

옛 것을 거부하지 않는 방식으로 변화를 만드는 것, 아니면 최소한 영구적으로 거부하지는 않는 것, 이는 새로운 단계로 넘어갈 때 항상 겪는 도전이다. 초기의 변화에서 초점은 분명히 새로운 관점을 취하는 것이 되어야 한다. 여기서 새로운 관점의 의미는 이전 것과는 다른 것을 의미한다. 그렇기 때문에 여기서는 온전한 주의집중을 요한다. 새로운 것에 집중하는 것은 옛것을 거부하는 것과 같지 않다. 그렇지만 이는 때때로 변화의 속도를 가속시키기도 한다. 하지만 어떤 대가가 따를까?

비통합적인 방식에 영향을 받게 되면 최하점을 가로지르는 것은 의식의 주요 분열을 일으키게 되고, 여기서 하강 중에 배웠던 교훈들은 상승보다 열등한 것으로 거부된다(아니면 더 심한 경우 실제 걸림돌처럼 여겨지게 된다). 이는 남성성이 여성성으로부터 단절되게 되고, 하강의 가치는 평가 절하되며, 변형은 오로지 상승의 과정과 관련된다.

통합에니어그램 모형

이 장의 핵심 주제는 에니어그램을 다루는 것의 통합적인 방식뿐 아니라 변형을 상상해 보는 것의 통합적인 방식을 지지하는 방식으로 에니어그램의 영향 영역을 설명하는 것이었다. 여기서 나타난 모형인 'one enneagram' 또는 통합에니어그램 모형은 개성과 변형 간의 관계를 탐구하기 위한 많은 도구를 제공한다([그림 8-9]).

이 변형적 모형은 완전히 진보적이지만, 동시에 상승과 하강 단계를 포함한다(이는 융의 모형과는 같지만, 상승 단계만을 포함하는 윌버의 모형과는 다르다). 하강을 변형 주기의 부분으로 포함하는 것은 많은 이점이 있는데, 이에 대해서는 9장에서 살펴볼 것이다. 또한 이 모형은 하강 중심적인 접근법(예, 에이브러햄 매슬로우, 마이클 워시번, 스타니슬라프 그로프와 조르즈 페레리오[Jorge Ferrer]의 접근법)과 상승 중심적인 접근법(예, 켄 윌버와 로베르토 아사지올리[Roberto Assagioli]의 접근법) 사이의 간격을 잠재적으로 이어 줄 수 있다.[9]

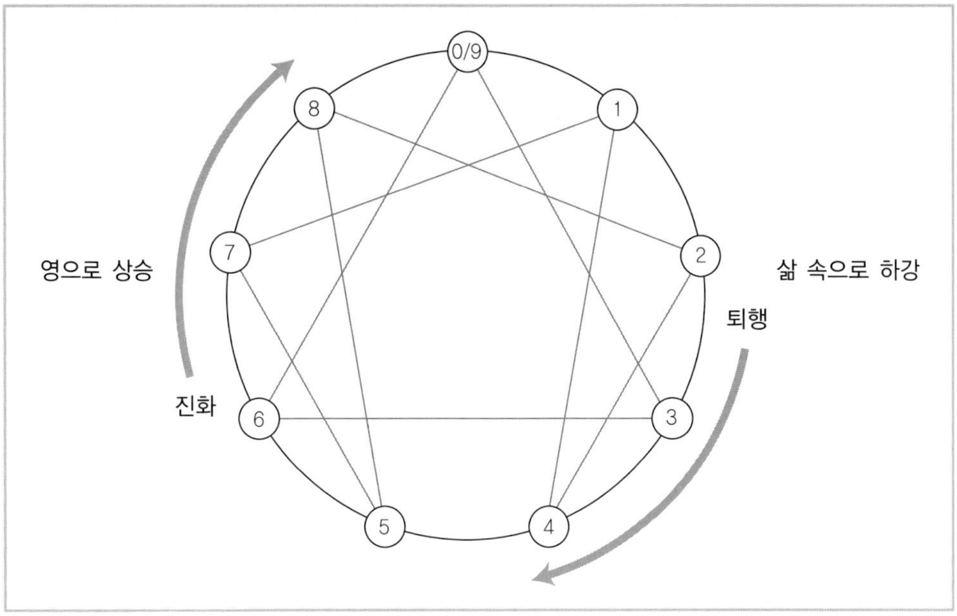

그림 8-9 에니어그램의 변형적 주기

5~8장의 요약

지난 4개의 장에서 보았듯이 에니어그램은 변형을 막는 장애물을 식별하는 체계 그 이상이다. 에니어그램은 우리의 핵심 동기, 사람들과의 관계 그리고 변형적인 잠재력을 나타낸다. 그렇기 때문에 에니어그램은 우리가 삶에서 우리의 사명을 발견해 낼 수 있도록 돕는 도구로서 역할을 할 때 특히 효과적이다.

Part II의 목적은 좀 더 통합 중심적인 에니어그램 모형, 즉 현재의 역낭만적 패러다임에 의해 정해진 한계 너머로 나아가는 모형을 위한 기반을 개발하는 것이었다(5장). 하지만 통합에니어그램은 단지 역낭만주의로부터 떠나가는 것에만 있지 않고, 에니어그램의 다른 접근법들을 화합시킬 수 있는 모형으로 나아가는 것에 달려 있다.

우리는 6장과 7장에서 어떻게 에니어그램의 2가지 형태를 한데 모아서 one enneagram 모형을 창조할 수 있을지에 대해 살펴보았다. 6장에서는 과정 에니어그램(모든 종류의 변형 과정을 9가지 단계 또는 시기로 구분하는 접근법)을, 7장에서는 성격 에니어그램의 유형과 과정 에니어그램의 지점 간의 유사점을 설명했다. 8장에서는 에니어그램을 통합에니어그램(one enneagram) 모형을 이용해 각기 다른 영역으로 나눌 때 나타나는 패턴에 초점을 맞췄었다. 또한 퇴행적 하강과 진화적 상승은 이런 모형의 고유한 특성이라는 개념에 대해서 소개했었다.

이제 9장—Part III의 첫 번째 장—에서는 이 모형을 살펴보고, 이 모형과 윌버의 IOS를 더 상호보완적인 관계로 만들 수 있는 이 모형의 잠재력에 대해 자세히 살펴볼 것이다.

마지막 주: 에니어그램과 관련된 숫자들이 성격 유형뿐 아니라 발달 과정의 지점을 가리킨다는 것을 이해한 후에 일부 독자들은 높은 숫자를 가진 유형(8유형이나 9유형)은 낮은 숫자를 가진 유형(1유형이나 2유형)보다 어느 정도 더 진화된 것은 아닐지 궁금해할 수 있다. 하지만 실상 우리의 유형 숫자와 발달 수준 간에는 전적으로 아무 관계가 없다.[10]

미주

1) 인간 활동을 3개의 세계 또는 영역(위, 중간, 아래)의 측면으로 개념화시키는 관념은 무속계와 밀교 철학계에서 모두 잘 알려져 있다. 머치아 엘리아데(Mircea Eliade)는 *Shamanism: Archaic Techniques of Ecstasy*(1964/2004)의 8장에서 3개의 세계에 대해 논하며 "탁월한 무속적 기술은 한 우주적 영역으로부터 또 다른 우주적 영역으로의 통로다. 즉, 땅으로부터 하늘로, 혹은 땅으로부터 지하 세계로의 통로다"라고 주목하고 있다(p. 259). *The Body of Myth*(1994)의 9장에서 샌소니즈(Sansonese)는 밀교 철학적 신화에서의 3개의 세계의 역할을 논하였다. *Bowl of Light* (2011)의 4장에서는—행크 웨슬먼(Hank Wesselman)이 존경받는 하와이안 영성가인 헤일 마쿠아(Hale Makua)와 나눈 이야기에 대한 장이다—토착 문화 사이에서 3개의 세계가 지닌 보편성에 대해 단언하고 있다. 그리고 *Shamanic Voices*(1979)에서 조안 할리팩스(Joan Halifax)는 무속 작업에서 3개의 세계 간의 균형을 얻는 것에 세워진 주안점을 강조하고 있다(pp. 18-21).

2) The Gap at the Bottom of the Enneagram, *Enneagram Monthly*, 1997년 9월호(www.judithsearle.com/ articles/gap-at-the-bottom.html; [2012-10-19에 인용됨]).

3) 나는 4유형이면서 5유형의 날개를 갖고 있기 때문에(4w5) 나의 직접적인 경험을 통해 에니어그램 최하점과 연관된 에너지의 강렬함을 잘 인지하고 있다. 그리고 수년 동안 나의 파트너로 있어 온 사람 역시 5유형이었다. 그래서 내가 애초에 4유형과 5유형에 대한 설명을 읽었을 때에는 이러한 것들이 꽤 익숙하게 느껴졌었다.

5유형이었던 내 파트너와 나는 둘 다 은둔자가 될 수도 있었다. 그렇지만 나는 창조적인 프로젝트에 몰두하는 것을 좋아했고, 그는 철학을 읽거나 혹은 새로운 몸짓을 배우기 위해 춤 동영상을 주의 깊게 연구하는 것을 좋아했다(우리 둘 다 사교춤을 좋아했는데, 특히 특이한 리듬이나 모호한 양식을 포함하고 있는 춤을 추는 것을 좋아했다). 큰 집단 모임에 있을 때, 그는 조용한 관찰자가 되었던 반면, 나는 의미 있고 일대일적인 대화를 나눌 누군가를 찾곤 했다. 나는 수많은 4유형과 5유형이 지닌 비슷한 양식을 알아차리게 되었다. 그래서 나는 시작 부분부터 에니어그램의 맨 밑부분을 내적 세계, 내적 작업, 신비, 하강, 그림자 작업, 특이한 관점이나 활동, 본능적인 통찰, 그리고 심층적 정신의 혼란하지만 근본적인 에너지와 연관시켜 온 것이다.

4) *The Cosmic Doctrine*(1949/1995), p. 120.

5) 조셉 캠벨(Joseph Campbell)이 편집한 *The Portable Jung*의 'The Stages of Life'(1971)의 p. 15.

6) 변형에서 퇴행과 진화의 역할에 관해 블레이크는 "우리는 에니어그램 원을 하강과 상승의 측면에서 바라볼 수 있다"라고 거침없이 말하고 있다(*The Intelligent Enneagram*, 1996, p. 270).

7) 여기서 나는 9유형을 두 번 포함시키며, 과정 에니어그램 속에서 9유형이 지닌 2가지 역할인 미래의 행동(행위)의 예견자 또는 공상가로서의 역할(이는 0유형이다)과 축적된 경험의 종합가 또는 통합가로서의 역할(이는 9유형이다)을 암시했다.

8) *Applied Magic*(1962/2000), p. 3.

9) 마이클 대니엘(Michael Daniel)이 *Shadow, Self, Spirit*(2005)의 1장에서 나눈 논의를 살펴보라.

10) 각 에니어그램 지점에 할당된 숫자들은 본래 구르지예프의 에니어그램 가르침으로부터 나온 것이다(우스펜스키의 『위대한 가르침을 찾아서』(1949/2001)의 14장을 살펴보라). 에니어그램은 심원하고 기하학적 구조 중심적인 체계이기 때문에 이러한 숫자적인 배정은 임의적이지 않기가 쉽다. 그리고 에니어그램 같은 이런 체계에서는 숫자와 시각이 본질적으로 의미를 지닌다. 그렇지만 현재 우리의 문화는 신성한 기하학 구조, 수비학(numerology), 혹은 게마트리아(언어와 숫자 간의 심원한 관계)가 지닌 깊은 의의를 인정하지 않는다. 그렇기에 유형 숫자의 중요성은 추후에 연구되어야 할 영역으로 남아 있다. 그렇기는 하더라도, 내가 성격 에니어그램과 AQAL 사분면 간의 유사성을 살펴보기 시작했을 때에는(10장을 살펴보라) 에니어그램의 짝수 유형 대 홀수 유형과 관련된 일부 흥미로운 양식들을 알아차리지 못했다. 10장의 마지막 부분에서 주석 14번과 15번에 나오는 논의를 살펴보라.

Part 3

IOS와 에니어그램 통합하기

PART 1에서는 IOS와 에니어그램을 소개했다. PART 2에서는 'one enneagram(통합에니어그램)' 모형을 창조하기 위해 성격 에니어그램과 과정 에니어그램을 합쳤다. PART 3에서는 통합에니어그램 모형과 IOS를 나란히 배치해 이 두 체계의 가장 좋은 요소들을 결합하는 새로운 종합체계를 창조한다.

9장은 수직적 변형과 과정 에니어그램이 현재 윌버의 변형 모형에 어떻게 영향을 미칠 수 있는지에 중점을 두고 있다. 10장은 수평적 조망 수용과 성격 에니어그램을 윌버의 AQAL 관점, 특히 8가지 정신적 지평선과 연결하는 것에 초점을 둔다. 11장은 수직 축과 수평 축을 합쳐 성격 에니어그램과 과정 에니어그램을 윌버의 발달의 9단계 스펙트럼 모형과 연관시키고 있다.

12장에서는 변형을 좀 더 여성적이고 체화된 관점에서 바라보는 것으로 초점이 바뀌며 win-win 집단의 특성, 한계와 창의성 간의 관계, 영적 상승에서의 수용성의 역할을 탐구한다. 13장에서는 각 장에 대한 요약, IOS와 에니어그램의 자세한 비교, 그리고 사명과 우리 삶 속의 분리된 가닥들을 일관된 전체로 엮는 사명의 역할에 대한 논의를 나누고 있다.

9 수직적 통합: 수직적 성장

우리는 성장할 때 행복하다.

–윌리엄 버틀러 예이츠(William Butler Yeats)

성장한다는 것은 무엇을 의미하는가? 우리가 성장할 수 있는 방법들은 무엇인가? 그리고 무엇이 그것들 각각을 구별되게 하는가? 우리가 성장을 생각할 때, 천국을 향한 '위로의 성장' 인가 또는 우리의 근원을 향한 '아래로의 성장' 인가?

모든 성장이 변형적인가? 그렇다면 무엇이 변형되는가? 변형적인 성장은 자연스럽게 전개되는 무엇인가 또는 유지하기 위해 특별한 노력을 필요로 하는 무엇인가?

우리가 변형하는 과정은 중요한가? 아니면 어떤 방법을 사용해서라도 가능한 한 빨리 의식의 높은 수준을 달성하는 것이 중요한가? 만약 통합적 방법론과 비통합적으로 목표에 빨리 도달하는 것 중 선택해야 한다면 어떤 접근이 더 나을까?

켄 윌버는 이와 같은 질문들에 깊은 관심을 가지고 있었다. 그는 『통합심리학』(2000)의 마지막에 피아제의 인지 발달 단계, 콜버그의 도덕적 판단 수준, 매슬로우의 욕구 단계, 그리고 제임스 파울러(James Fowler)의 신앙의 단계를 포함하여 학계 내에서 널리 받아들여지고 있는 척도들로써 인간 발달에 이정표로 사용될 수 있는 100여 개의 다른 척도들을 나열하고 있다. 하지만 윌버의 초점은 특히 더 높은 의식에 맞춰져 있기 때문에 그가 포함한 수많은 척도들은 어떠한 심리학 교과서에서도 찾을 수가 없다. 스리 오로빈도(Sri Aurobindo)의 통합 요가 수준, 이블린 언더힐(Evelyn Underhill)의 신비적 영성 단계, 아빌라의 성 테레사(Teresa of Avila)의 영적 삶의 7단계, 베단타 학파(Vedanta)의 영혼의 5가지 껍질, 크리스 코완(Christopher Cowan)과 돈 벡(Don Beck)의 나선 역학, 그리고 윌버 자신의 의식의 스펙트럼 모형이 그것이다. 이러한 척도들은 발달의 전-개인적 및 개인적 단계뿐만 아니라 초월적 단계에도 초점을 두고 있다.

윌버는 독자들이 이것들 사이의 관계를 쉽게 볼 수 있도록 통합심리학의 마지막에 모든 척도를 나열하였다. 이 인상적인 편집은 윌버가 그의 첫 번째 책인 『의식의 스펙트럼』(1977) 이후에 작업했던 프로젝트의 정점을 나타낸다. 의식의 스펙트럼의 서문과 초판에서 그는 그의 목표가 다른 접근으로 보이는 모든 것의 합성을 의식 발달로 달성하는 것이라고 말했다.

그것들의 차이가 무엇이든 모든 척도가 공통으로 공유하는 것은 그들의 수직적 방향이다. 이러한 척도에서의 높은 수준은 일부 의식의 상태, 능력 또는 능력과 관련된 발달의 더 큰 정도를 설명한다. 이것들이 설명하지 않는 것은 우리가 나아가면서 포함되는 낮은 수준의 정도다. 그러므로 수직적 척도는 성취의 가장 최고 수준을 측정하기에 매우 타당하지만 통합의 정도를 측정하기에는 적합하지 않다.

수직적 척도의 두 번째 문제는 생성하는 정보들이 때때로 오용될 수 있다는 것이다. 한 지독한 예로, 낮은 IQ를 가졌을 수도 있는 미국 시민의 강제적인 불임과 동부 유럽 유대인들을 포함한 이민 희망자를 외면한 것(제2차 세계 대전 동안 독일 통제로 좌초된 국가들에게 궁극적으로 비극적인 결과를 초래하는 정책) 모두를 정당화한 1920년대의 IQ 테스트의 오용을 들 수 있다.

세 번째 문제는 다른 사람들의 부당한 이익을 위해 일부 홀론을 악용하는 종류의 불균형이 된 홀라키의 개발에 관한 것이다. 윌버는 이를 지배적인 홀라키이며, 분명히 그들의 개발을 지원하는 것이 아니라고 말했다.

그러나 그는 이러한 존재의 홀라키는 사람들이 그 자체가 홀라키의 개념이라는 것을 거부하고 싶어 한다는 것을 인정하지만 이것이 작용하지 않을 것이라는 것을 지적한다. 우리 계층 구조/홀라키와의 부정적인 어떤 경험 때문에 온우주는 여러 가지 일이 현실의 다른 수준들에서 발생하도록 계층적으로 구성되어 있다. 이는 삶의 본질적인 것이기 때문에 그 자체로는 계층 구조의 개념을 없앤다는 것이 불가능하다. 더 나은 대안은 건강한 계층 구조의 본성을 고려하는 것이다. 그래서 우리는 자신의 발달을 촉진할 수 있다.

이는 케스틀러가 홀론 이론을 공식화했을 때, 이론의 기본 속성을 확인하는 유기적 체계의 모형을 개발하는 것이 목표였다. 케스틀러의 홀라키적 접근에서의 중점은 계층 구조의 다른 수준

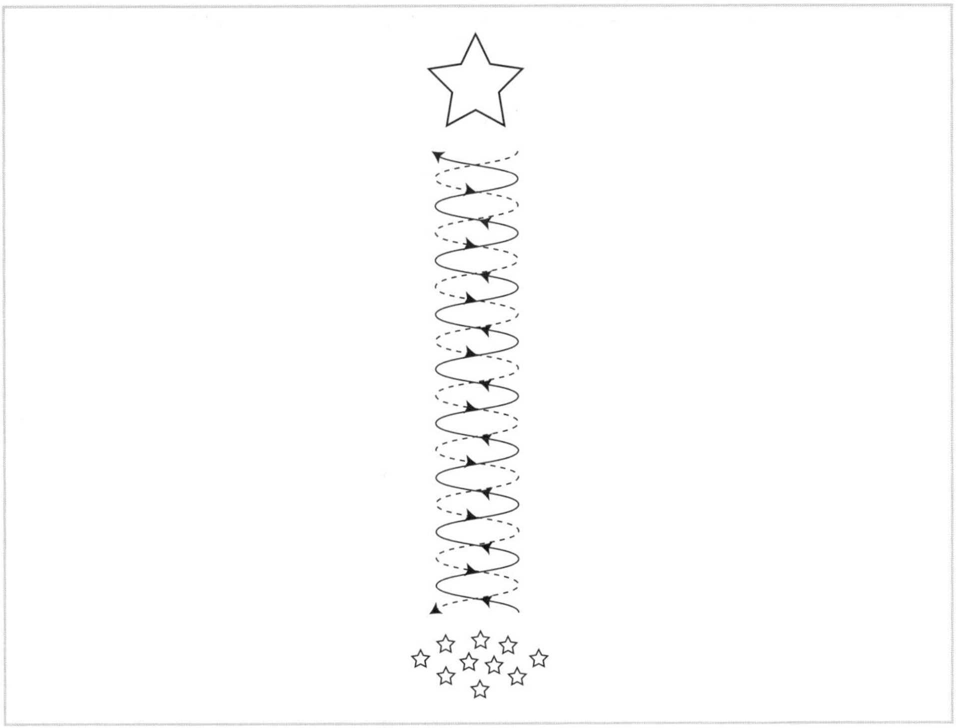

그림 9-1 홀라키 위아래로의 에너지 흐름

간에 협력하는 상호작용을 용이하게 하는 방법으로 생명체가 수직적으로 구성되어 있다는 개념에 있다. 이 앞 장들에서 논의된 것과 같이 (특히 2장) 계층 구조의 각 요소는 위에 있는 것에 수용적이고, 밑에 있는 것에 책임을 지도록 설계된 두 얼굴의 홀론이다. 이는 홀라키의 모든 수준에 위 아래로 자유롭게 흐를 수 있는 에너지인 홀론의 두 얼굴인 특징 때문이다([그림 9-1]).

건강한 홀라키의 특징 중 하나는 전체로서 체계를 개발할 뿐만 아니라 변형을 경험하는 것과 같은 체계 내에서 개별적인 홀론으로서의 개발이다. 개별적인 홀론의 변형은 또한 그들이 속한 홀라키를 변형할 수 있다. 그러므로 각 홀론과 그것이 참여하는 체계 사이에는 협력 관계가 존재한다.

이 장에서 우리의 초점은 인간 의식의 변형에 맞춰질 것이다. 이 과정은 의식 발달의 9가지 단계를 통한 이동으로 구르지예프의 과정 에니어그램에 의해 설명될 수 있는 과정이다.

6장에서 우리는 이 9가지 단계가 변형적 과정과 극적인 이야기의 요소적 측면 모두에서 설명될 수 있는 방법을 살펴보았다. 7장에서 우리는 성격과 과정 에니어그램이 연결될 수 있는 방법을 탐구했다. 그리고 8장에서 우리는 개성과 변형 사이의 깊은 관계를 탐구하도록 하는 이 연결이 어떻게 'one enneagram' 또는 통합에니어그램 모형을 야기할 수 있는지를 살펴보았다.

통합에니어그램 모형은 초기 삶으로의 하강과 위대한 영으로의 재상승으로 이어진다. 그러므로 이는 하강-후-상승 접근으로 특징지어질 수 있다. 이는 모든 하강이 출생 이전에 발생하며 구현된 의식의 낮은 지점을 시작한다는 가정을 기반으로 한다는 점에서 현재 윌버에 의해 활용되는 변형적 모형(오직-상승으로 특징지어지는 모형)과는 다르다.

윌버의 오직-상승 모형의 장점은 그가 전/초 오류를 만들었을 때 사용한 변형적 모형과 관련한 전/초 문제들을 피할 수 있다는 것이다. 단점은 변형적 과정에서 하강에 대한 중요한 역할을 남기지 않았다는 것이다. 그 결과, 이것은 불가피하게 내재성을 통해 초월에 특권을 부여한다. 내가 제안한 통합에니어그램 모형은 변형적 과정에서 하강을 다시 통합시키지만 전/초 문제들을 만들지 않는 방법으로 이루어질 것이다.

다음은 이 장에서 진행될 토론 방법이다. 우리는 SES에서 윌버가 변형의 논의에서 시작할 것이다. 변형적 과정(위 또는 아래)과 각 이동의 특성(통합 또는 비-통합)에 참여할 때 우리가 이동할 수 있는 두 방향을 보는 것에서 시작한다. 우리가 살펴볼 것처럼 이는 4가지 잠재적인 변형적 이동을 일으킨다.

그러나 이러한 이동의 세부사항을 탐구하기 전에 하강의 과정으로 구현된 삶의 전반을 특성화하는 것의 장점에 대해 알아볼 것이다. 그리고 이 특성은 4가지가 아닌 8가지 변형적 이동의 형성을 필요로 하는 방법이다. 이 논의는 다음과 같은 탐구에 의해 이어진다. (a) 윌버의 현재 변형적 모형이 구현된 하강의 단계를 포함하지 않는 이유, (b) 하강 단계를 포함하지 않는 에니어그램—기반 모형을 채택하는 것의 장점, (c) 이러한 하강 단계와 관련된 특성들—특히 그 '초월—포함'(통합-지향적) 초점이다.

그 시점에서 하강과 상승 단계(단계마다 4개의 이동) 동안 발생하는 변형적 이동의 주제로 돌아오게 되며 3가지 변형적 모형의 비교로 이어진다(역낭만주의, 윌버의 '오직-상승' 모형, 그리고 내가 제안한 통합에니어그램 모형).

이 장은 우리의 에니어그램이 8가지 변형적 이동들을 만드는 방식에 어떻게 영향을 미치는지에 대한 간단한 논의와 어떤 정도에서 성장이 능력의 저하 없이 '우리가 나아가면서 통합'할 수 있고 가속화될 수 있는지에 대한 긴 논의로 끝날 것이다.

4가지로의 변형적 이동

앞에서 언급한 것과 같이 어떠한 변형적 과정에서도 우리는 계층 구조에서 위 또는 아래로 이동할 수 있다. 우리가 만드는 이동은 통합적 또는 비-통합적이 될 수 있다. 이는 4가지의 가능한 변형적 이동을 생기게 한다(〈표 9-1〉). 〈표 9-1〉에 나타난 4개의 이동은 변형의 본성에 대한 더 광범위한 논의의 일부로써 SES에서 다양한 구절로 설명되었다. 이 책에서 윌버의 목표 중 하나는 (2장과 4장에서 논의된 것과 같이) 변형이 온우주의 홀라키적 모형의 맥락 내에서 발생한다는 발상을 이해하는 것이었다.

*SES*는 윌버가 공식적으로 그의 통합적 방식에 대한 중요 핵심으로 홀론을 포용한다는 책이라는 것을 2장으로부터 기억할 것이다. 이는 삶의 계층 구조에 대한 필요를 거부하는 순수하게 수평-지향적(예, 삶의 그물망) 철학의 부적응을 증명하기 위해서다.[1] 그는 계층 구조/홀라키가 삶에 내재하는 동안 이는 인간의 욕구에 가부장적, 착취적 또는 둔감적일 필요가 없다는 것을 *SES*에서 보여 주기 위해 매우 열심히 시도했다. 그러므로 그는 위를 향한 (자기초월적) 이동과 아래를 향한 (자기 내재적) 이동 모두에 대해 그의 새로운 IOS에 여지가 있다는 것을 매우 입증하고 싶어 했다.

> [위대한 영의] 첫 번째 이동은 하나에서 다수로의 하강이다. … 위대한 영은 세상에 내재한다. 다른 하나는 다수에서 하나로부터 상승 또는 반환하는 이동이다. … 위대한 영은 세상에서 초월한다(*SES*, p. 330).

그는 나아가 플라톤의 작품에서 "두 이동은 강조되고 동등한 중요성을 부여받았지만" "통합하는 하나임을 잊어버린 경우에 두 이동은 전쟁 중인 정반대로 붕괴된다. … 금욕과 억압된 상승자로 … 그리고 그림자를 감싸는 하강자로"라는 요점을 말하고 있다. 많은 사람들이 플라톤을 상승자로 생각하지만 윌버는 (아서 러브조이[Arthur Lovejoy]의 『존재의 거대한 고리(*Great Chain of Being*)』을 인용하여) *SES*에서 내재와 초월 모두의 챔피언으로서 그를 묘사했다.[2]

플라톤의 접근이 무엇이든 윌버가 '올라가는 길이 내려가는 길이라는' 발상, 즉 내재와 초월 모두가 중요하다는 것을 지지함은 분명하다. 그는 자기 내재성과 아가페(낮은 것으로 도달하려는 높은 사랑)를 연관시키며 자기초월성과 에로스(높은 곳으로 도달하려는 낮은 사랑)를 연관시켰다.[3] 그러므로 개인적인 발달에서

> 한 사람은 에로스를 통해 상승하고 (또는 더 높고 더 넓은 정체성을 확장하는 것) 아가페를 통해 통합하므로 (또는 모든 하위 홀론을 주의하여 수용하기 위해 아래로 도달하는 것) 균형적 발전은 초월하지만 포함한다. 이는 부정/반대와 보존, 상승과 하강, 에로스와 아가페이다 (p. 349)[4]

이 시점에서 그는 또한 많은 지혜의 전통이 상승하는 것으로, 위대한 영이 '우리를 끌어당기는' 하강으로, 이것이 '상승으로 우리를 초대하는 것'으로의 발상도 강조한다고 언급하였다. (흥미롭게도 윌버는 초대의 반대 종류에 대해 이야기하지 않았다. 이것은 아마도 가장 잘 알려진 지혜의 전통에서 우리가 볼 수 있는 무언가가 아니라 그중 대부분은 하강보다 상승을 지향하기 때문일 것이다.)

다음으로 윌버는 우리가 반대들을 통합할 수 없을 때, 그리고 상승자 대 하강자의 세계 중 하나로 빠질 때 어떤 일이 일어나는지에 대해 설명했다.

> 상승자에게 '이 세상'은 기껏해야 환상이며, 최악의 경우 악이다. 그리고 하강자는 이 악의 주요한 대표가 된다. 그러나 하강자는 상승자의 억압적, 금욕주의적, 삶의 부정, 성(性) 부정, 지구 파괴, 신체 무시를 비난한다(p. 356).

우리 측이 어디이든 우리가 그 반대를 싫어한다면 우리는 더 이상 통합을 위한 건강한 욕망을 실현하지 않고 그 싫어하는 반대를 피하기 위한 해로운 욕망을 실현한다. 이러한 경우 자기초월(에로스)를 통한 상승 대신 자기소외(포보스)를 통해 상승한다. 그리고 자기 내재(아가페)를 통한 하강 대신 자기소멸(타나토스)을 통해 하강한다. 불행하게도 포보스에서 상승할 때 우리는 이들이 우리를 저해하거나 악영향을 줄 것을 두려워하여 낮은 수준의 접근을 차단한다. 타나토스에서 하강할 때, 우리는 망각으로 역행하며 높은 곳에서 깊은 곳으로 '떨어진다'.

〈표 9-1〉을 통해 당신은 상승이 앞으로 이동과 동일시되는 반면, 하강은 뒤로 이동과 동일시된다는 것을 알게 될 것이다. 이 특성은 앞으로=위로, 뒤로=아래로인 진화적 상승의 모형

〈표 9-1〉 가능한 4가지로의 변형적 이동

	통합적	비-통합적
앞으로 (상승)	에로스 (자기초월)	포보스 (자기소외)
뒤로 (하강)	아가페 (자기 내재)	타나토스 (자기소멸)

을 초래한다. 나중에 우리는 다음과 같은 관련된 가정을 검토할 것이다. (a) 우리는 상승을 통해서만 진화한다는 것, 그리고 (b) 항상 앞으로 = 위로. 우리가 살펴볼 것과 같이 이 발상이 삶의 후반부(상승이 지배적일 때)를 위한 진실을 보유하는 반면, 하강이 지배적일 때에는 삶의 전반기에 대한 진실을 보유하지 않는다.

이 시점에서 중요한 건 그 변형이 하나 이상의 이동을 포함한다는 것을 이해하는 것이다. 이는 (a) 위 또는 아래가 될 수 있는 것과 (b) 통합적 또는 비-통합적이 될 수 있다는 것이다.

흥미롭게도 윌버는 *SES*의 여러 곳에서 이러한 각 4가지의 변형적 이동을 설명한 것을 〈표 9-1〉로 정리하였다. 어긋난 무엇을 암시하는 첫 번째는 *SES*에서 아가페/자기 내재의 윌버의 토론에서 불일치로 나타난다. 비록 그는 상승자 대 하강자의 맥락에서 아가페를 설명하지만(예로, *SES*의 9장과 주석의 논의를 참조하라, pp. 759-760) 아무데서도 하강하는 홀론의 능력을 그의 논의에서 찾을 수 없다. 거기에서 그는 비-통합적인 관점에서만 하강에 초점을 맞추고 있다(아가페가 아닌 타나토스의 관점에서). 그 결과로 52페이지에서 그는 자기소멸로 홀론의 하강을 특징짓는다.

이 특징이 그의 동료들의 주의를 환기시켰을 때, 프레드 코프먼은 "내 탓이오!"라고 말했으며, 이후 샴발라(Shambhala) 인터뷰에서 이 생략을 실수로 특징지었다. 그러나 그는 그 인터뷰에서 종종 자기소멸로 하강하는 욕구를 계속해서 설명했다. "이것이 도입 문장에서 매우 이해하기 쉽다는 이유만으로. 하지만 나의 실제적인 위치는 이제 명확해져야 한다. 프레드에게 감사하다."[5)]

만약 하강의 올바른 버전이 실제로 '자기 내재'라면 왜 잘못된 버전(자기소멸)을 유지하기를 소원하는가? 그리고 왜 훨씬 더 이해하기 쉽게 특징지어져 있는가?

내가 이 자료를 읽을 때 이러한 질문들은 나를 괴롭혔다. 이는 윌버의 해설에서 누락된 무언가가 있을 것이라고 생각하게 했다. 윌버의 초월하고 포함하는 정신을 아는 것으로 나는 자기 내재와 연관된 그의 주저에서 어리둥절하지 않을 수 없었다. 그의 글에서 이러한 문제에 대해 그가 생각을 많이 했다는 것은 확실히 알 수 있다. 왜냐하면 그는 통합적 상승의 부재하에 각 발달의 수준에서 발생하는 병리를 식별할 수 있었기 때문이다. 매우 진보된 영적 발달의 단계에서조차도 지속될 수 있는 병리들 말이다(11장 참조; 윌버의 *Transformations of Consciousness* (1986)의 8장을 참조하라).

난 항상 이 통찰력을 윌버의 가장 탁월한 작품 중 하나로서 비-통합적 상승과 관련된 것으로 보았다. 이는 개발의 자아 중심적 단계를 지나가면 환상을 가로질러 가기 때문에 우리는 더 할 수도 있고, 그렇지 않을 수도 있다. 윌버는 이것이 확실히 아니라는 설득력을 제공한다. 즉,

그 어떤 발달의 단계도 건강하거나 병리적이 될 수 있다는 것이다. 그럼에도 불구하고 그는 일시적으로 오랜 시간 변형의 초기 단계로의 하강보다 계속 상승하면서 주로 초기 단계들을 감쌀 수 있는 우리의 능력과 통합을 연관시키는 것으로 보인다. 이와 유사하게 발달의 초기 단계에 대하여 말할 때 그는 거의 예외 없이 자신의 '위' 측면을 통해 그들의 '아래' 측면을 강조한다.

내가 이 경향을 더 관찰할수록 이것이 꽤 의미 있는 방법으로 자신의 변형적 모형에 영향을 미칠 수 있다는 것을 깨달았다. 따라서 이러한 이동들을 더 논의하기 전에 첫째로 하강과 전이성 모두에 대한 윌버의 견해에 대해 자세히 살펴봄으로써 이 토론에 대한 맥락을 정하는 것이 필요하다.

윌버의 하강 수용

퇴화, 하강 그리고 전이성(즉, '하강 상태')에 대한 윌버의 견해는 제일 첫 번째 책인 『의식의 스펙트럼』(1977)에 잘 나타나 있다.

> 위는 거부되었으며, 아래는 무시되었다. 그리고 우리는 가운데에서 마비된 채 이를 유지하도록 요청받았다.[6]

여기서 윌버가 강조하고 싶은 것은 현대 문화에서 우리 대부분이 평원에 갇혀 있으며 나올 수 있는 방법이 필요하다는 것이다. 그러나 '위'와 '아래'의 차이에 대한 그의 생각을 유념하라. 그는 위(거부된 것)에 대한 단언을 분명히 추구하는 반면, 아래는 반드시 단언하는 것이 아니라 단지 인식하기를 추구한다.

이후 스펙트럼에서 나중에 의식의 전이성적 구조를 무엇이라고 부를지 논의할 때, 윌버는 프로이트의 잠재의식 모형과 이들을 연관시켰다. 이는 이드의 존재와 삶에서 적절하게 기능할 수 있는 우리의 능력을 파괴하는 격렬한 충동의 혼란스러운 무리를 상징한다. 그는 전이성(융)과 연금술적 변형에 필요한 원초적 물질을 연관시키지 않았다. 스펙트럼에서 융의 원형을 논의할 때 비록 융이 이들을 원시적인 것으로 보았어도 윌버는 이들을 오로지 더 높은 의식의 구조들과 연관시켰다. 왜 다른가? 왜냐하면 프로이트는 전이성을 윌버가 스펙트럼을 쓸 때 가졌었던 것처럼 보이는 관점과 같은 상당히 어둡고 불안감을 주는 무언가로 보았기 때문이다.

윌버가 *The Atman Project*(1980)를 기록할 때까지 그는 전/초 오류를 공식화했으며, 모든 하강이 출생 이전에 발생한다는 입장을 취했다. 위대한 영으로부터 하강(퇴행)을 단지 증가하는 밀도와 제한의 면에 영혼의 이동으로 중요하다고 말하는 것은 그럴듯할 수도 있지만 그는 대신 다음과 같이 지적한다. "각 퇴행의 단계에서 영혼은 대체하는 자기와 대체하는 세계로 구성된다. … 그러나 대체된 것들은 결국 각 단계에서 실패하며 (자신의 소멸을 두려워하는) 자기는 그 대체된 것의 죽음을 받아들이지 않지만 단지 수축된 후 공포에서 기절한다"(p. 200). 그러므로 퇴행의 이 특성은 건강한 자기 내재와는 거의 상관이 없다.

윌버는 『에덴을 넘어(Up From Eden)』(1981)에서 퇴행 동안 일어나는 아래로의 움직임을 신성한 놀이라고 말하지만 구체적으로 들어가게 되면 퇴행을 "소외, 분리, 분해, 분열의 연이은 증가"(p. 317)라고 묘사했다. 또한 같은 책에서 그는 전이성적 문화를 다룬 장의 제목을 "새로운 깨달음, 새로운 공포"(p. 120)라고 써 놓으며 대지모 사상 문화와 관련된 것으로 여겨지는 피의 의식과 제물에 대해 상세히 논하였는데, 이들의 긍정적인 공헌에 대해서는 표현은 여성 중심적이고 전이성적인 문화는 가치가 별로 없다는 인상을 준다.

그는 14년 후, *SES*에서도 미신 수준의 기독교가 현대 서구 문화에 미치는 부정적인 영향에 대해 언급하면서 여전히 전이성의 단점에 초점을 맞추고 있다(예, pp. 360-365를 살펴보라). 그는 『감각과 영혼의 만남(The Marriage of Sense and Soul)』(1998)에서도 "전근대적 종교에 종종 영향을 받은 잔혹한 억압"(p. 44)에 대해 언급하며 이 주제를 유지했다.

그리고 그는 *Integral Spirituality*(2006)에서 "세계 인구 중 50~70%가 자기 민족 중심적이거나 발달의 낮은 수준에 있다"고 말한 후, 9장에서 "나치가 다스린다"라는 깜짝 놀랄 결론을 내렸다. 이는 '초월-포함' 사상을 가진 사람에게서 예상할 수 있는 생각이 거의 아니다. 이는 윌버가 '초월-포함' 개념을 진심으로 지지하지 않는다는 것을 말하기 위함이 아니지만, 전이성 문화에 대한 그의 개인적인 불쾌감과 자신의 철학을 일치시키는 것에 어려움을 느끼는 것일지도 모른다는 것을 시사하고 있다.

전이성에 대한 양면성은 약간이라도 신령스럽고 흥미롭거나 진리를 다루는 개념은 전이성적(예, 원형과 집단 무의식(『의식의 스펙트럼』의 10장을 살펴보라), 무속적 상태(『에덴을 넘어』의 pp. 56-58를 살펴보라) 등)이 아닌 후—이성적으로 분류하는 그의 경향에서도 나타나고 있다.

그리고 윌버는 개인과 문화의 발달 간의 유사점을 강조하기를 좋아하기 때문에 전근대적 문화와 종교에 쏟는 숱한 비판은 더 나아가 개개인의 전이성적 정신 구조에 대한 비판이 된다.[7]

하지만 아래로 향하는 것에 대한 윌버의 열의 부족은 그의 저서 『가장 아름다운 용기(Grace and Grit)』(1991)에서 그가 말하는 자신의 삶의 이야기에서 가장 분명히 드러나고 있다. 이 책은 그가 사랑했던 아내인 트레야(Treya)의 암과 관련한 삶과 죽음에 대한 이야기를 다루고 있다.

그는 곧 다가올 그녀의 죽음과 이를 받아들이기를 거부하는 아내에 대한 괴로움을 묘사하면서 어느 날 몹시 심란한 상태로 맥주 한 잔과 머리를 식힐 무언가를 찾으며 거리를 거닐다 한 작은 독일 술집에 들어가게 된 일화를 서술한다(당시 그는 아내의 치료를 위해 독일에 있었다).

술집은 일렬로 서서 춤을 추는 나이 든 남자들로 가득했고, 그들은 윌버에게 함께하자며 손짓했다. 그는 웬일인지 무리에 이끌리도록 자신을 허락했고, 웃었다가 우는 자신을 발견했다. "15분 동안 나는 내 감정을 주체할 힘을 잃은 것 같았다. … 나는 그 술집에서 2시간을 머물렀다. 그리고 그곳을 다시는 떠나고 싶지 않았다. 웬일인지 그 짧은 시간 동안에 많은 것을 치유받는 느낌이었다."

하지만 그는 이런 내적 치유의 고통스럽고 가슴 아픈 경험을 이야기하면서 이러한 돌파구는 "맹렬한 흰 빛을 동반한 어떤 강한 명상의 시간" 으로부터 왔고, 그게 실제로 "이름도 모르고 언어도 통하지 않는 나이 든 남자들의 무리로 차있던 작은 술집" 에서 일어났다는 것을 주장하고 싶다고 애석한 듯이 말하고 있다(p. 307).

윌버의 감동적인 이야기는 통합적인 하강의 경험을 분명히 뒷받침해 준다. 그러나 그는 자신의 해탈이 상승 대신 하강에 의해 일어났다는 것에 대해 당혹스러운 듯 보인다. 그는 이 경험의 요점을 놓친 듯하다. 수많은 변형의 돌파구가 하강 때문에(하강에도 불구하고가 아니라) 일어난다는 것 말이다. 그는 하강에 의한 것이 아니기를 바람으로써 실질적으로 하강의 변형적 중요성을 허용치 않고 있다.

이런 예시들은 윌버가 하강에 대해 가진 여전한 양면 가치 때문에 쉽게 볼 수 있다. 그는 상승과 하강 모두 긍정적이라고 말하는 홀론 이론의 논리에 묶여 있는 것처럼 보이지만, 그의 발언의 본질은 그가 하강의 장점들을 온전히 받아들이지는 못했다는 것을 암시하고 있다.

내가 이런 예시들을 언급하는 것은 윌버를 공격하려는 것이 아니라 그의 통합 이론에서 좀 더 발전되어야 할 일부분들을 지적하기 위함이다. 특히 윌버는 하강론자들에게 체화된 영성의 개념을 잘 이해하지 못한다는 회의적인 인상을 준다.[8)]

다음 문단에서 우리는 윌버뿐만 아니라 미국 문화에서 자라온 사람이라면 누구나 어째서 하강을 진정으로 긍정적인 시각으로 바라보는 것이 어려울 수 있는 것인지 그 이유를 간단히 살펴볼 것이다.

위는 좋은 것, 아래는 나쁜 것

초월적 상승이 영적 삶의 목표라는 관념은 꼭 새로운 것만은 아니다. 이 개념은 수세기 동안 모든 상승주의자의 이상이었다. 정말 새로운 것은 이런 종류의 자기부정이 심각한 심리적 약점을 갖고 있을 수 있다는 개념이다. 그렇기 때문에 현대의 구도자들은 윌버의 '초월-포함' 모형을 옛 '초월하고 거부하는' 접근법으로부터의 큰 향상으로 여기곤 하는 것이다.

하지만 통합적 상승에 대해 증명하는 것과 이를 실제로 촉진하는 경험을 받아들이는 것은 별개다. 왜냐하면 흔히 '통합적' 경험에 앞서 반-통합이 먼저 일어나기 때문이다. 이전 기능 수준으로의 일시적인 하강을 예로 들 수 있다. 이런 반전은 삶의 자연스러운 한 부분이지만 사람들이 구하는 경험은 아니다. 사실은 대부분의 사람들이 반전을 두려워한다. 이 반전에 대한 두려움은 굉장히 널리 퍼져 있다. 영적 연구 영역에서뿐 아니라 삶에서도 말이다. 우리처럼 평범한 사람들은 삶에서의 손해를 사색하는 것이 쉽지 않다. 우리는 너무 깊이 떨어지게 되면 다시는 일어서지 못할까 봐 두려워한다.

이는 거대하면서도 대부분 의식하지 못하는 문화적 금기다. 이런 생각은 우리의 문화에 너무도 깊게 자리 잡고 있어서 사실상 우리 언어에 뿌리박혀 있다. 조지 래코프(George Lakoff)와 마크 존슨(Mark Johnson)의 책, *Metaphors We Live By*(1980)에서 이들은 흔히 쓰이는 은유를 분석해서 이 표현들이 '위'와 '아래'에 대한 우리의 문화적 신념에 관해 무엇을 말해 주는지를 살펴보도록 했다. 이들은 다음과 같은 의견을 내놓기에 이르렀다.

> 행복은 위다, 슬픔은 아래다.
> 의식은 위다, 무의식은 아래다.
> 삶은 위다, 죽음은 아래다.
> 통제는 위다, 의존은 아래다.
> 더는 위다, 덜은 아래다.
> 높은 지위는 위다, 낮은 지위는 아래다.
> 이성은 위다, 감정은 아래다.

이들은 우리가 "위는 좋은 것이고 아래는 나쁜 것"(p. 16)이라고 여겨지는 문화에서 산다는 결론을 내렸다. 나 역시 여기에 하나 덧붙이자면 "앞으로는 위고 뒤로는 아래다"라고 하겠다.

이는 변형 작업과 관련이 있는 것으로 밝혀졌는데, 왜냐하면 이 둘을 비슷한 뜻으로 보는 경향이 있기 때문이다. 앞으로 향하는 것은 영성, 진리, 빛과 연관된다. 뒤로 향하는 것은 무지, 혼란, 그리고 어둠과 관련지어진다.

이는 과거에 비해 이제는 하강에 대해서 덜 가혹하게 이야기함에도 불구하고 어째서 상승주의자들이 여전히 하강주의자들보다 상당한 차이로 수적 우세를 보이는지를 설명해 준다. 확실히 에니어그램계에서는 "위는 좋은 것이고 아래는 나쁜 것이다"라는 개념이 건재하고 있다. 한 예로 이런 분위기는 클라우디오 나란조가 낮은 에너지 중심 대 높은 에너지 중심으로 묘사한 설명에서 분명하게 나타나 있다(여기서 낮은 에너지 중심은 모든 면에서 열등한 것으로 묘사되어 있다).[9]

이와 같은 개념은 리소-허드슨의 건강 수준 모형(Riso-Hudson's Levels of Health model)에서 더 자세하게 나타나 있다. 이 모형은 원래 돈 리소가 9가지 유형을 9가지 하강하는 수준으로 특징짓기 위해 1980년대에 개발한 것으로, 각 수준은 이전 수준보다 덜 건강한 것으로 설정되어 있다.[10), 11)] 이런 9가지 범주로의 분류는 특히 임상 작업에서 확실히 유용하지만 '심리적 균형의 정도'는 사실상 계층적이기보다는 범주적이다. 범주적이라는 것을 아는 이유는 이 변수가 요인분석 군집화 기술을 이용해 측정될 수 있기 때문이다. 심리학에서 성격을 측정하는 성격검사인 '5가지 성격 특성 요소' 또는 '빅 파이브' 성격 모형을 사용하는 심리연구학자들에 의해 사용되어 왔다.

5요인 모형은 성격 특성의 5가지 군집(개방성, 성실성, 외향성, 친화성, 신경증)을 만들어 내는데, 신경증은 리소와 허드슨이 그들의 건강 수준 모형으로 파악하려는 척도와 기본적으로 같은 항목이다(이들의 건강 수준 모형은 각 9가지 에니어그램 유형의 병리의 정도를 설명할 수 있는 장점을 갖고 있기는 하지만 말이다).

그렇지만 리소와 허드슨 관점에서 수직적 구조의 수준으로 묘사된 항목들은 발달의 거의 모든 수준에서 나타날 수 있는 범주적 변수로 더 정확하게 묘사된다. 병리는 어느 수준에서든지 나타날 수 있다는 개념은 윌버의 책, *Transformations of Consciousness*(1986)의 4장에서도 논의되고 있다. 이 책의 11장 또한 참고하라. 그러나 '높은 것이 나은 것인' 문화에서는 심리적 건강이 수직적 연속체를 따라 보여지는 것이라는 게 놀라운 일이 아니다.

"위는 좋은 것이고 아래는 나쁜 것이다"라는 개념 외에도 하강에 관한 윌버의 여전한 망설임에 영향을 주었을 수도 있는 몇 가지 요인이 있다. (a) 그의 전/초 연구와 (b) 그의 타고난 지적 재능이 그것이다.

전/초 오류

윌버가 그의 첫 책 『의식의 스펙트럼』(1977)과 『무경계(No Boundary)』(1979/1981)를 집필했을 때, 인간의 변형을 묘사하기 위해 그가 썼던 모형은 100% 역낭만적이었다. 4장과 5장에서 언급했듯이 이 모형은 우리는 순수한 존재의 상태 또는 본질의 상태로 태어나지만 자아발달 시기에 이를 억누른다는 전제에 기반을 두고 있다. 그래서 삶을 향해 '앞으로' 가는 각 단계는 인식과 억압 간의 갈등으로 그려진다.

그의 연구 시점에서 윌버는 인식을 억압하는 과정을 진화로, 전체성을 다시 얻는 과정을 퇴행으로 특징짓고 있다. 이 용어에서 이상한 점을 주목해 보라. 우리는 보통 진화를 성장의 종류로 관련짓지 성장의 억압으로 관련짓지 않으므로 이런 용어 사용은 반-직관적이다. 이 두 책에서 그는 우리가 나아가는 단계들을 나열했다(그는 이 단계들을 페르소나로부터 나와 자아로, 유기체 전체로, 그리고 단일의식으로 향하는 점진적인 하강으로 시각적으로 이를 묘사했다). 무경계의 1장을 참고하라.

그는 이 과정이 삶의 주기의 각 단계에서 어떻게 작용하는 것인지 설명하기 위해 다음 논리적 단계는 이 발달 과정을 더 자세하게 세분화하는 것이라고 결정했다. 하지만 그가 이를 실행에 옮기려 했을 때에는 그렇게 할 수 없었다.[12] 그는 그 이유를 알아내기 위해서 꼬박 3년을 보내야 했다.

문제의 뿌리는 비-이성적 상태는 기본적으로 모두 동일하다는 가정에 있었다. 전이성적 상태는 초이성적 상태와 대체로 비슷하다는 이런 생각은 윌버가 전/초 오류로 구분지은 것이었다. 윌버는 발달의 3가지 주요 단계를 구상하는 것으로 이 문제를 해결했다. 본질적으로 누적되는 성질인 전이성, 이성, 그리고 초이성이 그것이다.

몇 년 뒤 자신의 연구를 특징지을 때, 윌버는 역낭만주의로부터 전/초 오류를 만들어 내기까지의 자신의 변화를 '윌버-1'에서 '윌버-2'로의 변천이라고 말했다. 프랭크 비저(Frank Visser)는 이 변화에 대해 "윌버-1에서는 개인이 개인에서 초개인으로 하강한다. 윌버-2에서는 개인이 전-개인에서 개인을 통해 초개인으로 상승한다"라고 명확하게 설명하고 있다(p. 75).[13] 비저는 또한 윌버-2에서는 초개인적 인식을 향해 앞으로 나아가기를 계속하지 않는 개인은 발달의 전 단계로 퇴행하는 경향이 있다는 것을 언급하고 있다. "퇴행하게 됨으로써 우리는 잠재의식을 인지하게 된다. 앞으로 나아감으로써 우리는 초월의식을 인지하게 된다." 여기에 덧붙여 비저는 이 시점에서 윌버가 '퇴행'과 '진화'의 용어를 사용하는 방식을 바꾼다는 것 또한 언급

하고 있다.[14), 15)]

그가 이렇게 수정한 내용은 실제로 그의 이전 입장과는 완전히 반대의 것이다. 윌버의 세 번째 책, *The Atman Project*(1980)에서 그는 자신의 이전 시각과는 정반대인 관점을 차용했다. 그렇게 그는 이 책에서 단호하게 말했다. "신비주의자는 앞으로 나아가는 진화를 추구한다. 그는 그런 진화를 위해 훈련한다"(p. 183)[16)]

그런 이유로 윌버-2부터는 육체적 연합으로 아래를 향하는 초기 퇴행적 이동은 전적으로 탄생 이전에 나타나는 것으로 특징지어진다. 탄생 이후, 퇴행적 움직임(아래를 향함)의 모든 형태는 분명한 퇴행이다. 그 결과로 윌버의 새로운 접근법은 거의 전적으로 진화적 상승에만 초점을 맞추는 변형 모형에 의존하고 있다.

윌버는 그의 책에서 퇴행을 '자아를 위한 퇴행'으로 언급하고 있다.

하지만 그가 이 모형을 제시했던 시점에서(1980) 그는 막 역낭만주의를 내려놓은 상태였다. 그는 전/초 오류에 관한 자신의 돌파구적인 글을 막 출판한 상태였다.[17)] 그렇기 때문에 하강에 대한 그의 전후 사정은 완벽히 말이 된다. 탄생을 발달 원호의 가장 낮은 지점에서 나타나는 것으로 묘사한 그의 개념도 말이 되는 것이다. 그는 탄생을 상승 방향의 길의 시작점으로 놓음으로써 전/초 문제를 완전히 피하며, 초점이 전적으로 점진적인 더 긍정적인 모형을 만들고 있다([그림 9-2]).

이렇듯 윌버가 초기에 퇴행을 배제한 것은 진보에 대한 그의 새로운 초점을 강조하기에 유

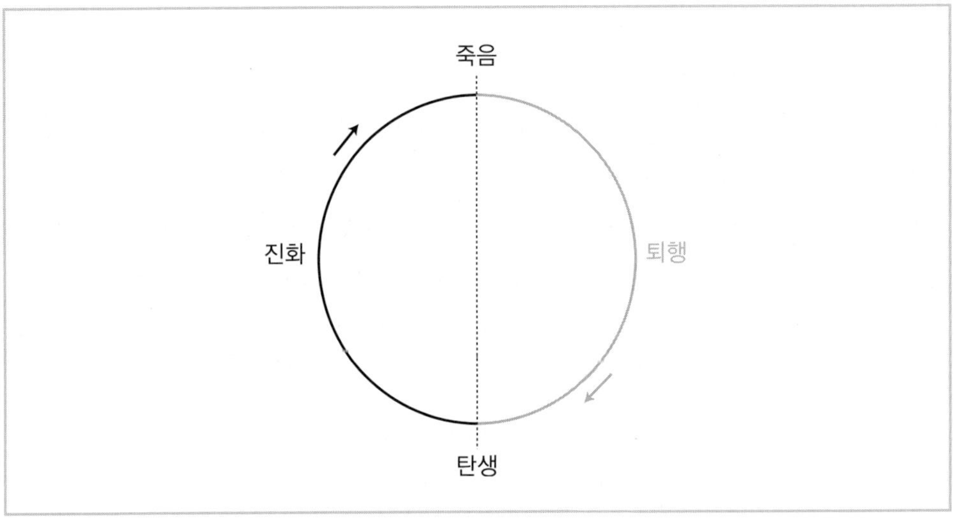

그림 9-2 윌버-2 오직-상승 모형

용했다. 그러나 나아감을 강조하는 모형은 덜 진보적으로 보이는 길, 즉 예를 들면 좀 더 과정 중심적이고 굴곡이 져 있으며 간접적이고 기복이 있는 길은 덜 중요시하려는 경향을 띠게 될 것이다. 엄밀히 따졌을 때 퇴행적 움직임이 받아들여지는 때라도 이런 움직임은 표준으로부터의 위반이자 우리가 피하고 싶어 하는 무언가로 남게 된다.

정신적 관점

하강 반대라는 편견을 가진 문화와 윌버의 역낭만주의에 대한 오래된 반대 운동 외에도 하강에 대한 윌버의 애매한 열정에 거의 분명하게 기여하는 추가적인 요인이 또 있다. 그것은 바로 삶에 대한 그의 근본적인 세계관이 영향을 미친다. 윌버의 세계관은 극도로 지적이고 범주적이며 논리적이다.

공정하고 편향되지 않으려는 그의 노력에도 불구하고 윌버는 여전히 감정적이고 애매모호하거나 모순적인 상황들을 그렇게 좋아하는 것처럼 보이지 않는다. 이런 그의 성향은 독일 술집에서 겪었던 초월 경험에 대한 언급에서뿐 아니라 범주적인 구분에 굉장히 많이 의존하는 체계의 개발에 대한 지속적인 초점에서도 증명되고 있다. 그는 자신이 열중하는 개념을 논할 때에는 엄청난 열정을 보이기도 하지만 그 열정은 개인적인 것보다는 지적인 경향을 보인다. 이는 그의 관점이 그렇듯 남성적이고 단호한 특징을 갖고 있는 이유이기도 하다. 그의 관점을 예상치 못하게 차오르는 더 여성적이고 미묘한 내면의 감정 또는 울림과 비교해 보라.

그의 그림자 작업에 대한 논의에서도 역시 이와 같은 지적 성향이 반영되어 있다. 이렇듯 윌버는 정신의 숨겨진 심층을 발견하기 위해 그림자 역동을 탐구하는 것 대신 심리적 갈등을 신속하게 생략하는 절차를 설명하는 것에 더 관심 있어 했다.[18] 융과는 다르게 윌버는 그림자의 창의적 또는 변형적 잠재력에 관해 여태껏 딱히 특별한 관심을 보이지 않아 왔다. 그는 변형에 관해 몸을 기반으로 한 접근법 또는 자연 중심적인 접근법에 특별히 초점을 맞추는 것처럼 보이지는 않는다. 이런 접근법의 예로는 자연 신비주의, 무속적 여정, 유기적 성장, 몸을 기반으로 한 요가와 치유 방법, 퇴행 중심적 치유 접근법, 카르마 요가, 자연적인 또는 순환적인 과정, 개인차, 동시성, 종교적 수행, 심층 심리, 감정분화의 경로, 깊고 체화된 영성으로 하강하는 것이 가진 변형적 잠재력, 예술적 몰두, 그리고 내적 느낌과 조화를 이루는 것 등이 있다. 하지만 이런 사실은 윌버가 변형에 관해 가진 분석적인 관점을 봤을 때 놀랍지도 않은 일이다.

에니어그램 연구에서 개인의 에니어그램 관점에 대해 말하는 것은 외람된 것으로 여겨지지만 2가지는 확실하다. 모든 각 개인이 관점을 갖고 있다는 것, 그리고 이런 관점은 삶에 대한 굉장히 안정적이고 집중된 시각을 준다는 것이다. 그 결과로 개개인은 다른 에니어그램 유형이 아닌 자신의 에니어그램 유형과 관련된 관점과 훨씬 더 적합할 수밖에 없다. 그리고 윌버의 경우 그의 관점은 머리 삼각형의 어딘가로부터(5-6-7유형) 나타나야만 한다는 결론을 피하기가 어렵다. 왜냐하면 머리 유형이야말로 에니어그램에서 가장 지적 중심 관점을 가진 유형이기 때문이다.

머리 유형도 상승을 긍정적인 시각으로 바라보기 쉬운데, 이는 이들이 상승을 정신적 명확함, 영적 깨달음과 관련짓기 때문이다. 그리고 이 2가지 성질을 진리와 관련짓는다. 같은 이유로 이들은 하강을 물질적인 걸림돌, 어지러운 감정, 혼란스러운 사고 등과 연결 짓는 경향을 보인다. 왜냐하면 이들이 하강을 이렇게 경험하기 때문이다.

과정 에니어그램에서 이 유형들은 막 움직이기 시작해 에니어그램의 최하점으로부터 위를 향해 이동해 간다. 이러한 움직임은 이 유형들에게 위로 향하는 것은 삶의 자연스러운 흐름과 함께 가는 것이라는 느낌을 주는 동시에 아래로 향해 가는 것은 자연의 흐름을 거스르는 것이라는 느낌을 준다. 그리고 이는 정말로 이 특정 유형에게는 사실일 수 있는데, 바로 에니어그램 원형에서의 이들의 위치 때문이다. 심지어 이런 성향은 남성 머리 유형에게는 더 사실이 될 수 있는데, 이는 남성적 극성이 항상 물질보다는 좀 더 영 중심적이기 때문이다.[19]

편집을 마감하기 직전에 나는 윌버가 정신적 유형이라는 것뿐만 아니라 그가 자기 자신을 스스로 5유형이라고 정의내렸다는 것을 확인할 수 있었다.[20] 그렇다면 윌버가 이론가로서 가진 강점은 그의 명확하고 포괄적으로 사고하는 능력에 있다는 것은 당연한 것이다.

윌버의 에니어그램 유형을 아는 것은 그가 다양한 개념의 가닥을 방대한 범위뿐 아니라 설명도 자세하고, 정확한 철학적 뼈대 속에 함께 엮을 수 있는 그의 능력의 면에서 현대의 아리스토텔레스 같은 사람으로 여겨지는 것인지를 이해하는 데 도움을 준다. 우리는 그가 지난 40년간 수많은 관심을 끌어 왔던 포괄적이면서도 상세한 IOS를 어떻게 구성해 올 수 있었는지를 이해할 수 있다. 하지만 우리는 그가 여성적 접근법 또는 물리적 세상과 매우 관련이 있는 변형의 차원을 탐구하는 데 있어서는 어째서 덜 확고한 기반에 있을 수도 있는 것인지 또한 볼 수 있다. 이런 이유 때문에 IOS는 에니어그램을 포함해 여전히 다양한 접근법으로부터 이익을 얻을 수 있는 것이다.

이 문단에서 하강보다 상승을 선호하는 변형 모형의 발달에 역할을 했을 것 같은 3가지 요인을 살펴보았다. (a) 문화의 강력한 '하강' 반대 편견, (b) 전/초 오류를 어기지 않는 모형의 개발의 필요성, 그리고 (c) 윌버의 정신적인 초점이다. 그 때문에 자연스럽게 상승으로 기우는 경향이 그것이다.

이런 영향에도 불구하고 켄 윌버는 지속적인 개선과 수정을 허용하는 개방형 구조를 가진 통합 중심적인 변형 작업을 위한 체계를 고안했다.

윌버는 풀리지 않는 수많은 문제들을 '아닌' 것이 아닌 '아직 아닌' 것으로 특징짓는 것을 좋아한다. 나는 윌버의 오직-상승 모형을 이렇게 여긴다. 이 모형은 변형적 작업의 앞으로 진보적인 특성을 설명하고 발달의 각 단계는 다음 단계의 기반이 된다는 개념을 강조하기 좋은 모형이다. 그렇지만 이 모형은 현재 우리가 삶의 전반기 동안에 겪는 자기 내재적인 여정—영으로의 상승보다는 물질세계로의 하강에 가까운 여정—을 묘사하는 방식은 부족하다.

8장에서 소개되었고 다음에 더 충분히 논의될 모형이 이 문제를 해결해 준다. 과정 에니어그램을 이용해 상승을 다시 변형적 과정으로 재통합시킴으로써 '아직 아닌' 것에서 '맞는' 것으로의 변형을 이루는 것이다. 다음 문단에서는 이게 어떻게 작용하는지를 설명할 것이다.

Figure-8의 흐름

변형을 과정 에니어그램과 연결시킬 때, 그런 다양한 과정을 광합성을 통한 빛에서 에너지로의 변형, 개념에서 발명으로의 변형 또는 인간의 삶의 주기 동안의 의식의 변형으로써 묘사할 수 있다.

하지만 과정 에니어그램에서 묘사된 과정은 변형 과정의 체현 부분 동안의 에너지의 흐름만 보여 준다. 변형 과정 전체를 묘사하는 것은 그 과정이 영 안에서 어떻게 비춰지는지를 보여 주는 것을 필요로 하는데, 이는 에너지가 나선형을 그리면서 영과 물질 사이에서 앞뒤로 움직이는 figure-8 모형을 만들어 낸다([그림 9-3]).

이 과정을 자세히 세분화해 살펴보자. 제 1시기 동안 에너지는 영에서 물질로 하강하지만 영과의 근접성 때문에 영적 성질을 어느 정도 유지한다. 제 2시기에서는 에너지가 하강을 계속하지만 물질의 영역에 있게 되었기 때문에 갈수록 더 물질세계의 성질을 취하게 된다. 여기서 우리는 자아정체감과 결정을 내리는 능력, 이 세상에서 길을 찾아가는 기술을 개발하게 된다. 제 3시기 동안 에너지는 다시 영으로 상승한다. 우리의 우선순위는 바뀌게 되어 개인적인 노력들은 자기를 넘어선 목적을 찾는 것보다 덜 중요해지기 시작한다. 심지어 발달하려는 어떤

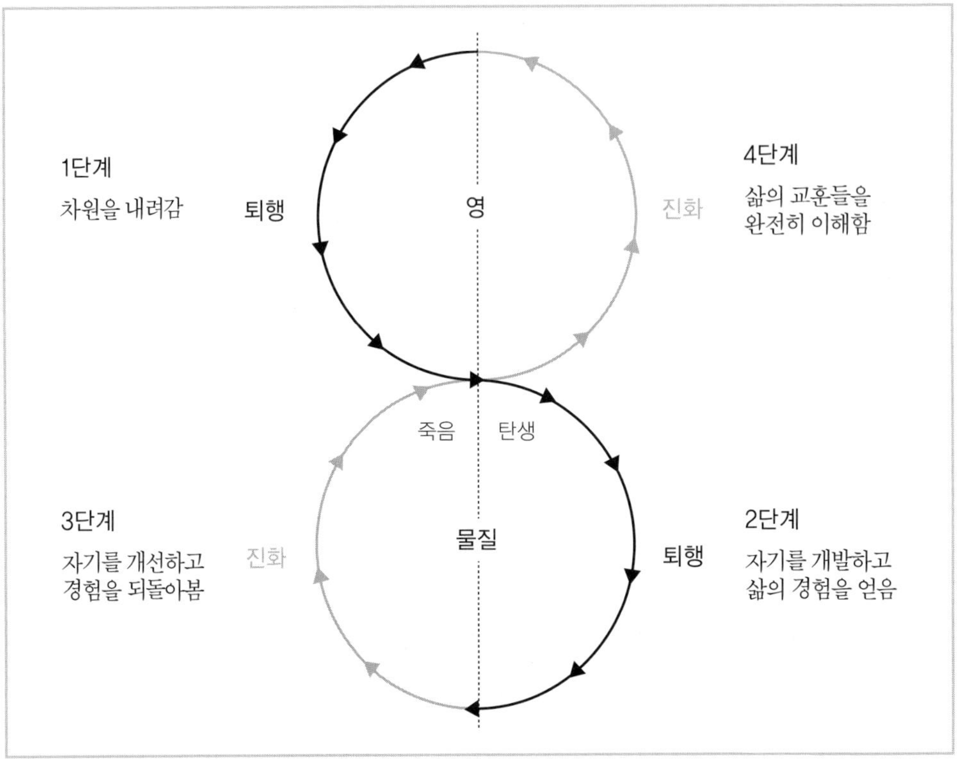

그림 9-3 figure-8 삶의 주기의 4가지 시기

특별한 노력 없이도 우리는 삶의 경험들을 통해 어느 정도의 발전을 할 만큼 충분히 배우게 된다. 그렇게 삶의 끝자락에서 우리는 단지 '우리가 시작했던 곳으로 되돌아가는 것'뿐 아니라 의식의 다소 높은 수준에 도달하게 된다. 제 4시기 동안 삶에서 어느 정도 배운 교훈들은 영으로 동화되지만, 우리는 이를 상상하고 온우주를 확장하고 개선해 간다. 이렇게 한 주기가 끝이 나게 된다.

이제 여기서 흥미로운 것은 탄생이 퇴행적 하강의 중간 지점인 영과 물질 사이의 접점에서 나타난다는 것이다. 이는 유아들이 '영광의 구름자락처럼 다가오는' 이유를 설명해 준다. 왜냐하면 유아들은 너무 최근까지 영의 영역에 있다가 이제는 아래 방향으로 흐르는 figure-8을 통해 반쯤 하강하기 때문이다.

체화된 삶의 전반기에 나타나는 퇴행적 하강은([그림 9-3]에서의 제 2시기) 전적으로 영적인 목적(예를 들면, 재창조, 시험, 성장 또는 서비스) 때문에 우리를 영으로부터 '떠나가게' 하는 주기의 한 부분이다. 그렇기 때문에 이는 영적 관점으로 봤을 때 실수나 문제가 아니며, 결코 제 3시기에 비해 영적으로 열등하게 바라봐서도 안 된다. 퇴행적 하강은 인정하건대 더 큰 한계로의 이동이기는 하지만 말이다. 하지만 퇴행이 한계를 불러온다는 사실은 퇴행이 나쁘다는 의미가 아니다. 이는 단지 퇴행이 도전적이라는 것을 의미하는 것이다! (한계가 창조성을 어떻게 발전시키는지에 대한 논의를 살펴보기 위해 12장을 보라.)

자기개발과 관련했을 때 퇴행적 하강은 심리적 발달과 좀 더 연관이 있는 반면, 진화적 상승은 영적 발달과 더 관련이 있다. 그렇지만 이들은 서로 상호보완적인 과정이기 때문에 이들 사이에 뚜렷한 구분이 있지는 않다. 심리적 안정 없이는 영적 발달이 거의 가능하지 않다. 또한 영적 표명 없는 심리적 발달은 목적이 없다. 이렇듯 이 둘은 명백히 변형 주기의 필수적인 부분이다.

그렇다면 퇴행적 하강을 가장 잘 설명하는 용어는 무엇일까? 그건 바로 자기 내재(self-imanence)다. 자기 내재란 육체의 세계에 완전히 성육신되어 가는 과정이다.

하지만 〈표 9-1〉은 오직 진화적인 상승에만 초점을 맞춘 모형에 기반하고 있기 때문에 이런 종류의 자기 내재를 설명할 자리가 없다. 자기 내재를 위한 자리를 만들기 위해서는 퇴행적 상승을 변형 모형에서 다시 설명하는 것이 필요하다. 이는 항상 자기 내재적 하강을 모든 변형 주기의 한 부분으로 포함시켜 온 과정 에니어그램을 사용하면 가장 쉽게 이루어질 수 있다.

블레이크가 *The Intelligent Enneagram*(1996)에서 언급했듯이 "우리는 에니어그램 원을 하강과 상승 모두의 측면에서 볼 수 있다"(p. 270). 블레이크는 313페이지에서 '늘어나는 복잡성'의 하강과 그 뒤를 잇는 '늘어나는 통일성'의 재상승을 묘사하는 에니어그램을 포함시켜 자신의 주장을 더 명확히 하고 있다. 이와 비슷하게 *The Enneagram: All and Everything*(2003)에서 네이선 베르니에는 에니어그램의 오른편을 하강의 과정으로, 왼편을 상승의 과정으로 묘사하는 셀 수 없이 많은 예시를 포함해 놓았다.[21] 그런즉 내가 퇴행이 체화된 삶의 주기의 부분이라고 주장할 때에는 단지 이런 추론을 난데없이 주장하는 것이 아니다. 이것은 과정 에니어그램 이론의 확립된 부분이다.

이 개념은 통합 이론에 대한 분명한 암시를 갖고 있는데, 그중 아가페는 자기 내재, 특히 변형의 맥락에서의 자기 내재와 연관 짓기에는 딱히 좋은 상징이 아니라는 것이다. 윌버가 언급했듯이 아가페가 모든 낮은 홀론을 신경 쓰며 포용하기 위해 아래로 도달하는 것"(*SES*, p. 349)이기 때문이다. 이는 인간들에게 삶에서 원조를 베푸는 신, 천사 또는 깨우친 존재의 이미지를 적절하게 불러일으키며, 자기초월을 위해 한계의 세상 속으로 하강하는 인간의 경험과 이를 연관 짓는 것이 딱히 좋은 이미지는 아니다. 왜냐하면 인간은 수많은 방식으로 그런 여정을 경험할 수도 있는 반면에, 초월적 태도의 사치를 누릴 만큼의 방식으로는 거의 하강하지 않기 때문이다. 심지어 굉장히 진화된 영혼들도 갖은 어려움—이들의 다정한 태도를 유지하는 능력을 심히 시험하는 종류의 어려움—속에 휘말리는 자신을 발견하곤 한다.

이러한 이유 때문에 나는 안타깝지만 아가페를 자기 내재를 상징하는 이미지를 버리고, 대지를 상징하는 그리스 여신인 가이아로 대체했다. 가이아는 물질로 하강하는 영혼의 본능적이고 체화되며 깊게 몰두하고 지속적인 특성을 포착한다. (하지만 아가페 또한 변형에서의 역할이 있다. 12장을 참고하라.)

나는 상징을 바꾸는 것 외에도 포함된 변형 과정의 퇴행적 절반을 묘사하는 데 이를 사용했다([그림 9-4]). 이제 우리는 2개의 주요 시기—퇴행적 하강과 진화적 상승—를 지닌 모형을 가졌다. 우리가 최적으로 진행해 나간다고 가정한다면 주기의 전반기 동안에는 아래로 움직이고(인생의 가장 활발한 때로), 후반기 동안에는 위로 움직이게 된다(영의 방향으로).

- 퇴행 동안, 아래로 = 앞으로와 위로 = 뒤로.
- 진화 동안, 위로 = 앞으로와 아래로 = 뒤로.

이는 '위'를 좋은 것과 동일시하는 경향이 있는 영적 구도자들에게는 이상해 보일 수 있다. 하지만 우리가 아래로 움직여야 할 때 위로 올라간다면(또는 그 반대라면), 삶의 자연스러운 리듬과 조화되지 않는 자신을 발견하게 될 것이다. 그렇지만 우세하지 않은 방향으로 움직여야

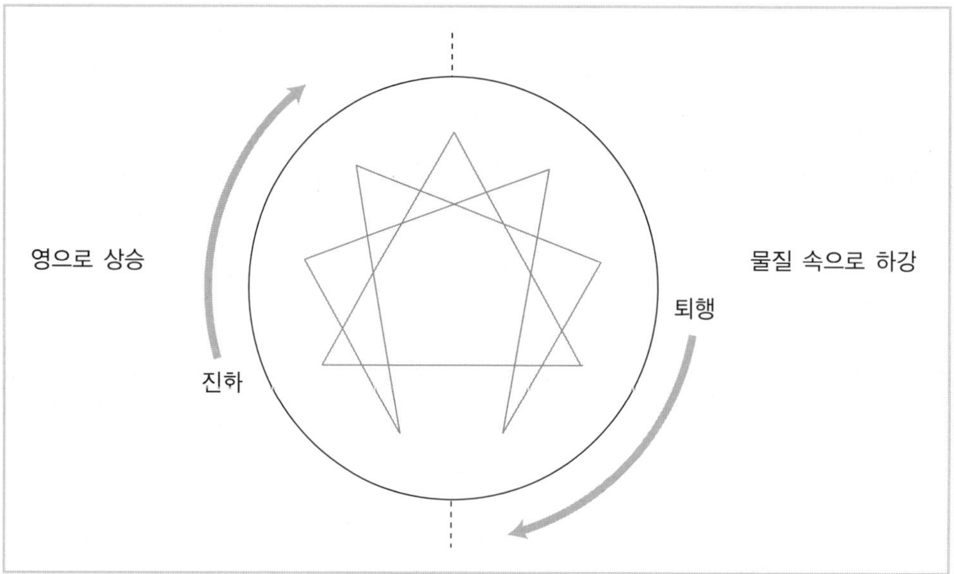

그림 9-4 자기 내재와 자기초월

〈표 9-2〉 변형적 움직임의 빠진 부분들

상승 시기

	통합적	반-통합적
앞으로 (상승)	에로스 (자기초월)	포보스 (자기 소외)
뒤로 (하강)	?	타나토스 (자기소멸)

하승 시기

	통합적	반-통합적
앞으로 (하강)	가이아 (자기 내재)	?
뒤로 (상승)	?	?

할 때도 있다. 만약 뒤로 가야 할 때 앞으로 가려 한다면 이는 그 순간의 필요에 어긋나는 것이므로 앞으로 향하는 움직임은 반-통합적인 것이 된다. 그러므로 통합적 움직임은(위로든 아래로든, 앞으로든 뒤로든) 그 순간의 필요에 맞춰진 움직임인 것이다.

〈표 9-2〉는 이 지점까지의 진행 상황을 요약하고 있다. 2개의 주요 시기(하강과 상승)를 갖게 된 지금, 이제 각 시기당 4개의 변형적 움직임을 갖고 있다. 이제 하강 시기의 한 부분인 통합적 하강은 더 이상 아가페가 아닌 가이아로 상징된다. 그렇지만 우리에게는 여전히 채워야 할 4가지의 '빠진' 움직임이 남아 있다.

하지만 그 단계로 진행해 나가기 전에 퇴행적 하강 시기를 추가하는 것의 영향에 대해 논의하기 위해 잠시 머무를 것이다. 만일 삶의 주기를 영웅의 여정에 비유한다면 역낭만주의적 모형은 이 여정을 애초부터 헛된 것이라고 묘사할 것이다(왜냐하면 이런 여정은 우리를 진정한 고향으로부터 멀어지게 하기 때문이다). 우리의 회귀는 지나왔던 걸음들을 되짚는 것을 포함한다. 이는 분명한 퇴행적 접근법이다.

윌버의 오직-상승 모형은 이 시각을 수정해서 이 여정이 (실수나 실추 같은 것보다는) 타당한 것으로 보이도록 할 것이다. 하지만 이 모형은 여정 전체를 회귀로서 취급할 것이다. '앞으로 가는' 시기는 탄생 전에 일어나는 것으로 간주되는 것이다(그러므로 변형 과정의 접근할 수 없는 부분인 것이다).

이 장에서 제시된 하강 후 상승 모형은 윌버의 진보적 접근법을 차용하지만 퇴행적 하강을 변형 여정의 부분으로 포함한다. 이 모형은 이 여정을 순환적인 나선형으로 묘사하기 때문에 앞으로 가는 것과 뒤로 돌아오는 것은 같은 과정의 부분이며, 이 여정이 변형적 호를 따라 나아가는 진행이자 여정의 끝에서는 더 큰 전체—혹은 더 적절하게는 '더 큰 홀론성'—로 이끄는 진전으로 묘사되는 이유다([그림 9-5]).

이 모형의 첫 번째 단계는 퇴행과 진화 모두가 변형에서 중요한 역할을 한다는 것이다. 두 번째는 퇴행적 하강 동안 배운 것들은 진화적 상승 동안 배운 것들을 위한 자리를 마련해 준다는

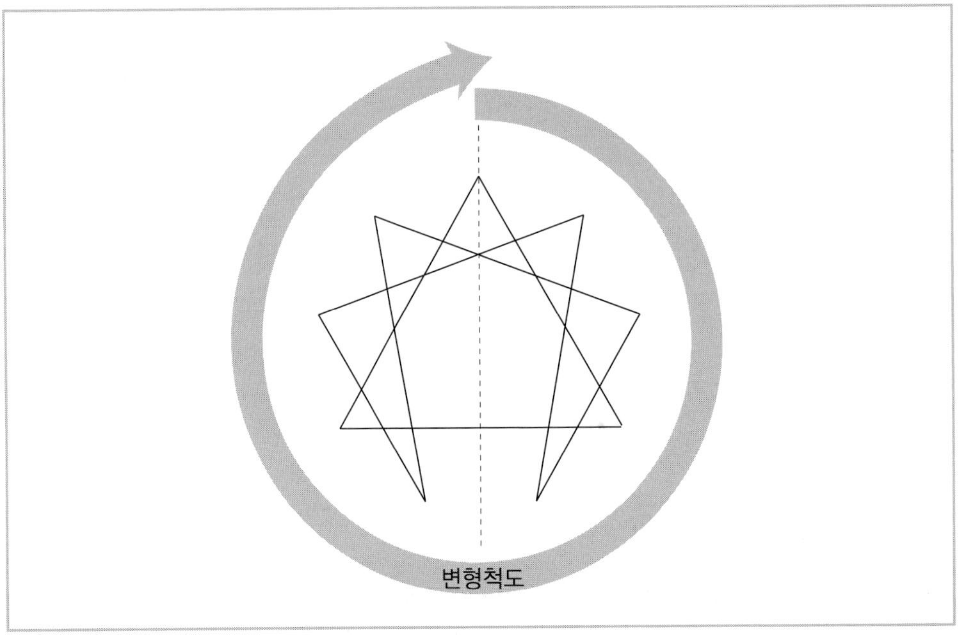

그림 9-5 변형 주기

것이다. 세 번째는 여전히 원래 진행적인(퇴행적이 아닌) 하강을 포함하는 모형을 고안하는 것이 가능하다는 것이다.

이 단계에 대해서는 다음에서 더 자세하게 다룰 것이다. 하지만 먼저 퇴행적 하강과 단지 윌버의 '초월-포함' 접근법뿐 아니라 내가 '포함-초월'이라고 부르는 접근법, 이 두 접근법의 중요성을 어떻게 강조하는지에 대해 잠시 설명할 것이다.

포함과 초월

'초월-포함'은 윌비의 IOS를 포용하는 사람들에게 통합된 개념이 되었다. 변형적 과정을 통해 움직이는 이미지는 변형적 성장을 개념화하는 아주 만족스러운 방식이다. 그렇지만 퇴행적 하강을 변형 모형으로 다시 추가한 이상, 조금은 다른 이 과정의 이 단계를 설명할 방법이 필요하다. 퇴행과 진화 모두 초월-포함을 수반하기는 하지만, 나는 퇴행 동안에는 통합이 더 중요하고, 진화 동안에는 초월이 더 중요하다고 주장하고 싶다. 이는 통합이 우리가 삶에 더 깊게 관여하도록 돕기 때문이다. 그런 관여 없이는 초월할 것이 아무것도 없다.

나는 최근에 웨인 크놀(Wayne Knoll)의 이야기를 읽게 되었는데, 그는 수년 전에 하나님을 섬기라는 부르심을 받은 인물이었다. 그는 자신이 성직을 준비할 수 있도록 설계된 남자 고등학교에 등록했고, 신학대학에 갔으며 그의 성직자로서의 맹세를 모두 끝마쳤다. 그는 한 번도 이성교제를 하거나 다른 10대들의 활동도 그다지 하지 않았다. 그 후 25년 동안 예수회 대학에서 교사로서의 그의 삶은 풍성했지만, 세월이 흐름에 따라 그는 점점 더 갈수록 삶에서 무언가가 빠졌다는 것을 느꼈다. 그 '무언가'는 배우자였던 것이었다.

자신의 갈망을 부인하려고 수년간 노력한 후, 그는 마침내 성직을 떠나 늦게나마 결혼을 했다. 하지만 그는 수십 년 동안 성직자로서의 삶을 산 후에 자신의 맹세를 깨야 했기 때문에 이는 그에게 있어 고통스러운 결정이었다. 크놀의 이야기는 삶의 성취감을 느끼기 위해 그에게 필요했던 경험들을 젊은 시절의 열정적인 이상주의 때문에 지나쳐 버리게 했던 그의 뜻하지 않은 영적 우회의 결과를 우리에게 보여 준다.[22]

사람들은 이에 비슷한 이야기들을 관련시켰다. 이들은 무언가 큰 것을 추구하다가(그게 영적인 것이든, 물질적인 것이든, 아니면 관계적인 것이든) 자신의 바로 앞에 있었던 성취의 기회들을 의도치 않게 못 보고 넘어갔다. 단순히 최종 결과에만 너무 집중한 채 일상생활의 즐거움을 즐기는 법을 배워 보지 못한 이유 때문이었다. 크놀의 경험을 텐진 팔모의 이야기와 비교해 보라. 그녀는 10대 동안에 이성교제를 하고, 젊은 사람들이 하는 전형적인 경험들을 하며 보냈다. 아직 젊을 때 비구니가 되기로 선택하기는 했지만 그녀는 진정한 자기통찰에 근거해 선택을 할 수 있었다. 왜냐하면 그녀는 이미 풍부한 삶의 경험들을 얻었기 때문에 자신의 영적 소명을 받아들일 준비가 되어 있었기 때문이다.

[그림 9-6]은 2가지 시기를 지닌 하강 후 상승 모형을 묘사한다. 〈표 9-3〉은 포함 후 초월(하강) 시기와 초월 후 포함(상승) 시기가 강조하는 점에서 보이는 차이점을 요약하고 있다. 〈표 9-4〉는 이들을 비교할 추가적인 방법들을 제공한다. 이 둘 간의 차이는 다음에 요약되어 있다.

'포함-초월'은 변형에 관해 주로 여성적인 접근법으로, 심리적 통합이 특히 강조되며 변형은 가속된 영적 수행의 결과보다는 내적 균형의 부산물로 좀 더 간주된다. 이러한 변형의 경로는 유기적이고 자발적이며 굴곡지고 조직화되어 있지 않은 성질의 경향을 보인다. 특히 체화된 삶과 일상 활동에 관련되어 있다. 동시에 이 경로는 신비와 예측 불가능의 기운을 풍기곤 하는데, 이런 경로를 따르는 사람들이 그 순간에 일어나는 것에는 무엇이든 개방된 태도를 보이는 것에 비해 미래 계획에는 덜 관심을 쏟기 때문이다. 그런 이유로 우리의 초점은 내적 감각과 외부 세계 모두에 적절히 맞추는 것에 있다. 그렇게 함으로써 이 2가지를 역동의 일직선에 맞출 수 있

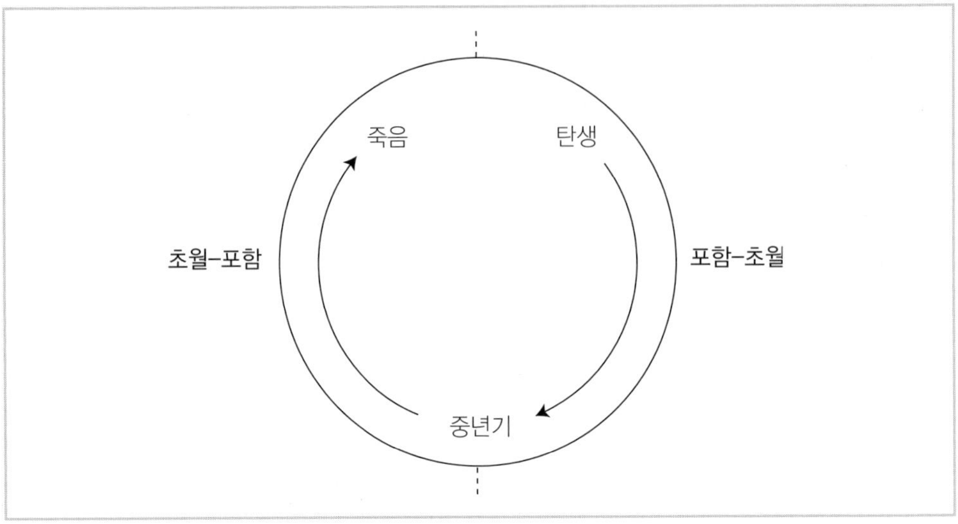

그림 9-6 하강 후 상승 모형

〈표 9-3〉 발달의 2가지 상호 보완적 시기

접근법	초월-포함(♂)	포함-초월(♀)
주요 초점	더 높은 수준에서 확실히 자리를 잡아가는 것	심리적으로 통합되어 가는 것('지금' 순간에 열린 마음을 갖는 것)
부차적 초점	건강한 상승을 돕기 위해 적정 수준을 지나버린 수준을 통합하는 것	통합의 자연스러운 결과로서의 건강한 상승

게 되고, 우리를 변형시키곤 하는 경험들을 끌어올 수 있게 된다. 이런 관점에서 변형은 '위로 떠오르는' 형태보다는 '안에서 들어가는' 형태로 더 경험된다. 반응성, 감정, 치유, 감성, 간접성, 내려놓음, 그리고 자연의 주기에 대한 강조가 이 접근법을 내적 작업에 대한 깊이 체화되고 여성적인 접근법으로 만든다.

'**초월-포함**'은 변형에 관해 주로 남성적인 접근법으로, 여기서는 영적 초월이 강조되며 포함이라는 개념이 과정 속에서 중요하면서도 부차적인 역할을 한다. 주된 초점은 변형적 호를 따라 앞으로 향하는 직접적인 진행에 있다. 통합은 균형 잡힌 발달에 필수적인 것으로 인정되지만 근본적으로 목표지향적이고 단일초점적이며 수직 중심적인 경로에도 지지적인 역할을 한다. 여기서는 초월 자체와 그 과정을 가속화하기 위해 짜인 실천 사항을 활용하는 것이 강조된다. 건강한 초월에서는 보통 더 높은 상태를 추구하는 자연스러운 책임과 봉사를 강조하는데,

단순히 이는 높은 상태가 더 큰 자유와 힘, 행복을 부여해 주기 때문이다. 개인은 자기지배의 발달을 돕는 방식으로 자신의 목표를 향해 우아하게 상승할 수 있다.

* * *

앞서 나눈 논의에서 봤듯이 포함-초월 접근법은 삶의 전반기와 좀 더 연관되는 경향이 있고, 초월-포함 접근법은 삶의 후반기와 더 연관되곤 한다. 동시에 각기 다른 개개인은 다른 접근법보다 특정한 한 접근법에 자연스럽게 끌린다. 여성들은 특히 자신의 삶의 시기와 관계없이

〈표 9-4〉 하강 후 상승 시기

초월-포함	포함-초월
더 남성적	더 여성적
상승 중심	하강 중심
더 직접적	더 두서없음
더 계획적	더 뜻밖임
더 실행 중심적	더 직관 중심적
노력이 강조됨	허용이 강조됨
더 거룩함/이상주의적	더 저속함/실질적
더 단일관점적	더 분산됨/다중관점적
더 목표 중심적	더 과정 중심적
초월이 목표임	초월이 부산물임
의지가 핵심임	의욕이 핵심임
더 전통적	덜 전통적
더 수준 중심적	덜 수준 중심적
통달함	우아함에 끌리는
더 정돈됨	더 즉흥적/자발적임
정상에 오름	대지를 치유함
숙달	신비
성취, 달성	조화
명확성을 추구	애매함이 용인됨
범주적	은유적
더 분명함/확실함	더 은근함/미묘함
더 형식적	덜 형식적
지휘 체계	공동 책임
정의의 경로	자비의 경로
책임	반응성(민감성)

더 통합적이고 직관적인 경로를 선호하는 경향이 있다.

〈표 9-4〉는 특정 삶의 시기와 이들 접근법의 연결점을 따로 강조하지 않는 방식으로 이 두 접근법의 속성을 나열하고 있다. 우리는 항상 삶과 역동적 상호작용 속에 있다는 것을 기억하는 것이 유용하다. 그렇게 함으로써 우리는 다음에 나오는 연속체 위에서 앞뒤로 이동하며, 우리의 초점은 끊임없이 변화하게 된다.

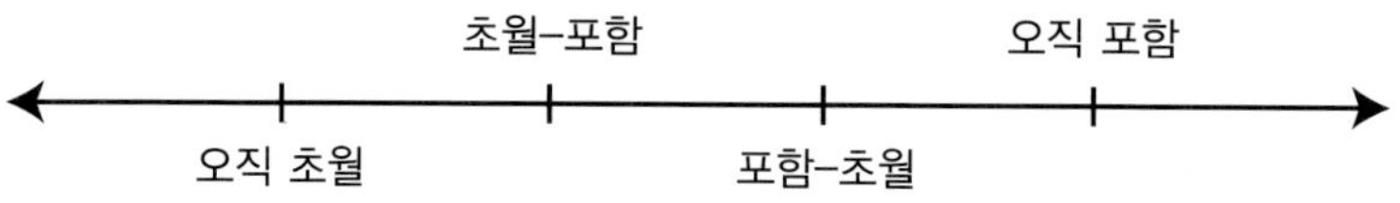

그러나 '포함-초월'과 삶의 전반기를 특별히 연관 짓는 것은 우리에게 어떤 통합 지향적인 변형 모형에든 하강을 재포함시키는 것의 장점을 볼 수 있게 해 준다. 왜냐하면 하강 시기 동안에야말로 효과적인 변형 작업에 필수적인 심리적 기반을 얻을 수 있기 때문이다.

변형적 호에서의 8가지 움직임

이 시점에서 우리가 어디에 있는지를 요약해 보기로 하자. 우리는 이제껏 과정 에니어그램과 연관된 이론이 퇴행적 하강을 체화된 삶의 주기의 부분으로 어떻게 재포함시킬 수 있도록 하는지 살펴보아 왔다. 또한 퇴행적 하강과 연관된 변형적 움직임들을 논하기 위한 준비로, 하강과 관련된 경향을 보이는 성질들을 살펴보았다.

이제 에니어그램의 모든 8가지 변형적 움직임에 대해 이야기할 수 있는 자리에 오게 되었다. 당신은 8가지 변형적 움직임을 상정한 〈표 9-2〉에서 그중 반절만을 나열한 것을 기억할 것이다. 진화적 상승과 연관된 3가지 움직임과 퇴행적 하강과 연관된 한 가지 움직임 말이다. 이 빈 공간들을 채우고자 한다면 이를 시작하기에 가장 쉬운 방법은 아마도 진화적 상승에 먼저 집중하는 것인 것이다. 왜냐하면 여기서는 한 가지 움직임만 빠져 있기 때문이다. 통합적 하강이 바로 그것이다.

앞선 논의에서 나는 이미 자기 내재를 원의 오른편(하강 중심)으로 단숨에 이동시켰다. 왜냐하면 이렇게 하는 것이 삶의 전반기 동안의 건강한 하강을 묘사하기에 제일이기 때문이다. 이때 하강은 변형적 호를 따라 앞으로 움직이게 한다.

하지만 아래로 향하는 움직임이 영을 향해 다시 위로 돌아가는 진행적 움직임에 반대되는 것임을 나타내는 때인 삶의 후반기에 나타나는 하강의 종류는 어떻게 묘사해야 할까? 이미 불건강한(반-통합적인) 하강을 설명하는 용어가 있다. 그것은 타나토스(자기소멸)이다. 이것의 통합적인 대응관계는 무엇일까?

그건 바로 죽음과 환생의 여신인 프시케이고, 이것이 비로소 내가 제시하는 나의 선택이다. 왜냐하면 프시케는 필요한 목적을 위해 만들어진 하강을 상징하기 때문이다. 그 목적은 더 높은 영적 통합의 형태를 준비하기 위해 자기를 버리는 것이다. 프시케는 통합적 하강의 상징일 뿐 아니라 통합적 상승과 이미 관련된 인물인 에로스의 신성한 배우자다. 그렇기 때문에 여기서 적절한 짝을 볼 수 있다. 에로스는 사랑을 뒤로하지 않은 채로 상승하려는 욕구를 상징하는 반면, 프시케는 만약 필요하다면 그 사랑의 진실성을 시험하기 위해서라도 더 깊은 곳으로 하강하려는 의욕을 상징한다.

이렇게 해서 이제 진화적 상승을 묘사하는 완전한 2×2의 모체를 갖게 되었다. 이제 퇴행적 하강(삶의 전반기에 나타나는 과정)으로 관심을 돌려본다면 이 시점에서 한 칸만이 채워져 있고, 그 한 칸은 통합적 하강을 설명하고 있다(예, 자기 내재 또는 가이아).

만일 자기 내재가 하강의 건강한 형태라면 하강의 덜 건강한 대응관계는 무엇일까? 나는 그것이 자기 망각 또는 레테—우리가 우리의 신성한 근원을 대부분 잊어버리고 그에 따라 우리의 2차원적 자기와 과도하게 동일시되어 버리곤 하는 삶 속으로의 하강—일 수밖에 없는 것 같다. 유감스럽게도 이런 종류의 망각은 현대 생활에서 아주 흔한데, 변형에서의 자기 내재의 역할을 다시 높이기 위한 특별한 노력을 하는 또 다른 이유다.

이제 2가지 움직임만 설명하면 된다. 퇴행적 하강 동안 일어나는 통합적 움직임과 반-통합적 움직임이다. 퇴행 동안 우세한 움직임은 삶 속으로의 '아래로 향하는' 움직임이다. 그렇기 때문에 이때 나타나는 움직임은 관여하지 못함(또는 최소한 생산적으로 관여하지 못함)을 나타낸다. 그래서 이들은 주로 심리적이다.

통합적 움직임은 내적 치유를 불러일으키는 방식으로 일들이 풀리도록 허용할 때 일어난다. 그렇기 때문에 통합적 움직임은 상처 입은 치유자인 케이론과 짝지어지는데, 이는 자기 자신을 치유하는 사람들은 다른 사람들도 치유되도록 돕는 능력을 개발하곤 하기 때문이다.

치유해야 할 필요에 저항하는 사람들은 자신의 약한 지점들을 가릴 수 있도록 짜인 다양한 심리적 · 사회적 전략을 이용함으로써 부득이하게 전체성을 가장하게 된다. 그 결과로 이들은 자기 자신에게 많은 시간과 에너지를 쓰게 된다. 이것은 내가 이 움직임을 자기몰두와 나르시스(모든 시간을 자신의 비춰진 모습을 응시하는 데 쓴 청년)에 연관 지은 이유다.

이렇게 해서 8가지 움직임에 대해 완전히 요약하게 되었기 때문에(〈표 9-5〉와 [그림 9-7]을 살펴보라) 이제 변형적 삶의 주기의 맥락 안에서 살펴볼 수 있게 되었다.

삶의 전반기: 하강

통합적 움직임. 삶의 전반기 동안 앞으로 움직이는 것은 우리로 하여금 육체적 삶의 한가운데로 완전히 하강할 수 있도록 하는 방식으로 체화의 과정에 전념하는 것에 관한 것이다. 이는 우리가 영적 근원과 충분히 연결되었다 느낄 때 가장 쉽게 이루어지는데, 이렇게 됨으로써 한계로의 이 하강을 용기와 자신감, 모험심을 갖고 할 수 있게 된다. 삶 속에서 완전히 체화하기 위해서 말이다(= 자기 내재 또는 가이아). 삶은 완벽하지 않기 때문에 우리 중 가장 잘 통합된 사람도 가끔은 한계가 가득한 삶에 대한 적응과 성장의 한 과정으로써 좌절을 겪는다. 뒤로 움직이는 것은 그대로 두면 우리의 지속적인 성장 능력을 방해하게 될 내면의 분열과 틈들을 '채우기' 위해서 타당하게 이루어지는 것이다. 통합적 움직임은 보통 우리의 내적 안정과 자아감을 강화하기 위해 이루어지는 심리적 작업과 연관된다(= 자기치유 또는 케이론).[23]

반-통합적 움직임. 하강 동안, 특히 문화적 합의가 우리에게 내적 또는 영적 경험은 사실이 아니라고 말할 때 우리는 신성한 근원과의 연결을 잃는다(= 자기망각 또는 레테). 이런 일이 일어나면 영에 대한 기반을 잃게 되고, 이는 곧 점점 더 퇴행적이고 자기중심적으로 성장을 거부하는 태도와 함께 우리에게서 자신감을 앗아가며 주저하기 쉽게 만든다(= 자기몰두 또는 나르시스).

삶의 후반기: 상승

통합적 움직임. 삶의 후반기 동안 앞으로 움직이는 것은 우리 삶의 경험들을 되돌아보고, 현재 상황을 평가해 보며, 단순한 자기실현을 넘어서 이동하는 것에 관한 것이다(= 자기초월 또는 에로스). 또한 이것은 우리가 진짜 누구인지를 찾아내는 것에 관한 것인데, 초현실로부터 현실을 가려내기 위한 정신적 깊이로의 하강을 필요하게 만들 수도 있다. 그래서 반대로 움직이는 것은 대부분 깊은 수준의 내면 작업을 위해 타당하게 이루어진다. 이것은 주로 더 큰 심리적 안정성을 창출하기 위한 것이 아니라 핵심 자기만 남도록 자신의 자아상으로부터 핵심 자기를 분리시키기 위해 이루어지는 것이다. 이는 복잡하고 어려운 과정이 될 수 있다(영혼의 어두운 밤).

〈표 9-5〉 8가지 변형적 움직임

상승 동안의 변형적 움직임

	통합적	반-통합적
앞으로 (상승)	에로스 (자기초월)	포보스 (자기소외)
뒤로 (하강)	아가페 (자기 내재) 프시케 (자기 재탄생)	타나토스 (자기소멸)

하강 동안의 변형적 움직임

	통합적	반-통합적
앞으로 (하강)	가이아 (자기 내재)	레테 (자기망각)
뒤로 (상승)	케이론 (자기치유)	나르시스 (자기몰두)

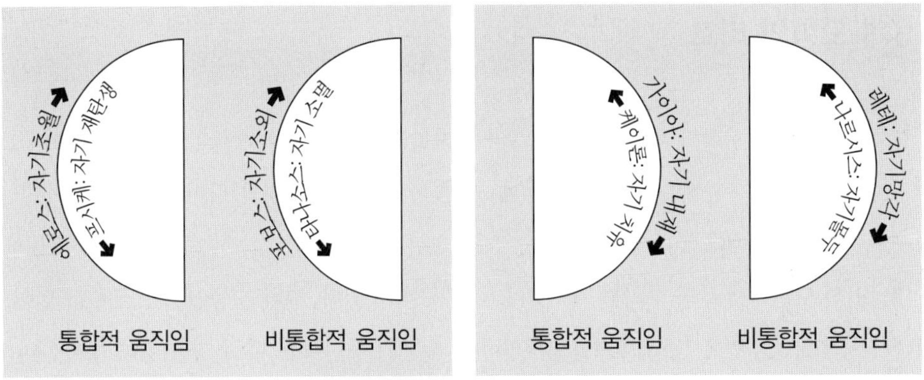

그림 9-7 8가지 변형적 움직임

잘못된 때 또는 잘못된 이유로 이루어지게 되면 이 과정은 회복되기 어려운 일종의 내적 혼돈을 만들어 낼 수 있다. 하지만 올바른 때와 올바른 이유로 접근하게 되면 궁극적인 결과는 정신적 붕괴가 아닌 내적 재생이 된다(= 자기 재탄생 또는 프시케).

반-통합적 움직임. 하강 동안 정신적 결함 대부분을 해결해 놓지 않았다면 최하점을 지나가게 될 때 우리는 재상승의 영적 도전들을 다루기 어려워지게 되는데, 이는 우리가 분열된 상태로 남아 있기 때문이다. 그 분열은 우리의 두려움을 증폭시키곤 한다. 상승이 너무 두려운 것이 되어 버리면 상승은 심리적 갈등으로부터 벗어나려는 시도로 변하게 되고, 과도한 분리 또는 금욕주의로 이끈다(= 자기소외 또는 포보스). 이는 위험성이 큰 상승 전략인데, 왜냐하면 감정적 균형의 부족은 어느 시점에서 우리를 탈선하게 만들 수 있기 때문이다. 이 시점에서는 심리학자들이 점잖게 부르는 '보상작용의 상실'이 일어난다. 이는 종종 6지점(자신의 가장 큰 두려움과 맞닥뜨리는 지점) 또는 8지점(자신의 내면의 강력한 힘을 더 이상 적절하게 통제할 수 없기 때문에 성공 직전에 자신이 분해되는 것을 발견하는 지점)과 관련지어지는 하락이다. 그 극적인 순간에 우리의 모든 방어기제는 갑자기 무너지고 말 그대로 부서지며 혼돈과 혼란의 최대치의 지점인 원의 바닥으로 퇴보한다(= 자기소멸 또는 타나토스). 게슈탈트 심리학자인 클라우디오 나란조는 이러한 추락의 경험을 마리아나 카플란의 *Halfway Up the Mountain*(1999)의 12장에서 설명하였으며, 그가 영적으로 너무 빨리, 너무 높게 상승했다가 의식의 훨씬 낮은 수준으로 급하게 떨어져 간 모습을 묘사하고 있다.

3개 모형의 비교

통합에니어그램 모형의 핵심 측면과 8가지 움직임을 묘사했으니 이제 4장에서 설명했던 2가지 모형과 이 모형의 관계를 살펴볼 수 있게 되었다. 역낭만적 모형과 윌버의 진보적이지만 오직-상승인 모형 말이다.

역낭만적 모형에서 삶의 주기는 거의 반으로 나누어져 있다. 전반기 동안 영으로부터 멀어져 있다가(영적 발달의 면에서는 퇴행적인 움직임이다) 후반기 동안에는 다시 영을 향해 돌아온다(영적 발달의 면에서는 진보적인 움직임이다). 이렇듯 이 모형은 시각적으로 봤을 때 삶 속 아래로 순환하고(퇴행) 영으로 다시 순환하는(진화) 반(半)-순환적인 움직임으로 묘사될 수 있다. 하지만 여기에는 절반의 호만 있는데, 아래로의 순환이 진보적으로 보이지 않고 퇴행적으로 나타나기 때문이다. 그러므로 유일한 방향은 왔던 길로 되돌아가는 것이다. 퇴행은 영으로부터의 퇴행적인 떨어짐이고 진화는 영을 향한 우리의 걸음을 다시 되짚어 가는 것이다([그림 9-8]).

이 모형은 삶에서 배우게 될지도 모를 것들에 대한 준비를 하지 않기 때문에 삶을 고유한 의미가 없는 제로섬 게임으로 만든다.

윌버의 오직-상승 모형은 삶은 제로섬 게임이라는 개념을 특별히 거부하기 위해 설계되었다. 그는 대신 체화된 삶의 주기는 영의 방향을 향하는 진보적인 움직임이라는 입장을 취하고 있다. 이렇듯 상대적으로 구분되지 않는 (전개인적) 단계에서 시작하지만, 좀 더 구분된 (개인적/이성적/자아적) 단계로 나아가고, 거기로부터 발달의 모든 이전 단계를 초월하고 포함하는 초개인적 단계로 나아간다. 이 모형에서는 삶의 중반기에서의 극적인 방향의 반전은 없지만, [그림 9-9]에서 볼 수 있듯이(이는 [그림 9-2]와 본질적으로 같은 모형을 묘사하고 있는데, 편의상 여기에 다시 넣었다) 의식의 차원을 통해 위로 향하는 삶을 통한 지속적인 움직임이 나타난다. 두 그림 모

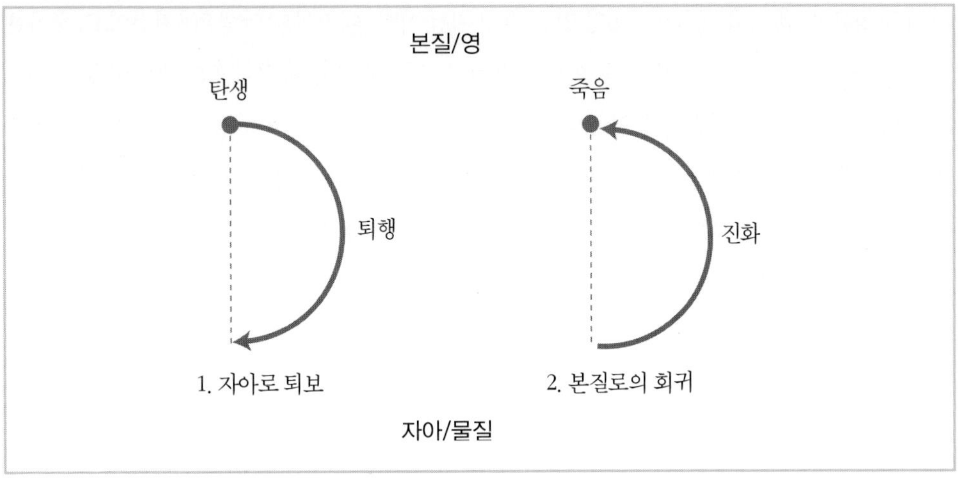

그림 9-8 역낭만적 복귀 모형

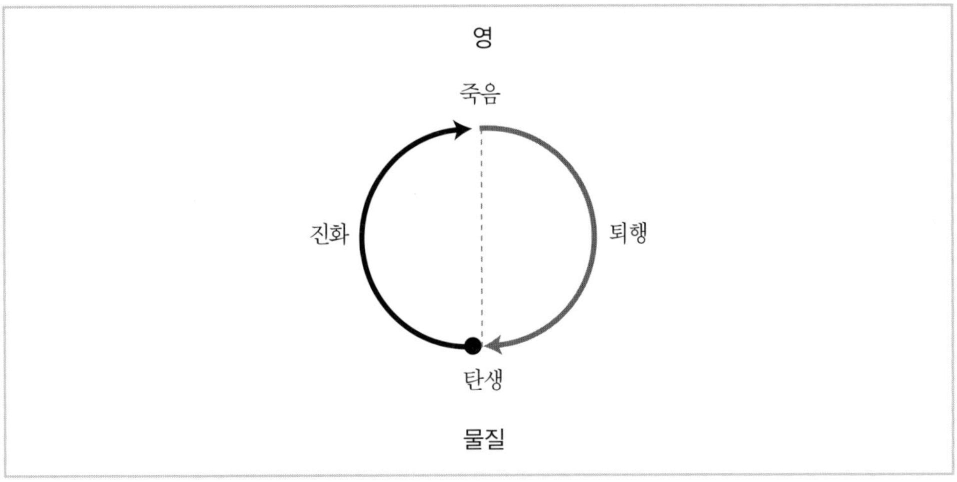

그림 9-9 윌버-2 모형(역낭만주의에 대한 윌버의 답)

두([그림 9-2]와 [그림 9-9]) 윌버가 『에덴을 넘어(Up From Eden)』(1981) 319페이지에 기술한 도표의 간소화된 형태를 묘사하고 있다. 중간에 있는 수평선은 의식의 차원을 나타낸다.[24)]

통합에니어그램 모형은 변형의 4가지 시기를 상정하는데, 2가지는 체화 과정 동안, 나머지 2가지는 체화 과정의 밖에서 이루어진다([그림 9-3]과 [그림 9-10A]). 윌버의 모형처럼 [그림 9-10A]에서는 주기의 비체화된 부분이 나타나고, 이는 근본적으로 에니어그램인 figure-8의 하반부([그림 9-10B])에 우리가 주로 초점을 맞출 수 있게 해 준다.

이 모형은 탄생/죽음이 figure-8의 연결점(0/9지점)이며, 여기서의 탄생은 0지점이고, 죽음은 9지점이라는 전제에 근거하고 있다. 이런 이유로 우리는 태어날 때 육체로의 하강의 중간 지점에 있다. 체화된 삶의 전반기 동안 삶의 중반기에 도달할 때까지 그 하강을 계속한다. 그리고 거기서 극적인 방향의 반전이 일어난다(낭만적 모형에서처럼, 그렇지만 윌버의 모형에서는 아니다). 하지만 중반기에서 방향을 뒤바꾸기는 해도 같은 변형적 호를 따라 지속하기 때문에 우리는 절대 우리가 온 길을 되짚어가지 않게 되고 대신 전에 일어났던 것들 위에 축적하게 된다. 그래서 통합에니어그램 변형적 모형은 윌버의 모형처럼 전적으로 진보적이다.

[그림 9-10A]의 figure-8은 탄생이 일어나는 0지점이 사실은 죽음이 일어나는 9지점보다 약간 낮다는 것을 암시하기 위해 의도적으로 비대칭적이다. 왜 그럴까? 이는 0/9지점에서부터 9지점으로 시계 방향으로 원을 도는 것은 우리를 여러 방면으로 변형시키는 교육적인 경험으로 간주되기 때문이다. 처음으로 figure-8의 연결점에 있다는 것을 알아차릴 때의 우리는 경험 부족의 미숙한 상태다. 두 번째로 알아차릴 때에는 경험이 풍부한 상태다. 그리고 그 경험을 일종의 영원한 가치로 옮길 수 있는 상태가 된다. 그러므로 0지점(육체적 탄생)은 9지점(육체적 죽음)보다 약간 낮은 것이다.

만일 변형을 단순히 하나의 삶 주기로서가 아니라 삶 속에서 계속해서 일어나는 과정으로 이해한다면 원을 한 번 횡단할 때마다 우리의 이해가 쌓이는 것으로 이를 그려 볼 수 있게 된다. 심지어 실패까지도 그 이해에 기여하게 된다. 원 주위를 순환하는 수많은 주기를 겪은 뒤에는—각 주기 때마다 독특한 도전들을 포함하며—한 주기마다 배운 교훈들이 쌓이기 시작한다. 우리가 이를 잘 받아들인다면 의식의 또 다른 주요 수준으로 훌쩍 도약하는 것이 가능한 지

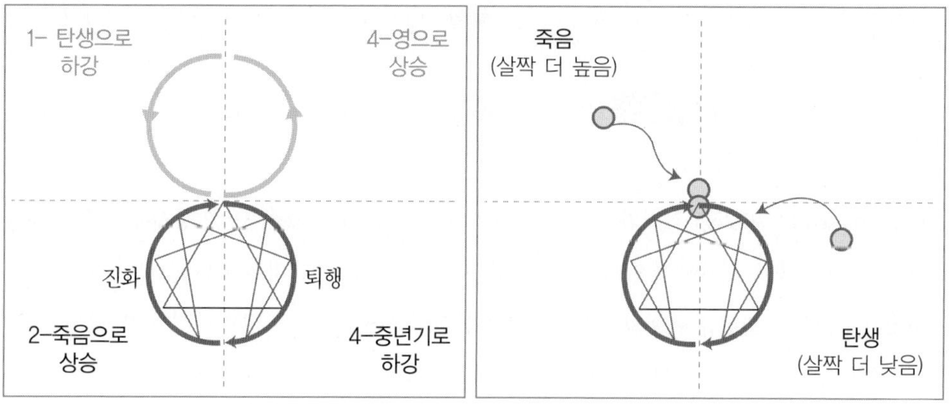

A. Figure-8 모형과 4가지 시기들　　B. 하반부: 죽음이 탄생보다 높은 곳에 있다

그림 9-10 진보적인 figure-8 흐름

점이 오게 된다. 정확히 이게 언제 일어나고 얼마나 걸리는지를 확인하는 것은 쉽지 않다(이 장의 마지막 부분에 나오는 논의를 살펴보라).

통합에니어그램 모형의 figure-8 버전에서의 핵심적인 특징은 탄생을 하강의 도중에 일어나는 것으로 묘사한다는 것이다. 이러한 위치 결정은 왜 중요할까? 이는 그 하강이 어떻게 시작되는지를 결정하는 데 있어서 우리 각자가 적극적이고 상호 창조적인 역할을 할 수 있다는 것을 의미하기 때문이다. 이는 또한 우리가 유전자나 조건화에 조종 받는 그저 수동적인 대상이 아니라, 자기 삶의 주인공으로서 우리의 의사와 그에 따른 행동이 우리 삶의 한복판으로 하강하는 이 과정 동안에 일어나는 일을 결정한다는 것을 전제로 하고 있다. 이러한 이해는 하강 과정의 가치를 굉장히 높여 줌으로써 '자기 내재'는 실제로 삶의 육체적 차원에서 자신의 것을 지배하고 주도권을 갖는 것임을 이해하는 것이 가능해지게 된다.

이런 주도권 잡기는 우리가 삶에 완전히 관여하는 것을 가능하게 한다. 그리고 삶의 목적을 갖고 궁극적으로 위를 향해 관심을 돌리게 되었을 때, 아무것도 없이 상승하는 것이 아니라 삶에서 사랑하고 아끼는 모든 것, 가슴 속에 넣어 둔 모든 것을 함께 갖고 상승하게 된다.

나머지 2개의 변형 모형은 이 관점으로 하강을 다루지는 않는다. 윌버의 모형에서 하강은 탄생 전에 일어난다. 그렇기 때문에 우리가 삶 속에 참여함으로써 삶을 위로 올려 주는 기회의 관점으로 자기 내재를 묘사할 방법을 제공하지 않는다. 역낭만적 모형에서는 이론으로는 이 기회가 있지만 우리가 통제권을 갖고 있지 않은 요인에 의해 부득이하게 못쓰게 되어 버린다. 그 요인은 바로 자아발달과 사회적 조건화다. 하강을 변형에서의 긍정적이고 진보적인 역할로 바라볼 수 있게 해 주는 것은 통합에니어그램 모형뿐이다.

[그림 9-11]은 이 3가지 모형의 쉬운 비교를 위해 이들을 요약하고 있다. 내가 특정 시기를 진보적으로 특징지을 때는 그 시기의 잠재력에 대해 언급하는 것이라는 걸 알아차려 주기 바란다. 우리 모두에게는 자유의지가 있기 때문에 그 잠재력을 진보하는 데 쓰거나 퇴행하는 데 쓰거나 자신이 원하는 대로 할 수 있다. 하지만 흥미로운 것은 퇴행적 선택들도 종종 궁극적으로 진보적인 움직임을 촉진시키는 신비로운 방식이 있다는 것이다. 예를 들면, 범죄나 약물 남용 같은 퇴행적인 선택이 때로는 변형으로의 발판이 된다. 어떤 식으로든 우리를 변형시키기 위해 실패의 경험을 이용해서 이런 선택들을 반전시킬 수 있는 방법을 알아낼 수만 있다면 말이다.

때때로 사람들은 귀중한 교훈을 배우기 전에 수없이 실패해야 한다. 그런 실패들에 집중하는 것은 실패를 극복하기 더 어렵게 만들지만, 궁극적인 성공에 초점을 맞추는 것은 극복할 수 있는 기회를 불러온다. 결국 가장 큰 장벽은 우리를 변형시켜 줄 것들을 경험하기를 꺼려 하는 우리의 마음이다.

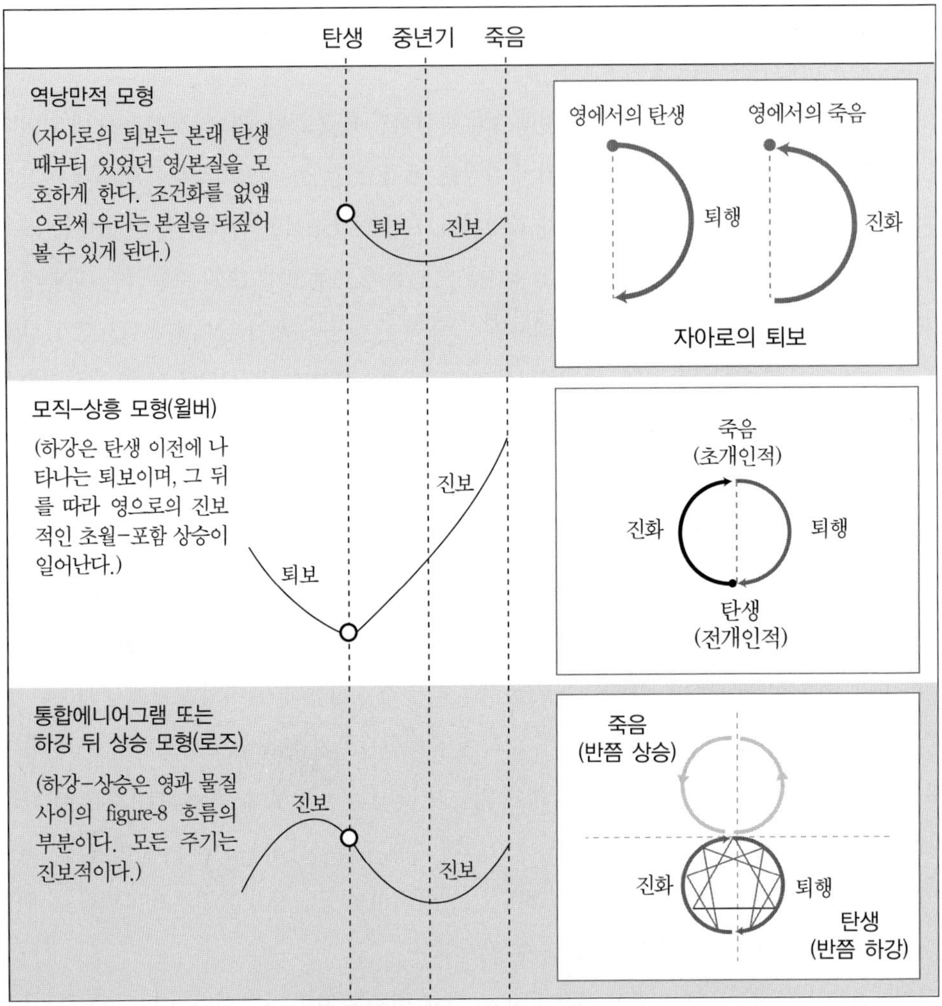

그림 9-11 변형의 3가지 모형의 비교

다음에는 나, 수잔 로즈(Susan Rhodes)의 figure-8/통합에니어그램 모형의 장점을 요약해 놓았다.

- 첫 번째, 이 모형은 하강과 상승 시기 모두를 하나의 변형적 호 위에 놓음으로써 이 둘 모두를 전/초 오류를 범하지 않은 채로 포함한다.
- 두 번째, 이 모형은 우리에게 변형적 주기에서 자기 내재의 역할을 특히 중시하도록 허용한다.
- 세 번째, 이 모형은 갓 태어난 아이와 연관된 '영광의 구름자락' 현상에 대해 설명한다.

- 네 번째, 이 모형은 신생아들이 태어날 때부터 개성을 드러낸다는 결과를 꾸준히 보여 주는 현대의 연구와 일치한다.
- 다섯 번째, 이 모형은 어째서 가이아가 자기 내재의 본성을 가장 잘 포착하는지를 보여준다.
- 여섯 번째, 이 모형은 우리로 하여금 움직임과 하강을 구분하고, 진보와 상승을 구분하는 것을 가능하게 한다.
- 일곱 번째, 이 모형은 다른 모형보다 설명적인 힘이 있다(그래서 4가지 대신 8가지의 변형적 움직임을 만들어 냈다).

하나 더 덧붙이자면 향상된 변형 모형을 개발하기 위해 에니어그램을 이용하는 것은 통합 이론을 탐구하는 것에 관심이 있는 사람 모두를 위해 필요한 작업이다.

유형은 어떻게 호를 가로지르는가

8가지 변형적 움직임과 이 움직임이 기반을 둔 모형을 살펴보았다. 이제 유형의 차이점이 각각의 이 움직임에 어떤 영향을 미치는지 간단히 살펴보도록 하자(〈표 9-6A〉와 〈표 9-6B〉). 각 유형에 따른 8가지 움직임을 하나하나 자세히 탐구하려면 너무 많은 페이지를 차지할 것이기 때문에 간단하게 살펴볼 수밖에 없다. 또 다른 복잡한 요인은 유형과 관련된 유사점에도 불구하고 각 유형 안에서조차도 수많은 다양함이 존재하기 때문에 심지어 같은 유형의 사람들일지라도 그 누구도 똑같은 변형의 경로를 걷지 않는다는 사실이다. 그렇기 때문에 과도하게 일반화하지 않은 채로 유형 관련 유사성에 대해 이야기하는 것은 까다로운 일이다. 특히 과정에서의 변화에 관해서는 더 그렇다.

그렇기는 하더라도 〈표 9-6A〉와 〈표 9-6B〉에서 주목할 흥미로운 점이 몇 가지 있다. 첫 번째는 퇴행과 진화 간의 차이점에 관한 것이다. 이 예시들을 이용하면 삶의 전반기(퇴행적 하강) 동안에는 초점이 어떤 식으로든 자기정체성을 매우 구체적이고 실용적이며 근본적으로 심리적인 면에서 발달시키는 것에 있는 반면, 삶의 후반기(진화적 상승)에는 초점이 어떤 식으로 자기를 벗어나 성장하는 것에 있는 것인지(그래서 삶의 후반기는 심리적인 것보다는 영적인 특징을 가진다)[25]를 보는 것이 굉장히 쉽다.

두 번째는 삶의 주기와 홀라키 간의 관계에 관한 것이다. 이는 삶의 전반기에서의 움직임은

〈표 9-6A〉 에니어그램 유형의 상승 동안의 움직임

	통합적	비-통합적
앞으로 (상승)	1. 신성한 정신의 가치를 높이기 위한 숭고한 노력으로 개인의 에너지를 개선하고 끌어올림	1. 신성성을 향해 완고하게, 열광적으로, 금욕적으로 굉장히 수직적인 길을 추구함
	2. 인간성을 사랑하고 높이기 위해 자기애를 사용함	2. 영적 자부심/오만함/조작을 기름
	3. 물질적 성공, 세속적 관심사, 외부의 인정을 받으려는 욕구 너머로 움직임	3. 진짜 성장을 거짓된 성장으로 대체함, 영적 물질주의와 야망
	4. 개인의 진정성에 대한 욕구를 신성함을 진정으로 경험하려는 욕구로 옮김	4. 자아를 내려놓지 않은 채로 상승하려 함(인위적인 승화), 불균형을 창출하는 어두운 관습
	5. 영적으로 '다 아는 체 하는 사람'이 되지 않은 채 깊은 지혜와 궁극적인 진리를 구함	5. 애착 없음을 주지주의로 대체함, 진실을 진실에 대한 개념으로 혼동함, 과학만능주의의 악용
	6. 근거 있는 믿음과 더 높은 대의를 섬기기 위해 필수적인 진실된 헌신을 기름	6. 더 높은 지혜에 대한 관습적이고 편협하게 정의된 접근법에 안주함
	7. 우리의 내적 비전을 따름, 전통적인 경로에 대한 창의적인 적응을 기름	7. 영적 도락/모험주의/간보기/거창한 계획/뉴에이지 사상에 안주함
	8. 숙련도를 기르고, 이를 스스로 체현하고/통합하며/전함	8. 영적인 힘, 권위 그리고 충분한 기반 없이 가르칠 수 있는 능력을 추구함
	9. 자연을 포용하고, 세계의 조화를 추구하며, 영적 성숙과 현실주의를 기름	9. 영적인 길을 과도하게 이상화함, 무의식적 융화를 함, 또는 영적 지도자를 맹목적으로 따름
뒤로 (하강)	1. 영적 완벽주의와 극단적인 정화에 초점을 맞춰야 할 필요성을 내려놓음	1. 굽히는 것을 거부함으로써 분열을 일으킴, 잠재적인 지킬과 하이드스러운 움직임 또는 영적 맹목 & 마비
	2. 인간성을 위해 자신의 존재의 더 깊은 면에 접근하는 것에 대해 개방함	2. 집요한 자부심과 자신을 내려놓음의 부족이 신성성과의 친밀성을 철저히 잃게 만듦
	3. 진정한 길을 추구하기 위해 영적 물질주의자의 경향을 알아차리고, 실패를 인정하며, 거짓된 자아상을 떠나보냄	3. 자기의 본모습에 대한 오랜 기간의 자기기만이 어렴풋이 나타나는 실패의 조짐으로 인한 무감각과 완전한 마비를 이기지 못함
	4. 내려놓음이 요구되었을 때 내려놓는 것과 깊은 치유 작업의 필요성에 대해 개방함	4. 치유를 거부함, 또는 허무주의로 이끄는 작업에 항복함, 자기혐오 & 자기소멸을 바람
	5. 확신을 깊은 호기심으로 대체되도록 받아들이고, 더 깊고 사적인 내면 작업(내면의 어린이 작업, 무속신앙 등)이 일어나게 함	5. 정신적 확실함과 통제를 내려놓기를 거부하고, 소외, 어두운 환상, '적들'에 대한 복수 갈망과 신중하지 못함으로 이끎
	6. 개인의 가장 깊은 두려움을 가려 버리는 것 대신 이를 마주하기 위해 용기를 모음. 아무리 벅차더라도 두려움에 항복하기를 거부함	6. 자신의 두려움을 대면하기를 지속적으로 거부하고, 이는 갑작스러운 보상작용의 상실과 자아를 압도할 수 있는 깊이 억눌려 있던 정신 물질을 발산함
	7. 고요함/참을성/책임감/감사를 기르기 위해 속도를 늦추는 것, 영적 전통의 한계를 지키는 것	7. 영적 책임/사명으로부터의 지속적인 도망이 극도의 허황된 생각과 성적/약물 관련 방탕, 현실 도피, 쾌락주의로 이끎
	8. 지배하려는 욕구를 떠나보내고, 취약함을 인정하며, 필요할 때 지도자의 자리를 넘겨주고, 따르는 것을 통해 이끄는 것을 배우는 것	8. 무릎을 굽히기를 전적으로 거부함, 힘을 남용함(특히 영적인 힘), 완전한 타락으로 이끄는 사회적 대혼란을 일으킴

	9. 진정으로 성장하고/책임을 받아들이며/각각의 개성을 부여하는 능력을 발휘하는 방식으로 화, 억울함, 불안이 표면으로 드러나도록 허용하는 것	9. 현실을 깨닫고 성장하는 것과 내면을 발달시키기 위해 책임을 받아들이는 것을 지속적으로 거부하는 것이 깊은 분노와 무감각, 마비로 이끎

〈표 9-6B〉 에니어그램 유형의 하강 동안의 움직임

	통합적	비-통합적
앞으로 (하강)	1. 초월적인 생각들을 일상생활을 위한 숭고한 정신으로 옮김	1. 기준을 유지하려는 욕구가 무엇이 나쁘고 좋은지에 대한 흑백 판단으로 이끎
	2. 자기애와 자기 돌봄이 특히 친밀한 사람들과의 건강한 유대관계를 일으킴	2. 감정적 빈곤이 우리가 상호 의존적 관계를 기르도록 이끎
	3. 기술과 개성을 가꾸는 삶의 경쟁시장에 활기 넘치게 뛰어듦	3. 성공과 인정에 대한 욕구가 우리로 하여금 과도하게 경쟁적이고 자기중심적이 되도록 이끎
	4. 바깥 세계에서 기능하는 능력도 잃지 않으면서 내면 자아에게 진실해짐	4. 진정(진실)해야 한다는 욕구가 외부와의 조절 또는 타협의 모든 형태를 거부하도록 이끎
	5. 깊은 사고를 할 수 있는 능력을 기르면서도 다른 사람들과 관계하는 법도 유지함	5. 개념과 내적 삶에 집중하는 것은 친밀함과 외부적 개입을 향한 장벽을 만듦
	6. 우정과 공동체 속에서 살 수 있도록 사람들에 대한 믿음과 삶에 대한 신뢰를 기름	6. 신뢰하지 못함은 위험한 세상에서 보호를 찾으려는 집착을 만듦
	7. 즐겁게 그리고 즉흥적으로(그렇지만 책임감 있게) 순간을 사는 법을 배움	7. 자유롭고 홀가분하게 살려는 욕구는 많은 경험을 불러오지만 장기간 전념하는 것은 못하게 됨
	8. 과도하게 강압적이고 자신의 영역을 과하게 보호하지 않으면서 통제를 활용하는 능력/자기 통제/절제를 기름	8. 외부적 통제와 지배에 대한 욕구가 자기 통제/내적 지배를 활용하는 능력보다 우위를 차지함
	9. 화합에 대한 바람과 개인이 되고픈 욕구 간의 조화를 이루는 능력을 기름	9. 절대평화주의를 지키려는 욕구는 필수적으로 화를 억제하게 만들고, 이는 고질적인 불만을 만듦
뒤로 (상승)	1. 자기판단 · 편협함과 책임 전가에 대한 정당화를 떠나보냄	1. 점점 더 흑백 사고에 갇히게 되고, 나쁜 것에 대해 비난하는 상태로 남아 있음
	2. 우리 자신으로 하여금 자신을 돌보고, 다른 사람들을 죄책감과 탓을 이용해 조종하는 것을 멈추도록 함	2. 감정적 퇴행, 미성숙, 조종의 패턴으로 빠짐
	3. 성과에 덜 초점을 맞추고, 자신을 아는 것과 관계, 자발성에 더 초점을 맞춤	3. 자기 자신, 친구들과 가족을 희생해서라도 성과와 성공에만 초점을 맞춤
	4. 진정성을 희생시키지 않은 채로 더 수용적이 되고, 덜 민감해지는 방식을 탐구함	4. 자신을 삶의 모든 것으로부터 단절시키기 위한 독립/개인성의 필요 욕구를 허락함
	5. 삶에 참여하는 방법을 연구하면서 동시에 적절한 정신적 경계선을 유지함	5. 무슨 수를 써서라도 정신적인 침입을 막기 위해 짜인 치밀한 내적 · 외적 장벽을 세움
	6. 내성적임과 수줍음에도 불구하고 삶에 열린 태도를 갖고 나아가려는 용기를 가짐	6. 안전함과 안심을 느끼고 예상치 못한 결과에 대비하기 위해 자신의 초점을 좁힘

	7. 충동성과 도망하려는 욕구를 억제하도록 돕는 방식으로 속도를 늦추고 관심을 기울임	7. 과다한 정신적 에너지와 불안을 빼내기 위해 속도를 높이고 현실 도피적인 활동들을 찾음
	8. 화를 돌리고 지도력을 발달시키기 위해 자기통제, 내적 규율, 내적 침착함을 기름	8. 내면 작업을 피하기 위해 더욱 더 방어적이고, 분노하며, 건설적인 조언에 대해 폐쇄적이 됨
	9. 자신의 의견 없이 단지 동조만 하는 사람이 되기를 거부함, 자신과 자신의 욕구를 위한 시간을 가짐	9. 자신을 '군중' 속에 삼켜지도록 두고, 결정을 내리는 것이나 시작한 것을 끝내는 것, 또는 자립을 못하게 됨

어떤 식이로든 전체성(자기주장)의 발달에 초점을 맞추는 반면, 삶의 후반기에서의 움직임은 어떤 식으로 부분성(예, 영적 수용성)에 초점을 맞추는지에 대한 것이다. 홀론 이론에 따르면(2장) 둘 모두 삶에 대한 균형 잡힌 접근법을 위해 필요하다.

세 번째는 전체 과정의 누적된 본성에 관한 것인데, 이런 본성 때문에 우리가 하강 중에 겪는 경험들은 삶의 하반기에 겪는 경험들을 위한 기초를 마련한다. 이렇게 됨으로써 '부익부 빈익빈' 현상이 일어나게 된다. 즉, 통합적 하강으로부터 시작하는 사람들은 하반기 동안의 영적 상승을 촉진시키는 일종의 내적 평정심을 갖고, 최하점에 도달하는 경향을 보인다. 불안정한 하강으로 시작하는 사람들은 재상승의 과정이 더 험하게 여겨지고, 결과는 덜 확실하게 여겨지는 경향을 보인다.

이 표들에서의 설명 역시 심리적 움직임이 영적 움직임보다 덜 충격적인 경향을 보인다는 것을 명백히 해 주고 있는데, 이는 부분적으로 영적 움직임은 대개 심리적 요인과 영적 요인 모두를 포함하기 때문이다(과정 자체가 누적적이기 때문이다). 경로가 덜 통합적일수록 우리는 갑작스러운 심리적 또는 영적 보상작용의 상실을 경험했을 때 더 멀리 떨어지게 된다. 그렇기 때문에 삶의 초기에 움직임을 다루는 습관을 들이는 것이 거의 항상 더 나은 방법인 것이다(아직 습관이 덜 자리 잡았고, 변화를 위한 선택권이 많이 있을 때 말이다). 우리가 삶의 주기 속으로 더 멀리 들어갈수록 우리의 '자유도'는 더 제한되며, 우리의 습관적 반응을 바꾸는 것이 더 어렵게 된다.

동시에 가장 고무적인 이야기들 중 하나는 삶 초기의 경험들이 결코 통합적이지 않았지만 그럼에도 불구하고 결국에는 삶을 성공적으로 잘 관리할 수 있었던 사람들로부터 볼 수 있다. 하지만 우리의 본성과 변형의 본성 간의 관계를 이해할 수 있을 때까지 우리는 떠오르는 문제들을 피할 수 있다. 왜냐하면 우리는 더 나은 선택을 할 수 있는 통찰이 부족하기 때문이다.[26]

우리는 얼마나 빠르게 성장할 수 있을까

변형의 과정들을 통합적인 관점에서 살펴볼 때 마지막으로 고려해 볼 질문은 변형의 속도와 그 변형이 얼마나 진정으로 통합적인가에 대한 정도(예, 우리가 변형해 나아가면서 얻은 교훈들을 통합해 가는 정도) 사이의 관계다.

에니어그램 공동체 안에서는 변형에 대해 상당한 관심이 있지만, 빠르게 변형하는 것에 대해서는 그다지 강조하지 않고 있다. 하지만 초기에는 이에 대해 꽤 관심이 있었다. 그래서 본래 이차조의 1970년의 아리카 수행에 관심이 있던 사람들 중 많은 이들이 그가 돈오(※역주: 일순간의 깨우침)를 할 수 있는 샤타리(Shattari) 방법을 알고 있는 수피교 선생이라는 풍문에 매료되었다. 수십 년 후, 영적 발달에 대한 관심은 여전히 굳건히 남아 있지만, 성격 에니어그램 공동체에서는 영적 발달에서 특정 수준에 이르는 것보다는 자기이해와 유형 사이의 상호작용에 더 초점을 두고 있다.

그러나 통합 이론 공동체에서는 발달의 수준과 그 수준을 높여 가는 방법에 대해 지대한 관심을 가져왔는데, 이는 윌버의 글들에서 이를 굉장히 강조하기 때문이다. 이런 까닭에 통합적 작업에 매료된 사람들 다수가 영적 작업의 수직적 차원에 관심을 갖고 있다. 최근 몇 년간, 가속된 발달은 많은 관심을 받는 주제가 되었는데, 특히 켄 윌버가 영적 선생인 앤드류 코헨과 함께 진행 중인 '구루와 현자'라는 회담 시리즈를 시작한 이후 그 관심이 더해졌다. 이들이 했던 대화들 중 상당 부분은 더 계몽된 세계 문화를 야기하기 위해서 대규모의 사람들을 더 높은 의식 수준으로 끌어올리는 것이 어떻게 가능한지에 대해 초점이 맞춰져 있었다.

Integral Spirituality(2006)에서 윌버는 '영적 컨베이어 벨트'의 개념을 이야기하였는데, 그는 이 영적 컨베이어 벨트는 자기 민족 중심적인(이라고 쓰고 전이성적이라고 읽는다) 종교 집단의 영적 지도자들의 지지를 이끌어 냄으로써 통합적 사건을 나아가게 하고, 의식적 변화의 급진적 도움을 받는 것이다.

급진적 도약의 개념은 벡과 코완의 나선 역학에 영감을 준 인물인 클레어 그레이브스(Clare Graves)로부터 온 것인데, 그는 *Futurist*(1974)에 〈인간의 본성은 중대한 도약을 준비한다〉라는 글을 기고했다.[27] 이 '중대한 도약'은 생계 기반의 삶으로부터 존재 기반의 삶으로서의 의식의 도약을 말하는 것이다. 그때로부터 현재까지 뉴에이지 집단, 초개인 집단, 통합 집단에서는 세계의 변화, 전례 없는 열림, 가속된 변화의 주기 등에 대한 많은 이야기가 오갔다.

2003년 '의식의 첫 번째 단계에서 두 번째 단계로의 중대한 도약'이라는 인터뷰에서 켄 윌버는 그런 도약을 가능하게 하는 것에 대한 그의 관심과 그것이 상대적으로 짧은 시간 안에 일어날 수 있는 일이라는 그의 믿음을 표했다. 그는 진화적인 IOS 모형이 그 과정에서 역할을 맡아서 사람들이 변화의 파도에 휩쓸려 잠겨 버리는 대신 그 파도를 탈 수 있게 되기를 원했다. 그리고 그는 ILP 기술이 이 과정을 굉장히 가속화시켜 줄 수 있다고 낙관적으로 생각하며, 이를 통해 사람들은 단 몇 년 만에 의식의 켄타우로스/비전-로직 수준에 도착할 수 있다고 여겼다 (*SES*의 548페이지에서 그가 "포스트모더니티의 중대한 도전은 … 세계 중심적 비전—로직에서의 켄타우로스의 육체—정신 통합이며 사실은 이미 이것이 일어나고 있다는 흔적이 곳곳에 있다"라고 언급한 것을 살펴보라).

그러나 단기간의 명상가들 사이에서도 명상의 긍정적인 효과를 보여 주는 최근의 증거에도 불구하고 이 주장은 논란의 소지로 남아 있다.[28] 문제는 의식의 변형이 의식의 실제 구조에서의 변화를 포함한다는 것이다. 이런 구조는 단시간에 발전되는 것이 아니다.

그렇기는 하지만 이런 구조는 얼마나 빨리 발달할 수 있을까? 윌버는 발달이 몇 년 만에 일어날 수 있다고 믿고 있다. 그는『켄 윌버의 일기(One Taste)』, 263페이지에서 "명상은 진화의 속도를 높여 준다"라고 말했다. 또한 그는 '*Kosmic Consciousness*' 인터뷰의 CD 4 부분(6:38)에서 명상이 발달의 수직적 단계를 통해 "움직임을 가속화한다"라고 말하고 있다. 또한『모든 것의 이론(A Theory of Everything)』(2001)의 139페이지에서 그는 한 집단의 연구에서 의식의 두 번째 단계에 있는 인원들은 처음에는 전체의 2%밖에 되지 않았었는데, 4년간의 명상 기간 후에 그 인원이 38%로 늘어났다는 연구 결과를 보였다고 언급하고 있다.

이러한 결과는 인상적이지만 불행하게도 이 연구는 충분히 입증되지 않았다. 윌버는 이 연구에 대한 구체적인 사실을 아무것도 제시하지 않고 있다. 누가 연구를 진행했고, 어떻게 이루어졌으며, 재실험된 적이 있었는지 밝히지 않았다. 대신 그는 연구자와 이 익명의 연구의 결과를 글의 말미에 부분적으로 설명하고 있는 *The Eye of Spirit*(2001)의 10장을 우리에게 참고하도록 언급하고 있다. (윌버는-피험자들이 로에빙거의 자아발달척도에서 진전하는 능력에 미치는 TM의 영향을 평가하기 위해 연구 책임자를 밝히기는 했다. 그 책임자는 초월 명상가이자 연구가인 찰스 알렉산더[Charles Alexander]다.) 하지만 연구에 대한 윌버의 설명은 우리가 결과를 평가해 볼 수 있게 해 주는 일종의 세부 사항이 부족하다. 대신 윌버가 한 방식대로 이 결과를 해석하게 될 것이라는 윌버의 말을 믿어야 한다. 짐 앤드류스(Jim Andrews) 같은 주요 비평가들은 명상이 발달을 가속시킨다는 것은 실증적으로 증명되어 왔다는 윌버의 주장에 이의를 제기했다.[29]

과학적 관점에서 볼 때 명상이 개인의 발달에 미치는 영향을 결정하는 것은 사소한 일이 아니다. 왜냐하면 부분적으로 발달은 굉장히 다양하고 다른 방식으로 측정될 수 있기 때문이다

(그리고 사람들은 어떤 방식이 가장 나은지에 대해 여전히 의견을 달리하고 있다). 쉽게 잴 수 있는 변수(예, 심박 수, 혈압, 사망률)에 미치는 명상의 영향을 기록하는 것이 훨씬 쉽다.

전통적으로 영적 구도자들은 대부분의 사람들이 자신의 의식 수준에서 심각한 '변형 상태'를 만들기 위해서는 수년간의(심지어는 수십 년이나 일생 동안의) 수행이 필요하다고 들어 왔다. 때로는 여러 차례의 생애가 걸린다고 추정되기도 한다. 밀교 철학자 다이온 포춘은 밀교 철학의 기초를 배우게 되는 것에만도 3번의 일생 동안의 부단한 노력이 필요하다고 말하고 있다.[30] 불교적 가르침은 깨우침은 여러 차례의 생애에 걸쳐 도달하게 되는 것이라고 분명하게 말하고 있다. 힌두교 같은 경우 "힌두교도들의 모든 영혼은 환생을 하며, 한 몸을 취한 뒤 또 다른 몸을 취하고, 오랜 기간에 걸쳐 얻은 경험들을 통해 진화한다는 것을 알고 있다."[31] 한 생애의 측면에서만 생각해 봐도 진화하는 것에는 시간이 걸린다. 수피교 신비주의자인 이리나 트위디(Irina Tweedie)는 언젠가 앤드류 코헨에 대해 언급하며, 30년의 수행 기간 후에야 그녀의 스승이 자신에게 하려던 말이 무엇이었는지를 이해하기 시작했다고 언급했다.[32]

심지어 '영적이지 않은' 변형이 일어나기 위해서도 얼마나 오랜 기간이 필요한지 한 번 생각해 보라. 영적 수행의 결과로서 일어나는 일들의 종류 말고 물리적이거나 뇌졸중 같은 정신적 외상의 결과로 일어나는 일의 것 말이다.[33] 우리의 더 높은 (영적인) 매개체에서 영구적인 변화를 불러오기 위해서는 얼마나 더 오랜 시간이 걸릴까?

또한 빠른 상승에 대한 과한 강조가 내면 작업을 향한 장벽이 될 수 있는 일종의 영적 유물론, 우회 그리고 자아도취를 촉진할 수 있는지에 관해 궁금해 할 수 있다. 아니면 이런 강조가 발달의 어느 수준에서나 가치 있는 영적 작업을 하는 것이 가능하다는 것을 깨닫게 되는 것으로부터 막게 될 수 있는지에 관해 궁금해할 수 있다.

밀교 철학자인 엘리자베스 하이(Elizabeth Haich)는 이렇게 상기시킨다. "진정한 영적 상태는 굉장히 쉽다. 진정한 영적 상태에 있는 사람은 단순히 지금 여기에 있다." 그녀는 영적 발달을 위한 '가슴과 영혼'으로 들어갈 수 있는 창조적 작업의 가치를 언급하며 "작업은 극히 중요한 것이다. 왜냐하면 우리는 이 작업과 함께 발달하기 때문이다"라고 말했다.[34] 우리는 작업에 집중할 때 자기에는 그다지 초점을 맞추지 않는다. 특히 영적인 종류이든 다른 것이든 발달 척도의 어디에 자기가 위치하고 있는지에 대해서 말이다.

과정 에니어그램 역시 개인적 변형을 식사 준비하기, 발명하기, 집짓기 같은 구체적인 변형적 활동에 관련시키는 것으로 작업에 우리의 관심을 집중시키는데, 이렇게 함으로써 변형은 우리가 창의적인 활동에 참여하는 것을 매개체로 삼아 나타난다는 것을 상기시킨다. 또한 일어나는 모든 일은 주기 속에서 일어난다는 것을 우리에게 상기시킨다. 이는 조화로운 발달이 삶의 자연적인 주기와 조화를 이루는 우리의 능력에 달려 있다는 것을 의미한다. 이렇듯 과정 에니어그램은 우리가 목표의 실현에 초점을 맞추도록 돕지만, 또한 우리가 향하고 있는 곳과 지금 있는 곳 간의 상호작용을 의식하도록 해 준다. 이는 미래가 현재의 순간으로부터 어떻게 자연스럽게 발생하게 되는지를 이해하기 쉽게 만들어 준다. 또한 다른 기간의 주기(분, 시간, 일, 주, 년, 세기, 그보다 더 장기간 등) 간의 관계를 살펴보기 쉽게 해 주고, 그렇게 함으로써 몇 달이나 몇 년 간에 일어난 일들만 보는 경향이 있는 인간적 관점보다는 변화에 대한 온우주적 관점에 기반을 둔 사고를 용이하게 한다.

이런 온우주적 관점은 특히 여러 차례의 생애가 아닌 한 번의 생애 내에서 영적 작업을 끝낸다는 관점으로 생각하는 우리 문화에서는 얻기 어려울 수 있다. 환생을 정말로 믿는지 안 믿는지의 여부를 떠나서 환생의 가능성에 대해 묵상해 보는 것은 우리에게 짧은 우리 삶의 기간을 대체하는 패턴에 대해 생각해 볼 수 있도록 도와준다.[35]

현대 생활은 빠르고, 사람들은 결과에 안달하기 때문에 우리는 영적 발달을 가속화하는 것에 많은 관심을 쏟게 되어 실제로는 이런 종류의 가속을 억제하는 마음의 틀을 취하게 되기가 쉽다. 앞에서 언급했듯이 많은 사람들은 이차조가 즉각적인 깨우침을 그들에게 줄 수 있다고 생각했기 때문에 초기에 그들은 이차조의 작업에 매료되었었다. 하지만 실제로 단순간의 깨달음을 그렇게 열망했던 사람들 중 얼마나 많은 이들이 이를 실제로 달성했을까? 진정한 진보를 하려면 결과에 대한 욕망은 이것이 달성되는 과정을 견디려는 의지와 일치해야 한다. 이것이 어떤 의미이고 얼마나 오래 걸리는지의 여부와는 상관없이 말이다.

세상에는 항상 범상치 않은 영적 재능을 갖고 태어난 것 같은 일부 신비한 영혼들이 있다. 이들은 수행을 시작하고 나면 굉장히 빠르게 발전한다. 하지만 그런 인물 한 명당 세상에는 훨씬 더 서서히 진보하는 그 외의 수많은 사람들이 있다(필요한 부분으로 보인다). 영적 문헌들은 종종 이런 영적으로 재능을 타고난 사람들은 아무것도 없는 상태에서 시작하는 것이 아니라 단지 이전에 배웠던 교훈들을 반복할 뿐이라고 암시한다. 그런 인물들의 가속된 진보를 본받겠다는 희망으로 한계를 초월하려 노력하는 평범한 수행가들은 결국 영적 깨우침이 아닌 '영적 비상 상태'에 더 자주 처하게 된다.

만약 우리가 진정으로 중대한 변화의 시간에 산다면 우리는 그 시간들로부터 다행히도 충분히 이득을 볼 수 있게 될 것이다. 왜냐하면 밀물은 모든 배를 떠오르게 하기 때문이다. 그렇다면 그런 변화는 꽤 혼란스러울 수 있기 때문에 가능한 한 더 기반을 잡고 통합된 상태가 되도록 노력해서 그런 변화에 대비해 준비하기를 원하게 될 것이다. 행운이 잘 준비된 사람을 돕는다면 현재의 순간과 창의적인 작업, 그리고 통합에 집중함으로 우리의 변형 과정이 그 순간과 수

천 년에 걸쳐 일어나는 동안에 그 과정을 도울 수 있을 것이다.

이 장의 주요 초점은 수직적 변형이었다. 수직적 변형의 의미와 이것이 무엇을 수반하고, 에니어그램 유형에 따라 어떻게 달라지는지에 대해 알아보았다. 하지만 통합적 접근법에서 수직적 차원은 배경의 절반일 뿐이다. 우리는 윌버가 예전부터 수직적 상승의 하위 집단과 유사한 것으로 설명해 왔던 수평적 차원에 대해서도 고려해야 한다(4장의 '변형 대 변화' 부분을 살펴보라).

그렇지만 성격 에니어그램 작업에서는 수직적 축이 부차적인 것이 아닌 주체를 맡고 있는데, 여기서의 초점은 자신의 관점을 이해하고 이를 다른 관점과 조화시키는 것에 있기 때문이다. 에니어그램을 다루는 사람들은 그런 종류의 접근법이 얼마나 변형적이 될 수 있는지 알고 있다.

이제 10장에서는 조망 수용의 본성과 변형에서 이것이 하는 아주 중요한 역할에 대해 살펴보기 위해서 성격 에니어그램이 제공하는 토대를 사용할 것이다. 하지만 그 전에 에니어그램 성격 유형과 윌버의 AQAL 사분면, 3대 가치 영역 그리고 8가지 정신적 지평선 간의 굉장히 흥미로운 유사점을 먼저 설명할 것이다.

미주

1) 삶의 그물망(web-of-life) 접근법의 결점에 대한 논의를 보려면 *SES*의 1장을 살펴보라.

2) 플라톤이 변형을 바라보는 관점에 대한 윌버의 견해에 대한 논의를 보려면 *SES*(1995/2000)의 331~336페이지를 살펴보라.

3) 아가페의 사용은 신성한 은혜 같은 현상을 설명하기에는 효과적이지만 자기 내재적인 하강을 묘사하기에는 덜 효과적이다. 12장에서 이에 대한 논의를 살펴보라.

4) 『통합심리학』(2000)에서 윌버는 변형적 과정에서의 통합의 중요성에 대해 반복해서 이야기하고 있다. "진화가 분화와 통합에 의해 진행된다는 것은 곧 진화가 초월-포함에 의해 진행된다는 것을 말하는 것이다. 각 단계는 그 단계의 이전 단계를 포함하며, 자기만의 정의적이고 창발적인 성질을 추가한다. 그렇게 각 단계는 초월하고 포함한다" (p. 151)

5) http://wilber.shambhala.com/html/interviews/interview1220_2.cfm/; [2012-10-1에 인용됨].

6) 『의식의 스펙트럼』(1977), p. 11.

7) 의식이 조직되어 있는 방식에 대해 논할 때 에니어그램계의 사람들은 정신 구조를 말하는 경향을 보이는 반면, 윌

버는 의식 구조를 말하기를 선호한다. 여기서는 우리의 목적에 따라 이들을 유의어로 여겨도 무방하다.

8) 체화된 영성에 대한 윌버의 입장에 관한 비평을 보려면 (a) *Ken Wilber in Dialogue*(1998)에 수록된 많은 글들, 그 중에서도 특히 페기 라이트(Peggy Wright)의 글, (b) *Shadows, Self, Spirit*(2005)의 1~3장과 10장에서 마이클 대니얼스(Michael Daniels)가 내재성과 초월성에 대해 나눈 논의, 그리고 (c) 조르조 페레리오가 2011년에 쓴 글인 'Participation, Metaphysics, and Enlightenment: Reflections on Ken Wilber's Recent Work'(http://www.ciis.edu/Documents/reflections%20on%20kw%20recent%20work.pdf; [2013-1-15에 인용됨])를 살펴보라.

9) 자기의 '높은' 측면 대 '낮은' 측면을 묘사하는 도표를 보려면 클라우디오 나란조의 *Character and Neurosis*(1994)에서 8 페이지를 살펴보라.

10) 건강 수준 모형에 대한 더 상세한 논의를 보려면 리소와 허드슨의 *Understanding the Enneagram*(2000)에서 4장을 살펴보라.

11) 리소-허드슨의 건강 수준 모형은 진정으로 계층적인 모형은 아니지만 리소-허드슨의 또 다른 모형이 있다. 바로 계층 모형(Riso-Hudson's Strata model)으로, 이 모형은 진정한 계층적 척도에 필요한 요구조건을 모두 갖추고 있어서 영적 여정 속에서 진행해 나감에 따라 얻게 되는 통찰의 깊이를 측정한다. 계층 모형은 이 책의 마지막 부분에 있는 〈표 C-2〉와 부록 C에 수록된 다른 발달 모형과 비교된다. 이에 대한 더 길고 상세한 논의는 나의 홈페이지인 www.enneagramdimensions.net에 있는 글인 'Personality, Process, and Levels of Development'에 나와 있다.

하지만 현재 계층 모형은 건강 수준 모형만큼 잘 개발되어 있거나 널리 알려져 있지도 않다. 이는 계층 모형이 성격 에니어그램계 내에서 일반적인 변형 모형으로 받아들여지지 않아 왔던 이유 중 하나이기도 하다.

그렇지만 크리스 코완과 돈 벡의 나선 역학(SD) 체계—이 체계는 인간의 발달을 수직적 나선형을 따라 문화적 가치들이 진화한다는 측면으로 바라보는 접근법이다—는 최근 몇 년간 전반적인 관심을 불러일으켜 왔다.

파비앙(Fabien Chabreuil)과 패트리샤(Patricia Chabreuil)는 2005년 *EM*과의 인터뷰(http://www.integratedsocio-psychology.net/sd-enneagram.html; [2013-4-28에 인용됨])에서 SD 수준과 에니어그램 유형 간의 관계를 탐구했던 초기 SD의 열렬한 지지자였다. 국제 에니어그램 협회(IEA)는 그 후 나선 역학의 공동 개발자 중 한 명인 돈 벡을 2006년 시카고에서 열린 IEA 컨퍼런스에서의 기조 연설자로 초청했다. 2010년에는 데보라 오튼(Deborah Ooten)과 베스 오하라(Beth O'Hara)가 Enneagram Journal에 'Levels of Consciousness'이라는 글을 실었는데, 이 글에서는 에니어그램의 각 9가지 유형을 나선 역학의 각 수준에 연결시키려는 이들의 노력에 대해 논하고 있다. 이 글은 The Conscious Living Center(www.goconscious.com/home/levels_of_consciousness.html; [2013-4-3에 인용됨])에서 볼 수 있다. 그리고 2012년에는 피터 맥냅이 *Enneagram Journal*에 실은 그의 글 'Towards an Integral Enneagram'에서 에니어그램 유형과 나선 역학 수준 간의 관계를 더 깊이 논하고 있다.

이렇듯 SD에 대한 흔한 관심이 어쩌면 에니어그램계와 통합이론계 사이를 이어 주는 초기의 다리 역할을 할 수 있다. 왜냐하면 SD는 이제 거의 통합 문화의 한 부분이 되었기 때문이다. 이는 아마 윌버가 21세기로 접어들 때쯤 SD를 흥미롭게 여기고 그의 글에 포함시키기 시작했기 때문일 것이다(특히 『모든 것의 이론』(2001)의 1장을 살펴보라).

하지만 길게 보면, 모든 9가지 유형이 어떻게 하나의 발달 선만을 따라 진보하는지에(SD처럼) 대해서는 덜 관심을 기울이고 그보다는 각 유형이 어떻게 다양한 발달 선을 따라 개별적으로 진보하는지를(예, 유형의 차이점이 어떻게 각자 선호하는 발달 선의 차이를 일으키는지를 알아보기 위해서) 더 살펴보는 것이 어쩌면 더 좋을 것이다. 이에 대한 논의를 보려면 11장을 살펴보라.

12) 윌버가 전/초 문제를 해결하기 위해 했던 노력들에 대한 통찰력 있는 논의를 보려면 프랭크 비저의 *Ken Wilber: Thought as Passion*(2003)의 2~3장을 살펴보라. 또한 윌버의 *The eye of Spirit*(2001)의 365~377페이지에 나와 있는 주석 11 역시 참조하라.

13) 윌버는 지금까지 그의 연구에서 다섯 번의 시기를 겪어 왔다. 윌버-1 시기(1970년대 초반~1979년)에서 그는 변형의 역낭만적 모형을 수용했었다. 그러다 이후 1980년에 그는 순전히 진보적인(비-낭만적인) 모형(윌버-2 시기)에 우호적인 입장을 취하며 역낭만적 모형을 거부했다.

윌버-3 시기(1980년대 중반)에 그는 각각 다른 단계로 분류되는 다양한 발달 선이 있다는 개념을 소개했다. 이 발달의 각 단계는 정상적인 성격 또는 비정상적인 성격으로 묘사될 수 있다(11장을 참고하라). 윌버-4 시기(1995년~2000년대 중반)에는 홀라키적 체제와 AQAL을 소개했다. 이는 초개인적 심리학으로부터 좀 더 통합 중심적인 접근법으로의 변화였다. 윌버-5 시기(2000년대 중반~현재에)는 '통합적 포스트(후) 형이상학'(예, 변형 작업에 대한 포스트모던적이고 실증중심적인 접근법)을 향한 변화를 의미한다. 이에 대한 간략한 요약을 보려면 www.integralworld.net/phases.html; [2012-12-1에 인용됨]를 살펴보라. 좀 더 자세한 설명을 보고 싶다면 www.paulhelfrich.com/library/Helfrich_P_AQAL_Overview.pdf; [2012-12-1에 인용됨]에서 폴 헬프리히(Paul Helfrich)의 'Ken Wilber's AQAL Metatheory: An Overview'(2007)를 살펴보라. 또한 비저의 *Ken Wilber: Thought as Passion*(2003)을 살펴보라. 이 책의 색인에는 '윌버의 5가지 시기'나 브래드 레이놀즈(Brad Reynolds)의 *Where's Wilber At?*(2006) 부분에 이에 대한 훌륭한 분류가 나와 있다. 색인에서 '시기(Phases)' 부분을 찾아보라.

14) p. 292, 비저의 주석 6을 살펴보라.

15) 내가 비저의 말을 인용하고 있는 이유는 그가 윌버-1 시기에서 윌버-2 시기로의 변화에 대한 유달리 명확한 회고적인 요약을 제공하고 있기 때문이다. 그렇지만 윌버가 이러한 변화에 대해 자신이 직접 나눈 논의에 관심이 있는 독자들은 그의 에세이 『아이 투 아이』(1983/1996)의 7장에서 '전/초 오류(The Pre/Trans Fallacy)'를 참고해 볼 수 있다.

16) *The Atman Project*(1980)에서 윌버는 퇴행과 진화에 대한 그의 변경된 입장(윌버-2)에 관한 대규모의 논의를 포함하고 있다.

17) '전/초 오류', *Re-Vision*, 1980.

18) 그림자 작업에 대한 윌버의 '3-2-1' 기술은 우리와 끊어진 감정들에 대해 우리가 관여하는 방식을 바꾸기 위해 설계되었다(이 지점에서 우리는 이들에 대해 3인칭의 입장에서 생각하는 것에서 2인칭의 입장에서 이들과 대화하는 것으로, 그리고 1인칭의 입장에서 이들을 소유하는 것으로 변화한다). 이 기술 자체는 꽤 유용해 보이지만(이에 대한 논의를 보려면 *Integral Spirituality*(2006)에서 7장을 살펴보라) 지금까지도 인간의 동기에 대한 포괄적이고 사색적인 맥락에서는 제시되지 않고 있으며, 하강의 역할(퇴행적이든 다른 형태로든) 또한 제시하지 않고 있다. 그림자 작업의 맥락에서 하강은 간과될 수 없는 주제인 듯 한데도 말이다.

19) 변형의 본성은 종종 많은 이점을 가진 접근법인 굉장히 분석적인 관점에서 논의되곤 한다. 그렇지만 이 접근법의 난점 중 하나는 바로 대개 여성적인 관점을 가진 사람들에게는 이러한 논의에 참여하는 것이 어려워진다는 것이다. 왜냐하면 여성적 관점의 본질적인 특성은 공감적이고 즉흥적이며 경험적이기 때문이다.

여성성은 이성이 아닌 직관의 목소리다. 즉, 소리치지 않고 속삭이는 목소리다. 결과적으로 대안적인 비전을 제기하기를 원하는 여성들은 종종 어디서 시작해야 할지를 모르게 된다. 우리가 만약 남성적인 접근법을 취한다면 여성적 뿌리를 저버리게 된다. 만약 우리가 여성적인 접근법을 취한다면 지적으로 가벼운 사람으로 보이게 되는 위험을 감수하게 된다. 이는 아무것도 얻을 게 없는 상황이다.

나는 남성적 분석과 여성적 스토리텔링 간의 균형을 맞추기 위해 의식적으로 노력해 왔다. 나는 이러한 이유 때문에 지적인 접근법과 경험적(실증적)인 접근법 모두를 사용해 주장하려 노력하는 것이다.

20) *Enneagram Journal*에 실린 피터 맥냅의 'Towards an Integral Enneagram'에서 그는 윌버를 "스스로 인정하는 5유형"이라고 묘사했다(p. 83). 피터는 윌버에게 그의 작업하는(연구하는) 방식에 대해 물었고, 그에 대한 응답으로 이러한 대답을 받았다고 말하고 있다.

21) 오른쪽의 하강과 이를 뒤따르는 왼쪽의 상승을 묘사하는 에니어그램에 대한 예시들을 보려면 베르니에의 *The Enneagram: Symbol of All and Everything*(2003)의 382, 384, 386 페이지에 나온 에니어그램들의 예시를 살펴보라.

22) 수잔 지스만(Suzanne R. Giesemann)의 *The Priest and The Medium*(2009)으로부터 가져왔다.

23) 나는 케이론을 삶의 전반기 동안의 치료 작업에 가장 적합한 상징으로 제안해 준 칼마인(Charmaine Sungy)에게 감사하고 싶다.

24) 윌버의 초점은 발달의 주요 단계를 확인하는 것에 있다. 그렇지만 각 주요 단계 속에는 수많은 작은 단계(하위-단계와 하위-하위-단계)가 있다. 즉, 진보는 점진적인 과정인 것이다. 우리가 새롭고 다른 성질을 가진 이해의 수준으로 급진적인 도약을 할 준비가 되었을 때 그 한계점에 도달할 때까지 서서히 진보하는 것이다. 하지만 자기의 발달에 있어서 가장 중요한 것은 작은 단계들을 통해 돌아가는 반복되는 주기다. 왜냐하면 이렇듯 반복적이지만 중요한 주기 동안 우리는 계속해서 진행 중인 발달을 지원해 주며, 진화적이기보다는 더 혁명적인 의식으로의 흔치 않은 도약을 우리가 할 수 있도록 준비시켜 주는 습관들을 길러 나가기 때문이다.

25) 삶의 후반기는 우리의 육체적 삶이 끝나간다는 피할 수 없는 사실을 받아들여야 하는 후반부라는 점에서 그다지 영적이지 않은 사람들까지도 영적인 시기다. 이 시점에서 자기초월적으로 위를 향해 바라보는 것을 생각할 수 없는 사람들은 자기 변화적으로 바깥을 향해 바라보는 경향이 있다—즉, 자신의 가족이나 문화에 계속해서 남을 유산을 제공할 방법을 찾는 것이다.

26) 비록 일생 동안에 걸쳐 변형을 하는 것이 명백히 더 낫지만(삶의 끝자락으로 미뤄두는 것보다는), 수피교 스승인 루얼린은 삶의 마지막 2년 동안에는 삶에서의 부정적인 상황을 뒤바꿀 수 있는(또는 최소한 완화시킬 수 있는) 영적 은혜의 특별한 기간이 있다고 언급한 적이 있다. 이러한 개념은 변화하기에 절대 늦은 때는 없다는 것을 믿기 어려워하는 사람들을 고무시켜 주어야 한다.

27) 그레이브스가 두 번째 단계의 의식(second-tier consciousness)으로의 예상된 도약에 대해 쓴 글은 www.claregraves.com; [2012-10-7에 인용됨]에 나와 있다.

28) 장기간과 단기간의 명상에 대한 긍정적인 효과들을 언급하는 수많은 실증적인 연구들을 보려면 위키피디아에서 '명상'을 찾아보라.

29) 'Ken Wilber on Meditation: A Baffling Babbling of Unending Nonsense' (www.integralworld.com; [2013-6-14에 인용됨])에서 짐 앤드류스는 명상이 발달 단계들을 가로지르는 비율에 있어서 과학적으로 극적인 증가를 보여 왔다는 윌버의 주장에 이의를 제기하는 비판적이면서도 관련 증거가 많은 주장을 제기하였다.

나는 과학자로서 앤드류스의 요지를 이해한다. 제대로 된 과학은 연구 결과의 영향과 의미를 들 때 주의하는 과학자의 능력에 의존한다. 그리고 명상이 변형을 촉진시킨다는 개념을 과학이 입증했다는 윌버의 주장은 신중하기보다는 열성적인 것이다.

30) *Esoteric Orders and Their Work & The Training & Work of an Initiate*(1987), p. 77.

31) 힌두교와 환생에 대해 더 보려면, 그에 대한 예시로 *Himalayan Academy*의 웹사이트에 나와 있는 논의(www.himalayanacademy.com/resources/pamphlets/KarmaReincarnation.html; [2012-7-25에 인용됨])를 살펴보라.

32) 'A Sufi Should Never Give a Bad Example(1991)' *What Is Enlightenment? magazine*, 1-1, p. 9.

33) 심지어 단 몇 년 안의 육체적인 자기변형도 어렵다는 점에 관해서 질 테일러(Jill Bolte Taylor)의 경험을 살펴볼 수 있다. 그녀는 심각한 뇌졸중을 겪은 뒤 왼쪽 뇌기능의 대부분을 상실했다. 그녀는 뇌 기능을 완전히 회복하기까지 꼬박 8년이 걸렸다(그녀의 책 『긍정의 뇌(My Stroke of Insight)』(2009)를 참고하라).

람 다스(Ram Dass) 역시 이와 비슷한 심각한 뇌졸중에 시달렸고, 부분적인 기능만을 회복하기 위해서만도 수년이 걸렸다. 이 과정은 〈Fierce Grace〉(2001)라는 영화에 기록되기도 했다. *The Darker Side of Light Chasers*(1999)의 저자인 데비 포드(Debbie Ford)는 11년 동안 암과 싸워야 했다. 그녀는 2013년에 오프라와 나눈 인터뷰에서 변형은 "하루아침에 이루어지는 과정이 아닙니다. 우리 사회의 사람들은 항상 '빠른 해결책'을 찾습니다. 하지만 답은 빠른 해결책이 아니에요. 답은 장기간의 변형(에 대한 것)이에요. 당신은 정신으로 그림자에 대해 배울 수 있지만, 그건 아무 소용이 없어요. 당신은 반드시 정신과 마음의 통합을 통해서 이를 배워야만 합니다"라고 말했다.

34) 모든 인용구는 엘리자베스 하이(Elizabethe Haich)의 *Sexual Energy and Yoga*(1982)의 13장 마지막 부분에서 가져온 것이다.

35) 환생은 서구 문화의 저자들에게는 논란이 많은 주제다. 왜냐하면 이들은 우리가 한 번의 생 이상을 산다는 개념을 자신의 독자들이 받아들일지에 대해서 짐작해 볼 수 없었기 때문이다(비록 최근의 한 갤럽 여론 조사에서 20%의 미국인이 환생을 믿는다고 대답하기는 했지만 말이다).

기독교가 본래는 환생을 받아들였었다는 수많은 주장에도 불구하고 이 개념은 6세기 이전 즈음에 공식 교회법에서 빠지게 되었고, 그 시점부터 굉장히 싫어하는 개념이 되었다(이 논란의 역사를 살펴보려면, http://cryskernan.tripod.com/christian_reincarnation.htm; [2012-7-15에 인용됨])를 참고하라). 하지만 신비 유대교는 딱히 이 개념을 거부하지 않는다(랍비 애덤 제이콥스[Rabbi Adam Jacobs]가 Huffington Post에서 나눈 최근의 논의를 살펴보라. 이는 http://www.huffingtonpost.com/rabbi-adam-jacobs/reincarnation-in-judaism_b_811379.html; [2013-3-23에 인용됨]에 나와 있다). 수피교 역시 마찬가지다. (http://www.hazrat-inayat-khan.org/php/views.php?h1=2&h2=8; [2013-4-28에 인용됨]에서 하즈라트 이나야트 칸(Hazrat Inayat Khan)이 이에 대해 언급한 것을 살펴보라.) 위키피디아 역시 아브라함을 기원으로 둔 종교들(유대교, 기독교, 이슬람교) 내에서 환생을 받아들이는 소수 지파들의 존재를 기록하고 있다.

서양의 밀교 철학계, 신비학계, 연금술계에서는 환생이 수용되는 경향을 보이는데, 아마도 밀교 철학을 행하는 사람들은 의식의 높은 지점에서 굳건하게 자리 잡는 것이 얼마나 오랜 시간이 걸리는지를 이해하고 있기 때문일 것이다. 이런 이유 때문에 이들 중 다수가 변형 여정을 몇 년이 아닌 몇 번의 생애의 기간으로 얘기하는 것이다. 이 말을 하는 이유는 더 높은 상태의 의식을 추구하는 사람들을 좌절시키기 위함이 아니라 그러기 위해서는 철저한 준비와 인내력이 필수적이라는 것을 이해하도록 돕기 위함이다.

*The Secret Teachings of All Ages*의 저자인 맨리 홀은 환생이 피타고라스, 드루이드, 엘레우시스 제전, 그리고 많은 아메리칸 원주민 종족들의 가르침에서 역할을 해 왔다고 말한다(참고 문헌을 보려면 색인을 참고하라. Los Angeles, The Philosophical Research Society, 1977). *The Kybalion*을 쓴 익명의 '세 개시자'들은 "신비주의자들

(연금술사들)은 삶의 사슬을 연속적인 것으로 여긴다"라고 말했다(e-book 판 11장). 플라톤 또한 종종 환생의 개념을 수용했다고 알려져 있다(이에 대한 예시로는 www.john-uebersax.com/plato/plato4.htm; [2012-7-20에 인용됨]를 살펴보라).

Sane Occultism & Practical Occultism in Daily Life(1987)에서 다이온 포춘은 "환생의 위대한 근본적인 원칙… 보이는 것과 보이지 않는 것 사이에서의 영혼의 오락가락함"에 대해 얘기하고 있다(p. 15). *Sexual Energy and Yoga*(1982)에서 엘리자베스 하이는 "깨달음의" '최고 목표'는 이전 생활로부터 신경계와 함께… [경로의] 계속되는 긴장을 견뎌 내기에 필요한 체력을 가져오는 사람들에 의해서만 이루어진다"고 언급하고 있다(p. 29). 밀교 철학 교사인 헬레나 블라바스키(Helena Blavatsky)와 앨리스 베일리(Alice Bailey) 또한 환생의 원칙을 받아들였다.

전통적으로 켄 윌버는 환생에 대한 언급을 꺼려 왔는데, 왜냐하면 "이 문제에서 한쪽 입장을 취하는 순간부터… 독자의 반을 멀어지게 만들기 때문"이다(http://wilber.shambhala.com/html/books/kosmos/excerptG/part3.cfm/; [2012-7-15에 인용됨]). 그렇지만 그의 언급은 확실히 그가 이러한 현실을 받아들인다는 것을 시사하고 있다. 환생의 문제를 회피하는 것의 난점은 바로 환생을 빼놓고는 삶의 수많은 것을 설명하기가 어려워질 수 있다는 것이다. 예를 들면, 개개인의 발달에 있어서의 놀랄 정도의 다양성과 차이를 말해 볼 수 있다. 이 때문에 어떤 사람들은 성인이 되어서도 굉장히 '아기'처럼 느껴지는 반면에, 어떤 사람들은 범상치 않게 조숙해서 아주 어렸을 때부터 자신의 나이를 훨씬 뛰어넘는 재능이나 지혜를 갖고 있다는 점이다. 변형의 주기적 이론—이는 우리가 다양한 삶의 경험의 결과로서 얻어지는 지혜를 서서히 쌓아가면서 성장한다는 이론이다—을 제시할 때 성장은 각각 뚜렷이 다른 상황들을 포함하고 있는 몇 번의 생애를 거쳐 일어나는 것이라고 여기는 것이 앞뒤가 맞게 된다.

10 수평적 통합: AQAL과 AQAL의 변이형

우리는 온우주 속에서 편안함을 느끼고 싶다. 우리는 각 사분면에서마다 진실을 다루고 싶다. 우리는 각 분면마다 다른 목소리로 우리에게 말한다는 것을 알아차림으로써 이를 시작한다.

–켄 윌버

전 장에서 보았듯이 켄 윌버는 계층 구조에 굉장한 관심을 보이고 있다. 그의 관심의 정도는 『통합심리학』(2000)에서 이에 대해 최소 100개가 넘는 예시를 수집했을 정도다. 바로 이 프로젝트로부터 모든 계층 구조가 4가지 주요 분류에 속한다는 통찰이 나오게 되었다.

> 계층 구조 중 일부는 개인적 분류를 나타내고, 그중 일부는 집합적 분류를 나타낸다. 또 다른 일부는 외부적 현실에 대한 것이며, 다른 일부는 내부적인 분류에 해당하지만, 이들 모두는 함께 매끄럽게 들어맞는다(p. xiv).

이는 윌버의 IOS의 토대가 된 '모든 수준의 사분면' 접근법인 AQAL의 기초가 되었다. 이 체계는 우리가 자신의 의식 수준에 상관없이 총 4개의 주요 관점을 취할 수 있다는 개념에 근거를 두고 있다(〈표 10–1〉).[1)]

〈표 10-1〉 AQAL 모델

	내부/주관적	외부/객관적
단수/개인적	'나' (주관적)	'그것' (객관적)
복수/집합적	'우리' (상호주관적)	'그것들' (상호객관적)

AQAL은 삶의 수평적 차원을 향한 윌버의 큰 첫 진출을 의미한다. 그는 AQAL을 1995년에 발표하기 전까지는 다소 수평적 차원을 무시하며 수직적 차원에 주로 초점을 두고 있었다. 그러나 그의 사고는 계속해서 발달했고, 그는 점점 더 수직과 수평 간의 상호작용에 관심을 보이게 되었으며, 자신의 이론에 수평적 축을 포함하는 정도까지 이론을 확장시키기 시작했다.

이 장에서 우리는 수평적 축과 윌버가 이에 대해 무엇을 말하기를 원하는지를 탐구해 보고, 특히 AQAL의 4가지 관점과 이 접근법에서 파생된 모형(발생의 8가지 영역과 3대 가치 영역)에 초점을 둘 것이다. 여기서의 목적은 이러한 관점/구역/가치 영역의 본성에 대해 이야기하기 위한 것뿐 아니라 에니어그램으로 묘사된 관점과 이들이 어떻게 연관되어 있는지를 논하기 위함이다. 곧 살펴보겠지만 AQAL 관점과 에니어그램 관점 간의 긴밀한 유사성이 있다. 이 둘이 독자적으로 구상되었다는 것을 믿기 힘들 정도다.

여기서는 이 두 체계가 관점의 차이를 얼마나 비슷하게 설명하고 있는지를 드러내고 있기 때문에 이 둘을 연결하는 것에 관심이 있는 사람에게는 이 장이 굉장히 흥미진진한 부분이다. 그렇지만 에니어그램은 다양한 관점을 설명하는 것에 관련해 한 가지 중요한 장점을 갖고 있다. 바로 관점뿐만 아니라 관점 간의 관계도 설명할 수 있다는 것이다. 이 장에서 이것이 어떻게 작용하고 무엇을 의미하는지 알아볼 것이다.

2개의 집중된 렌즈

AQAL은 세상을 바라보는 4가지 렌즈를 제시한다. 4장에서도 얘기했듯이 왼쪽 세로 열은 우리의 주관적인 느낌에 집중한다—우리 의식의 내적 중심 상태(왼편 위쪽 또는 UL)와 문화 중심(왼편 아래쪽 또는 LL) 관점이다. 오른쪽 세로 열은 좀 더 객관적 관점에 초점을 둔다—고립된 행동 변수에 대한 체계적 분석에 의해 만들어진 관점(오른편 위쪽 또는 UR)과 체계에 대한 분석과 그 체계 간의 상호작용으로 만들어진 관점(오른편 아래쪽 또는 LR)이다. 각 AQAL 관점은 변형이 일어날 수 있는 4가지 잠재적 상황을 보여 준다. 〈표 10-2〉와 〈표 10-3〉은 우리가 '정말로 아

〈표 10-2〉 AQAL 관점에 따른 '우리가 아는 방식'

	내부/주관적	외부/객관적
단수/개인적	직관/개인적 확신 꿈/환상/ '공감하기' 명상/여정 심리적 심층 작업 사색 & 심사숙소(반성)	회의론(의심) 객관적 탐구(질문) 합리주의(이성주의) 행동주의/실증주의 경험주의
복수/집합적	상호적 공명(공감) 집단 결속/합의(이해) 참여적 행동 가족적 & 문화적 전통 해석학	사회학 체계 이론 혼돈 & 복잡성 이론 인공두뇌학 경제학

〈표 10-3〉 AQAL 관점에 따른 핵심 가치*

	내부/주관적	외부/객관적
단수/개인적	정직성 성실성 깊이 진정성 헌신	사실(진실, 진리) 객관성 정확성 분리(떨어짐, 거리 두기) 구별
복수/집합적	정의, 자비 인도주의적 행동 통합/교감 '우리' 공간 상호지지	체계적 초점/온전함 연결된 다수 관점의 다양성 역동적 흐름/상호작용 항상성/에너지 균형

* 이 묘사는 윌버의 원래 설명과 각 분면에 대한 나의 해석이 합쳐져 이루어져 있다.

는' 것을 결정하는 방법론(〈표 10-2〉)과 우리가 특히 높이 사는 가치(〈표 10-3〉)를 각 관점이 어떻게 형성하는지에 대한 예시를 제공한다.[2)]

윌버는 *SES*에서 AQAL 관점을 소개하고 있지만 AQAL이 정말로 활기를 띠는 곳은 모든 것의 역사인데, 이 책에서 그는 생생한 질의응답 형식을 이용해 가상의 질문자가 던지는 질문에 대답하였다. 여기서 그는 삶의 경험에 대해서 가능한 한 풍부하고 완성된 해석을 하고 싶다면 그 경험들을 단순히 사분면의 한 면에서가 아닌 모든 사분면의 렌즈를 통해서 살펴보려 할 것이라고 언급하며,[3)] 이 사분면은 본래 모두 해석적이며, 즉 주관적이라고 말했다. 이 말인즉 "모든 의미는 맥락에 묶여 있다"라는 뜻이다.[4)] 다음 장에서 영적 경험에 대해 논할 때, 그는 모든 사분면을 아우르는 관점으로 모든 것을 보는 능력을 기르는 것이 가능하다는 것을 암시한다. '모든 차원에서의 온우주적 맥락에서 해석'을 하는 것이 가능하다는 것이다. 캔 윌버의 대답을 통해 좀 더 살펴보자.

켄 윌버: 영적인 행동은 사분면 모두로서 드러나기 때문에 영적 경험의 적절한 해석은 모든 사분면을 고려해야 합니다. 우리는 단지 다른 수준—물질, 몸(신체), 마음(정신), 영혼, 영—을 갖고 있는 것이 아닙니다. 각 수준은 4가지 측면—의도적, 행동적, 문화적, 사회적—으로 나타납니다.

질문자: 그렇다면 균형 잡힌 관점 또는 통합적인 관점은 이 모든 것을 포함하는 것이겠군요.

켄 윌버: 네, 저는 그렇게 생각합니다. 진정한 통합적 관점은 '모든 수준의 사분면'이겠죠.[5)]

여기서 윌버의 대답은 좀 망설이는 느낌이다. 왜 그럴까? 내가 보기에는 윌버가 누군가 정말로 4개의 전혀 다른 관점을 동시에 취하는 모습을 현실적으로 상상해 보는 것이 힘들었기 때문이라고 생각한다. 나는 이런 망설임이 이해가 된다. 왜냐하면 나는 인지 과학자로서 평범한 의식 상태에서 주의력이 가진 한계들—신체적 기질 때문에 인간 체계에 내장된 듯한 한계들—을 잘 알고 있기 때문이다. 반복된 연구들에서는 이런 결과를 보여 주었다. (a) 우리가 아무 지점에서나 제때에 수용할 수 있는 정보의 양은 굉장히 제한되어 있다(우리 대부분에게 그 양은 약 4~7개 정도 된다). 그리고 (b) 우리는 각자 어떤 종류의 정보를 받아들일지 결정하는 지각 필터를 갖고 있다. 우리가 받아들이는 정보의 대부분은 자신에 대한 것과 세상이 어떤 곳인지에 대해 갖고 있는 개념과 들어맞는 정보라는 것이다.[6)]

이와 비슷하게 윌버의 AQAL에 대한 논의를 보면 그는 대부분의 우리가 사분면 중에서 한두 개의 면을 선호하고 나머지는 무시하는 경향을 갖고 있다고 얘기했다.[7)] 그렇기 때문에 ILP의 주된 목적 중 하나는 더 많은 관점을 받아들이고 '모든 관점은 정확하면서도 불완전하다'는 것을 알아차리는 능력을 의식적으로 가꾸는 것이다. 그렇게 함으로써 우리는 자신의 관점에도 덜 방어적이게 되고 모든 것을 바라보는 새로운 방식에 더 개방하게 된다.[8)]

9가지 유형의 각기 다른 관점을 묘사하기 위해 관중 앞에서 인터뷰하는 에니어그램 유형 토론자들을 보는 접근법은 흔한 요소다.

이제껏 보았듯이 성격 에니어그램은 9가지 에니어그램 지점을 인격적 관점이나 비인격적 관점으로 설명할 수 있다(예, 사람들의 유형이나 추상적인 관점으로 설명할 수 있다). 하지만 현재 형식의 AQAL 사분면은 오직 비인격적인 관점으로만 설명한다. 그러나 에니어그램 작업의 중대한 교훈 중 하나는 바로 비인격적으로 설명될 수 있는 것은 인격적으로도 설명될 수 있다는 것이다(더 주관적이고, 체화된 관점으로 말이다). 이 말은 우리가 방법을 찾기만 하면 AQAL 관점도 의인화될 수 있다는 뜻이다.

AQAL을 에니어그램과 연결 짓는 것은 우리에게 비체화된 관점을 체화된 관점(예, 유형)으로 옮길 수 있는 하나의 방식을 제공해 준다. 그 결과로 에니어그램에 사분면을 연관시키는 것은 에니어그램 유형에 관련된 것들을 AQAL에 적용시킬 수 있게 해 준다. 따라서 이와 같이 둘을 연결 짓는 것은 (a) 우리의 조망 수용 능력을 향상시켜 주고, (b) AQAL 관점들 간의 관계를 파악할 수 있게 도와주며, (c) 향상된 조망 수용의 한계점을 더 잘 이해할 수 있게 해 준다(이는 우리의 관점이 통합적인 것일지라도 우리의 지각 대상과 인지, 결정에 '마스터 필터'로서 작용하는 지배적인 관점을 항상 유지할 것이라는 사실을 깨닫기 위해서다).

우리의 한계점을 아는 것은 매우 중요하다. 그럼으로써 우리의 한계점 속에서 현명하게 일하는 법을 배울 수 있고, 또한 이들을 점진적으로 확장시킬 수 있게 된다. 하지만 우리가 이해하지 못하는 것을 확장시킬 수는 없다. 만약 그렇게 하려고 한다면—통합적(사분면) 관점이 실제로 무엇을 수반하는지를 이해하지 못한 채로 이 관점을 취하려 한다면—아주 표면적으로는 그렇게 하기 쉽겠지만 단호히 그리고 무의식적으로 우리의 관점에 갇힌 상태로 남아 있게 될 것이다.

이런 상황이 일어나게 되면 모든 옳다는 것을 이야기하고, 옳다는 움직임을 취하려 할 수는 있겠지만 그런 우리의 말과 행동은 확신이 부족하게 될 것이다. 이는 영적 정확성의 길이며 우리를 어디에도 빠르게 데려가지 않는다.

AQAL과 에니어그램 둘 모두를 잘 아는 것은 조망 수용에 진정으로 정통한 접근법을 우리에게 제공해 줌으로써 이런 종류의 문제를 피할 수 있도록 도와준다. AQAL 이론을 사용하면 다양한 관점을 취할 수 있는 능력을 확장시킬 수 있는 방법을 숙고해 볼 수 있게 된다. 정반대로 에니어그램을 이용하면 지배적인 관점이 하는 역할에 대해 생각해 볼 수 있게 된다(지배적 관점이 특정 관점을 취하는 데 있어서 어떻게 도움을 주는지 또는 어떻게 방해를 하는지에 대해서). 이렇듯 에니어그램과 AQAL을 동시에 다루는 것은 조망 수용에 더 풍부하고 다차원적인 접근법을 제공한다.[9), 10)]

4가지 사분면 = 4가지 유형

그렇다면 어떻게 에니어그램을 사분면에 연결 짓고 사분면에 에니어그램을 연결 지을까? 우선 에니어그램 관점 중 4가지(4, 5, 2, 7유형)를 4가지 분면에 연결 짓는 것으로 이 논의를 시작해 보자. 논의의 목적을 위해 여기서의 의도는 4가지 분면의 관점과 각 에니어그램 관점과 연관된 지배적인 관점 간의 연결점을 설명하는 것이다.

- UL 분면: '나'(단수/주관적). 여기서의 초점은 굉장히 내적이며 개인의 내면, 진실성, 주관적 소신, 표현의 독창성을 향하고 있다. 이 관점은 에니어그램의 4지점과 비슷하다. 4유형들은 굉장히 자기성찰적인 면이 있고, 감정적으로 예민한 사람으로서 의미의 깊이를 파헤치고 자기가 발견한 것을 굉장히 개인적인 표현 형태로 옮기는 것에 끌린다.
- UR 분면: '그것'(단수/객관적). 여기서의 초점은 이성, 탐구(의문)의 깊이, 실증 중심적 조사, 사고의 독창성에 있다. 이는 에니어그램의 5지점과 비슷한 관점이다. 5유형들은 어떤 것을 그 구성 요소로 분리하기 위해 애쓰고, 그것들을 철저히 검토하며, 일종의 객관적인 체계나 틀에 따라 그것들을 재조립한다.[11)]
- LL 분면: '우리'(복수/주관적). 여기서의 초점은 상호주관적인 관점에서 사물을 바라보는 것에 있으며, 이 관점을 가진 개인적/가족적/문화적 가치를 공유하는 개인은 공유된 그 가치에 기초해 관계를 형성하고 사람들과의 상호작용을 통해 자아감을 확고히 한다. 이는 에니어그램의 2지점과 비슷한 모습이다. 2유형들은 사회적 상호작용을 하는 것이 그들의 감정적 행복과 사회적 정체성, 삶의 목적 의식을 결정하는 데 있어서 중심적인 역할을 한다.[12)]
- LR 분면: '그것들'(복수/객관적). 여기서의 초점은 상호객관적인 관점에서 사물을 보는 것에 있으며, 이 관점을 가진 사람은 체계와 그 체계들이 상호작용하는 방식에 중점을 둔다. 이는 에니어그램의 7지점과 비슷한 모습이다. 7유형들은 역동적인 상호작용, 네트워킹, 체계 이론, 협동적인 공동체를 만들기 위해 점들을 연결하는 일 등에 매력을 느낀다.

〈표 10-4〉는 이 4개의 유형을 4개의 AQAL 분면에 연결시킨다. [그림 10-1]은 AQAL 사분면을 에니어그램 위에 연결시킨다. 그러나 여기서 배열되어 있듯이 AQAL은 뒤집혀 있고 방향이 반전된 에니어그램을 만들어 낸다. AQAL을 원래 에니어그램에 옮기려면 모든 축을 뒤집고 반전시켜야 한다. AQAL의 열과 행은 어떤 특정한 방식으로 배열된 것이 아니기 때문에 방향을 바꾸는 것이 문제가 되지는 않는다([그림 10-2]를 살펴보라).

[그림 10-1]을 보면 AQAL의 객관적 행은 '남성적'이라고 명명되어 있는 반면, 주관적 행은 '여성적'으로 명명되어 있다. 이는 에니어그램 원의 각 방향과 연관된 에너지를 설명하기 위해 8장에서 사용했던 표시를 지키기 위한 것이다. 또한 이 표시들은 남성적 에너지가 외부적이고

〈표 10-4〉 에니어그램의 4가지 유형 = 4가지 AQAL 관점

	내부/주관적	외부/객관적
단수/개인적	4유형 개성, 성격, 자기성찰, 명상, 깊은 감정, 자기반성, 독창성, 꿈, 희망, 핵심 의도/동기	5유형 객관성, 이성, 회의론(의심), 분리됨(거리 두기), 과학적 방법, 논리적 탐구(질문), 철학, 순수한 지성
복수/집합적	2유형 개인적 관계, 보살핌, 나눔, 소통, 교감, 문화, 인도주의적 생각, 사회적 대의, 포함성(포괄성)	7유형 체계적 사고, 평등주의적 초점, 연결(유대), 친해짐, 연결망 형성, 계획과 기획, 인터넷 클라우드

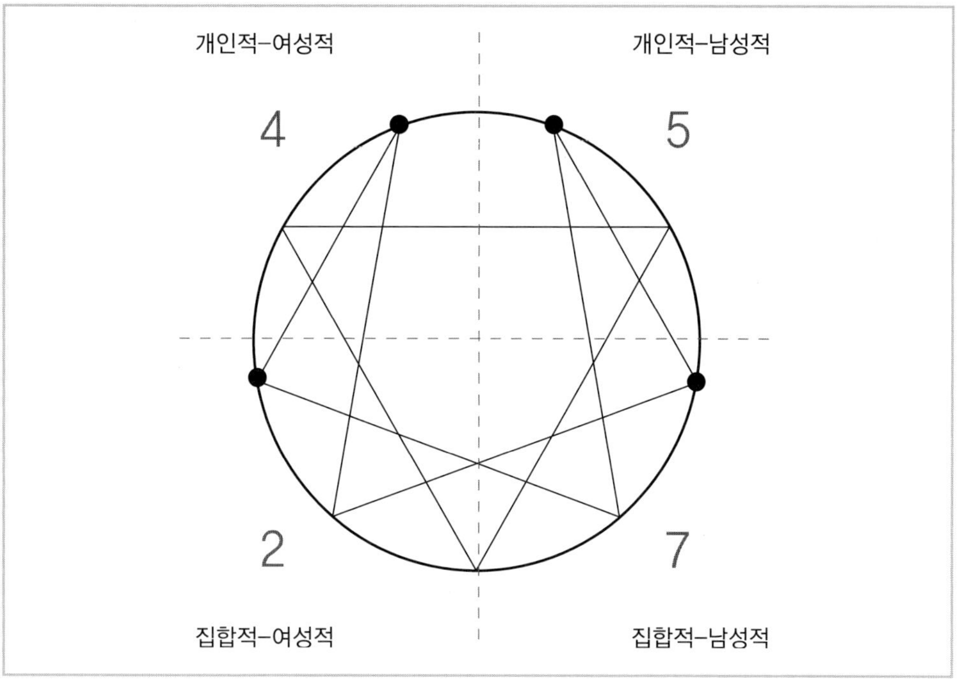

그림 10-1 AQAL 위의 에니어그램

바깥을 향하며 객관 중심적인 경향을 띠는 반면, 여성적 에너지는 내부적이고 안쪽을 향하며 주관 중심적인 경향을 보인다는 것을 우리에게 상기시킨다.[13), 14)]

열에 초점을 두게 되면 AQAL의 개인적 열은 자기에 대한 비(非)맥락화된 관점을 가진 에니어

그램과 연관될 것이다. AQAL의 집합적 열은 자기에 대한 맥락화된 관점을 가진 에니어그램과 연관될 것이다. 이런 패턴이 무엇을 의미하는지 다음의 논의에서 탐구해 보도록 하자.

8개의 정신적 지평선 = 8+1 에니어그램 유형

Integral Spirituality(2006)에서 켄 윌버는 의식의 통합 이론에 대한 일부 개선사항을 소개하였는데, 이는 AQAL 모형의 4가지 관점에서 8개의 정신적 지평선으로의 확장을 포함하고 있다. 이 수평 영역은 8가지 '원초적 관점'으로 불리기도 하는데, 그는 이에 대해 이렇게 묘사하고 있다.

> 8개의 근본적인 차원/개별적인 홀론의 관점…
> 어느 것이든 바라볼 수 있는 8가지의 근본적인 방식(p. 254).

또한 그는 이렇게 덧붙여 설명했다.

> 각 영역은 그저 한 관점이 아니라 행동이고 명령이며 실제 세상적인 의미에서의 구체적인 행동 집합이다. 각 명령은 다양한 관점을 통해 파악되는 현상을 만들거나 또는 밝혀 낸다(p. 34).

두 번째 구절에서 윌버는 이 활발하고 역동적인 정신적 지평선의 본성을 강조하려 노력하고 있다. 정신적 지평선은 단지 우리가 세상을 바라보는 고정된 렌즈가 아니라 의식을 역동적으로 형성한다는 사실을 말이다.

윌버가 내린 정신적 지평선의 정의는 곧 9가지 에니어그램 유형/관점에 대한 완벽한 정의이기도 하기 때문에 나는 2006년에 이런 묘사들을 읽고 나서 곧바로 8개의 정신적 지평선이 9가지 에니어그램 유형에 연결 지어질 수 있을지 궁금해졌다. 에니어그램 이론에는 없는(최소한 내가 알기에는) 8개의 근본적인 관점이 있는 이유(다음을 참고하라)에 대해 합리적인 설명을 제공하려는 그의 시도는 흥미롭다. 윌버의 사분면 접근법에서 부족한 것은 9번째 관점뿐이다. 하지만 앞으로 보게 되듯이, 에니어그램 관점들 중에서 하나는(9지점) 나머지 8가지의 종합을 나타내기 때문에 이 문제는 쉽게 고쳐질 수 있다.

그렇지만 관점들과 정신적 지평선 간의 관계를 자세히 살펴보기에 앞서 윌버가 8개의 영역을 제시하기 위해 사분면을 어떻게 나누는지를 먼저 살펴보는 것이 필요하다. 사분면은 관점이 (a) 개인적이냐 집합적이냐, 또는 (b) 객관적이냐 주관적이냐에 따라 분류되어 만들어졌다는 것을 기억할 것이다. 8가지 영역을 만들기 위해 그는 또 다른 차원을 추가했다. 바로 내적이냐 외적이냐의 여부다. 이렇게 각 영역당 3가지 차원이 할당된다.

(a) 개인적 또는 집합적

(b) 객관적 또는 주관적

(c) 외적 또는 내적

유감스럽게도 (b)차원과 (c)차원은 꽤 비슷해 보인다. 이들은 둘 다 우리의 관점의 양극성에 관계되어 있기 때문에 실제로 비슷하다(예, 남성적이냐 여성적이냐의 여부). 사실 (a)차원 역시 개성은 남성성이고 집합성은 여성성으로 나눠지는 이 양극성에 의해 분류될 수 있다. 그렇기 때문에 3가지 차원 중 2가지를 양극성이 아닌 다른 무언가에 근거해 따로 구분 짓는 것이 유용하다.

- 개인적 vs 집합적 = 초점의 폭
- 객관적 vs 주관적 = 남성적 vs 여성적 양극성
- 외적 vs 내적 = 친밀성의 정도(안에서 바깥으로 vs 바깥에서 안으로의 관점)

하지만 내가 이들을 구별 짓는 가장 쉬운 방법은 에니어그램에 정신적 지평선을 연결 시켜서 9가지 관점으로부터 8가지를 만드는 것이다. 그러고 나면 우리는 9가지 에니어그램 유형의 본성에 대해 알려 줄 수많은 정보를 이용해 정신적 지평선을 연구할 수 있게 된다.

이 방식이 어떻게 작용하는지 살펴보도록 하자.

- **'우리'(문화적) 관점을 취할 때**, '우리'를 외부로부터 분석하는 것(1지점)으로 바라보거나 그 속에 참여할 수 있는 것(2지점)으로 바라볼 수 있다.
- **'나'(개인적) 관점을 취할 때**, '나'를 바깥에서 안으로(3지점) 바라보거나 안에서 바깥으로(4지점) 바라볼 수 있다.
- **'그것'(과학적) 관점을 취할 때**, 삶을 완전히 우리 외부에 남아 있는 대상('그것')으로 바라보거나(5지점) 안으로 (침입해서) 뚫고 들어오는 것(6지점)으로 바라볼 수 있다.

- '그것들'(체계적) 관점을 취할 때, 우리가 참여하는 체계(7지점) 또는 우리가 아우르고 통합하는 체계(8지점)로 바라볼 수 있다.

앞에서 언급했듯이 9번째 관점—9지점—은 다른 8개의 양성적인 종합을 나타낸다. 이는 과정 에니어그램에서 종종 새로운 주기의 시작을 묘사할 때에는 0지점으로, 옛 주기의 끝을 묘사할 때에는 9지점으로 불린다. 이전 장에서 9지점은 영과 물질이 만나는 곳인 figure-8의 연결점으로 묘사되었었다([그림 9-3]). 따라서 나는 〈표 10-5〉에서 9지점을 AQAL의 중심에 두어 나머지 8가지 지점과 직접적으로 연결될 수 있도록 했다.

9가지 유형을 정신적 지평선으로 분류하는 것까지 했으니 이제 AQAL 행렬의 축을 뒤집음으로써 [그림 10-2]를 생성하고 에니어그램에 짜인 정신적 지평선을 묘사할 수 있게 되었다. 이렇게 함으로써 우리는 이 정신적 지평선과 관점들이 정말로 어울리는 짝인지 살펴볼 수 있게 된다.

살펴보게 되면 이들은 정말 어울리는 한 쌍이라는 걸 알 수 있는데, 심지어 에니어그램과 윌버의 정신적 지평선이 같은 근본적인 구조를 묘사하고 있다는 개념을 강하게 지지할 수 있을 정도로 이들은 잘 어우러진다. 에니어그램은 기하학적 관점으로부터, 윌버의 정신적 지평선은 분석적 관점으로부터 형성되었다고 할 수 있다(이들의 유사성을 잘 살펴보라. 정신적 지평선의 순서가 에니어그램 유형의 순서와 유사하다는 것을 알 수 있다).[15]

〈표 10-5〉 에니어그램 관점과 정신적 지평선

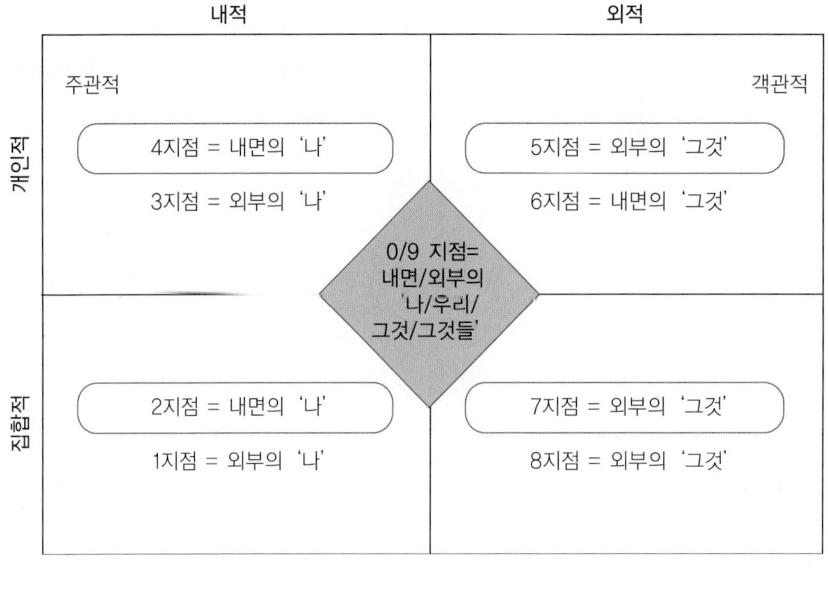

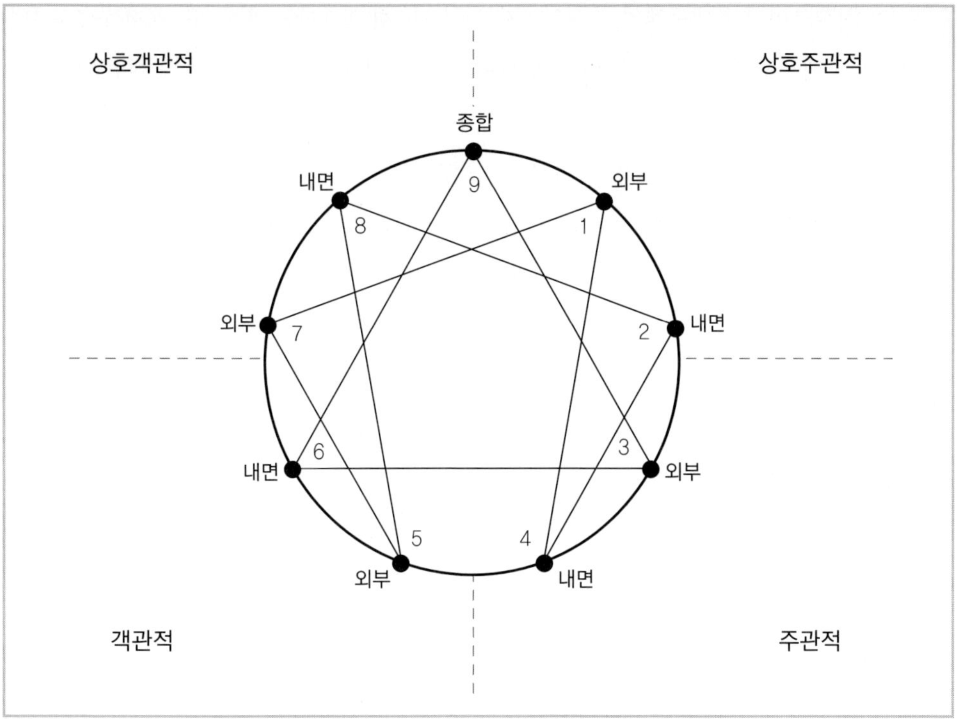

그림 10-2 에니어그램 위의 AQAL 정신적 지평선

정신적 지평선과 유형 비교하기

사분면은 각 면당 2개의 에니어그램 관점을 포함하는데, 그중 하나는 바깥에서 안으로의(외적) 관점에 대응하고 다른 하나는 안에서 바깥으로의(내적) 관점에 대응한다.

상호주관적 분면. **1지점**에서(외적인 '우리' 초점) 우리는 살아가면서 세계의 질서를 지키며 행동지침을 설정해 주는 규준을 찾으려 한다. 여기서의 초점은 문화, 윤리, 종교, 법에 있다. 이렇듯 공공사회 속에서의 삶에 관계되어 있는 폭넓은 주제에 초점이 맞춰져 있다. **1유형**들은 자신을 문화적 가치의 결정권자로 보기 때문에 자신이 보기에 옳다고 생각되는 가치를 올바르게 식별하고 제시하며 지키기 위해 자신의 환경에서 살짝 떨어져서 사물을 바라본다.

처음 발판을 마련하고 나면 우리의 관심은 자기 사회의 광범위한 한도를 서술하는 것에서 주위의 사람들과 관계하는 방법을 찾는 것으로 옮겨 간다. 이 움직임은 2지점에서(내적 '우리'

초점) 일어난다. 이런 유대관계의 본성이 무엇이든(친밀한 관계이든, 우정이든, 사회적인 것이든) 이런 유대는 매우 개인적이며, 굉장히 내면화된 관점과 연관 지을 만한 일종의 직접적인 감정적 관여를 수반한다. 그래서 **2유형들**은 감정적으로 보상이 되는 직업과 깊이 친밀한 관계, 자신이 사랑하는 사람들에게 필요한 존재라는 느낌을 추구한다.

1유형과 2유형은 모두 자기 너머를 바라보지만, 1유형은 이 세계의 질서를 잡고 싶어 하는 반면, 2유형은 그 속에 사는 사람들과 관계하고 싶어 한다.

주관적 분면. **3지점**에서(외적 '나' 초점) 우리는 적응하고 생존할 수 있는 사회적 페르소나를 사용할 수 있는 능력을 기르는 법을 배우게 되기 때문에 자아상이 진정으로 중요해진다. 그래서 **3유형들**은 덜 객관화된 자아감을 갖고 있을지라도 감정적으로 고통스러운 상황에서도 잘 일할 수 있도록 자기를 객관화(외면화)시킬 수 있는 능력을 갖고 있다. 그러나 3유형은 자신의 내적 자아보다 '페르소나 자아'에 연결되는 것을 더 쉽게 느끼기 때문에 "너 자신이 되어라"라는 말을 들었을 때 이를 어떻게 해야 할지 몰라 힘들어한다. 이들의 도전은 그 페르소나를 뚫고 내면의 자아에 도달하는 것이다.

4지점은(내적 '나' 초점) 3지점과 반대다. **4유형들**은 너무나도 완전히 내면화되어 있어서 자신의 바깥으로 빠져나오는 것을 힘들어할 수 있다. 이들은 그렇기 때문에 가끔씩 '심연에 빠진 듯한' 느낌을 받곤 하며, 바깥의 삶에서 자신의 내적 충동을 표현하지 못하는 것 때문에 좌절감을 느끼곤 하는 것이다. 자전적인 창조적 표현은 자신의 바깥으로 꺼내서 세상으로 불러오며, 이렇게 의미 있는 기여를 하고 싶은 자신의 욕구를 충족시키면서도 자신의 진정성도 유지할 수 있게 된다.

3유형과 4유형 모두 자기에게 집중하지만 3유형은 실용적인 기술의 개발과 기능적인 외적 페르소나를 가꾸는 것에 더 자연스럽게 끌리는 반면, 4유형은 자신의 내적 경험과 이를 바깥의 삶 속에서 표현할 수 있는 방법을 찾는 것에 더 몰두한다.

객관적 분면. 4지점에서 **5지점**(외적 '그것' 초점)으로의 이동은 2개의 극적인 변화를 수반한다. '나'에서 '그것' 초점으로의 이동과 내적에서 외적 초점으로의 이동이다. 간단히 말해서 극도의 주관성에서 극도의 객관성으로 옮겨 온 것이다. 그래서 5지점은 자기와 세상을 객관화시키기 때문에 이들(자기와 세상)이 분석될 수 있는 또는 조작될 수 있는 대상이 된다는 것은 놀랄 만한 일이 아니다. 결과적으로 개인적·부분적 자기를 위치시키는 것이 꽤 어려운 일이 될 수 있다. 게다가 사람들과 관계하는 것은 이들에게 더 어렵게 느껴진다. 하지만 이런 극심한 객관성은 5유형들에게 비상한 영리함과 사물을 구성 부분으로 나누어 새로운 형태로 재조직할 수 있는 능력을 준다.

6지점에서는(내적 '그것' 초점) 외면성과 내면성이 혼재하고 있어서 6유형들은 세상을 객관적으로 분석하는 것과 자신의 즉각적인 직관을 믿는 것 중에서 어느 것이 나을지 갈등을 겪는다. 보통 이를 상당한 의심을 갖고 고민하는데, 이는 직관은 객관성과 함께 맞물리기 어렵기 때문이다. 그렇기 때문에 이들의 '내면의 소리'는 자신의 주관적인 느낌과 정신적인 통제력을 발휘하려는 욕구의 조화를 이루는 법을 배우기 전까지는 거슬리게 느껴질 수 있다.

5유형과 6유형은 둘 다 굉장히 정신적이고 합리적 사고를 준수하지만 5유형은 더 감정적으로 분리되어 있고 인습타파적인 반면, 6유형은 자신의 내적 평온함을 방해할 수도 있지만 잠재적으로 향상된 내면의 조율을 불러오는 더 내적인 정신적 · 감정적 기질을 갖고 있다.

상호객관적 분면. 7지점에서(외적 '그것들' 초점) 우리는 다시 더 냉철하고 분리된 공간으로 이동한다. 하지만 이 면의 집합적인 초점 때문에 전보다는 훨씬 확장된 공간이다. 이렇게 확장된 공간 때문에 7유형들은 외부세계에서 결과를 찾는 것으로 자기의 자리를 잡으려고 한다. 그래서 이들은 여행, 모험 그리고 다양한 문화에서 온 사람들을 만나는 것에 본능적으로 매료된다. 7유형은 종종 2유형처럼 친근한 모습을 보이지만, 이들의 관계는 좀 더 지적이고 비개인적인 특성을 띠며, 이는 마치 이들이 만나는 사람들을 계속 확장되는 정신 네트워크에 더해지는 잠재적인 신경 마디로 보는 것처럼 보인다. 더 많은 신경 마디가 추가될수록 이들의 자아감 또한 더 확장된다.

8지점에서는(내적 '그것들' 초점) 7유형의 외적 다양성의 세계가 내면화되면서 온우주는 바깥이 아닌 내부에 있게 된다. 이는 엄청난 에너지를 만들어 내지만 강력한 내적 압박 또한 만들어 내어 8유형들이 이렇듯 왕성한 에너지를 잘 억누르고 거를 수 있는 매우 강하고 통일적인 정신 구조를 발달시키도록 만든다. 그렇다 하더라도 종종 8유형은 이렇게 억제하는 것에 어려움을 느끼는데, 그렇기 때문에 성미 조절 문제를 겪을 수 있다. 심지어 내면의 에너지를 다루는 데 통달한 사람들도(말 그대로 '단련된' 사람들도) 여전히 다른 사람들이 무시하기 힘든 범상치 않은 강렬한 존재감을 드러낸다.

7유형은 말 그대로도 또 은유적으로도 이곳에서 저곳으로 옮겨 다니는 반면, 다른 외적 경험을 가진 8유형은 자기가 찾는 경험과 사람들을 자석처럼 끌어당긴다. 그리고 이를 활동적으로 자기 '안으로 받아들인다'.

모든 사분면의 통합. 이제 단 one enneagram 관점인 **9지점**을 제외하고는 모두 설명했다. 앞에서 나타냈듯이 9지점은 에니어그램 원에서 독특한 위치에 자리하고 있다. **9유형**들은 전통적으로 나머지 유형들의 '뿌리' 유형이다. 그래서 9유형은 각 에니어그램 유형의 미개발된 형태를 나타낸다. 9유형은 모든 9가지 유형의 최종적인 종합을 나타낸다. 하지만 이 종합은 자신이 갖고 있는 이 특별하고 개인적인 특성을 발달시키겠다는 의지를 가지고 통합적인 성향(이 성향은 9유형에게 개인성과 집합성, 내향성과 외향성, 내면과 외부를 화합시킬 수 있는 능력을 준다)을 단지 빈 페르소나가 아닌 진정한 한 사람이 되겠다는 인간적 욕구와 조화시킬 수 있도록 하는 9유형에게서만 드러난다.

월버는 정신적 지평선을 AQAL에게 있어서 너무나도 중요한 것으로 보았기 때문에 *Integral Spirituality*(2006)에서 정신적 지평선이 사실 이 책의 주된 주제라고 말하고 있다(p. 40). 하지만 정신적 지평선은 아직까지 통합 이론계에서 큰 영향을 주지는 못했는데, 아마도 그 이유는 정신적 지평선에 대한 윌버의 설명이 너무 난해하기 때문일 것이다. (윌버는 굉장히 추상적인 설명에서 더 나아가 이 논의에 많은 독자들을 겁주기에 아주 적합한 수학적 계산 또한 도입하였다.)

그러므로 *Integral Spirituality*(2006) 이후에 쓰인 『통합 비전』(2007)과 *ILP*(2008) 같이 비전문적인 독자들을 고려한 저서에서는 정신적 지평선이 자연스럽게 사라지게 되었다.

정신적 지평선이 그 잠재력에도 불구하고 주로 신비 수학이나 철학에 재능 있는 사람들에게서만 논의의 주제로 남아 있다는 것은 안타까운 일이다. 왜냐하면 정신적 지평선은 굉장히 흥미롭고 유용한 구조이기 때문이다. 우리는 이를 평범한 사람들에게도 접근이 더 쉽도록 만들 수만 있으면 되는 것이다. 앞서 나눈 논의의 목적은 이를 실행하기 위함이다. 바로 정신적 지평선을 9가지 에니어그램 관점에 연결시키는 것이다.

3개의 영역 = 3개의 에너지 중심

AQAL의 사분면과 8가지 정신적 지평선을 살펴보았으니 이제 이와 가까운 친척을 살펴볼 준비가 되었다. 바로 윌버의 3대 가치 영역이다. 윌버는 본래 AQAL 모형을 만들어 낼 때 이 모형이 다른 각도에서도 바라봐질 수 있다는 것을 깨달았다. '그것'과 '그것들' 분면을 하나의 범주로 접음으로써 4개 대신 3개의 영역을 형성하게 되었다. 그는 이 집단을 3대 가치 영역이라고 이름 지었다. 윌버는 이 집단을 인간 경험의 3가지 영역으로 보며 몇몇의 역사적 모형을 언급하고 있다.

- 플라톤의 진(眞), 선(善), 미(美)
- 하버마스(Habermas)의 3가지 타당성: 공정, 정직, 진리/참됨
- 불교의 삼보(Three Jewels): 불보(부처), 승보(승가), 법보(Dharma, 사명)
- 칼 포퍼(Carl Popper)의 3가지 세계: 문화적, 주관적, 객관적

여기서 볼 수 있듯이 선은 도덕, 윤리 그리고 올바른 사회적 행동을 말하는 것이다. 미는 예술, 미학, 개인적인 주관성을 말한다. 그리고 진은 철학, 과학, 그 외의 진리를 이해하는 다른 방법을 말한다.

[그림 10-3]은 에니어그램의 3가지 에너지 중심에 비교한 3대 가치 영역의 개요와 함께 이 둘이 서로 어떻게 연결 될 수 있는지를 보여 주고 있다. 〈표 10-6〉과 〈표 10-7〉에서는 이 둘을 하나하나 자세히 비교한다. 이렇듯 이 둘 사이의 두드러진 유사점을 찾는 것은 어렵지 않다.

- 몸/배 중심과 연관된 핵심 속성은 올바른 행동, 윤리, 공정성, 자기통제, 자기수양, 존경을 포함한다('선').
- 가슴 중심과 연관된 핵심 속성은 감정, 아름다움, 이미지, 느낌, 공감, 여성성, 예술, 황홀

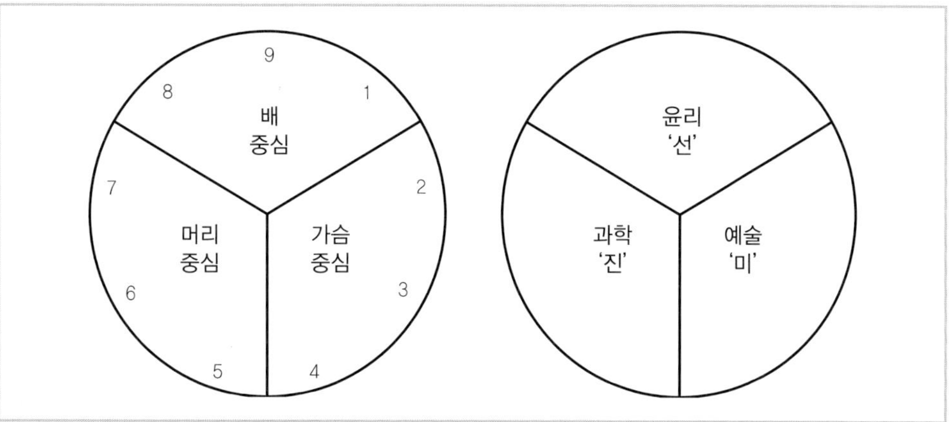

그림 10-3 에니어그램의 에너지 중심과 윌버의 가치 영역

감, 표현성을 포함한다('미').

- 머리 중심과 연관된 핵심 속성은 사색, 진리(진실), 과학, 논리, 이해, 철학, 배움을 포함한다('진').

이렇듯 3대 가치 영역과 에니어그램의 3가지 에너지 중심 간의 유사함은 근접한 정도가 아니라 정확히 일치한다. 정말로 정확히 같은 구분을 갖고 있다. 이는 3대 가치 영역에 대한 윌버의 의견이 에니어그램 작업에 그리고 에니어그램이 윌버의 3대 가치 영역에 유용하게 적용될 수 있다는 것을 의미한다.

에니어그램의 3가지 에너지 중심은 우리가 가진 내면 에너지의 본성(정신적, 감정적, 본능적)을 묘사한다. 3대 가치 영역은 이 에너지가 바깥세상에서(과학, 예술, 윤리의 영역 안에서) 표현되는 방식을 설명한다. 이 두 접근법을 비교할 때에는 보이는 유사점을 놓칠 수가 없을 정도로 분명하다(〈표 10-6〉).

통합적 관점에서 에니어그램의 에너지 중심을 연구하는 것은 외적인 행동의 내적 근원을 볼 수 있게 해 준다. 또한 에니어그램의 관점에서 3대 가치 영역을 연구하는 것은 내면 에너지가 바깥세상에서 어떻게 긍정적으로 표현될 수 있는지를 볼 수 있게 해 준다. 더 중요한 것은 자아 방어기제나 인지 왜곡 없이 에너지 중심을 개념화할 수 있게 해 준다.[16]

✼✼✼

지금까지 AQAL과 에니어그램 관점 간의 강력한 유사 관계를 살펴보았다. 즉, 여기서 질문이 하나 일게 된다. AQAL 관점과 에니어그램 관점은 기본적으로 같은 것인가? 나는 이에 대한 대답이 '그렇다'일 수밖에 없다고 생각한다. 틀과 언어 표현, 문화적 세계관에서는 다른 점이 있어도 속에 깔려 있는 구조는 동일하다. 나는 2006년부터 관점/정신적 지평선과 에니어그램 관점 간의 유사점을 탐구해 왔다. 그리고 더 많이 연구할수록 더 많은 유사 관계를 찾을 수 있었다.

만약 이 관련성이 정말로 존재한다면 현재 윌버의 IOS 형식에 3가지 중요한 의미를 갖는다.

- 첫 번째는 정신적 지평선의 본성이다. 에니어그램 유형과의 엄청난 유사성으로 봤을 때 정신적 지평선은 실제로 에니어그램 유형과 아주 밀접한 것이라고 볼 수 있다.
- 두 번째는 윌버의 IOS의 요소의 수다. 그중 2개의 수평적 요소인 'AQAL 사분면/정신적 지

〈표 10-6〉 3대 가치 영역

	윤리	예술	과학
근본 에너지	불	물	공기
에너지 본성	기반	창조	건조
지배적 양상	감각	느낌	생각
열망	진실성	진정성	사실성
실질적 목표	기준을 지키는 것	개인적 표현	객관적 이해
영역	자연세계	사회세계	정신세계
판단 기준	도덕적 관점	주관적 관점	객관적 관점
양극성	중립/중성	음/여성성	양/남성성
표현 방식	존재함	인정함	앎
진화적 역할	기원함	개입함	진화함
영감의 근원	영원한 가치	개인적 가치	객관적 가치
감정적 어조	강함	부드러움	차분함
학문적 중심	법/신학	예술/인문학	과학/논리
존재적 차원	육체적/영적*	감정적	정신적

* 윤리 가치 영역은 육체적(물리적)이면서도 영적인 영역이다. 왜냐하면 이 영역은 영원한(영적) 가치의 기반을 육체적(물리적) 차원에 두는 것에 초점을 맞추고 있기 때문이다.

〈표 10-7〉 에니어그램 에너지 중심 속성

	배 중심	가슴 중심	머리 중심
근본 에너지	불	물	공기
에너지 본성	기반	창조	건조
지배적 양상	감각	느낌	생각
열망	진실성	진정성	사실성
실질적 목표	기준을 지키는 것	개인적 표현	객관적 이해
영역	자연세계	사회세계	정신세계
판단 기준	도덕적 관점	주관적 관점	객관적 관점
양극성	중립/중성	음/여성성	양/남성성
표현 방식	존재함	인정함	앎
진화적 역할	기원함	개입함	진화함
영감의 근원	영원한 가치	개인적 가치	객관적 가치
감정적 어조	강함	부드러움	차분함
학문적 중심	법/신학	예술/인문학	과학/논리
존재적 차원	육체적/영적*	감정적	정신적
내면 자아로 가는 길	옳은 행동	자신의 발견	이해
영적 특성	현존	헌신	사색, 명상
영혼의 욕구	일체감	황홀감	경외감

* 배 중심은 하늘과 땅 사이에 위치하고 있다. 9장을 살펴보라.

평선'과 '유형'은 본질적으로 같은 범주에 속한다는 개념에 근거하여 나는 그 수를 5가지에서 4가지로 줄이도록 제시하고 싶다.

• 세 번째는 수평적 관점의 의의다(결국 단순한 수직적 구조의 변화 정도가 아닌 훨씬 그 이상인 것으로 나타나게 되었다).

다음에서 이것들이 가진 의미에 대해 차례로 살펴보기로 하자.

정신적 수평선에 대한 시사점

앞에서 다루었듯이 정신적 지평선을 에니어그램에 연결시키는 것은 사람들에게 정신적 지평선을 훨씬 더 이해하기 쉽게 만들어 주는데, 이는 정신적 지평선이 단지 추상적인 관점으로서만이 아니라 체현된 관점(예, 성격 유형)으로 여겨질 수 있기 때문이다. 하지만 그 외에도 다른 장점 하나가 있다. 바로 이렇게 연결 지음으로써 어떤 관점이 가장 우세한지 우리가 발견하도록 도와줄 수 있다는 것이다(예, 어느 영역이 우리의 에니어그램 유형과 대응하는지). 에니어그램 이론은 우세한 관점이 우리 삶에 내적으로도 외적으로도 막대한 영향력을 행사한다는 개념에 뿌리를 두고 있다. 우리의 우세한 관점을 발견할 수 있는 만큼 모든 것을 중심축으로 두고 회전하는 핵심 동기를 발견할 수 있다.

우세한 정신적 지평선을 우세한 성격 유형으로 보는 것은 이 우세한 관점이 세상을 습관적으로 인지하는 방식에 가진 지대한 영향력을 알아차릴 수 있도록 도와준다. 왜냐하면 궁극적인 목표는 시야를 넓히는 것에 있을지라도, 우리의 근원 지점을 알아차리는 것에서 시작해야 하기 때문이다. 그렇게 해야만 그 너머로 나아갈 수 있다.

통합적인 관점으로 이렇게 이해하는 것은 우리가 제대로 된 관점을 갖고 있지 못한 관찰자가 될 수도 있는 가능성을 피할 수 있도록 도와준다. 실상은 우리는 완전히 관점이 부족한 사람이 되지도, 온전히 관점을 갖고 있는 사람이 되지도 않을 것이라는 사실이다. 우리는 언제나 한 관점을 갖고 있을 것이다. 그리고 그 관점은 항상 부분적일 것이다(그래서 주관적일 것이다). 홀라키적 용어로 얘기하면 이는 우리는 언제나 홀론일 것이라는 말과 같은 소리다. 즉, 우리는 절대로 오로지 '전체'가 되기 위해서 우리의 '부분성'을 버리지 않을 것이라는 말이다.

우리가 우세한 정신적 지평선을 갖고 있다는 개념을 잘 받아들이기만 하면 이를 점차 우리의 관점을 넓히는 데 사용할 수 있다(11장에서의 논의를 살펴보라).

IOS에 대한 시사점

4장에서 다루었던 윌버의 5가지 요소 체계에서 '유형'은 윌버가 "거의 모든 단계나 상태에서 볼 수 있는 항목"이라고 정의했던 요소라는 것을 기억할 것이다. 나는 그때 이 정의는 이 '항목들'의 본성에 대해 거의 아무것도 알려 주지 않고 있었기 때문에 유달리 포괄적이라고 언급했었다. 아마도 윌버는 유형을 완전히 자격을 갖춘 정신적 구조의 자리로 인정하는 것을 탐탁지 않아 했기 때문일 수 있다. 이유가 무엇이든 유형 범주는 시간이 지나도 안정적인 모든 종류의 개인차를 포함한다(예, 성별, 에니어그램 유형, MBTI 유형 등. 이들은 모두 유형에 대해 윌버가 제시한 예다).

'유형' 범주의 또 다른 예시로는 갈등 관리 유형(토마스 킬먼[Thomas Kilman]), 내적 통제 위치(줄리안 로터[Julian Rotter]), 5가지 성격 특성 요소로 측정된 성격(코스타와 맥크리[Costa & McCrae]), 내향성/외향성(한스 아이젠크[Hans Eysenck]), 의사 결정 유형(마이런 주커먼[Myron Zuckerman]), 에니어그램 하위유형(자기보호, 성적/사회적 성향) 그리고 에니어그램 날개 유형 같은 특성이 포함될 수 있다.

이들은 '유형'으로 표현될 수 있는 개인차에 집중하는 것과 관련해 생각해 낼 수 있는 것들 중의 일부일 뿐이다.

하지만 만약 AQAL 사분면과 그 변형인 정신적 지평선과 3대 가치 영역이 에니어그램에 연결될 수 있다면(그리고 분명히 연결될 수 있다고 앞에서 밝혔다) 엄밀히 따졌을 때 사분면도 '유형' 범주에 포함되어야만 한다. 이 말이 우습게 들린다면 앞에서도 언급되었듯이 그건 윌버가 AQAL 관점을 너무 추상적인 방식으로 말해서 이를 성격 유형으로 상상하기가 어렵게 느껴지기 때문이다. 하지만 조금의 상상력을 발휘하면 이 연속체를 따라 움직이는 건 어렵지 않다.

정신적 지평선 〉 인식적인 〉 관점 포인트 〉 유형

관점은 비인격적으로 묘사되든(AQAL 정신적 지평선처럼) 인격적으로 묘사되든(에니어그램 유형처럼) 관점인 것이다. 에니어그램계에서 유형과 관점이란 용어는 동의어로 여겨진다. 어느 용어를 사용하느냐는 온전히 그때의 맥락에 달려 있다. 우리는 성격 특성을 강조하고 싶을 때 유형에 대해 얘기한다. 관점을 강조하고 싶을 때에는 관점 포인트를 얘기한다.

그렇지만 통합이론계에서는 유형과 관점을 분리시키는 것에 익숙해져 있다. 이는 윌버가 IOS에서 4개가 아닌 5개의 요소를 갖고 있는 이유이기도 하다. 하지만 유형과 AQAL 관점의 다른 점이 맥락뿐이라면 이들을 하나의 범주로 결합하면 되지 않을까?

과학적 심리 문헌에서는 이미 이런 범주의 이름도 있다. 바로 내가 앞에서 사용했던 개인차다. 앞의 예시들에서 나열되었던 모든 변수는 사람들 간의 개인차를 묘사하고 있다. AQAL과 정신적 지평선 관점 역시 이 범주의 자격을 갖췄다. 그래서 나는 AQAL 사분면 관점과 유형을 개인차라는 제목 밑에 포함시키는 것을 제안한다. 그리고 이는 다음과 같은 IOS 버전을 만들어 낸다.

- 발달의 선
- 발달의 수준/단계
- 의식 상태
- 개인차(AQAL 관점 = 에니어그램 유형)

이 제안의 단 한 가지 문제는 AQAL 관점이 이제는 윌버의 접근법의 상징적인 부분처럼 되어 버려서 그가 이를 없애 버리고 싶어 하지는 않을까(아니면 새로운 범주에 포함시켜 버리지는 않을까) 하는 것이다. 하지만 이 정보를 어떻게 다룰까 하는 것은 여기서의 나의 주된 목적은 아니다. 여기서 내 목표는 내가 무엇을 관찰해 왔는지를 언급하고, 윌버와 통합 연구회에 있는 그의 동료들이 이에 대해 어떻게 응답할지 고려하게 하기 위함이다.

하지만 나는 이 두 범주를 하나로 통합시키는 것과 관련해 IOS에 아무 변화가 만들어지지 않는다 하더라도 이 둘 간의 연결고리를 주목하는 것이 최소한 하나의 우세한 관점을 가지는 것이 어떤 의미인지에 대한 깊은 이해를 조성시킬 수 있게 되길 바란다. 그리고 이런 관점이 살아 숨 쉬는 성격 유형이 될 만큼 충분한 영향력을 어떻게 미칠 수 있는지를 깊이 이해하게 되길 바란다.

수평적 구조에 대한 시사점

AQAL 관점과 에니어그램 관점 간의 유사점에 대한 논의에서 나오는 세 번째 중요한 시사점이 있다. AQAL 관점과 에니어그램 관점 같은 수평적 독립체는 의식의 수직적 구조만큼 안정적이고 중요한 구조적 연관성을 갖고 있다는 개념이다. 만약 수평적 관점은 본질적으로 구조적이라는 이 개념이 IOS의 관점에서 봤을 때 반-직관적인 것처럼 여겨진다면 에니어그램 관점에서는 그렇지 않다. 9가지 유형이 구조적인 독립체라는 개념은 성격 에니어그램계에서는 너무도 잘 받아들여져 있기 때문에 이 중 가장 잘 알려진 교사 훈련 프로그램(에니어그램 인스티튜트와 Enneagram Worldwide)에서는 핵심 가르침으로 포함시켰다. 에니어그램 인스티튜트는 심지어 유형 구조 탐구에 전념하는 특별 워크숍도 열고 있다.

그리고 만약 유형/관점이 사실상 구조적이라면 IOS와 AQAL 관점 역시 그러하다. 이는 단지 수직적 구조만 갖고 있는 것이 아니라 수평적/수직적 정신 구조를 모두 갖고 있다는 것을 의미한다. 이 개념에 대해서는 11장에서 논할 것이다. 하지만 지금은 이 질문을 먼저 해 보도록 하자. "이 두 학계(에니어그램계와 통합 이론계)는 어째서 수평적 구조에 대한 견해가 많이 다른 것일까?"

가장 큰 이유는 바로 윌버가 정신 구조는 주로 우리 의식 수준의 한 기능이라는 개념을 오랫동안 제시해 왔기 때문이다. 다시 말하면 이는 정신 구조가 본질적으로 수직적이어야 한다는 것을 의미한다. 결과적으로 윌버는 수직적 작업을 변형의 주된 초점으로 보곤 하였다. 즉, 수평적 작업은 필요한 것일 수는 있으나 수직적 상승을 위해 필요한 것이지 그 자체로 필요한 것은 아니라는 것이다. 그래서 수평적 과정은 수직적 구조의 부분 집합(변화)처럼 여겨지는 것이다.

하지만 에니어그램 작업에서는 수평적 과정이 주된 중심이다. 그리고 이것이 바로 에니어그램을 매우 가치 있게 만들어 주는 요인이다. 다양한 관점(내적인 힘과 외부화된 관계의 측면 모두에서) 사이의 역동적인 상호작용을 묘사할 수 있는 능력 말이다.

이 결과로 오는 통찰은 아주 강력하다. 하지만 이 접근법의 잠재력을 이해하기 위해서는 이 중요성을 완전히 파악하기 위해 에니어그램 작업에 충분한 시간과 에너지를 투자하는 것이 필수적이다. 단순히 유형의 속성을 배우는 것만으로는 충분하지 않다. 에니어그램 작업에 깊게 직접적으로 관여하는 것만이 에니어그램에 생명을 불어넣어 줄 수 있고, 사람들의 믿음, 습관, 관계 속에서 삶이 바뀔 정도의 변화를 이들이 경험하게 할 수 있다.

아마 우리는 이런 질문도 할 수 있을 것이다. 만약 수평적 구조가 그렇게 실제적이고 중요한 것이라면 통합 작업에 관련된 사람들은 어째서 이를 알아차리지 못해 온 것인가?

그건 바로 수직적 구조의 눈에 보이지 않는 성질과 관련해 윌버가 밝힌 것과 같은 이유 때문이다. 그는 의식의 구조적 성분을 확인하는 것의 문제는 우리가 그 성분을 직접적으로 인지할 수가 없다는 것이라고 말하고 있다. 그는 이에 대한 예시로 그레이브스와 코완의 나선 역학을 든다. "당신은 몇십 년이고 명상 매트에 앉아 있을 수 있지만 나선 역학과 닮은 그 어떤 것도 절대로 볼 수 없을 것이다" (Integral Spirituality, 2006, p. 38).

수평적 구조에 대해서도 똑같은 관찰이 가능하다(예, 에니어그램 유형이나 AQAL 구조). 이 구조는 우리의 세계관을 형성하는 데 있어 깊은 영향을 미치기도 하지만 그 관찰을 하는 체계의 한 부분인 것이다. 그렇기 때문에 이 구조는 관찰자에게는 보이지 않고는 하며, 누군가가 지적을 해야만 눈에 띄게 된다. 자기의 에니어그램 유형을 최근에 알게 된 사람 중 아무에게나 물어보라—이건 꽤 놀랄 만한 정보다!

그렇기는 하지만 오스카 이차조가 1970년에 9가지 유형의 존재를 언급하기 전까지는 아무도 그 존재를 알아차리지 못했다. 클라우디오 나란조는 그의 정신의학 실습에 이 9가지 유형을 사용하기 시작했는데, 이 새로운 도구를 환자들에게 밝히지는 않았다. 그는 환자들이 자신을 이해하는 그의 기이한 능력에 놀랐다고 말했다. 결국 그는 이 가르침을 그의 SAT 모임에 전파할 수밖에 없었다(비밀을 지키겠다고 이차조에게 약속했음에도 불구하고 말이다). 그는 이 정보가 자신만 알고 있기에는 너무 가치 있는 것이라고 느꼈다. 당연히 나란조의 일부 제자들도 이와 같은 생각을 했고, 그렇게 이 가르침은 점차 널리 퍼져 대중의 인정을 받게 되었다.

앞서 나눈 논의에 근거해 보면 이러한 것들을 포함한 IOS 모형을 상상해 보는 것이 가능하다. (a) 9가지 에니어그램 관점과 동등한 것으로 여겨지는 8가지 정신적 지평선 그리고 이들 중 하나씩은 각 개인이 가진 하나의 우세한 관점이 된다. (b) 4가지 주요 요소(선, 수준, 상태, 개인차), 그리고 (c) 의식의 수직적/수평적 구조가 그것이다. 여기에 제시된 변화들은 논쟁의 여지가 있을 수 있지만 앞으로의 사고에 충분한 양식을 제공해 준다는 건 확실하다.

9장에서 우리는 변형의 수직적 차원을 살펴보았다. 10장에서는 수평적 차원을 살펴보았다. 앞으로 11장에서는 수직적 차원과 수평적 차원 간, 그리고 IOS와 에니어그램 간의 상호작용에 대해 알아볼 것이다.

마지막 주석: 각 영역에 대해 얘기할 때, 늘 윌버의 정신적 지평선 숫자를 사용해 왔던 윌버의 팬들에게는 사과를 건넨다. 에니어그램은 다른 체계를 갖고 있기 때문에 그와 같은 번호 체계를 취할 수가 없다(게다가 숫자에 일종의 심오한 의의를 담고 있는 체계는 더욱더 바꿀 수가 없다. 8장의 주석 10번을 참고하라). 쉽게 이해할 수 있도록 하기 위해서 〈표 10-8〉에 유형 숫자를 윌버의 영역 숫자와 함께 나열했다(윌버의 영역 숫자는 *Integral Spirituality*의 39페이지에 실린 윌버의 표에 나온 대로 표시했다). 원 안에 있는 것은 안에서 바깥으로의 관점이고, 원 밖에 있는 것은 바깥에서 안으로의 관점이다.

〈표 10-8〉 에니어그램 유형으로 번역된 윌버의 영역 숫자

	내부/주관적	외부/객관적
단수/개인적	4유형 = 1영역 3유형 = 2영역	5유형 = 6영역 6유형 = 5영역
복수/집합적	2유형 = 3영역 1유형 = 4영역	7유형 = 8영역 8유형 = 7영역

미주

1) 엄밀히 말하면 AQAL은 수직적 차원과 수평적 관점의 조합으로 이루어져 있다(그래서 이 모형이 '모든 수준'인 것이다). 하지만 실질적인 관점으로 보면 AQAL 사분면/정신적 지평선은 주로 수평적 세계관/관점에서의 차이를 논하기 위해 사용되었다. 윌버는 사실상 그의 AQAL 행렬에서 '모든 수준' 부분이 그다지 필요하지 않았다. 왜냐하면 그의 이론은 의식의 수직적 차원을 묘사하기 위한 다른 2가지 요소(발달의 선, 발달의 수준)를 이미 포함하고 있었기 때문이다. 그러므로 수준을 포함시키는 것은 다소 불필요한 것으로 보인다. 하지만 윌버가 *SES*(1995/2000)에서 AQAL을 선보였을 당시, 그는 *Integral Spirituality*(2006)에서처럼 IOS의 각 요소를 나열하는(그리고 발달 선들을 포함하는) 공식적·형식적 모형을 아직 종합하기 전이었다. 그렇기에 그는 모든 수평적 관점은 발달의 모든 선에서 일어날 수 있다는 점을 그의 독자들에게 상기시키기 위해 어쩌면 AQAL을 고안할 때 수준을 포함하기를 바랐을 수 있다.

2) 윌버는 그가 강조하고 싶은 부분에 따라 AQAL의 열과 행들을 이름 짓는 2가지 다른 접근법을 사용했다. 더 개인적인 관점을 취하려면 열에 있는 개인적 대 집합적 부분과 행에 있는 주관적 대 객관적 부분의 관점을 다룰 수 있다. 좀 더 비개인적인 관점을 취하려면 열에 있는 단수 대 복수 부분과 행에 있는 내적 대 외적 부분의 관점을 다룰 수 있다. 나는 완전성을 위해 2가지를 다 사용한다.

3) 『모든 것의 역사(A Brief History of Everything)』(1996), p. 91.

4) 『모든 것의 역사(A Brief History of Everything)』(1996), p. 93.

5) 『모든 것의 역사(A Brief History of Everything)』(1996), p. 94.

6) 이는 우리의 인지적 여과 장치나 체제가 새로운 개념들을 수용하지 못한다고 말하기 위함이 아니다. 이는 단지 우리의 인지 체제가 한 번에 너무 많은 새로운 정보를 받아들일 수 없기 때문에 넘치는 새로운 정보는 안정적인 관점을 유지할 수 있는 우리의 인지 체제 능력을 '집어삼키게' 되어 버린다는 말이다. 우리가 한 번에 다룰 수 있는 양의 정도는 상당 부분이 우리의 내적 균형에 달려 있다. 유동적인 체제를 가진 잘 균형 잡힌 개인은 분열되고 과하게 융통성이 없는 체제를 가진 불균형적인 개인보다 더 많은 정보를 받아들일 수 있다. 이런 불균형적인 개인에게 새로운 정보는 불안정하게 만드는 성질인 것이다.

7) *ILP*(2008), p. 37.

8) *ILP*(2008), p. 68.

9) 맥락 또한 우리가 취하는 AQAL 관점에서 명백한 역할을 할 수 있다. 영적 맥락에서의 주안점은 UR(과학적) 분면을 선호하는 현대 문화와는 반대되게 전통적으로 UL(개인적/주관적) 분면에 있어 왔다.

비록 지난 몇십 년 동안 사람들의 관심은 LR(체계 이론)에 있어 왔지만 윌버는 *SES*(1995/2000)와 *Integral Spirituality*(2006) 모두에서 LR의 단점에 초점을 두는 경향을 보였다. 왜냐하면 그는 주로 체계 이론을 과학과 영성 간의 틈을 이어 주는 하나의 방식으로 인지되어 온 것으로 여겼고, 이는 그가 포용하지 않는 관점이기 때문이다(SES의 pp. 113-114에서 이에 대한 논의를 살펴보라). 윌버는 LL('우리' 영역) 분면이 지닌 사회적 책임과 공유된 가치에 대한 주안점과 함께 LL 분면에 더욱 관심을 보이게 되었는데, 이는 독백적인 과학과 영성의 편협한 한계 너머로 사람들이 진화할 수 있도록 도와주는 LL의 잠재력 때문이다(*Integral Spirituality*의 175~178페이지에서 이에 대한 논의를 살펴보라).

10) 누군가는 이 시점에서 궁금해 할지 모른다. 어떤 체계(AQAL 혹은 에니어그램)가 더 나을까?

이에 대한 답은 바로 이것이다. 때에 따라 다르다—왜냐하면 맥락이 모든 것을 좌우하기 때문이다. 특정 목적을 위해서는 윌버의 IOS가 특히 유용하다(예, 발달 선들을 살펴볼 때, 온우주에 대한 다양한 해석을 비교할 때, 전/초 오류를 이해할 때). 그렇지만 다른 목적을 위해서는 에니어그램이 더 유용할 수 있다(예, 개인적 혹은 상호적인 견지에서 관점을 살펴볼 때). 또한 특정 성격 유형에 해당하는 사람들(예, 더 이성 중심적인 사람들인 5, 6, 7유형들)은 윌버의 체계에 더 끌리는 반면, 감정이나 몸 중심적인 사람들은 에니어그램에 더 끌릴 수 있다. 여기서의 요점은 어느 체제가 더 낫다는 것보다는 어떤 목적에 어느 체제가 더 낫느냐에 있다. 13장에서 이 두 체계에 대해 하나하나 비교한 부분을 살펴보라.

11) 이 장의 논의에서 내가 취한 관점은 분면들의 인식론적인 관점(예, 세상으로부터 정보를 받아들이기 위해 우리가 사용하는 관점, 견해 혹은 지각적 여과 장치)에 기반을 두고 있다. 우리의 논의에서 일어날 수 있는 혼란의 잠재적인 원천은 윌버가 UR 분면을 '행동적'으로 명하는 것으로부터 일어난다—그는 이를 시작 부분부터 명해 왔다(*SES*의 AQAL 머리 그림을 살펴보라). *SES*에서의 그의 초반 논의를 통해 판단해 보자면(p. 128을 살펴보라) 그의 본래 의도는 외적 관찰에만 초점을 맞추는 실증적인 연구의 형태인 행동주의를 UR 분면과 연관 지으려는 것이었다. 하지만 UR 분면을 '행동적'이라고 명함으로써 그는 오해로 향하는 문을 연 것이다(예, 즉 그의 독자들로 하여금 행동을 UR 분면과 나머지 3개의 분면을 구분 짓는 특성으로 보게 할 수 있는 오해의 소지를 제공한 것이다).

그러므로 이러한 점들을 강조하는 것이 필요해졌다. (a) 물리적(신체적)인 행동과 행동적 관점 간에는 엄청난 차이가 있다. (b) 사분면 중 어떤 분면이든지 행동에 초점을 맞출 수 있다. 개인적 직관(UL), 문화적 신념(LL), 실증적(경험적) 평가(UR) 혹은 체계 이론적인 관점(LR)의 여과 장치를 통해 말이다.

12) LL 분면에 대해 논할 때, 비록 윌버는 더 범지구적인 의미에서 집합성에 초점을 맞추기는 하였지만 '우리' 관점은 개인 이상으로 구성된 모든 주관성 중심의 단위를 살펴볼 수 있다. 그렇게 함으로써 이 관점은 친밀한 관계, 우정 혹은 가족 관계로 인해(단지 큰 집단만이 아니라) 형성된 관점 또한 포함할 수 있게 된다.

13) 난 여기에 남성적 에너지는 객관적인 경향이 있다고 쓸 뻔했다(객관성 중심적인 경향 대신 말이다). 이는 적정하면서도 중요한 구분인데, 왜냐하면 객관적인 지향성은 그 사람이 실제로 더 객관적으로 이해한다는 것을 의미하지는 않기 때문이다. 모든 AQAL 관점은 동일하게 주관적이므로 이들 모두는 부분적인(불완전한) 관점이다.

14) 가장 여성성/내면성과 연관된 에니어그램 유형들은 짝수(2와 4)인 반면, 가장 남성성/외부성과 연관된 유형들은 홀수(5와 7)라는 점은 흥미로운 사실이다. 이는 우연이 아니다. 심원한 수론(숫자 이론)에서는 여성성은 짝수와 남성성은 홀수와 연관되어 있다(이에 대한 논의의 예시로는 www.freemasons-freemasonry.com/esoteric-masonry-tetragrammaton.html; [2012-11-9에 인용됨]를 살펴보라).

최근의 연구들 역시 이것이 실제로 사람들이 이러한 성질을 심리적으로 인지하는 방식이라는 점을 보여 주었다 (www.livescience.com/15859-odd-numbers-male-female.html; [2012-11-9에 인용됨]을 살펴보라).

이렇듯 우리가 8가지 정신적 지평선을 에니어그램 유형으로 옮길 때, 같은 양상이 반복되게 된다. 즉, 짝수 유형들(0-2-4-6-8)은 더 큰 정도의 내면성을 지니게 되고, 홀수 유형들(1-3-5-7-9)은 더 큰 정도의 외부성을 지니게 되어 짝수 = 여성성, 홀수 = 남성성이라는 숫자점(numero-logical) 원칙에 신빙성을 부여하게 된다.

15) 홀수는 남성적이고, 짝수는 여성적이라는 개념과 아주 유사한 개념은 본래의 AQAL 사분면에 연결된 에니어그램 유형이 바로 가장 '자연스럽게(선천적으로)' 4개의 분면과 어우러진다는 것이다. 그러므로 2유형과 4유형(AQAL의 왼편 혹은 주관적 영역에 있다)은 지향성에 있어서 더 '순전히' 주관적인 반면, 5유형과 7유형(AQAL의 오른편 혹은 객관적 영역에 있다)은 더 '순전히' 객관적이라는 것이다.

나머지 4가지 유형은 '섞여 있다'. 1유형과 3유형은 주관적 영역에 있는 객관적 유형이며, 6유형과 8유형은 객관적 영역에 있는 주관적 유형이다. 이는 이러한 내적 차이를 조화시키는 것이 어쩌면 더 힘들 수 있다는 것을 의미한다. 아니면 이는 이 유형들이 다양하기 때문에 특정 측면에 있어서 더 잘 균형 잡힐 수 있다는 것을 의미할 수 있다.

(만약 내가 이 유형들을 정신적 지평선에 연결시키지 않았다면 나는 절대 이러한 양식을 알아차리지 못했을 것이다. 이처럼 하나의 체계를 또 다른 체계로 연결시키는 것이 탐구의 새로운 영역을 어떻게 발견할 수 있게 해 주는지에 대한 예시를 여기서 소개하고 있다.)

16) 성격의 왜곡으로서의 유형에 집중하는 것에 대한 논의를 보려면 이에 대한 예시로 메이트리의 *The Spiritual Dimension of the Enneagram*(2000)과 *The Enneagram of Passions and Virtues*(2005)의 1장과 리소와 허드슨의 *Understanding the Enneagram*(2000)의 7장 혹은 캐서린 헐리(Katherine Hurley)와 돕슨(Dobson)의 *My Best Self: Using the Enneagram to Free the Soul*(1993)의 2장을 살펴보라.

11 수직과 수평을 통합하기

고착은 '부정적'이다. 내가 설명했던 세계관들은 모두 '긍정적'이다.
이 둘을 나란히 두는 것은 서로 계몽적이다.

—A. G. E. 블레이크

내가 가장 좋아하는 영화 중 하나는 〈플레전트빌(Pleasantville)〉이다. 이 영화에서는 현대의 십대 청소년인 데이비드와 제니퍼(이들을 토비 맥과이어와 리즈 위더스푼이 멋지게 연기했다)가 1950년대로 이동된다. 그곳에서 이들은 어쩔 수 없이 '버드'와 '메리 수'라는 인물로 분해 2차원의 흑백 TV 속 인물들과 함께 그곳에 적응할 수밖에 없게 된다. 모든 플레전트빌의 사람들은 고정관념을 나타낸다. 순종적인 아내, 그녀의 뻔한 남편, 바보 같지만 사랑스러운 아이들, 하교 후에 모든 십대가 만나는 장소인 음료수 가게를 운영하는 남자까지. 플레전트빌은 아주 살기 좋은 곳으로, 1950년대 교외의 전형의 모습을 갖추고 있다. 깨끗하고 질서정연하며 친근한 이곳은 범죄나 사고도 없고 불이 나지도 않는다. 그러나 단 한 가지 문제가 있다. 이곳에서는 어떠한 새로운 일도 일어나지 않는다는 것이다.

하지만 플레전트빌 주민들은 이미 이런 것에 익숙하기 때문에 이 사실을 신경쓰지 않는다. 이들은 자신의 삶이 이렇듯 굉장히 편협하게 제한되어 있다는 사실을 깨닫지 못한다. 이들은 새로운 사람들이 나타나 "플레전트빌 밖에는 무엇이 있어요?" 같은 이상한 질문들을 받고 나서야 현실을 알아차리기 시작한다. 이곳에 지루함을 느끼고 비아냥대는 제니퍼가 지리학 선생님에게 던진 아무 의도 없던 질문은 새로운 생각을 담은 판도라의 상자를 연다. 그녀는 계속해서 질문을 던질 뿐 아니라 플레전트빌의 십대들에게 데이트와 로맨스(는 물론 섹스까지)의 신비로운 세계를 열어 주게 된다. 그리고 그 시점부터 플레전트빌은 이전과 같을 수 없다는 사실을 확실시하는 사건의 연속이 뒤따르게 된다. 데이비드와 제니퍼 역시 이전과 같을 수 없게 된 것은 물론이고 말이다.

영화의 메시지 중 하나는 바로 변형은 이렇듯 삶에 내재되어 있는 것이라 심지어 플레전트빌처럼 고정된 곳도 변화를 피할 수는 없다는 것이다. 처음에는 플레전트빌 주민들도 정해져 있는 일상에 고정되어 있는 듯했지만 새로운 무언가에 흥미를 갖도록 부추기는 것은 그리 어렵지 않았다(특히 십대들은 더 그렇다). 이들의 열의는 내적으로도 외적으로도 더 큰 현실로의 문을 열게 했다.

플레전트빌은 또 다른 중요한 메시지를 담고 있다. 변형은 모든 개개인에게 다르게 보인다는 것이다. 변화하겠다는 욕구는 핵심적인 것이지만 진정한 변화는 개인으로서의 우리 각자 자신에게 어떤 종류의 변화가 맞는 것인지를 발견하기 전까지는 이루어지지 않는다.

플레전트빌에서 흑백 인물들이 갑자기 색깔을 갖게 되었을 때 중대한 전환이 있었다는 것을 알게 된다. 하지만 변형을 만드는 경험들은 각 사람마다 고유하고 독특한 것이다. 어떤 사람에게 변형은 독립적인 사람이 되는 것이지만 어떤 사람에게는 상호의존적인 모습이 되는 것이 변형이다. 어떤 사람은 사랑에 빠지지만 또 다른 사람은 메마른 관계로부터 떠나가는 용기를 찾는다. 미래에서 온 이 방문객들의 경우 내성적인 데이비드는 (이곳에서 자신의 가짜 엄마를 괴롭힘으로부터 지켜주면서) 내면의 강함을 찾게 되는 반면, 명랑 쾌활한 제니퍼는 (사실은 자신이 난잡한 섹스보다 공부하는 것을 더 좋아한다는 것을 발견하게 되면서) 내면의 학문적 소질을 찾게 된다. 하지만 변형의 방법이나 수단이 무엇이든 자신의 진정한 본성을 찾는 사람들만이 흑백에서 눈부시게 아름다운 색으로 변형된 자신을 발견하게 된다!

이렇듯 플레전트빌은 수평적 발달(개인으로서 자신이 가진 유일무이함을 이해하는 능력)과 수직적 발달(현재 자신의 의식 수준 너머로 이동할 수 있는 능력) 간의 고유한 연결고리를 드러내 준다. 그와 반대의 경우 또한 사실이다. 수직적 발달은 존재함의 다른 수준에서 우리 자신을 바라볼 수 있도록 해 줌으로써 자신의 독특성에 대해 향상된 이해를 할 수 있도록 돕는다는 사실이다.

이 장은 이러한 사실들에 관한 것이다. 바로 수직적 차원과 수평적 차원 간의 관계를 탐구하는 것인데, 이미 에니어그램과 관련지어 8장에서 다루었던 것이다. 이 장에서는 이 조합에 월버의 IOS를 추가하여 두 체계와 두 차원을 모두 통합시키는 것의 장점을 볼 수 있도록 해 주는 방식으로 IOS와 에니어그램을 재미있게 나열시켰다.

하지만 그에 대한 논의에 뛰어들기에 앞서 먼저 수직적 차원과 수평적 차원이 IOS에서 현재 어떤 개념으로 정리되어 있는지를 더 자세히 살펴볼 필요가 있다. 그렇다면 이제 10장에서 시작되었던 논의를 다시 전개해 보도록 하자. 이 논의에서 우리의 정신은 단지 수직적 구조만이 아니라 반드시 의식의 수평적 구조와 수직적 구조를 모두 갖고 있어야 한다는 것을 강조했었다.

그러나 이 개념은 4장에서 논의되었던 윌버의 '변형 대 변화' 접근법에 어긋나는 것으로, 윌버의 이 접근법은 수직적 변형이 수직적 변화보다 더 주요한 것이라는 개념에 근거하고 있다. 다음에서 이 가정을 더 자세히 살펴보고, 이제는 수직 중심적 모형에서 수직적 발달과 수평적 발달이 서로 상호 보완적인 관계이자 변형에 있어서 동등한 짝이라고 여기는 모형으로 옮겨 가야 할 때일 수 있다는 점을 시사하도록 할 것이다.

변형 대 변화: 다시 살펴보기

4장에서 보았듯이 윌버는 변화를 두 종류로 구분 지었다. 바로 변형(그가 수직적이라고 부르는 것)과 변화(그가 수평적이라고 부르는 것)다. 여기서 변형은 의식의 또 다른 수준으로의 이동으로 정의되어 있는 반면, 변화는 의식의 현재 수준 내에서 이동하는 것으로 정의되어 있다. 윌버의 이론에 따르면 변형은 의식 내에서 구조적 변화를 수반하는 반면에 변화는 그렇지 않다. 정신을 수직적 구조만 가진 것으로 표현하는 방식과 변형을 수직적 변화만 포함하는 것으로 표현하는 방식으로 개념화하는 것은 수평 축보다 수직 축에 분명한 우위를 준다.

이런 수직 축의 우위는 윌버의 글에서 계속해서 나타난다. 예를 들면, *The Atman Project* (1980)의 47페이지에서 윌버는 수직적 변형을 건물 안에서 새로운 층 위로 이동하는 것에 비유한 반면에 수평적 변화는 한 층에서 가구를 옮기는 것으로 비유했다. 이런 표현은 변화가 단순한 피상적인 종류의 변화일 뿐이라는 것을 시사한다.

『아이 투 아이』(1983)에서 그는 "변화의 과정은 그 본성이 변화 자체의 기본적인 한계적 원칙에 따르지 않는 모든 지각과 경험을 걸러 내는 경향을 갖고 있다"라고 말했다(p. 110). 변화가 실제로는 심리적 방어 기제의 일종이라는 것이다. 그는 실제로도 이 문장을 사용했다. 변화는 "평범하고, 필수적이며, 건강한 것"이라고 그는 덧붙였다. 하지만 그가 말하는 방식에서 보면 변화를 그다지 건강한 것이라고 표현한 느낌은 들지 않는다. 또한 그는 잘못된 변화와 관련된 모든 문제에 대해 광범위한 논의를 펼치며 잘못된 변화를 "깊은 구조의 … 측면"을 활발히 억누르는 또는 억제하는 것으로 정의하고 있다.

SES(1995/2000)에서 홀론의 본성에 대해 논할 때, 윌버는 변화에 관해 이렇게 언급했다. 홀론은 "그가 가진 규칙이나 체제의 조건에 따라 세상을 변화시킨다". 반면에 변형에 관해서는 "가능한 자극의 완전히 새로운 세상에 갈 수 있게 된다".(p. 67) 여기서도 역시 변화는 무언가 우리를 차단하는 것이라는 느낌을 주는 반면, 변형은 우리를 열어 주는 무언가라는 느낌을 준다.

*SES*의 다른 부분에서도 윌버는 평원을 현대 문화에서 변형에 대한 변화의 승리를 반영하는 것으로 얘기한다. "더 이상 더 깊은 또는 더 높은 행복은 없다. 오직 더 넓은 행복이 있을 뿐이다"(p. 439).

『켄 윌버의 일기』(2000)에서 윌버는 변화를 전통적인 종교적 수행과 관련지었는데, 이런 종교적 수행을 사람들로 하여금 내적 변화를 향한 열망으로 불타오르게 하기보다는 그 자리에 만족하게 만들도록 설계된 것으로 보았다. 이렇게 변화에 대한 부정적인 발언과 변형에 대한 긍정적인 발언을 몇 차례 한 후, 그는 "내가 분명히 변형을 선호해 왔고 변화를 낮게 바라보아 온 것은 맞지만 … 이 두 기능은 모두 굉장히 중요하다"(p. 27)라고 말했다. 그렇지만 그는 그 즉시 다시 한 번 변화를 낮추어 얘기하며, 이를 사람들로 하여금 "자신의 세계를 변화시키고 그 세계의 이치가 맞게 하며 의미를 부여하고 행복한 자기의 모습 표면의 아래에 숨어 있는 공포와 고행으로부터 자신을 방어하는 것"을 가능하게 해 주는 사람들에게 '주어진' 것으로 묘사했다.

'굉장히 중요한' 기능으로서의 변화의 개념과 정신적 공포에 대한 일시적인 대비책으로서의 변화의 개념을 조화시키기란 어려운 일이다.

윌버는 몇 페이지 뒤에서 변화의 옹호자로 다시 등장해서 다음의 주장에 근거하여 이렇게 얘기했다.

> 우리는 진정한 변형을 효과적으로 제공할 수 있게 되기 전에 좀 더 부드럽고 도움이 되는 방식의 변화를 찾아야 한다…(『켄 윌버의 일기』, 2000, p. 30).

변형이 중요한 주제이지만 윌버는 여기서 변화를 단순한 심리적 방어기제 그 이상의 것으로 인정하고 있다. 즉, 변화가 변형의 과정에서 진정으로 역할을 한다는 것을 인정하고 있다. 계속해서 그는 수행을 '덜' 하는 방식(쵸감 트룽파[Chogyam Trungpa Rinpoche]와 아디 다[Adi Da]가 개발한 종류와 같은 변화적 수행을 포함하며)을 통해서 non-dual 체계를 제시하는 개념에 동의한다는 것을 피력하며, 이 수행들 중 다수는 '단순히 변화적'이지만 사람들로 하여금 '명백함'(p. 31)에 대비하도록 해 주는 잠재력을 가지고 있을 수 있다는 것에 주목했다.

그는 이 논의에 대해 이렇게 마무리 짓고 있다.

> 영성에 대한 통합적 접근은 수평성과 수직성, 변화성과 변형성, 타당성과 진정성의 가장 좋은 부분을 갖추고 있다(p. 32).

난 이에 대해 전적으로 동의하지만 영성에 대한 진정으로 통합적인 접근법은 수평성과 수직성 두 차원의 본질적인 동일함을 인정해야만 하는데, 윌버는 이것을 어려워했다. 윌버는 수평적 작업의 가치에 대해 지적으로는 이해하지만—특히 1995년 이후에—단지 이를 별로 좋아하지는 않는 듯했다. 그래서 그가 수평적 차원의 이익적인 측면 대신 허점이나 안 좋은 측면을 훨씬 더 잘 알아차리는 것이다.

이런 이유로 그는 건설적인 수평적 작업(이는 정신을 통합하고 우리의 조망수용 능력을 확장시킨다)과 방해적인 수평적 작업(이는 진정한 수직적 · 수평적 발달 모두를 막는다)을 결합해서 생각하기 쉬운 경향을 띤다. 하지만 실상은 이러하다. 각 수직적 수준마다 건강한 측면과 불건강한 측면이 있듯이 각 수평적 관점에도 건강한 측면과 불건강한 측면이 있는 것이다(그게 AQAL 관점에 관련된 것이든 에니어그램 관점에 관한 것이든). 게다가 10장에서도 논했듯이 수평적 차원은 수직적 차원과 마찬가지로 구조적이며, 이는 9가지 에니어그램 유형을 정신구조에서 독특하고 뚜렷한 차이를 보이는 것으로 묘사하는 것이 가능한 이유이기도 하다.

수평적 차원에 대한 윌버의 지속적인 양가감정은 최근인 2006년에도 나타나고 있는데, 그의 마지막 이론적 작업인 *Integral Spirituality*에서 그는 깨달음의 2가지 범주를 구분 지으면서 그들 중 하나(수직적 또는 '구조 단계적' 깨달음)를 또 다른 나머지(수평적 또는 '상태 근간의' 깨달음)보다 우월한 것으로 여겼다. 간단히 말해서 윌버가 여기서 하고자 하는 것은 깊은 지혜를 지닌 방식으로 깨우친 사람들과 불완전해 보이는 방식으로 깨우친 사람들(왜냐하면 이들은 삶의 다른 부분들에서는 놀랄 만큼 깨닫지 못한 모습으로 남아 있기 때문이다) 간의 중요한 차이를 제시하려는 것이다. 하지만 그가 이렇게 하는 이유는 다시 한 번 수평적 영역을 영성의 열등한 측면과 연관 짓기 위한 것이다. 그렇지만 '상태 근간의' 깨달음에는 본질적으로 '수평적'인 측면이 없기 때문에 이는 사실 개념적으로 이유가 되지 않는다.

내 관점으로 봤을 때, '수평적'이라는 용어는 진정으로 수평적인 통합 이론의 측면에 대해 이야기할 때 사용해야 한다. 그 예로는 조망수용, 발생/정신적 지평선의 영역, 가치 영역, 에니어그램 관점, 에니어그램 에너지 중심, 개인과 공동체의 관계를 들 수 있다. 그러므로 나는 윌버가 후에 작업할 때에는 깨달음에 대한 이 2개의 다른 접근법을 논할 때 다른 방식을 찾게 되길 바란다. (내가 그 방식을 제안하자면 그가 말한 '상태 근간의' 깨달음은 영적 선상에서의 깨우침으로, '구조/단계' 깨달음은 수행자로 하여금 좀 더 '위에서부터 바라보는' 통합적 관점을 가질 수 있게 해주는 방식과 연결된 다중 선상에서의 깨우침으로 보는 방식을 제시하고 싶다.)[1)]

1970년대와 1980년대의 변형 대 변화 개념은 의식의 더 높은 단계에 도달하기 위해 이루어지는 내면 작업과 평원적 존재를 받아들이는 능력을 증진하도록 설계된 내면 작업을 구별하는 데 유용한 도움이 되었다. 이렇기 때문에 윌버가 변화를 잠재적인 막다른 길로 본 것은 어쩌면 당연한 일인 것이다.

하지만 더 많은 사람들이 더 높은 수준을 인식하게 되었고, 그 수준에 도달하기 위한 수단을 찾게 되었기 때문에 수직적 차원을 과하게 강조하는 것은 사람들로 하여금 수평적 발달을 일종의 피상적이고 열등하며 심지어는 자기기만적인 것으로 보게 할 수 있다. 이는 정말로 문제가 될 수 있다. 왜냐하면 포함은 통합을 수반하고, 통합은 꽤 핵심적인 수평적 작업을 수반하기 때문에 수평적 작업이 없다면 우리는 '초월하고 포함'할 수 없기 때문이다(이 점은 성격 에니어그램을 대대적으로 연구해 본 사람이라면 누구나 증명할 수 있다).

이렇기 때문에 나는 이제껏 유용한 것이었지만 '변형 대 변화' 개념이 이제는 더 이상 쓸모가 없게 된 지점에 이른 것인지 궁금해할 수밖에 없다. 왜냐하면 윌버의 체계가 수평적으로 계속 확장되면서—'우리' 영역과 더 조화로운 문화를 용이하게 하는 방식을 가꾸는 것에 집중하며—수평적 성장을 수직적 성장에 비해 열등한 것으로 만드는 개념은 굉장한 역효과인 셈이 되었기 때문이다.

그렇다면 이 지점에서부터는 생산적인 내면 작업을 달성하기 위해서 수직적 차원과 수평적 차원의 기능을 가장 잘 조직화할 수 있는 방식의 측면으로 생각해 보는 것이 더 나은 개념이 아닐까? 생산적인 작업은 삶과 우리 간의 내적·외적 조화(이 조화가 어느 차원에서 일어나든지 상관없이)를 증진시키는 작업일 것이다.

이렇게 균형 잡힌 접근법을 취함으로써 진정으로 공통점이 많은 차원인 수평적 차원과 수직적 차원의 협력적인 본성을 강조할 수 있다. 그러므로 성격 에니어그램과 과정 에니어그램에 했던 것처럼 이들도 서로 연결시킬 수 있는 것이다. 윌버의 AQAL 사분면 또한 이런 방식으로 이 장의 후반부에 다룰 것이다(사분면을 4가지 순차적인 삶의 시기로 전환할 것이다).

하지만 그 전에 먼저 성격 에니어그램의 9가지 지점과 연관된 수평적 조망수용과 특히 IOS에서 강조되는 수직적 발달 선들 간의 관계를 살펴보는 것으로 이 탐구를 시작해 보자.[2)]

2개의 방향으로 확장하기

성격 에니어그램 이론에 따르면 우리는 하나의 지배적인 관점을 갖고 있다. 우리가 세상을 인지하는 방식을 주되게 형성하는 관점 말이다. 삶의 초기에 이 관점은 꽤 단일 초점적이다. 이 때는 다른 사람의 입장에서 생각하는 것이 어렵다. 하지만 성장하고 발달해 나가면서 우리의 단일 초점적인 관점은 확장되는 것이 가능해지는데, 그런 종류의 확장을 추구할 때 특히 그렇게 된다.

에니어그램 같은 도구는 지배적인 관점과 이 관점이 다른 관점들과 어떻게 연관되어 있는지를 알아볼 수 있는 도구를 제공해 줌으로써 이 확장 과정을 가속화할 수 있다. 이는 우리 자신에 대해 잘 알려지지 않은 부분이나 이전에는 연결되지 않았던 부분을 연결하는 과정, 즉 수평적 통합의 과정을 촉진시킨다. 이는 발달의 수직적 과정과도 밀접한 연관이 있는데, 왜냐하면 우리가 먼저 우리의 '나됨(me-ness)'의 부분으로서 주장한 것만 발달시킬 수 있기 때문이다.

그러나 이러한 관점의 잠재력을 발달시키기 위해 자신의 관점을 식별한다는 개념은 에니어그램 작업의 전통적인 목표는 아니다. 에니어그램의 목표는 그것보다는 부정적인 영향으로부터 자기 자신을 자유롭게 하기 위해서 유형을 알아보는 것에 있어 왔다(5장을 살펴보라). 이 지점이야말로 IOS식의 사고로 전환하는 것에 굉장히 도움이 되는 지점이다. 왜냐하면 IOS는 발달중심적인 체계이기 때문이다. 또한 IOS는 성격 발달의 타당성을 지지해 주는 굉장히 잘 발달된 이론 체계를 갖고 있는 것은 물론 잘 알려진 발달 선들을 방대하게 집대성해 놓았다(9장의 도입 부분에서 논의했던 것처럼). 이러한 IOS 선들을 성격 에니어그램에 연결시킬 때, 성격(아니면 더 적절하게는 개성)은 발달되어야 할 자원으로서 재구성되고 에니어그램은 그 발달을 진척시킬 수 있는 도구로서 재구성되는 접근법을 위한 토대를 갖게 된다.

이 접근법을 사용하게 되면서 우리는 각 에니어그램 관점을 수직적 발달의 특정한 선의 근원 지점으로서 보는 것을 그려 보기 시작한다([그림 11-1]). 이 선의 본성은 그 근원 지점의 본성과 밀접하게 관련되어 있다. 그러므로 이 둘은 동시에 발생하며 서로 끌어당긴다고 말할 수 있다. 그 이유는 바로 이 타고난 끌어당김으로 인해 우리의 가장 잘 발달된 선이 우리의 지배적인 관점과 가장 밀접하게 연관되기 때문이다.

[그림 11-2]는 9가지 선상에서의 개인의 발달 차이를 묘사한다. 이 예시에서는 7지점으로부터 일어나는 선이 가장 잘 발달되어 있고, 그의 날개 지점들(6지점과 8지점)과 연결 지점들(5지점과 1지점)이 따라서 일어나는 것으로 보아 여기서 묘사된 개인은 7유형인 것으로 보인다.

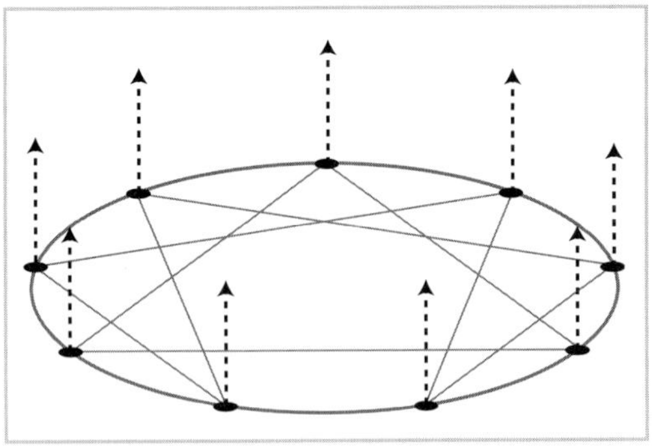

그림 11-1 각 에니어그램 지점의 잠재적인 발달 선

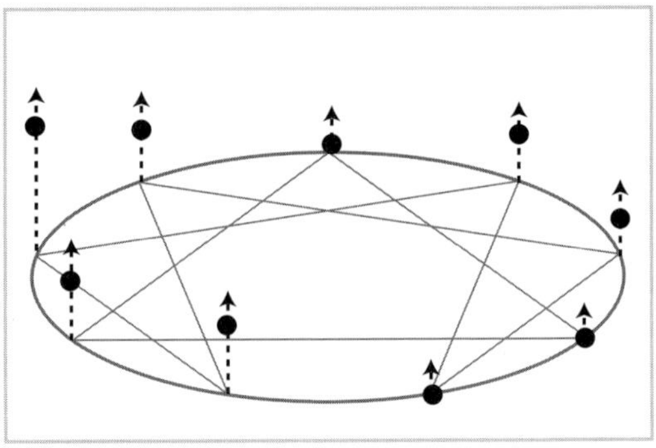

그림 11-2 각 에니어그램 지점의 다른 성장률

이 그림 자체는 윌버가 통합 사이코그래프(integral psychograph)라고 부르는 도표와 유사하다. 이 도표는 다양한 발달 선상에서의 우리의 위치를 묘사한다(사이코그래프의 예시들을 보려면 윌버의 *ILP*(2008)의 pp. 83-84를 살펴보라). 하지만 이 사이코그래프는 에니어그램 관점으로 조직되어 있기 때문에 추가적인 정보를 (a) 지배적인 선의 특별한 역할과 (b) 그 선과 모든 나머지 선들의 관계로 표현했다.

[그림 11-3]은 각각의 선에 설명을 추가했다. 이 선들은 그저 한 선이 아니라 서로 관련된 선들의 집단, 무리다. 이 선들은 모두 각 지점과 연관된 핵심 에너지의 측면 일부를 나타내고 있다(3장을 살펴보라).

에니어그램에 발달 선들을 연결시키는 것은 3가지 중요한 이점이 있다.

- 첫 번째, 에니어그램의 수평적 관점과 윌버의 수직적 발달 선 간의 상호작용을 드러내 준다.
- 두 번째, 어떤 척도도 다른 척도보다 더 객관적이거나 완전하지 않다는 사실을 우리에게 상기시켜 준다.
- 세 번째, 각 발달 선과 그 선이 일어나는 곳인 관점 이 둘 모두의 불완전한 본성을 강조함으로써 개인과 문화 모두에게 발달적 다양성의 가치를 강조한다.

이 발달적 다양성이라는 마지막 개념은 IOS 이론에서 항상 강조되어 오기는 했지만(예, 다양한 선을 따라 발달하는 개념)[3] 이론을 실천으로 옮기기란 어려운 일일 수 있다. 특히 자신의 지배적 관점과 딱히 맞지 않는 능력들을 발달시키려 할 때에는 말이다(다음 절에서 나눌 논의를 살펴

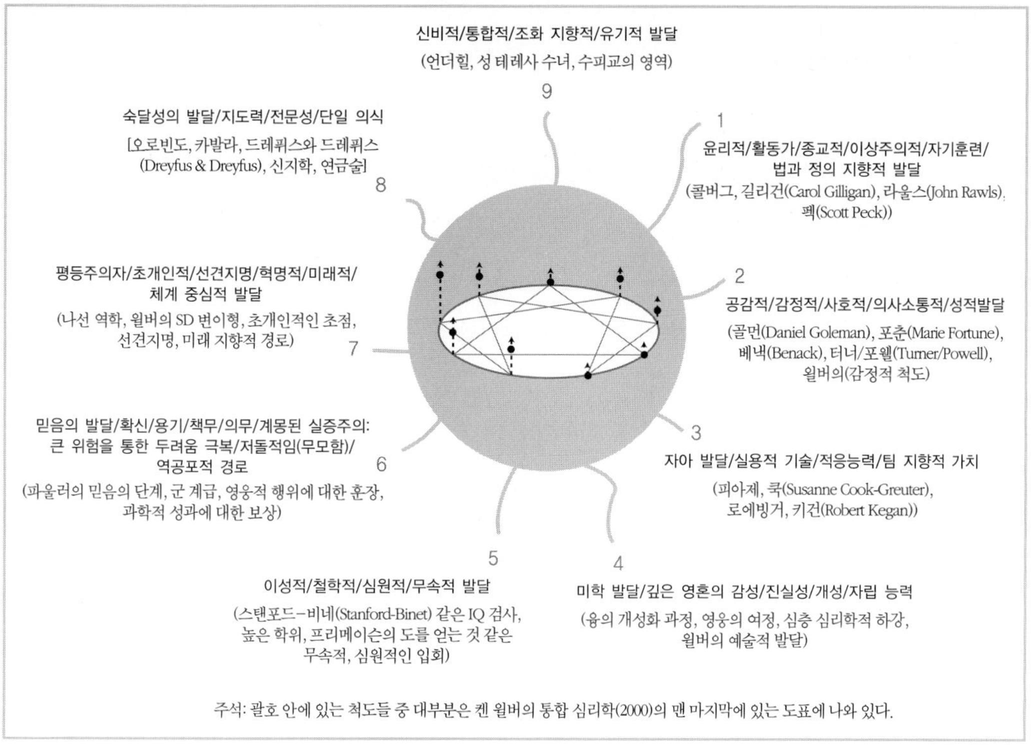

그림 11-3 각 에니어그램 지점의 발달적 무리

보라. 또한 [그림 11-3]에 묘사된 발달 선들에 대한 논의를 보려면 부록 D를 살펴보라).

발달적 다양성은 문화적 가치에 의해서도 영향을 받을 수 있다. 왜냐하면 개인마다 우세한 에니어그램 관점을 갖고 있듯이 문화 또한 그러하기 때문이다. 그렇기 때문에 에니어그램계에서는 어떤 문화의 에니어그램 유형에 대해 이야기하는 것이 흔한 일이다.

예를 들면, 에니어그램에 익숙한 대부분의 사람들은 미국 문화를 꽤 3번적인 것으로 여긴다(물질적 성취, 효율성, 바쁨 등에 대한 미국의 강조 때문에 그렇다). 하지만 이 문화는 원래 1번적인 문화로 시작했었다(최소한 청교도들이 발을 디뎠던 북동부 쪽에서는 그랬다). 미국 문화는 이민자들의 특성이 바뀌게 되면서 변화했다(종교적 자유를 찾는 사람들에서 사회적 · 경제적 자유를 찾는 사람들로 바뀌면서 말이다).[4]

자신의 에니어그램 유형이 자신이 속한 '문화 유형'과 맞는 사람들은 그 유형이 덜 맞는 사람들보다 자신이 처한 환경에서 보통 더 편안함을 느낀다. 그렇기는 하더라도 건강한 문화에서는 여전히 발달적 다양성이 가능한 소수의 관점 역시 충분히 수용할 수 있다.[5]

2유형의 예시

이제 우리는 시야를 수직적으로 그리고 수평적으로 넓히기 위해 에니어그램을 사용하는 것의 구체적이고 단계적인 예시를 살펴볼 것이다. 먼저 자신이 2유형이라고 확인한 사람이 있다고 가정해 보자. 그는 자신의 특성을 친절하고 도움을 주며 감정적인 반응이 빠른 성격 유형의 사람으로 인식한다.[6] 그는 자신이 삶에서 더 현명한 결정을 내릴 수 있도록 에니어그램이 이를 도와주기를 바라고 있다. 그가 만약 젊다면 연애 관계에서 도움이 될 만한 통찰을 구할 수도 있고, 어린 아이들을 어떻게 돌볼지에 대한 방법을 구하고 있을 수도 있다. 그가 만약 나이가 들었다면 '빈 둥지 증후군'을 겪고 있을 수도 있고, 사랑하는 사람이나 다른 사람들과의 소중한 관계를 잃은 것과 관련한 고민들을 겪고 있을 수 있다. 그의 나이나 상황이 무엇이든 그의 관심은 아마 사랑, 관계, 감정 그리고 주는 것에 있을 것이다.

보통 에니어그램을 처음 접하는 사람들처럼 이 2유형도 먼저 자신의 유형을 확인하는 것으로 **수평적 관점**을 확장하는 과정을 시작할 수 있다([그림 11-4]). 유형 확인을 할 때 특히 확인할 유형의 재능과 어려운 점들을 확인하게 되는데, 이렇게 함으로써 추후의 작업을 위한 토대를 세울 수 있도록 하는 기반을 다질 수 있게 되기 때문이다. 2유형으로서의 그의 재능은 공감능력과 다른 사람들과 관계하고 싶어 하는 깊은 욕구를 포함한다. 어려운 점으로는 감정적으로 강압적이 되거나 과하게 주려는 경향을 포함한다. 그래서 초기에는 그의 내면 작업 중 많은 부분이 선을 지키면서도 사랑하는 법을 배우는 것을 포함한다.

초기에 자신의 주된 관점을 탐구하고 나면 이제 이 2유형은 나머지 8개의 지점들이 가진 관점에 대해 배움으로써 자신의 관점을 넓힐 수 있다. 에니어그램 유형 토론자들(각 유형을 가진 사람들로 구성된 토론자들)을 지켜보는 것은 이런 목적에서 특히 유용한데, 이들을 지켜봄으로써 그는 다른 관점을 가진 사람들과 어떻게 같으면서도 다른지를 볼 수 있게 되기 때문이다.

종종 2유형은 자신과 비슷한 관점을 가진 유형들과 관계하는 것이 가장 쉽다고 느끼게 될 것이다. 그 비슷한 유형의 예로는 자신의 날개 지점들(1지점과 3지점), 특히 그 중에서도 가장 우세한 날개 지점을 들 수 있다.

자신의 '내면의 1지점'에 접근할 수 있는 2유형은 배려와 내적 자제력을 함께 겸비할 수 있도록 해 주는 방면으로 자신의 관점을 확장할 수 있다. 자신의 '내면의 3지점'에 접근할 수 있는 2유형은 너무 과하게 감상적이 되지 않은 채로 사람들과 어울릴 수 있도록 해 주는 방면으로 자신의 관점을 확장할 수 있다. 만약 그가 자신의 두 날개 지점 모두로 다가가게 된다면 단

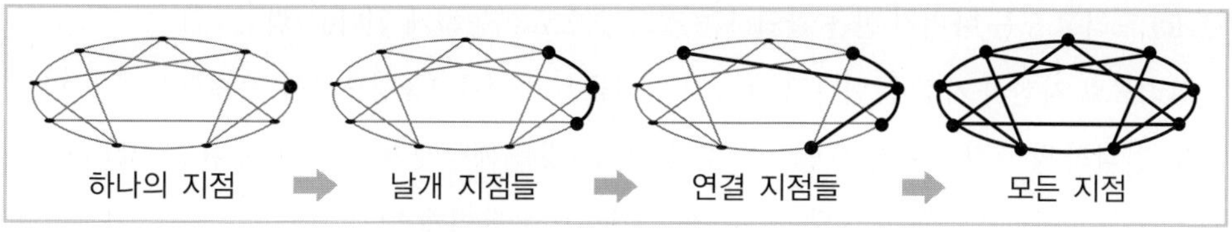

그림 11-4 수평적 성장의 예(2유형)

일 초점적이었던 관점에서 3가지 초점을 지닌 관점으로 옮겨 가기 시작한다.

또한 2유형은 자신의 연결 지점들(4지점과 8지점)에 개방함으로써 자신의 관점을 확장할 수도 있다. 자신의 내면의 4지점과 연결되는 것은 자신의 감정적 깊이에 다가가게 해 주지만, 반면에 내면의 8지점과 연결되는 것은 자신의 잠재적인 지도력을 깨달을 수 있게 도와준다. 그러고 나면 이제 그는 3가지 초점에서 5가지 초점을 지닌 관점으로 옮겨 갈 수 있게 된다.

에니어그램과의 경험이 깊어질수록 2유형은 덜 직접적으로 연결된 다른 관점들 또한 포함하기 위해 계속해서 자신의 시야를 넓혀 간다. 그 다른 관점들은 3가지 정신적 유형(5지점, 6지점, 7지점)과 자신이 직접적으로 연관되지 않은 유일한 배 유형이다. 바로 9지점/유형이다. 이 유형들은 훨씬 더 냉철한 관점을 갖고 있기 때문에 2유형이 이들 관점으로 세상을 바라보는 것은 더욱 힘들 수 있다. 그렇기는 하더라도 이들은 2유형 내면의 정신적 측면을 나타내며, 이 측면들은 그가 이들을 통합할 수 있을 만큼 충분히 자극을 받는다면 내면의 삶의 질을 높여 줄 수 있는 잠재력을 가졌다.[7), 8)]

2유형은 에니어그램과 관련해서 자신의 수평적 조망수용을 확장시킬 때, 각 에니어그램 관점과 연관된 수직적 경로를 확인하기 위해 IOS를 이용함으로써 수직적 발달로 가는 문을 열 수 있게 되는데, 이 과정은 앞에 나온 것과 어느 정도 같은 순서를 따른다. 예를 들면 (a) 자신의 주된(우세한) 선을 확인하는 것에서 (b) 날개 지점들, 연결 지점들과 연관된 선들을 확인하는 것으

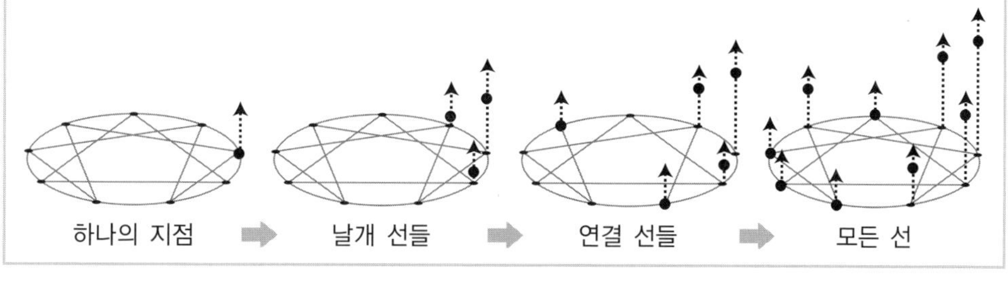

그림 11-5 수직적 성장의 예(2유형)

로, (c) 그리고 모든 나머지 선을 확인하는 것의 순으로 이동하게 된다([그림 11-5]).

그러므로 자신이 가장 끌린다고 생각되는 선들은 자신을 2유형으로서 충족시켜 주는 역할, 기술, 인식의 방식 같은 종류의 발달을 포함한다는 것을 깨닫게 될 것이다. 또한 그러한 관계들의 발달을 간접적으로 돕는 발달 선들에도 추가적으로 끌리게 되기 쉬울 것이다. 그가 윤리적 경계선(1지점)과 실질적인 기술(3지점), 감정적 진정성(4지점) 그리고 지도력(8지점)을 기를 수 있도록 해 주는 그의 날개 지점과 연결 지점 같은 발달 선들 말이다. 이 선들은 친밀하고 싶은 욕구와 상호 의존성을 피해야 할 필요 사이의 균형을 맞출 수 있도록 그를 돕는다. 그러고 나면 이러한 5가지 발달 선들로부터 얻은 기반을 가지고 자신의 유형에게는 더 어려운 선들을 발달시키는 것을 선택하게 될 수 있다. 그 선들은 논리적 분별력(5지점), 신중한 관찰(6지점), 정신적 독창성(7지점), 공정한 수용성(9지점)을 포함한다. 이 경로들은 공감적인 2유형에게는 특히나 더 어려울 수 있지만, 동시에 가장 변형적인 경로일 수 있다(왜냐하면 이 선들은 그의 주요 발달 선에 반대되는 것처럼 보일 수도 있는 정신의 그림자 측면을 다루기 때문이다).

✲✲✲

이 예시에서 2유형을 다루기는 했지만 나머지 모든 유형에게도 이와 기본적으로 같은 접근법이 적용될 수 있다. 이 예시의 목적은 에니어그램 작업에 대한 IOS 양식의 접근법이 수평적 통합과 수직적 발달을 어떻게 생산적으로 잘 결합시킬 수 있는지를 설명하는 것이었다.

하지만 이 방법만이 수직적 측면과 수평적 측면을 함께 결합시킬 수 있는 유일한 방법은 아니다. IOS와 에니어그램을 재치 있게 배치할 수 있는 또 다른 방법도 있다. 이는 이 두 측면 간의 상호보완적인 관계를 더 깊게 탐구하기 위함이다.[9] 이 장의 나머지 부분에서는 그렇게 할 수 있는 방식들을 소개할 것이다.

그렇지만 다음에 올 일부 절들에서는 성격 에니어그램을 기준으로 사용하는 대신 과정 에니어그램을 사용할 것이다. 그런 다음에는 과정 에니어그램에 IOS의 3가지 구조를 연결시킬 것이다. IOS의 3가지 구조는 2개의 수평적 IOS 구조(AQAL 사분면과 3대 가치 영역)와 한 개의 수직적 IOS 구조(윌버의 발달의 3가지 받침점)를 말한다. 그런 뒤에는 다시 바꿔서 윌버의 발달의 9단계 스펙트럼을 기준으로 사용해서 과정 에니어그램과 성격 에니어그램을 스펙트럼에 연결시킬 것이다.

이런 배열은 이 체계를 새롭게 접한 사람들에게는 다소 벅차고 복잡할 수 있지만 이 체계에 익숙한 사람들에게는 새로운 문을 열어 줄 수 있다. 하지만 자신에게 이 주제가 필요 이상으로 골칫거리가 된다면 바로 12장으로 넘어간다 해도 괜찮을 것이다.

과정 에니어그램에서의 AQAL

10장에서 AQAL 관점과 성격 에니어그램 관점 간의 유사점에 대해 살펴보았다. 그때 수평적 관점에 대해서만 집중했었기 때문에 과정 에니어그램에서의 AQAL 관점에 대해서는 살펴보지 않았었다. 하지만 이미 Part II에서 성격 에니어그램과 과정 에니어그램을 연결하는 것이 가능하다는 것을 봤기 때문에 그렇게 하지 못할 이유가 없다. 그리고 (a) 이 2개의 에니어그램을 연결시키고, (b) 더 나아가서 AQAL 관점과 성격 관점을 연결시킬 수 있다면, (c) AQAL 관점과 과정 에니어그램의 시기도 연결시킬 수 있다.

그렇게 하면 그 결과로 AQAL 사분면을 바라보는 완전히 새로운 방식이 나타나게 된다. 즉, AQAL 사분면을 우리는 삶의 주기 동안에 지나가는 4가지 시기로서 보게 될 것이다(〈표 11-1〉).

1. 상호주관적 시기(퇴행-집합적): 탄생부터 성인 초기
2. 주관적 시기(퇴행-개인적): 성인 초기부터 중년기
3. 객관적 시기(진화-개인적): 중년기부터 은퇴기
4. 상호객관적 시기(진화-집합적): 은퇴기부터 죽음

4가지 AQAL 분면을 삶의 주기에서의 AQAL 시기로 여기는 것에 익숙해지는 데에는 좀 시간이 걸리겠지만 이 전환은 우리에게 수직적 축과 수평적 축 간의 근본적인 유사성에 대한 새로운 관점을 줄 수 있다.

다음에 나올 논의는 사분면을 4분기로 바라보는 방식을 제시한다. 예를 들어, 삶의 첫 번째 시기와 마지막 시기는 집합성을 더 지향하는 반면에 중간의 두 시기는 개인성을 더 향하는 이유를 살펴보게 될 것이다. 또한 발달 과정이 주제인 만큼 어떻게 이 사분면의 영향을 누적적인 것으로 생각할 수 있는지를 살펴보고, 첫 번째 단계에서 일어난 것은 두 번째 단계에서도 영향을 미치고, 첫 번째와 두 번째 단계가 어떻게 세 번째 단계에 영향을 미치는지 등에 대해서 살펴볼 것이다.

〈표 11-1〉은 4가지 AQAL 단계 모두를 에니어그램적인 순서로 보여 준다(이런 배열을 하기 위해서 윌버의 축을 어떻게 뒤집었는지에 대한 설명을 보려면 10장을 살펴보라).

〈표 11-1〉 삶의 시기로서의 AQAL 사분면

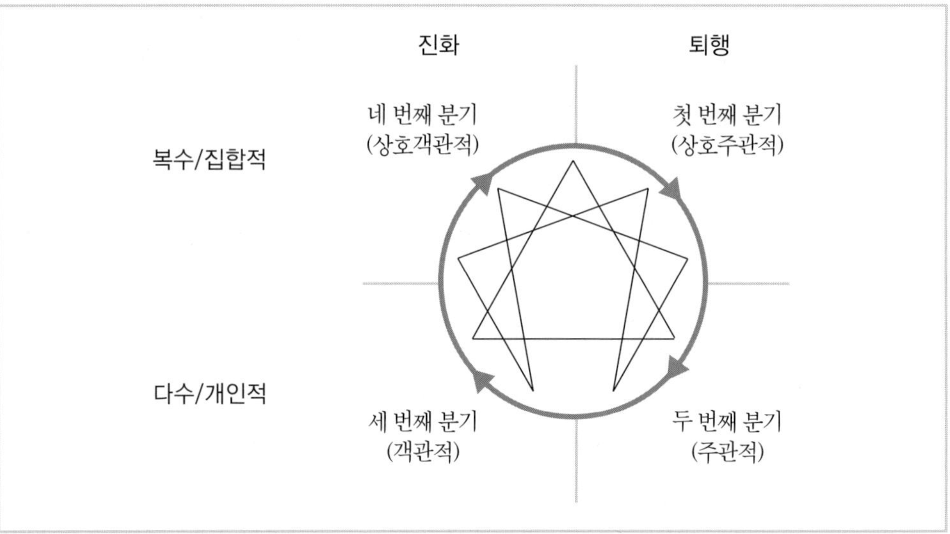

우리는 삶의 **첫 번째 분기**(상호주관적 시기) 동안에 어떻게 주관적으로 집합적 관점에서 주관적으로 삶의 교훈을 배우는 것에 몰두하게 되었는지를 볼 수 있다. 그 이유는 탄생의 첫 순간부터 개성의 씨앗을 갖고 있기는 하지만 그 개성은 아직 발달되지 않았기 때문이다. 그래서 우리가 살면서 갖고 가야 할 기준은 주변에 있는 사람들, 특히 삶의 초기에 우리를 돌봐주는 사람들과 다른 가족 구성원의 기준이다. 학교에 가게 되면 곧 반드시 적응해야만 하는 더 큰 집단의 가치를 마주하게 된다. 그래서 삶의 주기의 이 시점에 다다르면 우리는 개인적 · 사회적 생존을 위해 그 가치들을 받아들인다.

정상적인 발달을 해 왔다는 가정 하에 **두 번째 분기**(주관적 시기)에 다다르면 이 분기 동안에는 개성이 처음에는 잠정적으로 나타나다가, 그 후에는 훨씬 더 눈에 띄는 모습으로 나타나기 시작한다. 초반에 우리는 삶에서 기능할 수 있게 해 주는 사회적 페르소나를 기르다가, 자신의 집단적 정체성 외의 모습은 무엇인지 점차적으로 발견해 나가게 된다. 그래서 이 시기 동안에는 상대적으로 구분되어 있지 않은 상태에서 사회적 페르소나로, 거기서 구분된 감정과 독립적인 결정을 내릴 수 있는 능력을 가진 준-자율적인 성격 자아로 이동하게 되며, 이 과정은 보통 성인 초기에서 중반기 동안에 일어난다.

하지만 감정을 가진 개인으로서의 자아감을 기르는 것 외에도, 인지적이고 초인지적인 방식으로 자아감을 발달시키는 것 또한 필요하다(객관적 분면). 그렇게 함으로써 우리가 무슨 생각을 하는지 알고, 우리의 위치를 정당화할 이성적인 수단을 가지게 되기 때문이다. 이는 삶의 세

번째 분기(객관적 시기) 동안에 길러지는데, 이 분기에서 드디어 더 냉철하고 객관적인 인식 유형을 발달시킬 충분한 삶의 경험을 갖게 된다. 하지만 그런 종류의 인식을 기르고 있는 동안에 우리는 종종 집합성으로부터 분리된 자신을 발견하거나 혹은 다소 정형화된 방식으로 상호작용을 하는 자신을 느끼게 되는데, 이는 어느 정도의 거리 없이는 개성화의 과정을 완료할 수 없기 때문이다. 대부분은 중년기나 그 이후에 이런 기간을 겪는다.

삶의 **네 번째 분기**(상호객관적 시기)에 도달할 때쯤, 우리의 구분된 감정과 정신적 과정을 발달시켜 왔다면 우리는 집합성으로 다시 끌리는 듯 한 경향을 보이게 되는데, 이번에는 무의식적이 아니라 자신보다 더 큰 무언가를 위해 개인적 능력을 사용할 수 있게 해 주는 의식적인 방식으로 그런 성향을 보이게 된다. 그럼으로써 이러한 의식적인 방식을 통해 '세상 속에 있지만 세상의 것은 아니게' 될 수 있는 것이다. 또한 우리가 끌리는 이 집합성은 단순히 가족이나 국가의 문화가 아니라 훨씬 더 확장된 의미로, 온우주 또는 모든 것의 체현된 개념으로서의 집합성을 나타낸다. 모든 게 잘 진행되고 나면 우리는 삶에 대한 흥미를 유지한 채로 어린 세대에게 지혜를 전해 줄 수 있게 된다.

요약하자면 이 접근법은 우리 각자가 어떻게

- 더 큰 집합성의 부분인 구분되지 않은 자기로서 대부분 시작해서(1분면)
- 주관적인 정체감을 가진 분리된, 그렇지만 구분된 자기로서의 정체성을 갖게 되고(2분면)
- 이렇게 개성화된 자기를 좀 더 객관적이고 냉철한 관점에서 보기 시작하여(3분면)
- 우리의 개성을 유지하면서도 동시에 더 큰 집합에 참여할 수 있는 능력을 달성하게 되는지(사분면)를 개념화해 준다.

〈표 11-1〉은 4가지 AQAL 분면을 삶의 주기의 4가지 시기로 옮겼지만 우리 역시 8가지 정신적 지평선을 삶의 8가지 시기로 옮기는 것에 이와 같은 접근법을 사용할 수 있다(외부 영역이 앞서가고 내부 영역이 그 뒤를 따르는 형식으로 [그림 10-2]를 살펴보라).

과정 에니어그램에서의 3대 가치 영역

윌버의 3대 가치 영역은 AQAL 사분면과 밀접하게 연관되어 있기 때문에(3장과 10장을 살펴보라) 이들 역시 과정 에니어그램에 유익하게 연결될 수 있다.

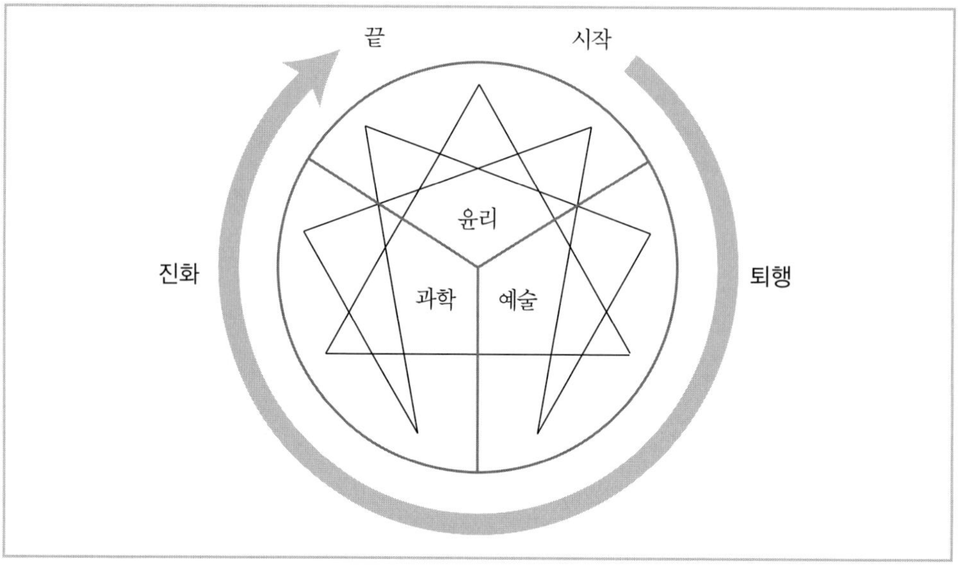

그림 11-6 과정 에니어그램에서의 3대 가치 영역

과정 에니어그램에 3대 가치 영역을 배열할 때([그림 11-6]) 가장 먼저 알아차리게 될 것은 바로 에니어그램 원의 시작이 9지점(에니어그램의 맨 위)이라는 것이다—이 지점은 '윤리' 가치 영역의 한가운데에 위치해 있다. 이는 삶의 주기가 윤리로 '끝난다'는 것을 의미하며, 그렇기 때문에 윤리는 삶의 시작과 끝에서 각별한 관심의 주제라는 것을 의미한다. 또한 이는 예술은 성인 초기부터 중년기 동안에 우위에 있으며, 과학은 중년기부터 은퇴기 동안에 우위에 자리하는 것을 나타낸다. 다음 장에서 이것이 의미하는 바를 탐구해 보도록 하자.

삶의 시작 부분에서의 윤리. 삶의 시작기에서 우리는 본능적으로 삶의 의지를 갖고 있지만 자기 통제력은 별로 없는 상태다. 신체적으로든 감정적으로든 혹은 정신적으로든 말이다. 그래서 삶의 시작기에서 윤리는 세상 자체와 그 세상이 무엇인지에 대한 가치 판단을 하는 것에 관한 것이다. 우리는 세상이 근본적으로 좋은 곳인지 아니면 나쁜 곳인지를 결정한다—이 세상이 기본적인 욕구가 다 채워지는 개방되고 다정한 곳인지 아니면 생존이 지속적인 도전 과제가 두렵고 예측할 수 없는 곳인지 또한 결정한다. 당연히 이러한 가치 판단은 앞으로의 분위기를 결정한다.

초기에는 우리가 무력하고 의존적이기 때문에 좋은 것에 대한 정의가 대부분 환경적인 요인으로 좌우된다. 그렇더라도 우리의 기질과 선택 역시 결정적인 역할을 한다. 우리가 삶의 주기의 원호를 따라 더 멀리 이동할수록 환경, 기질, 선택의 이 3가지 요인은 삶에서 우리의 윤리적 성향을 결정하는 데 있어서 더욱 더 상호작용을 한다(7장을 살펴보라).

예술. 대부분의 사람들은 예술을 예술적인 재능의 측면으로 생각하는 경향이 있다. 그렇지만 예술의 영역은 그보다 훨씬 더 광범위하다. 사람들이 말하듯 아름다움은 보는 사람의 눈에 달려 있는 것이다. 이렇듯 예술의 영역은 주관성의 세계이며, 우리가 현재 누구이고 앞으로 어떤 모습이 될 것인지를 이해하기 위해 삶의 경험들을 이용하여 우리 존재의 원초적인 에너지(와 우리의 유형도 포함해서)로부터 자아감을 창조하는 영역인 것이다.

예술의 영역에서 종종 예술 작업의 가장 명확한 (외부적인) 특성을 알아차리는 것으로 이 영역을 시작하는데, 특히 우리에게 주관적으로 영향을 줄 정도로 이를 행한다. 그 후 처음에는 알아차리지 못했던 더 미묘한 차이들을 인식하게 된다. 예술에 대한 우리의 주관적인 반응에 상관없이 예술 그 자체를 위해 존재하는 것으로 바라보기 시작한다.

자기표명도 이와 같다. 우리는 다른 사람들로부터의 주관적인 인정을 바라는 것으로 이를 시작한다. 사람들이 우리에게 반응하는 방식의 기능으로서 우리 자신을 바라본다. 그 후 우리는 자신을 바깥세상에 나타낼 수 있는 이미지의 측면에서 바라본다. 그러고는 마침내 우리가 창조하고 있는 자기는 다른 사람들을 기쁘게 해 줄 수 있는 사람 혹은 세상에서 성공할 수 있는 사람 그 이상이라는 것을 깨닫게 된다. 우리 안에는 아주 정교하고 섬세한 감정의 엄청난 다양성을 가진 더 깊은, 더 진정한 자기가 있다는 것을 깨닫는 것이다.

그렇지만 이런 자기를 가꾸어 나가는 것은 공백에서 시작되는 것이 아니라 1분기(윤리) 시기 동안에 길러진 윤리적 습관에 그 뿌리를 두고 있다. 이런 습관들은 우리가 삶에서 제대로 기능할 수 있게 해 주는 자아감을 창조해 주는 관계와 능력을 개발하기 위해 사용하는 습관들이기 때문이다. 윤리적 기반이 없이는 삶에서 잘 기능할 수 있는 자기를 기르기 어렵다(또한 더 미묘한 감정을 기를 수 있게 해 주거나 새롭고 독특한 형태로 자신을 재창조할 수 있게 해 주는 지점에 이르게 되지 못하는 것은 물론이고 말이다).

과학. 우리가 예술을 재능의 측면에서 생각하듯이 과학 또한 이성적 혹은 과학적 방법 같은 학문적인 탐구의 측면으로 생각하고는 한다. 하지만 과학은 단순히 이성적인 분석이나 실증적인 검사만이 아니다. 과학은 (이드리에스 샤[Idries Shah]의 말을 인용하면) "아는 법을 아는 것"이다. 과학은 삶의 경험—객관적 탐구의 기반 역할을 하는 경험—을 어느 정도 갖고 있다는 것을 전제로 한다.

이렇듯 삶의 경험을 필요로 하는 것 때문에 과학적 시기는 삶의 시작 부분에 있기가 불가능하다. 수많은 다양한 삶의 경험이 쌓일 때까지 기다려야 한다. 또한 그 경험들을 생산적으로 분석할 수 있도록 해 주는 방식으로 경험을 돌아볼 수 있는 정신적 역량 또한 있어야 한다. 그렇게 하고 나서야 과학의 영역은 가능해지게 된다.

과학적 시기로 건강하게 들어간다는 것은 우리의 사고를 훈련시키기 위해 필수인 윤리적 기반과 깊이 사랑하고 창의적으로 상상하기 위해 필수인 예술적 기반을 전제로 한다. 만약 윤리적 기반이 부족하게 되면 지성이 도덕적 책임으로부터 혼란스러워질 수 있다(그렇게 되면 이는 '과학 악용 증후군'으로 이어지게 된다). 만약 예술적 기반이 부족하게 되면 지성은 극도로 딱딱하고 기계적이며 과도하게 분석적이게 될 수 있으며 '더 연구할수록 덜 알게 되는' 상태가 될 수 있다. 통합적인 방식으로 과학적 시기를 지나가려면 윤리적 토대와 삶의 예술적 측면에 대한 세심함 둘 모두의 조화를 이룰 수 있게 해 주는 방식으로 객관성을 기르는 것이 필요하다.

삶의 마지막 부분에서의 윤리. 삶의 끝에 다다르게 되면서 수많은 삶의 경험을 쌓아 놓았지만 신체적 한계 때문에 점점 더 자신을 온전히 표출할 수 없게 되는 역설적인 상황에 놓이게 된다. 그래서 여기서의 가장 주된 도전은 이 한계를 어떻게 다룰 것인지에 대한 것이다. 그리고 이를 우리가 가진 기본적인 가치, 예술적 감성, 과학적 이해를 통합하는 방식으로 행하는 것이다.

이 시기는 신체적 노쇠함, 감정적 상실, 지적 쇠퇴를 마주하면서도 우리의 핵심 가치를 유지할 수 있는 능력을 시험한다는 점에서 윤리적이다. 이 시기에서는 우리의 용기와 '압박하의 침착함', 그리고 특히 이 신체 속에서 삶의 마지막을 사색하게 되면서도 의식을 유지하려는 의지가 시험을 받는다. 그렇기는 하지만 우리는 (a) 삶의 초기에 가꾼 좋은 습관(도덕적인 생활방식), (b) 굉장히 구분된 감정과 자아감('예술'), 그리고 (c) 지능을 활용하는 능력('과학')을 잘 길러 온 정도에 따라 어려움을 덜 겪게 될 것이다. 이 모든 능력은 의식의 더 높은 수준으로 가는 발판이자 물질 속에서의 영의 움직임을 볼 수 있도록 해 주는 발판의 역할을 하기 때문이다.

이제 가치 영역을 과정 에니어그램에 연결시키는 것이 어떻게 우리에게 변형적 삶의 주기를 개념화하는 다른 방식을 제공해 주는지 볼 수 있겠는가? 다음 장에서 우리는 윌버의 발달의 3가지 주요 받침점을 과정 에니어그램에 연결시키는 과정을 살펴볼 것이다.

과정 에니어그램에서의 윌버의 주요 받침점

이제까지 수평적 IOS 사분면과 가치 영역(이들은 전통적으로 수평적 범주를 묘사한다)을 과정 에니어그램(은 발달의 수직적 단계를 묘사한다)에 연결시켜 보았다. 이와 같이 윌버의 단계 중심적인 발달의 받침점 또한 단계 중심적인 과정 에니어그램에 연결시킬 수 있다. 이렇듯 여기서의 개념적 도약은 그다지 크지 않은데, 왜냐하면 우리는 여기서 수직적 발달 순서의 3단계(윌버의 3가지 주요 받침점)을 묘사하는 방법 역시 발달 단계를 묘사하는 또 다른 체계(과정 에니어그램)을 연결시키고 있기 때문이다.

다음은 각 받침점에 대한 간단한 설명이다.

- **전개인적**: 개인적인 의식은 존재하지만 잘 구분되어 있지 않다. 우리는 모든 것의 부분이며 모든 것은 우리의 부분이다.
- **개인적**: 개인적인 의식은 다양한 정도의 차이를 보이며 구분되게 된다. 우리가 더 구분될수록 집합적 가치에서 개인적 가치로의 변화도 더 커지게 된다.
- **초개인적**: 굉장히 구분된 의식은 개인을 넘어선 무언가와 동일시하기 위한 기반을 수평적이면서도 수직적으로 창조한다.

[그림 11-7]은 발달 순서를 연결시키는 2가지 방법 간의 유사성을 묘사하고 있다. 윌버의 3가지 받침점 모형을 사용해 과정 에니어그램을 나눌 때, 과정 에니어그램의 각 단계가 어떻게 3가지 IOS 받침점에 각각 속할 수 있는지를 볼 수 있다. 자세히 말하면 0-3지점은 전개인적 받침점에, 4-6지점은 개인적 받침점에, 그리고 7-9지점은 초개인적 받침점에 연관되는 방식을 볼 수 있다. 다음에서 이 배열의 결과를 논해 보자.

전개인적 시기 동안 의식은 초기부터 갖고 있는 개성에도 불구하고 산만하며 영향 받기 쉽고, 특히 직접적인 환경의 영향에 개방된 상태다(0/9 지점). 이 지점에서 특히 중요한 일은 단단한 자아감의 기초 역할을 할 수 있는 명확히 확립된 정신 구조를 기르는 것이다. 탄생에서부터 아동기 초기로 나아가게 되면서 이 자아감은 우리가 사회 문화로 들어가게 되고, 가족적 · 문화적 기준을 점차 내면화하게 되며(1지점), 다른 사람들, 특히 친밀한 가족 등의 눈에 비친 자기를 바라봄으로써 새로운 사회적 자기를 발달시키게 되면서(2지점) 더욱 길러지게 된다.

개인적 시기 동안 더 커진 독립성과 사회적 페르소나를 얻게 되는데(3지점), 이는 사회적 인정에 의존하지 않는 일종의 개성을 얻는 것(4지점)으로의 길을 깔아 주며 결국에는 사회적 정체성보다는 순전한 사고와 자아감을 형성한다.

초개인적 시기 동안 여태껏 발달시켜 온 자의식도 잃지 않으면서 독립적 자기의 개념을 초월하는 의식을 향해 이동한다(그러므로 이전의 모든 단계를 '초월하면서 포함하게' 된다). **6지점**에서는 우리가 이 과정 속에서 자신을 잃지 않은 채로 삶과 올바른 관계를 맺으려 노력하게 되면서 새로운 초개인적 의식이 두려움의 감정과 책임감을 만들어낸다. 그렇기 때문에 이 지점은 특히 스트레스가 많은 도전을 하게 된다. **7지점**에 도달하기까지 이러한 어려움들을 헤쳐 나왔기 때문에 이 지점에서는 안전함을 느껴야 하는 필요보다는 확장에 대한 욕구에 더 끌리게 된다. 그렇지만 그 와중에도 우리는 자아감('안에' 있는 것)과 우리 주변의 세상('밖에' 있는 것) 간의 균형을 맞추려 노력하게 된다. **8지점**에 접근하게 되면 딱 한 번 '안'과 '밖'이 어우러지기

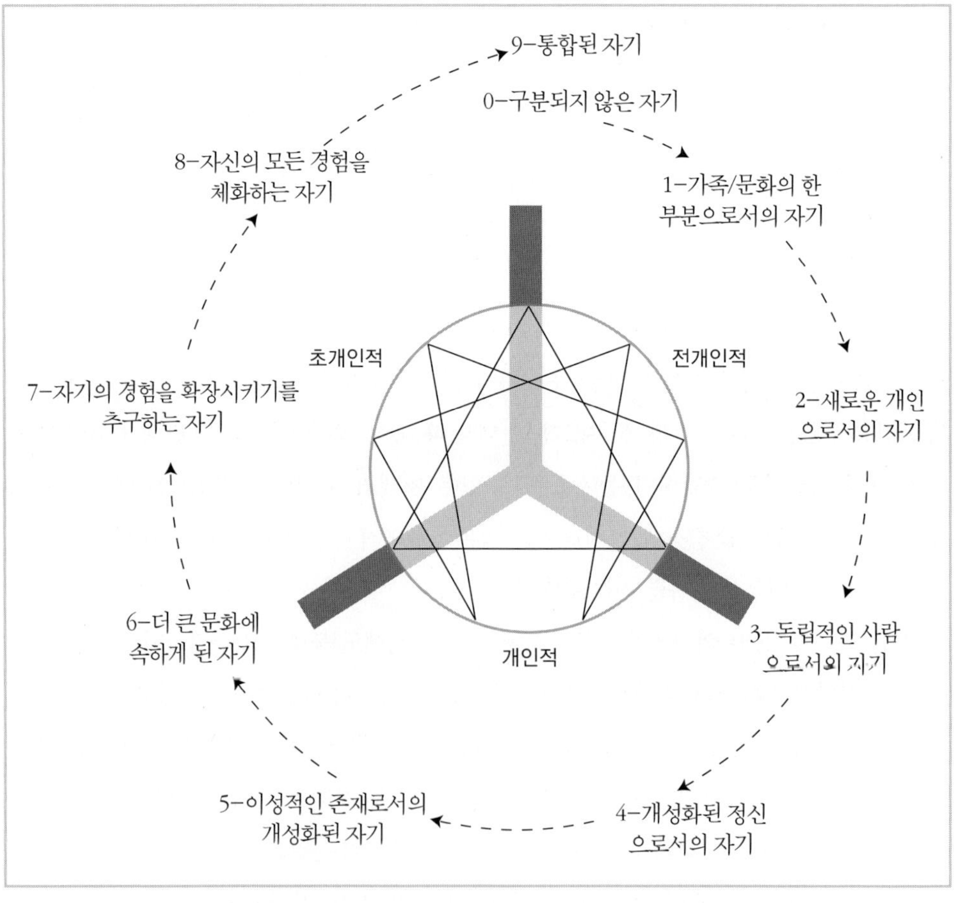

그림 11-7 윌버의 받침점으로 나뉜 과정 에니어그램

시작하며, 이 둘을 동시에 구현할 수 있도록 해 준다. 아이러니하게도 이것이 가능해지는 지점에 이르자마자 삶의 마지막 순간이 어렴풋이 나타나기 시작해서 우리의 노력의 결실이 육체적 죽음을 초월하는 형태로 변화할 수 있게 되도록 구현에서 종합으로의 변화가 필요하게 된다(9 지점).[10)]

여태까지 우리는 윌버의 IOS 요소 중 3가지를 과정 에니어그램에 연결해 보았다. 이제부터는 역으로 성격 에니어그램과 과정 에니어그램을 윌버의 스펙트럼 모형에 연결할 것이다.

윌버의 발달의 스펙트럼

Transformations of Consciousness(1986)에서 윌버는 의식의 9가지 받침점 또는 수준에 대해 자세하게 설명하고 있는 영적 발달의 스펙트럼 모형의 개요를 서술하고 있다. 그는 9가지 수준을 묘사하며(4장), 각 수준과 연관된 잠재적인 병적 측면과(5장) 수준에 따른 잠재적인 치료(6장)에 대해 논하고 있다.

이 묘사에서 윌버의 근본적인 가정 중 하나는 '모든 수준은 정상적이거나 병리적일 수 있다'라는 것을 가장 낮은 수준에서부터 가장 높은 수준까지 볼 수 있다. 또한 병리가 수준에 따라 다르다는 것도 볼 수 있는데, 각 수준마다 다른 종류의 병리와 연관되어 있다는 것을 그 예로 들 수 있다. 이것은 윌버가 한 장 전체를 잠재적 치료법에 할당해야 할 필요성을 느낀 이유이기도 하다. 만약 병리가 각 수준에 따라 모두 다르다면 치료법도 그러할 것이기 때문이다.

에니어그램을 연구하는 사람 모두에게 매우 중요한 2가지 시사점이 있다. 첫 번째 시사점은 바로 윌버의 스펙트럼 모형에서의 발달 수준이 9장에서 설명된 이유 때문에 리소-허드슨의 건강 모형(Levels of Health model) 수준에서 정의된 수준과 동일하지 않다는 것이다('위는 좋은 것, 아래는 나쁜 것' 절을 살펴보라). 이와 관련된 시사점이자 두 번째 시사점은 윌버에 따르면 영적 발달 동안에 접하는 모든 병리가 자아 방어기제의 결과는 아니라는 것이다(왜냐하면 이들 중 3분의 2가 발달의 자아 수준에 있지 않기 때문이다). 이 시사점은 에니어그램을 연구하는 사람들에게 매우 중요한데 에니어그램계에서는 전통적으로 자아가 영적 발달의 주된 장벽이라는 가정을 이어 왔기 때문이다. 그러나 만약 자아로 인해 형성된 것이 아닌 병리들이 존재한다면 자아만

이 더 높은 의식에 대한 장애물은 아닌 것이다.

다음에서는 각 수준과 각 수준의 잠재적인 병리 그리고 전형적인 치료법에 대한 묘사와 함께 각 수준에 상응하는 에니어그램 과정 단계와 성격 유형에 대해 묘사하고 있다. 각 관점은 변형에 대한 우리의 이해에 제공해 줄 독특한 요소를 갖고 있다.

- 윌버의 스펙트럼 모형은 변형 과정을 맥락화하는 메타 구조(meta-framework)를 제공한다.
- 과정 에니어그램은 소규모 수준과 대규모 수준 사이의 에너지의 주기적인(순환적인) 움직임을 묘사한다.
- 성격 에니어그램은 각 수준 내의 에너지의 상호적인 움직임을 묘사한다.

[그림 11-7]은 이러한 차이점을 시각적으로 묘사한다. 〈표 11-2〉는(이 장의 마지막에 있다) 수준에 따른 각 접근법에 의해서 강조된 요인들을 요약한다. 이 장에서는 각 수준마다 켄 윌버와 프랭크 비저가 이에 대해 언급한 것들을 요약했다(프랭크 비저는 그의 저서, *Ken Wilber: Thought as Passion*(2003)에서 이 수준들에 대해 자세히 분석했다). 이 요약에서 나는 그들 의견의 중요성에 대해 과정 에니어그램과 성격 에니어그램의 관점으로 살펴보고 이를 이탤릭체로 언급해 놓았다. 추가적인 3가지 모형—제인 로에빙거의 9가지 수준 모형, 그 모형에 대한 수잔 쿡의 개선 모형, 리소-허드슨의 계층 모형—에 대한 논의를 보려면 부록 C를 살펴보라. 이 모형들은 〈표 11-2〉에 나온 것들과 나란히 배열될 수 있다.

발달의 3가지 반침점

윌버는 발달의 단계를 많은 방식으로 분류해 놓았다. 그의 가장 단순한 도식은 3가지 주요 수준이다. 전개인적, 개인적, 초개인적으로 이루어진 각 수준은 3가지 하위 수준을 지니고 있으며 결과적으로 총 9가지 수준이 된다.

앞으로 보게 되듯이, 발달의 첫 4가지 또는 5가지 수준들은 피아제가 묘사한 것들과 비슷하며, 우리를 성숙한 성인의 사고 수준과 심지어는 메타 인지 수준(사고에 대해 사고하는 것)으로 데려가 준다. 마지막 3가지 수준은 윌버가 묘사했듯이 명확히 초개인적이다. 더 낮은 수준들의 병리와 치료법은 우리가 예상하는 것과 비슷하지만 현재 심리적 이해 수준으로 봤을 때 더 높은 수준의 병폐의 병리와 치료법은 덜 익숙할 것이다. 이에 따라 우리는 더 높은 수준에 대해 더 많은 시간을 쏟게 될 것이다. (참고할 것: 수준, 지점, 단계라는 용어는 모두 발달 과정의 특정 지점

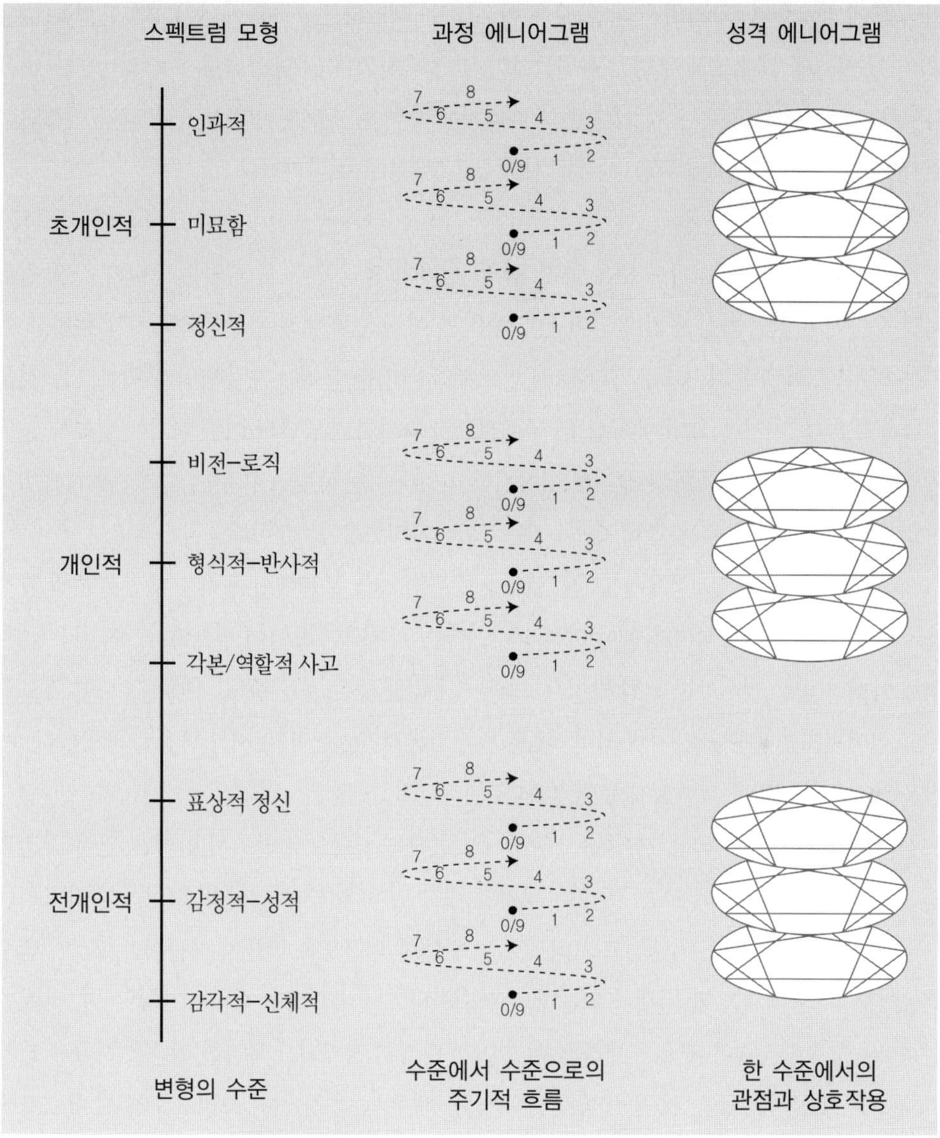

그림 11-8 9가지 수준, 9가지 주기, 9가지 관점

을 묘사할 때 사용될 수 있다.)

전개인적 받침점

전개인적 시기는 명확히 드러난 자아감과 사유하고 판단하는 능력이 생기기 전인 삶의 주기

의 부분에 상응한다. 각별히 주의할 것은 이 시기에 해당하는 3가지 에니어그램 유형들(1-3유형)이 이 시기에 있다고 해서 다른 유형들보다 덜 성숙하거나 덜 발달된 유형을 의미하는 것은 아니라는 것이다. 이들은 단지 이 수준의 에너지에 특히 민감할 뿐이다. 이들은 각각 이분법적 평가(1유형), 감정적 유대(2유형), 감각 중심의 활동(3유형)으로 나타난다.

1수준: 감각적-신체적. 이 수준은 물질, 감각, 지각의 영역이다. 이 영역은 발달의 가장 원초적인 수준이며 삶의 가장 초기에 일어난다. 윌버는 이 수준에 대해 굉장히 간결하게 논하고 있기는 하지만, 이 수준의 병리는 '다른 것들'로부터 자기를 분리하지 못함을 포함한다는 것을 언급하고 있다. 비저는 이에 대해 좀 더 구체적으로 다가가며 발달의 이른 시기에 병리를 다루기 위해 진정제를 사용하는 것에 대해 이야기하고 있다(나는 이 발달 수준에서는 성인에 대해 별로 논할 것이 없다고 본다. 왜냐하면 이 시기에 있는 성인은 극히 드물기 때문이다).

과정 에니어그램의 0지점에서 1지점. 새로운 주기의 시작 부분에서 우리는 자신과 주위 환경을 이해할 기본적인 방식이자 삶이 이치에 맞는다는 기본적인 느낌이 필요하다. 즉, 삶은 나쁜 것이 아니라 좋은 것이라는 느낌 말이다. 그래서 우리는 좋은 것을 향해 이동하고 나쁜 것으로부터 멀어지려는 충동을 가지게 되며, 이 충동은 기본적인(본능적인) 지향 반응을 제공한다. 이 반응은 이후의 판단을 위한 토대를 형성한다.

성격 에니어그램의 1유형. 1유형은 '흑백'사고를 하는 사람으로 알려져 있지만, 장차 긍정적인 사고를 할 사람으로 부르는 것이 더 정확할 수도 있다. 이는 이들의 빛을 향해 나아가려는 욕구가 이들을 식별하도록 만들고 그러므로 그 반대를 피하도록 만들기 때문이다. 2가지 범주 접근법도 1유형에게는 잘 이해가 되는데, 1유형의 타고난 '(작업) 방식'이기 때문이다. 하지만 안목 있는 1유형은 좋은 것을 구별하는 데 있어서 굉장히 정제되고 복잡한 기준을 사용해 점차 '나쁜 것'으로부터 '좋은 것'을 구별해 내는 법을 배우게 될 것이다. 그리고 그렇게 함으로써 분별력이 엄격함으로 바뀌는 것을 피하게 될 것이다.

2수준: 감정적-심직. 이 영역에서 자기는 성적 충동과 감정의 수준에 있다. 윌버는 이 수준을 건강한 발달을 위해 긍정적인 미러링을 필요로 하는 단순한 '이미지' 정신의 수준으로 보며, 자아도취/과장을 이 수준에서 일어날 수 있는 병리로 본다. 비저는 이 수준이 감정적 발달의 시기이며 구조를 필요로 하고, 그런 구조를 제공하는 것이 모든 치료적 접근의 핵심 요소가 될 것이라고 언급하고 있다.

과정 에니어그램의 1지점에서 2지점. 삶은 좋은 것이라는 느낌을 가지게 되면 다른 사람들,

특히 우리와 가장 가까운 사람들(종종 이는 우리의 엄마다)과 감정적으로 상호작용하는 위험을 감수하는 것이 가능해진다. 하지만 상호작용은 감정적 의존을 조성하지 않은 채로 지지해야 한다. 그렇게 됨으로써 발달하는 과정에 있는 아이는 불안감 때문에 생긴 부정적 감정에 휩쓸리지 않은 채로 이해심을 기르게 된다.

성격 에니어그램의 2유형. 2유형은 에니어그램에서 가장 드러나게 감정적인 유형이다. 그렇기 때문에 자신의 감정적 환경에 민감하며 유달리 감정적 지지와 미러링을 특히 삶 초기에 더 필요로 한다. 하지만 또한 다른 사람의 인정을 받는 것에 지나치게 의존하게 되지 않은 채로 친밀한 관계에 들어갈 수 있도록 자기 자신을 반영하는 법을 배워야 한다.

3수준: 재표현된 마음. 윌버에 따르면 재표현된 마음은 상징과 개념을 다루기 시작하는 자기를 묘사한다. 그의 관점에서 보면 이 수준은 이전 수준의 이미지 지향으로부터 한 단계 올라간 상태인 것이다. 자기가 더 복잡해질수록(이제는 본능, 감정, 기초적인 정신 기능을 가진 상태다) 그와 관련한 병리 또한 복잡해진다. 이 영역의 병리는 평범한 신경증의 수준으로, 본능이 감정과, 감정이 정신과 혹은 본능이 정신과 충돌할 수 있다. 가장 낮은 두 수준(1수준, 2수준)은 더 본능적이지만 이 수준은 더 의식적인 정신 작용의 출현을 나타낸다. 그러나 이 상태의 우리는 더 높은 수준의 정신 작용의 정점에 있기는 하지만 이 수준에서도 여전히 무의식적인 성질은 어느 정도 작용하고 있다. 비저는 이 수준에서야말로 진짜 억압이 일어날 수 있다고 말한다. 그렇기 때문에 신경증의 치료법은 종종 그 사람의 억눌린 무언가를 드러내도록 도와주는 작업으로 구성되어 있다.

과정 에니어그램의 2지점에서 3지점. 여기서의 초점은 삶의 기술을 얻음으로써 2지점에서는 의존성으로 대체되었던 1지점에서의 무력함이 삶에서의 발판을 마련하기 위해 마침내 임시적으로라도 사라지게 되는 것에 있다. 살아가면서 역량은 아주 중요하며, 그러므로 역량이 내적(감정적 또는 본능적) 필요보다 우선순위에 있어야 한다는 점점 깊어가는 깨달음 때문에 여기서는 본능과 감정을 억누르고 싶은 유혹이 강하다. 또한 초점은 눈에 보이는 노력과 결과에 있다.

성격 에니어그램의 3유형. 3유형은 구체적으로 생각하는 능력을 필요로 하는 실용적인 기술을 발달시킬 수 있는 방식으로, 환경적 상황에 적응하는 능력으로 알려져 있다. 그러나 이들은 깊은 감정이나 친밀함을 위해 시간을 내는 일 등에 어려움을 겪을 수 있는데, 이들이 너무 삶의 실용적이고 성취 지향적인 측면에 집중하기 때문이다. 3유형은 일정 능력 수준, 물질적 안정, 사회적 인정 등을 이룬 다음에야 비로소 관심을 삶의 좀 더 미묘하고 친밀하며 즐거운 면으로 돌릴 준비가 된다.

개인적 반칩점

윌버는 정신 병리학에 초점을 맞추는 사람들은 종종 자신의 논의에서 3수준을 넘어서지 않는다고 말하며, 부분적으로 전개인적 병리가 가장 심신을 약화시키는 병리이기 때문이라고(최소한 평범한 삶을 사는 평범한 사람들에게는) 말하고 있다. 하지만 단순히 3수준을 넘어서는 것은 병리를 겪지 않고 다음 수준으로 지나가는 것을 절대로 보장해 주지 않으며, 이는 우리가 상승하면서 발생하는 굉장히 미묘한 도전 때문이라고 주장하고 있다.

4수준: 각본/역할적 사고. 이 수준에서 정신 기능과 더 깊은 반영성의 더 높은 수준으로 이동해 가며, 우리가 맡을 사회적 역할을 알아차리고 다른 사람의 역할도 이해할 수 있도록 해 준다. 윌버는 이 시점에서 일어나는 갈등들은 어울리려 하고 소속되려 하며 일이 일어나는 미묘한 규칙들을 이해하려는 욕구에 관련된 것이라고 언급한다. 이 새로운 인식은 다른 사람들을 의식적으로 조종하려는 가능성 역시 불러일으킨다. 비저는 이 지점은 자신과 다양한 사회적 상황에서 행동하는 법에 대해 꽤 불안정함을 느끼는 지점이라고 언급하며, 각본 분석은 우리가 맡는 역할의 본성을 더 인식할 수 있도록 해 주는 도구들을 제공해 줌으로써 도움을 줄 수 있고, 또한 자기를 더 인식할 수 있도록 도와준다고 말하고 있다.

과정 에니어그램의 3지점에서 4지점. 확장되어 가는 자의식은 우리가 다른 사람들의 관점과 더 어우러져 갈 수 있도록 해 주며 더 깊은 공감(이해심)을 일으킨다. 하지만 우리가 취하는 이 역할들이 자신과 똑같지 않다는 것을 처음으로 깨닫게 해 준다. '역할적 자신'을 깨닫게 되면서 '진정한 자신'이 있어야만 한다는 것을 알아차린다. 또한 그 둘은 같은 것이 아니라는 것도 알아차린다. 이러한 불일치는 불안정한 느낌이지만 동시에 더 깊이 자아를 느낄 수 있는 길을 열어 준다.

성격 에니어그램의 4유형. 4유형은 현재 동일시하는 자기의 조절된 본성을 (때로는 고통스럽게) 알아차리는 편이다. 이것은 자의식과 '역할적 자신'을 넘어서 '진정한 자신'으로 가고 싶은 욕구를 일으킨다. 여기서 도전은 사회적 페르소나를 유지해야 할 필요(와 사회적 행동의 규칙의 필요)를 받아들이면서도 동시에 내면에 있는 깊은 자기로 접근하고 이를 표현하는 것을 사회적 관습이 막지 못하도록 하는 방식으로 이 간극을 메꾸는 것이다.

5수준: 인습적 반추의 마음. 윌버는 이 지점에서 '사고에 대해 사고'하기 시작한다고 말한다. 이런 종류의 메타 인지는 가설 연역적이고 명제적인 추론을 가능하게 하지만 이런 가능성이 너무 과다해지면 새로운 수준의 문제를 불러오게 된다. 여기서 우리는 무시하기 힘든 철학적 문제와 자기를 실제로 전적으로 독립적인 개체로서 부상하도록 해 주어야 할 필요에 맞선다. 비저는 이런 종류의 가능성이 너무 많이 일어나서 실용적인 선택을 하는 것이 어려울 수 있다고 말한다. 윌버와 비저 모두 좋은 것과 나쁜 것을 거르기 위한 방법으로 내관법을 추천한다. 윌버는 이 지점에서 침묵하는 것은 부재한(가치 없는) 것과 마찬가지라서 자신의 생각을 표현하는 것이 더 큰 균형을 불러올 수 있다고 덧붙인다. 이같이 윌버는 이 지점에서 소크라테스식 대화의 가치를 보고 있다.

과정 에니어그램의 4지점에서 5지점. 이 지점은 4지점에서 시작하며 에니어그램 원의 맨 아래에 있는 교차 지점인 존재적 위기의 중간 단계로, 혼돈과 혼란의 영역으로 알려져 있다. 이는 자기중심의 관점으로부터 '다른 것(사람 등)' 중심의 관점으로의 이동을 의미하는데, 이는 단순히 삶의 '타자성'이 더 이상 부정될 수 없기 때문이다. 이 세상에서의 사물과 개념의 다양성은 압도적인 것처럼 느껴질 수 있으며, 일종의 이성을 기반으로 한 틀을 발달시키는 것으로 현실을 파악해야 할 필요를 만든다.

성격 에니어그램의 5유형. 여기서 포괄적인 사고를 하며, 적당한 정도의 객관성을 갖고, 삶에 대해 깊이 숙고할 수 있는 능력을 가진 개인을 보게 된다. 그러나 사물을 분리된 범주로 분류하는 능력은 단지 지적으로만이 아니라 사회적으로도 과도한 구분화라는 결과를 낳을 수 있다. 그렇게 된다면 삶의 모든 것이 분류가 필요한 대상이 될 수 있기 때문이다.

6수준: 비전-로직(켄타우로스식 인식). 여기서는 새롭고 더 개관적인 종류의 논리이자 평범한 논리를 초월하는 더 높은 수준의 종합적인 인식 또는 통합적인 인식이 나타나기 시작한다. 이 수준은 윌버가 목표로 제시하고자 하는 수준이다. 이 수준은 우리가 새로운 종류의 인식의 정점에 있다는 것을 의미하는 지점이며, 개인적 의식에서 초개인적 의식으로의 변천을 할 만반의 준비가 되어 있는 지점이기 때문이다. 그러나 이와 같은 이유 때문에 존재적 염려가 정점에 오르게 되고 수많은 걱정을 낳게 된다. 그 예로는 존재적 우울, 비(非)진정성, 고립, 자아실현의 실패, 존재적 불안 등이 있다. 이런 문제들은 모순적이게도 자기 확장의 산물이다(삶의 광대함을 이해하기 시작하고, 어쩌면 과하게 관례화된 관점과 일과로 후퇴함으로써 그 광대함에 놀라게 되는 자기의 인식에 기초하여). 윌버는 이 지점에서 필요한 것은 새롭게 드러난 켄타우로스식 인식을 수용할 수 있는 더 인본주의적이고 확장된 관점을 추구하는 것이라고 말하고 있다. 비저는 이 지점에서 계속해서 개방하는 능력은 그렇게 하는 데는 타당한 이유가 있다는 것을 아는 데 달려 있다고 말한다. 계속해서 나아가기 위해서 우리는 '그것이 어떤 차이를 만드는가?'를 알 필요가 있다.

과정 에니어그램의 5지점에서 6지점. 이 수준은 구분화와 체계화에 대한 극도의 강조에서 더 큰 (초개인적) 맥락을 고려하기 시작하는 개념의 고차(higher-order) 종합으로의 이동이다. 하지만 그 종합이 일어나기 위해서는 이러한 초개인적인 것들을 정신적으로 완전히 이해해서 너무 많은 것들을 빨리 취함으로써 부담을 느끼지 않을 수 있는 방식으로 이것들에 개방할 수 있어야 한다. 이렇듯 이 지점은 불안정성이 내재되어 있지만 동시에 내적 확장을 위한 출발점이기도 하다.

성격 에니어그램의 6지점. 6유형은 두려움, 믿음, 용기를 수반하는 주제들에 가장 연관된 유형이다. 앞서 말한 논의에서 그 이유가 나온다. 왜냐하면 6유형은 에니어그램 원에서 의식의 새롭게 확장된 수준을 향해 도약을 갓 시작하는 지점에 위치하고 있기 때문이다. 그 결과로 옛 두려움과 새 두려움 모두가 의식의 표면으로 한달음에 몰려오게 되며, 불안을 만들고 해결을 구하게 한다. 이는 6유형이 자신의 삶에서 구조(체계), 지지, 안정감을 통해 유달리 덕을 볼 수 있는 이유다.

초개인적 받침점

개인적 수준에서 초개인적 수준으로의 이동은 대부분의 우리를 익숙하지 않은 영역으로 데려간다. 그래서 윌버는 우리가 여기서 마주하는 도전들을 굉장히 상세하게 묘사하고 있다. 왜냐하면 이것들은 우리가 익숙해질 만한 종류의 문제가 아니기 때문이다. 그렇기 때문에 다음에서 나눌 논의는 전개인적 수준과 개인적 수준의 논의보다 더 자세하게 다뤄질 것이다.

7수준: 정신적 수준. 윌버는 이 수준을 '제 3의 눈'과 연관된 능력의 종류가 나타나기 시작하는 지점이라고 말한다. 의식의 초월적, 초개인적 혹은 사색적인 형태와 쿤달리니(kundalini) 자각 등이 그 종류다. 이런 발달의 종류는 심오한 시작 과정을 일으킬 수 있지만 잠재적으로 팽창, 혼미함, 일시적인 정신 이상, 잘못된 관행으로 인한 불균형, 영혼의 어두운 밤, '분열된 삶'의 목표(영적 문제 대 세상적 문제), 프라나적(Prana) 무질서함, 높은 수준의 에너지를 다루지 못하는 육체의 무능력함 등도 불러올 수 있다.[11]

윌버는 불균형을 초래할 가능성이 있는 정신적 수준의 시작 과정을 개인이 경험할 수 있는 3가지의 일반적인 방법을 든다. 저절로 일어나는 시작 과정, 정신병적인 시작 과정 혹은 영적 수행을 시작하는 사람의 시작 과정이 그것이다. 저절로 일어나는 시작 과정의 경우 여기에 해

당하는 사람은 '스스로 극복해 나가거나' '사색적인 단련법을 취함으로써' 그 과정에 일부러 들어가는 것을 선택할 수 있다(p. 139). 정신이상적 증상들은 심층(어쩌면 융의) 치료법에 잘 반응할 수가 있는데, 왜냐하면 이 치료법은 정신이상을 유도하는 무언가를 좀 더 동화할 수 있는 형태로 바꾸는 정신 구조의 종류를 구축하는 것을 목표로 하기 때문이다. 영적 수행을 시작한 사람은 구조(체계) 구축이나 자신이 경험한 착각(망상, 기만)의 본성에 대한 통찰을 요구하는 팽창이나 혼미함 등에 민감하다.

윌버는 영혼의 어두운 밤 경험은 깊은 절망을 일으킬 수 있으며, 이런 절망은 자신과 같은 고통스러운 경험을 겪어 본 적이 있는 다른 사람들의 경험을 읽는 것으로 종종 가장 잘 이해된다고 언급한다. 분열된 삶의 목표는 영적 가치와 문화적 가치가 너무 많이 갈리기 시작하는 바람에 이를 겪는 개인이 심리적으로 분리되는 듯한 느낌을 받는 문화에서 사는 데 대한 결과다. 이에 대해 윌버는 고행적인 접근법을 추구하는 것 대신 영적 삶과 문화적 삶을 통합하기 위해 최대한 노력하는 것을 추천한다.

윌버는 계속해서 이 단계에서 우울이나 불안이 올라오게 되면 수행을 심화시키는 것보다는 수행을 중지하거나 가볍게 해 주는 것이 최선이라고 말한다. 왜냐하면 그렇지 않으면 이는 정신적 분열이라는 결과를 낳게 되기 쉽기 때문이다.

프라나적 무질서함은 심리적 원인에 기초한 신체적 요소를 지녔다. 윌버는 신체적 문제와 어쩌면 침술까지 다루기 위해 짜인 다양한 신체 중심적 요가에 초점을 맞춘다.

요가식 질병(신체적 질병): 윌버는 가능할 때마다 신체의 정화 또는 카페인, 설탕, 약물 등의 섭취를 제한하는 치료를 통해 이를 예방하는 것을 추천한다.

비저는 이 주제에 대해 전반적으로 언급하고 있는데, 이 수준에서의 불균형은 신체와 영혼이 충분히 통합되지 않았기 때문에 일어나는 경향이 있다고 말하고 있다. 그래서 더 큰 균형으로 가는 길은 통합을 촉진하기 위해 짜인 수행과 치료법 등을 통하는 것이라고 말한다.

과정 에니어그램의 6지점에서 7지점. 이 수준의 이동은 새롭고 확장된 의식 수준으로의 변형적인 도약과 같으며, 우리가 이전까지 겪었던 모든 것과는 완전히 다른 체제의 세상이자 경외감을 주면서도 동시에 분산된 느낌 혹은 갈피가 잡히지 않는 느낌 또한 일으킬 수 있는 세상인 의식 수준에 '도착하는' 것이다. 이 이동은 종종 은혜와 연관되는데, 이는 자신이 세운 경계선 너머로 우리를 '이동시켜 주는' 위로부터 아래로 뻗어져 내려오는 은혜의 일종을 의미한다. 대신 현실감을 향상시키도록 짜인 활동들에 초점을 맞추는 것이 균형과 정상적인 느낌을 회복하는 것에 도움이 될 수 있다.

성격 에니어그램의 7유형. 7유형은 비현실적이고 포괄적인 공간에 있으며, 삶에서의 점들을 연결하는 직관적인 능력이 있지만 자신을 '우주로 날아가 버리는' 것으로부터 잡아 주는 일종의 안정적인 기준점을 설정하고 유지하는 것을 힘들어할 수 있다. 7유형은 자신의 자리를 유지시켜 주면서도 움직이고 변화하는 자유 또한 가능하게 해 주는 일종의 중심 주제를 가짐으로써 득을 볼 수 있다.

8수준: 미묘한 수준. 이 수준은 '미묘한 소리와 빛의 원형적인 형태'의 인식이 나타나기 시작하는 지점이다. 이러한 현상들은 굉장히 인상적이고 강력할 수 있지만 일종의 형태를 바탕으로 하고 있기 때문에 인식의 가장 높은 수준은 아니다. 이 지점에서 일어날 수 있는 문제는 정체성의 좀 더 제한적인 형태, 미묘한 착시나 환상, 깨달음의 거짓된 느낌을 버리지 못함 등을 포함한다.

윌버는 정체성의 더 제한된 형태를 버리지 못하는 것(통합의 실패)에 대해 그 수축을 (특히 통찰을 통해) 이완시켜 줄 수단을 찾는 것밖에는 다른 해결책을 찾지 못했다며, 이렇게 다루지 못하면 이 수준에서 받은 강력한 에너지에 의해 압도되어 버릴 수 있다고 언급한다.

우리가 겪을 수 있는 미묘한 착시나 환상(특히 실제 자신의 수준보다 더 높은 수준에 있다고 믿는 종류)에 관해서 윌버는 많은 전통적 수단이 우리의 실제 발달 수준을 확인할 수 있는 방법을 갖고 있어서 그런 환상에 갇히는 것을 피할 수 있다고 말하고 있다.

거짓 깨달음은 앞으로 계속 나아가고 싶은 욕구와 그러고 싶지 않은 욕구 사이에 갇히는 극심한 고통을 일컫는 윌버의 방식인 듯하다. 나는 윌버가 에너지가 너무 강해져서 이를 겪는 사람이 앞으로도 갈 수 없고 뒤로도 갈 수 없다고 느끼게 되었을 때 일어나는 일에 대해 말하고 있는 것이라고 생각한다(마치 출산 중 아이가 멈춰 있는 상태에 있는 여자처럼 말이다). 여기서 진짜로 선택할 수 있는 건 자신의 관습을 그대로 지속하는 것뿐이라고 그는 덧붙인다.

과정 에니어그램의 7지점에서 8지점. 7지점에서 8지점으로의 변천은 자기의 모든 떨어져 있던 조각들을 외적 관점에서 한데로 모으는 것에서 그 모든 조각을 외적이 아닌 내적인 것으로써 경험되는 일관된 한 전체로 통합하는 것으로의 이동이다. 여전히 형태의 영역 안에 있기 때문에 우리가 감지하는 형태들을—자신의 형태를 포함해서—궁극적인 현실로 착각할 수 있다. 실제로는 그렇지 않은데 말이다. 여태껏 통합되었던 것이 더 큰 전체로 합쳐지게 되어서야 한 주기가 끝나게 된다.

성격 에니어그램의 8지점. 이 유형은 영의 가장 높은 체현 형태를 나타내며, 이는 고요하고 안정적인 삶으로의 접근 방식의 달성을 꽤 어려운 도전으로 만드는 강한 내적 압박의 대상이 된다. 8유형이 다른 유형들보다 더 낫다거나 좀 더 발달된 수준이라는 것은 아니지만 이들은 자기수양, 자제, 숙련 등을 길러야 하는 강력한 내면의 힘의 대상이다. 이 도전을 받아들이기로 선택하는 8유형은 자신이 다룰 엄청난 양의 에너지에 접근할 수 있다는 것을 알게 된다. 그래서 8지점의 에너지는 완전한 헌신을 요구하는 양날의 검이다.

9지점: 인과적 수준. 이 지점은 형태가 초월된 영역이자 제한된 자아감으로부터 마지막 탈동일시를 하는 영역으로 깊이 들어가게 되는 수준이다. 여기서의 도전은 자기 이해의 모든 이전 수준으로부터 자신을 분리시킬/구분 지을 필요와 동시에 이 수준들이 지혜의 오염이라기보다는 '방해받지 않은 지혜'의 완벽한 표현이라는 것을 이해할 필요를 중심으로 하고 있다(p. 144). 윌버는 모든 분리의 근원을 제거하기 위해서 학생에 대한 '내면의 스승'을 발견하고, 가장 미묘한 '나/너' 차이조차도 사라짐을 경험할 수 있다. 이는 창조를 내려놓음과 동시에 이 마지막 변천을 어려운 도전으로 만드는 이것의 타고난 좋음을 깨달아야 할 필요다.

과정 에니어그램의 8지점에서 9지점. 이 변천은 에니어그램에서 가장 신비로운 현상 중 하나로, 이 과정은 모든 것에서 무(無)로의 이동을 포함한다. 이 이동은 이 2가지의 근본적인 동일성을 확정하는 방식으로 이루어진다(이는 이 이동이 통합/종합의 가장 높은 형태를 의미하는 이유다). 온우주를 완전히 내면화한 개인은 모순적이게도 그 온우주의 광활함 속에 그저 하나의 입자가 된다. 이는 하나와 다수의 궁극적인 통합이다.

성격 에니어그램의 9유형. 9유형은 내적 존재함과 창조적 잠재력뿐 아니라 통합, 조화, 수용성과 가장 동일시된 유형이다. 하지만 9유형은 동기 결여와 우유부단함과도 가장 동일시되는 유형이기도 한데, '우리는 모두 같다'라는 9유형의 타고난 인식이 독특함의 이점을 보기 어렵게 만들기 때문이다. 또한 9유형 자신이 진정한 자아감을 얻을 수 있도록 해 주는 방식으로 삶에 관여하는 것이 유달리 중요한 이유다. 이렇게 함으로써 이들은 개인으로서(자율적인 전체로서) 그리고 더 큰 온우주적 체제의 구성원으로서(자기초월적인 부분으로서)의 모습 모두로 기능할 수 있다.

시사점

〈표 11-2〉는 윌버의 발달 선과 과정 에니어그램과 성격 에니어그램에서 발달 선으로 인해 일어나는 결과들을 요약하고 있다. 이 표에서 이들은 순서대로 가장 낮은 수준은 맨 아래에, 가장 높은 수준은 맨 위에 배치되어 있다. 표가 보여 주듯이—우리가 나누었던 논의를 반영하며—윌버의 수준, 과정 에니어그램의 단계 그리고 성격 에니어그램의 관점은 의미 있게 배열

될 수 있다. 이것이 시사하는 바는 윌버의 스펙트럼 모형과 통합에니어그램 모형은 동일할 정도로 굉장히 비슷한 발달 단계를 묘사하고 있다는 것이다.

그러므로 이 두 접근법의 표면적인 차이점은 그렇게 실질적인 것이 아니다. 특히 만약 에니어그램 쪽의 이론가들이 에니어그램 연구에 대한 순전한 역낭만적 접근법을 기꺼이 내려놓는다면 말이다. 윌버의 스펙트럼 모형에 대한 이해는 성격 에니어그램과 과정 에니어그램을 보는 방식을 통합할 수 있는 '제 3세력'(예, 조화시키는/조정하는 패러다임)을 제공해 줌으로써 이 과정을 촉진시켜 준다. 이 '제 3세력'은 두 에니어그램을 보는 방식을 통합함으로써 성격 에니어그램을 변형에 대한 장애물로, 과정 에니어그램을 변형의 시작으로 바라보는 것 대신 두 에니어그램을 같은 것을 묘사하는 모형으로 보기 시작할 수 있게 한다. 이 두 에니어그램을 성공적으로 절충할 수 있는 능력의 여부에 따라 기회 혹은 장애물로 기능할 수 있는 9가지 도전으로 보게 되는 것이다. 윌버의 주된 목표 중 하나는 당연히 우리의 경로 속에서 장애물들을 더 현명하게 다룰 수 있도록 해 주는 일종의 통찰을 제공해서 우리가 마주하는 도전과 어려움들로 인해 점점 더 좌절하고 낙심하게 되는 대신 평범한 것을 특별한 것으로 만드는 새로운 방식을 찾아낼 수 있게 하는 것이다.

IOS와 에니어그램 통합하기

8장에서 통합에니어그램 모형을 만들기 위해 수직 중심적 과정 에니어그램과 수평 중심적 성격 에니어그램 간의 유사성을 살펴보았다. 11장에서는 이와 비슷하지만 좀 더 복합적으로 이 주제를 다뤘다. 통합에니어그램 모형과 윌버의 IOS 간의 유사성을 살펴볼 것이다(이 두 모형 모두 수직적 요소와 수평적 요소를 지니고 있다).

초기에는 윌버의 IOS의 핵심 요소들—4가지 AQAL 사분면, 3대 가치 영역, 윌버의 3가지 주요 받침점—을 과정 에니어그램에 연결시켰다. 그런 뒤 에니어그램(성격 에니어그램과 과정 에니어그램 둘 다)을 윌버의 발달의 스펙트럼 모형에 연결시켰다. 이런 식으로 우리는 변형의 과정을 2개의 다른 관점에서 살펴볼 수 있게 되었다.

IOS를 과정 에니어그램에 연결시킴으로써 윌버의 체계의 구체적인 측면을 소규모 중심적인 과정 에니어그램의 맥락 내에서 검토할 수 있었다. 소규모 중심적인 과정 에니어그램은 변형에 대한 밀접하고도 개인적인 관점(현재 일어나고 있는 일을 살펴보고, 이 일이 변형의 원에서 어디에 위치하고 있는지를 알아낼 때 사용할 수 있는 관점이다)을 제공하도록 짜인 체계를 말한다.

〈표 11-2〉 수준, 과정, 관점 간의 유사점

		윌버의 단계/수준	과정 에니어그램 단계	성격 에니어그램에서의 도전 과제
초개인적	9	인과적 수준	최종적인 통합	존재함과 통합
	8	미묘한 수준	통합된 의식	숙달과 지도력
	7	정신적 수준	확장된 의식	한계 내의 자유
개인적	6	비전-로직	두려움과 직관	두려움을 믿음으로 바꿈
	5	형식적-반사적 정신	인지	이해
	4	각본/역할적 사고	자아정체성	'역할적 나 대 진정한 나'
전개인적	3	표상적 정신	역량	구체적인 적응
	2	감정적-성적	연결	유대와 자기 반영
	1	감각적-신체적	지향	이중 범주 정의

에니어그램을 IOS에 연결시킴으로써 에니어그램의 구체적인 측면을 온우주의 본성, 그 중에서도 특히 온우주의 전반적인 구조에 대해 생각해 보는 방식을 제공해 주도록 짜인 대규모 중심적인 틀의 맥락 내에서 검토할 수 있었다. 포괄성에 대한 이러한 관심은 모든 것의 이론이나 모든 것의 역사 같은 저서의 제목들에 반영되어 있다. 그에 반해 과정 에니어그램은 좀 더 '아무 것의 이론' 종류를 제공하므로 어느 것이든 변형하는 과정을 묘사한다.

상대의 관점에서 각 체계를 살펴봄으로써(우리가 9, 10장에서부터 다루어 왔던 주제다) 체계 간의 유사성을 보게 될 뿐 아니라 변형에 대한 새로운 관점, 처음에는 조화가 불가능해 보였던 개념이나 위치를 융합시킬 수 있도록 도와줄 수 있는 관점을 얻게 된다.

11장에서 꽤 분석적이고 기계적인 관점에서—간단히 말해서 남성적인 관점에서—변형에 대해 탐구해 보았다. 12장에서 변형을 좀 더 여성적이고 체현된 관점에서 살펴보도록 방식을 바꿔 볼 것이다. 통합적인 삶의 관점에서 말이다.

미주

1) 윌버가 논의한 수평적 깨달음은 우리의 관점을 더 포괄적으로 확장시켜서 우리의 깨달음이 수평적 구조의 더 큰 발달을 반영하게 되는 개념과는 상관이 없다. 내가 느끼기에는 윌버는 단지 구조-단계 깨달음(이는 모든 단계-구조와 상태와의 하나됨을 수반한다)과 '상태 깨달음'(이는 모든 상태와의 하나됨을 수반하지만 모든 구조-단계는 수반하지 않는다) 간의 차이점을 시각적으로 묘사할 방법이 필요했던 것 같다. 그렇게 그는 앨런 콤스(Allan Combs)와 함께 상태를 수평 축에 두고, 구조-단계를 수직 축에 두는 행렬을 개발했다. 이렇게 해서 발달의 한 종

류는 '수직적'이라고 불리고, 다른 한 종류는 '수평적'으로 불리게 된 것이다(이 행렬의 더 간소화된 형태를 보려면 4장의 [그림 4-2]를 살펴보라).

이러한 접근법을 사용함으로써 윌버는 수직적 깨달음이 수평적 깨달음보다 더 우월하다고 결론짓게 되었으며 불가피하게 수평적 축을 폄하하게 되었다.

상태에 근간한 깨달음의 잠재적인 문제는 이러한 깨달음이 너무 수평적이라는 점이 아니라 충분히 수평적이지 않다는 점이다! 즉, 이러한 종류의 깨달음은 영적 상승에만 너무 제한적으로 집중하기 때문에 다른 발달 선들은 잘 알지 못한 채로 남아 있게 된다. 나는 이러한 이유 때문에 수직적 깨달음 대 수평적 깨달음의 측면으로 얘기하는 것보다는 통합적 깨달음 대 비통합적 깨달음의 측면으로 얘기하자고 제안하는 것이다. 좀 더 통합적인 경로를 말하는 사람들은 단지 하나의 발달 선이 아닌 다양한 발달 선을 추구하게 될 것이다(이는 더 오랜 시간이 걸리겠지만 동시에 더 풍부하고 더 통합된 형태의 깨달음을 이루게 될 것이다).

2) 에니어그램은 진정으로 심오하고 깊은 체계이지만 통합 이론의 독자들에게는 이 체계의 다차원성이 전해지기가 어려울 수 있다. 왜냐하면 통합 이론계에는 역사적으로 에니어그램을 체화된 관점이 아닌 별개의 성격 유형만을 설명하는 체계로 여기는 경향이 있어 왔기 때문이다. 하지만 이런 점은 에니어그램의 독자들에게는 해당되지 않는다. 이들은 일반적으로 에니어그램의 이러한 유사성을 찾는 것을 쉬워하는데, 왜냐하면 에니어그램을 외적 성격 유형과 동시에 통합적 관점을 설명하는 체계로 여기는 데 익숙해져 있기 때문이다.

3) 발달의 다중선에 대한 논의를 보려면 윌버 등이 쓴 *ILP*(2008)의 81~86페이지를 살펴보라.

4) 변하지 않는 개인의 에니어그램 유형과는 달리 문화의 에니어그램 유형은 그 문화 속에 사는 사람들이 변함에 따라 시간이 흐르면서 변할 수 있다. 이는 어떠한 상황에도 매여 있지 않은 개념이다(하지만 여전히 실용적인 관점에서는 유용하다. 특히 개인의 가치와 문화적 가치 간의 갈등을 이해하는 데 있어서 유용하다).

5) 서구 문화는 도덕성(1지점), 의무감(6지점), 권위(자)에 대한 존경(8지점)을 조장하도록 설계된 발달 선들을 역사적으로 강조해 왔다는 것을 볼 수 있다. 이런 가치들은 더 이상 과거만큼 중시되지 않는다(비록 9/11 테러 이후에 희생적 의무의 경로에 대한 공공의 존경심이 극적으로 증가하기는 했지만 말이다).

유달리 내향적이거나 여성적인 발달 선들은(예, 2지점의 공감적인 발달, 9지점의 신비적인 발달, 4지점의 깊이 중심적인 심리적 또는 창조적 발달) 과거에는 사회에서 무시되고 소외되곤 했다(특히 남성들이 이러한 가치를 추구하는 경우에 말이다). 그리고 이러한 가치들은 여성적 가치에 대한 훨씬 더 현대의 미사여구적인 옹호에도 불구하고 여전히 여성들이 원하는 정도보다 무시되고 있다.

그에 반해서 현대 문화에서는 논리/컴퓨터 기술(5지점)과 과학(6지점)과 연관된 발달 선들이 굉장히 인정받고 있다. 실용적인 기술과 이미지 발달(3지점)을 조장하는 발달 선들 또한 그렇다. 7지점의 발달 선들은 이 지점이 가진 특유의 젊음, 즐거움, 전역적인 정보 교환의 초점과 함께 현재 미국 문화 속에서 특히 인기를 얻고 있다.

이러한 문화적 가치들은 각각 인기 있는 발달 선들과 인기가 없는 발달 선들에 연관된 유형을 가진 개개인에게 명백한 영향을 준다. 하지만 이에 관련된 역동을 이해한다면 이들 간의 갈등으로 인해 생겨난 문제들을 해결하는 데 있어서 더 좋은 방법을 알 수 있게 될 것이다.

6) 사람들은 때로 자기의 유형을 잘못 알았을까 봐 걱정한다. 다른 유형으로 착각하는 일이 꽤 흔한데, 특히 에니어그램을 새롭게 접한 사람들이라면 더욱 그렇다. 하지만 심지어 경험 많은 교사들도 자신의 유형을 잘못 알기도 한다. 한 유명한 교사는 5년 동안 자신이 1유형인 줄 알았다가 실제로는 자신이 3유형이었다는 것을 깨달았다고 말했다. 그는 1유형의 가치를 받아들이기 위해 3유형이 되는 것을 피하거나 하는 데에 그다지 애를 쓰지 않았었

다. 왜냐하면 그의 스승이 1유형인데, 그는 스승을 정말 존경했기 때문이었다. 비록 그는 마침내 3유형이 자신에게 훨씬 더 맞는 유형이었다는 것을 알게 되었지만 자신의 유형을 잘못 아는 경험을 통해 많은 것을 배웠다고 말했다.

7) 나는 대부분의 사람들은(심지어 굉장히 높은 기능을 하는 사람들도) 모든 9가지 관점을 통합할 수 있을 것이라고 기대하는 것이 비현실적이라고 생각한다. 그리고 어쩌면 사명적 관점에서 보면 삶에서의 목적을 달성하기 위해 모든 사람에게 모든 것이 될 필요는 없다는 점에서 모든 관점을 통합하는 것이 꼭 필수적인 것은 아니라고 생각한다. 그렇지만 우리는 너무 편협해서 균형을 유지하며 살아가거나 다른 사람들과 잘 지내는 능력을 훼손시키는 그런 관점으로부터 생기는 문제들을 피할 수 있을 만큼은 충분히 통합될 필요가 있다.

8) 에니어그램 날개 지점과 연결 지점은 자연 발생적인 확장 지점을 제공해 주지만 에니어그램을 많이 다루는 사람들은 대개 지점들을 기하학적으로 연결시키는 새로운 방법을 알아차림에 근거해서 시간이 흐름에 따라 유형을 연결시키는 더 많은 방법을 알아차리게 된다. 이 체계에 대해 더 알게 될수록 하나의 면만을 가진 관점에서 다양한 면을 가진 관점으로 이동하기 위한 방법을 많이 알 수 있게 된다.

9) 수직적 차원과 수평적 차원을 상호보완적인 동일한 차원으로 여길 수 있는 2개의 병렬 구조가 있다. 첫 번째는 성격 에니어그램(수평적 체계)과 과정 에니어그램(수직적 체계) 간의 직접적인 관련성을 묘사하는 것은 너무 쉽다는 사실에 근거하고 있다. 두 번째는 다이온 포춘의 *The Cosmic Doctrine*(1949/1995)에 나오는 Section 1-1 속의 정보에 근거하고 있다. 여기서는 회전하는 2개의 힘의 고리로 이루어지는 것이 대우주의 본성이며, 이 고리들은 서로 수직 상태에 있고, 또한 세 번째 고리(the Ring-Pass-Not)에 속해 있다는 것을 설명하고 있다. 이런 밀교적 자료에 따르면 세 번째 고리 속에 있는 두 고리는 꼭 대우주의 존재를 위해서 필요한 것만은 아니다. 이들 중 하나가 더 이상 존재하기를 멈춘다면 대우주 또한 더 이상 존재하지 않게 된다. 이렇듯 서로 다른 성질을 갖고 있지만(왜냐하면 이들은 서로 수직의 위치에 있기 때문이다) 대우주에게 동일하게 기본적인 요소들이다.

10) 윌버의 3가지 받침점 모형에 과정 에니어그램을 연결시킬 때, 각 받침점 간의 구분 지점은 6장에서 논의되었던 에니어그램의 충격 지점(이들은 각각 3지점, 6지점, 9지점에서 나타난다)으로 표시된다. 우리가 기억하듯이 이 충격 지점들은 불연속(중단)의 영역으로, 여기서 발달의 다음 주요 단계로 도약해야만 한다. 또한 이 지점들은 '새로운 무언가'가 주기에 들어올 수 있는 영역이기도 하다. 이 '새로운 무언가'는 우리의 성향(지향)을 바꿔서 근본적으로 완전히 다른 방식으로 삶과 관계하게 하는 에너지다. 이는 3지점과 6지점 그리고 9지점이 다소 변천적인 혹은 수용적인 성질을 갖고 있는 이유다. 왜냐하면 발달의 다음 단계와 생산적으로 관여될 수 있도록 도와주는 에너지를 우리가 받아들이는 지점들이기 때문이다.

11) 윌버의 7수준의 병리 중 일부는 어쩌면 과정 에니어그램 이론가들에 의해 6지점과 더 밀접하게 연관되어 있다. 베리너(Beriner)는 6지점은 "우리가 진정한 우리 자신을 바라보는 입구다. 주술학파들은 이를 '한계치'라고 부르며, 여기서 한계점의 공포인 바로 우리 자신을 마주하게 된다"라고 언급하고 있다(*The Enneagram: Symbol of All and Everything*, 2003, p. 330).

12 통합적인 삶

어떤 식으로든 트라우마를 겪었던 사람들을 볼 때마다 나는 이렇게 묻는다. "그것들은 무엇을 얻었나요?"

–질 볼트 테일러(Jill Bolte Taylor)

모든 사람은 세상을 구원하고 싶어 한다. 아무도 설거지하는 엄마를 돕고 싶어 하지 않는다.

–오르크(P. J. O'Rourke)

1970년대 후반에 선견지명이 있던 두 사상가, 마셜 랜드먼(Marshall Landman)과 브라이언 리빙스턴(Brian Livingston)은 모든 태평양 연안 북서부 지역으로부터 공동체를 지향하는 사람들을 한데로 모으기 위해 케스케디안 지역 도서관(CAREL)을 설립했다. 이들의 첫 번째 주요 작업은 오레곤의 샌디 지역에서 약 400명에 달하는 공동체 조직원들이 모이는 춘계 회담인 춘분/추분 모임을 조직하는 것이었다.

이 회담에서는 북서부 지역에서의 삶이 환경 친화적으로 사는 사람들의 생활을 형성하는 데 어떤 도움을 주는지를 논의하였고, 지역 문제와 기획이 어떻게 지역 단위로(지역을 기반

> 으로) 접근될 수 있을지에 대한 고려 사항으로 이어졌다. 회담은 이 춘분/추분 모임을 연례행사로 지정하는 것을 해결책으로 내리며 끝이 났다. CAREL은 추후의 모임을 조정하고, 정보 시설의 역할을 해 줄 현지 사무실들을 열며, 지역 잡지의 출판을 시작하기 위해 설립되었다.[1)]

이것이 모임에서 있었던 일에 대한 정확한 요약이기는 하지만 그 행사의 분위기를 잘 묘사하고 있지는 않다. 나는 당시에 내 동거인이었던 수 프리처드(Sue Pritchard)와 함께 첫 번째 모임에 참여했었다. 우리는 오레곤의 글래드스톤 지역 근처에 살고 있었고, 봄방학 동안에 할 무언가 흥미로운 일을 찾고 있었다. 수는 지역 식품 조합에서 춘분/추분 모임의 포스터를 보고는 내게 보여 주었다. 우리는 이것에 대해서 알지도 못했고 누가 거기에 참석하는지도 알지 못했지만 왠지 포스터의 무언가가 매력적으로 보였고 그렇게 그곳에 참석하기로 했다.

4일간의 행사는 숲 속의 소박한 시골풍의 회담 시설에서 열렸다. 그곳은 원형의 본관이 있었고 잠자리와 집단 모임을 위한 여러 개의 작은 객실들로 이루어져 있었다. 비용을 줄이기 위해(그리고 공동체 정신을 촉진시키기 위해) 모든 참가자는 회담 동안 음식 준비, 청소, 회담을 유지시키기 위해 필요한 일 같은 2시간 가량의 자원봉사를 해야 했다. 모든 식사는 채식 식단이었는데, 아무것도 없는 상태에서 준비되었다. 재료의 대부분은 현지에서 길러진 것이었다(마셜은 현지에서 자급자족하는 것을 굉장히 좋아했다).

회담은 25달러만의 비용으로 400명이 넘는 사람들을 끌어모았고, 그들 중 대부분은 일반 시민 조직원들로, 대체 에너지, 에너지 절약 기술, 혁신적인 교육 접근법, 유기농 식품과 농사, 대체 공동체, 당시에 일어났던 영적 접근법 등에 관심이 있던 사람들이었다. 회담에서는 엄청나게 다양한 관점이 나왔지만 대부분의 참가자들은 상향식, 공동체 관여를 기초로 한 세상에 살고 싶다는 공통의 욕구로 뭉쳤다. 사람들이 서로 자신의 생각을 자유롭게 나누고, 서로를 도와주며, 공동체 정신 속에서 하나로 모이는 그런 세상 말이다.

회담은 열린 결말로 마무리되었다. 하루는 하나의 큰 집단으로 모여서 진행되었지만 대부분의 나머지 시간은 참가자들의 관심 주제에 집중하는 소집단으로 나뉘어져 이루어졌다. 일부 집단은 주최 측에서 세웠지만 참가자들은 자신의 집단을 만들어 게시판에 공지할 수 있도록 장려되었다. 집단이 겹치는 문제를 피하기 위해서 사람들은 각 회기마다 나누었던 내용을 기록하고, IBM 실렉트릭 타자기로 입력해서 주최자들이 미국 유진 지역에서부터 끌고 온 투박하지만 믿을 만한 제록스 복사기로 이를 복사해야 했다. (이때는 모든 복사기가 제록스인 시절이었다!) 이는 어느 회기에서나 1시간 이내에 다른 회기에서 나눈 내용의 기록들을 가져갈 수 있다는 것을 의미했다. 컴퓨터가 없던 시절에 이는 전무후무한 일이었다.

집단 전체가 한데로 모였을 때 우리는 옴을 외우고, 수피 춤을 추거나, 내가 불렀던 가장 아름다운 노래들 중 하나인 〈나의 마음의 노래를 들어요, 들어요, 들어요〉 같은 영적 찬송을 부르는 것으로 회기를 시작했다. 그건 정말이지 대단한 경험이었다. 지금이야 그것이 진부하고 구식처럼 들릴 수 있지만 1970년대 당시에는 그렇지 않았다. 이런 소박한 관행들은 마음에서 우러나오는 방식으로 우리를 하나로 모아 주었다.

집단 논의는 역동적이면서도 정중했고 포괄적이지만 질리지 않는 분위기였다. 이 집단은 일종의 정치적인 무리가 아닌 극도로 다양한 의견을 가진 굉장히 창의적인 사람들의 무리였다. 그러면서도 모임은 아주 잘 흘러갔다.

무엇이 춘분/추분 모임을 이토록 성공적이게 만들었을까? 3가지 이유가 떠오른다. 첫 번째로는 통나무로 된 객실과 시골풍이지만 아늑한 회당을 구비한 숲 속의 장소가 있었다는 것이다. 이 모임은 큰 호텔에서 열리는 도시에서의 회담이 아니었다. 그보다는 자연 속에 혼자 있을 수도 있고, 공동체로 함께 모일 수도 있는 조용한 휴식처 같은 것이었다.

두 번째로는 독립적이고 창조적이지만 협동정신에 고취된 참가자들이 있었다는 것이다. 이들의 독립성은 자신의 자아감을 잃지 않은 채로 함께 모일 수 있게 해 주었다.

세 번째로는 고무적이었던 지도력이 있었다는 것이다. 마셜은 카리스마 있으면서도 완전히 이타적인 공동체의 지도자로서 모범을 보이는 것으로 사람들을 이끌 줄 알았다. 그는 내가 본 사람들 중 가장 능숙한 조력자였으며, 항상 신중하게 말을 듣고 이를 간단명료하게 요약하여 모든 사람의 생각을 하나의 일관된 전체로 한데 묶을 수 있는 소소한 의견을 종종 더하곤 했다. 브라이언은 명석하고 혁신적인 사상가로, 풀리지 않는 문제들을 해결하는 방법을 생각해 내는 데 소질이 있었다. 아마 그가 기발했던 필기 체계를 여기서 구상했던 사람일 것이다. 이 두 사람은 서로 온전한 조화 속에서 일했다. 이들의 색달랐던 유대 관계는 모임 전체를 한데 붙여 주었던 숨겨진 접착제를 만들어 냈다.

수와 나는 첫 번째 춘분/추분 모임에서 했던 경험에 굉장히 자극을 받아서 CAREL의 포틀랜드 지부에 자원하게 되었다. 이후에 나는 유진 지역으로 넘어가 그곳 본사에서 1년 반을 일하며 회담을 조직하고 CAREL의 정보망 역할을 하는 저널인 케스케이드(Cascade)에 대한 안내문을 작성했다(인터넷이 없던 시절에 사람들을 연결시켜 주었던 또 다른 혁신적인 방식이었다).

비록 이 집단은 몇 년밖에 지속되지 않았지만—'대체 공동체'는 재정적 지원을 받기에 좋은 수단은 절대 아니었다!—나는 그곳에서의 경험을 절대 잊지 못한다. CAREL 회담을 조직하는 일은 개성과 공동체 모두가 중요한 곳이자 수직적(영적) 축과 수평적(정치적) 축 모두가 내적 조율과 외적 협력을 함께 발전시키는 행렬을 형성하기 위해 한데로 모여지는 곳인 공동체에 참여하는 게 어떤 것인지를 내게 맛보게 해 주었다.

그리고 이것이 통합적인 삶에 대한 전부다. 통합적인 삶은 자신이 속한 개인과 집단이 득을 얻는 방식으로 자기 내재적이 되는 능력에 대한 것이다. 9장에서 자기 내재성에 대해 논했는데, 이는 건강한 자기 내재는 삶의 주기 동안에 가능한 8가지 변형적 이동 중 하나이기 때문이다. 나는 9장에서 자기 내재와 아가페는 둘 다 영의 하강을 포함하기는 하지만 같은 것은 아니라고 얘기했었다. 그러나 자기 내재를 지닌 영은 인간 영혼의 육체적 형태로의 체화를 통해 세상으로 하강한다. 그리고 아가페를 지닌 영은 신성한 사랑의 형태로 하강한다. 즉, 신성과 창조 간의 약속을 상징하는 사랑의 종류 말이다. 이는 신성한 사랑의 형태가 기도와 내려놓음에 종종 연관되는 이유이기도 하다.

그렇지만 변형적 작업에서 아가페가 지닌 진정한 역할이 있다. 그 역할에 대해서는 이 장에서 나중에 다룰 것이다. 지금은 자기 내재가 체현된 삶에 깊이 관여하게 되는 우리의 능력을 묘사하는 반면 아가페는 아가페를 초월해서 신성한 은혜를 끌어내리는 것에 개방하는 우리의 능력을 묘사하는 것이라고만 말해도 충분하다. 둘 다 영과 물질 간의 figure-8 흐름에 포함되어 있다.

체현된 삶에 깊이 관여하는 것의 문제는 그렇게 함으로써 다른 사람들, 특히 다른 가치를 가진 사람들과 갈등을 겪게 될 수 있다. 그렇기 때문에 개인으로서 하는 활동을 깊이 신경 쓸 수 있도록 해 주는 동시에 공동체 의식도 이끌어 낼 수 있게 해 주는 종류의 균형을 유지하는 것은 까다로운 일이다. 그런 균형을 유지할 수 있는 방법은 개인이 내적 작업에 전념하는 만큼 공동체에도 참여해서 사회적 협력을 가능하게 하는 내적 자원을 가지게 되는 것뿐이다.

그런 내적 자원이 없는 사람들은 자신이 사랑받고 존중받는다고 느끼기 위해, 필요한 지지를 받기 위해 자신의 집단에 의존하는 경향을 보일 수 있다. 하지만 그렇게 되면 이들은 협동하는 성향보다는 상호의존적인 성향의 집단을 만들게 된다. CAREL은 집단의 협동만큼 개인의 주도성 또한 권장하도록 짜인 행사들을 조직함으로써 이 문제를 피할 수 있었다.

사람들 간의 협동 조장하기

협동은 CAREL의 주된 주제였다. 하루는 첫 번째 춘분/추분 모임이 끝난 직후에 그 집단에 관여되어 있었던 나와 몇몇은 우리의 노력을 구조화해 줄 통합하는 비전을 발달시키기 위해 우리가 하고자 하는 것이 무엇인지 결정하기 위해 둘러앉았다. 그 당시에 우리는 8~9명 정도 그 일에 관여하고 있었고, 각자 북서부 지역 어딘가에 흩어져 있었다. 하루 동안의 논의 끝에 내린 결론은 사람들 간의 협동 조장하기였다.

'조장하기'라는 말을 씀으로 인해 이것이 강압적인 과정보다는 친근한 과정이라고 느꼈고, 즉 이 과정은 잠재적인 참가자들의 관심을 끄는 것은 조력자들에게 달려 있다는 것이다. 이렇듯 조력자들은 자신이 참가자를 끌어들일 수 있게 되는 방식으로 성장해야 한다. 또한 이들은 조력자이기 때문에(상사나 장군 또는 조직 두목이 아니기 때문에) 참가자들이 가능한 한 중요한 역할을 할 수 있도록 해 주면서 '뒤에서' 이끌어야 한다. 이는 참가자들이 공통된 견해를 찾아 그 집단의 의사를 표현하는 방향으로 움직일 수 있도록 도와주는 것에 항상 집중했던 CAREL의 두드러진 특징이기도 했다.

'협동'은 우리가 했던 일의 중심부에 자리 잡고 있다. 그건 바로 협동이 자발적으로 일어나곤 했던 환경을 조성하는 일이었다. 하지만 이 역시 참가자가 자진해서 협력하겠다는 마음에 달려 있었고, 그렇기 때문에 우리는 관중을 아주 신중하게 설정했다. 왜냐하면 협력할 준비가 되어 있는 일종의 초기 혁신자들을 끌어들여야 했기 때문이다. 대부분의 경우 이 일은 잘 진행되었다. 딱 한번—북서부 자연 식품 조합 회담 동안—참가자들이 협력을 어려워한 적이 있었는데, 주된 이유는 그 집단의 다양성이 너무 커서 공통된 견해를 도출하기 힘들었기 때문이다. 우리는 작은 자연 식품 가게의 유일한 소유주들과(이 당시에는 자연 식품이 나타나기 훨씬 전이었다) 식품 조합과 그 식품 조합에 자연 식품을 도매유통 하는 일에 관련되어 있던 사람들을 끌어들였다. 후자인 식품 조합과 도매유통 관련인들은 '계급을 평등하게 하는' 일에 철저히 전념하는 아주 큰 사업체들을 포함하고 있었다. 이 사업체들은 단독 소유주들을 자신의 집산주의적 사상에 대한 위협으로 보았고, 이들의 마음을 바꾸기 위해 우리가 할 수 있는 일들은 많지 않았다. 하지만 이는 우리의 규칙에 예외인 일이었다. 대부분은 공동체를 향한 욕구가 그런 정치적 견해 차이를 눌렀다.

그리고 '사람들 간의'라는 말은 우리의 관심을 이 과정의 보편성으로 돌린다. 즉, 협동은 어떤 특별한 집단을 위한 것이 아니라 참여하고 싶은 모든 사람을 위한 것이다. 협동은 특별한 관심에 특혜를 주거나 하는 것보다는 경기장을 평평하게 만드는 성향이 있는 전적으로 대중적인 과정이다. 이는 우리의 관심을 상호 존중의 중요성으로 이끄는데, 그런 존중이 없이는 협력도 불가능하기 때문이다.

또한 개인에 대한 존중 역시 CAREL의 전형적인 특징이었다. 이런 존중 덕분에 우리는 그런 다양한 참가자의 집단을 끌어들이고 사람들이 정말로 즐겼던 종류의 행사들을 만들어 낼 수 있었다. 비록 CAREL은 짧은 몇 년 동안만 유지되었지만, 그 후 수년 뒤에 나에게 와서 그 회담들에 대해 감사하며 CAREL에서 겪은 자신의 경험에 대해 좋게 말하는 사람들을 만날 수 있었다.

행동 속의 내재성

CAREL에서 일했던 것은 내가 절대 잊지 못할 귀한 경험이었다. 하지만 그 외에도 나는 영성을 일상으로 불러오는 방식으로 사는 것이 진정으로 가능하다는 것을 내게 보여 준 몇몇 경험들을 운 좋게도 할 수 있었다. 그중 하나는 SGI-USA에서 6년 동안 일했던 경험으로, 그곳은 일본에 근거지를 두고 법화경의 가르침을 기반으로 하는 불교 단체인 국제창가학회(Soka Gakkai International: SGI)의 미국 지부였다.

그곳에서의 주된 영적 수행은 개별적으로 경을 외우고 아침, 저녁으로 기도하는 것으로 이루어져 있었다. 또한 그곳에는 세계 평화의 촉진이라는 공통된 목표에 초점이 맞춰진 강한 사회적 요소가 있었다. 하지만 그 집단은 가치, 정치색, 관심 주제 등의 측면에서 꽤 다양했다. 이런 점이 처음에 나를 그곳에 이끌리게 한 이유 중 하나였다. 그곳에는 형식적인 계율이 거의 없었다(정해진 수행을 매일 하는 것 외에는).

개인의 수행에 전념하는 이런 요소는 수직적인 통합을 촉진시켰다. 세계 평화에 대한 공통된 전념은 수평적 공동체를 촉진시켰다. 또한 진정한 통일체의 정신을 갖고 집단으로 모여 함께 경을 외울 때에는 놀라운 일들이 일어났다. 만약 사람들이 조화를 이뤄 한데 모인다면 삶은 어떤 모습일지에 대한 내 관점을 그 후로 영원히 바꿔 버린 일들이었다.

그 집단 문화 중 한 부분은 세계 평화를 위해 함께 경을 외는 만 명 가량의 참가자로 이루어진 큰 회담이었다. 이 회담은 1974년에 샌디에이고에서 열렸다. 그곳에 참여한 사람들의 수 때문에(약 5천 명 정도 되었다) 우리 집단은 저녁 시간 동안 씨월드(SeaWorld) 복합단지 전체를 빌렸는데, 그 시간에 그 장소에 있는 사람들은 SGI 일원들뿐이었다.

분위기는 완전히 멋지고 황홀했다. 그 당시가 어땠었는지를 어떻게 말해야 할지 모르겠다. 씨월드는 회담을 시작하기에 굉장히 아름다운 장소였지만 그 당시에 존재했던 아름다움은 절대적으로 초현실적인 것이었다. 마치 천국의 한 부분을 땅에서 경험하는 느낌이었다. 나는 이 경험을 40여 년 전에 했지만 아직도 잊어본 적이 없다. 이 경험은 내게 그런 경험을 항상 하고 싶게 만들었고, 황홀한 분위기가 예외보다는 규칙인 세상을 만들고 싶게 했다.[2)]

행동 속의 내재성의 세 번째 예는 내가 고등학교 시절에 걸스카우트 지원자로서 시각장애인을 위한 방학 캠프(VCB)에서 겪은 경험이다. VCB는 대부분 뉴욕시에 살던 시각장애인들을 위한 주말 수련회를 열었다. VCB에 오는 것은 도시에서 벗어나 자신의 욕구와 관점을 이해하는 사람들과 교감할 수 있는 기회였다. 지금은 어떤지 모르겠지만 내가 참여할 당시에는 2명의 놀라운 사람들이었던 프란 민코프(Fran Minkoff)와 해리 민코프(Harry Minkoff)가 이 조직을 운영하고 있었다. 프란은 더 위버스(The Weavers)라는 유명한 민요 그룹을 위해 노래를 작사하곤 했기 때문에 나는 이들의 이름을 아직도 기억하고 있다. 그가 더 위버스에게 썼던 노래 중 하나인 〈Come Away Melinda〉는 주디 콜린스(Judy Collins)와 해리 벨라폰테(Harry Belafonte)가 불러 큰 인기를 끌었다. 나는 이 노래를 기타를 치며 부르곤 했기 때문에 프란이 그 작사가라는 것을 알았을 때 굉장히 흥분했던 기억이 난다.

VCB에서 보낸 첫날, 나는 구내 안을 눈가리개를 한 채로 둘러보는 것으로 작업에 대한 소개를 받았다. 눈가리개를 한 것은 그곳을 시각장애인들의 관점에서 알기 위함이었다(이 경험은 또한 시각장애인이 어떻게 안내받기를 원하는지 알려 주었다. 끌려다니는 형식이 아니라 눈이 보이는 사람의 한쪽 팔을 잡은 상태로 돌아다니는 형식을 원하는 것이었다).

이름은 기억나지 않지만 그곳의 트레이너였던 한 남자가 있었는데, 정말이지 그는 엄한 사람이었다! 그는 '신입'이었던 우리들을 똑바로 앉히고는 주의사항을 듣게 했는데, 우리에게 주어진 일이 무엇이든—잠자리 정리, 음식 준비, 청소 등—캠프 참가자들이 우선순위라는 것을 즉시 알려 주었다. 그것이 우리가 그곳에 있는 이유였다. 참가자들에게 멋진 경험을 주기 위함이었다. 그는 또한 우리에게 참가자들은 우리의 존중과 지지를 받을 자격이 있지만 동정을 해서는 안 된다고 알려 주었다.

끝으로 그는 참가자들에게 최선을 다해야 한다는 것을 확실히 강조했다. 참가자 대부분은 연장자들이었는데, 다소 병약해서 당뇨병으로 인해 비극적으로 시력을 잃은 사람들이었다. 그는 이러한 참가자들의 세상을 조금 더 밝은 곳으로 만드는 이 단체에 우리를 한 부분으로 만들기 위해 단단히 결심한 모습이었다.

하지만 참가자들만이 그곳에서 잊지 못할 경험을 한 것은 아니다. 그곳에 관련된 모든 사람이 그러한 경험을 했다. 우리는 걸스카우트로서 훈련을 하기 위해 그곳에 있었지만 훈련보다 훨씬 더 많은 것을 했다. 프란과 해리는 우리가 보통은 보지 못하는 방식으로 인류를 사랑하고 존중했다. 이들은 실제 삶에서 초월적인 이상을 살았다. 특히 공동체를 만들어내는 일을 사랑했다. 따라서 그들은 자신들이 사랑했던 일을 한 것뿐이었다.

이들은 굉장히 즉흥적이었고 그때그때에 따라 일하는 것을 좋아했으며, 그 자리에 있는 사람이면 누구나 참가자들을 포함해서 그 사람의 재능 협조를 요구했다. 한 사람은 피아니스트였는데, 비록 시각장애인이기는 하지만 여전히 아름다운 연주를 선보였다. 재능 있는 가수들 또한 몇몇 있었는데, 공연할 수 있는 기회를 감사히 여겼다.

내가 기타를 연주한다는 것을 발견했을 때, 그들은 함께 노래 부르며 연주를 하도록 부추겼다. 그 당시에 연주하며 함께 노래 부르기는 인기 있는 활동이었다(그리고 그때는 1960년대였기 때문에 우리들은 모두 〈500마일〉과 〈마이클 노를 저어라〉를 합창했다). 나는 전혀 자신이 없었지만 너무 격려 받은 느낌 때문에 부끄러움에도 불구하고 용기를 내서 열심히 연주하고 노래했다. 참가자들은 함께 노래하는 것을 너무 행복해했다. 그들이 웃는 모습을 보는 것은 흐뭇한 일이었다. 프란과 해리는 항상 주말 행사를 춤으로 마무리했다. 파트너들이 서로를 껴안게 되는 꽤 옛날식의 춤이었다. 그리고 항상 마지막 노래는 더 위버스로 인해 인기를 끌었던 사랑스러운 왈츠곡인 〈굿나잇 아이린〉이었다. 나는 그 노래를 듣게 될 때마다 VCB의 그때의 주말로 되돌아간다.

VCB에서의 경험은 너무도 굉장했기 때문에 나는 그곳에 계속 참여하기 위해 걸스카우트에 2년을 더 있었다. 그리고 난 열일곱 살의 걸스카우트가 되는 것이 그다지 인기 있지는 않은 1960년대 후반에 이 경험을 했다. 이 경험은 삶이 의미 없게 느껴질 때마다 나에게 목적을 주었고, 내가 꽤 쓸모없다고 느껴질 때마다 자신감을 주었다. 나는 VCB에서의 기억들을 애정과 기쁨을 갖고 되돌아보는 사람이 나 혼자가 아니라는 것을 확신한다.

내면 작업과 외적 공동체

이 3가지 사건은 개개인이 단체 속에서 공통된 목표, 주제, 사상(개념)으로 조화롭게 모여들 때 무슨 일이 가능한지를 보여 주는 예시들이다. 다시 말하면 이들이 '올라가는 만큼 내려간다'라는 구절이 무슨 의미인지를 어렴풋이 보여 주는 에너지의 일종을 어떻게 이 세상으로 들여오는지에 대한 것이다.

하지만 앞에서 논했듯이 이 에너지는 단체 안의 사람들이 충분히 통합되어(수직적, 수평적으로 모두) 그 과정 속에서 자기 자신 혹은 공동체 의식을 잃지 않은 채로 공통된 경험에 참여할 수 있을 때에만 존재할 수 있는 것이다.

춘분/추분 모임의 경우 그곳의 참가자들은 혁신적이었지만 잘 발달된 윤리 가치와 시대를 훨씬 앞서간 환경에 대한 책임의식을 가진 반성적인 공동체 지도자들이었다. 이 사람들은 종종 오래된 영혼으로 불리는 종류의 사람들이다. 이는 어떤 단체에 참여한다고 해서 자신의 개성이 흐려지거나 사라지게 되지 않는 사람들을 말한다. 예를 들어, 이들은 생각을 공유하고 비슷한 생각을 가진 사람들로부터 영감을 얻기 위한 '연결망을 형성하기 위해' 모인다.

SGI 모임의 경우 참가자들은 매일의 영적 수행과 세계 평화에 대한 통일된 믿음을 공유했다.

집단의 노력은 개개인이 변함없이 불교적 수행을 행했을 때에만 성공할 수 있었다. 나는 이를 직접 봤다. 스스로 수행을 제대로 하지 않았을 때에는 우리의 집단적 노력이 완전히 실패하였다. 종종 굉장히 공개적이고 난처한 방식으로 말이다![3] 우리가 집단적으로 그리고 개인적으로 배운 것은 그 집단의 가장 높은 잠재력에 도달하기 위해서는 집단적 노력과 개인적 노력 모두가 필수적이라는 것이다.

그리고 VCB에서의 경우 이를 조직하는 사람들을 하나로 통합해 주었던 공통점은 나이가 많든 어리든, 시각장애인이든 아니든, 부자이든 가난하든 상관없이 모든 개개인의 존엄성에 대한 열정적인 믿음이었다. 조직원들은 이상을 실질적인 행동으로 옮기기를 추구하고, 이를 실행하는 데 있어서 필수적인 성숙함 또한 갖춘 이상주의자들인 일반 사람들이었다. 이들이 개인의 권리(특히 장애인들이 그들의 재능으로 인정받을 권리)를 위해 싸우는 것에 더 치열하게 전념했던 것인지 아니면 기념하는 공동체의 창조에 더 헌신했는지는 반반이었다. 결국 이들은 둘 모두 해내게 되었다. 그리고 그렇게 함으로써 이 둘 사이에 타협은 필요 없다는 것을 사람들에게 보여 주었다.[4]

홀론 이론의 측면에서 개별적인 홀론으로서의 역할과 사회적 홀론(예, 집단)의 일원으로서의 역할 간의 차이점을 이해함으로써 상호절충(타협)을 피한다. 켄 윌버와 프레드 코프만이 지적했듯이 개인적 홀론과 사회적 홀론은 함께 진화할 수는 있지만 그들 간에는 명확한 차이가 있는데, 왜냐하면 개인적 홀론만이 진정한 작용주체를 지니기 때문이다. 이 작용주체는 내적 의도를 가지는 능력을 말한다.[5] 사회적 홀론은 내면성을 지니지 않는다. '집단의 의지'처럼 보일 수 있는 것은 실제로는 그 집단 안에 있는 개개인의 의지다. 그리고 이는 바로 집단이 개인에 대해서 어떤 타고난 권한을 갖고 있지 않은 이유다.

이와 동시에, 특히 세상이 점점 더 상호의존적이 되어 가면서 개인은 서로 조화롭게 살아가는 방법을 찾는 것이 또한 중요하다. 하지만 개개인의 의식적인 협동 없이는 일어날 수 없다. 이 때문에 개인적 발달이 통합적 삶에 있어서 대단히 중요한 것이다.

이 장에서의 초점은 통합적 삶에 있는데, 특히 개인과 공동체를 모두 지지하는 방식으로 통합적 삶을 용이하게 하는 법에 중점을 두고 있다. 통합적 삶은 특히 개인과 집단의 통합을 포함하고 있기 때문에 우리는 통합(win-win) 집단 대 비통합(win-lose) 집단의 수평적 역동을 살펴보는 것으로 이에 대한 논의를 시작할 것이다. 그러고 나서 우리는 win-win 집단이 어떻게 두 차원(수평적, 수직적)을 한데로 모으게 되는지를 살펴보기 위해서 (a) '하나와 다수' (b) 영과 물질을 모두 연결시키는 방식으로 수직적 차원을 추가할 것이다. 그 다음에는 내재적 영성의 주된 관심사를 살펴보기 위해 조르즈 페레리오의 접근법을 사용하고, 통합적 삶에서의 창조성의 역할을 탐구하기 위해 케스틀러의 '고정된 구조와 유동적 전략' 모형을 사용해서 내재적인 영성의 본성을(우리가 어떻게 세상에 영의 기반을 두는지에 대해) 살펴볼 것이다. 마지막으로는 수용적인 상승에 대해 살펴볼 것이다. 영으로 돌아가는 여정이 깊이 체현된 관점으로부터 시작되었을 때 어떻게 향상될 수 있는지와 사명을 기반으로 한 접근법에서 어떤 의미인지를 살펴볼 것이다.

win-win 대 win-lose

절충의 시나리오(win-win 또는 win-lose)에서는 더 큰 개성은 더 적은 공동체를 의미하며 마찬가지로 더 적은 공동체는 더 큰 개성을 의미한다. 이는 한쪽이 이기면 다른 쪽은 지는 제로섬 게임이다.[6] 체계 이론에서는 이런 종류의 사고는 폐쇄된 집단으로 불리는 집단을 낳는다. 즉, 에너지와 정보의 흐름을 제약하는 엄격한 구조를 가진 집단을 낳는 것이다. 폐쇄된 체계는 잠재적인 무언가를 촉진시키는 것보다 제한하는 것에 더 초점을 맞춘다. 그 결과 이런 체계들은 그들의 존재함을 유지하기 위해 완강한 원칙과 규정에 의존하게 된다(심지어 이런 원칙과 규정이 무언의 것일 때도 말이다). 그리고 이들은 수직적, 수평적으로 두터운(침투할 수 없는) 경계를 지니고 있는데, 이는 이 체계들이 역동성과 변통성이 부족한 이유다. 이들은 또한 세워진 규범을 어기는 사람들을 처벌함으로써 일원들이 규칙을 지키도록 하기 위해 짜인 내집단/외집단의 강한 역학을 지니는 경향이 있다.

그러므로 폐쇄된 집단은 겉보기에는 강해 보일 수 있지만 이들의 힘은 주로 이들의 완고함으로부터 나온 것이다. 그 결과 이들이 견고함으로부터 얻는 것은 즉흥성, 창조성, 역동적 행동에서는 손실을 가져온다. 만약 일종의 사회적인 대변동이 일어나게 되면 이들은 벽돌로 지어진 건물처럼 빠르게 무너진다. 이는 러시아의 도움을 더 이상 받을 수 없게 된 이후에(소련 공산주의 붕괴 때문에) 1994년부터 1998년까지 북한에 일어난 일이다. 러시아의 도움이 없어지자 북한은 굶주리기 시작했다. 다른 나라들로부터 도움을 받은 것만이(이들 중 대부분은 북한의 핵 보유 능력 때문에 도와줄 결심을 했다) 이들을 완전한 붕괴로부터 지켜 주었다.

개방된 집단에서는 그 구조가 안정적일 수는 있지만 원래 그 형태가 급작스러운 변화에 맞닥뜨렸을 때에도 분열되지 않을 수 있게 필요할 때마다 방향을 바꾸도록 짜였다. 이 구조에서는 정보가 홀라키의 수준들 위아래로, 그리고 수준들 내에서 자유롭게 흐른다. 이는 더 큰 개성은 더 큰 공동체를 불러오고, 마찬가지로 더 큰 공동체는 더 큰 개성을 불러오게 되는 상조적인

(둘 다 이기는) 시나리오를 낳는다. 이 둘은 상호적으로 서로를 향상시킨다. 개방된 집단들은 관료체제(혹은 독재체제)보다는 연대(연계, 조합)처럼 기능하는 성향이 있다. 이들은 더 유동적인 규칙과 스며드는 것이 가능한 경계 그리고 창의적인 문제 해결을 위한 에너지를 지녔다.

대부분의 사람들이 개방된 집단을 선호할 것이라고 생각할 것이다. 어쨌든 개방된 집단은 더 역동적이고 창의적이며 독창적이고 단지 더 즐겁지 않은가! 하지만 개방된 집단은 그 일원들에게 일종의 개인적 책임을 많이 요구한다. 또한 이 집단은 역사적인 규범이 아니므로 사람들은 방어적 목적으로 함께 전통적으로 무리를 이뤄 왔다. 그리고 집단의 원동력이 공통된 방어의 필요성에 기초하게 되면 이는 제약이 없는 구조를 조장하지 않는다.

이렇듯 개방된 집단과 자유로운 연대의 개념은 민주주의적 가치가 나타나게 되면서 그로부터 일어난 상대적으로 최근의 혁신인 것이다. 연대에 기초한 집단들은 개인의 목표와 집단의 목표를 상호적으로 나아지는 방식으로 조화시키기 위한 방법을 찾는 정도까지 개방될 수 있다.

lose-lose와 정치적 정당성

lose-lose라고 부를 수 있는 세 번째로 가능한 시나리오가 있다. 이는 개인과 집단 중 아무도 '이기지 않을' 때 일어나는 시나리오인데, 왜냐하면 어떤 일도(좋은 일도 나쁜 일도) 일어나지 않을 정도로 에너지가 부족하기 때문이다. 그래서 집단은 결국 분해될 때까지 서서히 에너지를 잃게 된다. 따라서 이를 분산된 집단으로 부를 수 있다.

소멸은 진보적인 이상에 따라 살기 위해 분투하는 집단들에서는 흔한 문제다. 그런 집단들의 예로는 사회적 평등과 공정함에 대한 전념을 공언한 집단을 들 수 있다. 이런 평등과 공정함 같은 성질은 나선 역학의 용어에서 그린밈(the Green Meme)과 연관되고는 한다. 이러한 가치들은 과정에 대한 지나친 집착을 낳는다. 이것이 너무 과도해서 그 집단은 거의 모든 시간과 에너지를 불공정함의 지각을 피하는 데 쓸 수도 있다. 의견 일치의 형성에 너무 집중하게 되면 사소한 의견 충돌도 집단의 온전성에 대한 위협처럼 보일 수 있다. 그렇게 되면 결국 모든 사람은 집단의 귀중한 일원이라는 반복된 확언 너머에서 이루어지는 일이 별로 없게 된다.

이런 집단은 조화를 촉진시키는 것에 너무 집중한 나머지 논의나 행동을 위한 장보다는 실질적인 치료 집단같이 되고 만다. 하지만 이는 진짜 치료 집단(정의된 치료적 목표와 훈련된 조력자들, 자신의 문제를 해결하는 것에 전념하는 일원들로 이루어진 집단)이 아니기 때문에 결국 일원

개개인의 문제에(그리고 너무 자주 감정적 고민에) 집중하는 두서없는 논의로 넘어가게 된다.

재미있는 점은 이렇게 갈등을 금기시하는 것이 잠재적으로 그 집단의 일원을 불쾌하게 만들 수 있는 논의를 허용하지 않는 유달리 엄격한 사회적 구조에 대한 필요를 만들어 낸다는 것이다. 그러한 점에서 이런 집단이 폐쇄된 집단 종류인 것이다. 유일하게 다른 점은—그곳에 있는 모든 일원에 대한 극도의 억제 때문에—이기는 사람이 없다는 것이다.

우리가 지금 다루고 있는 것은 종종 정치적 정당성으로 통하는 주제다. 정치적 정당성은 집단 내에서 개인을 보호하지만 불편한 감정을 만들 만한 것은 억제함으로써 과정 속에서의 집단 정신을 죽인다. 그렇기 때문에 얼마 지나지 않아 모임이 지루해져서 참여자 대부분이 더 나은 할 일을 찾게 되는 것은 어쩌면 당연한 일이다.

그렇다면 집단—특히 통합 지향적인 집단—은 이런 문제를 어떻게 피할까? 첫 번째, 집단의 중점을 살펴보고 초점을 둘 핵심 개념을 세우는 것이다. 두 번째, 자신들이 진정으로 느끼는 것을 표현하기 어렵게 만들 수도 있는 가치들(예, 과정 혹은 공정성에 대한 과잉 걱정)을 인지하게 되는 것이다. 세 번째, 솔직하지만 존중하는 방식으로 소통하는 법에 대해 명쾌하게 이야기를 나누는 것이다. 네 번째, 갈등은 일어나기 마련이기 때문에 이것이 일어나도 충격으로 느껴지지는 않을 것이라는 점을 인정하는 것이다. 다섯 번째, 모든 것을 무릅쓰면서까지 갈등을 피하는 것 대신 갈등을 통해 생산적으로 일하는 방식을 탐구하는 것이다. 여섯 번째, 내려놓고 가볍게 하는 것이다. 유머는 우리 자신과 우리의 생각들을 꽤 심각하게 받아들이는 것을 막을 수 있도록 도와주는 좋은 방법이다.

실상은 상충되는 생각들이 적극적이지만 존중적인 방식으로 교환될 때 자유로워질 수 있는 창의적인 에너지가 많다는 것이다. '반대하기를 찬성할 수 있는' 집단들은 때때로 더 생산적일 뿐 아니라 더 즐겁다!

[그림 12-1]은 우리가 논해 왔던 집단 역학의 3가지 종류를 묘사하고 있다. 이 접근법은 개인과 집단 간의 수평적 상호작용에 집중하고 있다. 개방된 집단에서는 일원들 간의 상호작용이 개인과 집단 모두를 강하게 만들고는 한다.

폐쇄된 집단에서는 일원들 간의 상호작용이 개인이나 집단 중 한쪽을 강화시키지만 둘 다는 아닌 경향이 있다. 분산된 집단에서는 일원들 간의 상호작용이 에너지의 고갈을 일으키고, 결국 집단의 점차적인 분열로 이어진다.

그림 12-1 다른 종류의 집단(수평적 역학)

수직적 통합과 수평적 통합

이제껏 수평적 역학에 대해 살펴보았으니 수직적 역학을 추가해 보자. 즉, 체계들을 수평적 상호작용의 면에서만이 아니라 그들과 삶의 다른 수준들과의 관계의 면에서 생각해 보는 법을 살펴볼 것이다. 두 방향 모두에 열린 집단들은 특히 더 역동적이고 창의적이다. 우리가 논해 왔던 3가지 집단들처럼 말이다.

- 춘분/추분 모임 참가자들은 옴(영에게 개방하는 것)을 외우는 것에 개방하는 만큼 환경에 대한 책임(지구에 대해 책임을 지는 것)을 촉진했다.
- SGI 참가자들은 형식적인 영적 수행을 유지했지만 공통된 목표는 세계 평화를 촉진하는 것이었다.
- VCB 조직원들은 자신이 섬기는 사람들의 삶을 향상시켜 주기 위해 더 높은 무언가와 연결되기를 추구하는 사람들의 특징인 겸손과 봉사의 드문 조합을 드러내 보였다.

이렇듯 이 3가지 이야기는 특별한 일, 즉 물질 세상에 영의 에너지의 기반을 잡게 할 뿐 아니라(수직적 통합) 그 에너지가 공동체를 변화시키게 하는(수평적 통합) 특별한 일이 일어날 수 있게 해 주는 방식으로 수직과 수평이 한데 모일 때 일어날 수 있는 일의 실례다. 이는 내재된 혹은 체현된 영성의 핵심 본질이다.[7]

[그림 12-2]는 앞에서 다뤘던 관계들을 묘사하고 있다. a 형태는 모든 4가지 방향을 포함하는 종합이 안정성과 성장 간의 역동적인 균형으로 이끄는 시나리오를 그리고 있다. b 형태는 두 방향 모두에서 반대의 것들 사이에 갈등이 있는 상황을 그리고 있으며, 이런 갈등 상황은 나

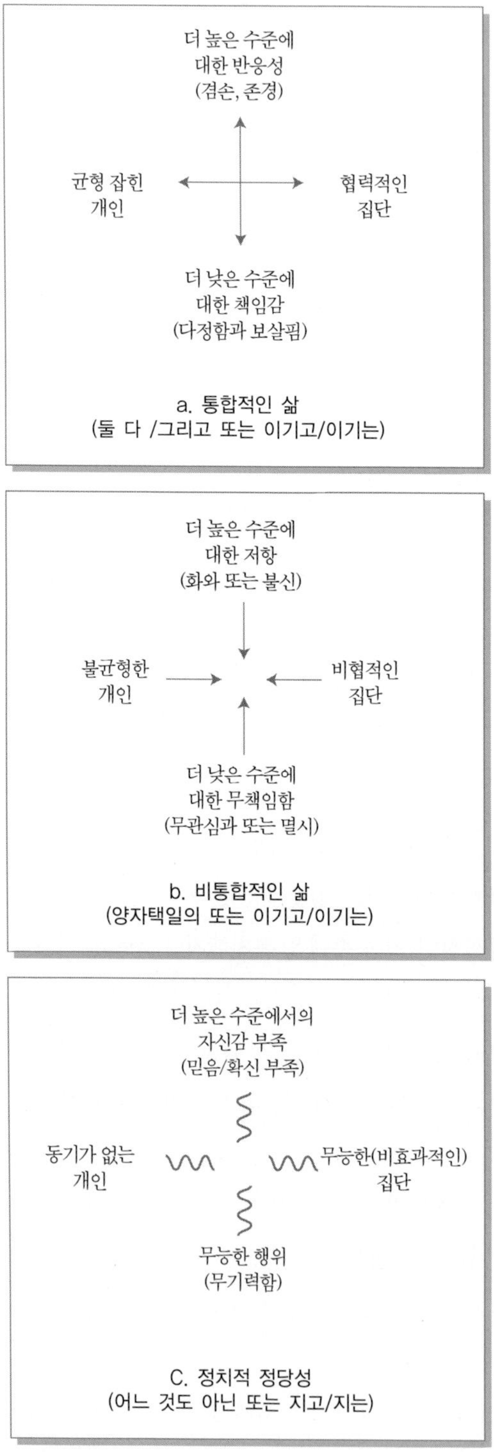

그림 12-2 다른 종류의 집단(수직적 및 수평적 역학)

쁜 감정과 이기고/지는 정치적 시나리오를 만든다. c 형태는 집단이 그 집단 자체를 유지하기 위해 필수적인 신념이 부족한 상황을 그리고 있는데, 이런 상황은 집단을 점차적이지만 꾸준한 에너지와 동기의 상실로 이끈다.

통합적 삶은 비록 완벽한 이상화된 균형은 아니지만 두 방향에서의 균형을 요하는데, 통합적 삶의 목표는 완벽함보다는 건설적인 무언가가 일어나게 하기 위해 '충분히 좋은' 균형을 세우는 것이다. 특히 우리가 집단에서 함께 뭉칠 때 말이다.

[그림 12-3]은 7명으로 이루어진 가상의 집단을 묘사하고 있다. 이 구성원들은 모두 잘 통합되어 있지만 발달 수준에 다소 차이를 보이고 있다. 이 예시는 통합이 수준만큼 중요하다는 (아니 어쩌면 수준보다 더 중요하다는) 다소 대담한 개념을 소개하기 위해 짜였는데, 왜냐하면 통합된 개인은 협력적인 접근법을 사용해 문제를 해결하는 타고난 성향이 있기 때문이다.

'통합이 열쇠다'라는 개념은 통합이론계에서 꽤 흔한 '높은 의식이 열쇠다'라는 개념을 받아들이는 사람들에게는 다소 놀랍게 느껴질 수 있다. 높은 의식은 경이로운 것이지만 개인적으로도 집합적으로도 모든 문제를 자동적으로 해결하지는 않는다. 좀 더 높은 수준(예, 두 번째 단계의 의식)에 도달하는 것에 집중하게 되는 것은 너무 쉽기 때문에 자신의 현재 수준에는 충분한 관심을 쏟지 않게 된다. 또한 현재에 존재하는 깨우친 행동을 위한 기회에도 충분하게 관심을 기울이지 않게 된다.

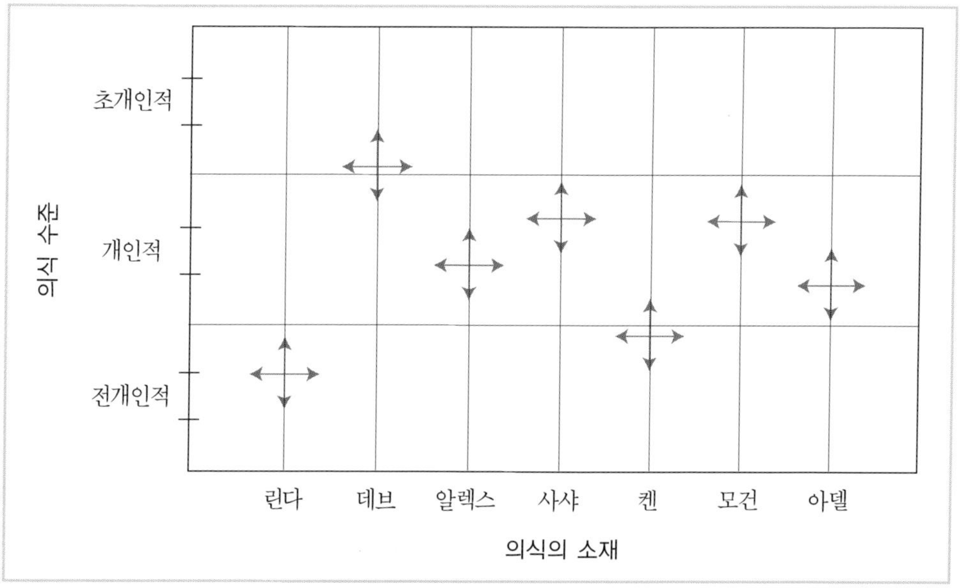

그림 12-3 잘 통합된 사람들의 집단

그러므로 나의 목표는 변형적 연구의 3가지 가닥을 함께 엮음으로써 변형 과정 내에서 통합이 하는 역할을 특히 강조하는 것이었다. (a) 조망수용 접근법(성격 에니어그램), (b) 변형에 대한 9가지 단계 접근법(과정 에니어그램), (c) 변형을 조감적인 관점에서 개념화하기 위한 진보 중심적이고 포괄적인 체계(윌버의 IOS)가 그것이다. 그 결과로 나온 통합에니어그램 모형은 이 세 모형의 특징을 모두 겸비하고 있다.

- 인간 변형을 개념화하기 위한 광범위한 지적 체계(IOS)
- 인간 발달의 진보적이고 긍정적인 철학(IOS)
- 다양한 발달 선에 대한 인정(IOS)
- 향상된 조망수용 능력(성격 에니어그램)
- 관점과 사람 간의 관계를 바라보는 향상된 능력(성격 에니어그램)
- 변형 과정에서의 통합과 하강의 역할에 대한 향상된 인정(과정 에니어그램)
- 변형 내에서의 주기의 역할과 홀라키 내에서 더 높은 수준으로 이동하는 방식에 대한 더 커진 인식(과정 에니어그램)

13장에서는 이러한 특징들에 대해 더 폭넓게 탐구해 볼 것이다. 이 장의 나머지 부분에서의 목표는 통합적 삶의 2가지 주요 측면인 자기 내재적 하강과 자기초월적 상승을 살펴보는 것이다.

자기 내재적 하강은 영을 물질에 깊이 그리고 창조적으로 체현하는 방식으로 사는 것을 의미한다. 자기초월적 상승은 삶의 경험을 존재함의 한 부분으로 만듦으로써 신께 이 경험을 드리는 방식으로 영으로 돌아가는 것을 의미한다.

체화된 형성의 위대한 학자인 조르즈 페레리오의 연구를 살펴보도록 하자.

체화된 영성

조르즈 페레리오는 CIIS(California Institute of Integral Studies)의 교수로, 체화된 영성의 본성에 대해 방대하게(그리고 열정적으로) 글을 집필해 왔다. 그의 글 〈완전히 체화된 삶을 산다는 것은 무슨 의미일까?〉의 2페이지에서 그는 이렇게 말했다.

> 체화된 영성은 자기, 공동체, 세상을 모든 것을 발생시키는 신비와의 완전한 조화로 불러오는 데 있어서 모든 인간적 차원—신체, 활력, 마음, 정신, 의식—을 동등한 파트너로서 본다.

신비로부터 '발생하는' 세상의 이미지에 주목하라(전적으로 여성적인 이미지다). 이는 그가 영을 언급하는 것을 싫어하는 것이 아니다. 그는 단지 신비와 영에게 동등한 시간을 주고 싶어 하는 것뿐이다.

페레리오는 더 나아가 완전히 체화된 영성은 "내재적인 영적 에너지와 초월적인 영적 에너지의 창의적인 상호작용으로부터 나타난다"고 덧붙였다. 이는 영성에 대한 유달리 포괄적인 정의인데, 심지어는 초월이 하는 역할이 있다는 개념까지 허용하기 때문이다.

페레리오는 체화된 영성을 신체, 성, 자연의 재(再)신성시를 구체적으로 포함하는 것, 창의성의 강조, 이 세상에서의 삶은 실수가 아니라는 개념, 사회적 참여의 중요성 그리고 물질과 의식의 통합으로 본다.

놀랄 것도 없이 그는 또한 체화된 영성이 통합을 발전시키는 경향이 있다는 점에 주목하며, 체화된 영성은 통합이 "영적 경로 속에서 분열에 대한 긴장 없이 모든 인간 속성의 조화로운 참여"를 촉진시키는 목표로 정의된 영역이라고 말했다(p. 5).

비체화된 영성에 대한 그의 비판 중 하나는 "물질과 영은 서로 상극인 차원이다"라는 널리 받아들여지는 신념에 대한 것이다. 그는 영은 물질 속에 본질적으로 존재할 뿐 아니라 그 속에 더욱 존재할 수 있어서 우리는 "의식적인 물질"과 "초월한 기능"의 다른 형태들을 지닐 수 있다는 개념을 지지하며 이 신념을 거부했다(p. 8).

페레리오의 글들에는 생각할 거리가 많다. 그는 깊이 체화된 영성을 드러나게 옹호하기는 하지만 초월 중심적인 영적 경로의 타당성 또한 인정한다. 그는 분명히 남성적 영만큼이나 여성적 신비에 강한 흥미와 경외감을 느낀다. 이와 같이 그의 접근법은 온전히 하강적인 것이 아니라 사실은 통합적이다.

나는 특히 그가 창의성, 삶은 실수가 아니라는 개념, '위는 좋은 것이고 아래는 나쁜 것이다'라는 개념을 반박하는 방식으로 물질과 영을 통합하는 것의 중요성에 초점을 두는 것을 높이 평가한다. 또한 그의 연구는 학자적인 관점에서 봐도 흠 잡을 데 없어 보인다.

하지만 어쩌면 그가 자신의 글에서 표현하는 개념들 중 가장 흥미로운 것은 '초월적 기능'의 개념에 관한 것일 수 있는데, 왜냐하면 이 개념은 융의 동시성 개념을 논할 때 내가 시사했던 것과 같은 점을 암시하기 때문이다. 바로 충분한 사람들이 모여 내적 균형을 찾으려 할 때, 이 내적 현실은 우리의 외적 삶으로 반영되고, 이는 (우리의 현재 관점에서 봤을 때) 마치 끝나지 않는 춤 같은 세상, '신이 살아 있어 마법이 벌어지는' 세상처럼 말 그대로 기적적인 듯한 세상을 만들게 된다는 개념이다.[8), 9)]

이 장의 시작 부분과 관련된 경험들은 내게 그런 세상을 언뜻 보여 주었다. 사람들은 자기 자신이 될 수 있고 그와 동시에 더 큰 공동체를 경험할 수 있는 세상 말이다. 이는 내가 9가지 에니어그램 유형을 연구할 때 종종 떠오르는 환상과 같다. 그 환상은 우리가 다양한 관점을 찾는 능력만이 아니라 모든 개인의 인간성에 대한 관점의 차이 너머까지 보는 능력을 기르는 것이다.

창조적인 삶을 사는 기술

더 나은 세상을 상상해 보는 것만으로 이를 나타나게 하기에는 부족하다. 통합적인 삶을 가능하게 하는 요소들 또한 이해해야 한다. 우리는 생산적인 집단 상호작용에 내재된 역학에 대해 이미 살펴보았다. 하지만 사람들로 하여금 개인으로서 더 통합적으로 기능할 수 있게 해 주어서 진정으로 기여할 수 있는 능력을 갖고 집단에 참여하게 만드는 요소들은 무엇일까?

많은 요소들이 있지만 대부분은 체화된 삶 동안 만나는 한계에 창의적으로 반응하는 개인의 능력에 관련되어 있다. 대부분이 한계보다 자유를 선호한다고 말할 것이라는 사실에도 불구하고 우리는 이 수준의 현실에서는 완벽한 자유를 가지지 못하는데, 이는 육체 안에서 구현되는 경험을 수반하는 본질적인 한계 때문이다. 이는 초월적 영성이 종종 이 수준의 현실과(그리고 유달리 신체와) 탈동일시하는 방법에 초점을 맞추는 이유 중 하나다.

하지만 더 체화된 접근법은 이 수준의 한계를 받아들여서 창의성을 향한 도약판으로 변형시키는 것이다. 왜냐하면 우리가 마주하는 한계들 속에서도 창의적으로 일할 수 있는 만큼 이 한계들을 변형시키기 때문이다. 그리고 이것이 우리가 불리한 점을 이점으로 바꾸는 방식이다.

한계와 창의성 간의 본질적인 관계를 더 잘 이해하기 위해서 우리를 제한하는 구조들(특히 내적 구조들) 간의 상호작용과 그러한 구조들을 사용해서 이득을 보기 위해 고안해 낼 수 있는 창의적인 전략에 중점을 둔 케스틀러의 '고정된 구조와 유동적 전략' 개념을 살펴볼 것이다.

고정된 구조. 정신 구조에 분명히 실재하는 현실(또는 가치)을 알아본다는 것은 어려울 수 있는데, 왜냐하면—윌버가 지적했듯이(10장을 참고하라)—정신 구조는 눈에 보이지 않으며 그러므로 간과하기 쉽기 때문이다.[10)] 이는 '개와 소통하는 능력자'인 시저 밀란(Cesar Millan)이 동물행동학자로서 그가 진행하는 연구에서 강조하는 '규칙, 경계, 제한'으로 알려진 이유 중 하나이기도 하다. 왜냐하면 이는 자신의 애완동물이 어째서 버릇이 들지 않는지를 알려 하는 사람들에게 가장 쉽게 간과되기 쉬운 요소이기 때문이다. 애완동물을 기르는 대부분의 사람들은 경계를 애정으로 대체하려고 하는데, 이는 제대로 먹히지 않는다. 왜냐하면 제대로 정해진 경계 조건 없이는 누군가의 환경을 따르게 될 수 없기 때문이다.

이와 같은 원칙은 동물에게 그런 것처럼 인간에게도 해당된다. 균형 잡힌 삶을 살기 위해서는 경계 조건이 필요하다. 하지만 외부적인 규칙, 경계, 제한을 상상하는 것이 가장 쉬움에도 불구하고 우리를 가장 많이 형성하는 것은 내부적인 요소—정신 구조—다. 그렇기 때문에 정신 구조가 없거나 불완전하거나 왜곡된 상태일 때에는 세상 속에서 편안하게 있거나 영적 변형을 향한 작업을 하는 것이 어렵게 된다.

윌버는 의식의 모든 수준에서 구조가 가진 중요성을 지적하며 삶 초기 동안에 발달되는 정신적 '구멍'은 변형 작업에서 문제가 될 수 있기 때문에—비록 정신적 구멍은 자아의 방어기제로서 시작될 수도 있지만—높은 에너지 또한 걸러 내게 될 수도 있다. "완고한 경계는 완고한 경계다. 이들을 막는 벽은 … 신 또한 막아낼 수 있다."[11]

정신과 의사이자 원주민 치료사인 루이스 멜-마드로나(Lewis Mehl-madrona)는 '장소를 확보하는 것'의 중요성을 이야기하며 그렇게 해야 치유가 일어날 수 있다고 말했다. 하지만 그녀는 또한 이것이 '드물게 논의되는 개념'이라고 언급하였다.[12] 수피교의 신비주의자인 이리나 트위디는 항상 수피교 선생으로서의 그녀의 직업은 단순히 '장소를 확보하는 것'이며, 그렇게 함으로써 특정 영적 작업이 이루어질 수 있게 하는 것이라고 말하곤 했다. 그녀가 오빠라고 불렀던 그녀의 스승인 라다 모한 랄은 경로에서의 작업의 일부는 더한 진동도 견뎌 내는 능력을 기르는 것이며, 이것은 이를 가능하게 하는 일종의 내적 구조를 발달시키는 능력에 명백히 달려 있다고 가르쳤다. 르웰린 바그웬-리(Llewellyn Vaughn-Lee)는 적절한 내적[영적] 그릇이 없으면 단순히 더 높은 의식의 에너지를 '담을 수 없게' 된다고 언급했다. 이와 비슷하게 스와미 묵타난다(Swami Muktananda)의 제자들 중 한명인 루디스와미 루드라난다(Swami Rudrananda)는 그가 경로에서 더 진보하게 되면서 자신을 통해 흐르기 시작한 강력한 에너지들을 다루는 것에 어려움을 겪었다고 말했다. 또한 그는 자신이 이 에너지의 일부를 전해 줄 수 있는 제자들을 찾아야 할 필요성에 대해서도 얘기했다.[13]

이렇듯 발달의 수준이 무엇이든 우리는 정신적 에너지를 담고 나르기 위해서 잘 형성된 구조가 필요하다. 이 때문에 우리가 이전 세 개의 장에서 구조에 굉장히 많은 초점을 맞춰온 것이다. 9장에서 '우리는 얼마나 빠르게 성장할 수 있을까?'라는 질문을 던졌을 때, 나는 변형은 내적 구조의 변화를 요구한다는 입장을 취했었다. 그렇기 때문에 변형은, 특히 만약 균형 잡힌 구조를 원할 때 우리가 생각하고 싶은 만큼보다 더 오랜 시간이 걸리는 이유다.[14] 10장에서는 정신 구조가 수직적이기만 한 것이 아니라 수평적이기도 하다는 개념을 살펴보았으며, 구조적으로 분명한 차이가 있는 9가지의 관점을 설명하는 체계의 예시로 성격 에니어그램을 인용했다. 11장에서 우리는 윌버가 『통합심리학』(2000)에서 논의했던 이러한 9가지 에니어그램 관점과 발달의 수직선들 간의 관계를 간단히 다뤘으며, 관점을 이해하는 것이 잠재적으로 유익한 발달 선을 결정하는 데 있어서(그리고 이런 발달 선을 결정하는 것이 관점을 이해하는 데 있어서) 우리를 어떻게 도와줄 수 있는지에 대해 집중했다. 이 논의의 요점 중 하나는 수직적이면서도 수평적일 수 있는 정신 구조를 입증하는 것이었다. 이 또한 우리가 이 장에서 뒤이어 왔던 주제다.

아직까지 살펴보지 않은 점은 이러한 구조가 창의성을 발전시키는 데 있어서 하는 역할이다. 이 점이 바로 다음에 살펴볼 주제다.

유동적 전략. 케스틀러가 '고정된 구조와 유동적 구조'에 대해 얘기할 때에는 종종 이 구조가(게임의 규칙) 어떻게 이런 전략을 유발하는지를 강조하기 위함이다. 창의적인 사람의 특성은 이 규칙을 고수하면서도 참신한 적응을 하는 움직임을 고안하는 능력이다.

이렇듯 창의성은 게임이나 프로젝트 또는 예술 작업의 결과를 결정하는 데 있어서 중심적인 역할을 한다. 우리가 더 창의적일수록 겉보기에 다루기 힘들어 보이는 문제들을 해결하는 방법들을 찾기 더 수월해진다. 케스틀러는 한 주제에 변화를 줘 가며 연주를 하는 피아니스트의 예를 들고 있다(2장에 나와 있는 예시다). 이 주제에서는 멜로디가 기준점(고정된 구조)이고, 이 기준점은 발달될 수 있는 주제의 변형(움직임, 수) 종류를 제한한다. 하지만 이렇게 제한된 영역 안에서는 엄청난 창의성이 가능하다.

창의성은 종종 구체적인 예술 형식과 연관되지만 창의성 자체를 살아가는 것이 창의적인 예술 형식으로 여겨질 수 있다. 그러므로 만약 체화된 영성이 우리가 사는 방식에 대한 것이라면 창의성을 살아가는 것은 이러한 제한의 조건을 배움의 기회로 변형할 수 있는 방식에 대한 것이다.

체화된 영성에 관심이 있는 사람들이 종종 창의성을 체화된 영성의 결정적인 특징 중 하나로 언급하는 이유는 제약과 창의성 간에 연결점이 있기 때문이다. 예를 들면, 페레리오, 라몬 알바레다(Ramon Albareda), 마리나 로메로(Marina Romero)는 창의적인 영성이 "삶의 다양한 이분법과 양극성을 아주 다양한 방식으로 통합한다"고 정의했다.[15] 페레리오는 삶의 수많은 차원(신체, 본능, 마음, 정신, 의식)을 포함하는 참여적 영성을 상상하며 "인간적 차원이 영적 삶에 활발하게 참여할수록 영적 삶은 더 창의적이 된다"라고 언급했다.[16]

바이올리니스트인 스티븐 나흐마노비치(Stephen Nachmanovitch)는 자유와 한계 간의 상호적인 관계를 뚜렷이 의식하고 있다. 그의 저서 *Free Play: Improvisation in Life and Art*(1991)는 삶을 예술로 보는 것을 배움으로써 예술가들이 자신의 작품에 불러올 수 있는 것과 같은 종류의 자연스러움과 즐거움을 우리 삶에도 불러올 수 있도록 하는 것에 관한 것이다. 하지만 그 역시 한계의 필요성에 대해 이야기하고 있으며, 덧붙여 이렇게 언급하고 있다.

> 『역경(易經)』에서는 제약이 대나무 줄기의 마디이자 예술작품과 삶에 형식을 주는 한계로 상징된다(p. 79).

이어서 그는 예술가가 그의 페인트와 씨름하고, 바이올리니스트가 바이올린 현과 씨름하면서 제약의 본성이 만들어진 예술을 형성한다고 얘기한다. 하지만 이런 갈등도 이 과정을 도울 수 있다. "때때로 우리는 한계에 대해 혹평하지만 한계가 없으면 예술은 불가능하다"(pp. 80-81).

안무가 트와일라 타프(Twyla Tharp)는 그녀의 작업에서 구조/제약의 개념을 사용하는 흥미로운 방식을 갖고 있다. 그녀는 새로운 안무를 구상하려 할 때, 무언가(주제, 구성, 세부사항 등)를 생각해 내기 전에 작업에서 '척추'라고 부르는 부분(예, 작업의 구성 원리)을 먼저 다루려고 한다. 척추 작업을 생각해 내고 나면 그녀는 작업이 순조롭게 진행될 것을 알게 된다. "척추 작업은 내가 어디에서부터 시작하고 어디로 가고 싶은지를 내게 알려 준다."[17)]

구조를 사용하는 또 다른 방식은 구조를 내면화해서 이것이 창의적인 과정의 부분이 되도록 하는 것이다. 미하이 칙센트미하이(Mihaly Csikszentmihalyi)의 저서인 *Flow*(1991)—창의적 의식의 본성에 대해 다룬 고전으로 여겨진다—에서는 자기통제(예, 구축된 내부의 경계)와 창의적인 흐름 간의 친밀한 관계를 언급하고 있다. 그는 비록 우리는 자기통제가 인기 있는 이상적 개념 중 하나인 때에 살고 있지는 않지만 "유행이 무엇을 요구하든 … 의식에서 일어나는 일에 대한 자유자재의 힘을 얻기 위해 수고를 아끼지 않는 사람들은 더 행복한 삶을 산다"(p. 23)라고 주장했다.

그는 내면의 질서가 창조적 흐름을 용이하게 하는 반면 내면의 무질서는 원치 않은 방해 요소를 걸러내기 어렵게 만들어서 집중하는 것이 불가능해지게 한다고 설명하였다. 그리고 집중을 하지 않게 되면 흐름과 연관된 깊은 몰두의 상태로 들어갈 수 없게 된다. 이 상태는 우리가 분리된 자아감을 잃고 우리가 관여하고 있는 활동과 하나가 되는 상태를 말한다. 즉, 무용수는 그 춤이 되고, 주자는 뜀이 되며, 요리사는 음식이 되는 것이다.

이 설명이 통합적인 영적 경험과 얼마나 비슷한지를 살펴보라. 창의적 작업에서 자기가 어떻게 '사라지는지'를 말이다. 흥미로운 점은 자기가 가는 곳이다. 자기는 떠나는 것이 아니라 들어온다. 창의적인 작업에서 자기는 작업으로 체화되는데, 이는 왜냐하면 작업 자체가 너무 커져 버려서 자기와 작업이 공존할 자리가 더 이상 없기 때문이다.

하지만 예술가에게 자기가 작업 속으로 사라지는 이런 상태는 손해보다는 이득을 의미한다. 작업을 할 때 예술가는 먼저 자기 내면에 있는 더 큰 무언가에 자신을 내어놓는다. 이는 자기초월의 본질이다. 이는 우리가 과정 에니어그램의 4지점에서 마주하는 것과 정확히 똑같은 과정으로, 베르니에가 변형이 진행될 수 있도록 자기가 사라져야 할 필요성에 대해 얘기할 때 언급했던 것이다(7장을 참고하라). 나흐마노비치도 "예술이 일어나게 하려면 우리는 사라져야 한다"(p. 51)라고 말하면서 이와 같은 개념을 얘기하고 있다.

이렇기 때문에 예술가들이 창의적 작업을 변형적이라고 여기는 경향이 있는 것은 당연한 일이다. 그 이유에 대해 예를 들어 보자면, *The Complete Artist's Way*(2007)의 저자인 줄리아 카메론(Julia Cameron)은 "창의성은 영적인 힘"이라고 말했다.

> 우리가 가장 높은 자기인 영적 자기가 되기 위해 분투할수록 더 잘 자각하고 더 주도적이며 더 창의적이 된다.[18)]

흐름의 상태 속에서 우리 자신을 잃도록 해 주는 것은 강력하지만 보이지 않는 구조의 존재다. 그리고 이 작업 속에서 우리 자신을 생산적으로 잃도록 해 주는 것은 바로 규율적인 구조와 창조적인 에너지의 조합이다. 하지만 이러한 구조들이 지어져야 될 필요성 때문에 우리는 창의적 혹은 변형적인 과정 속에서 우리 자신을 잃는 능력을 하루아침에 발달시킬 수는 없다.

고정된 규칙에서 유동적인 전략으로의 이동. 새로운 취미를 시작하는 사람이라면 누구나 알듯이 시작 단계는 종종 변형적이기보다는 지루하다. 작품을 완벽하게 하기 위해서는 먼저 그 기술을 배워야 한다. 보통 선생님을 구하고, 선생님이 하는 말을 듣고, 그것을 기억하는 데 전념하고, 자신의 경험에 빗대어 이를 평가하며, 결국 칙센트미하이가 말한 깊은 몰입을 경험하는 입장에 놓이는 지점에 도달하는(종종 이는 수년이 걸린다) 것으로 이 과정을 진행한다.

허버트 드레퓌스(Hubert Dreyfus)와 그의 형 스튜어트 드레퓌스(Stuart Dreyfus)는 그들의 훌륭한 책인 *Mind Over Machine*(1986)에서 사람들이 깊은 몰두가 가능한 지점으로 도달하게 되는 과정에 대해 이야기하였다. 영역에 상관없이 우리가 초심자 수준에서 전문가 수준으로 이동하게 되는 과정의 순서를 따라가는 것으로 이를 설명하고 있다. 전문성의 5가지 수준(초보자, 상급 초보자, 능숙함, 숙달함, 전문가)을 얘기하고 있다.

- 초보자 수준에서 결정하기 위해 단순히 맥락이 없는 규칙을 외운다.
- 상급 초보자 수준에서 규칙을 기계적으로 적용하지 않을 수 있게 맥락의 효과에 대한 감을 잡기 시작한다.
- 능숙함 수준에서 맥락의 차이(상황적 변수)에 대한 이해와 규칙을 능숙하게 결합할 수 있다.

(여기서 일어나고 있는 일은 외부화되고 비맥락화된 상태로, 시작한 규칙이 의식구조처럼 서서히 점점 더 내부화되고 맥락화되며 체화되어 가는 것이다. 이런 내부화된 구조가 있으면 우리는 의사결정에 대한 점점 더 혁신적인 접근법을 취할 수 있게 된다.)

- 숙달함 수준에서 지금 일어나고 있는 일을 깊이 처리하고 여러 가지 복잡한 상황에서 다양한 자료를 기반으로 해서 의사를 결정하는 법을 안다.
- 전문가 수준에서는 결정을 내리는 방식에 질적인 차이가 있다. 이 과정은 더 이상 분석적이지 않고 직관적이 된다. 이 과정을 설명하라고 해도 설명할 수 없다. 춤과 하나가 되는 무용수처럼 우리는 당면한 일과 하나가 된다. 그럼으로써 그 순간에 일어나는 모든 것과 조화를 이루게 된다.

여기서 실제로 일어나고 있는 일은 우리가 더욱더 능숙해질수록 지식을 제한하는 구조가 더 정교해질 뿐 아니라 점점 더 본능적인(혹은 마이클 폴라니의 말을 인용하자면 암묵적인) 것이 된다. 구조는 여전히 존재한 채로 남아 있지만 우리의 일부분이 되었기 때문에 우리는 이를 점점 덜 알아차리게 된다. 그래서 우리가 알면 알수록 더 자유로운 느낌을 받는 것이다. 이런 이유 때문에 통달함이 종종 무한함의 느낌과 연관되는 것이다.

이 마지막 두 단계(숙달함 수준과 전문가 수준)를 자세히 살펴보면 이들은 모두 높은 이해 수준을 가리키지만 질적으로 다르다. 실생활에서 어느 분야이든 대부분의 사람들은 이 저자들이 숙달했다고 부르는 수준에 도달했을 때 자신을 '전문가'라고 부른다. 진정한 전문성은 단순한 숙달함을 넘어선 것이며, (전혀 기계적이지 않기 때문에) 설명하기 힘든 의사결정에 대한 완전히 다른 접근법을 지닌다.

나는 전문가 수준에 대한 설명을 끝마치고 있을 동시에 흥미롭게도 〈탑 셰프(Top Chef)〉라는 TV 프로그램을 보게 되었다. 때마침 그곳에는 전설적인 초밥 셰프인 카츠야 우에치(Katsuya

Uechi)가 대회 참가자들에게 초밥을 만드는 법에 대해 말하고 있었다. 그는 이렇게 말했다.

> 초밥은 매우 간단합니다. 밥과 생선이 전부죠. 너무 많은 재료를 뒤섞지 마세요. 항상 어떻게 하면 당신이 사람들을 행복하게 만들 수 있을지를 생각하세요.

이 조언은 음식 준비에 대한 담론보다는 불교의 선문답처럼 들린다. 하지만 달인이 얘기할 땐 이런 것이다. 그가 말한 것의 대부분이 머릿속으로 바로 들어온다. 왜냐하면 그는 완전히 다른 관점에서 이 활동을 보고 있기 때문이다. 우리는 무언가 '유용한' 것을 배우는 것 대신 실망스러울 정도로 뻔한 대답을 듣는다. 달인의 말의 진가를 제대로 알아보려면 기술적인 능력 뿐 아니라 그 작업이 진정으로 의미하는 바를 보기 위해 작업 너머를 보려는 갈망이 필요하다.

이 점이 바로 이 형제 작가들이 책에서 말하고자 했던 것이다. 주입식 학습의 기계적인 과정으로 시작한 것은 삶에 대한 명상으로 마무리될 수 있다는 것이다. 초기 단계는 지루할 수도 있지만 이 단계야말로 작업할 뼈대를 제공해 준다. 그리고 이 뼈대를 더욱 내면화할수록 결국 우리는 이 뼈대를 더욱 초월하게 된다. 하지만 이를 남겨 두는 것이 아니라 내면에 감싸 안음으로써 초월한다.

통합된 상승

하강 동안 우리의 경험을 통합하는 법을 배우는 것은 상승 동안에도 이와 같은 과정을 할 수 있도록 우리를 준비시켜 준다. 상승은 전통적으로 명상, 정신 집중, 수양 같이 집중을 요하는 남성적 기술과 연관되어 왔지만, 이런 행위들이 우리의 삶을 상승 과정으로 꼭 통합시키는 것은 아니다. 특히 우리 자신을 세속으로부터 분리시키기 위해 영적 수행을 한다면 말이다.

나는 앤드류 코헨과 한 런던 워크숍에 참여한 남자의 상호작용을 보고 이 점을 절실히 느꼈다. 올곧은 자세와 정중한 태도를 지닌 그는 명상에 대해 위협적일 만큼 난해한 질문들을 던졌다. 수많은 명상을 해 온 사람만이 할 수 있는 종류의 질문들 말이다. 마침내 그가 복잡한 질문을 마쳤을 때, 코헨은 단지 자리에 그대로 앉아서 남자를 바라봤다. 결국 코헨은 웃으며 머리를 흔들더니 양손을 올리며 이렇게 말했다. "누가 오랜 시간 동안 명상한 사람들로부터 날 좀 구해줘!"

그 순간 전까지만 해도 나는 그런 질문을 한 남자에게 감명 받아 있었다. 하지만 코헨의 반응은 내가 이상화한 이미지를 산산조각 냈다. 나는 그 남자가 실제로는 얼마나 무미건조하고 감정적으로 내향적인 상태였는지를 깨달았다. 그리고 그가 세상적인 방해 요소들을 차단할 능력을 얻는 동안 동시에 삶의 흥미진진함 역시 차단하고 있었다는 사실도 알게 되었다.

엄격한 수행은 더 높은 구조를 발달시킬 수 있게 도와줄 수는 있지만 삶의 경험을 통합하거나 신성성과의 나/너 관계를 기르는 데 있어서는 그리 큰 도움이 되지 못한다. 윌버는 신성성과의 이런 관계를 "2인칭 시점의 신"을 경험하는 능력이라고 불렀다. 기독교인들 역시 비슷하게 이런 나/너 관계를 하나님과의 개인적인 관계라고 말한다. 수피교는 이를 사랑하는 사람과의 연애 관계라고 말한다. 이를 무엇으로 부르든 만약 우리의 모든 관심이 단절에 있다면 영과의 친밀감은 발달되기 힘들다. 특히 그 단절이 물질적 혹은 사회적 세상을 벗어나기 위한 것이라면 말이다.

하지만 사람들은 흔히 이런 방식으로 영적 작업에 접근한다. 즉, 초월을 영으로의 접근으로 보는 것이 아니라 평원으로부터 벗어나는 것으로 보는 것이다. 또한 영적 작업을 일로 보는 경우도 흔하다. 예를 들면, 특정 목표를 이루기 위해 짜인 일종의 노력을 요하는 수행의 측면에서 영적 작업을 보는 것이다. 종종 이 목표는 개인-중심적인데, 이 말인즉슨 전체 과정을 이 경험으로부터 우리가 원하는 것의 측면에서 바라보는 것을 의미한다. 이렇게 되면 결국 영적 에너지를 신으로부터의 선물보다는 얻어야 할 물품으로서 대하기 시작하는 것이 쉬워진다. 이런 종류의 접근법은 확실히 평원으로부터 벗어나게 해 줄 수 있지만 결국 막다른 영적 골목에 있는 우리 자신을 발견하게 될 수도 있다. 마치 상관없는 질문들을 하던 그 숙련된 명상가처럼 말이다.

영적 작업에 대해 이와는 꽤 다른 접근법도 있다. 이 접근법은 잘 알려진 격언인 "공부할 준비가 된 제자에게는 스승이 나타날 것이다"에 구현되어 있다. 이 격언은 수행에만 집중하는 것이 아니라 수용성에도 초점을 맞추는 영적 발달에 대한 접근법을 담고 있다. 선불교에서는 스승이 자신의 제자의 컵을 넘칠 정도로 가득 채우는 이야기(왜냐하면 제자가 너무 '자기 자신으로 가득 차 있기 때문에'), 제자의 발을 짓밟는 이야기("세상은 환영이다"라는 잘못된 현명한 발언에 대한 응답으로) 또는 명상 중에 행복한 경험들을 떠올렸다는 이유로 제자를 막대기로 때리는 이야기 등을 찾아볼 수 있다. 또한 수피교에서는 콩을 부드럽게 하기 위해 끓이는 이야기나 자신의 제자들을 혼돈과 절망의 상태로 빠뜨리기 위해 할 수 있는 모든 것을 하는 협잡꾼 스승의 이야기들을 볼 수 있다.

이 관점에서 보면 영적 작업은 무엇을 하느냐가 아니라 무엇이 되느냐에 대한 것이다. 그리고 특히 우리가 어떻게 더욱 수용적이 될 수 있느냐에 대한 것이다. 밥 부테라(Bob Butera) 박사는 Yoga Life Institute에 쓴 글에서, 제자가 준비될 때 스승이 나타나는 것의 개념과 제자가 진정으로 '배울 준비'가 된 때에만 배우기 시작한다는 개념에 대해 이야기한다. 즉, 제자는 '자신 앞에 놓인 것을 배우기로 선택한다'는 것이다.[19] Life Balance Institute의 설립자인 필립 모핏(Phillip Moffitt)은 우리가 내적 권위를 내려놓지 않은 채로 우리가 선호하는 것을 기꺼이 내려놓으려는 태도의 측면에서 이와 같은 개념을 얘기하고 있다.[20]

그렇다면 둘 중 무엇일까? 우리는 남성적인 수행, 초점, 작업을 통해 진보하는 것일까? 아니면 여성적 수용성을 통해 진보하는 것일까? 어쩌면 둘 다일 것이다. 그렇지만 수행이 전통적으로 좀 더 유리한 위치에 있어 왔다. 이는 부분적으로는 수행이 영성의 남성 중심적 개념에 맞춰져 있으며(그리고 남성은 오랫동안 더 우세한 자리에 있어 왔다), 무엇이 '되는 것'보다는 무엇을 '하는 것'에 주력하는 것이 훨씬 쉽기 때문이다. 수행은 우리가 어떤 능력을 기르기 위해 하는 형태가 있고 눈에 보이는 것이다. 반면 수용성은 아무도 볼 수 없고 완전히 눈에 보이지 않는 과정이다. 그럼에도 불구하고 수용성은 우리를 철저히 변형시킬 수 있는 힘을 갖고 있다. 게다가 우리도 곧 보겠지만 아마도 수행은 우리를 산 위까지만 데려갈 수 있을 것이다. 그렇지만 우리는 수용성 없이는 산 정상에 올라갈 수 없을지도 모른다.

상승 동안의 수용성

러시아 신비주의자인 이리나 트위디는 *What is Enlightenment?*라는 잡지의 가장 첫 번째 글로써 앤드류 코헨과 나눈 인터뷰에서 굉장히 흥미로운 말을 했다—그녀는 영적인 힘에는 2가지 종류가 있다고 말했다. 바로 요가적 힘과 신성한 힘이다. 그녀는 라즈니쉬(Rajneesh) 같은 일부 요가 수행자들은 자신의 영성 도달을 위해 주로 요가적 힘에 의존한다고 언급했다. 그리고 이런 힘은 굉장히 실재적이지만 신을 향한 내려놓음의 결과로 얻어지는 것이 아니라 개인의 노력을 통해 얻어질 수 있다고 언급했다. 그 결과 조금의 자기의지가 남아 있게 된다. 그녀는 가장 높은 욕구는 신을 향한 것이어야만 한다고 말하고 있다.[21]

이 설명대로라면 요가적 힘은 주로 수행의 산물인 듯 보이는 반면, 신성한 힘은 내적 수용성에 응하여 하강한다. 신성한 힘을 끌어당긴다는 것은 영의 에너지를 끌어당길 수 있는 '욕구 본성'을 기르는 것을 의미한다.

그리고 이러한 수용성의 경로에서 우리가 끌어당기는 것은 무엇일까? 그건 바로 *SES*에서 윌버가 언급한(그리고 우리가 9장에서 수없이 다룬) 성질인 아가페다. 이는 더 큰 것의 더 적은 것을 향한 조건 없는 사랑을 말한다. 아가페는 그 사랑의 대상 속에서 '가치를 창출하고 이에 따라 신과의 유대 관계를 시작하기 위한' 사랑의 종류다.[22)]

그러므로 아가페를 끌어당긴다는 것은 단지 도움을 끌어오는 것만이 아니라 우리로 하여금 신과 더 큰 교감을 이룰 수 있게 하는 방식으로 도움을 끌어오는 것을 뜻하는 것이다.[23)]

신성한 힘은 우리 스스로 영적 수행을 통해 기를 수 있는 것은 아니지만 강력한 힘이다. 이는 항상 애정 어린 연민으로 위에서 아래를 향해 부여해 주는 선물이다. 이런 힘을 얻기 위한 유일한 방법은 이에 상응하는 사랑의 감정을 최선을 다해서 기르는 것뿐이다.[24)]

그리고 이는 우리가 2장에서 나눴던 홀론에 대한 논의와 관련된 흥미로운 점을 불러일으킨다. 바로 신의 은혜를 받기 위해 필요한 수용적인 태도는 매일의 자아가 (홀론으로서) 자신의 존재의 더 높은 수준을 잘 받아들일 수 있도록 해 주는 태도와 같은 것이라는 점이다. 그리고 이는 홀론 이론에서 자기초월(위를 향해 바라보는 홀론과 연관된 성질)이 더 큰 것이 되는 것보다는 더 큰 것을 잘 수용하게 되는 면으로 반드시 해석되어야만 하는 이유다. 왜냐하면 우리는 마음대로 더 높은 수준으로 진행해 나갈 수 없기 때문이다. 우리는 더 높은 수준의 에너지에 개방할 수만 있다. 우리는 더 높은 수준으로의 이동을 도와주기 위해 만들어진 수행을 할 수는 있지만 그것이 실제로 일어난다는 보장은 없다.

하지만 수용성의 개발은 현재 수준과는 상관없이 우리에게 더 높은 수준과의 교감을 위한 올바른 마음가짐을 심어 줄 수 있다. 그렇기 때문에 이것은 win-win 전략인 것이다. 이와 반대로 수준 위로 올라가는 것에만 관심을 두는 것은 신성성과 교감을 거의 혹은 전혀 향상시켜 주지 않는다. 왜냐하면 이 경우 오로지 우리 스스로의 노력만을 통해 이런 움직임을 취하기 때문이다. 여기에는 아가페도 없고, 신성성과의 관계도 없다. 무엇보다도 여기에는 내려놓음이 없다. 왜냐하면 트위디가 지적했듯이 조금의 자기의지가 남아 있기 때문이다. 이는 요가적(자발적으로 행하는) 접근법이 우리를 맨 위로 데려가지 않을 것 같은 이유다. 왜냐하면 이 접근법은 자기 의지를 버릴 수 있게 해 주는 방법이 부족하기 때문이다.

자기의지와 수용성의 부족 문제는 어쩌면 윌버가 베이비붐 세대(부머리티스[boomeritis]) 불교(여기서는 "아무도 나한테 무엇을 하라고 말할 수 없어!"라고 말한다) 혹은 'MGM'과 연관 짓는 수많은 문제들의 이유일 수 있다. 영적 자만심, 자아도취, 오만함, 미성숙함으로부터 생겨난 듯한 문제들 말이다.[25)]

자만심의 못난 모습이 머리를 들 때면 '오래된 홀론들'을 존중해서 보는 것 대신 이들을 싫어하거나 질투하고 그들의 권위를 거부한다. 그리고 새로운 홀론들을 상냥하게 보살피는 것 대신(그리고 이들의 약점과 관련해 관용과 인내심을 발휘하는 것 대신) 이들을 불쾌감(혹은 심지어는 혐오감)을 갖고 보며 이들의 성장을 도와주기를 거부한다.

수용적인 접근법은 이런 성질들을 없애 버리는 경향이 있는데, 왜냐하면 신께 이런 성질들에 대해 도움을 구함으로써 이 성질들을 유지하기 힘들게 만드는 종류의 경험을 받기 때문이다. 이 경험은 당시에는 유쾌하지 않을 수 있지만 궁극적으로 깊은 치유와 영적 상승을 위한 새로운 기회를 만들어 낸다. 이렇듯 수용적인 접근법은 장애물과 심적 고통을 유발하는 성질을 없애는 방식으로 상승의 기회를 창출한다.

또한 이 접근법은 이런 움직임이 수반하는 책임을 우리가 진정으로 다룰 준비가 되었을 때에만 상승하는 방법으로 상승 과정을 조절할 수 있도록 돕는다. 사람들이 높은 수준과 더 큰 자유를 연관 짓는 것은 흔한 일이다. 하지만 홀라키의 본성 때문에 더 높이 이동할수록 더 많은 책임을 지게 된다.

블레이크가 언급했듯이 구르지예프는 만약 우리가 더 높은 수준으로 이동하고 싶다면 부득이하게 낮은 수준의 사람을 '끌어올려서' 우리 자리를 맡도록 해야 할 의무가 있다는 개념을 강조하곤 했다.[26] 수피교 체제에 있는 내 친구는 셰이크(※역주: Sheikh, 이슬람 사회의 지도자)의 직무에 관한 비슷한 개념에 대해 이렇게 말했다. 셰이크가 되기 위해서는 제자들을 높은 상태로 데려오는 것을 통해서만 올라갈 수 있다.

이러한 가르침은 내적 작업이 오로지 자신만을 위해 이루어지는 것이 아니라 항상 영적 책임감을 수반한다는 것을 우리에게 일깨워 준다. 즉, 내적 작업은 절대로 삶으로부터 벗어나기 위해 의도된 것이 아닌 것이다. 루얼린이 언급했듯이,

> 우리는 명상과 기도가 가진 전체의 안녕을 고려하는 더 큰 차원을 인식하지 않은 채로 이들을 신성성과 우리의 개인적인 관계의 영역 내에만 두는 경향을 보여 왔다. … [세상은] 자신의 영적 차원을 자각하고 있고, 섬김에 헌신하는 사람들의 참여를 필요로 한다. 즉, 개인의 안녕보다 더 큰 무언가와 조율될 수 있는 의식을 가진 사람들을 필요로 한다.[27]

그리고 위로 향하는 이동은 다른 사람들을 책임지는 것만이 아니라 자기 자신의 사고와 감정 양식까지 책임지는 것이다. 트위디는 자신을 통해 흐르는 힘이 그녀 자신이 의도하지 않은 일을 일어나도록 유발할 수도 있었기 때문에 자신이 생각하고 느끼는 데 있어서 굉장히 조심스러웠어야 했다는 것을 어느 순간 깨닫게 되었다고 언급했다.

많은 사람들이 더 큰 인식을 경험하고 싶어 한다. 하지만 더 큰 인식이 수반하는 책임을 질 준비가 되어 있는 사람은 얼마나 될까?

수용성을 기르는 것의 큰 이점 중 하나는 바로 취할 준비가 된 만큼보다 더 많은 영적인 힘이나 책임을 지니게 되지 않도록 해 줌으로써 우리가 다룰 수 없을 정도로 너무 빠른 속도로 위로 올라가는 것을 막아 준다는 것이다. 이는 우리의 내면 구조에 너무 많은 짐을 지우지 않을 정도로(그래서 우리가 격분하지 않도록 말이다!) 우리의 진보를 도와준다. 게다가 이는 우리가 듣는 방법을 배울 수 있도록 도와주기 때문에 삶과 '올바른 관계'를 맺게 되는 것이 어떤 의미인지를 발견할 수 있도록 도와준다.[28)]

에니어그램에서의 수용적 상승

흥미롭게도 트위디가 묘사한 수용적인 경로는 블레이크가 과정 에니어그램을 사용해 묘사한 경로와 정확히 똑같은 변형적 경로다. 그러나 블레이크는 진보할 수 있는 2가지 방법을 논하는 대신 에니어그램의 특정 지점에 도달하게 되고 나면 오직 수용성을 통해서만 진보할 수 있다는 점을 명확히 제시하고 있다.

당신은 에니어그램의 오른편은 여성적이고, 왼편은 남성적이라는 8장에서의 논의를 기억할 것이다. 성격 에니어그램에서는 유형의 양극성을 말해 준다. 과정 에니어그램에서는 과정 속에서의 특정 지점에서 일어나는 일의 본성을 말해 준다.

탄생부터 중년까지 일어나는 퇴행적 하강은 자아감, 사람들과의 관계, 물질 세계에서 제대로 기능하기 위해서는 적절한 기술을 기르기 위한 부단한 노력을 요한다. 이렇듯 이 단계는 여성적이지만(왜냐하면 물질은 여성적이기 때문이다) 하강하기 위해 사용한 이 과정은 남성적이다. 즉, 확신하고 분투하고 삶을 향해 계속해서 나아가는 이 과정은 남성적인 것이다.

중년기부터 삶의 말기 동안에 일어나는 진화적 상승은 다른 접근법을 요한다. 이 단계는 남성적이지만(왜냐하면 우리를 물질로부터 영으로 데려가기 때문이다) 좀 더 여성적인 접근법을 필요로 한다. 왜냐하면 우리의 육체적 에너지가 줄어들기 시작하면서 우리는 자율성을 점차 내려놓게 되기 때문이다. 우리가 삶의 말기를 향해 더 가까이 갈수록 우리의 신체적 한계와 개인적 자기 너머의 것에 초점을 맞추어야 할 필요를 더욱 마주하게 된다.

그러므로 물질적 삶의 여성적 세계로 하강하는 과정은 대개 남성적인 접근법을 통해서 가장 잘 이루어진다. 영의 남성적 세계로 상승하는 과정은 대부분 여성적인 접근법을 통해 가장 잘 이루어진다. 이는 블레이크가 이러한 과정의 두 반쪽 부분에 관해 얘기할 때, 주기의 전반기 동안 목표를 향해 '계속 나아가는' 것과 후반기 동안 목표로 '끌려가는 것'에 대해 말하는

이유다.[29)]

이 개념은 홀론 이론에서 자기초월을 여성적 수용성을 수반하는 것으로 묘사하는 것, 또한 자기주장을 남성적 책임을 수반하는 것으로 묘사하는 것과 동일하다(2장을 살펴보라). [그림 12-4]는 에니어그램에서의 이 과정을 묘사하고 있다.

여기서 핵심 개념은 그리 이상하지 않다. 바로 우리는 남성성과 여성성의 균형을 이루고 마찬가지로 여성성과 남성성의 균형을 이루는 것이다. 이렇듯 삶의 전반기 동안에 자기주장을 기르는 것은 아주 유용하다. 하지만 최하점에 접근하게 될수록 세상 속에서 우리 자신의 길을 펼쳐 나가는 이 적극적인 경로는 (0지점부터 3지점 동안에는 아주 잘 이루어졌지만) 덜 만족스러운 결과를 내기 시작한다—이는 블레이크가 3지점과 6지점 사이의 영역을 "영혼의식이 만들어지는 지점"으로 부르는 이유다. 이 영역의 목표는 "의지에 찬 행위로 죽는 능력치에 도달하는 것"이다(p. 152).

여기서 죽음은 문자 그대로의 의미가 아니다. 이 말은 자기의지를 버리는 것을 의미한다. 이는 과도적인 단계가 종종 삶으로부터 멀어지는 것이 특징인 이유다. 애벌레는 번데기 단계에 들어 왔고, 6지점에서 다른 형태로 다시 나타나기 위해 준비를 하고 있다. 그리고 이는 더 높은 의식으로의 도약을 위한 발사대를 의미한다. 하지만 이 도약은 더 높은 에너지를 받아들이게 되어야만 일어날 수 있다.

그렇게 4지점에서 6지점으로의 과도적 기간은 우리가 각 주기 동안에 얻는 자기의지를 내려

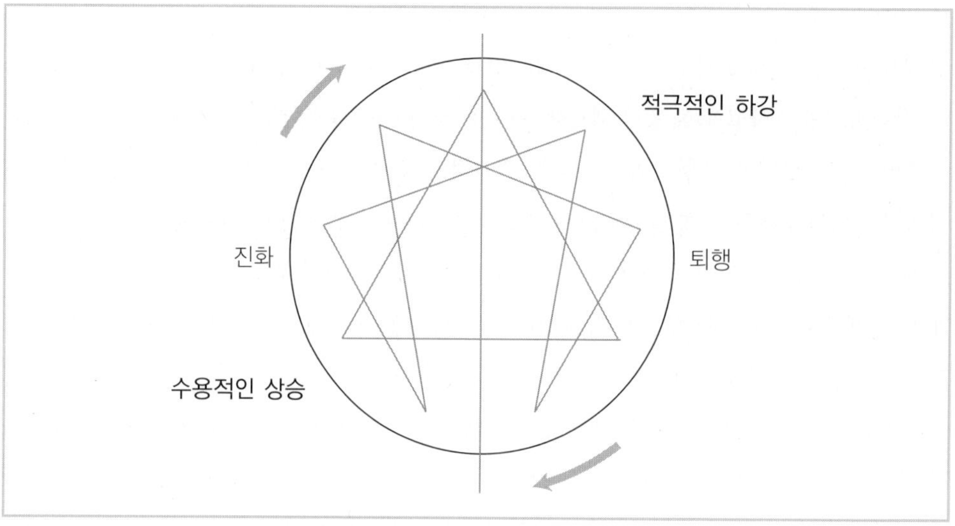

그림 12-4 적극적인 하강과 수용적인 상승

놓고 더 높은 의지를 수용할 기회를 의미한다. 이는 의식적인 수용성이며, 3지점에서의 첫 번째 충격 지점이 기계적인 반면 6지점에서의 두 번째 충격 지점은 그렇지 않은 이유다. 왜냐하면 더 높은 의지를 받아들이겠다는 결정은 온전히 우리가 내리는 것이기 때문이다. 이렇게 받아들이기로 결정을 내리면 "더 높은 명령은 낮은 요구에 닿을 수 있게 된다. 그제서야 소통이 가능해진다"(p. 265).

4지점과 5지점을 통해 이동할 때, 우리는 삶으로부터 어떤 식으로든 멀어지는 경향이 있다. 우리는 6지점에 접근하게 되면서 세상에 다시 나타나기 시작한다. 하지만 자기의지의 남은 부분들이 새로운 관점으로의 변화를 받아들이는 것을 어렵게 만들기 때문에 이와 같은 다시 나타남은 투쟁 없이는 거의 일어나지 않는다.

하지만 이런 투쟁성은 이 다시 나타남의 과정의 자연스러운 한 부분인 듯 보인다. 최근 한 친구는 내게 나비가 고치로부터 기어 나오려 하는 과정을 실제로 본 어떤 사람의 이야기를 해 주었다. 그건 힘든 과정이었고, 나비를 안쓰럽게 여긴 그 사람은 고치를 넓게 열어서 나오는 과정을 쉽게 만들어 주었다. 그렇게 나비는 나타났지만 병약했고 곧 죽고 말았다. 이렇듯 분명한 것도 나비가 날 수 있는 힘을 기르는 방식은 자신의 고치로부터 빠져나오기 위해 분투하는 과정을 통해서다. 그 힘든 노력이 없이는 날기 위해 필요한 날개 구조를 기를 수 없는 것이다.

나비의 투쟁은 자기의지와 더 큰 의지로의 수용성 사이에서 선택하게 되는 변형 과정의 지점에 접근하게 될 때 일어나는 일을 상징한다. 이는 4지점에서 일어나는데, 그 과업이 무엇이 됐든 가까이에 닥친 이 과업에 완전히 전념할 수 있을지의 여부를 결정해야만 한다. 만일 대답이 그렇다면 우리는 더욱 더 이 작업과 동일시되게 되고, 이는 자기로 하여금 한 걸음 뒤로 물러나서 작업이 우선순위에 있을 수 있도록 해 준다. 이것이 바로 엘리엇(T. S. Eliot)이 "예술가의 진보는 끊임없는 자기희생이자 끊임없는 개성의 소멸이다"라고 얘기한 이유다.[30)]

또한 이는 비가역적인(되돌릴 수 없는) 본성에 연금술적 변화를 가져오는 최하점에서의 연금술적인 '요리' 과정의 시작을 가능케 한다. 5지점에 이르면 완전히 이 작업에 몰두하게 되고 그렇게 '나'는 사라지고 '대상(it)'만 남게 된다. 이는 성격 에니어그램에서의 5지점이 객관화된 추론과 많이 연관된 이유다. 왜냐하면 우리는 객관화된 추론을 통해서 자기를 하나의 대상으로 이해하기 시작하기 때문이다.

하지만 5지점에서 6지점으로 이동하기 위해서는 객관적 발달을 향한 이렇듯 집중적인 초점이 이 접근법도 한계가 있다는 깨달음으로 넘어가야 한다. 바로 이 접근법은 우리가 추구하는 완벽한 이해를 불러올 수 없다는 한계가 있다는 것을 깨닫는 것이다. 오직 지성의 더 높은 형태에 모든 것을 내려놓는 것만이(그리고 분석에서 받아들임으로 이동하는 것만이) 우리가 더 높은 수준의 기능으로의 변천을 할 수 있도록 해 준다.

좋은 소식은 이 과업에 온전히 몰두한 정도만큼 이미 이 작업에 자기를 내려놓았다는 것이다. 이제 남은 것은 주인으로서 가진 한계들을 깨닫고 인정하는 것을 통해 신성성에 이 과업을 넘겨 주는 작은 단계뿐이다.

이는 블레이크가 6지점이 "인간은 아래로부터는 자아실현을 완성할 수 없지만 … 신성성의 도움을 필요로 한다"(p. 61)는 것을 깨닫는 지점이라고 말한 이유다. 또한 베넷은 이 지점이 "본능이 심리적 영역 내에 있는 조건적 혹은 영적 영역 내에서 작용하기 시작하는" 지점이라고 말했다(p. 63). 결과적으로 7지점에 도달하게 되면 '새로운 사람이 태어나게 된다'.

(만약 6지점에서 하강하는 에너지를 받아들이지 못하면 여전히 주기 전체를 따라 이동하지만 그 움직임은 블레이크의 말을 빌리면 '비어 있는' 상태가 된다. 이런 움직임은 기본적으로는 이미 성장을 멈췄지만 여전히 육체적 삶의 마지막 시기까지 삶의 움직임을 겪는 것을 지속하는 사람들의 움직임과 유사하다.)

그래서 비록 나는 초반에는 윌버가 아가페를 변형적 하강을 설명하는 용어로서 쓰는 것에 대해 거부했었지만 이 용어는 더 높은 에너지, 지도, 기준을 받아들이는 개인의 자발적인 의향에 응하여 하강이 일어나는 영역인 6지점에서의 영의 유익한 하강을 설명하는 완벽한 용어다. 영은 에니어그램의 맨 위에서부터 하강해서 왼쪽 아래 방향의 6지점을 향하는데, 이 지점에서 우리의 믿음, 사랑, 신뢰가 영이 우리 안으로 들어오도록 해 주고, 우리를 더 높은 수준으로 올려주게 된다([그림 12-5]).

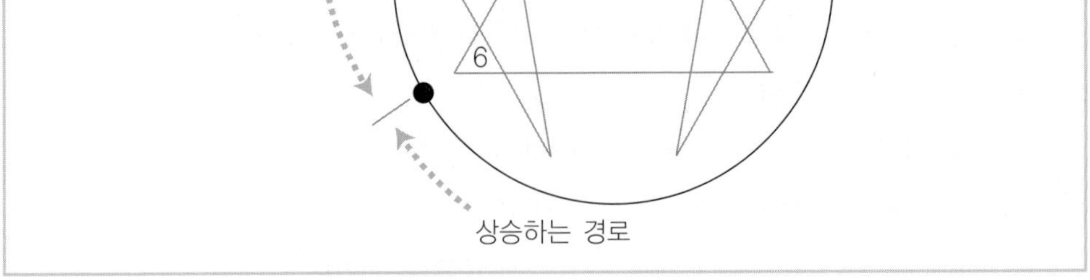

그림 12-5 아가페가 에로스를 받아들임

[그림 12-5]에서 상승 초기 부분이 에니어그램의 오른편과 연관된 남성적 '행위' 과정([그림 12-4])과 같은 종류를 포함하고 있다는 것을 주목하라. 이는 자기가 과업 자체와 동일시되고 그러므로 여전히 행동에 관여되어 있는 단계다. 하지만 이 단계는 이제 하나의 대상으로서 이 과업과 동일시되었기 때문에 4지점에서의 주관적인(개인적인) 탐구에 대한 초점은 5지점의 객관적인 탐구에 대한 초점으로 바뀌게 되었다.

수용성과 통합적 삶

통합적 삶은 서로 다른 요소를 균형 있게 조화시키는 방식으로 합치는 것이다. 통합적 삶을 방해하는 가장 큰 하나의 장애물은 바로 다양성과 타협하지 못하는 무능함이다. 다시 말하면 너무 자주 다른 가치를 가진 대립하는 집단들 속으로 우리 자신을 분산되어 버리게 만드는 무능함이다. 이런 일이 문화에 일어나게 되면 그 문화는 와해되기 시작한다. 그리고 우리는 통합되지 않은 수많은 사람들과 폐쇄된 집단 그리고 널리 퍼진 전반적인 긴장된 분위기를 보기 시작한다. 이 긴장 상태는 만약 이 부조화를 해결할 방법을 찾지 못한다면 무슨 일이 일어날까에 대한 두려움에서 온다.

대부분의 사람들이 이론에서는 다양성을 조장하는 개념을 좋아하지만 실제로는 이를 다루지 못한다. 다양성은 변화를 가져오고 너무 빠른 지나친 변화는 우리 자신의 자아감에 대해 불안함을 느끼게 만든다. 이런 일이 일어나게 되면 우리는 극도로 불쾌해지고 위협으로부터 물러나거나 타협하거나 아니면 겨루는 모습으로 위협을 무력화시킬 방법을 구하게 된다. 만약 물러난다면 집단 참여로부터 얻는 이득을 잃게 된다. 만약 겨룬다면 집단 내의 어떠한 공동체 의식도 무너뜨려 버리는 계획을 만든다. 이렇듯이 집단은 win-lose 상태 대신 win-win 상태가 되는 것이 쉽지 않다.

하지만 수용성—특히 영에 대한 수용성—을 기르는 일원들이 있는 집단은 종종 그런 장애물들을 극복할 수 있는데, 왜냐하면 영적 수용성은 치유와 화합을 위한 강한 힘이자 개인과 집단 모두를 강화시키는 치유의 종류를 촉진하기 때문이다.

수용성은 개인으로서의 삶의 한계와 더 잘 타협하도록 만들어 우리가 한계를 더 이상 적으로 보지 않도록 해 준다. 왜냐하면 한계를 싫어함에도 불구하고 한계는 우리 삶에 색조와 형태를 제공해 주기 때문이다. 한계는 일할 확정된 공간을 준다. 또한 한계는 특히 이를 '내면의 한계'(내면 구조)로 변형시키는 방식으로 이를 내면화하기 시작할 때 우리에게 개인적 정체감을 준다. 외적 한계가 내적 구조가 되면 우리의 개인적 자아감을 잃지 않은 채로 집단에 참여하는 것이 훨씬 쉬워진다. 왜냐하면 우리는 이제 우리 자신만의 세계관을 유지할 수 있도록 해 주면서도 다른 관점 또한 경험할 수 있게 해 주는 내부적 안정성을 갖게 되었기 때문이다. 그러고 나면 우리는 개인적 자율성을 잃지 않은 채로 공동체에 하나로 모일 수 있게 된다. 이것이 바로 통합적 삶이다.

우리 모두는 삶의 특별한 무언가를 찾는 중이다. 우리의 인생을 살 가치가 있는 것으로 만들어 주는 특별한 무언가 말이다. 하지만 그것이 무엇이란 말인가? 우리가 사람들로부터 떨어져 있을 때, 자연에 있을 때, 밤에 혼자 있을 때, 혹은 아무것도 우리를 방해하지 않을 때, 그때 우리를 부르는 것은 무엇일까? 우스펜스키가 구르지예프의 가르침에 대해 쓴 신비로운 제목의 책인 위대한 가르침을 찾아서가 이에 대한 단서를 준다. 왜냐하면 이 책은 삶의 기적을 깨닫고 싶어 하는 모든 인간의—심지어는 이런 것을 완전히 알아차리지 못해 보이는 사람도 가진—비밀스러운 갈망에 대해 얘기하고 있기 때문이다. 우리로 하여금 진정으로 살아 있다고 느끼게 해 주는 경이로움, 신비, 불가사의 등에 대한 갈망 말이다.

그렇다 하더라도 처음 깨닫는 순간은 꽤 충격으로 다가올 수 있다. 왜냐하면 그 깨닫게 되는 순간 우리의 의식이 얼마나 둔해 왔는지를 알아차리기 때문이다. 다시 잠이 들게 될지도 모른다는 생각에 두려움으로—심지어는 공포로—반응하기가 쉽다. 이는 깨달음의 초기 단계가 많은 반응성을 일으켜 사람들로 하여금 세상을 초월하거나 향상시키기를 열망하게 만드는 이유다. 만약 우리가 포함하지 않은 채로 초월한다면 우리는 세상을 그 문제에 내어 주게 된다. 만약 우리가 사랑하지 않거나 이해하지 못하는 것을 향상시키려 한다면 우리는 상황을 악화시키게 될 뿐이다. 이렇듯 혐오를 기반으로 한 접근법은 win-win 해결책을 주지 못한다.

수용성은 우리를 개방성의 영역으로 다시 데려와 우리의 변형이 강요된 것이 아닌 자연스러운 방식으로 시작될 수 있도록 해 준다. 우리는 (마크 엡스타인[Mark Epstein]의 말을 인용하면) 욕구에 개방하게 된다(우리의 체화된 본성에 개방하게 되어 영적인 삶을 탈출구로 이용하지 않게 된다).[31]

수용성은 변형 작업에 관여하고 있는 개인이 더 높은 의식을 향한 욕구를 우리 주변 세상을 새로운 눈으로 볼 수 있도록 해 주는 무언가로 옮기도록 도와줄 수 있다. 성격 에니어그램 작업에서 수용성은 우리가 우리의 관점을 골칫거리보다는 자산으로 보도록 도와줄 수 있다. 과정 에니어그램에서 수용성은 우리가 성격 에니어그램의 변형 과정을 이해하는 이점을 볼 수 있게 도와준다. 통합 작업에서 수용성은 가능한 한 가장 폭넓은 관점에서 IOS를 볼 수 있도록 도와준다(이렇게 함으로써 다양한 곳의 새로운 개념을 인정할 수 있게 된다).

이 장의 도입 부분에서 다뤄졌던 일화들은 삶의 멋지고 놀라운 가능성들을 발견하기 위해 혹은 이런 가능성들의 시작에 참여하기 위해 깨우칠 필요가 없다는 것을 상기시켜 준다. 그 멋지고 놀라운 것은 우리 주변에 있으며 잘 보이는 곳에 숨겨져 있다. 우리의 수직적 수준이나 수평적 관점에 상관없이 우리는 삶에서 신성성에 직접적으로 접근할 수 있다. 즉, 우리의 높은 영혼의 갈망에 접근할 수 있다.

수용성은 우리를 신과의 동일선상으로 데려와 주는 경험을 끌어당긴다. 즉, 우리를 사명이 흘러나오는 그 순간의 필요와 동일선상으로 데려오는 경험을 끌어당긴다. 만약 우리가 상승해야 한다면 우리는 상승한다. 만약 우리가 하강해야 한다면 우리는 하강한다. 만약 우리가 단지 우리의 경험과 시간을 보내고 이해하기 위한 시간이나 공간을 필요로 한다면 우리는 그렇게 한다. 삶은 '단지 그런 것이다'.

우리가 내면의 텅빈 공간의
영역으로 오게 될 때
연결점의 본거지이자
두 바다가 만나는 그 곳에서
우리는 죽음은 아무 의미 없고
삶이 반기러 오는
영원한 순간에 넋을 잃은
우리 자신을 발견하게 될 것이다.[32)]

미주

1) 데이비드 암스트롱(David Armstrong)과 벤 바그디키언(Ben H. Bagdikian)의 책, *Trumpet to Arms: Alternative Media in America*(1999).

2) 이 장을 쓰는 중간에 나는 샌디에이고(San Diego)로 여행을 다녀왔는데, 1970년대 초반에 했던 여행 이후로는 처음으로, 그곳에서 씨월드(Sea World)를 방문했다. 정말 많은 것이 변해 있었다! 그곳은 이제는 훨씬 더 바쁘고 시끄러워지고 상업적이 되어 있었다(그렇지만 내 대자녀들은 여전히 그곳에서 즐거운 시간을 보냈다!).

3) 공유된 단합의 부족이 큰 문제를 일으킬 수 있다는 점의 한 예시다. 나는 지역 퍼레이드에서 가두 행진을 했던 SGI의 파이프와 드럼 집단에 관여하고 있었다. 객관적으로 말하면 나는 그다지 숙련된 연주자가 아니었다. 우리

무리의 몇 명만이 이곳에 오기 전에 이 악기들을 연주해 본 적이 있었을 뿐이었다. 하지만 우리는 절망적일 정도로 부족했기 때문에 우리가 할 수 있었던 것이라고는 온갖 악조건을 이겨 내기 위해 함께 연호하는 것뿐이었다. 그리고 놀랍게도 제대로 '조화를 이루게 되었을 때', 우리는 왠지 강한 인상을 주게 되었고 우리보다 훨씬 더 기술적으로 뛰어난 무리들을 누르고 종종 1등을 차지했다. 하지만 가끔씩 이 집단 에너지는 '사라졌고', 그럴 때마다 우리는 극적으로 정반대를 경험했다. 한 번은 우리 집단이 퍼레이드에서 1등을 차지했는데, 그다음 퍼레이드에 대해 약간 자만하게 되었다. 긴 이야기를 짧게 하면 아무것도 우리가 계획한 대로 돌아가지 않았다. 우리는 온갖 종류의 수없는 문제가 있었고, 그중에는 박자를 벗어난 것은 물론 우리의 고적대장이 저혈당으로 인해 퍼레이드의 중간에 쓰러지는 사태도 있었다! (그녀는 다행히도 괜찮았지만 그 일은 당연히 창피한 일이었다.) 우리는 이전 퍼레이드의 1등에서 순식간에 꼴찌인 349등으로 곤두박질쳤다!

4) win-win 해결책을 찾기 위해 전념하는 것이 항상 그런 해결책을 찾게 해 주지는 않는다. 하지만 상황에 내재된 한계점을 고려했을 때, 최선의 해결책을 찾을 가능성을 굉장히 높여 준다.

5) 'Holons, Heaps, and Artifacts'에서 코프먼이 윌버가 *SES*의 72페이지에서 남긴 언급과 케스틀러가 *Ghost in the Machine*(1967)의 243페이지에서 남긴 언급에 대해 나눈 논의를 살펴보라. 코프먼은 집단과의 통합(건강한 현상)과 집단과의 동일시(불건강한 현상)를 구분 짓고 있다.

6) 통합 이론(과 구체적으로 말하면 IOS)은 많은 강점을 갖고 있지만 이 이론은 10장과 11장에서 나온 이유들 때문에 수평적이기보다는 훨씬 더 수직적으로 개발되어 있다. 그렇기에 윌버가 49~54페이지에서 집단에 대한 개인의 관계를 논할 때, 이 관계를 2개의 정반대의 욕구의 측면으로 설명하고 있다는 점은 그리 놀랍지 않다. 이 욕구들은 각각 작용주체(개별적인 자율성)에 대한 욕구와 교감 공동체(참여적인 유대)에 대한 욕구를 말한다. 그는 이 둘 간의 '끊임없는 전투'에 대해 얘기하며, 이들 사이에는 절충이 있어서 "작용주체가 더 많을수록 교감은 더 적어지며 마찬가지로 교감이 더 많을수록 작용주체는 더 적어진다"라는 점을 언급하였다. 이러한 특징 묘사는 비통합적이고, win-lose, 폐쇄되고, 어쩌면 다소 덜 최적화된 기능의 특징을 지니는 집단에 맞는 것이다. 하지만 건강하고 역동적이며 개방된 집단과는 맞지 않는 특징이다. 어느 집단에서든 개성과 교감 공동체 간에는 확실히 긴장이 존재하지만 건강한 집단에서는 이러한 긴장이 절충 현상 대신 창조적인 시너지 효과(동반 상승효과)를 일으킨다. 그렇기 때문에 '작용주체가 더 많을수록 교감 공동체는 더 적어진다'는 점은 일반적으로 적용될 수는 없는 것이다.

7) 수평적 통합은 2개의 관점에서 보는 것이 가능하다. 하나는 개인 내의 관점이고, 또 하나는 집단 속 개인 간의 관점이다. 여기서 우리의 초점은 후자다.

8) 이는 레오나드 코헨(Leonard Cohen)의 노래 제목과 같다.

9) 체화된 영성이라는 주제는 여기서 주어진 것보다 더 많은 논의 공간을 충분히 받을 수 있는 큰 주제다. 이 주제는 머치아 엘리아데, 산드라 잉거만(Sandra Ingerman), 마이클 하너(Michael Harner), 루이스 멜-마드로나(Lewis Mehl-Madrona), 조안 할리팩스, 알베르토 빌롤도(Alberto Villoldo) 같은 작가들에 의해 무속적인 관점에서 논의되었다. 그리고 칼 융, 제임스 힐먼(James Hillman)과 '영혼' 관점(*Archetypes of the Enneagram*의 1~5장을 살펴보라)에 특히 관심을 가지는 작가들에 의해 '심층심리학'의 관점에서 논의되었다.

10) 정신 구조의 불가시성(보이지 않음)에 대한 논의를 보려면 *Integral Spirituality*(2006)의 71-72, 233-234페이지에 실린 윌버의 논의를 살펴보라.

11) *The Eye of Spirit*(2001), p. 371.

12) *Healing the Mind Through the Power of Story*(2010), p. 61.

13) 나 역시 정신 구조의 중요성, 특히 내면 작업의 중요성에 대해 나의 개인적인 경험들을 통해 알게 되었다. 몇 년 전, 나는 영적 스승과 함께 높은 산을 향해 가는 꿈을 꾸었다. 우리는 밤을 나기 위해 가던 길 도중 어딘가에 잠시 멈추었다. 곧 나는 고전압의 전선이 뒤죽박죽 쌓인 방에 있게 되었다.

나는 스승에게 그것들이 무엇인지 물었고, 그녀는 "그건 공기 조절 장치다"라고 말했다. 난 방대한 전선들을 보며 그냥 그것들의 플러그를 빼 버리면 문제를 해결할 수 있을지 모른다고 생각했다. 하지만 플러그 옆에는 위험 표시가 크게 쓰여 있었다. 바로 그 시점에서 나는 잠에서 깼다. 공기 조절 장치—나는 깨어나자마자 이 꿈의 요지를 깨달았다. 바로 대단히 난해하지만 견고한 정신적 조건화가 나의 영적 여정을 방해하고 있었다는 것이다. 단순히 플러그를 빼 버리는 것만으로는 해결될 수 없는 조건화 말이다.

전선들은 올바른 방식으로 풀어져야 했다. 그리고 이 작업을 제대로 마무리하기 위해 그 스승이 있었던 것이다. 1년 후에 나는 또 다른 꿈을 꾸었는데, 한 공항의 전력 체계가 완전히 수리 중인 상황이었다. 수리가 끝날 때까지는 비행기가 출발할 수 없었다. 이러한 종류의 꿈은 나의 정신 구조의 상태를 상징적인 형태로 내게 보여 줌으로써 어째서 더 높은 상태를 경험하고 싶은 나의 열망이 이를 발현시키기에는 부족했는지를 이해할 수 있게 했다. 왜냐하면 나는 고주파의 에너지들을 적절히 나르기 위해 필요한 구조가 부족했기 때문이었다.

14) 영적 수행에서의 시간에 대한 적절한 태도는 깨달음을 추구했던 두 명의 요가 수행자의 이야기 속에 담겨 있다. 이들은 각각 이 수행이 몇 번의 생애가 걸리는 일이라고 가르침 받았다. 첫 번째 수행자는 실망해서 "그렇게나 오래요?"라고 말했다. 두 번째 수행자는 "그렇게나 짧게요?"라고 말했다. 그리고 그는 그 즉시 깨달음을 얻게 되었다.

15) 조르즈 페레리오, 호세(Jose), 라몬 알바레다, 마리나 로메로(2004). 'Embodied Participation in the Mystery: Implications for the Individual, Interpersonal Relationships, and Society.' *Journal of Transpersonal Psychology*, 35(1):21-42. http://participatorystudies.files.wordpress.com/2011/03/embodiedparticipation-albareda-romero. pdf; [2013-1-25에 인용됨]; 인용구는 온라인판 p. 4에서 따왔다.

16) 'Integral Transformative Practice: A Participatory Perspective' (2004). *Re-Vision,* 27-1, 10-17(www.integralworld.net); [2013-1-26에 인용됨], 온라인판 p. 7.

17) *The Creative Habit*(2006), p. 152.

18) *The Complete Artist's Way*(2007), pp. 202-203.

19) http://www.yogalifenh.com/philosophy/teachings/29-when-the-student-is-ready; [2013-1-29에 인용됨].

20) http://www.yogajournal.com/wisdom/652; [2013-1-30에 인용됨].

21) 이리나 트위디의 스승인 라다 모한 랄(Bhai Sahib)은 신성한 힘은 마법도 아니며 절대 돈으로 살 수도 없는 것이라고 말했다. 신성한 힘은 신성한 은혜의 형태라는 것이다. 요가의 힘은 이와는 다르며 요가 수행과 의지력(정신력)을 통해 얻어질 수 있는 것이라고 그는 말하고 있다(*Daughter of Fire,* 1986, p. 646).

22) 스탠포드 대학교 [온라인] 철학 사전(Stanford University [online] dictionary of philosophy), (http://plato.stanford.edu/entries/love; [2013-1-29에 인용됨]).

23) 당신은 9장의 도입 부분에서 윌버가 아가페라는 단어를 썼을 때, 그가 종종 이 단어를 변형 과정 동안의 자기 내재와 통합의 과정에 연관 짓는다는 것을 기억할 것이다. 그 관점에서 볼 때, 자신의 의식의 새롭게 초월된 측면을 받아들이기 위해 아래로 도달하게 되면서 아가페의 원천이 되는 것은 체화된 영성 추구자다. 이렇게 새로운

측면을 받아들여짐으로써 전체로서 정신으로 통합될 수 있게 된다(혹은 윌버의 용어를 사용하자면 자기체계로 통합될 수 있게 된다).

하지만 이러한 초기의 자기연민과 사랑받고 싶고, 받아들여지고 싶어 하며, 영에 의해 상승되고 싶어 하는 인간의 열망에 응하여 나타나는 신성한 은혜의 하강을 분별할 방법이 필요하다. 나는 아가페를 오로지 신성한 은혜로서의 영의 하강과 연관 짓기를 선호한다. 우리 자신의 아집보다 더 큰 무언가를 향해 기꺼이 내려놓는 마음으로 우리가 끌어내려 오는 은혜 말이다.

24) 수피교 선생인 라다 모한 랄은 우리는 감정을 가꾸는 것으로 시작해서 그 감정으로부터 사랑을 가꾸어 나간다고 말하고 있다.

25) 'On Mean Memes in General' 에서 윌버는 "그린밈(MGM)은 베이비붐 세대 기질의 원동력이며, 학계와 자유주의 정치계 그리고 인문학계를 30년 동안 지배해 왔다. 그린밈의 악영향은 엄청나며 이런 특정한 심문자들의 우쭐한 자기만족에 의해 더 심각해지기만 한다"라고 언급했다(www.intgeralworld.net; [2013-1-28에 인용됨]). 이에 대해 더 긴 설명을 보고 싶다면 *Boomeritis*(2003)를 살펴보라. (MGM을 향한 윌버의 접근법에 대한 비평을 보려면 레이 해리스의 'Rescuing the Green Meme' 을 www.integralworld.net; [2013-5-9에 인용됨]에서 살펴보라).

26) *The Intelligent Enneagram*(1996), p. 280.

27) www.workingwithoneness.org/articles/spiritual-responsibility-time-global-crisis; [2012-10-25에 인용됨].

28) 수용성을 강조하는 것은 형식적인(공적인) 영적 수행의 역할을 가능케 하는데, 왜냐하면 이러한 수행은 고주파의 에너지를 다루는 능력을 향상시키는 정신 구조의 구축 등을 포함한 다양한 이유에 필요하기 때문이다.

29) *EM*의 1998년 1월호의 19페이지에서 블레이크가 쓴 글인 'On Time: Only Through Time, Time is Conquered' 를 살펴보라.

30) 'Tradition and the Individual Talent(1919), Part I; http://www.bartleby.com/200/sw4.html; [2013-2-10에 인용됨]. 엘리엇은 Part III에서 "예술의 감정은 비인격적이다. 그리고 시인은 작품을 완성하기 위해서 자기 자신을 완전히 내려놓지 않으면 이 비인격성에 도달할 수 없다"라고 언급하고 있다. 작품에 대한 예술가의 내려놓음을 고려했을 때, 에니어그램에서 4지점의 몹시 감정적인 영역이 어떻게 5지점의 몹시 비인격적인 영역에 길을 내주게 되는지에 대한 굉장히 멋진 묘사다.

31) 마크 엡스타인, *Open to Desire: Embracing a Lust for Life*(2005).

32) 수피교 설화에서는 두 바다가 만나는 장소는 영과 물질, 삶과 죽음, 알려진 것과 안 알려진 것 간의 연결점이다. 이는 키드르(Khidr)의 신비로운 인물인 the Green Man과 연관되어 있으며 직접적인 계시의 상징이다. 이 시는 내가 지은 것이다.

13 통합 비전

마술은 꿈을 현실이 되게 하는 것이다.

–데이비드 카퍼필드

자유는 한계와 조건으로부터 도망치는 것에서 얻어지는 것이 아니라, 완벽한 균형을 맞추는 것에서 얻어진다.

–The Cosmic Doctrine

나는 윌버가 2007년에 쓴 같은 제목의 책에서 이 장의 이름을 따왔다. 그 책에서 윌버는 아마 '논문' 형식의 저서를(갑자기 *SES*가 머리에 떠오른다)—혹은 『모든 것의 역사』 같은 그의 좀 더 대중화된 저서조차도—읽게 될 거라고는 절대 생각해 보지 않았을 독자들에게 통합 접근법을 소개한다. 통합 비전은 간결하면서도 화려한 그림책으로, 복잡한 개념을 이해하기 쉬운 형식으로 소개하기 위해 인상적인 이미지들이 사용되었다.

윌버처럼 나도 이 책에서 이제껏 전하려 해 왔던 통합 비전이 있다. 여기서 사용된 이미지들은 흑백이고 소개된 개념들도 때때로 복잡하지만 목표는 비슷하다. 바로 복잡한 개념을 가능한 한 이해하기 쉽게 독자들이 이 개념들을 더 탐구할 수 있도록 하는 것이다.

이 책의 마지막 장이 13장이라는 점은 이 책에 굉장히 어울린다. 왜냐하면 13은 항상 신비함의 숫자로 미지의 것을 상징해 왔기 때문이다. 이렇게 이 장은 이 책의 모든 것을 요약하고 있지만 동시에 이 책에는 없는 것을 알리기 위한 장으로의 초대이기도 하다. 여전히 빠진 채로 남아 있는 조각들과 아직 이루어지지 않은 탐구 말이다.

이 장에서는 우리가 여태까지 다뤄 왔던 주제들의 요약을 간단히 살펴보고, 그러고 난 뒤 IOS와 에니어그램(들)을 이들 각 접근법이 어떻게 서로를 보완하는지에 중점을 두고 비교해 볼 것이다. 그런 뒤 마지막으로 궁극적인 통합, 즉 개인과 사명의 통합에 대해 이야기할 것이다.

통합에니어그램: 재요약

1장에서는 책 전체의 분위기를 설정하고 사명과 사명이 우리 삶과 온우주에서 가진 중심적인 역할에 대한 논의를 나눴다. 사명(우리 삶의 경로 또는 소명)에 대한 주안점은 삶은 물리적 사건의 무작위적 연속이 아니라 신의 의도에 의한 목적이 있는 전개라는 관점으로부터 나온다. 다시 말하면 사명에 대한 주안점은 삶의 많은 수준과 인간 정신의 많은 수준에서 일어나는 (일들의) 전개라는 관점에서 나온다는 것이다. 또한 이 주안점은 삶의 모든 요소는 서로와의 역동적인 관계에 있는 온우주의 굉장히 역동적인 관점을 전제로 한다. 우리 주변에서 보는 물리적 세상에 대해 말하는 것이든, 아니면 그 물리적 세상이 발생하는 영역인 보이지 않는 세상에 대해 말하는 것이든 말이다.

삶에는 목적이 있다는 이 개념은 20세기 초반 논리적 실증주의와 행동주의를 만들어 낸 기계론적인 과학적 모형과 정반대의 입장에 있다. 그렇게 이 장의 전반부는 전통적으로 과학이 삶을 목적론적 (의미 있는) 측면으로 보는 것을 금기시해 온 점에 초점을 맞췄다. 하지만 과학적 통설 세력의 수많은 반대에도 불구하고 어떻게 '의미 없는 과학'이 어쩌면 '의미가 가득한 과학'으로 서서히 바뀌게 되고 있는지에 대해서도 강조했다. 그 시점에서 논의는 영성의 시각에서 본 목적의 본질에 대한 것으로 넘어갔고, 특히 삶은 단지 일반적인 의미에서 목적을 갖고 있는 것이 아니라 우리 각각이 개인으로서 우리만 성취할 수 있는 삶의 목적을 갖고 있는 것이라는 메시지를 담고 있는 바가바드기타에 초점을 맞추었다.

2장에서는 삶의 다양한 수준과 이 수준들이 서로 어떻게 상호작용하는지에 대해 초점을 맞췄다. 여기서는 아서 케스틀러의 홀라키 이론이 소개되었다. 이 이론은 삶에서 지각이 있는 (의식 작용을 할 수 있는) 모든 것은 2가지의 역할을 한다는 개념에 근거한 것이다. 바로 부분과 전체의 역할이다. 여기서 부분은 부분 자체보다 더 큰 무언가의 측면이다. 전체는 준-자율적인 기능을 할 수 있는 자율적인 독립체다. 케스틀러는 지각이 있는 요소의 이런 '겉과 속이 다른' 성질(동시에 위와 아래 모두를 보는 성질)을 묘사하기 위해 홀론이라는 용어를 만들었다. 그는 이 용어를 삶의 체계의 본질에 대해 고찰하는 데 쓰일 수 있는 틀의 기초로 사용했다.

켄 윌버는 홀라키의 개념을 이해했고, 그의 가장 포괄적인 이론 작업인 *SES*의 핵심으로 이를 사용했다. 그렇게 홀라키의 개념은 1995년에 *SES*가 출판된 이래로 통합 이론을 형성하는 데 있어서 주요 역할을 해 왔다. 하지만 윌버는 홀론 이론을 어느 정도 수정했고, 나는 그 개념을 취하지 않았다(난 이 장에서 설명할 이유 때문에 케스틀러의 본래 공식을 고수하는 것을 선호한다). 홀론 이론에 대한 나의 접근법은 2장에서 자세하게 나와 있듯이 2가지 주요 가정을 근거로 한다. (a) 건강한 홀라키에서는 모든 수준이 중요하고 본질적으로 괜찮은 역할을 한다, (b) 홀론들은 에너지와 홀라키 전체에 걸친 정보의 흐름을 위한 '에너지 마디'로서의 역할을 한다. 이렇듯 내 연구의 주안점은 개별적인 홀론들의 역동성, 이들의 본질적인 목적적 본성, 그리고 삶 체계 내에서 부분으로서와 전체로서의 기능을 모두 하는 능력에 있다.

3장에서는 에니어그램에 대해 간략하게 소개한다. 즉, 에니어그램의 기하학적 구조, 구르지예프가 변형적 상징과 체계로서 도입시킨 에니어그램, 그리고 이차조가 각각 하나의 성격 유형으로 보일 수 있는 '고착화된' 기능의 9가지 유형을 식별하는 도구로서 조정한 에니어그램에 대해 얘기하고 있다. 이렇게 이 접근법은 우리에게 9가지 성격 유형을 내어 준다. 각 유형은 변형에 대한 장애물로서의 역할을 하는 정신적 · 감정적 결점과 연관되어 있다. 이 관점에서 에니어그램 작업의 주된 목적은 유형에 관계된 장애물들을 인지해서 우리가 자아(유형)와 탈동일시할 수 있게 하는 것이다. 그렇게 함으로써 이는 우리가 자동적으로 본질(유형이 발달되기 전인, 우리가 태어났을 때의 영적인 상태)과 재연결될 수 있게 해 준다.

나는 이 방식의 몇몇 단점에 대해 논했고, 윌버의 IOS가 에니어그램 작업을 대체할 체계를 제공하는 데 있어서 하는 주요한 역할을 설명했다. 이 에니어그램 작업에서 유형이 깊은 혹은 핵심 동기로부터 생기게 되는데 이 동기는 우리가 태어날 때부터 갖고 있었고 사실은 발달에 대한 장애물이 아니라 사명으로의 지표인 것이다. 이 장의 나머지 부분에서는 유형의 특징을 긍정적이고 사명에 근거한 관점에서 개략적으로 설명한다. 즉, 9가지 유형 개요, 3가지 에너지 중심, 18가지 날개 유형, 27가지 하위유형, 그리고 18가지 연결 지점을 설명하고 있다.

4장에서는 윌버의 IOS를 소개하는데, 서두에는 내가 윌버의 개념들을 처음 알게 된 배경에 대한 짧은 이야기로 시작해서 IOS의 핵심 개념에 대한 간략한 설명으로 이어진다. 즉, 홀라키에 대한 윌버의 접근법, 전/초 오류와 역낭만주의, 변형 대 변형 과정, 그리고 IOS의 5가지 요소에 대해 설명하고 있다.

홀라키에 대한 윌버의 수용은 온우주가 단지 하나(평원)가 아닌 많은 수준을 갖고 있고, 그 모든 수준은 서로 상호작용을 한다는 자신의 관점에 기초하고 있다. 윌버의 전/초 오류와 많은 변형 이론가들에게는 받아들여진 낭만적 입장에 대한 거부는 변형이 퇴행적이 아니라 진보적이라는 개념에 근거하고 있다. 이는 (본질로 돌아가기 위해 자아를 버림으로써) '퇴보적으로 진보한다'는 역낭만적 개념과는 아주 다른 개념이다. 윌버는 의식의 단계가 가진 구조적이고 비가역적인 본성에 대해 언급하는 것으로 의식 상태와 의식 단계를 구별 짓는다. 현재 그의 IOS 형식은 5가지 요소를 포함한다. 상태, 단계, 발달 선, AQAL, 그리고 유형이다.

3장과 4장은 둘 다 2개의 복잡한 체계의 기본적인 개요를 제시했는데, 이 개요의 목적은 추후의 더 깊은 탐구를 위한 기초를 마련하기 위해서 두 체계—에니어그램과—에 대한 충분한 소개를 제공하기 위함이다.

5장에서는 에니어그램에 적용되는 역낭만주의에 초점을 맞췄다. 구체적으로는 역사적으로 성격 에니어그램이 자아가 우리의 존재함의 근본적인 상태인 본질을 대신한다는 역낭만주의적 관점에서 전해져 왔다는 개념에 중점을 두고 있다.

The Eye of Spirit(2001)에서 이 개념에 대해 리드완 심리-영성학파의 설립자인 A. H. 알마스를 향한 우호적이면서도 날카로운 비평에서 윌버는 역낭만주의가 효과가 없는 이유에 관해 엄청나게 상세한 설명을 제공함과 함께 낭만주의가 본래 답하도록 설계된 중심 질문 또한 다루고 있다. 그 질문은 바로 사람들이 어떻게 심리적으로 불균형 상태가 되는가다. 이는 윌버에 따르면 발달하는 자아에 의해 본질이 모호해지는 것 때문이 아니라 발달의 다양한 단계에서 일어나는 본질의 특정 측면의 상실 때문이다. 그리고 이 측면들은 다시 되찾아질 수 있다(이것이 바로 그림자 작업의 목적이다). 그는 이런 상실은 불가피한 것이 아니지만 자아가 과도하게 구분화되어 있을 때에만 일어나며 이는 분열로 이어지게 된다고 강조한다. 그는 나아가 이에 대한 해결책은 자아를 폄하하는 것이 아니라 잘라 내어진 우리의 존재함의 특정 측면을 되찾아오는 것이라고 말한다.

이 비평은 알마스가 에니어그램계 내에서 하는 두드러진 역할, 학파에서의 그의 에니어그램 사용, 그리고 역시 리드완의 제자인 수많은 영향력 있는 에니어그램 스승들 때문에 굉장히 의의가 있다. 이 장은 구르지예프, 윌버, 블레이크, 그리고 긍정 심리학자인 마틴 셀리그먼의 연구에 근거한 성격 에니어그램에 대한 더 통합적인 접근법의 제안으로 끝맺음하고 있다.

6장에서는 이차조의 성격 에니어그램과 정확히 같은 기하학적 구조를 갖고 있는 구르지예프의 과정 에니어그램을 소개했다. 기하학적으로 동일한 두 도형은 공통점이 많은 경향을 보인다는 점이 제시되었다. 하지만 과정 에니어그램은 구르지예프가 반세기 일찍 도입했고, 많은 사람들에게 이 2가지 에니어그램 해석 중에 더 근본적인 것으로 여겨진다. 따라서 과정 에니어그램은 (고착에 대한 초점보다는) 변형에 초점을 맞춘 모형이기 때문에 성격 에니어그램을 과정 에니어그램과 관련시키는 것은 성격 에니어그램에 대한 좀 더 변형 중심적인 접근법의 발달을 입증한다.

과정 에니어그램의 구체적 본질은 변형적 과정이 어떻게 3개의 주요 변형 시기로 나뉠 수 있는지를 살펴보는 것을 통해 분석되었다. 각 주요 변형 시기는 9가지 에니어그램 지점 중 3가지씩을 포함한다. 논의의 초점은 3가지 충격 지점(새로운 정보가 과정에 소개되는 지점)의 특별한 역할에 있었다. 또한 과정 에니어그램은 시작 (설정) 시기, 중간 ('갈등') 시기, 마지막 (해결) 시기가 있는 극적인 이야기의 모형으로 묘사되었다. 이 장의 마지막에서 나는 18개의 날개 유형을 9w1부터 시작해서 시계 방향으로 9w8까지 모두 연결시켜 성격 에니어그램과 과정 에니어그램을 연결 짓는 것이 가능하다는 것을 보여 주었다.

7장에서는 성격의 진정한 본성과 성격이 기질, 환경적 요인 그리고 개인적 선택의 결과로서 어떻게 발달하는지에 대한 논의로 시작해서 변형적 과정에서 과정 에니어그램의 각 지점을 성격 에니어그램에서 이들 각각에 상응하는 유형과 연결 짓기 위해 각 지점에 대한 베르니에의 묘사를 사용했다. 우리는 두 에니어그램 모형을 서로 연결 짓는 것이 어떻게 성격 에니어그램을 더 깊은 관점에서 이해할 수 있게 해 주는지를 보았다. 왜냐하면 우리는 각 유형마다 특징을 지닌 이유를 볼 수 있기 때문이다(예를 들면, 변형 과정에서의 각 유형의 위치 때문이다). 우리는 이 정보가 어떻게 우리로 하여금 어떤 삶의 경로가 각 9가지 유형과 연관되어 있는지를 결정할 수 있도록 도와주는지를 간단히 살펴보았다.

8장에서는 에니어그램 원을 수직적 · 수평적 영역으로 나누는 것을 통해 성격 에니어그램과 과정 에니어그램 간의 관계를 더 넓게 분석했다. 먼저 성격 에니어그램 영역을 살펴보았고, 그 다음 과정 에니어그램 영역을 살펴본 뒤에 이들 간의 상호작용을 살펴보았다. 성격 에니어그램과 과정 에니어그램의 수평적 영역은 모두 같은 3가지 영역의 측면으로 분류된 반면(맨 위 = 영의 영역, 중간 = 자아 영역, 맨 아래 = 영혼 영역), 수직적 영역의 분류는 약간 다르다. 성격 에니어그램의 경우는 오른쪽 = 여성성, 중간 = 양성성, 왼쪽 = 남성성을 나타낸다. 과정 에니어그램의 경우에는 오른쪽 = 하강, 중간 = 제자리, 왼쪽 = 상승을 나타낸다.

이런 특징적 분류는 더 나아가 과정 에니어그램에서의 변형 방향(상승 또는 하강)이 성격 에니어그램에서의 유형의 본성에 영향을 미치는 정도를 묘사하는 변형의 7가지 영역으로 에니어그램을 분류하는 것을 가능케 해 준다.

이러한 영역의 조합을 살펴봄으로써 우리는 각 유형과 그들 서로 간의 관계 그리고—좀 더 광범위하게—성격과 변형의 관계에 대해 더 자세히 살펴볼 수 있게 된다.

이러한 관계들을 식별하는 것의 가장 중요한 결과들 중 하나는 바로 퇴행적(하강) 시기와 진화적(상승) 시기를 모두 포함하는 삶의 주기의 변형적 모형의 개발이었다. 즉, 9장에서 묘사된 현재 윌버의 '오직-상승' 변형 모형과는 다른 모형이다. 다음 장에서의 좀 더 확장된 논의에 대한 준비로 '하강-후-상승' 변형 모형(통합에니어그램)이 소개되었다.

9장에서는 변형 과정을 에니어그램에 기초한 관점과 IOS에 기초한 관점 둘 모두에서 묘사하기 위한 방법들을 살펴보았다. 윌버의 '오직-상승' 변형 모형—이 모형은 그의 이전 모형인 역낭만적 모형의 대안으로 개발된 것이다—에 대해 논하면서 나는 이 모형에서 하강을 빼놓는 것의 단점에 대해 논했고 전/초 문제를 만들지 않는 방식으로 하강을 변형 과정으로 다시 복귀시키는 에니어그램에 기초한 '하강-후-상승' 변형 모형을 제시했다.

(여기서 제시된 통합에니어그램 모형은 자기 내재를 삶의 전반기 동안의 하강과 연관시키며, 자기 내재를 심리적 발달과 함께 물리적 수준의 삶에 적응하는 능력을 포함하는 근본적으로 여성적인 과정으로 묘사한다. 또한 이 모형은 자기초월을 삶의 후반기 동안의 상승과 연관시키며, 자기초월을 영적 발달과 함께 우리의 심리적 자기와 삶의 마지막 시기의 문제 그리고 육체적 죽음 이후의 삶과 조화시키는 능력을 포함하는 근본적으로 남성적인 과정으로 묘사한다.)

변형적 움직임의 8가지 잠재적 종류를 확인했고, 이는 삶의 시기(하강 대 상승), 방향(진보의 방향 혹은 역방향), 건강성(통합적 대 비통합적)에 따라 구분되었다. 그리고 나서는 변형의 3가지 모형(역낭만적 모형, 윌버의 모형, 통합에니어그램 모형)을 비교했고, 수잔 로즈의 통합에니어그램 모형의 7가지 장점이 나열되었다.

이 장의 마지막 부분은 8가지 변형적 움직임이 각 에니어그램 유형에 따라 어떻게 변화하는지에 대한 간략한 논의와 뒤이어서 우리가 변형하는 속도와 우리가 우리의 변형적 경험들을 통합할 수 있는 정도 간의 잠재적인 상호 절충에 대한 분석으로 마무리되었다.

10장에서는 수평적 통합을 집중적으로 살펴보았는데, 특히 에니어그램 성격 관점과 IOS 사분면, 정신적 지평선, 3대 가치 영역 간의 유사성에 초점을 맞췄다. 이 장에서 제시된 이 주제들은 (성격) 에니어그램이 특히 빛나는 곳이 수평적 차원의 축이기 때문에 IOS에게 특히 가치가 있다. 왜냐하면 이 에니어그램을 연구하는 사람들은 서로 다른 에너지 중심(이들은 3대 가치 영역에 연결될 수 있다)과 유형(이들은 8가지 정신적 지평선에 연결될 수 있다) 간의 관계적 역동을 분석하는 데 수십 년을 보내 왔기 때문이다. 성격 에니어그램을 AQAL 사분면에 연결 짓는 것의 잠재력을 이해한 통합 이론가들은 조망 수용의 특성을 탐구하는 데 있어서 굉장히 강력한 새로운 도구를 얻게 될 것이다.

이 장에서의 나의 본래 목표는 단순히 성격 에니어그램과 AQAL 사분면, 정신적 지평선을 연결하는 것이었지만 이 과정에 깊게 들어가게 되었을 때 이 장의 마지막 부분에서 논했던 새로운 통찰을 얻게 되었다.

첫 번째 통찰은 사분면/정신적 지평선의 본성에 관한 것이었다. 내가 주장했던 것은 이들을 에니어그램 관점에 연결시키는 것이 분명히 가능하기 때문에 이들 중 하나는 삶에 대한 우리의 방향성(지향성)을 깊이 형성할 만큼 충분히 우세하다는 것을 깨닫는 것이 필수적이라는 점이었다. 우세한 관점/정신적 지평선을 가지는 것이 그렇게 엄청난 문제는 아니지만 이는 그 우세한 관점/정신적 지평선의 영향력을 잘 인지할 필요가 있다는 것을 의미한다(그리고 어쩌면 통합적 이상으로 여겨질 수도 있는 무조망적 인식의 종류를 달성하는 것이 불가능하다는 것을 깨닫는 것을 의미한다).

두 번째 통찰은 만약 AQAL 관점/정신적 지평선을 유형과 유사한 것으로 본다면 4가지로도 줄어들 수 있는 IOS의 5가지 요소(AQAL, 유형, 선, 수준, 상태)에 관한 것이다. 여기서의 유형은 의식의 모든 수준 혹은 선에 있는 모든 안정적 범주의 종류를 가리킨다. 만약 그렇다면 AQAL과 유형은 모두 이론적으로 하나의 개별적인 차이 범주로 결합될 수 있다.

세 번째 통찰은—10장에서 내가 했던 분석으로부터 나온 이 통찰은—에니어그램/AQAL이 묘사한 관점의 본성에 관한 것이었다. 나는 이 관점의 본성을 우리의 수직적 발달의 현재 수준에 의해 정의된 수직적 구조의 단순한 부분 집합이 아닌 정신 내의 안정된 수평적 구조로 본다.

11장의 목표는 각 체계를 서로에 배열하는 것이 어떻게 서로에 대한 새로운 통찰을 도출해낼 잠재력을 지녔는지를 보여 주기 위한 의도로 IOS와 에니어그램을 수직적 관점과 수평적 관점 모두에서 살펴보는 것이었다. 하지만 이 장은 좀 더 나아가 정신의 수직적 구조와 수평적 구조 둘 모두의 타당성을 입증하기 위한 분명한 목적으로 변형 대 변화 개념에 대해 논한다. 그에 덧붙여(수직적 구조에 대한 수평적 구조의 상호작용을 입증하며) 각 9가지 에니어그램 유형이 다양한 발달 선과 어떻게 연관되는지에 대한 논의가 이어졌다.

그 다음에는 IOS의 일부 구조들(AQAL, 3대 가치 영역, 윌버의 발달의 3가지 주요 받침점—전개인적, 개인적, 초개인적)이 과정 에니어그램에 연결되었다. 마지막으로 성격 에니어그램과 과정 에니어그램 두 모형이 윌버의 발달의 스펙트럼 모형과 연관된 의식의 모든 9가지 수준(받침점)에 연결되었다.

12장에서는 초점이 통합적 삶으로 바뀌었다. 즉, 영이 이 땅에서의 우리의 삶에 어떻게 깊이 통합될 수 있을지에 대한 점을 다루고 있다. 나는 통합된 개인들이 어떻게 작용주체와 공동체 모두를 향상시키는 방식으로 하나로 모일 수 있는지를 입증해 주었던 나의 3가지 경험을 나눴다. 그러고 나서(win-lose 집단 혹은 lose-lose 집단 대신) win-win 집단을 만들 수 있도록 도와주는 수평적 · 수직적 요인을 살펴보았다.

그다음 절에서는 체화된 영성과 영의 에너지의 기반을 이 땅에 둘 수 있도록 도와주는 데 있어서의 창조성의 역할에 초점을 두었다. 그 뒤 우리는 통합적 삶의 2가지 주요 시기를 살펴보았다. 바로 자기 내재적 하강(여기서 우리는 물질에 영의 기반을 둔다)과 자기초월적 상승(여기서 우리는 초월하고 포함함으로써 영으로 돌아간다)이다.

그런 뒤 초점은 다시 수용성이 변형에서 하는 중심 역할에 맞춰졌고, 하강은 좀 더 남성적인(적극적인) 접근법을 요하지만 상승은 좀 더 여성적인 (수용적인) 접근법을 요하는 경향을 보인다는 반-직관적 개념으로 논의가 시작되었다. 이는 과정 에니어그램이 변형적 여정의 마지막 3분의 1 부분은 주로 신성성에 대한 우리의 수용성의 결과로 일어난다는 개념을 어떻게 묘사하는지에 대한 논의의 장을 깔아 주었다. 이와 같이 우리의 노력과 수행도 중요하지만 우리의 더 큰 발전이 '영적 끌어당김'(예, 우리의 '은혜를 끌어당겨 불러오는' 능력)에 달려 있을 때의 지점에 도달하게 된다. 그리고 이 지점에서 우리의 영혼의 바람에 대한 응답으로 신성성의 삶으로의 하강으로 아가페가 다시 나타나 관련되게 된다.

IOS와 에니어그램의 비교

이로써 통합에니어그램의 요약이 끝이 났다. 여기서부터는 각 체계가 서로에게 영향을 미치는 방식에 초점을 두고 IOS와 에니어그램을 비교할 것이다. 어떤 경우 IOS는 IOS가 아니었다면 작용할 수 없었을 에니어그램 작업에 통찰을 불러온다. 또 다른 경우에는 그 반대로 에니어그램 작업이 IOS에 통찰을 불러온다.

〈표 13-1〉은 이 모형들을 세 부분으로 나누어 하나하나씩 비교한다. (a) IOS 대 에니어그램(성격 에니어그램 관점이나 과정 에니어그램 관점 중 하나의 관점에 초점을 맞춘다), (b) IOS 대 과정 에니어그램, (c) IOS 대 성격 에니어그램이다.

〈표 13-1〉 IOS 대 에니어그램: 일반적인 차이

IOS = 현대의 철학적인 체계
에니어그램 = 고대의 심원한 체계

IOS는 켄 윌버가 지난 40년 동안에 걸쳐 개발해 왔고, 그의 사상이 진화해 감에 따라 여전히 진행 중인 작업인 변형적이고 철학적인 체계다. 이렇듯 이 체계는 여태껏 확장의 여지가 있는 열린 체계로 이어져 왔다. IOS는 현대의 영성 추구자, 통합 이론가, 변형 지향적인 철학자, 지식인, 학자로 이루어진 다양한 독자들의 관심에 대해 다루기 위해 설계된 인상적인 작업을 의미한다. 그렇게 IOS는 다양한 토론의 장, 특히 온라인 토론의 장에서 많은 논쟁을 불러일으킨다.

구르지예프에 따르면 에니어그램은 난해하고 심원한 뿌리를 가진 고대의 체계다. 에니어그램은 삶의 본성에 대한 수많은 것을 설명한다고 알려져 있기는 하지만 변형 과정을 묘사할 때 가장 많이 쓰인다. 자아 유형에 초점을 맞추기 위한 에니어그램에 대한 오스카 이차조의 변형도 에니어그램의 근본적으로 불가사이한 근원은 바꾸지 않았다(에니어그램은 인간의 생각에 의해 고안된 체계라기보다는 밝혀져 버린 지혜의 체계라는 의미는 바뀌지 않은 것이다). 그 결과로 성격 에니어그램과 과정 에니어그램의 가르침들은 논쟁의 여지가 있는 개념보다는 영적인 '기정 사실'로 여겨지는 경향을 보인다.

시사점. IOS와 에니어그램은 둘 다 종합적이고 광범위한 체계이지만 IOS는 개념에 대한 대중적 논의의 측면에서는 더 열린 체계라고 볼 수 있다. 체계로서의 에니어그램은 그보다는 덜 개방적인 경향을 띤다. 개개인과 집단이 이 주제에 대해 더 개방적인 토론의 장을 마련하려는 노

〈표 13-2〉 IOS와 에니어그램의 비교

IOS	성격 에니어그램	과정 에니어그램
에니어그램과 비교한 IOS(전반적 개요)		
현재의 문제에 집중하는 현대적 체계	난해하고 심원한 뿌리를 가진 고대의 체계	
이론적 체계	활동적/기하학적 체계	
수준의 틀	수준 내에서의 관점	수준을 따라 나선의 형태로 위로 상승함
성격 에니어그램과 비교한 IOS		
진보적 (전/초 오류 없음)	퇴보적 (자아가 본질을 대신함)*	
AQAL 사분면 관점 정신적 지평선	관점	
수직적 구조의 수평적 '변화'	수준으로부터 독립적인 수평적 구조	
과정 에니어그램과 비교한 IOS		
오직-상승 (모든 하강은 탄생 이전에 일어난다)		하강-후-상승 (우리는 반쯤 하강한 상태로 태어난다)
초월-포함		초월-포함+포함-초월
거시적 수준 간의 혁명적 변화		거시적 수준 내에서의 진화적 변화

* 역낭만적 성격 패러다임

력에도 불구하고, 에니어그램이 지닌 비밀의 유산이라는 점이 이 논의들을 피상적인 수준 이상으로 개시되기 어렵게 만든다. 에니어그램계에 IOS를 도입하는 것은 잠재적으로 에니어그램을 개방시켜 줄 수 있어서 그렇게 함으로써 에니어그램의 문화는 열린 토론을 촉진시키고 현대의 문제와 관심 주제들을 다루는 성향을 띠는 방식으로 진화할 수 있게 된다. 또한 IOS계에 에니어그램을 도입하는 것은 IOS에 변형을 지지하는 추가적인 도구를 전해 줄 수 있다. 즉, 이제야 빛으로 나오기 시작한 정말로 숨겨진 지혜에 근거한 도구들을 전해 줄 수 있게 되는 것이다.

〈표 13-3〉 체계 비교

IOS = 이론적 체계 에니어그램 = 에너지/기하학적 체계

IOS는 인간 의식과 변형에 대한 관념적인 시각에 근거한 전적으로 이론적인 체계다. 본래 켄 윌버의 사상에 기초하고 있는 IOS는 최근 몇 년 동안 다른 사람들, 특히 윌버와 통합 연구회와 함께 긴밀히 작업하고 있는 사람들의 개념을 포함, 결합시켜 왔다.

에니어그램도 이론적인 요소를 갖고 있기는 하지만 본질적으로 이는 변형적 힘을 지닌 신비로운 상징인 얀트라다([그림 13-1]). 이렇듯 에니어그램은 신성한 기하학적 구조의 고대 전통의 한 부분으로, 이 전통의 통찰은 서구 문명에서는 대체로 사라져 왔다. 하지만 신성한 상징의 힘은 여전히 온전하게 남아 있다. 따라서 에니어그램은 역동적인 중심부를 가진 신성한 상징이기 때문에 명상, 음악, 움직임 같은 지적이지 않은 다양한 방식을 통해 에니어그램의 에너지에 접근할 수 있다(이는 어쩌면 구르지예프가 에니어그램을 그의 복잡한 춤 동작과 결합시켜 작업한 이유일 수 있다).[1]

시사점. IOS와 에니어그램은 둘 다 인간 의식과 변형적 과정의 본성을 탐구하는 데 쓰일 수 있다. 하지만 이에 더하여 에니어그램은 에니어그램의 기하학적 구조와 연결된 역동적인 중심부 혹은 본질도 지니고 있다. 이는 에니어그램이 장차 역동적으로(에너지적으로) 접근될 수 있는 '추가적인' 성질을 갖고 있다는 것을 의미한다(비록 최소한 성격 에니어그램계에서는 이런 가능성들이 대체로 연구되지 않은 상태로 남아 있지만 말이다).

그림 13-1 스리 얀트라(Sri yantra)

〈표 13-4〉 IOS와 에니어그램 체계 비교

IOS = 선과 수준이 있는 범주적 틀
에니어그램 = 연결된 관점(성격)이 있는 공간 체계
또는 수준을 연결시키는 나선형 체계(과정)

IOS는 수평적 AQAL 관점, 수직적 발달 선과 함께 다소 틀 형식으로 조직화되어 있는 범주에 기초를 둔 체계다. 여기서의 초점은 이 범주적 틀을 가능한 한 완전하게 만들어서 이 모형이 인간 의식의 모든 가능한 징후, 현상을 설명할 수 있게 되는 것에 있다.

성격 에니어그램 또한 성격 유형에 따른 범주를 만들어 낸다. 하지만 이는 유형 간의 상호작용에 훨씬 더 중점을 두는 좀 더 관계 중심적인 체계의 범주다. 과정 에니어그램은 이와 비슷하게 관계적이며, 모든 발달 선의 수준 사이에 장차 그려 볼 수 있는 나선형의 경로를 보여 줄 수 있다. 우리는 이 두 에니어그램을 한데로 모을 때 개별적인 성격 유형(과 이들이 상호작용하는 방식)과 개별적인 변형의 단계(와 이들이 상호작용하는 방식) 간의 관계를 탐구할 수 있다. 수많은 다른 활동들을 살펴보는 것이 정신을 혼란스럽게 할 수는 있지만 이는 우리가 탐구하게 될 수많은 멋진 상호작용을 확실히 제공해 준다!

시사점. 윌버의 체계는 온우주적 연결망의 변형적 마디에 대한 아주 포괄적인 개요를 제공하는 데 있어서 근사할 정도로 적합하지만 그의 체계는 이 마디를 수직적으로든 수평적으로든 어떻게 연결시킬지에 대한 정보를 그다지 제공해 주지 않는다. 성격 에니어그램과 과정 에니어그램은 이러한 연결점을 만드는 것을 도와준다(그렇게 함으로써 관점 같은 수평적 구조와 발달 선 같은 수직적 구조 간의 관계를 더 잘 이해할 수 있게 해 준다).

IOS와 성격 에니어그램

〈표 13-5〉 IOS & 에니어그램의 성향

IOS = 진보적임
에니어그램 = 퇴보적임

윌버의 연구가 가진 진보적인 요지는 그의 체계가 특히 빛나는 영역이다. 왜냐하면 그는 진보적인 견해를 취했을 뿐 아니라 이를 입증하기 위해 필요한 이론 작업까지 해냈기 때문이다. 그는 이렇게 전/초 오류를 만들어 냈다(이는 초개인적 연구와 통합적 연구에 대한 그의 틀림없는 가

장 위대한 공헌이다). 이렇듯 IOS 이론은 성격의 자아적 구조의 발달을 지지하는데, 이는 이러한 구조가 더 높은 의식의 기반까지도 형성한다는 점에 근거하고 있다.

비교해 보면 성격 에니어그램의 바탕에 깔려 있는 이론은 변형의 본성에 대한 역낭만적 가정에 의존하며 여태껏 퇴보적이었다. 그렇게 그 결과는 성격을 여태껏 고착화되고 왜곡되었으며 고유한 가치가 없는 것으로 보아 왔던 변형 모형이다.

시사점. 긍정적인 무언가를 발달시키는 과정으로서의 변형에 초점을 맞추는 것은 부정적인 무언가를 제거하는 과정으로서의 변형에 초점을 맞추는 것보다 더 생산적이다. 비록 때로는 개인의 진보를 방해하는 것을 제거하는 것이 필요하지만(이 때문에 반전이 가끔은 필요한 것이다) 변형을 오로지 무언가를 제거하는 측면에서만 정의하는 것은 이 과정의 한 측면만 취해서(정화 혹은 그림자 작업) 그 한 측면을 과정 전체로 만들어 버리는 것이다. IOS에 대한 지식은 주로 발달에 초점을 두는 (그리고 따라서 에니어그램 연구의 새로운 세대를 끌어들이는 데 있어서의 자산인) 진보적인 체계를 향한 이동을 지지할 수 있다.[2)]

〈표 13-6〉 인식 & 관점

IOS = 인식
에니어그램 = 관점

AQAL 관점/정신적 지평선과 에니어그램 관점은 둘 다 세상을 바라볼 때 취할 수 있는 다양한 입장을 설명하는 수평적 구조다. IOS와 에니어그램 연구에서 우리는 다양한 견지를 이해하고, 이들이 우리에게 어떻게 영향을 미치는지를 파악하기 위해 애쓴다. 하지만 IOS 관점은 추상적인 방식으로 묘사된 오로지 비(非)체화된 독립체로 나타난다(특히 정신적 지평선이 그렇다). IOS에서는 개개인이 우세한 관점을 가지고 있고, 이것이 그들이 대체의 관점을 취하는 능력에 있어서 무엇을 암시하는지에 대한 개념에 대해서는 거의 강조하지 않고 있다.

에니어그램 연구에서는 관점을 내적인 관점이자 외적인 성격 유형으로 본다. 이런 이중적인 이해는 관점을 연구하는 방식을 선택하는 데 있어서 많은 융통성을 주지만 역사적으로 유형을 병리화해 온 경향은 이들을 단지 관점으로 바라보는 것을 어렵게 만든다. 하지만 우리의 관점을 넓히는 방식을 결정하려 할 때, 하나의 유형이 우세하다는 것을 이해하는 것은 굉장한 도움이 된다.

시사점. 사분면과 정신적 지평선 관점에 대한 윌버의 접근법은 (반병리화되어 있는 것은 물론이고) 비록 유용하지만 관점을 의인화하고 우세한 관점을 식별하며 관점 간의 연관성을 묘사하는 에니어그램이 가진 능력은 부족하다. 하지만 (관점들을 탈동일시하기보다는) 관점들을 통합하는 것에 대한 윌버의 접근법의 초점은 에니어그램 이론에서는 부족한 핵심 요소를 제공한다. 이 두 접근법을 결합하는 것은 우리의 조망 수용 능력을 굉장히 향상시켜 줄 수 있는 통찰을 제공해 준다.

〈표 13-7〉 변화 & 구조

IOS = 수평적 변화 에니어그램 = 수평적 구조

윌버는 본래 수직 중심적인 체계로 시작했었다. 그의 이론에서 수평적 과정은 수직적 구조의 한 기능으로 여겨졌었다(즉, 진정한 '변형'과는 대조적인 단순한 '변화'로 여겨졌었다). 그렇게 윌버는 의식 구조를 수평적으로 정의했었다. 그의 체계가 (AQAL 사분면과 유형의 추가와 함께) 점점 더 수평적이 되어 가고 있다는 사실에도 불구하고 그는 아직 수평적 구조를 수평적 의식 구조와 연관 짓지 않고 있다.

에니어그램 연구에서는 모든 유형이 각자 독특한 유형 구조와 연관되어 있다. 여기서의 초점은 이런 유형 구조, 특히 우리의 우세한 유형과 연관된 구조를 이해하는 것에 있다. 유형 구조는 (a) 지속적이고 (b) 우리의 발달 수준과는 별개의 것으로 여겨진다.

시사점. 정신 구조를 수직적 성질과 수평적 성질 모두를 지닌 것으로 보는 개념은 유형은 모든 의식 수준에 존재할 수 있다는 윌버 자신의 사상과 동일선상에 있다(이는 유형이 반드시 수준과는 별개인 구조를 갖고 있어야 한다는 점을 암시한다). 그러므로 통합 이론가들은 이 에니어그램을 연구함으로써 이득을 볼 수 있는데, 왜냐하면 에니어그램은 평생 동안 지속되는 9가지 안정적인 수평적 정신 구조를 명확하게 묘사하기 때문이다.

IOS 대 과정 에니어그램

〈표 13-8〉 상승 & 하강

IOS = 오직-상승 모형 에니어그램 = 하강-후-상승 모형

1980년대 이후로 윌버는 전/초 문제를 피하기 위해 변형의 오직-상승 모형을 사용해 왔다. 하지만 이 접근법은 3가지 단점이 있다. (a) 이 접근법은 '영광의 구름자락' 현상(아기가 눈에 보이는 신성함의 분위기를 가진 채로 태어나는 현상)을 설명해 주지 않는다. (b) 이 접근법은 변형적 주기에서의 자기 내재를 위한 실질적인 준비를 해 주지 않는다. 그리고 (c) 이 접근법은 융과 다른 이들이 언급한 중년기의 변화를 실질적으로 설명해 주지 않는다.

과정 에니어그램은 하강-후-상승 모형을 사용하는데, 재상승은 하강의 경로를 되짚어가지 않고 근원 지점에서 우리를 발달의 새로운 수준을 향하는 지속적인 원호를 따라 데려가 주기 때문에 이 모형은 위의 문제도 해결하고 전/초 문제 또한 피해 간다.

시사점. 에니어그램에 기초한 변형 모형을 취하는 것은 갓 태어난 아기의 영광의 구름자락 기운을 (아기는 반쯤 하강된 상태로 이 땅에 도착한다고 말해 줌으로써) 설명해 준다.

이는 자기 내재를 위한 자리를 (이를 삶의 전반기에 위치시킴으로써) 마련해 준다. 그리고 두 시기를 지닌 모형을 소개함으로써, 이는 중년기의 변화도 설명해 준다. 이 모형은 우리가 (a) 항상 영을 향해 이동하고, (b) 삶의 주기 동안에 진전해 나아간다고 여겨지는 모형을 상정함으로써 전/초 문제를 피한다.

〈표 13-9〉 상승 & 포함

IOS = 초월-상승 모형 에니어그램 = 포함-초월 모형을 추가함

변형 이론에 대한 윌버의 공헌은 초월-포함 요소를 이전까지는 탁월했던 '오직-초월' 변형 모형에 추가한 것이었다. 초월-포함 요소는 명백하게 이전 절에서 논했던 오직-상승 모형과 밀접히 관련되어 있다.

그렇지만 초월하고 상승하는 모형은 여전히 여성적인 하강보다는 좀 더 남성적인 상승에 초점을 두고 있다. 그리고 만약 우리가 변형 과정의 하강-후-상승 모형을 취한다면 우리는 포함-초월 접근법이 필요해진다. 우리는 변형 과정의 두 시기 모형을 입증하기 위해 과정 에니어그램을 사용할 수 있다. 그 두 시기는 (a) 포함(심리적 통합)을 강조하는 하강과 (b) 초월(영적 상승)을 강조하는 상승을 말한다.

시사점. 초월-포함 모형이 뒤따라오는 포함-초월 모형을 취하는 것은 변형 주기의 다양한 부분 동안에 다양한 것이 강조되는 모형을 우리에게 내어 준다. 삶의 (여성적) 전반기 동안은 통합이 강조된다. 삶의 (남성적) 후반기 동안은 초월이 강조된다. 이러한 모형은 영성의 여성적

(체화된) 면에 더 주안점을 두며 분열된 상태보다는 통합된 상태의 변형 종류를 지지하는 이 측면의 잠재력을 강조한다.

〈표 13-10〉 혁명적 변화 & 진화적 변화

IOS = 거시적 수준 간의 혁명적 변화
에니어그램 = 거시적 수준 내에서의 진화적 변화

윌버의 스펙트럼 모형—과 이 모형의 9가지 주요 수준(받침점)—은 온우주적 변형의 개요와 이의 거시적 발달 수준을 우리에게 제시한다. 게다가 이 모형은 이 수준을 (a) 균형 잡힌 발달 대 불균형적인 발달과 (b) 모든 수준에서 균형 잡힌 상태가 되기 위한 방법론의 측면에서 묘사한다. 변형의 조감적 시각을 제공함으로써 이 모형은 변형의 과정을 그려 볼 수 있는 굉장히 포괄적인 체계를 우리에게 제시해 준다. 하지만 이 모형은 주로 변형의 거시적 수준에 초점을 맞춤으로써 (진화적 과정보다는) 혁명적인 도약을 강조한다.

과정 에니어그램은 (a) 변형적 과정의 주기적 본성과 (b) 영구적인 구조적 변화를 가져오기 위해 반복된 주기를 겪어야 할 필요, 그리고 (c) 각 변형 주기 동안에 우리가 겪을 9가지 어려움을 강조하는 변형적 모형을 제공해 준다. 그러므로 과정 에니어그램은 미시적 주기, 미시적 변화, 그리고 거시적 수준 (사이가 아닌) 내의 움직임에 더 많은 관심을 두며 그렇게 함으로써 변형적 과정의 증가하는 본성을 강조한다.[3)]

시사점. 윌버의 IOS는 의식에서 일어나는 크지만 흔치 않은 변화를 강조하는 반면 과정 에니어그램은 작지만 흔한 변화를 강조한다. 이 두 접근법은 명백히 서로를 상호 보완하는데, 왜냐하면 윌버의 IOS는 좀 더 '거시적'인 반면 과정 에니어그램은 좀 더 '미시적'이기 때문이다. IOS는 변형적 여정을 전체로서 그리는 방법을 제공하는 반면 에니어그램은 과정을 좀 더 순간에 집중하는 방식으로 연구하는 도구를 제공한다.

이 책을 통틀어 우리는 IOS와 에니어그램의 유사성을 살펴보았다. 이 장에서의 초점은 (a) 이전 장들을 요약하고 (b) IOS와 에니어그램 간의 핵심적인 차이점을 강조하는 것이었다.

IOS와 에니어그램의 이러한 비교는 IOS와 에니어그램을 비교할 또 다른 (더 짧아진) 방식을 제공한다. 요약하자면 IOS의 가장 큰 강점은 이 모형의 포괄성, 진보적 초점 그리고 현대의 독자들과 관련하는 점에서 나온다. 에니어그램의 가장 큰 강점은 이 체계의 깊이, 기하학적 구조(이는 관계를 분석하는 도구를 제공한다) 그리고 양면적인 초점(이는 우리로 하여금 성격과 변형 간의 연결점을 탐구할 수 있게 해 준다)으로부터 나온다.

에니어그램이 현재까지 부족한 것은 이를 반병리화된 관점에서 연구하는 것이 가능하도록 만드는 포괄적인 철학적 틀이다(IOS는 이런 틀을 제공한다). 반면 IOS가 부족한 점은 우리가 각 수준으로 이동하는 과정을 설명하기 위한 수단이다(성격 에니어그램은 이 수단을 갖고 있다). 이 두 체계를 하나로 모음으로써 새로운 전체가 진정으로 이 부분들의 합 그 이상인 통합을 창조해 낼 수 있다.

그렇지만 여전히 빠진 부분이 있다. 바로 어떤 체계에서도 딱히 강조되지 않은 변형의 한 측면이다. 하지만 이를 뺀 채로 그냥 남겨 둬 버리면 영적 작업은 너무 자주 영적 물질주의와 현실도피 혹은 우회의 활동이 되어 버린다. 여기서 내가 말하는 것은 당연히 사명의 개념이다. 즉, 삶의 모든 부분은 목적으로 가득차 있다는 개념 말이다. 인류에게 있어서 모든 진정한 내면 작업을 추진하는 것은 우리가 의식적으로 그것에 대해 알아차리고 있든 아니든, 바로 우리 삶의 목적의 발견이다.

사명을 성취하는 것

맨 처음 부분에서 나는 이 책이 사명에 관한 것이라고 말했었다. 즉, 사명을 중심축으로 이 책에서 다뤄지는 개념들이 돌아간다는 말이다. 이유가 뭘까?

그건 바로 우리 삶에 알맞은 것과 그렇지 않은 것을 결정하는 유일하게 진정한 척도를 제공하는 것이 사명이기 때문이다. 밀교 철학 작가인 엘리자베스 하이(Elizabeth Haich)가 노골적으로 말했듯이 "각 사람마다 반드시 신이 그 사람에게 무엇을 원하시는지를 알아야 한다." 그런 뒤 그녀는 "만약 한 사람이 신으로부터 특정 경로를 걸으라고 부르심을 받았다고 느낀다면 그 사람은 그 경로를 따르기 위한 모든 가능한 수단을 얻게 될 것이다"(p. 95)라고 말을 잇는다. 그렇게 해서 '부르심이 그에 대한 응답을 하게 만드는' 것이다.

그녀가 언급하는 신은 교리 하나로는 알려질 수 없지만 우리의 '가장 깊은 확신'의 형태로 내적으로 나타난다. 그리고 이러한 깊은 확신의 감각은 변형에 대한 추진력을 준다. 즉, 더 높은 상태를 경험하고 싶어 하는 혹은 평원 상태를 빠져나가는 것을 경험하고 싶어 하는 개인적인 갈망 너머로 확장하는 추진력을 우리에게 준다. 결국 변형은 더 높은 의식 자체가 아니다. 변형은 개인적 의도를 더 큰 온우주의 의도와 동일선상에 불러오는 것은 무엇이든 하는 것이다. 그 때서야, 바로 그 때만이 비로소 우리가 진정으로 성취했다고 느끼게 된다.

앤드류 코헨은 그의 5가지 가르침의 원리 중 2가지에서 이와 비슷하게 들리는 개념을 얘기했다. 첫 번째는 깨달음을 추구할 때 우리는 개인으로서 자유를 그 어느 것보다도 더 원해야 한다는 것이다. 그리고 두 번째인 마지막 원리는 우리는 자신을 위해 깨달음을 추구하는 것이 아니라 '전체를 위해서' 추구하는 것이라고 말하고 있다. 어쩌면 이는 개인의 자유를 향한 갈망으로 시작해서 변형은 절대 개인적 만족에 대한 것만이 아니라 더 큰 목적에 대한 것이라는 걸 점차 깨닫게 됨을 의미하는 것이다.

내 관점에서 보자면 사명의 성취는 우리가 이 둘 모두를 할 수 있게 해 준다. 왜냐하면 사명은 개인의 유일무이한 특별한 운명과 우리의 특별한 공헌을 위한 삶의 필요성을 하나로 불러오기 때문이다. 사명의 성취는 그렇기에 절대로 (우리 자신의 운명을 성취하거나 전체를 위해 우리의 운명을 희생하거나 둘 중 하나인) win-lose 시나리오가 아니다. 이는 본질적으로 삶의 적수가 아닌 삶과의 동반자로서 관계하는 법을 배우는 win-win 시나리오다.

여기서 단 하나의 문제는 내가 이것이 제 1원리와 제 5원리가 보통 이 원리를 따르는 사람들에게 해석되는 방식이 맞는지 확신할 수 없다는 것이다. 나는 지난 2000년도에 인도의 리시케시 지역에서 코헨의 EnlightenNext organization의 주최하에 열린 3주 동안의 수련회에 참석했었다. 그곳에서 우리는 이 원리들을 심도 있게 공부했고, 많은 참가자(대부분은 그의 제자들이었다)는 제 5원리가 결국에는 제 1원리를 대체해서 개인적인 목표가 궁극적으로는 상위에 있는 목표를 위해 대체된다는 개념을 믿는 듯했다.

나는 이 상호 절충의 시나리오를 불안정한 개념이라고 생각했다. 이는 수직적 관점에서 보면 포함이 없는 초월을 의미할 수 있다. 그리고 수평적 관점에서 보면 개인보다 집단이 더 중요하다는 의미가 될 수 있다.

나는 공개적인 논의에서 코헨에게 이에 대한 해명을 구했지만 그는 질문에 대해 직접적으로 대답하지 않았다. 대신 그는 가설 상황을 세워서 나의 개인적인 희생(내가 기억하기에 너무 벅찬 종류는 아니었다)의 행동이 다른 사람들을 대규모로 돕게 되는 상황을 내게 상상해 보라고 했다. 나는 그 희생을 할 것인가?

거기에 대해서는 단 하나의 대답 밖에 없었고 그래서 난 그렇게 대답했다. 하지만 나는 그가 정말로 무슨 생각을 한 것인지 궁금했다. 그는 정말로 제 5원리가 제 1원리를 이긴다고 생각했을까? 아니면 단지 개인적 책임을 회피하기 위한 정당화가 될 수도 있는 대답을 회피하고 싶었던 걸까?

난 모르겠다. 내가 정말로 아는 것은 이러한 생각의 교환이 나로 하여금 우리의 개인적인 운명과 더 큰 삶의 목적 간의 관계에 대해 그 이후로 몇 년 간을 더 깊게 생각해 보게 만들었다는 것이다. 그리고 결국 나는 이 둘 사이의 상호 절충이라는 것은 없다는 결론에 도달했다. 개인에게 좋은 것은 집단에게도 좋은 것이고, 그와 반대의 것도 마찬가지다.

우리 행동의 옮음을 실제로 결정하는 것은 그 순간의 필요에 우리가 얼마나 맞춰져 있냐의 여부다. 왜냐하면 필요야말로 '올바른 행동'을 결정하기 때문이다. 올바른 행동이란 우리가 개인으로서의 필요를 느끼고 이를 주장하는 것을 의미하는 순간도 있고 때로는 올바른 행동이 다른 사람의 필요(혹은 삶의 필요)를 우선순위에 두는 것을 의미하는 순간도 있다. 이 관점에서 보면 어쩌면 황금률은 '맞춰지는 것'으로 시작되어야 하는 것이다!

이러한 조율의 원칙은 내가 영화 〈스타트렉〉 시리즈 중에서 가장 좋아하는 시리즈인 〈칸의 분노(The Wrath of Khan)〉(2002)와 〈스팍을 찾아서(The Search For Spock)〉(2004)에 아름답게 나타나 있다. 첫 번째 영화에서 스팍은 엔터프라이즈 호의 선원들을 살리기 위해 자신의 목숨을 희생한다. 그는 쓰러진 채 죽어가면서 커크에게 "다수의 필요는 소수의 필요보다 더 중요하다"고 말한다. 두 번째 영화에서 엔터프라이즈 호의 선원들은 (어느 시점에서 스팍의 영혼이 어쩌면 그의 몸을 다시 재생시킬 수 있다는 것을 깨닫고) 스팍의 몸을 담고 있는 봉인된 캡슐을 되찾아 그의 영혼을 다시 한 번 재연결시키기 위해 엄청난 노력을 기울이며, 그러는 과정 중에 많은 개인적 희생을 한다. 스팍이 그들에게 왜 그런 희생을 무릅썼는지 물었을 때, 커크는 "때로는 소수의 필요가 다수의 필요보다 더 중요해요"라고 대답했다.

이 두 영화는 강력한 메시지를 전하고 있다. 바로 올바른 행동은 어떠한 미리 정해진 규칙에 의해서도 궁극적으로 결정될 수 없는 것이다. 왜냐하면 그러기에 삶은 너무 역동적이기 때문이다. 성장의 기회, 즉 우리가 그러기로 선택하면 인정하고 이해하는 법을 배울 수 있는 기회를 제공하는 상황은 일어난다. 우리가 올바르게 선택한다면 우리의 행동은 그에 대한 응답을 불러온다. 즉, 한 집단의 이타적인 행동은 다른 사람들로 하여금 그와 같은 식으로 응답하도록 부추기게 된다.

하지만 진정으로 희생적인 행위의 신성함은 이의 자발적인 본성으로부터 나온다. 개인적 희생은 절대로 의무가 아니라 대응(응답)을 부르는(하지만 요구하지는 않는) 관용의 행위이기 때문이다. 이렇듯 개인적 희생은 의식의 확장을 나타낸다. 즉, 우리의 개인적 '필요'는 다른 사람들의 필요를 포함하는 것으로 인지되고, 그렇게 다른 사람들의 행복을 우리의 행복의 연장으로 여기게 되는 것이 자연스러워지게 되는 것이다. 그리고 이는 우리가 영웅이라고 부르는 사람들이 절대로 자신을 특별하게 여기지 않는 이유이기도 하다. 왜냐하면 그들의 행위는 항상 이러한 확장된 관심으로부터 흘러나오기 때문이다. 이렇듯 언 강에 빠진 아이는 그들 자신이 아닌 아이를 살리려는 그들의 욕구를 불러일으킨다.

우리가 자신의 팔이나 다리를 부상으로부터 구하려 하는 건 영웅적인 행위로 여겨지지 않는다. 비슷하게 우리가 자신을 신경 쓰는 만큼 다른 사람들을 신경 써 준다면 자신에게 하는 것처럼 다른 사람들을 돌보려는 동기부여를 받게 될 것이다. 이런 종류의 돌봄은 자기 거부가 아니라 자기의 확대(예, 우리의 자아감)를 전제로 하며 이는 현실의 초월-포함의 형태인 것이다. 우리의 자아감을 확장시킬수록 우리는 온우주를 향해 밖으로 번지는 '선행 나누기' 정신을 더 조장하게 된다. 이렇듯이 내 관점에서 봤을 때 통합 중심적인 삶의 목표는 절대로 자기를 거부하지 않고 이를 항상 통합하는 것이다. 그렇게 함으로써 우리의 본성 속의 정반대의 것들도 조화를 이룰 수 있게 된다.

시각적으로 볼 때 부분적 인식에서 더 통합된 시각으로의 이러한 이동 과정은 스테레오그램(매직 아이) 이미지에 맞닥뜨렸을 때 겪는 과정으로 묘사될 수 있다([그림 13-2]).[4] 처음에는 이미지가 마치 의미 없는 점들의 형태처럼 평면적이고 시시하게 보인다. 하지만 이 이미지를 살펴보는 법을 배우게 되면—이 과정은 묘사하기 힘들지만 '시선을 느슨하게 이완해 주는' 것을 포함한다—새로운 3차원의 이미지가 나타나기 시작한다. 이 이미지는 3차원의 형태일 뿐만 아니라 야광이고 에너지로 번득이는 듯 보인다.

적은 수의 사람들만이 3차원 효과를 만들어 내는 방식으로 그 이미지를 '보는' 법을 즉시 알아차린다. 우리 대부분은 이를 어려워한다. 하지만 한 번 방법을 알고 나면 이 과정은 곧 쉬워지고 볼 때마다 이미지가 나타나게 된다. 그리고 무엇을 깨닫게 될까? 바로 이미지는 항상 그 자리에 있어 왔다는 사실이다. 하지만 이를 보는 방법을 배우고 난 뒤에야 이를 인지할 수 있게 된다.

사명을 발견하는 일도 이와 같다. 우리로 하여금 정말로 무엇이 중요한 것인지를 볼 수 있게 해 주는 방식으로 삶을 바라보는 법을 배우는 것이다. 세상에는 이를 직관적으로 하는 것 같은 사람들이 일부 있다. 이들은 어디로 가야 할지, 그리고 무엇을 해야 할지를 꽤 잘 아는 상태로 직관적으로 삶을 진행해 나간다. 하지만 대부분의 우리가 삶과 조화를 이루기 위해 분투하고 그 과정 속에서 수없이 갈팡질팡하고 여러 번 무릎이 까진다!

이건 1장에서 나와 있는 것처럼 내 모습이었다. 수년 동안 나는 나 자신과 삶 사이에서 연결이 끊긴 상태로 살았다. 나의 주된 오해 중 하나는 바로 내가 '뭐든 잘하는 사람'이 되어야 한다는 것이었다. 즉, 내가 가치 있기 위해서는 모든 영역에서 잘해야 된다는 것이었다. 그렇게 나는 내가 보기에 뭐든 잘하는 사람으로 만들기 위해 과도하게 오랜 시간을 보냈다. 그러던 어느

그림 13-2 스테레오그램 예시. 당신은 여기에 숨겨진 그림을 볼 수 있는가?

날, 나는 꿈을 하나 꿨다(이 이야기는 나의 *Archetypes* 책과 연관되어 있다).

그 꿈은 책들을 정리하는 것이었다. 책에 대해 필요한 관리의 수준은 당시 내가 얻어야 했던 점수들로 표시됐다. 책들 중 일부는 아주 특별한 (A+) 관리가 필요했다. 또 다른 책들은 B를 받을 만큼의 관리가 필요했고, 그중 일부는 C 정도의 관리가 필요했다. 그곳에는 거의 완전히 방치되다시피 되어 있던 책들도 있었다. 겨우 D를 받을 수준이었다.

하지만 거기서 중요했던 것은 내가 책들을 올바르게 분류했다는 것이었다. 나는 'A' 책들에게 높은 우선순위를 주었고 'D' 책들에는 낮은 우선순위를 주었다.

이전까지 나는 무의식적으로 삶의 대부분의 분야에서 꽤 잘 (말하자면 B−나 C+을 받을 정도로) 해내는 것이면 충분하다고 생각했다. 하지만 이 꿈은 내게 삶은 단지 '만족시키는 것' (많은 영역에서 괜찮게 해내지만 어느 분야에서도 뛰어나게 잘하지는 못하는 것)과는 상관이 없다는 것을 말해 주었다. 삶은 내게 주어진 독특한 본성과 삶의 상황을 가지고 내게 중요한 것들을 추구하는 것에 관한 것이어야 하는 것이다. 그리고 내게 중요한 것은 나의 부모님과 이웃들, 혹은 누구든 그들이 중요하게 여기는 것과는 다른 것이다. 그래서 나는 혼란을 겪고 있었던 것이었다. 나는 '모든 사람에게 모든 것'이 되기 위해 애쓰고 있었고, 그 과정 속에서 나 자신을 잃고 있었던 것이었다.

하지만 그 꿈은 이러한 만족시키는 전략 또한 실패에 대한 나의 두려움을 마주하는 것을 피하기 위한 하나의 방법이었다는 것을 내가 깨달을 수 있도록 도와주었다. 내가 나의 꿈을 이루기 위해 몰두하지 않는 동안에는 내가 실패했어도 별로 상관이 없었다. 하지만 만약 내가 정말로 꿈을 위해 노력했다가, 꿈을 이루기 위해 제대로 몰두했다가 실패했다면 어땠을까? 아마 끔찍했을 것이다! 하지만 그 '끔찍한 진실'을 접하는 것은 나의 두려움을 정확히 집어낼 수 있게 도와주었고 이는 올바른 방향을 향한 발걸음이 되었다.

나는 새로운 영적 경로에 착수하기 바로 직전에 또 다른 의미 있는 꿈을 꾸었다. 이 꿈 역시 책에 관한 것이었다. 꿈에서 나는 웅장하고 호화로운 도서관에 있었다. 도서관 방의 저 편에는 얼굴을 볼 수 없는 한 마법사가 있었다. 나는 꿈에서 깨며 나의 경로가 그 도서관과 관련된 무언가라는 것을 깨달았지만 그것이 무엇인지는 알지 못했다. 수년 후, 나는 에니어그램에 대한 책과 글들을 집필하기 시작했고, 이 작업은 많은 연구를 필요로 했다. 그리고 어쩌면 내가 완전히 볼 수 없는 출처들로부터 약간의 마법사의 도움을 필요로 했는지도 모른다.

첫 번째 꿈은 삶은 실수를 피하는 것이라는 나의 잘못된 믿음에 대해 의식하게 해 주었다. 두 번째 꿈은 나의 작가로서의 앞날의 작업, 즉 나의 사명의 중심인 듯한 이 작업을 간접적으로 짚어 주었다.[5] 이 꿈들은 내가 나의 삶에서 가치 있는 것들과 그렇지 못한 것들을 가려내도록 도와주었다. 또한 이 꿈들은 내게는 가치 있는 것이 다른 사람에게는 그렇지 못한 것일 수 있고, 다른 사람에게는 중요한 것이 내게는 그렇지 않을 수 있다는 것을 내가 볼 수 있도록 도와주었다. 즉, 통합된다는 것은 모든 것을 조금씩 다하는 것을 추구하는 것이 아니라 통합된 관점에서 올바른 일들을 하는 것을 추구하는 것을 의미한다는 것을 볼 수 있게 해 주었다.

이 꿈들이 드러내지 않은 것은—아니면 최소한 자세하게 드러내지 않은 것은—나의 글에 영향을 미치는 핵심 동기다(예, 4유형의 관점). 나는 에니어그램을 알게 되고 나서야 그렇게도 의미 추구 체계와 창조적 작업에 끌려 하는 이유를 깨닫게 되었다. 왜냐하면 그런 성향이 내 기질에 고유한 것이기 때문이었다. 그리고 이러한 이해는 내가 나의 내면 자기와 외적 작업을 조화시켜서 더 큰 진정성의 영역에서 작업할 수 있게 되도록 도와주었다.

하지만 만약 내가 이 9가지 유형을 다룰 통합 중심적인 방법을 내게 주었던 접근법을 알게 되지 못했더라면 나는 에니어그램 작업을 이렇게 유지할 수 없었을 것이다. 그 접근법은 바로 윌버의 IOS다. 윌버의 접근법은 내가 정확히 필요했던 때에 그 체계를 제공해 주었다. 이것이 바로 내가 두 체계와 상호작용을 하며 이들을 연구하고, 내 저서들과 글들에서 이들의 상호작용에 대해 집필하게 된 배경이다.

사명에 대한 초점은 내가 거리낌 없이 자아발달을 지지할 수 있는 유일한 방법은 홀라키의 균형을 달성하려는 목적에서뿐이라는 것을 깨닫게 되면서 나왔다. 모든 홀론처럼 자아는 자기초월(더 높은 수준에 대한 반응성)과 자기주장(더 낮은 수준에 대한 책임) 간의 균형을 유지할 수 있을 때에만 삶에서의 목적을 성취할 수 있다. 자아는 홀라키적으로 기능할 때 비로소 통합된다. 그리고 통합된 자아는 자아의 성취를 위한 수단이 된다.

하지만 사명을 받아들이는 것은 그리 쉽지 않다. 이는 사명에 대해서 우리가 좋아하는 부분들만 받아들이는 것이 아니라 이에 대한 모든 것을 받아들임을 의미한다. 신성한 부르심에 대해 이야기하는 것은 고무적일 수 있지만 동시에 이는 가장 큰 두려움과 회피의 대상과 우리를 마주시킬 수 있다. 그렇기 때문에 이는 꽤 무서운 것처럼 느껴질 수 있다.

하지만 '무서워함(scared)'과 '신성함(sacred)'이라는 단어가 이토록 가까운 것은 꽤 흥미로운 점이다. 이들은 철자의 순서만 바뀐 말이다. 작은 철자 하나만 바꿈으로써 우리는 두려움을 믿음으로 변형시킬 수 있다. 그리고 믿음은 산마저도 움직일 수 있다.

미주

1) 이러한 움직임의 예시와 함께 구르지예프의 평생 동안 진리를 추구해 온 이야기를 보려면 안무가 아름답게 구성된 영화인 피터 브룩스(Peter Brooks)의 영화 〈Meetings with Remarkable Men〉(1997)을 보라.
2) 흥미롭게도 과정 에니어그램은 윌버의 체계처럼 진보 중심적이다. 이는 우리의 예상과는 달리 과정 에니어그램계와 성격 에니어그램계의 사람들 간에 그다지 많은 공통분모가 있지는 않은 이유일 수 있다. 왜냐하면 에니어그램을 연구하는 구르지예프파(제 4의 길)는 변형 과정 속에서의 9가지 지점의 역할에 초점을 맞추기 때문이다. 이는 지점을 고착 지점으로 보는 것과는 굉장히 다른 시선이다.
3) 비록 과정 에니어그램은 주기적 진보를 통한 진화적 변화를 강조하지만 혁명적인 변화를 설명하는 능력 또한 뒤지지 않는다. 이러한 종류의 변화들은 이들의 3가지 충격 지점과 연관되는 경향을 보이는데, 이 충격 지점들은 우리의 여정을 지속하기 위해 한 수준에서 또 다른 수준으로 도약해야만 하는 중단의 영역을 이룬다(6장을 살펴보라). 하지만 대부분의 경우 이러한 도약은 작은 흐름을 깨끗하게 만들기 위해 취하는 소규모의 도약처럼 작은 것이다. 그렇지만 이렇게 평범하고 일상적인 도약이야말로 의식의 혁명적인 변화를 만들어 내기 위해 필요한 훨씬 더 웅대한 도약을 할 수 있도록 해 주는 것이다. 우리의 삶을 완전히 바꿔 버릴 그런 도약 말이다.
4) 이 스테레오그램은 www.easystereogram-builder.com/3d-stereogram-maker.aspx.를 통해 만들었다.
5) 나의 첫 번째 저서인 긍정 에니어그램을 집필하면서 사색에 잠겼을 때, 나는 이 책을 출간하기에 충분히 무르익은 시기인지 심각하게 염려했었다. 그러다가 어느 날 밤, 나는 온갖 중요한 활동에 관여하고 있는 사람들로 찬 시끄러운 사무실에 있는 꿈을 꿨다. 하지만 내 사무실은 그러한 소란과는 동떨어져 있었고 작은 방과 탁자만으로 이루어져 있었다. 탁자 위에는 내 책 한 권만이 놓여져 있었다. 그렇게 이 꿈은 내게 앞으로 진행해 나갈 수 있는 자신감을 주었다.

글을 마치며

내가 이 책을 쓴 목적은 내가 여태껏 써 왔던 모든 글을 한데로 엮어서 에니어그램과 윌버의 IOS를 하나의 책으로 연결하고자 한 것이다. 그렇게 나는 정말로 모든 자료를 다 포함시켰지만 최종적인 결과물은 단지 이 모든 부분의 종합 그 이상인 것으로 모습을 드러냈다.

이 책의 집필은 내가 예상하지 못했던 여정으로 나를 데려갔다. 이 여정은 내가 원래 계획했던 집필 기간보다 훨씬 더 긴 시간을 쓰게 만들었다. 여기에는 세 가지 이유가 있었다.

첫 번째 이유는 바로 이 책을 집필하면서 그에 대한 것들을 꽤 잘 알고 있다는 것을 확실히 해야 했기 때문에 내가 원래 윌버의 사상에 대해 했던 연구보다 훨씬 더 많은 연구를 추가적으로 해야 한다고 느꼈기 때문이다(내가 여기서 '철저히'가 아닌 '꽤 잘'이라고 한 이유는 그의 연구의 깊이와 폭넓음에서 봤을 때 내가 이 책에 '숨겨진 보물' 이라든지 답해지지 않은 나의 질문에 대한 대답 같은 내용을 포함하고 있는 모호한 각주를 달지 않을 것이라는 것에 대해 100% 확신할 수 있을지 잘 모르겠기 때문이다. 그만큼 윌버의 연구의 영역은 방대하다).

두 번째 이유는 내가 실제로 이 개념들을 통합하려 했을 때—두 에니어그램 간의 상호관계와 이 에니어그램(들)과 IOS 간의 상호관계를 살펴보려했을 때—이들의 상호작용은 엄청나게 복잡하다는 것을 알게 되었다. 나는 8장 하나를 완성하는 데만 꼬박 6개월이 걸렸다(9장과 10장도 딱히 더 낫지는 않았다)! 먼저 나는 내가 무엇을 말하고 싶은지를 풀어 내고, 그런 다음 상대적으로 쉬운 작업인 이 개념들을 전달할 방법을 고안해야 했다. 작업의 자료들을 생각해 봤을 때 이는 쉬운 작업이 아니었다.

세 번째 이유이자 가장 어려웠던 이유는 바로 내가 분석에 깊이 들어가게 되기 시작하자 예상치 못했던 문제들과 깨달음이 몰려와 나로 하여금 어쩔 수 없이 이전 글들에서 다뤄졌던 자료들을 단순히 하나로 엮는 작업 그 이상을 하도록 이끌었기 때문이었다.

그 예를 들자면, 홀론 이론에 대한 윌버의 접근법과 케스틀러의 접근법의 차이점은 내가 둘 중 하나를 선택해서 그 선택을 설득력 있게 입증해야 한다는 것을 의미했다(2장을 참고하라). 또 다른 예를 들면, 두 변형 모형에 대한 비교 분석(IOS 대 과정 에니어그램)은 과정 에니어그램이 변형 과정에 대한 더 강력하고 설득력 있는 모형을 제시한다는 점을 깨닫게 만들었다. 이 깨달음은 도저히 무시할 수 없는 것이었고, 그렇게 8장과 9장에서 내가 변형에 대해 다룬 논의에 포함되게 되었다. 세 번째 예시는 10장에서 논했던 성격 에니어그램과 윌버의 IOS를 짝짓는 것의 3가지 시사점에 관한 것이다. 이 시사점은 각각 (a) IOS 정신적 지평선과 에니어그램 유형은 같은 것이다. (b) 정신 구조는 수직적이 아니라 수평적이다. (c) 윌버의 IOS는 4가지 요소만으로도 묘사될 수 있다는 점을 얘기한다. 이 시사점들은 통합 관점에서는 어쩌면 받아들이기 힘든 논란의 여지가 있는 개념들이다.

하지만 이 책의 의도는 항상 IOS와 에니어그램을 연결시키는 것이었지 내가 굉장히 존중하는 윌버의 연구 자체를 비평하려는 것이 아니었다.

하지만 이론가로서 나는 내 연구로부터 나온 개념들을 취하고 그것들을 현명하게 포함시킬 방법을 찾아야 했다. 내가 책의 말미에서 통합 이론에 대한 몇 가지 중요한 변화를 제안했다고 해서 이론가로서의 윌버를 향한 내 존경심이 사라지는 것은 아니다. 윌버 자신도 근 40년 동안 자신의 사상을 재작업하고 수정해 왔다.

가장 놀라웠던 점 중 하나는 이 책이 이렇게까지 내재적인 영성에 초점을 맞추게 된 과정이다. 즉, 포함, 통합, 내재성에 많은 초점을 두게 된 과정 말이다. 이것 역시 내가 이 책을 기획할 때의 원래 계획의 일부는 아니었다. 이런 초점은 작업을 진행해 나가면서 왠지 모르게 창조적 과정으로부터 자연스럽게 일어난 것이라고 할 수 있다. 나는 끝을 향하는 지금에서야 왜 이 주제가 계속해서 일어나는지를 깨닫게 되었다. 왜냐하면 체화된 삶으로의 깊고 창조적이며 열정적인 관여 없이는 물질적 삶은 평원 상태가 되고 영적 삶은 그저 고통을 느끼기를 거부하기 위한 또 다른 방법이 될 뿐이기 때문이다. 그렇다면 변형한다는 것은 진정으로 무슨 의미일까? 변형의 진정한 목적은 무엇일까?

이 책을 집필하면서 내게는 수많은 내면의 문이 열렸다. 이러한 열림들은 내가 얼마나 열렬히 변형에 대한 더 여성적이고 체화된 접근법에 몰두하고 있는지를 깨닫게 해 주었다. 나는 초월을 내재성으로 대체하고 싶은 것이 아니다. 왜냐하면 난 절대 이 둘을 정반대의 것으로 생각해 오지 않았기 때문이다. 단지 나는 이 개념을 더 깊이 조사할수록 체화된 영성의 역할을 중요시해야 하는 필요성을 더 보게 된다는 것이다. 체화된 영성과 초월적 영성을 동일한 파트너로 만들어야 한다는 필요성 말이다. 내게 있어서 이는 신념이 아니라 발견이다.

이러한 발견이야말로 작가에게 있어서 집필 과정을 보람 있게 만들어 준다. 나의 원래 생각이 무엇이었든 내가 종이에 펜을 대기 시작하면 그 생각은 불가피하게 바뀌게 된다. 이는 특히 복잡한 두 체계를 엮으려 시도하는 책을 만들 때 더 그러하다. 마지막 이미지가 하나로 합쳐질 때는 '그냥 그런' 순간이다. 하지만 그 지점에 도달하기 전까지 우리는 우리가 어디로 향하는 것인지, 그곳에 도달하기 위해서는 무엇이 필요할 것인지 잘 알지 못한다.

이 개념들은 고정불변한 것이 아니다. 이들은 그저 개념일 뿐이다. 하지만 나는 개념들을 사랑하기에 이 사랑이 이들에게 날개를 달아 주기를 바란다.

이제 열린 문의 이미지로 이 장을 마무리하고 싶다. 이 문은 아주 완전히 열린 것은 아니고 살짝 열린 문이다. 당신이 이 문을 열고 걸어 나간다면 무슨 일이 일어날 것 같은가? 눈을 감고 그 모습을 보라.

부록

A. 자기발견을 위한 자료

B. 아서 케스틀러의 홀라키적 원칙

C. 수직적 척도의 비교

D. 각 에니어그램 지점에서의 발달 선

E. 역자들이 추천하는 참고도서 및 자료

부록 A
자기발견을 위한 자료

책 중 특히 삶의 주제나 삶의 경로, 성격 유형, 직업 경로 등의 측면에서 개인차를 탐구하는 책들은 사람들이 어떤 종류의 경로가 세상 속에서 살아가는 각기 다른 방식과 연관되어 있는지에 대한 감을 잡을 수 있도록 도와주는 데 유용할 수 있다. 캐롤라인 미스(Caroline Myss)의 책 *Sacred Contracts*는 사명적 관점으로 삶에 초점을 맞추는 것에 대한 훌륭한 소개와 동시에 우리 삶에 많은 영향력을 미치는 원형의 개념을 이해하기 위한 구체적인 방법론을 제공한다.[1)]

실비아 브라운(Sylvia Browne)의 *Adventures of a Psychic*(1990)은 과거로의 회귀에 대한 그녀의 연구에 기초한 45가지의 잠재적인 삶의 주제 목록으로 인해 유용하다. 당신이 환생을 믿든 믿지 않든 이 주제들 자체가 강렬하고 설득력 있으며, 모든 독자에게 풍부히 사고할 거리를 제공해 준다.[2)]

쿠더 검사(Kuder Test)나 스트롱-캠벨 직업흥미검사(Strong-Campbell Interest Inventory) 같은 심리적성 검사들은 직업 관련 적성을 알아보거나 적합하지 않은 선택사항을 배제하는 데 있어서 유용하게 쓰일 수 있다. 고등학교 시절에 쿠더 검사를 처음 받았을 때, 나는 자기통찰은 거의 없는 불가지론자였는데, 나의 가장 높은 흥미 점수가 '종교 교육자'로 나왔다는 사실에 놀랐었다. 이 점으로 인해 나는 이 검사가 말도 안 되는 것이라고 생각했다. 수십 년 후, 나는 이 심리검사가 나조차도 아직 발견하지 못했던 영성에 대한 관심을 찾아낸 한 예시였다는 것을 깨닫게 되었다.

융의 관점에서 16가지 성격 유형을 식별하는 MBTI는 성격과 직업 간의 관계를 실증적으로 살펴보는 데 널리 사용되어 왔다.[3)] 이 지표는 어째서 내가 사무 업무(와 조직화, 통제의 종류)를 굉장히 어렵게 느끼는지에 대한 이유를 이해하도록 도와주었고, '둥근 구멍에 네모난 말뚝을 박으려' 너무 열심히 노력하는 마음의 짐으로부터 벗어날 수 있도록 도와주었다.

하지만 내가 자기 평가를 위해 사용해 본 체계들 중에서는 에니어그램이 그 깊이와 유동성 때문에 가장 유용한 체계라고 여겨진다. 이는 아마도 에니어그램이 어떤 심리학자가 고안해 낸 것이 아니라 인간의 본성과 변형에 대한 고대의 가르침에 그 뿌리를 두고 있기 때문일 것이다. 이렇듯 에니어그램은 성격과 사명 간의 연결점을 살펴보는 데 특히 유용한데, 왜냐하면 이의 9가지 성격 유형은 외부적 행동이 아닌 내면의 동기에 기초하고 있기 때문이다.

엘리자베스 웨겔(Elizabeth Wagele)의 *The Career Within You: How to Find the Perfect Job for Your Personality*(2009)는 9가지 에니어그램 유형과 다양한 직업 경로 간의 관계를 분석하고 있다. 이 책은 그 범위가 굉장히 상세하며, 자신의 유형과 관계된 목표와 재능에 잘 맞는 직업이 무엇인지 알고 싶어 하는 사람들에게 훌륭한 통찰을 제공해 준다.

나의 두 번째 책인 *Archetypes of the Enneagram: Exploring the Life Themes of the 27 Subtypes from the Perspective of Soul*(2010)에서는 이와 같은 영역을 덜 구체적이고 더 변형 중심적인 관점에서 분석하고 있다. 이 책에서는 27가지의 하위유형과 삶에서의 우리의 사명 간의 관계에 초점을 두며,[4] 영화와 TV에서의 예시를 들어 각 하위유형과 연관된 삶의 경로/삶의 주제를 탐구하였다. 이 책은 이 9가지 유형의 본성에 대한 대안적 관점을 제공하기 위해 주로 융 심리학(과 다른 영혼 중심적인 심층 심리학)의 통찰에 의존했다. 그리고 이 책은 우리가 따를 수 있는 27가지의 삶의 경로 목록을 나열할 뿐 아니라 책의 마지막 부분에 삶의 경로를 발견하기 위한 평가 도구 또한 제공한다.

미주

1) 캐롤라인 미스의 연구 작업에 대해 내가 가지고 있는 단 하나의 의구심은 그녀의 자료와 독자들에게 접근하는 방식이다. 다시 말하면 그녀는 자신의 개념과 사상을 마치 사실인 것처럼 제시하며 독자들이 자신의 학생인 듯(그리고 어쩌면 반항적인 학생인 것처럼!) 말한다는 점이다. 나는 미스의 자료로부터 최대한 많이 얻어내려면 그녀의 어조는 무시한 채 사실 꽤 유용한 그녀의 개념들에 초점을 맞춰야 한다고 생각한다.

2) 'Why Am I Here?' 의 10장에서 특히 190-201페이지를 살펴보라.

3) 특히 이자벨 브릭스 마이어스(Isabel Briggs Myers)와 피터 마이어스(Peter Myers)의 *Gifts Differing*(Palo Alto: Consulting Psychologists Press, 1980)을 살펴보라.

4) 각 9가지 유형은 3개의 변이형으로 분류될 수 있다. 이들은 각각 자기보호 유형, 의미추구 유형, 사회관계 유형이다. 각 변이형은 삶에 대한 다소 다른 관점을 갖고 있다. 자기보호 유형은 조심스럽고 혼자를 선호하며 독립적이다. 성적 유형은 즉흥적이고 변덕스러우며 강렬하다. 그리고 사회적 유형은 관계 중심적이고 지위(자리)를 의식하며 외교적이다(3장을 살펴보라).

부록 B
아서 케스틀러의 홀라키적 원칙
자기조율적인 개방된 계층 순서의 일반적인 성질들(1969)

이 장의 내용은 아서 케스틀러와 존 스미시스(J. R. Smythies)가 편집했고, 알프바흐 회담에 제출된 *Beyond Reductionism*(1969)의 부록이다.

1. 홀론

1.1 홀론의 구조적 측면의 유기적 조직체는 기본적인 부분의 집합이 아니며, 기능적 측면에서의 유기적 조직체는 행동의 기본적 단위의 연속이 아니다.

1.2 이 유기체는 준-자율적인 하위 전체의 다양한 수준을 가진 계층으로 여겨지며, 더 낮은 순서의 하위 전체로 뻗어 나가며, 다시 그 순으로 뻗어 나간다. 이 계층의 모든 수준에 있는 하위 전체는 홀론이라고 불린다.

1.3 절대적인 의미에서의 부분과 전체는 삶의 영역에서는 존재하지 않는다. 홀론의 개념은 원자론적 접근법과 전체론적 접근법을 조화시키기 위해 의도된 것이다.

1.4 생물학적 홀론들은 자기조율적인 개방된 체계로, 전체의 자율적인 성질과 부분의 의존적인 성질을 모두 보인다. 이 이분법은 계층 구조의 모든 유형의 모든 수준에 존재하며, '야누스 현상'으로 불린다.

1.5 더 일반적으로 보면 '홀론'은 어쩌면 규칙에 의한 행동이나 구조적 게슈탈트 항등성을 지닌 모든 안정적인 생물학적 혹은 사회적 하위 전체에 적용될 수 있다. 이렇듯 세포소기관과 상동 기관은 진화적인 홀론이다. 형태 형성적 분야는 개체 발생적 홀론이다. 생태학자들의 '고정된 행동 양식'과 얻어진 기술의 하위 반복제어방식은 행동적 홀론이다. 음소, 형태소, 단어, 구는 언어적인 홀론이다. 개인, 가족, 종족, 국가는 사회적 홀론이다.

2. 해부가능성

2.1 계층은 이를 구성하는 가지들로 '해부될 수' 있으며, 홀론들은 이 가지들에서 마디를 형성한다. 이 가지 선들은 통신과 통제의 경로 수단을 나타낸다.

2.2 계층을 이루고 있는 수준의 수는 그 계층의 '깊이'의 척도이며, 주어진 수준에서의 홀론의 수는 그 수준의 '폭'으로 불린다(허버트 사이먼[Herbert Simon]).

3. 규칙과 전략

3.1 기능적인 홀론은 정해진 규칙에 의해 통제되며 다소 유동적인 전략을 보인다.

3.2 그 체계의 규범으로 여겨지는 규칙은 체계의 변하지 않는 성질과 구조적 배열 형태 또는 기능적 양식을 결정한다.

3.3 규범은 홀론의 활동 내에서 허용되는 단계를 결정하지만, 허용되는 선택들 사이에서 실제 단계를 전략적으로 선택하는 것은 상황의 우발성에 의해 인도된다.

3.4 규범은 게임의 규칙을 결정하고, 전략은 게임의 추이(전개 방향)를 판가름한다.

3.5 진화적 과정은 기준된 주제의 제한된 수에서 변형을 한다. 진화적 규범(기준)에 의해 세워진 제약들은 상동성(homology), 상사성(homoplasy), 유사성(parallelism), 집중성(convergence) 그리고 균형의 법칙(loi du balancement)의 현상에 의해 설명된다(조프리 힐레로[Geoffroy de St. Hilaire]).

3.6 개체 발생론에서 연이은 수준에 있는 홀론은 조직의 발달 내의 연속적인 단계를 나타낸다. 분화 과정의 각 단계에서 유전적인 기본 규범은 홀론의 발달적 잠재력에 더한 제약을 부과하지만, 규범의 역량 범위 내에서 대체 가능한 발달경로를 따를 충분한 유동성은 유지하며 이는 상황의 우발성에 따라 인도된다.

3.7 구조적으로 성숙한 유기체는 부분 내의 부분의 계층이다. 이 계층의 '해부가능성'과 이를 구성하는 홀론의 상대적인 자율성은 이식수술에서 입증된다.

3.8 기능적으로 유기체의 행동은 이의 일관성, 안정성 그리고 구체적인 양식을 설명해 주는 '게임의 규칙'에 의해 통제된다.

3.9 타고난 것이든 얻어진 것이든 기술은 홀론 같은 하위기술을 지니고 하위규칙에 의해 통제되는 기능적인 계층이다.

4. 통합과 자기주장

4.1 모든 홀론은 준-자율적 전체로서의 자기의 개성을 지키고 주장하는 이중 경향을 갖고

있으며, 더 큰 (존재하는 또는 진화하는) 전체의 통합된 한 부분으로 기능한다. 자기주장적인(S-A) 경향과 통합적인(INT) 경향 간의 이 양극성은 계층적 질서의 개념 속에 고유한 것이며, 삶의 보편적인 특성이다.

S-A 경향은 홀론의 전체성에 대한 역동적인 표현이며, INT 경향은 홀론의 부분성에 대한 역동적인 표현이다.

4.2 유사한 양극성은 원자에서부터 우주에 이르기까지의 안정적인 무기적 체계의 결합하는 힘과 분리적인 힘의 상호작용에서 찾아볼 수 있다.

4.3 INT 경향의 가장 일반적인 드러남은 부의 엔트로피(네트로피)를 통해 더 강해지는 개방된 체계 속의 열역학의 두 번째 법칙의 반전이며(에르빈 슈뢰딩거[Erwin Schrödinger]), '더 큰 이질성과 복합성이 자연 발생적으로 발달하는 상태'를 향하는 진화적 추세다(헤릭[C. J. Herrick]).

4.4 다양한 수준에서의 INT 경향의 구체적인 드러남은 그 범위가 소기관의 공생과 군체 동물에서부터 가축 무리의 응집적인 힘을 통해 곤충 국가와 영장류 사회의 통합적인 유대까지에 이른다. S-A 경향의 상호보완적인 드러남은 경쟁, 개인주의, 종족중심주의와 민족주의 등의 분리적인 힘이다.

4.5 개체 발생론에서 양극성은 성장하는 조직의 유순함과 투지에 나타나 있다.

4.6 성인의 행동에서 기능적인 홀론의 자기주장적인 경향은 얻어진 습관들(필체, 말씨 등)의 본능적인 의례(고정된 행동 양식)가 지닌 완고함과 사고(생각)의 정형화된 틀에 나타나있다. 통합적인 경향은 새로운 형태의 행동을 일으키는 융통성 있는 적응, 즉흥성, 창의적인 행위에 나타나 있다.

4.7 스트레스 상황에서는 S-A 경향은 공격적-방어적, 아드레날린 작용적인 유형의 감정에 드러나며, INT 경향은 자기초월적인(참여적, 동일시적인) 유형의 감정에 드러난다.

4.8 사회적 행동에서는 사회적 홀론의 기본 규범은 홀론의 행동에 부과된 제약들을 의미할 뿐 아니라 행동 규범에 대한 격언, 도덕적 의무, 가치 체계를 체화한다.

5. 유발요인과 검사기

5.1 선택적 방출(아웃풋) 계층 구조는 일반적으로 비교적 단순하고 내포된 혹은 코드화된 신호가 복잡하고 미리 조절된 기제를 발산하는 유발요인 방출(trigger-release) 원칙으로 작용한다.

5.2 계통 발생론에서는 긍정적인 유전자 변이는 항상성을 통해(콘래드 워딩턴[Conrad Waddington]) 전체 기관의 발달에 조화로운 방식으로 영향을 미친다.

5.3 개체 발생론에서는 화학적 유발요인은 분화성 조직의 유전적인 잠재력을 발산한다.

5.4 본능적인 행동에서는 단순한 종류의 신호 방출요인(releaser)은 본능적 유발기작(Innate Releasive Mechanisms)을 촉발시킨다(로렌츠(Lorenz)).

5.5 구술 능력을 포함해 배운 기술을 행하는 데 있어서 일반화된 암묵적 요구는 연속적인 더 낮은 계층에 설명되어 있다. 이 계층은 촉발되고 나면 이 계층 구조의 하위 단위들을 적합한 전략적 순서로 피드백을 받으며 활성화시킨다.

5.6 선택적 방출 계층 구조의 n 수준에서의 홀론은 (n+1) 수준에서 한 단위로 나타나 있으며 한 단위로서 실행에 옮겨지도록 촉발된다. 다른 말로 하면 홀론은 관계항의 한 체계로, 더 높은 다음 수준에서 관계항으로서 나타난다.

5.7 사회적 계층 구조(군대, 행정기구)에서는 이와 같은 원칙이 적용된다.

5.8 선택적 유입(인풋) 계층 구조는 이와 반대되는 원칙으로 작용한다. 유발요인 대신 이 계층은 '여과 장치' 유형의 기구(검사기, '공명기', 분류기)를 갖추고 있는데, 이 기구들은 유입의 잡음을 없애고, 이 특정 계층 구조와 관련한 기준에 따라 이 기구들과 관련 있는 내용물을 끌어내며, 이를 소화시킨다. '여과 장치'는 모든 계층에서 작용하는데, 정보의 흐름은 사회적 계층 구조와 신경계에서 이 모든 계층을 통해 흐름의 상승을 주변부에서 중심으로 넘겨주어야만 한다.

5.9 유발요인은 코드화된 신호를 복잡한 선택적 방출 양식으로 전환시킨다. 여과장치는 복잡한 유입 양식을 코드화된 신호로 전환시킨다. 어쩌면 앞의 경우는 디지털에서 아날로그로의 전환과 비교될 수 있으며, 뒤의 경우는 아날로그에서 디지털로의 전환과 비교될 수 있다(밀러, 갈랑테르[Galanter, E.], 프리브람[Pribram, K. H.]의 *Plans and the Structure of Behaviour*(1960)).

5.10 지각 계층 구조에서는 여과 장치의 범위가 습관화와 수용체의 원심 통제에서부터 항상 현상을 통해 공간이나 시간에서의 패턴 인식까지 그리고 언어적 의미와 다른 형태의 의미를 해독하는 것까지에 이른다.

5.11 선택적 방출 계층 구조는 설명하고 구체화하며 자세히 다룬다. 선택적 유입 계층 구조는 소화시키고 끌어내며 일반화한다.

6. 수지상과 그물망 조직

6.1 계층 구조는 '수직적으로' 나뭇가지 모양을 형성하는 구조로 여겨질 수 있다. 계층 구조

에서 뻗어져 나오는 가지들(지점들)은 다른 계층 구조의 지점과 다양한 수준에서 서로 맞물리며 '수평적' 연결망을 형성한다. 수지상과 그물망 조직은 유기체와 사회의 조직 양식에서 상호 보완적인 원칙이다.

6.2 의식적 경험은 다양한 감각 양식에서의 여러 지각적 계층 구조의 협업으로 그 질이 풍부해진다.

6.3 추상적인 기억은 각 지각적 계층 구조의 관련성 범주에 따라 간략해진 형태로 무관한 세부 사항은 없어진 채 저장된다.

6.4 준-직관적인 명확성의 선명한 세부 사항은 이들의 감정을 자극하는 관련성 때문에 저장된다.

6.5 기억이 지닌 경험의 빈곤화는 다양한 관련성 범주를 지닌 다양한 지각적 계층 구조에 대한 기억을 불러일으키는 것을 통한 협력에 의해 어느 정도 대응된다.

6.6 감각-운동조직에서 반사 신경은 고속도로의 정반대 방향으로 움직이는 교통의 흐름을 연결시키는 루프선처럼 가장 낮은 수준에서의 지름길이다.

6.7 숙련된 감각-운동 틀은 루프 내의 고유 수용적이고 외수용적인 피드백 루프의 연결망을 통해 높은 수준에서 작용하는데, 이 연결망은 서보 기구(servo-mechanisms)로서 기능하며 자전거를 타고 있는 사람을 자율적이고 운동적인 항상성의 상태로 유지시켜 준다.

6.8 S-R 이론에서 환경의 우연성은 행동을 결정하는 반면, O. H. S. 이론에서 환경의 우연성은 그저 이미 존재하는 행동 양식을 인도하고 바로잡으며, 안정시킬 뿐이다(바이스[P. Weiss]).

6.9 감각 피드백은 운동 활동을 지도하는 반면, 지각은 이러한 활동에 의존한다. 이런 활동들의 예로는 사물을 훑어보는 다양한 형태의 눈의 운동이나 청각 기억을 돕기 위해 음을 흥얼거리는 것 등을 들 수 있다. 지각적 계층 구조와 운동적 계층 구조는 모든 수준에서 서로 굉장히 친밀하게 상호작용하고 있어서 '자극'과 '반응' 간에 범주적 구분을 하는 것이 의미가 없어질 정도다. 이들은 '서로 보완하는 순환 루프의 양상'이 되었다(밀러 등).

6.10 유기체와 사회는 각 홀론의 영역에서부터 '전체'에 이르기까지 환경의 계층 구조 속에서 작용한다. 어쩌면 이 전체 영역은 시공간에서의 추정으로부터 나온 상상의 환경을 포함할 수도 있다.

7. 조절 통로

7.1 보통 더 높은 계층은 더 낮은 계층과 직접적인 교류를 하지 않으며 이와 반대의 경우도 마찬가지다. 신호는 '조절 통로'를 통해 한 번에 한 단계씩 전해진다.

7.2 언어적 행동과 다른 인간적 기술을 말의 조작 또는 작용의 연쇄로 얘기하는 허위 설명은 계층 구조의 맨 꼭대기와 가장 끝의 가지들 간에 그리고 사고와 철자 간에 빈 공간을 남겨 둔다.

7.3 의식적인 관심을 과정으로 이끎으로써(이렇게 하지 않으면 자동적으로 기능하는) 중간 수준을 짧게 하는 것은 어색함에서부터 정신신체장애에까지 이르는 장애를 일으키는 경향이 있다.

8. 기계화와 자유

8.1 계층의 연속적인 높은 수준에서의 홀론은 굉장히 복잡하고 더 유동적이며 덜 예상 가능한 활동 양상을 보이는 반면, 연속적인 낮은 수준에서의 홀론은 매우 기계화되어 있고 정형화되어 있으며 예상 가능한 양상을 보인다.

8.2 모든 기술은 고유한 것이든 얻어진 것이든 사용할수록 자동적인 틀이 되어 가는 경향이 있다. 이 과정은 '정신적인' 활동이 '기계적인' 활동이 되는 끊임없는 변형으로 묘사될 수 있다.

8.3 다른 모든 것이 동일한 곳인 단조롭고 변화가 없는 환경은 기계화를 촉진시킨다.

8.4 역으로, 새롭거나 예기치 못한 우연의 상황은 계층의 더 높은 수준으로서의 결정을 필요로 하며, 이는 '기계적인' 활동에서 '주의 깊은' 활동으로 변화하는 통제의 상향적인 이동이다.

8.5 각각의 상향적인 이동은 일어나고 있는 활동의 더 선명하고 정확한 의식에 의해 나타난다. 또한 대체적인 선택의 다양성은 더 높은 수준에서의 늘어나는 복잡성과 함께 증가하기 때문에 각 상향적인 이동은 결정의 자유의 주관적인 경험을 수반한다.

8.6 계층 구조적인 접근법은 '정신적임'과 '기계적임'이 단일 과정의 상대적인 특성으로서 나타난다는 연쇄적인 가설을 통해 이원적인 이론을 대체하는데, 이 두 특성 중 우세함은 진행 중인 활동의 통제 수준의 변화에 달려 있다.

8.7 의식은 계통 발생론과 개체 발생론에서 신생의 성질로서 나타나는데, 원시적인 시작 시기에서부터 더 복잡하고 정밀한 상태를 향해 진화한다. 무질서에서 질서를 얻어내는 것과 잡음에서 정보를 얻어내는 것은 통합적인 경향(4.3)의 가장 높은 발현이다.

8.8 자기는 절대 자기 자신의 의식에서 완전히 나타날 수 없으며, 자기의 행동 또한 어떠한 가능한 정보처리 기구에 의해서도 완전히 예상될 수 없다. 이러한 두 시도는 무한한 퇴행으로 이끌게 된다.

9. 평형과 무질서

9.1 유기체나 사회는 이들의 홀론의 S-A 경향이나 INT 경향이 서로 균형을 잡아 주면 역동적인 평형 상태에 있는 것으로 알려져 있다.

9.2 계층 구조의 체계에서 '평형'이라는 용어는 같은 수준에서의 부분 간의 관계를 말하는 것이 아니라 부분과 전체 간의 관계를 지칭하는 것이다(여기서 전체는 더 높은 다음 수준에서부터 부분을 통제하는 작용주체에 의해 나타난다).

9.3 유기체는 주변 환경과 교류하며 살아간다. 보통 상태일 때에는 이 교류에 포함된 홀론에 쌓여 있는 스트레스는 일시적인 성질을 지니고 있으며 평형 상태 또한 회복된다.

9.4 만약 유기체에 대한 도전이 한계치를 넘어서면 균형이 깨지게 될 수 있고 과하게 자극된 홀론이 통제를 벗어나려 하게 될 수 있으며, 결국 전체를 해치며 자기를 주장하거나 전체의 기능을 독점해 버리는 경향을 보일 수 있다. 이 홀론이 한 기관이거나 인지적인 구조(idee fixe)이거나 개인이거나 사회적 집단이든 말이다. 만약 전체의 조직적인 힘이 너무 약해져서 전체가 더 이상 그 부분들을 통제할 수 없게 되면 이와 같은 일이 일어나게 될 수도 있다(차일드[C. M. Child]).

9.5 부분에 대한 전체의 힘이 이들의 자율성과 개성을 약화시킬 때 그와 정반대 유형의 병리가 일어나게 된다. 이는 INT 경향을 사회적 통합의 성숙한 형태에서 동일시의 원시적인 형태와 집단 심리학의 준-최면적인 현상으로 퇴행하도록 이끌 수도 있다.

9.6 동일시의 과정은 공격적인 유형의 대리 감정을 일으킬 수도 있다.

9.7 사회적 홀론의 행동 규칙은 그 홀론의 일원의 행동 규칙으로 축소시킬 수 없다.

9.8 사회적 홀론의 자기중심은 그 홀론의 일원의 이타성을 먹고 산다.

10. 재생

10.1 유기체나 사회에 대한 중대한 도전은 퇴행적인 결과나 재생적인 결과를 만들어 낼 수 있다.

10.2 유기체와 사회의 재생적인 잠재력은 통합의 가장 높은 수준에서부터 더 초기의 원시적인 수준으로 하강하고, 다시 새롭고 수정된 양식으로 상승하며 자신을 드러내 보인다. 이런 유형의 과정은 생물학적 진화와 정신적 진화에서 주요 부분을 맡고 있는 듯 보이며 신화에 나오는 보편적인 죽음과 환생 모티브에 상징되어 있다.

부록 C
수직적 척도의 비교

11장에서 나는 윌버의 9가지 수준의 스펙트럼 모형, 9가지 수준의 과정 에니어그램과 9가지 관점의 성격 에니어그램의 유사점을 논했었다. 또한 나는 과정 에니어그램을 로에빙거의 9가지 수준의 자아발달 모형, 그 모형에 대해 수잔 쿡이 최근에 수정한 형태의 모형 그리고 과정 에니어그램 이론가인 돈 리소와 러스 허드슨의 진정한 자기를 알아내고 드러내기 위한 계층 모형 같은 수많은 발달 모형의 기초로 본다는 것을 언급했었다.[1] 에니어그램 작업에 대한 나의 접근법의 맥락에서 계층 접근법을 다룬 논의를 보려면 본래 *EM*에서 출간되었던 내 글 'Personality, Process & Levels of Development' (2011년 12월~2012년 1월)을 살펴보라. 이 글은 현재 내 웹사이트에서 볼 수 있다(www.enneagramdimensions.net).[2]

이 부록에 나오는 대부분의 논의는 에니어그램의 각 지점이 지닌 특성과 로에빙거/수잔 쿡 모형에서 묘사된 자아 발달의 각 수준 간의 관련성에 중심을 두고 있다. 〈표 C-1〉을 살펴보라. 이 장의 끝에는 비교를 쉽게 하기 위해 모든 6가지 접근법을 포함하고 있는 또 다른 표(〈표 C-2〉 참조)가 실려 있다.

곧이어 나오는 이 두 접근법(에니어그램과 로에빙거/수잔 쿡 모형)을 비교하는 논의는 간략한데, 왜냐하면 이를 깊게 파고들게 되면 애초에 에니어그램과 윌버의 IOS를 연결시키도록 구성된 이 책의 범위를 벗어나게 되기 때문이다. 이 장이 포함된 이유는 부분적으로 로에빙거/수잔 쿡 접근법이 통합 연구에서 굉장히 영향력 있는 모형이 되어 가고 있기 때문이다. 그렇기 때문에 이 장에서의 목표는 에니어그램을 이와 관련된 발달 모형과 연결시키는 최소한의 기본적인 접근법을 제공하는 것이다.

한 가지 주목해야 할 것은 발달 모형을 개념화하는 데에는 2가지 방법이 있다는 것이다. (a) 임상적인 접근법을 사용하거나 (b) 기계적 접근법을 사용하는 것이다. 임상적인 접근법은 변형

〈표 C-1〉 에니어그램과 로에빙거/수잔 쿡 접근법 간의 유사점

		에니어그램		로에빙거/수잔 쿡	
		과정의 단계	성격의 도전과제	로에빙거의 9가지 수준	수잔 쿡의 9가지 수준
초개인적	9	최종적인 통합	존재함 & 통합	통합	통일성
	8	통합된 의식	숙달 & 지도력	자율성	생각 구조 인식, 연금술
	7	확장된 의식	한계 내의 자유	개성(개인주의)	개인주의, 다원주의
개인적	6	두려움 & 직관	두려움을 믿음으로 바꿈	성실성	성실성
	5	인지	이해	자의식, 성실성	자의식, 성실성
	4	자아정체성	'역할적 나 대 진정한 나'	자각	자의식
전개인적	3	역량	구체적인 적응	자기보호/순응	순응
	2	연결	유대 & 자기반영	충동성	충동성
	1	지향	현실을 이해	전-사회적	유아기

과정과 그 과정의 반복적인 본성에 중점을 두고, 부차적으로는 각 주기 내의 단계에 중점을 둔다. 기계적인 접근법은 우리가 이 단계에서 저 단계로 '사다리를 타고 올라가는' 방법(과 각 단계를 구분하는 방법)에 집중하고 있다.

과정 에니어그램은 주로 주기적인 모형으로, 에니어그램의 각 9가지 지점을 주기적 관점에서 살펴보도록 우리를 이끈다(즉, 각 지점을 24시간으로 이루어진 하루처럼, 반복되는 변형 주기 동안에 우리가 거쳐 지나가는 일시적인 상태로 보도록 이끈다).

또한 과정 에니어그램은 발달에서의 구조-단계를 식별하는 데 쓰일 수 있다(예, 일생 동안에 걸쳐 일어나는 영구적인 변화). 그렇지만 이 모형의 기하학적 구조는 '수직적 사고'보다는 '주기적 사고'를 조장한다.

로에빙거/수잔 쿡 척도는 본래 더 기계적이어서 9개의 수직적으로 배열된 구조—단계를 제시한다. 각 구조—단계는 자아 발달의 비가역적인(돌이킬 수 없는) 수준을 묘사한다. 여기서 중점은 (a) 단계를 식별하고, (b) 위로 향하는 진보를 조장하는 것에 있다. 실질적인 적용 측면에서는 이 척도를 사용하는 사람들의 초점은 보통 조직의 관리와 지도력에 있다(그렇기 때문에 성인기 동안의 자아 발달에도 초점을 둔다. 이에 대한 논의를 위해서는 모린 멧캐프와 마크 팔머[Maureen Metcalf & Mark Palmer]의 *Innovative Leadership Fieldbook*(2011)을 살펴보라).[3] 그렇지만 〈표 C-1〉과 〈표 C-2〉에서 볼 수 있듯이 이 모형들은 자아발달의 전반을 유아기에서부터 시작해 전체

적으로 다루고 있다. 다음의 논의에서는 비교를 위해 이 두 모형이 과정 에니어그램에 연관되었다.

하나하나 비교하기

과정 에니어그램의 **1지점**에서 우리는 세상에 점차 적응해 가며 이 세상이 어떤 곳인지(혹은 주어진 변형 주기는 어떤 것인지)에 대해 평가할 수 있게 해 주는 기준을 세워 간다. 로에빙거와 수잔 쿡 모형에서 모두 1지점은 발달의 가장 초기 단계를 가리키는데, 이 지점에서 우리는 가치의 외적 기준을 아직 내면화하지 못한 상태다.

과정 에니어그램의 **2지점**에서 지향 과정을 시작한 우리는 위안을 얻고 다른 사람들을 통해 우리 자신을 감정적으로 비춰 바라보기 위해 유대관계를 형성하고 싶어 한다. 그렇게 우리는 '감성 지능'을 얻기 시작한다. 로에빙거/수잔 쿡에 따르면 이는 충동적인 시기로, 이 시기에는 우리의 감정적 충동(자극)은 활발하지만 아직 자제력을 기르지는 못한 상태다. 이 단계는 감정을 다루는 법과 특히 우리와 친밀한 사람들과의 건강한 관계를 기르는 법을 배우는 것을 수반한다.

과정 에니어그램의 **3지점**에 이르면 역량을 기르고 바깥세상으로부터 새로운 정보를 받아들이기 시작한다. 여기서의 초점은 외부의 기준에 대한 적응과 사회적 환경에서 잘 기능할 수 있는 응집력 있는 자아의 발달에 있다. 로에빙거/수잔 쿡에 따르면 이 지점에서 우리는 '순응주의자'를 보게 된다. 또한 로에빙거는 자기보호적인 단계에 대해 언급하는데, 나는 이 단계를 광범위하게 3지점의 초기 단계와 연관 짓는다. 이 단계에서는 한 개인이 가족 바깥의 더 큰 세상을 처음으로 이해하기 시작한다. '순응주의자'라는 용어는 성격 에니어그램계에서는 쓰이지 않는다. 그렇지만 누구나 이 명칭은 (보통은 좀 더 점잖게 성취하는 사람이라고 불리는) 3지점과 연관된 용어라고 여길 것이다. 하지만 이들의 추진력은 같다. 바로 기존의 사회 환경에 적응하고 그 안에서 성공하는 것이다.

과정 에니어그램의 **4지점**이 되면 우리가 관여하고 있는 대상이나 주제에 완전히 (감정적으로) 전념하게 된다. 그 아래에 무엇이 있는지를 살펴보기 위해 겉 부분 너머를 바라보면서 말이다. 로에빙거/수잔 쿡에 따르면 이 지점에서 우리는 자각하거나(로에빙거) 자의식적(남의 시선을 의식함)이 된다(수잔 쿡). 흥미롭게도 성격 에니어그램의 4지점에 있는 사람들은 극도로 자신을 인식하며, 그렇기 때문에 '자기를 인식하는' 의미와 '감정적으로 벌거벗은' 의미에서 자의식적이 된다.

과정 에니어그램의 5지점에 이르면 감정적으로 자신에게 맞춰진 초점과 깊은 자기인식에서 삶이 우위에 있게 되고, 자기는 뒤로 물러나게 되는 완전히 새로운 인식으로 변화하게 된다.

그렇게 이 지점에서는 중대한 변화를 맞게 된다. 우리로 하여금 모든 것과 관련해 자기를 재위치시키도록 요하는 변화 말이다. 그렇기 때문에 이 지점은 사회적 세상과 분리된 자기와 연관되어 있다. 이 분리는 우리가 궁극적으로 더 높은(더 성실한, 예를 들면, 인도주의적인) 수준과 다시 연관될 수 있도록 해 준다. 하지만 이 지점의 본성은 개인적 관점이나 사회적 관점에서 바라보는 것을 어렵게 한다. 그리고 어쩌면 이는 이 지점이 로에빙거/수잔 쿡의 척도에 명확하게 나타나있지 않은 이유일 수 있다. 왜냐하면 이 단계는 자기주장보다는 자기로부터 멀어짐과 더 같다고 할 수 있기 때문이다.

과정 에니어그램의 6지점은 자기의 재주장을 나타내지만 공동체의 더 큰 맥락 내에서 이를 행한다. 또한 이 지점은 공동체가 우리의 시간, 자원, 감정적 에너지를 요할 정당한 권리가 있다는 것을 이해함을 나타낸다. 로에빙거/수잔 쿡의 척도로 보면 이 지점은 진실된 성실성이 나타남을 의미한다. 흥미롭게도 에니어그램에서는 만약 우리가 도전 과제를 제대로 다루지 못하면 우리는 순응(3지점의 연결지점)의 상태로 돌아가게 되기 쉽다. 이 도전 과제를 대처하는 정도에 따라 7지점과 관계하는 더 개방되고 자발적인 방식으로의 길이 마련된다.

로에빙거/수잔 쿡 모형은 객관성과 성실성을 같은 단계와 연관시키지만 나는 (성격 에니어그램과 과정 에니어그램을 근거로 사용해서) 다르게 주장한다. 이 두 성질은 관련되어 있지만 서로 다른 분리된 단계이며 주관적인 자의식이 먼저 나타나고(4지점) 그 뒤를 객관적인 자의식(5지점)이 뒤따르며, 그 뒤는 6지점에서의 의무감, 책임 혹은 봉사가 뒤따르는 것이다.

7장과 8장에서 논의되었듯이 과정 에니어그램에서의 4~6지점들은 특히 개성화와 변형의 과정과 연관된다. 4지점에서의 감정적 독립에서 5지점의 지적 독립으로, 그리고 6지점에서의 완전한 개성화의 가능성으로 이동하게 되는 것을 그 예로 들 수 있다. 여기서 6지점은 우리가 진정한 자신을 (완전히) 받아들이거나 인습화된 페르소나로 다시 돌아가게 되는(3지점으로 회귀하게 되는) 지점의 의미다.

과정 에니어그램의 7지점에서는 우리가 만약 6지점에서의 문제를 잘 다루어 왔다면 확장된 의식과 성장을 향한 새로운 가능성의 영역에 있는 우리 자신을 발견하게 된다. 로에빙거에 따르면 우리는 자유와 확장과 연관된 개인주의자가 된다. 수잔 쿡에 따르면 우리는 다원적인 지향성을 띠게 된다. 성격 에니어그램의 7유형처럼 말이다!

과정 에니어그램의 8지점에서는 우리 자신의 모든 것 혹은 우리가 있었던 삶의 모든 지점을 완전히 체화한다. 이 지점은 변형의 현재 주기의 정점을 의미한다. 로에빙거에 따르면 이 지점에서 우리는 진정한 자율성을 달성하게 된다. 수잔 쿡에 따르면 이 지점에서 우리는 '생각 구조를 인식하는' 한 전략가들 혹은 연금술사들(이들은 기폭제 또는 변형 기제로서 역할 하는 사람들이다)을 발견하게 된다. '전략가'라는 용어는 성격 에니어그램에서 8유형을 설명할 때 자주 쓰인다. '연금술사' 역시 8유형의 타고난 지도력과 장악력을 고려했을 때 이와 동일하게 적절한 용어다.

과정 에니어그램의 **9지점**에 이르면 우리는 더 크고, 더 보편적인 혹은 통합적인 무언가의 부분이 되기 위해 현재의 주기(혹은 삶) 너머로 이동한다. 로에빙거는 이 지점을 발달의 통합된 시기로 묘사한 반면, 수잔 쿡은 이 시기를 통합적인 의식의 면에서 묘사하며 이를 받아들임, 상호연결, 무한함(영원함)과 동일시한다.

〈표 C-2〉 6가지 발달 모형 간의 유사점

		과정 에니어그램의 단계	성격 에니어그램의 어려움	윌버의 단계/수준	로에빙거의 수준	수잔 쿡의 수준	리소-허드슨의 계층 모형
초개인적	9	최종적인 통합	존재함 & 통합	인과적 수준	통합	통일성	보편적인 존재함
	8	통합된 의식	숙달 & 지도력	미묘한 수준	자율성	생각 구조 인식, 연금술	개인적인 존재함
	7	확장된 의식	한계 내의 자유	정신적 수준	개성 (개인주의)	개인주의, 다원주의	공허감
개인적	6	두려움 & 직관	두려움을 믿음으로 바꿈	비전-로직	성실성	성실성	영혼의 어두운 밤
	5	인지	이해	형식적-반사적 정신	자의식, 성실성	자의식, 성실성	리비도적 에너지
	4	자아정체성	'역할적 나 대 진정한 나'	각본/ 역할적 사고	자각	자의식	잠재되어 있는 정동
전개인적	3	역량	구체적인 적응	표상적 정신	자기보호/순응	순응	동기
	2	연결	유대 & 자기반영	감정적-성적	충동성	충동성	행동
	1	지향	범주 정의	감각적-신체적	전-사회적	유아기	습관적인 태도

이렇게 간략한 분석만으로는 과정 에니어그램과 이 두 관련 발달 모형 간의 잠재적인 유사성을 충분히 다룰 수가 없지만 추후의 탐구를 위한 문을 여는 역할은 할 수 있다.

미주

1) 리소-허드슨의 계층 모형은 리소와 허드슨의 책, *Wisdom of the Enneagram*(1999)의 372~377페이지에 가장 온전하게 묘사되어 있다. 간단하게 말하면 이 모형은 우리의 진정한 본성에 관한 의식의 부족 상태에서 계몽된 의식 상태로 이동하는 과정을 상세히 설명한다. 이 모형은 우리의 의식이 발달하게 되면서 우리가 거쳐 가는 단계들을 묘사하기 때문에 〈표 C-2〉에 나온 것처럼 인간 의식의 발달을 묘사하는 다른 모형과 비교해 볼 수 있는 진정으로 계층 구조적인 모형이다.

2) 'Personality, Process & Levels of Development'은 11장의 마지막 부분에서 나눈 논의의 바탕 역할을 했다.

3) 로에빙거의 9가지 단계에 대한 정보는 위키피디아, 그리고 안젤라(Angela H. Pfaffenberger)와 폴 마르코(Paul W. Marko)의 책, *Exceptional Maturity of Personality: An Emerging Field*(http://www.sunypress.edu/pdf/62108.pdf; [2012-11-15에 인용됨]를 살펴보라. 수잔 쿡의 단계들에 대한 정보는 수잔 쿡의 'Ego Development: Nine Levels of Increasing Embrace'(http://www.cook-greuter.com/9%20levels%20of%20increasing%20embrace%20update%201%2007.pdf;[2012-11-15에 인용됨]) 에서 얻었다.

부록 D
각 에니어그램 지점에서의 발달 선

11장은 우리가 9가지 에니어그램 관점을 다양한 발달 선, 특히 『통합심리학』(2000)의 마지막 부분에 윌버가 나열한 발달 선과 연결할 수 있는 방법에 대한 논의를 포함하고 있다. [그림 11-3]을 참고하라. 사실 이 장은 책에 늦게 추가된 부분이었는데, 즉 이 말은 내가 원했던 만큼 이 개념을 방대하게 탐구할 수가 없었다는 말이다. 나는 이 장을 짧게라도 추가하든지 아니면 아예 빼든지 둘 중에 선택해야 했다. 결국 설명 목적으로 이 부록을 추가하는 것으로 결정했다.

이러한 선들과 지점들끼리의 연결을 간략히 논하기 전에 먼저 짚고 넘어가야 할 몇 가지가 있다. 첫 번째로 이러한 선과 지점은 확정된 정의라기보다는 제안으로 의도된 것이다. 나는 한 특정 발달 선이 항상 그 특정 관점이나 성격 유형과 연관되어 있다는 것을 증명하려는 것이 아니다. 다음에서 논해진 척도들은 모두 에니어그램을 고려하지 않은 채로 구성되었다는 점을 생각해 보면 이런 의도는 아직은 너무 이를 것이다. 에니어그램 관점이 구체적인 내적 동기의 종류에서 생겨나기는 했지만 발달 척도들은 어쩌면 내적 동기(혹은 심지어는 내적 상태)에 초점을 맞출 수도 혹은 맞추고 있지 않을 수도 있다. 더 실증 중심적인 척도일수록 오로지 측정 가능한 행동에만 초점을 맞출 가능성이 더 많다. 비록 그렇기는 하지만 선과 지점을 연결시키는 것은 이들의 어우러짐이 수평적 관점과 수직적 발달 선 간의 관계에 대해 생각해 보는 시작점이 되기에 '충분히 괜찮기 때문에' 유용하다고 할 수 있다.

두 번째로는 11장에서 논의되었듯이 한 특정 선이 한 유형과 연관되어 있다고 해서 그 선이 그 선과 연관된 유형에 해당하는 사람이 발달하기 위해 따라갈 수 있는 혹은 따라가야 하는 주된 발달 선이라는 의미는 아니다. 우리는 각자 어떤 선을 따라서든 발달할 수 있다. 그리고 때로는 드문 선을 따라 발달함으로써 흔치 않은 성장의 기회를 얻게 될 수 있다. 그렇지만 우리의 유형을 발견해 내는 것은 어째서 어떤 선들은 더 쉽고 자연스러우며 다른 선들보다 생산적이게 보이는지를 우리가 이해할 수 있도록 도울 수 있다. 이와 같이 우리의 유형을 발견하는 일은 발달 과정을 더 쉽게 만들어 주는 방식으로 우리가 '영리하게' 일할 수 있도록 도와준다.

마지막으로 현재 일부 에니어그램 지점이 잘 알려진 수많은 발달 선과 연관되어 있는 반면(예, 1지점에서의 도덕성 발달, 3지점에서의 자아발달), 다른 지점들은 더 알려지지 않고 모호하며 측정하기 힘든 발달 선들과 연관되어 있는 것(예. 5지점에서의 심원한 혹은 무속적 발달, 4지점에서의 진실성 또는 감정적 깊이 발달, 6지점에서의 용기 발달)은 사실이다.

심지어 8지점에서의 지도력도 잘 알려지지 않은 수직적 척도와 연관되어 있는 것으로 드러난다(이는 어쩌면 나머지 8개의 지점과 관련된 다양한 발달적 요인을 포함하고 있기 때문일 것이다).

이유가 무엇이든 일부 에니어그램 지점이 다른 지점들보다 더 많은 선을 갖고 있는 것으로 보이는 사실은 (혹은 더 잘 알려진 선들과 연관된 것으로 보이는 사실은) 이 유형이 더 많은 발달의 잠재력을 갖고 있다는 의미로 여겨져서는 안 된다. 이 모든 사실은 일부 특성이 (a) 현재 가능한 방법론을 사용해 정식으로 측정하는 것이 더 쉽거나, (b) 연구자들에게 더 큰 관심거리라는 것을(이는 어쩌면 이들이 자신의 문화 내에서 가장 존대 받는 유형의 발달을 조장하기 때문일 것이다) 말해 주는 것이다.

이제 이러한 요소들을 염두에 두고 11장의 [그림 11-3]에서 묘사된 집단 분류에 근거해서 각 9가지 에니어그램 관점과 다양한 발달 무리를 어떻게 짝지을지 간단하게 살펴보도록 하자. 여기서 편한 참고를 위해 『통합심리학』에서 나열된 발달 선들이 서술되어 있는 각 페이지 번호를 적어 놓았다는 것을 참고하기를 바란다. 『통합심리학』에 나와 있지 않은 척도에 대해서는 그를 대체할 수 있는 참고 자료를 가능할 때마다 적어 두었다.

1지점: 윤리적/활동가/종교적/이상주의적/자기 훈련/법과 정의 지향적 발달. 이에 대한 예시로는 콜버그의 도덕성 발달 단계(p. 206), 캐롤 길리건의 여성적 도덕성 발달 계층(p. 206), 존 라울스의 도덕적 위치(p. 208), 스캇 펙의 도덕적 동기(p. 207)를 들 수 있다. 이 모든 척도는 1지점의 중심적인 관심사인 도덕적 기준과 합법적인 행위의 발달과 관련된다.

2지점: 공감적/감정적/사회적/의사소통적/성적 발달. 이에 대한 예시로는 대니얼 골먼의 감정적 발달 단계[1], 마리 포춘의 성적 관계(p. 212), 윌버의 (감정적) 척도(p. 212), 터너/포웰의 사회적 역할 수용(p. 207)을 들 수 있다. 여기에 나열된 척도들은 감정적 구분화 발달(골먼, 윌버), 공감 발달(수잔 베낵), 성적 관계에 윤리적으로 관여할 수 있는 능력의 발달(마리 포춘), 사람들과 사회적으로 상호작용할 수 있는 능력의 발달(터너/포웰)을 묘사한다.

3지점: 자아발달/실용적 기술/적응 능력/팀 지향적 가치. 이에 대한 예시로는 피아제에 의해 개발된 자아발달 척도(p. 201), 수잔 쿡의 자아발달 척도(p. 205), 로에빙거의 자아발달 척도(p. 203), 로버트 키건의 자아발달 척도(p. 205)를 들 수 있다. 그렇지만 이 예시들은 우리로 하여금 심리적으로 안정적이 되게 해 주면서도 동시에 우리의 환경에 능숙하게 적응할 수 있게 해 주는 일종의 견고한 자아정체성을 발달시키는 우리의 능력을 묘사하는 데 쓰일 수 있는 척도의 극히 일부다.

4지점: 미학 발달/심층 심리학/진실성/개성/자립 능력. 이에 대한 예시로는 융의 개성화 과정 단계,[2] 영웅의 미지로의 여정(하강) 단계, 윌버의 예술(적) 발달 단계(p. 213)를 들 수 있다. 수많은 4지점 특성, 그 중에서도 특히 감정적 진정성의 발달을 가늠하는 진정한 형식에 맞춰진 척도를 찾기란 어려운 일이다. 내가 윌버의 예술 척도를 이 지점에 지정하기는 했지만 이는 4유형이 다른 유형보다 더 예술적이라서 그런 것이 아니라 4유형이 창출하는 예술이 종종 이들의 변형 과정의 중심이기 때문이다.

5지점: 이성적/철학적/심원함/무속적 발달. 이에 대한 예시로는 스탠포드-비네(Stanford-Binet) 같은 IQ 검사에 의해 결정되는 인지 능력의 발달, 철학과 그에 관계된 분야에서의 학위, 무속으로의 입문이나 심원한 지혜를 추구하는 사람들에게 주어지는 시험(예, 이는 프리메이슨의 33도에도 반영되어 있다) 등을 통해 얻는 '깊은 지혜'를 들 수 있다. 비록 5지점은 지적 발달(과 모든 종류의 인지 능력을 평가하도록 설계된 척도)과 매우 연관되어 있지만 어쩌면 이런 숨겨진 지혜의 방법이 5지점의 발달의 진정한 본성을 더 잘 파악하는지도 모른다.

6지점: 믿음의 발달/확신/용기/책무/의무/계몽된 실증(경험)주의; 큰 위험을 통한 두려움 극복/저돌적임(무모함)/역공포적 경로. 이에 대한 예시로는 제임스 파울러의 믿음의 단계(p. 209), 군 계급, 영웅적인 행위에 대한 훈장을 들 수 있다. 파울러의 믿음의 단계 외에도 믿음, 용기, 책무의 발달을 직접적으로 측정하는 척도가 일부 있다. 그렇지만 소방관, 경찰, 군 직원들의 계급 같은 이러한 덜 직접적인 형태의 인정도 많이 있다.

7지점: 평등주의자/초개인적/선견지명/혁명적/미래적/체계 중심적 발달. 이에 대한 예시로는 벡과 코완(Beck & Cowan)의 나선 역학(p. 204), 윌버의 나선 역학(SD)의 변이형[3]을 들 수 있다. 또한 7지점의 경로는 색다르거나 이상적인 결과를 상상하는 능력을 필요로 하는 경로를 포함한다(그렇지만 7유형의 굉장한 독특함과 이례적임 때문에 이에 대한 예시를 얻는 것은 어렵다!). 내가 나선 역학을 7지점에 놓은 이유는 나선 역학이 개인의 변형과 문화의 변형 모두에 초점을 맞추는 하나이지만 통합 중심적인 척도를 통해 수많은 다양한 발달 줄기를 종합하려는 시도를 나타내기 때문이다.

8지점: 숙달성의 발달/지도력/전문성/단일 의식. 이에 대한 예시로는 스리 오로빈도의 통합 요가의 단계(pp. 200, 202), 드레퓌스와 드레퓌스의 전문성의 5가지 수준,[4] 10개의 세피로스와 연결된 유대교 신비주의(카발라)의 수준(p. 200), 리드베터(C. W. Leadbetter)의 신지학적 수준(p. 200), 연금술 발달의 7가지 수준[5]을 들 수 있다.

지도력의 발달은 큰 관심거리이지만 학문적 문헌 혹은 대중적인 문헌에서도 지도력 발달에 대한 포괄적인 경로에 대해서는 놀랄 만큼 나와 있는 것이 없다(그리고 초점은 지도력의 유형이나 이러한 다양한 유형의 효력을 결정하는 상황적 변수에 더 맞춰져 있다). 숙달의 개념 역시 비교적 잘 논의되지 않은 채로 남아 있는데, 내가 생각하기에 그 이유는 숙달이 이론적인 용어로는 묘사하기 힘든 직접적인 관여의 종류를 종종 수반하기 때문이라고 본다(예, 숙련된 장인, 기계공, 건축가의 발달 등)—그렇지만 드레퓌스와 드레퓌스 모형은 전문성의 발달을 묘사하기에 꽤 괜찮은 모형이다(12장을 살펴보라). 하지만 우리가 영적 발달에 집중한다면 영적 깨달음으로 이끌도록 설계된 모든 경로, 특히 스리 오로빈도의 통합 요가 같은 포괄적인 지향을 포함하는 경로를 포함할 수 있다.

9지점: 신비적/통합적/조화 지향적/유기적 발달. 이에 대한 예시로는 이블린 언더힐의 신비적 발달의 단계(p. 209), 아빌라(Avila)의 성 테레사의 내면생활의 7가지 단계(p. 211), 마음의 경로에서의 수피교 영역을 들 수 있다.[6]

9지점은 에니어그램에서 가장 선천적으로 신비로운 지점으로서 본래부터 자연적이고 자발적이며 외면을 향하기보다는 내면을 향하는 경로와 연관되어 있다. 이러한 경로는 이들을 정확히 이해하고 분석하는 것을 어렵게 만드는 방식으로 '배경에 뒤섞이는' 경향이 있지만 현재의 순간에 발생하는 사물에 따라 행하는 것에 대한 가치로 우리의 관심을 유도한다.

***

앞의 요약은 11장의 [그림 11-3]을 명확히 설명하고, 그 장에서의 에니어그램 관점과 발달의 수직 선 간의 관계에 대한 짧은 논의를 더 구체화하기 위해 계획되었다. 또한 이 요약은 확실히 각 에니어그램 관점과 연관될 수 있는 모든 가능한 발달 선의 포괄적인 목록을 제공하기 위해 의도된 것이 아니다. (이에 관심이 있는 독자들은 각 유형과 연관된 다양한 원형이 다양한 발달의 경로를 일으키기 때문에 이들에 대한 개념을 알아보기 위해 나의 두 번째 저서인 *Archetypes of the Enneagram* (2010)을 살펴볼 수 있다.)

또한 이러한 논의는 우리의 수평적 관점과 우리가 따라 발달해 가는 수직적 선 간의 관계에 대한 추후의 탐구뿐 아니라 어떠한 발달 선이 정식으로 인정받고 조장되며, 어떠한 선이 폄하받고 무시되며 심지어 법으로 금지되기까지 하는지를 결정하는 데 있어서의 문화의 역할에 대한 향후의 탐구를 위한 출발점도 제공한다.

미주

1) http://danielgoleman.info/growth-stages-of-ei/;[2013-06-04에 인용됨]
2) http://www.goertzel.org/dynapsyc/2005/Whitlark.htm;[2013-06-04에 인용됨]을 참고하라.
3) 윌버의 *Integral Spirituality*(2006)의 68페이지 이후의 삽화에 있는 그림 2~4와 나선 역학의 색채 도식(이는 각 수준의 색을 그 수준과 연관된 이론화된 성질과 연결시키는 것에 의존한다)의 대체로 무지개 색을 사용하는 것에 대한 논의를 살펴보라. 이런 식으로 베이지 색은 '초원에서의 생존', 보라색은 초기 문명에서 사용되었던 첫 염료, 빨간색은 공격적인 감정적 에너지와 연관되는 등의 도식이다. 색채와 수준 간의 관련성에 대한 완전한 목록을 보려면 http://www.spiraldynamics.ua/Graves/colors.htm;[2013-06-04에 인용됨]를 살펴보라.
4) 12장에서 '창조적인 삶을 사는 기술' 부문을 살펴보라.
5) 발달의 7가지 연금술적 단계에 대한 설명을 보려면 모리스 아니안(Maurice Aniane)의 글, 'Alchemy: the Cosmological Yoga, Part 2: Phases of the Work'를 살펴보라. http://www.alchemylab.com/;[2013-06-03에 인용됨]. (이 웹사이트에는 발달의 연금술적 스펙트럼에서 나의 위치를 찾을 수 있게 해 주는 흥미로운 퀴즈가 포함되어 있다. http://www.alchemylab.com/quiz.htm을 살펴보라.)
6) 다양한 수피 교파와 선들은 이러한 영역들과 관련되었으면서도 약간 다른 방식으로 이 영역을 묘사한다. http://www.sufiway.net/sec3=PRINsuf=maqm811326.html;[2013-06-03에 인용됨]를 살펴보라.

부록 E
역자들이 추천하는 참고도서 및 자료

1. 켄 윌버(Ken Wilber)

1) 의식의 스펙트럼, 켄 윌버 지음, 박정숙 옮김/ 범양사, 2006

2) 통합심리학, 켄 윌버 지음, 조옥경 옮김/ 학지사, 2008

3) 통합비전, 켄 윌버 지음, 정창영 옮김/ 김영사, 2014

4) 아이 투 아이, 켄 윌버 지음, 김철수 옮김/ 대원출판사, 2004

5) 켄 윌버의 일기, 켄 윌버 지음, 김명권, 민희준 옮김/ 학지사, 2010

6) 감각과 영혼의 만남, 켄 윌버 지음, 조효남 옮김/ 범양사, 2007

7) 무경계, 켄 윌버 지음, 김철수 옮김/ 정신세계사, 2012

8) 에덴을 넘어, 켄 윌버 지음, 조옥경, 윤상일 옮김/ 한언출판사, 2009

9) 모든 것의 역사, 켄 윌버 지음, 조효남 옮김/ 대원출판사, 2004

10) *Sex, Ecology, Spirituality: The Spirit of Evolution* (1995/2000). Boston: Shambhala.

11) *Integral Life Practice: A 21st-Century Blueprint for Physical Health, Emotional Balance, Mental Clarity, and Spiritual Awakening* (2008) Boston: Integral Books.

12) *The Atman Project: A Transpersonal View of Human Development* (1980). Wheaton, IL: The Theosophical Publishing House.

13) *The Pre/Trans Fallacy* (1980). *ReVision, 3*(2), 51-73.

14) *A Sociable God: A Brief Introduction to a Transcendental Sociology* (1983/2005). New York: McGraw-Hill.

2. 수잔 로즈(Susan Rhodes)

1) *The Positive Enneagram* (2009)

2) *Archetypes of the Enneagram* (2010)

3) On The Nature of the Enneagram Subtypes (2006); www. enneagramdimensions.net. 참고

4) 에니어그램의 두 가지 관점의 연결: 성격과 과정의 조화('Reconciling Personality with Process: Linking Two Views of the Enneagram,' 2007) *Enneagram Monthly*, April issue.

5) 역낭만주의가 에니어그램 분야에 미치는 부정적 영향에 대한 '역낭만주의적 이상과 에니어그램(The Retro-Romantic Ideal and the Enneagram)', (2010년 9월); 5장을 참고할 것.

6) 켄 윌버가 그의 저서인 *Integral Spirituality*에서 설명한 9가지 에니어그램 유형과 켄 윌버의 8가지 정신적 지평선 간의 묘한 유사점에 대한 '켄 윌버의 8가지 정신적 지평선과 9가지 에니어그램 유형(Ken Wilber's 8 hori-zones & 9 Enneagram Types)', (2011년 6월); 10장을 참고할 것.

7) 변형은 상승뿐 아니라 하강도 포함한다는 생각에 대한 '통합적 삶과 에니어그램(Integral Living and the Enneagram)', (2011년 10월); 9장과 12장을 참고할 것.

8) 윌버의 발달의 9가지 수준, 과정 에니어그램의 발달의 9가지 단계, 성격 에니어그램의 9가지 관점 간의 유사점에 대한 '성격, 과정과 발달의 수준(Personality, Process & Levels of Development)', (2011년 12월~2012년 1월); 11장을 참고할 것.

9) 통합적 변형의 현재 모형의 빈틈을 채우기 위해 과정 에니어그램을 사용하는 것에 대한 '통합적 변형의 에니어그램에 근거한 모형(An Enneagram-based Model of Integral Transformation)', (2012년 6월); 9장을 참고할 것.

3. 아서 케스틀러(Arthur Koestler)

1) *The Invisible Writing* (1954/1998). New York: Macmillan.

2) *The Act of Creation* (1964/1990). New York: Penguin.

3) *The Ghost in the Machine* (1967). New York: Macmillan.

4) *Beyond Reductionism: New Perspectives in the Life Sciences* (The Alpbach Symposium) (1969). Boston: Beacon Press.

5) *Bricks to Babel* (1980). New York: Random House.

4. 돈 리처드 리소(Don Richard Riso)

1) 에니어그램의 지혜. 돈 리처드 리소, 러스 허드슨 지음, 주혜명 옮김/ 한문화, 2009

2) *Understanding the Enneagram* (2000). Boston: Houghton-Mifflin.

5. 구르지예프(George Ivanovich Gurdjieff)

In Search of the Miraculous: The Teachings of G. I. Gurdjieff (1949/2001). New York: Harvest.

6. 클라우디오 나란조(Claudio Naranjo)

1) *Character and Neurosis: An Integrative View* (1994). Nevada City, CA: Gateway Books.

2) *The Enneagram of Society: Healing the Soul to Heal the World* (2004). Nevada City, CA: Gateway Books.

7. 알마스(A. H. Almass)

1) *Essence: The Diamond Approach to Inner Realization* (1986). Newburyport, MA: Red Wheel Weiser.

2) *Facets of Unity: The Enneagram of Holy Ideas* (1998). Berkeley: Diamond Books.

3) *The Pearl Beyond price: Integration of Personality into Being: An Object Relations Approach* (2000). Berkeley: Diamond Books.

8. 블레이크(A. G. E. Blake)

1) Preface to *Enneagram Studies*, by J. G. Bennett. York Beach, ME: (1983). Samuel Weiser.

2) *The Intelligent Enneagram* (1996). Boston: Shambhala.

3) On Time: Only Through Time, Time is Conquered (1998). *Enneagram Monthly*, Jan. issue.

9. 데보라 오튼 & 베스 오하라(Deborah Ooten & Beth O'hara)

Levels of Consciousness (2010). *Enneagram Journal*, 3, 33-53.

10. 피터 맥냅(Peter Mcnab)

Towards an Integral Enneagram (2012). *Enneagram Journal, 5,* 79-114.

11. 산드라 메이트리(Sandra Maitri)

1) *The Spiritual Dimension of the Enneagram* (2000). New York: Tarcher.
2) *The Enneagram of Passions and Virtues* (2005/2009). Finding the Way Home. New York: Tarcher.

12. 헐리 & 돕슨(Hurley & Dobson)

My Best Self: Using the Enneagram to Free the Soul (1993).

13. 네이선 베르니에(Nathan Bernier)

The Enneagram: Symbol of All and Everything (2003). Brasilia, Brazil: Gilgamesh.

14. 유용한 웹사이트

1) 수잔 로즈가 제시하는 에니어그램 기질별 본성에 대한 연구를 이해하기 위하여: http//www.enneagramdimensions.net/articles.htm
2) 켄 윌버의 사상을 종합하기 위하여 : www.kenwillber.com
3) 켄 윌버의 통합적 삶에 대한 실제적인 적용을 이해하기 위하여: www.integral-life-practice.com, www.integrallife.com
4) 에살렌 연구소는 미국 캘리포니아 명상과 심리극을 통한 심리, 물리 요법 등을 제공하는 미국 캘리포니아에 있는 단체로 현재까지도 종교, 심리학, 예술, 성, 치료 등 각 분야에 걸쳐 정신과 몸, 영혼에 대한 세미나 및 워크숍을 제공한다. www.esalen.org
5) 진리의 구도자, 즉 에니어그램 초기의 모습을 이해하기 위하여: www.seekeraftertruth.com
6) 알마스의 이론: 9유형의 허상을 이해하기 위하여 http://glossary.ahalmaas.com/phrases/552
7) 에니어그램 유형의 방어기제를 이해하기 위하여: www.enneagramwork.com/defense_systems.html
8) 국제 에니어그램 협회: 에니어그램을 전 세계 30개국에서 함께 명상, 영성, 교육, 상담, 치유의 장면에서 활동하는 회원들의 장: www.internationalenneagram.org
9) 문학 작품과 영화를 통해 만날 수 있는 에니어그램: www.judithsearle.com

참 고 문 헌

Almaas, A. H. (1986). *Essence: The Diamond Approach to Inner Realization.* Newburyport, MA: Red Wheel Weiser.

Almaas, A. H. (1998). *Facets of Unity: The Enneagram of Holy Ideas.* Berkeley: Diamond Books.

Almaas, A. H. (2000). *The Pearl Beyond price: Integration of Personality into Being: An Object Relations Approach.* Berkeley: Diamond Books.

Armstrong, David, & Ben H. Bagdikian (1999). *Trumpet to Arms: Alternative Media in America.* Cambridge, MA: South End Press.

Avinov, Marie, & Paul Chavchavadze (1968). *Marie Avinov: Pilgrimage Through Hell.* Englewood Cliffs, NJ: Prentice-Hall.

Baron, Renee, & Elizabeth Wagele (1994). *The Enneagram Made Easy.* New York: HarperCollins.

Beauregard, Mario, & Denyse O'Leary (2007). *The Spiritual Brain: a Neuroscientist's Case for the Existence of Soul.* San Francisco: HarperOne.

Begley, Sharon (2007). *Train Your Mind, Change Your Brain.* New York: Ballantine.

Bem, D. J. (2011). Feeling the Future: Experimental Evidence for Anomalous Retroactive Influences on Cognition and Affect. *Journal of Personality and Social Psychology*, 100, 407-425.

Bennett, J. G. (1983). *Enneagram Studies.* York Beach, MEL Samuel Weiser.

Bernier, Nathan (2003). *The Enneagram: Symbol of All and Everything.* Brasilia, Brazil: Gilgamesh.

Blake, A. G. E. (1983). Preface to *Enneagram Studies*, by J. G. Bennett. York Beach, ME: Samuel Weiser.

Blake, A. G. E. (1996). *The Intelligent Enneagram.* Boston: Shambhala.

Blake, A. G. E. (1998). On Time: Only Through Time, Time is Conquered. *Enneagram Monthly*, Jan. issue.

Briggs Myers, Isabel, with Peter Myers (1980). *Gifts Differing.* Palo Alto: Consulting Psychologists Press.

Broad, William J. (2012). *The Science of Yoga: The Risks and the Rewards.* New York: Simon & Schuster.

Browne, Sylvia (1998). *Adventures of a Psychic.* Carlsbad, CA: Hay House.

Bruner, Jerome (1990). *Acts of Meaning.* Cambridge: Harvard University Press.

Caplan, Marianna (1999). *Halfway Up the Mountain: The Error of Premature Claims tro Enlightenment.* Prescott, AZ: Hohm.

Conquest, Robert (1986). *Harvest of Sorrow: Soviet Collectivization and the Terror-Famine.* New York: Oxford University Press.

Csikszentmihalyi, Mihalyi (1990). *Flow: The Psychology of Optimal Experience.* New York: HarperCollins.

Daniels, Michael (2005). *Shadow, Self, Spirit: Essays in Transpersonal Psychology.* Charlottesville, VA: Imprint Academic Philosophy Documentation Center.

de Becker, Gavin (1989). *A Gift of Fear: Survival Signals that Protect Us from Violence.* New York: Dell.

Deci, E. L., R. Koestner, & R. M. Ryan. (1999). A Meta-analytic Review of Experiments Examining the Effects of Extrinsic Rewards on Intrinsic Motivation. *Psychological Bulletin*, 125, 627-668.

Doidge, Norman (2007). *The Brain That Changes Itself.* New York: Penguin.

Dossey, Larry (2009). *The Power of Premonitions: How Knowing the Future Can Shape Our Lives.* New York: Dutton.

Dreyfus, Hubert, & Stuart Dreyfus. (1986). *Mind Over Machine: The Power of Human Intuition and Expertise in the Era of the Computer.* New York: Free Press.

Eliade, Mircea (1964/2004). *Shamanism: Archaic Techniques of Ecstasy.* Princeton: Princeton Univ. Press.

Epstein, Mark (2005). *Open to Desire: Embracing a Lust for Life, Insights from Buddhism & Psychotherapy.* New York: Gotham.

Ferrer, Jorge (2004). Integral Transformative Practice: A Participatory Perspective. *Re-Vision*, 27(1), 10-17.

Ferrer, Jorge (2008). What Does It Mean to Live a Fully-Embodied Spiritual Life? *International Journal of Transpersonal Studies*, 27, 1-11.

Ferrer, Jorge (2011). Participation, Metaphysics, and Enlightenment: Reflections on Ken Wilber's Recent Work. *Transpersonal Psychology Review*, 14(2), 3-24.

Ferrer, Jorge, Ramon Albareda, and Marina T. Romero (2004). Embodied Participation in the Mystery: Implications for the Individual, Interpersonal Relationships, and Society. *Journal of Transpersonal Psychology*, 35(1), 21-42.

Ford, Debbie (2010). *The Darker Side of Light Chasers.* New York: Riverhead.

Fortune, Dion (1949/1995). *The Cosmic Doctrine.* London: Society of the Inner Light.

Fortune, Dion (1962/2000). *Applied Magic.* York Beach, ME: Samuel Weiser.

Fortune, Dion (1987). *Sane Occultism & Practical Occultism in Everyday Life.* London: Aquarian.

Fortune, Dion (1987/1995). *Esoteric Orders and Their Work & The Training and Work of an Initiate.* London: Thorsons.

Fortune, Dion (2000). *The Mystical Qabalah*, York Beach, ME: Weiser.

Fox, Matthew (2004). *Creativity: Where the Divine and the Human Meet*. New York: Jeremy P. Tarcher.

Graves, Clare (1974). Human Nature Prepares for a Momentous Leap. *The Futurist*, April issue, 72-87; revised and available at www.claregraves.com.

Gray, Kurt, & Daniel M. Wegner (2008). The Sting of Intentional Pain. *Psychological Science*, 19, 1260-1262.

Haich, Elizabeth (1982). *Sexual Energy and Yoga*. Santa Fe, NM: Aurora Press.

Halifax, Joan (1979). *Shamanic Voices: A Survey of Visionary Narratives*. New York: E. P. Dutton.

Hall, Manly P. (1977). *The Secret Teachings of All Ages*. Los Angeles: The Philosophical Research Society.

Hanh, Thich Nhat (1998). *The Heart of the Buddha's Teaching: Transforming Suffering into Peace, Joy, and Liberation*. New York: Broadway Books.

Hurley, Kathleen, & Theodore Dobson (1993). *My Best Self: Using the Enneagram to Free the Soul*. New York: HarperCollins.

Ichazo, Oscar (1988). *Letters to the School*. New York: Arica.

Interviews with Oscar Ichazo (1982). Breaking the Tyranny of Ego. Interview of Oscar Ichazo by Sam Keen. New York: Arica, 3-24.

Jenny, Hans (1967/2001). *Cymatics: A Study of Wave Phenomena & Vibration*. Eliot, ME: Macromedia.

Johnson, Robert (1998). *Balancing Heaven and Earth*. San Francisco: HarperOne.

Jung, C. G. (1954/1981). The Development of Personality. in *The Development of Personality: Papers on Child Psychology, Education, and Related Subjects*, R. F. C. Hull, trans. Princeton: Princeton Univ. Press.

Jung, Carl (1971). The Stages of Life. in *The Portable Jung*, Joseph Campbell, ed. New York: Penguin.

Jung, Carl (1971/1976). Dream Symbolism in Relation to Alchemy. in *The Portable Jung*, Joseph Campbell, ed. New York: Penguin.

Jung, Carl (1989). *Memories, Dreams, and Reflections*. Aniela Jaffe, ed. New York: Vintage.

Ken Wilber in Dialogue (1998), Don Rothberg & Sean Kelly, eds. Wheaton, IL: Quest.

Kennedy-Moore, Eileen, & Jeanne C. Watson (1999). *Expressing Emotion: Myths, Realities, and Therapeutic Strategies*. New York: Guilford Press.

Koestler, Arthur (1954/1998). *The Invisible Writing*. New York: Macmillan.

Koestler, Arthur (1964/1990). *The Act of Creation*. New York: Penguin.

Koestler, Arthur (1967). *The Ghost in the Machine*. New York: Macmillan.

Koestler, Arthur (1969). *Beyond Reductionism: New Perspectives in the Life Sciences (The Alpbach Symposium)*. Boston: Beacon Press.

Koestler, Arthur (1978). *Janus: A Summing Up*. New York: Random House.

Koestler, Arthur (1980). *Bricks to Babel*. New York: Random House.

Kofman, Fred [no date given]. Holons, Heaps, and Artifacts (And their corresponding hierarchies). available at www.integralworld.net.

Kornfeld, Jack (1993). *A Path With Heart*. New York: Bantam.

Krechevsky, I. (later known as David Krech) (1932). Hypotheses in Rats. *The Psychological Review*, 39(6), 316-332.

Lakoff, George, & Mark Johnson (1980). *Metaphors we Live By*. Chicago: Univ. of Chicago Press.

Lazar, Sara. "Growing the Brain through Meditation" (2006). available at www.hms.harvard.edu/hmni/On_The_Brain/Volume12/OTB_Vol12No3_Fall06.pdf.

LeShan, Lawrence (1990). *The Dilemma of Psychology*. New York: Dutton.

Loftus, E.F., E. Greene, & K. H. Smith (1980). How deep is the meaning of life?. *Bulletin of the Psychonomic Society, 15, 282-284.*

Long, Jeffrey, & Paul Perry (2010). *Evidence of the Afterlife: The Science of Near-Death Experiences*. San Francisco: Harper One.

Luke, Helen (1975). *Dark Wood to White Rose*. Pecos, NM: Dove.

Mackenzie, Vicki (1998). *Cave in the Snow: Tenzin Palmo's Quest for Enlightenment. New York: Bloomsbury USA.*

Maharishi Mahesh Yogi (1966/1975). *The Science of Life and Art of Living*. Livingstone Manor, NY: MIU Press.

Maitri, Sandra (2000). *The Spiritual Dimension of the Enneagram*. New York: Tarcher.

Maitri, Sandra (2005/2009). *The Enneagram of Passions and Virtues: Finding the Way Home. New York: Tarcher.*

Masters, Robert P. (2010). *Spiritual Bypassing: When Spirituality Disconnects Us from What Really Matters. Berkeley: North Atlantic Book.*

Mayer, Elizabeth Lloyd (2007). *Extraordinary Knowing: Science, Skepticism, and the Inexplicable Powers of the Human Mind*. New York: Bantam.

McNab, Peter (2012). Towards an Integral Enneagram. *Enneagram Journal*, 5, 79-114.

McTaggart, Lynne (2008). *The Intention Experiment: Using Your Thoughts to Change Your Life and the World*. New York: Free Press.

Mehl-Madrona, Lewis (2010). *Healing the Mind Through the Power of Story: The Promise of Narrative Psychiatry*. Rochester, VT: Bear & Co.

Meins, Elizabeth (1997). *Security of Attachment and the Social Development of Cognition*. New York: Psychology Press.

Metcalf, Maureen, & Mark Palmer (2011). *Innovative Leadership Fieldbook*. Tuscon, AZ: Integral Publishers.

Meyerhoff, Jeff (2010). *Bald Ambition*: Inside the Curtain Press; available at www.integralworld.net.

Mitchell, John, & Alan Brown (2009). *How the World is Made: The Story of Creation According to Sacred Geometry. Rochester, VT: Inner Traditions.*

Moore, Richard K. (1997). Inventing Enneagrams: The 'Dramatic Story' and Two-Force Analysis. *Enneagram Monthly*, August issue.

Muller, Herbert J. (1943). *Science and Criticism: The Humanistic Tradition in Contemporary Thought*. New Haven: Yale University Press.

Myss, Caroline (2003). *Sacred Contracts: Awakening Your Divine Potential*. New York: Three Rivers Press.

Nachmanovitch, Stephen (1990). *Free Play: Improvisation in Life and Art*. New York: Jeremy P. Tarcher.

Naranjo, Claudio (1994). *Character and Neurosis: An Integrative View*. Nevada City, CA: Gateway Books.

Naranjo, Claudio (2004). *The Enneagram of Society: Healing the Soul to Heal the World*. Nevada City, CA: Gateway Books.

O'Brien, Justin (1998). *Walking with a Himalayan Master: An American's Odyssey*. St. Paul, MN: Yes International Publishers.

Ooten, Deborah, & Beth O'Hara (2010). Levels of Consciousness. *Enneagram Journal*, 3, 33-53.

Ouspensky, P. D. (1949/2001). *In Search of the Miraculous: The Teachings of G. I. Gurdjieff*. New York: Harvest.

Palmer, Helen (1995). *The Enneagram in Love & Work*. San Francisco: Harper.

Pearsall, Paul (1998). *The Heart's Code: Tapping the Wisdom and Power of Our Heart Energy*. New York: Broadway Books.

Pfaffenberger, Angela H., & Paul W. Marko (2011). Exceptional Maturity of Personality: An Emerging Field; available at www.sunypress.edu/pdf/62108.pdf.

Plato, Timeus, 29/30; 4th century B.C.

Polanyi, Michael (1965). On the Modern Mind. *Encounter*, 24, 12-20, cited in *Michael Polanyi*, by Mark T. Mitchell (2006). Wilmington, DE: ISI Books.

Radin, Dean (2006). *Entangled Minds: Extrasensory Experiences in a Quantum Reality*. New York: Paraview Pocketbooks.

Reynolds, Brad (2006). *Where's Wilber At? Ken Wilber's Integral Vision in the New Millennium*. St. Paul, MN: Paragon House.

Rhodes, Susan (2006). On The Nature of the Enneagram Subtypes. available at www.enneagramdimensions.net.

Rhodes, Susan (2007). Reconciling Personality with Process: Linking Two Views of the Enneagram. *Enneagram Monthly*, April issue.

Rhodes, Susan (2009). *The Positive Enneagram*. Seattle: Geranium Press.

Rhodes, Susan (2010). The Retro-Romantic Ideal and the Enneagram. *Enneagram Monthly*, September issue.

Rhodes, Susan (2010). *Archetypes of the Enneagram*. Seattle: Geranium Press.

Rhodes, Susan (2011). Integral Living and the Enneagram. *Enneagram Monthly*, October issue.

Rhodes, Susan (2011). Ken Wilber's 8 Hori-zones & 9 Enneagram Types. *Enneagram Monthly*, June issue.

Rhodes, Susan (2011/2012). Personality, Process & Levels of Development. *Enneagram Monthly*, Dec. 2011-Jan. 2012 issue.

Rhodes, Susan (2012). An Enneagram-based Model of Integral Transformation. *Enneagram Monthly*, June issue; an updated version is available at www.integralworld.net.

Riso, Don, & Russ Hudson (1999). *Wisdom of the Enneagram*. New York: Bantam.

Riso, Don, & Russ Hudson (2000). *Understanding the Enneagram*. Boston: Houghton-Mifflin.

Rodman, F. Robert (2003). *Winnicott*. Cambridge: Perseus.

Sansonese, J. Nigro (1994). *The Body of Myth: Mythology, Shamanic Trance, and the Sacred Geography of the Body*. Rochester, VT: Inner Traditions.

Scammell, Michael (2009). *Koestler*. New York: Random House.

Schaef, Anne Wilson (1994). *Beyond Therapy, Beyond Science: A New Model for Healing the Whole Person*. New York: HarperCollins.

Schwartz, Gary, & Linda Russek (1999). *The Living Energy Universe: A Fundamental Study that Transforms Science and Medicine*. Newbury Port, MA: Hampton Roads.

Searle, Judith (1997). The Gap at the Bottom of the Enneagram. *Enneagram Monthly*, September issue.

Seligman, Martin (2011). *Flourish: A Visionary New Understanding of Happiness and Well-being*. New York: Free Press.

Shah, Idries (1994). *The Commanding Self*. London: Octagon Press.

Shakespeare, William. *Hamlet* (1.5.166-7).

Sharf, Richard S. (2000). *Theories of Psychotherapy & Counseling: Concepts and Cases*, 2nd ed. Belmont, CA: Wadsworth.

Sheldrake, Rupert (1981/1995). *A New Science of Life*. South Paris, ME: Park Street Press.

Sheldrake, Rupert (2012). *The Science Delusion: Freeing the Spirit of Enquiry*. London: Coronet.

Siegel, Daniel (1999). *The Developing Mind: How Relationships and the Brain Interact to Shape Who We Are*. New York: Guilford Press.

Smuts, Jan (1999). *Wholism and Evolution*. Sherman Oaks, CA: Sierra Sunrise.

Stark, Rodney (2008). *What Americans Really Believe*. Waco, TX: Baylor Univ. Press.

Stern, Daniel N. (2000). *The Interpersonal World Of The Infant: A View From Psychoanalysis And Developmental Psychology*. New York: Basic Books.

Stone, L. Joseph., Henrietta T. Smith, & Lois Barclay Murphy, eds. (1973). *The Competent Infant*. New York: Basic Books.

Swami Prabhupada (1989). *Bhagavad-Gita, As It Is*, 2nd ed. Los Angeles: Bhaktivedanta Book Trust.

Swami Yogananda (1959). *Autobiography of a Yogi*. Los Angeles: Self Realization Fellowship; available as an Amazon kindle book at no charge.

Tart, Charles (2009). *The End of Materialism: How Evidence of the Paranormal is Bringing Science and Spirit Together*. Oakland: New Harbinger Publications.

Taylor, Jill Bolte (2009). *My Stroke of Insight*. New York: Plume.

Tharp, Twyla (2006). *The Creative Habit: Learn It and Use It for Life*. New York: Simon & Schuster.

Three Initiates (2009). *The Kybalion: A Study of The Hermetic Philosophy of Ancient Egypt and Greece*, e-book ed.: The Kybalion Resource Page.

Tolman, Edward C. (1931/1964). *Purposive Behavior in Animals*. Berkeley: Univ. Cal. Press.

Tweedie, Irina (1991). A Sufi Should Never Give a Bad Example: Interview with Irina Tweedie. *What Is Enlightenment?*, 1(1), 9-11.

Tweedie, Irina (1995). *Daughter of Fire: The Diary of a Spiritual Training with a Sufi Master*. Inverness, CA: The Golden Sufi Center.

Van Bertalanffy, Ludwig (1950). The Theory of Open Systems in Physics and Biology. *Science*, 111, 23-29.

Visser, Frank (2003). *Ken Wilber: Thought as Passion*. Albany: SUNY Press. Wallace, Robert Keith (1993). *The Physiology of Consciousness*. Fairfield, IA: MIU Press.

Welwood, John (2000). *Toward a Psychology of Awakening: Buddhism, Psychotherapy, and the Path of Personal and Spiritual Transformation*. Boston: Shambhala.

Wesselman, Hank (2011). *Bowl of Light*. Boulder: Sounds True.

Wilber, Ken (1977/1993). *The Spectrum of Consciousness*. Wheaton, IL: Quest.

Wilber, Ken (1979/1981). *No Boundary: Eastern and Western Approaches to Personal Growth*. Boston: Shambhala.

Wilber, Ken (1980). The Pre/Trans Fallacy. *Re-Vision*, 3(2), 51-73.

Wilber, Ken (1980). *The Atman Project: A Transpersonal View of Human Development*. Wheaton, IL: The Theosophical Publishing House.

Wilber, Ken (1981). *Up from Eden: A Transpersonal View of Human Evolution*. Garden City, NY:

Anchor/Doubleday.

Wilber, Ken (1983/1996). *Eye to Eye: The Quest for the New Paradigm*. New York: Anchor/Doubleday.

Wilber, Ken (1983/2005). *A Sociable God: A Brief Introduction to a Transcendental Sociology*. New York: McGraw-Hill.

Wilber, Ken (1990). Two Patterns of Transcendence: A Reply to Washburn. *Journal of Humanistic Psychology*, 30(3), 113-116.

Wilber, Ken (1995/2000). *Sex, Ecology, Spirituality: The Spirit of Evolution*. Boston: Shambhala.

Wilber, Ken (1996). *A Brief History of Everything*. Boston: Shambhala.

Wilber, Ken (1998). *The Essential Ken Wilber: An Introductory Reader*. Kendra Crossen Burroughs, ed. Boston: Shambhala.

Wilber, Ken (1998). *The Marriage of Sense and Soul: Integrating Science and Religion*. New York: Random House.

Wilber, Ken (2000). *Integral Psychology: Consciousness, Spirit, Psychology, Therapy*. Boston: Shambhala.

Wilber, Ken (2000). *One Taste: the Journals of Ken Wilber*. Boston: Shambhala.

Wilber, Ken (2001). *A Theory of Everything*. Boston: Shambhala.

Wilber, Ken (2001). *The Eye of Spirit: An Integral Vision for a World Gone Slightly Mad*. Boston: Shambhala.

Wilber, Ken (2002). *Boomeritis: A Novel That Will Set You Free*. Boston: Shambhala.

Wilber, Ken (2003). *Kosmic Consciousness*[CD set]. Louisville, CO: Sounds True.

Wilber, Ken(2004). *The Simple Feeling of Being: Visionary, Spiritual, and Poetic Writings*. Boston: Shambhala.

Wilber, Ken (2006). *Integral Spirituality: A Startling New Role for Religion in the Modern and Post-Modern World*. Boston: Shambhala.

Wilber, Ken (2007). *The Integral Vision: a Very Short Introduction to the Revolutionary Integral Approach to Life, God, the Universe, and Everything*. Boston: Shambhala.

Wilber, Ken, Jack Engler & Daniel P. Brown (1986). *Transformations of Consciousness: Conventional and Contemplative Perspectives on Development*. Boston: Shambhala.

Wilber, Ken, Terry Patten, Adam Leonard & Macro Morelli (2008). *Integral Life Practice: A 21st-Century Blueprint for Physical Health, Emotional Balance, Mental Clarity, and Spiritual Awakening*. Boston: Integral Books.

Williams, Meg Harris. The Chamber of Maiden Thought. Chapter 4, 82-94, from *Wordsworth: The Visionary Gleam* [no date given]; available at www.artlit.info/pdfs/Chamber-Wordsworth.pdf.

찾아보기

인명

내용

저자 소개

수잔 로즈 Dr. Susan Rhodes(Ph.D.)

수잔 로즈 박사는 인지심리학자이면서 의식심리학에도 관심이 깊어 세계적인 의식심리학자인 켄 윌버의 이론을 에니어그램과 결합하여 통합적인 인간의식 연구에 몰두해 왔다. 수잔 로즈는 1995년 이래로 유일하게 계속 발행되고 있는 『월간 에니어그램(Enneagram Monthly)』의 전속 필자이기도 하다.

다른 저서로는 *The Positive Enneagram*(2009), *Archetypes of the Enneagram*(2010) 등이 있다.

역자 소개

이은하(Lee, Eun Ha)

교육학박사
순천향대학교 일반대학원 박사과정 청소년전공 졸업
서울장신대학교 자연치유선교대학원 '에니어그램과 상담치유' 전공주임교수
한국에니어그램역동심리학회 회장
에니어그램역동심리수련감독
기독교상담수련감독(KAPC)

정용구(Jung, Yong Koo)

실천신학(목회상담)박사
Clarement School of Theology 졸업
커버넌트신학대학교 · 수원여자대학교 출강
좋은벗통합심리연구소 소장
한국에니어그램역동심리학회 부회장
에니어그램역동심리수련감독
목회상담수련감독(KAPC)

류권옥(Ryoo, Kwon Og)

호서대학교 대학원 목회상담학 박사과정
세종특별자치시청소년상담복지센터장
에니어그램역동심리수련감독
솔리언또래상담전문지도자

이양선(Lee, Yang Seon)

호서대학교 일반대학원 산업심리학과 박사과정
에니어그램심리연구소 부소장
에니어그램역동심리수련감독
상담심리사 1급

통합에니어그램

The Integral Enneagram

2016년 1월 15일 1판 1쇄 인쇄
2016년 1월 20일 1판 1쇄 발행

지은이 • Susan Rhodes
옮긴이 • 한국에니어그램역동심리학회
이은하 · 정용구 · 류권옥 · 이양선
펴낸이 • 김진환
펴낸곳 • (주) 학지사
04031 서울특별시 마포구 양화로 15길 20 마인드월드빌딩
대표전화 • 02-330-5114 팩스 • 02-324-2345
등록번호 • 제313-2006-000265호

홈페이지 • http://www.hakjisa.co.kr
페이스북 • https://www.facebook.com/hakjisa

ISBN 978-89-997-0846-6 03180
정가 20,000원

역자와의 협약으로 인지는 생략합니다.
파본은 구입처에서 교환해 드립니다.

이 도서의 국립중앙도서관 출판시도서목록(CIP)은 서지정보유통지원시스템 홈페이지(http://seoji.nl.go.kr)와 국가자료공동목록시스템(http://www.nl.go.kr/kolisnet)에서 이용하실 수 있습니다.
(CIP 제어번호: CIP2015031160)